Présentateur Vedette

Ce qu'on ne vous a jamais dit sur

Patrick Poivre d'Arvor

et

Les coulisses du 20 heures de TF1

Jacques Asline

Présentateur Vedette

Ce qu'on ne vous a jamais dit sur

Patrick Poivre d'Arvor

et les coulisses du 20 heures de TF1

Alphée

Jean-Paul Bertrand

Du même auteur

La Bataille du 20 Heures, Acropole
Profession Présidentiable, Plon
Prix Européen du livre de communication politique de l'IFA.

www.editions-alphee.com

EAN : 978 2 7538 0342 8

Au destin
qui tire les ficelles de nos existences.

Il existe un domaine de la littérature que la critique n'a pas isolé parce qu'elle le confond avec les Mémoires.

Ce sont les livres qui racontent ce que leur auteur a fait, pas ce qu'il a ressenti car les Mémoires sont souvent des résurrections de sentiments. Les « Mémoires de guerre » n'ont rien à voir avec les « Mémoires d'outre-tombe ».

André MALRAUX, *Les Chênes qu'on abat.*

Prologue

COMME D'HABITUDE, tout faire soi-même ! Si le nom de Patrick Poivre d'Arvor apparaît au fronton de son journal, signant ainsi sa fulgurante notoriété, le mien est incrusté sur les écrans au final car je l'inscris sur un plan d'ensemble du plateau imaginé pour le plaisir des yeux, une vision générale de l'envers du décor, le nôtre, celui où nous avons l'habitude de travailler. Enclenchons la pause, l'arrêt sur image, installons-nous confortablement et traversons le miroir.

Le journal télévisé intrigue. Son insolente régularité masque sa complexité. Ce n'est pas d'aujourd'hui. Né avec la télévision, il incarne le petit écran depuis soixante ans, l'âge de sa maturité flamboyante. La sagesse imprimée sur ses traits n'empêche pas la vivacité de son regard sur le monde, visage encore juvénile pour une émission à l'impossible retraite. Présentateur célèbre et réalisateur, rédacteur en chef ou journalistes, nouvelles graves ou petits potins, tics, tours de main, ratés et petits secrets, les téléspectateurs au hasard de nos rencontres font leur miel de toute indiscrétion, aussi minuscule soit-elle. Certains pourtant naviguent depuis des lustres dans le métier, ils souhaitent les détails, le geste entrevu à peine esquissé, le propos volé mais si révélateur. À quelle heure commencez-vous, il est comment Patrick en vrai, qui décide de traiter un sujet, est-ce que vous manipulez l'info, comment faites-vous quand une information tombe au début du journal, les médias et le pouvoir ça se passe comment, le réalisateur sert à quoi ? Tout se résume finalement à une seule interrogation définitive : qu'est-ce qui se trame dans les coulisses du JT ?

Pendant plus de vingt ans, j'ai réalisé le 20 heures de Patrick Poivre d'Arvor et loin de la célébrité, j'ai maintenant une petite notoriété dans le milieu télévisuel, elle me convient, je reste un artisan et préserve avec énergie ma liberté de création, d'humeur joyeuse et solitaire, même si mon occupation intermittente consiste à diriger une armée de journalistes et de techniciens afin de catapulter à l'écran la prestation publique des artistes en vogue ou des hommes politiques au pouvoir. C'est un art délicat et fragile, comme au piano d'une grande table ou à la barre de l'Erika, aux commandes d'un Boeing ou à la direction du Philharmonique.

La première télévision de Poivre fut un journal à la Maison de la Radio pour la toute jeune FR3, puis ce fut successivement la royale Antenne 2 et la puissante TF1. Son succès s'est confirmé au fil des années, accompagné de cartons d'audience mémorables et répétés. Quel est le secret de cette longévité ? Se battre pour le public, être crédible, rigoureux et sincère, ne jamais faillir, même dans les moments extrêmes, réussir, faire toujours mieux, étonner, viser la perfection, l'excellence, voilà l'état d'esprit. Nous partageons cette concentration extrême, forme physique irréprochable, détachement face à l'émotion, sans oublier une solide culture générale, le goût des belles choses, sinon des Belles Lettres et un sens journalistique aigu, l'humilité ne nuit pas, l'humour non plus, nécessaires à la réussite de cet exercice en direct où le stress et l'adrénaline sont offerts en prime. La perfection reste un univers mental, sa réalisation un principe, réussir une évidence.

D'autres connaissent ces obligations. La différence au journal télévisé c'est le nombre, la masse, le public, la multitude, foule invisible scrupuleusement observée par les instituts d'audience, insaisissable mais présente, attentive à nos petits travers et surtout à notre message, nos reportages et peut-être aussi à notre savoir-faire. Les chiffres quotidiens l'attestent, ils sont 8 ou 10 millions de téléspectateurs devant leur poste tous les soirs de la semaine ! Aussi nous plongeons à 20 h dans le chaudron brûlant, fuyant un trac insidieux, dès les premières notes du générique, fidèles au rendez-vous. Pas besoin d'applaudissements, l'antenne ne ment pas.

Patrick débuta dans les années 70 à la radio, comme toutes les vedettes de la télévision, je débarquais du spectacle et de la réalisation comme pas mal de pionniers du journal. Venus d'horizons différents mais sérieusement capés, Droit, Langues-Orientales et le CFJ, le centre de formation des journalistes pour lui, maîtrise de Philosophie et l'IDHEC, l'institut des hautes études cinématographiques pour moi, nous étions ensemble à Antenne 2 à la fin des années 70, lui comme journaliste politique et présentateur du journal télévisé et moi comme assistant puis réalisateur dans les programmes. Nous nous sommes croisés une première fois sur le plateau du journal d'Antenne 2 à Cognacq-Jay, à l'automne 1981, où je réalisais une émission sur son nouveau 20 heures, inauguré ce soir-là en tandem avec Christine Ockrent.

Lors de son retour au 20 heures sur TF1 récemment privatisée le 31 août 1987, nous débutions une grande aventure, fêtant de concert sur notre antenne les 40 puis les 50 ans du JT. Nos chemins ont alors fusionné, lui, le présentateur reconnu dans la lumière des projecteurs et moi son réalisateur dans l'ombre de la régie, tous deux porteurs de la mémoire de nos anciens, embrassant pour toujours ce Journal télévisé qui nous a fait rêver tous les deux, lui par vocation journalistique, moi par goût du spectacle. Tous les deux amoureux du direct, de l'événement et des informations avec le désir de rencontrer les acteurs de l'Histoire et nos concitoyens les plus proches. Notre génération passera ainsi une partie de sa vie adulte avec un seul présentateur, devenu l'ami de la famille, un point fixe, une sécurité quotidienne, un point d'ancrage au milieu de tous les bouleversements. Patrick est du troisième décan déjà un peu Balance, je suis né le premier jour de la Vierge, encore un peu Lion. Nous sommes à l'unisson de ce temps zodiacal des fenaisons, des vendanges et des moissons, sans trop de temps libre pour les loisirs. À la mi-août, les paysans guettent le ciel et se dépêchent de rentrer les foins avant l'arrivée des orages, d'où un solide sens des réalités, une attention à tous les détails et une fidélité sans faille malgré des moments de folie sentimentale. Les conquêtes oui, le temps perdu non !

Et peut-être suis-je l'un des seuls à pouvoir écrire cette histoire commune de Patrick et du journal car j'ai œuvré à l'ORTF, n'ai pas de carte de presse, malgré mon travail de journaliste, et reste intermittent du spectacle, gardant une belle distance avec mes employeurs et mes confrères, trop souvent arc-boutés sur les questions « d'éthique » ou de « déontologie », de salaires ou de corporatisme, de prééminence ou de pouvoir, pour s'adonner librement à ce qui intéresse les téléspectateurs, une relation sans parti pris. Observateur attentif, le réalisateur du journal à l'intérieur de la rédaction, présent à tous les moments de son histoire, témoin visuel ayant choisi par passion du journalisme de s'approprier les deux pratiques à la fois comme l'avaient fait les pionniers à la création du journal télévisé, peut aujourd'hui avec le recul nécessaire du temps offrir au grand public le roman de notre histoire.

On voit d'ailleurs ma silhouette à l'antenne de ces pages, comme l'on découvre parfois le visage des journalistes dans leurs reportages, j'en raconte un peu sur moi. Pourquoi cette intrusion ? Il m'a semblé naturel de faire partager au lecteur tous ces petits secrets dont personne ne parle jamais, des mots, des gestes, des attitudes qui sont l'âme de notre journal télévisé et parfois sa vraie nature, son ressort profond au-delà des prises de position idéologiques ou des déclarations sur le journal vu de l'extérieur que je laisse aux éditorialistes. Levant un coin du voile sur le mystère de l'antenne, je déflore par là même tout un pan du JT, ses secrets de fabrication, hermétiques parfois à ses protagonistes eux-mêmes. Tous les propos tenus dans ce livre ont été recueillis personnellement, issus de mes rencontres, enquêtes et centaines d'interviews que j'ai réalisées depuis vingt ans, les autres sont indiqués dans le texte ou en fin d'ouvrage.

Je hais les dimanches

SUR LA TERRE BATTUE de Roland-Garros, à 10h du matin, Patrick Poivre d'Arvor dispute comme chaque année le tournoi des célébrités. Il rencontre Arnaud Boetsch, l'ancien tennisman devenu consultant pour France Télévision. Poivre est venu presque en voisin, les journaux du matin sous le bras. *Le Parisien dimanche* de ce 8 juin 2008 fait état de rumeurs autour des présentateurs de TF1 avec un titre : « Poivre d'Arvor sur la sellette ». Le journaliste écrit : « Le départ de Patrick Poivre d'Arvor du JT est-il en passe d'être scellé ou bien n'est-ce qu'une éventualité ? » Le nom de Laurence Ferrari est cité. Des informations démenties dans le *Journal du dimanche* où Rodolphe Belmer, le patron de Canal Plus, déclare que la journaliste restera sur la chaîne cryptée la saison prochaine. Il n'a pas prêté trop d'attention à tout ce remue-ménage. Comme le disait si bien Pierre Lazareff, le patron du *France Soir* de la grande époque, un communiqué plus un démenti, cela fait deux informations qui remplissent les colonnes des journaux. Une heure plus tard après son match, il appelle Laurence Ferrari et lui laisse un message taquin lui disant en substance : « Petite cachottière, explique-moi de quoi il retourne. » Décontracté, il rejoint le stand Lacoste et déjeune avec des amis proches, le secrétaire d'État à l'Industrie Luc

Chatel et Anne-Sophie Lapix, le joker de Claire Chazal, une journaliste nature et sympathique que Patrick apprécie tout particulièrement. Serein, l'après-midi, installé dans la tribune des invités, il assiste à la finale vite expédiée par l'Espagnol Raphaël Nadal qui ne laisse qu'un demi-set au Suisse Roger Federer avant de s'imposer. Aucun message ni SMS ne l'a donc alerté de quelque événement que ce soit cet après-midi-là sur son portable Samsung, comme l'ont écrit différents organes de presse.

Pourtant en fin de soirée, une dépêche de l'AFP de 20h39 fait éclater la bombe. Son texte est simple :

> « Laurence Ferrari, qui anime une émission le samedi sur RTL, présentera le 20 heures de TF1 à la rentrée prochaine », annonce la radio dans son journal de 20 heures : « Après avoir longtemps hésité, elle a choisi de dire oui à TF1 pour présenter le journal à la place de Patrick Poivre d'Arvor. »

Patrick apprend la nouvelle et, au même moment, Claire Chazal vient de quitter l'antenne. La dépêche sonne comme tous les urgents à la fin de la petite conférence critique dans la salle de fabrication. C'est la stupéfaction dans les couloirs maintenant désertés de TF1. Claire s'interroge, inquiète pour son avenir après cette annonce tellurique qui déjoue tous les pronostics. Patrick va-t-il présenter le journal demain soir ? Une heure plus tard, la direction de Canal Plus admet avoir été informée seulement dans l'après-midi même du départ de sa journaliste. Suivent sur le fil de l'AFP les dépêches d'explications mais aucune confirmation de la première chaîne. Patrick appelle Martin Bouygues, ses explications emberlificotées ne le rassurent pas sur la suite des événements.

Ce matin encore Laurence Ferrari, l'animatrice de l'émission politique dominicale de Canal Plus, s'interrogeait sur son avenir mais elle avait quand même signé pour sa rentrée à Canal en septembre. Pourtant, dimanche à 16 h 10, Rodolphe Belmer, le patron de la chaîne cryptée, stupéfait, apprend qu'elle vient de prendre sa décision et part sur TF1. À 18 h 45 le site Internet du *JDD* révèle cette information, confirmée à 19 h 50. Dix minutes plus tard, la nouvelle est annoncée sur RTL où elle présente « Le journal inattendu ». Avant d'avoir signé à TF1, a-t-elle eu peur de l'entregent de Poivre qui en deux coups de fil pouvait renverser la vapeur ? Elle répondra au message dominical de Patrick le lendemain soir lui laissant un message sur son répondeur pendant le journal mais tout était alors consommé.

*

Lundi 9 juin à la conférence du matin, Patrick arrive comme si de rien n'était et annonce qu'il ne peut rien dévoiler pour l'instant, comme une sorte de dernière élégance vis-à-vis d'une chaîne qui en a manqué à son égard. Il nous en dira plus cet après-midi après avoir déjeuné avec Nonce Paolini. Échange rapide où lui est signifiée la passation de pouvoir et des propositions, notamment d'une émission en prime-time ou la refonte des magazines de la chaîne, une idée déjà proposée à Thomas Hughes, le joker de Poivre, deux ans plus tôt. En début d'après-midi, enfermé dans son bureau, il livre à Europe 1 une interview où il évoque déjà sa « traversée du désert », preuve évidente qu'il n'a plus d'illusions sur les tenants et les aboutissants de son éviction. Puis il répond à tous les messages de sympathie que lui passent Fanny Schwarcfeld et Marie-Hélène Mille, ses deux assistantes dont les lignes sonnent sans arrêt. Il recevra plus de 30 000 lettres et messages de sympathie en deux semaines. À 16 h, la « conférence du 20 heures » est appelée par haut-parleur. Pour une fois en moins de deux minutes tout le monde est arrivé, une centaine de journalistes s'entassent dans la grande salle. Catherine Nayl, directrice des reportages, s'installe à côté de moi, jetant un œil sur le climatiseur que j'ai poussé à fond évidemment, elle grelotte dans sa petite robe noire en discutant avec Geneviève Galey, notre rédactrice en chef, de la prochaine édition spéciale sur l'énergie que nous ferons fin juin. Il y a du monde jusqu'à la porte. Poivre arrive décontracté en chemisette bleu clair, concentré, une feuille à la main. À le voir ainsi, même s'il sait donner le change, il me semble libéré.

Il précise d'entrée à la cantonade, connaissant les impatiences de ses copains journalistes en posant la feuille de papier et en jetant son portable sur la grande table : « Ce n'est pas un communiqué. » Il prend la parole calmement, sans stress dans la voix, devant un auditoire recueilli et attentif : « Je suis désolé de ne pas être plus disert mais nous nous sommes mis d'accord avec Nonce pour attendre deux-trois jours, le temps que les choses se tassent. Je dois respecter nos engagements, j'espère qu'il les tiendra, j'ai toujours privilégié la droiture et la rectitude. En revanche, la réussite de l'information de TF1 vous la connaissez bien depuis tant d'années, d'abord on vous la doit et j'espère y avoir participé moi aussi, vous le savez bien, tous les soirs nous avons en moyenne 8 millions de téléspectateurs, aux États-Unis CBS fait moins avec 300 millions de personnes à comparer à nos 60 millions d'habitants. Quand son présentateur Dan Rather était là, ça marchait beaucoup mieux et pourtant il avait plus de 70 ans. »

Des rires et des sourires naissent dans la salle de conférence à cette évocation qui nous ramène au sujet du jour.

Nous attendons des révélations. Patrick reprend : « C'est unique en Europe et dans les pays occidentaux. En face (sous-entendu sur la Deux), ils drainent un peu moins de 5 millions de téléspectateurs (entre 17 % et 22 % de parts de marché) et le journal de la Trois souffre lui aussi à cause de la TNT dont l'immense succès n'a pas été prévu par nos dirigeants d'alors. C'est un quart de l'audience qui s'évapore ainsi chaque soir. Je dois vous dire que nos 35-38 % d'audience quotidiens font des envieux dans la chaîne, comme les scores de Jean-Pierre Pernaut… »

Il reprend son souffle et s'installe dans son siège pour continuer : « Ce qui compte par-dessus tout, c'est la qualité de ce que nous offrons aux téléspectateurs, grâce à vous, grâce à vos idées. Je suis fier que nous ayons pu, la semaine dernière, grâce à la proposition de Florence Demigny que nos rédacteurs en chef Geneviève et Lionel ont accepté dans l'enthousiasme, parler de la faim dans le monde pendant vingt minutes et l'audience n'a pas bougé d'un poil. Même si elle avait baissé, j'aurais quand même été content. Je suis fier aussi que nous ayons impulsé de longues enquêtes fouillées. L'écologie, nous en avons parlé quinze ans avant le Grenelle de l'environnement. Le service politique a été remarquable pendant la campagne présidentielle et après. Il faut tout dire, être honnête et s'il est plus facile de s'adresser à un auditoire acquis d'avance à sa cause, nous nous adressons à tout le monde. Si nous franchissions la ligne jaune, de gauche comme de droite, les téléspectateurs s'en iraient. »

Vient maintenant l'essentiel de son propos : « Notre troisième fierté tient justement à notre indépendance. Je me suis toujours battu pour préserver la liberté de notre rédaction. Résister, c'est assez facile, il suffit d'avoir les épaules larges et d'aimer les gens qu'on protège. Parce que, au fond, c'est d'abord son intégrité qu'on protège. Préserver notre indépendance, c'est essentiel. Vous ne pouvez même pas imaginer les dizaines de coups de fil que j'ai reçus aujourd'hui, venus de toutes les sensibilités politiques du pays. »

Patrick a été aussi loin qu'il le pouvait sans déroger à sa parole et demande : « Vous avez des questions ? »

Un silence éloquent de cinq secondes s'installe dans la salle de conférence, une éternité en ce jour pas comme les autres. Qui aura le courage ou l'audace de poser la seule question qui brûle les lèvres de chacun de nous-même en sachant qu'il ne peut y répondre ? Florence Schaal, dans la chaîne depuis plus de vingt ans, se jette à l'eau : « Nonce Paolini a-t-il donné une appréciation sur le travail de la rédaction ? »

Poivre, en souriant, lui répond presque gêné : « Ça a été plutôt une appréciation personnelle sur mon travail… » laissant la suite en suspens, ce qui provoque à nouveau des sourires complices. « Il ne semblait rien avoir à me reprocher, ni à vous d'ailleurs. »

Finalement, Poivre conclut : « J'espère pouvoir vous en dire plus avant France-Pays-Bas, dans quatre jours. »

La salle se vide, nous passons à l'actualité du jour, c'est facile : le premier match des Bleus à l'Euro fera l'ouverture, suivi par la grogne des routiers contre le prix des carburants et la grève à la SNCF. À la fin du conducteur, il reste à placer un sujet sur le tango, « c'est le dernier tango à Paris » glisse Patrick en verve et finalement assez distant avec lui-même, ce jour-là.

Le volcan vient d'exploser, la lave est encore toute chaude. Nous repartons, c'est l'ébullition dans les couloirs, je vois Anne-Sophie Lapix à côté de la salle de conférence un portable dans chaque main, parlant aux deux à la fois, écœurée par les conditions du départ de Patrick et envisageant de quitter TF1. Je m'approche de Harry Roselmack rentré en catastrophe, tenté lui aussi de partir sur I Télévision ; nous nous demandons si nous sommes sur la liste car pour lui : « plus que le fond ou la méthode, le changement de présentateur du 20 heures de semaine reste un pari ». Dans la salle de fabrication, Jacky mon chef de plateau me déclare : « je suis en colère ce soir », évidemment triste du départ annoncé de Patrick. Je retrouve Patrick en grande discussion avec Harry Roselmack et Anne-Sophie Lapix devant la porte de la salle de la machine à café. Tous les trois s'aiment beaucoup. Va-t-il continuer à présenter le JT ? Dans l'après-midi, des sites Internet avaient laissé entendre que Poivre ne serait pas à l'antenne ce soir. C'est bien mal le connaître pour écrire, même virtuellement, de telles absurdités. Élégant et honnête comme toujours, même dans l'adversité.

À 19 h 50, Poivre arrive dans la salle de frappe du journal et me dit avec une moue complice : « c'est pas bon », le premier match des Bleus est terne, 0/0 à quelques minutes de la fin de France Roumanie. Martin Tzara et mes copains dans la salle de fabrication me lancent : « c'est sur M6 évidemment ». Apartés potaches destinés à soulager la pression. Nous faisons notre travail comme tous les jours et prenons l'antenne, Arsène Wenger commente en direct la prestation des Bleus. Étaient prévus également Patrick Vieira et Frank Ribery mais ils sont aux abonnés absents. Pendant la diffusion du reportage avec les supporters, un poil déplacé car la rencontre n'a pas tenu ses promesses, Poivre dit à Philippe Perrot, le chef d'édition : « Ça suffit, on a fait déjà sept minutes, finissons-en, passons à la suite. »

Patrick sent bien ces moments où le journal bascule. J'avais prévenu mes techniciens que nous allions improviser ce soir. Il a fallu intervertir les deux sujets suivants sur la grogne des routiers et la grève à la SNCF pour des questions techniques, Poivre nous dira : « c'est sympa de me mettre à l'aise un soir comme celui-là » où nécessairement la curiosité des téléspectateurs sera affûtée. Comme il n'y a pas eu d'interviews en direct, nous sommes subitement trop courts pour finir à l'heure et les téléspectateurs auront ainsi le plaisir de voir un reportage de Francine Buchi sur le delta du Danube concernant les énergies renouvelables et un sujet culturel sur l'exposition Napoléon en Chine de notre correspondant Christophe Gascard. Tout au long de ce journal, Patrick paraît à l'aise, souriant malicieusement et à la fin il dira : « j'aurai le plaisir de vos retrouver demain », comme s'il ne s'était rien passé. « C'est ça la classe » dira Éliane, une téléspectatrice de Tourcoing sur Europe 1, le lendemain sur la libre antenne de Jean-Marc Morandini.

*

Mardi 10 juin, le compte à rebours a commencé. En attendant les annonces officielles, le syndicat de Marcel Caron a distribué un tract : « la CFTC apprend dans la presse la décision de TF1. La personnalité et l'histoire de Patrick Poivre d'Arvor devenu au fil des années le premier symbole des succès de TF1 en matière d'information auraient mérité davantage de considération. » En conférence de rédaction nous égrenons les sujets, certains un peu légers. Patrick affirme dans un souffle à peine audible : « Je les laisse à mes successeurs. » Puis un sujet sur mai 68 à Sochaux. Poivre laisse tomber cette incidente tout sourire : « C'est bien dans la tendance d'aujourd'hui, tourner en noir et blanc… faire des économies… » Arrive la proposition d'un reportage de Michel Izard sur le recyclage des produits high-tech. Poivre lance : « C'est le recyclage des présentateurs qui ont fait leur temps… ou des postes de télévision… » Une fois de plus, un journal comme les autres dans une atmosphère de tristesse mais aussi d'humour. La lave commence à refroidir, c'est dur de laisser la place en continuant à donner le change.

Ce matin, Patrick a fait la une du *Parisien* avec quatre photos du JT d'hier soir. Dans les pages intérieures, Serge Raffy, rédacteur en chef du *Nouvel Observateur* estime que la sortie « théâtrale de Poivre se fait dans l'honneur de l'insolence et de l'indépendance » car les éditorialistes ne manquent pas de remarquer son interview de juin 2007 où il avait traité Nicolas Sarkozy de « petit garçon » et son opposition un an auparavant à la venue de Nicolas Beytout à la tête de la rédaction. Ça recommence, comme à chaque fois… Les soupçons de mainmise qu'il faut éviter à tout prix ! *Le Canard Enchaîné* qui est déjà dans la rédaction aujourd'hui à 17h titre sur « Nicolas Sarkozy qui pilote TF1 ». Le palmipède, comme le reste de la presse d'ailleurs, ne semble pas avoir beaucoup d'informations mais ne se trompe guère : la chaîne est en danger sur tous les fronts, économiques, stratégiques et même symboliques, l'économie numérique bouleverse le paysage audiovisuel, d'où la décision de sacrifier le visage de sa vitrine pour provoquer un électrochoc.

Le soir chez Frédéric Taddéi sur FR3, l'essayiste Guy Sorman évoque le départ de Poivre semblable à un « sacrifice, comme le président de la République, Poivre, Sarkozy ou Zidane, la société suscite des idoles dans une messe laïque où l'on crée et abat les icônes. Je ne suis pas sûr que TF1 retrouvera son audience, pas sûr que sa remplaçante, aussi talentueuse soit-elle, durera aussi longtemps et réalisera les mêmes succès, il n'y aura plus de Poivre d'Arvor, on ne remplacera jamais Poivre d'Arvor, resté plus de vingt ans au sommet et au même poste dans la même entreprise, ce qui explique le recueillement de la France entière. »

*

Mercredi 11 juin, c'est le pot pour les 20 ans d'« Ex-Libris » et de « Vol de Nuit », prévu de longue date à l'auditorium de Boulogne. Évidemment, l'atmosphère est électrique mais également très chaleureuse. Patrick fait le plein dans ce local un poil impersonnel, entouré de tous ses amis éditeurs et écrivains, vedettes et anonymes qui lui réchauffent le cœur, son copain FOG, les équipes de ses émissions et Robert Namias, lui aussi sur le départ. Poivre retrouve son deuxième univers, celui de la littérature et des émissions tardives, des héros de roman, essayistes à succès et beaucoup de belles femmes.

Au sein de sa famille, Patrick va s'épancher et dire le fond de sa pensée en retraçant son parcours. Rendant d'abord un hommage appuyé aux émissions littéraires qui font de la « résistance », Frédéric Ferney et Guillaume Durand sont là, « Esprits Libres » sur la Deux est supprimée à la rentrée. On retrouvera Poivre dans deux jours à son micro pour évoquer son tout dernier livre sur Saint-Exupéry chez Albin Michel qui lui permet une entrée en matière sur son éviction. On a évoqué sa fameuse interview de Nicolas Sarkozy de juin dernier où « un président de la République n'a pas trop aimé ce que j'avais dit sur une histoire de petit garçon… je lui ai envoyé non pas un mot d'excuse, je vous en prie, mais un signet, une citation de Saint-Exupéry ». L'écrivain voyageur lui permet d'invoquer son indépendance, « mon seul capital » souligne-t-il en clôturant son petit discours par les dernières lignes de Saint Exupéry dans *Vol de nuit* : « Victoire défaite, ces mots n'ont point de sens. » Les applaudissements retentissent, répercutés par l'écho de ce loft où TF1 présente habituellement ses productions à la presse. « vous voyez, je n'avais pas besoin de prompteur », manière de signifier qu'il a beaucoup à apprendre aux jeunes générations.

Les micros se tendent vers lui, les journalistes l'interrogent sur son départ. « Pour moi, la crédibilité d'un journaliste passe par l'indépendance et j'entends bien continuer à rester indépendant toute ma vie… j'ai eu droit au qualificatif d'insolence par un certain nombre de présidents de la République, parfois en direct, parfois en *off*… J'ai essayé d'être honnête. Ai-je été impertinent ? L'impertinence peut être pertinente, me semble-t-il. »

*

Aujourd'hui jeudi 12 juin, les événements s'accélèrent, les décisions sont annoncées. L'interview donnée par Patrick à Europe 1 lundi dernier est diffusée, dans laquelle il évoque sa désormais acquise traversée du désert : « On verra bien ce que la vie va me réserver, ce sont des moments où l'on se ramasse sur soi et l'on se concentre sur l'essentiel. » Il revient sur l'interview de Nicolas Sarkozy qu'il a traité de petit garçon tout excité : « Dans ma bouche c'est un compliment, j'aime bien les hommes qui sont restés des petits garçons. »

À 17 h 06, dans nos boîtes de messagerie électronique, un petit mot d'adieu de Robert Namias : « Il n'y aura pas de réunion de communication cet après-midi, pour la première et la dernière fois je manquerai à ce rituel parfois moqué, pas toujours compris mais finalement bien utile pour se dire les choses en face. Donc ce soir pas de discours, je serai trop ému pour vous dire de vive voix ce qui tient en quelques mots : ensemble nous avons créé une collectivité humaine exceptionnelle... Continuez à affirmer nos valeurs de liberté et d'indépendance, sel et substance de notre métier. Je pars avec une infinie tristesse mais sans amertume ni rancœur. À bientôt. Robert. »

À 17h15, à la veille du match des Bleus contre les Pays-Bas, nous avons un duplex avec Willy Sagnol à enregistrer. Patrick arrive au maquillage, portable vissé à l'oreille. « Je vais vous manquer » nous dit-il et me demande de bien fermer la porte. Il met probablement au point par téléphone son communiqué à l'AFP. Je reviens quelques minutes plus tard pour lui annoncer que Sagnol est prêt, il me demande à nouveau de refermer la porte, tendu et concentré. Certainement un des coups de fil les plus emblématiques de sa carrière.

Dans l'équipe du 20 heures, l'amertume a pris le pas sur la décontraction mais l'humour est toujours là. Revenu en salle de conférence en compagnie de Martin Tzara, journaliste des sports, il nous dit en entrant pour plaisanter, la réunion ayant déjà commencé sans nous : « C'est là... ça fait tellement longtemps que je n'ai pas présenté le journal... » Une heure plus tard à 18h11, c'est par l'intermédiaire d'un communiqué transmis à l'AFP que PPDA s'exprime pour la première fois publiquement sur son éviction.

> Le journaliste Patrick Poivre d'Arvor a indiqué jeudi « prendre acte de la décision de TF1 » de (l')écarter de la présentation du journal télévisé de 20 heures et dénonce « la brutalité de cette décision » dans un communiqué transmis à l'AFP. « J'ai eu la surprise d'apprendre cette

décision lundi, comme tout un chacun, en découvrant la une des journaux » poursuit le journaliste vedette de TF1, dans son premier commentaire direct sur sa mise à l'écart. « Les dirigeants de TF1 me l'ont depuis fébrilement confirmée, sans me donner la moindre explication sérieuse. » Patrick Poivre d'Arvor dénonce « la brutalité de cette décision » et ajoute « qu'avec toute la rédaction et la direction de l'Information, (il a) souhaité garantir l'indépendance de TF1 » tout au long de ses 21 ans de présentation du journal télévisé. « Je veux espérer que la réorganisation programmée de l'information de la chaîne n'entraînera pas d'autres licenciements ni de mise au pas de ses journalistes. »

Tout est dit en quelques mots, écarté par surprise, fébrilité et brutalité de l'annonce. Patrick ne cache pas sa déception estimant « qu'après toutes ces années, il méritait un peu plus d'élégance ». Dans la journée, il nous confirme qu'il assurera le journal jusqu'au 10 juillet, date fixée de longue date pour son départ en vacances. Pour l'heure, dictant à Rosine l'annonce de fin du journal de ce soir : « J'aurais le plaisir de vous retrouver lundi. » Patrick ajoutera, comme pour s'en moquer : « À moins que je ne sois lapidé d'ici-là... » France Info passe son interview : « J'espère que ça va continuer avec beaucoup de panache et d'indépendance, grâce à toutes les équipes de qualité avec qui j'ai travaillé pendant plus de vingt ans. » Après le journal, nous sommes une bonne trentaine réunis, groupés autour de Patrick devant la porte de la salle de frappe dans une pénombre propice aux confidences. Il nous dit sa tristesse d'avoir été traité de la sorte, des mots gentils pour nous, je sèche une larme, nous sommes émus, la page se tourne vraiment ce soir.

Fin de cette folle semaine et de nos quatre journaux hebdomadaires. Il est maintenant 21 h 30, restés à six dans le bureau de Robert Namias nous nous interrogeons, sourires crispés pour donner le change et vaincre l'émotion qui nous prend aux tripes. Sur la table, basse le dernier gros ouvrage de Michel Tauriac sur de Gaulle. La nuit tombe sur la Seine, favorable à la nostalgie. En bas de la grande tour, des paparazzi attendent. Patrick vient d'apporter une bouteille d'eau-de-vie, plus de champagne dans son bureau. Parler pour évacuer. On se regarde avec un poil de tristesse, c'est la dernière soirée de Robert qui lance : « Toutes ces péripéties feraient un long-métrage à succès aux États-Unis, tous les ingrédients sont réunis, des personnalités, des drames personnels et du romanesque… » Poivre approuve et se demande quel était ce film qui traitait de la télévision il y a vingt ans, je lui dis *Network* et j'ajoute : « Ce serait encore mieux si les premiers concernés jouaient eux-mêmes leur rôle, nous aurions une première absolue… » Acteur et protagoniste à la fois, ce serait le premier long-métrage de cinéma-réalité. Ce film, je vais vous le raconter. Il a commencé il y a deux ans avec la campagne présidentielle.

Journal de campagne

Un ton nouveau

La fête est somptueuse, organisée dans le Parc de Saint-Cloud sur la terrasse dominant la Seine, un ballet nocturne de cars et de navettes, plusieurs chapiteaux éclairés comme à Hollywood, des rivières de chocolat, des tables de jeux, Patrick Bruel chante *Rendez-vous dans vingt ans*, rajoutant une décennie pour adapter les paroles de sa chanson à cet anniversaire. Bob Sinclar, la star des DJ, est aux platines. TF1 célèbre les 20 ans de sa privatisation et le passage de relais entre le duo Patrick Le Lay-Etienne Mougeotte et Nonce Paolini, l'ancien patron de Bouygues Télécom où il a lancé avec succès « Néo », le forfait nomade. Cet amoureux du vinyle, ancien patron des ressources humaines de TF1, devient le patron de la chaîne. Nous recevons tous un « IPod » sous l'œil attentif de Martin Bouygues.

Nicolas Sarkozy vient d'être élu président de la République, succédant à Jacques Chirac et François Mitterrand, long chemin pavé d'épines de roses, mangez des pommes. Le décor a changé également à TF1, la chaîne numérisée et nos repères en partie évanouis, entourés de petits jeunes qui n'ont pas connu les heures héroïques de la télé, soufflant sur les braises dématérialisées de notre jeunesse, nos envies, nos engagements, nos réussites à confirmer, un certain confort dû au temps et à la force de l'âge, tout est à reprendre à zéro une fois de plus, mais ça baigne car notre public est toujours là.

Pour sa sixième élection présidentielle, Patrick Poivre d'Arvor a changé, ce n'est plus le même, ou plutôt ayant abandonné ses habits de star de l'info, il redevient complètement lui-même, lâchant la bride, s'assumant à nos côtés, totalement nature, à l'aise en toutes choses et même dans l'inattendu ! Cet après-midi-là, il sort du studio où il vient d'enregistrer « Qui veut gagner des millions ». Légèrement fatigué, il se frotte les yeux et nous annonce à la stupéfaction générale une bonne histoire, se lançant bravement, un peu timide, dans cet exercice à cent lieues de son registre habituel, généralement il nous offre son ironie amusée, un brin potache. La veille il n'a dormi qu'une heure. Assis à ses côtés, je défends les qualités d'une bonne sieste, pas son genre apparemment. La trentaine de personnes assises autour de la grande table, dans cette pièce du premier étage du siège de TF1 à Boulogne, reste très attentive pour ne rien manquer de cette grande première. Presque timide, toujours surprenant, il déclare à la cantonade : « Quelle est la différence entre un rouquin et un requin ? »

Voyant nos visages étonnés, il poursuit : « Le rouquin a les cheveux de son père et le requin les dents de la mère ! »

Sourires polis. Depuis vingt ans, j'avais entendu beaucoup de choses de sa part mais jamais une histoire classique destinée à faire rire.

Le lendemain, après le passage en force de la gauche à la droite du député de la Drôme, Éric Besson, quittant Ségo pour Sarko, Patrick en annonçant les programmes en fin de journal, à l'antenne, n'hésite pas une seconde : « Après ce journal, la météo d'Évelyne Dhéliat puis *Mensonge et Trahison*, c'est un film pas une émission politique... »

Trois semaines auparavant, il avait créé la sensation chez Jean-Marc Morandini à Europe 1 où il lâchait l'information tenue secrète depuis des lustres, il compte effectivement raccrocher les crampons en 2012, peut-être même arrêter ses émissions littéraires l'année prochaine: « J'aimerais couvrir la campagne de 2012, précise-t-il. Après, j'arrêterai le journal et je ferai autre chose. »

Ce jour-là, je l'apostrophe à la fin de la conférence de rédaction : « Alors tu l'as lâché ? »

Sa moue approbative valait tous les discours. Il me répond évasivement en évitant de s'appesantir sur l'essentiel, bottant en touche : « C'est une date butoir. Tant d'événements peuvent se passer d'ici-là. Et puis, faire des émissions littéraires qui passent de plus en plus tard, à quoi ça sert ! »

Le dépit comme une pâte à modeler, souple sous son enveloppe granitique, avoir deux fers au feu lui semble nécessaire. Je me doute qu'il n'abandonnera pas « Vol de Nuit » ni même peut-être le 20 heures à la date fatidique, qui sait ? Lui-même en est parfaitement conscient :

« Il est vrai que lorsqu'on a tâté du 20 heures, qu'on s'est inoculé le virus, il est assez difficile de s'en défaire, sauf quand les circonstances l'exigent ou lorsqu'on ne se sent plus habité par l'enthousiasme, il faut alors partir aussitôt... mais pour faire quoi ? »

Et de la politique ?

« Il ne faut jamais dire fontaine je ne boirai pas de ton eau. »

Un jour, il avait refusé une offre ministérielle. Aujourd'hui peut-être envisage-t-il l'Académie française, en tout cas il en parle toujours avec gourmandise, tenant même à indiquer dans les titres de son journal le jour de la mort d'Alain Robbe-Grillet que l'écrivain iconoclaste n'avait jamais assisté aux réunions ni même prononcé son discours d'investiture !

Haute stature, un mètre quatre-vingt six, cela ne se remarque pas à l'écran, démarche décidée et pleine de charme, gestes félins, voix chaude, aisance naturelle et charisme, Patrick accumule les records, vingt ans de 20 heures sur TF1, trente ans en comptant ses années d'Antenne 2, bientôt 10 000 journaux, éditions spéciales et soirées électorales, cela fait près de 300 000 lancements, histoires courtes ou condensées, pépites d'actualité brutes, texte longuement préparé ou commentaire improvisé en suivant l'image, brèves surgies en direct au détour d'une dépêche tombée à l'instant, phrase bien sentie lancée à la volée, lancement bref pour un sujet informatif, clin d'œil littéraire, les mots épousent l'image, distance voulue avec tout qualificatif, adjectif ou adverbe mal venu, pertinence d'un débit chaud et placé, laissant la place à l'émotion, le journal est un exercice à la fois journalistique, littéraire et théâtralisé sous la lumière des projecteurs. Sur le terrain de l'actualité chaude, Patrick Poivre d'Arvor survole son journal et le paysage audiovisuel français. Pourtant, il relativise cette notoriété bien établie :

« Je n'ai pas d'admiration particulière pour les gens de télévision, aussi je ne comprends pas que l'on puisse déclencher une telle admiration aux yeux du public. Je me méfie comme la peste des gens qui ont la tête qui enfle et qui commencent à se prendre pour ce qu'ils croient être.

— Pourtant tes initiales sont maintenant dans le domaine public.

— C'est vrai j'ai un autre nom, PPDA, et ce nom-là me surprend, c'est quelqu'un d'autre, c'est le type qui fait son travail à la télévision, ce n'est pas vraiment moi. Celui-là, je le regarde avec une certaine distance. »

Son succès ne s'est pas démenti au fil de ces années, dramaturgie de notre vie politique, le commentaire de l'actualité est aussi sa mise en images pour le citoyen, reflet des préoccupations des Français et de l'opinion publique. De mon côté, je me suis voué à la réalisation du 20 heures comme on entre dans les ordres monastiques. Cette rigueur de mise en scène n'exclut pas le surgissement du plaisir, l'image percutante, l'impact d'un enchaînement et ses déclinaisons euphorisantes, joie, surprise et vivacité. Quand le succès est au rendez-vous, la manière devient légitime et nos choix des impératifs catégoriques.

Notre salle de réunion est un sanctuaire. Au premier étage de la grande tour, ses fenêtres donnent sur les quais de la Seine, en lisière de la frontière entre Paris et Boulogne-Billancourt, là où Louis Daquin imagina les décors du *Point du jour*, l'année de ma naissance. Une carte du monde donne le ton, rassurant les journalistes voyageurs, nous traitons des affaires de la planète, une carte de l'Europe se fait toute petite à côté de la porte d'entrée, une grande table originale, pentagone recouvert d'un plaquage blanc crème et roux occupe tout l'espace, épousant la forme évasée de cette pièce dont une partie est en alcôve. Un gros pilier rond semble la soutenir dans cette tour dite de « grande hauteur » où les fenêtres sont malheureusement closes.

Malgré ce décor, nous restons loin de l'ambiance guindée d'un conseil d'administration ; une vingtaine de sièges bleu clair aux réglages byzantins et loufoques ont été placés tout autour, avant que des plaintes répétées amènent leur remplacement par de simples chaises rembourrées. Deux ficus arrosés avec soin par des employés écolos tentent de survivre à la climatisation et une géopolitique sans étiquette préside aux emplacements autour de notre pentagone, l'équipe de Jean-Pierre Pernaut est adossée au couchant, celle de Patrick Poivre d'Arvor au levant comme un clin d'œil, le 20 heures ordonne les titres de la presse matinale. Chacun fait son nid et trouve sa place à cette communion solennelle biquotidienne, journalistes, directeurs, assistants, simples observateurs choisissant une place à son goût, à droite ou à gauche, à côté de ses amis ou collègues de travail, pas de loi sacrée mais des habitudes, comme la conférence de rédaction du journal *Le Monde* où les collaborateurs restent debout. Chez nous, les chefs d'info et le représentant du service politique regardent la Seine, un changement d'emplacement donne toujours lieu à quelques bons mots ou saillies furtives.

La rédaction de TF1 occupe trois étages au bas de la grande tour, qui en comporte 14 et que l'on aperçoit, majestueuse, en roulant sur le périphérique, dominant la boucle de la Seine dans ce nouveau quartier placé sous l'égide du cinéma français d'après-guerre dont les rues évoquent René Clair ou *Les Enfants du Paradis*. Partout, les entrées des parkings des sièges sociaux de sociétés d'envergure nationale occupent les nouveaux immeubles brillants de verre et d'acier comme la Caisse des dépôts, Equidia ou la Poste, un temps présente qui s'en est allée. Chaque semaine, des manifestants venaient protester devant ses portes, lancer des slogans, drapeaux rouges à la main, porte-voix bruyants de mots d'ordres revendicatifs dans cet espace fraîchement urbanisé où résonnent encore les voix de la classe ouvrière de Billancourt, tout entière dédiée à Renault qui a libéré ces terrains non loin de l'île Seguin en chantier.

*

Quinze ans auparavant en 1992, nous avions quitté la rive gauche pour venir nous installer ici en lisière de la capitale, à Boulogne Billancourt. Avant de partir de Cognacq-Jay, comme dans tous les déménagements, les restes du passé jonchent les couloirs. Des boîtes de film 16 millimètres sont empilées dans des cartons. J'en ouvre certaines, des images du Vietnam, un reportage au Portugal de Jacques Segui datant de la révolution des œillets. Les cartons de déménagement sont dans la salle de conférence prêts au départ, dans les couloirs des stocks de cassettes et de films jetés à la poubelle. Ce soir-là, Alain Gillot-Pétré enregistre la dernière météo, tous les copains passent à quatre pattes derrière lui sans se faire voir à l'antenne avant le dernier journal de TF1, à Cognacq-Jay. Nous quittons le bâtiment le cœur gros.

Le déménagement du lundi 2 juin 1992 n'aura pas d'incidence sur l'antenne. Un soir, nous fîmes notre dernier journal à Cognacq-Jay et le lendemain, Jean-Michel Leulliot présenta le premier journal du matin à Boulogne-Billancourt. Le téléspectateur n'y verra que du feu, sur nos écrans le spectacle se poursuivit comme si de rien n'était, les décors ayant été refaits à l'identique. Pour le premier journal de 20 heures, nous eûmes des badges spéciaux marqués « Premier JT Boulogne ». Quarante ans d'opacité évanouis d'un coup, il faut tirer un trait. Pour l'ensemble des employés débarquant ce matin-là, les vraies nouveautés seront les bureaux ouverts et les badges, une carte en plastique avec photo et patronyme permettant d'entrer et de sortir mais aussi de consommer cafés ou repas. Les salariés deviennent de petites abeilles butinant dans leurs « alvéoles », nouveau patronyme des bureaux. Dès les premiers jours de notre installation, juste avant la conférence de rédaction, une sonnerie stridente et très puissante se met à rugir,

« Bouuoupp-bouuoupp », nous devons évacuer les deux étages de la rédaction. Un exercice d'incendie, les pompiers veillent au grain. Chacun se cache comme il peut, une marée humaine dévale les escaliers, il ne s'agit pas de se faire alpaguer, la ruse est au pouvoir, toute la chaîne est sur le trottoir. Patrick, Philippe Perrot le chef d'édition et moi, nous nous cachons comme des collégiens pour cette première alerte, avouons aujourd'hui notre très grande faute.

Le TF1 rêvé des Bouygues ne pouvait s'incarner durablement à Cognacq-Jay, il fallait un monument dédié à la seule chaîne privée, débarrassée des scories de l'ancien régime, porteur d'habitudes et de l'usure du temps, la révolution sera géographique. Avenue Montaigne, Antenne 2 avait choisi le luxe, à Boulogne-Billancourt TF1 optera pour la modernité. Mais les fantasmes ont la vie dure. Dès notre arrivée dans ces nouveaux locaux, les couloirs bruissent de rumeurs chuchotées à l'oreille d'un air entendu, des micros épient nos paroles et des caméras de surveillance sont mises en place pour « bigbrothériser » tous les employés jusque dans les ascenseurs ! Je m'en ouvre à Patrick, il me regarde, les yeux au ciel : « C'est complètement idiot ! Et puis, qui les regarderait ? »

La pensée unique rédactionnelle et ses suspicions avaient frappé une nouvelle fois. La réalité était plus simple, pas de caméras sauf dans les studios et la grande tour habitée par les 2 000 employés de TF1, visible au lointain, porteuse d'un calicot républicain, sise entre les avenues du « Jour se lève », de la « Voie Lactée » et de la rue de « la Grande Illusion » ! Ainsi refondée, la Seine à ses pieds pour la douche baptismale, notre chaîne était pour la première fois chez elle dans ses pénates. Pas de doute, la vraie privatisation a commencé avec le déménagement le jour où nous

nous sommes tous retrouvés dans ces locaux, même si la chaîne n'est pas propriétaire puisque l'immeuble appartient au GAN, la société d'assurance qui loue cet emplacement dédié aux bureaux et non à la télévision. Malgré mon statut d'intermittent du spectacle, j'ai la surprise dès le premier jour de voir arriver les plans de notre bureau regroupant les réalisateurs, les assistants de réalisation et les scriptes où mon patronyme est inscrit en toutes lettres. Hasard ou nécessité, les voies du seigneur sont impénétrables, j'avais trouvé à Boulogne une place au soleil.

Un grand parking de trois étages est situé en dessous où, au premier sous-sol, certains VIP ont des places réservées avec leurs initiales peintes en blanc, PLL ou PPDA ; sinon aux deuxième et troisième l'on se gare à l'envie, il suffit de trouver un emplacement dès le premier virage pour les chanceux ou près des ascenseurs pour les lève-tôt. Quatre ascenseurs luxueux agrémentés aujourd'hui de postes de télévision mènent aux étages, un seul permet d'accéder au quatorzième, entièrement occupé par le pédégé et son directeur des programmes où, tous les mardis matin, l'état-major se réunit afin de définir nos orientations. Au moment du déménagement, PLL et Étienne se sont très symboliquement installés tout là-haut, dominant l'ensemble de l'entreprise. Pour Robert Namias : « C'est la prise en main officielle marquant par là qu'ils chapeautaient la directrice de l'Info. » Pourtant à parcours professionnel égal, Michèle Cotta, par sa stature d'ancienne présidente de la « Haute Autorité », était sur un pied d'égalité avec Étienne Mougeotte. Cette installation dans les étages élevés sera symboliquement destinée à marquer le territoire d'une entreprise, pas d'une tendance politique comme on pourrait le croire, la présence de Michèle Cotta étiquetée mittérrandienne arrangeait au contraire les patrons de la chaîne. Pierre Bérégovoy, le fidèle délaissé depuis si longtemps par François Mitterrand, vient de remplacer Édith Cresson à l'hôtel Matignon et Gérard Carreyrou, un de ses proches, attend son heure, aucun problème d'étiquette dans ce conflit.

Non, le problème de Michèle Cotta en 1992, après un mandat de cinq ans, est ailleurs. En très fine politique, elle a brillamment assuré la soudure entre TF1 service public et TF1 privée ; souvent les responsables de gauche sont les meilleurs réformateurs d'entreprises publiques, comme purent l'être en leur temps Louis Gallois ou Christian Blanc. Mais pour Robert Namias, les changements ne vont pas assez vite : « Il fallait maintenant assurer la modernisation de l'entreprise en adoptant un profil moderne d'entreprise privée. » D'ailleurs si l'on regarde les graphiques de rentabilité, TF1 augmente chaque année ses bénéfices par rapport à l'année précédente. Qui aurait pu croire à un tel miracle au moment de l'attribution de la chaîne au groupe Bouygues ? Une chaîne qui gagne de l'argent, mais vous rêvez mon vieux ! Grâce à ce tour de force, tous les collaborateurs ont bénéficié d'augmentations de salaire, de promotions et même de parts comme actionnaires.

Six mois plus tard, le 7 décembre 1992, Michèle Cotta, à peine arrivée à son bureau au deuxième étage à 8 h du matin, est convoquée au 14e chez Patrick Le Lay où elle apprend stupéfaite, lors d'un entretien de quinze minutes en tête à tête qu'il est mis fin à ses fonctions. En gros, le pédégé lui explique qu'il a besoin maintenant d'un manager ; Étienne Mougeotte les rejoint. Robert Namias négocie ses indemnités. Sonnée, elle quittera Boulogne le soir même en pleurs avec sa collaboratrice Danièle de la Gorce, laissant sa place de directeur de l'Information à Gérard Carreyrou. À moins de six mois des législatives de 1993, Robert devient de directeur de la rédaction : « Michèle Cotta a été une bonne directrice de l'Information pour accompagner les premiers temps de la privatisation, mais elle n'était pas solidaire de Poivre et au bout de cinq ans, Patrick Le Lay souhaitait également une accélération du tempo des réformes ; pour lui ça n'allait pas assez vite. » Une nouvelle ère a commencé ce jour-là.

*

Quinze ans ont passé. Me remémorant toutes ces péripéties, j'aperçois depuis les fenêtres du premier étage la sculpture tricolore de Dubuffet et le récent bâtiment de France Télévision en lisière du 15e arrondissement, les deux chaînes se partageant maintenant le paysage. Sur la Seine passent les péniches, rasant les flots, débordantes de sable ou de gravier, les hélicoptères en vue de l'Héliport de Paris voisin passent en ronflant au-dessus de nos têtes, de gigantesques constructions sont édifiées sur la rive gauche à Issy-les-Moulineaux où des dizaines de grues parsèment le paysage. Ce n'est pas Shanghaï mais toutes les entreprises de communication s'installent dans ce nouvel eldorado : France Télévision, l'Equipe, Neuf Cegetel, Canal Plus, France 5 et Bouygues Télécom. On aperçoit Paris et sa tour Eiffel au loin, bref le paysage n'est pas bucolique, notre rêve est ailleurs.

En milieu d'après-midi, nous venons, impatients, dans cette salle pour la conférence de rédaction qui reste, le journal excepté, le meilleur moment de la journée, le plus riche, le plus intense, parfois celui où l'on s'amuse un brin, instants de dialogue où la parole devient action. Patrick lui aussi adore cette séquence de la journée : « à 16h nous accélérons, je désire que cela soit rapide, c'est la partie amusante où nous choisissons l'ouverture et le scénario du journal ». Passer une heure ici chaque jour « est un moment de la journée que j'apprécie particulièrement, cela fait partie de la mise en scène de l'information ». C'est aussi le seul moment de la journée où nous sommes tous réunis. Il n'est pas bien vu de laisser sonner son téléphone portable sauf quand il y a urgence. Quand Patrick vient de rencontrer une personnalité politique à l'heure du déjeuner, il nous livre avec gourmandise une confidence. Parfois, un débat éclate entre nous lorsque surgit une information aléatoire ou quand une dépêche tombe opportunément. En général, les sujets qui font bavarder autour de la grande table sont immanquablement bien notés et parfois retenus car ils feront également causer dans les chaumières. C'est la loi de Gauss régissant les grands nombres, si vingt personnes se passionnent pour un sujet, il en sera de même pour des millions de téléspectateurs.

Quelques jours avant le premier tour de la présidentielle, on nous propose ainsi une brève, faut-il en faire un sujet ? Un aveugle voyageant de nuit avec son gros chien d'accompagnement attaquait juridiquement la SNCF qui l'avait obligé à payer quatre places de couchettes en première, des voitures-lits, pour 600 euros au lieu d'une seule place à 150 euros. L'information fait le tour de table, certains insistent sur l'obligation faite à l'entreprise publique de respecter les chiens et l'aveugle, d'autres dans le sillage de la SNCF estiment qu'il ne faut pas exagérer, pour un voyageur normal passer une nuit dans un compartiment à quelques centimètres d'un molosse bavant, même sympathique, est proprement insupportable. Poivre, en chuchotant, conclut finalement : « Un non-voyant, qu'il voyage de jour ou de nuit, c'est pareil ! Inutile de lui imposer une double peine. »

Tout le monde s'amusa de cette remarque cousue de bon sens ; Poivre mettait le doigt sur la « judiciarisation » effrénée de notre société d'abondance où l'accessoire devient essentiel. Certains, fidèles à la longue tradition d'ironie des rédactions parisiennes, concluent : « Cela sera répété et déformé »...

*

En ce mois de janvier 2007, dix jours après l'annonce de candidature de Nicolas Sarkozy, au lendemain de la mort de l'Abbé Pierre, la tension est extrême mais impossible d'oublier la campagne.

« Attention, il ne faut pas oublier François Bayrou, dans les images des personnalités en visite à son cercueil, sinon nous risquons une injonction » lance Patrick avec une pointe d'humour. Car le candidat centriste ne fait pas dans la dentelle, depuis l'été dernier il tire à vue sur les médias, enfourchant son cheval de bataille contre les télévisions en général et TF1 en particulier. Claire Chazal a essuyé les plâtres, faisant les frais de son positionnement protestataire. On avait connu les centristes mous du genou, les voici fer de lance de la contestation. Décidément, cette campagne est étonnante, démarrant à revers de tous les schémas établis. D'ailleurs, François Bayrou va décoller dans les intentions de vote en se positionnant à gauche.

Nous cherchons fébrilement les images des personnalités. Le chef des reportages explique qu'il y avait deux portes, peut-être l'a-t-on manqué, heureusement un assistant a vu l'image sur LCI, l'affaire est réglée. Mais une heure avant le journal, la commémoration laisse la place à la précipitation. La neige est tombée en abondance sur les routes en Bourgogne, ça coince sur les autoroutes, six mille véhicules sont bloqués sur l'A6. Notre salle de fabrication du journal devient un centre téléphonique d'appels d'urgence, les chefs d'information envoient au nord de Lyon un car de reportage muni d'une antenne satellite pour faire un direct. Mais nos reporters cherchent désespérément la neige, bloqués eux aussi sur l'autoroute. Ce soir-là nous avons battu un record, 11 millions de téléspectateurs, plus de 40 % de parts de marché. Patrick est satisfait, d'ailleurs il souligne à quel point la concurrence avec France 2 devient absurde : « On se demande bien pourquoi ils font encore un journal ! »

L'audience n'est pas seule en cause, mais aussi la ressemblance parfois hallucinante de nos journaux respectifs. Mêmes ouvertures, mêmes interviews, mêmes sujets exactement à la même place souvent avec les mêmes témoins au même instant. Ce n'est pas un problème de cuisine journalistique, de hiérarchie plus ou moins identique qui expliquerait ces doublons, mais d'un problème plus général. La capillarité entre les deux chaînes, les hommes et le savoir-faire, pourrait expliquer ces ressemblances. Il arrive à Patrick de s'interroger à haute voix : « Qui est la taupe ? »

S'adressant mi-ironique mi-sérieux à notre chef d'édition : « Tu leur as encore refilé notre conducteur ! »

Poivre se plaint très souvent en conférence du laisser-aller offert par les ordinateurs ; pas besoin de traverser la Seine, les autoroutes de l'information génèrent la fluidité du trafic, aucun péage pour l'informatique, un conducteur élaboré à 17 h se retrouve en ligne, consultable par tous les membres de la rédaction, plus de 400 personnes, facile de passer un coup de fil à un copain de la concurrence. Aussi l'idée a-t-elle germé, dans les moments de grande interrogation de fournir un conducteur avec le menu du jour mais d'imaginer une autre ouverture, encore fallait-il trier sur le volet les habilitations à ce secret, à plus de deux il est déjà évaporé. Finalement, notre tentative resta un essai sans lendemain, peu concluant, ne permettant pas de se faire une opinion étayée sur la question.

En revanche, TF1 a fait école à France 2, c'est indéniable et pas seulement pour le décor qui est une copie du nôtre : mêmes couleurs bleutées et orangées derrière le présentateur, mêmes écrans géants destinés à passer les images mais surtout pour les hommes. De nombreux journalistes, et non des moindres, sont des transfuges de la Une. Au sommet du G8 en Allemagne, les deux envoyés spéciaux de France 2 sont Thierry Thuillier et Mikaël Darmon et le présentateur un nommé David Pujadas, trois personnalités qui se sont fait les dents chez nous, avec nos habitudes et nos petits secrets, sans oublier naturellement Arlette Chabot ou Benoît Duquesne. Venir de la Une est un bon argument sur son CV pour se voir offrir des responsabilités à la Deux.

Pas le temps de se reposer sur nos lauriers éphémères, chaque jour tout est à recommencer. Troisième journée de grave tension, après l'Abbé Pierre et la neige, Jean-François Deniau vient de mourir. Dans ma voiture, j'écoute Patrick répondre aux questions de France Info : « Nous avons traversé tous les deux l'Atlantique. » Patrick trouve les mots justes pour évoquer non seulement l'homme politique mais aussi l'écrivain, le découvreur, le marin ; il partage cet univers, touché de sa disparition, nous faisant découvrir le Corps des Écrivains de Marine que Jean-François Deniau a fondé avec l'autorisation de la ministre de la Défense, Michèle Alliot-Marie, et dont il fait partie. Je lui glisse à l'oreille que je l'ai entendu sur France Info. Dix ans auparavant, il avait traversé l'Atlantique, une course au large entre Quebec et Saint-Malo pendant onze jours comme *skipper* avec Yvan Bourgnon : « J'ai beaucoup appris d'eux, de leurs conversations, j'aime bien leur mentalité. »

À son retour chez nous, les yeux dans les étoiles et les pieds au sec, il nous avait confié que le métier de navigateur n'est pas de tout repos : « C'était épuisant, on est mouillé tout le temps, les sacs de couchage sentent l'orange pourrie, c'est une folie, mais je suis ravi de l'avoir fait. »

Juste après l'interview de Patrick, le journaliste de France Info annonce la nomination de Michel Boyon comme président du CSA, le Conseil Supérieur de l'Audiovisuel, un poste pour lequel Patrick aurait été pressenti il y a une semaine et qu'il aurait refusé. Nous partageons des moments pareils, depuis des années car notre présentateur fait l'actualité. À la conférence, le jour de la mort de Jean-François Deniau, nous commençons par la politique, la « poulitique » immortalisée par Nicolas Canteloup le matin à Europe 1. Nous sommes très surveillés, sous les regards attentifs de toute la profession, des Français et du CSA, les temps de parole règnent en maître sur nos antennes, les contraintes sont énormes et encore, nous ne sommes pas entrés dans la période « d'équité » qui précédera celle de « l'égalité » avant celle du « tous cités » de la campagne législative. Le traitement de la campagne au jour le jour donnera lieu à de savants calculs effectués sous l'égide de François Bachy, le chef du service politique, et de Karine et ses équipes ; le journalisme devient de la comptabilité.

Ce soir-là, Jean-Marie Le Pen est l'invité de notre journal et le sujet du jour est la course aux signatures. Patrick interroge le chef du Front national sur les 500 paraphes nécessaires qu'il n'a pas encore. Le Pen reste confiant, il en appelle à la démocratie, ça va se jouer à quelques dizaines de signatures près. Patrick essaye ensuite de le relancer sur son attitude politique qui semble avoir évolué depuis l'affiche montrant une « beurette ». Les chambres à gaz, les dérapages comme le point de détail sont-ils aujourd'hui oubliés ? Si Jean-Marie Le Pen semble en effet assagi, il ne se démonte pas, ses idées sont les mêmes mais, bien sûr, Marine est passée par là.

J'ai été frappé pendant la première partie de cette campagne électorale par la différence de ton des différents présentateurs. Nous avons reçu à « Face à la Une » les douze candidats, et Catherine Matausch sur France 3 recevait ce week-end-là Philippe de Villiers. S'agaçant, posant ses questions avec des sourires crispés, une couleur, des mimiques qui montraient tout d'elle. Apostrophant brusquement Philippe de Villiers, légèrement énervée : « Mais oui ça, on le sait ! »

La ligne jaune semblait franchie. Quelques semaines plus tard, après le conseil houleux du PS, elle interroge François Hollande : « Personne n'est dupe, c'est le calme avant la tempête ? »

Un questionnement incisif et nécessaire mais abrupt. Rien de tel avec Patrick, il ne coupe pas la parole, il la relance, posant les questions difficiles avec les formes, voix feutrée et main de fer dans un gant de velours, incisif sans brutalité. Il a dit un jour pratiquer l'acupuncture : une crème pour adoucir la peau puis ensuite enfoncer les aiguilles. Patrick contraint son invité à l'empathie par le jeu de la séduction et de la douceur, puis il pose ses banderilles avec le sourire. Ses interviews sont précises, informées, émouvantes. Il est la voix des Français, du grand public, de nous tous, posant les questions attendues, souvent brutales dans leur formulation, mais avec la voix douce de l'ami du parloir, du prêtre au confessionnal, ni avocat encore moins procureur, un rôle où parfois les journalistes aiment à se complaire, plutôt président de séance, distribuant la parole et posant les questions nécessaires au surgissement de la vérité.

L'interview est évidemment son point fort où il domine son sujet et la manière de le préparer, la raison même de son succès trentenaire. Amalgamant en une même personne, le présentateur, le journaliste et l'homme seul face à l'invité, toujours aux moments les plus difficiles, Chirac pour le référendum de Maastricht, Alain Juppé au moment des révélations au sujet de son appartement et tant d'autres, il ne prépare jamais à l'avance, tout est dans la tête, reste à formuler ses questions comme les élèves brillants, au tout dernier moment. Parfois, il accompagne ses entretiens d'une image destinée à frapper les esprits, interrogeant Jo-Wilfried Tsonga juste avant la finale de Melbourne en évoquant sa cravate « Roland Garros », clin d'œil pour lui demander s'il y pense parfois.

Combien de fois je l'ai vu, pratiquement à chaque fois d'ailleurs, pendant le déroulement du journal, entre deux lancements, quelques minutes avant une interview décisive annoncée toute la journée à la radio, à la télé et dans les gazettes, la pression est très forte, prendre son stylo à plume, manière de signifier l'importance du moment et griffonner quelques phrases sur une feuille. D'autres présentateurs dictent leurs questions à l'avance sur le prompteur, l'invité voit ainsi le film en avant-première et les questions qui lui seront posées écrites en toutes lettres ! À l'instar d'Yves Mourousi qui ne révélait pas le nom de ses invités à sa hiérarchie, Patrick ne montre à personne ses questions, matériellement écrites quelques instants avant la joute verbale, manière évidente de préserver sa totale indépendance.

Ce jour-là Françoise Hug, une des journalistes du service politique, est chargée du sujet sur le décès de Jean-François

Deniau dont la personnalité peut être considérée de plusieurs points de vue ; il a été ministre, écrivain et voyageur, et nous avons des réactions d'hommes politiques, de candidats, aucune image n'est innocente en cette période électorale. Patrick se tourne vers François Bachy, le chef du service politique : « Il n'était plus un homme politique. »

François Bachy lui rétorque, approbateur : « Oui bien sûr, mais bon, il faut considérer les temps de parole, et ajoute : la rétro avait été faite par Thierry Guerrier.

— C'était quelqu'un de chez toi, ajoute Patrick. Faites-nous quelque chose de bien. »

Les chefs d'information égrenèrent maintenant les sujets du jour, la polémique sur l'enquête des Renseignements généraux à propos de Bruno Rebelle, un des collaborateurs de Ségolène Royal, qui vient d'être adoubé dans l'équipe de campagne, ancien président de l'association écologique Greenpeace, quelques images commentées par le présentateur feront l'affaire, puis les nombreux sujets sur la neige, la saga de la nuit des naufragés sur l'autoroute A6, la polémique afin de comprendre pourquoi on a laissé les automobiles et les poids lourds rentrer sur l'autoroute quand il y a neige, puis des vues d'hélicoptère. Geneviève Galey, notre rédactrice en chef intervient : « Il faut en profiter de ces images qui montrent bien les dégâts. »

Puis les réparations d'EDF, un sujet de Fabrice Collaro, notre spécialiste des nouvelles technologies sur les problèmes posés par les manchons sur les lignes à haute tension, des sourires accompagnent cette proposition. Poivre intervient et recadre le débat : « Notre rôle est de parler aux Français de leurs problèmes, c'est la noblesse de notre métier, il faut faire partager ce que nous savons et le faire comprendre au plus grand nombre ; faisons attention, même si nous allons évoquer des problèmes d'électricité à des gens qui n'en ont pas et qui ne nous verront pas, n'oublions pas de traiter le problème à fond sans oublier toutes les régions concernées. »

Evelyne Dheliat est dans la salle, elle nous explique la nouvelle alerte orange dans l'ouest avec force détails qui parfois titillent un brin Patrick qui n'a pas envie de s'attarder sur les dépressions ou les anticyclones ; aujourd'hui ça passe, il est de bonne humeur, il se tourne vers Philippe Morand, journaliste auvergnat du service économique, et Francine Buchi, notre journaliste alsacienne chef du service de l'environnement : « Il faut aussi parler de l'Auvergne et de l'Alsace, ajoute-t-il avec humour. Nous sommes sous contrôle… » Patrick semble fatigué mais il plaisante comme d'habitude, ça met du cœur à l'ouvrage. Le journal télévisé possède ce côté physique et sportif indéniable, la forme, la concentration, l'explosivité, tout y est en concentré. À cette réunion de l'après-midi, les sujets sérieux, le plus souvent dramatiques, empêchent rarement les plages de détente, c'est tout son charme. La présence autour de cette table d'anciens champions sportifs fait le bonheur de Poivre qui trouve là matière à interpeller le perchiste Jean-Michel Bellot, meilleur performer mondial en 1982, devenu journaliste qui s'est fait le défenseur du sport propre. Il y a peu, une athlète a été interpellée avec des hormones de croissance et mise en garde à vue avec son entraîneur. Poivre se tourne ostensiblement vers Bellot, le sourire aux lèvres, l'oreille en coin naturellement : « Alors à ton époque, vous en preniez, pas mal, non ? »

Bellot, habitué à la récurrence de cette plaisanterie, sourit et répond : « Oui bien sûr Patrick. »

L'ancien sportif nous raconte qu'en effet, dans les années 80, la plupart de ses collègues athlètes, perchistes ou autres, croisés sur les pistes du monde entier se dopaient à doses énormes, tous les sports semblent concernés. Depuis six mois, c'est la cascade, tous les cyclistes à la retraite avouent leur dopage. Patrick innova dans la plaisanterie en se tournant pour la première fois vers une autre journaliste, ancienne patineuse sur glace, Anne-Sophie de Kristoffy, trois fois championne de France, l'air encore plus canaille : « On m'a dit aussi que dans le milieu du patinage... »

Anne-So, un brin timide, se redresse sur sa chaise et sourit, l'air entendu. Avec Roger Zabel, elle a commenté les épreuves de patinage artistique à la grande époque où Surya Bonaly et Philippe Candeloro trustaient les podiums.

*

Tous les présents quittent maintenant la salle de conférence. Seuls restent « les fabricants » du journal, notre petite équipe : Patrick, la rédactrice en chef, la chef d'édition, le rédacteur en chef en second, l'assistante de Poivre et moi, tous les six assis en bout de la grande table pour choisir les sujets dans la liste qui vient de nous être proposée et parfois d'en inventer d'autres. Pas le droit à l'erreur pour créer le menu du journal, son scénario, le « conducteur » qui fera foi toute la journée pour des centaines de personnes. Patrick Poivre d'Arvor est au milieu, à sa droite Geneviève Galey, sa rédactrice en chef depuis dix ans, notre « dame de fer ». Elle présenta le journal de 23 heures sur TF1 ; Patrick a l'habitude de dire avec chaleur : « c'est mon double ». Ancienne journaliste politique et présentatrice, elle a le recul nécessaire à ce poste très exposé et fut invitée par Bernard Pivot à « Apostrophes » pour parler de l'ouvrage de son frère, Mathieu Galey. Effacée par nature mais tranchante lorsqu'il le faut, soutenue par une grande culture et une mémoire à toute épreuve, elle a sous son casque argenté une qualité rare : ne jamais s'énerver, plutôt bougonner ses directives avec calme mais fermeté, son « mauvais caractère » parfois vilipendé par les journalistes dans les couloirs est surtout une manière élégante de faire passer les changements demandés dans les reportages. Comme Patrick, elle est insensible à la pression, aux pressions de toutes sortes, humaines, professionnelles ou morales qui ne manquent jamais de se produire, provoquant des heurts de personnalités ou d'ego avec les journalistes. Chef d'entreprise et surveillante générale, elle possède l'art de ne pas se laisser faire comme le nécessite son métier qui est d'initier et de juger de la qualité des sujets, notamment les fautes de français. La plupart des rédac-chefs sont enviés et honnis à la fois, maîtresse d'école et censeur au courant de tout, elle n'hésite pas à taper sur les doigts des journalistes incomplets ou fautifs, elle y met parfois les formes.

Puis à côté d'elle Chantal Monteil, notre chef d'édition, cheveux auburn et mèche de petite fille, pétulante cheftaine du conducteur, elle partage cette responsabilité avec Philippe Perrot, éditeur en titre chargé de la mise en œuvre de la logistique du journal et directeur adjoint chargé des nouvelles technologies, efficace et directif, organisateur de l'informatisation de notre journal. À sa droite, Lionel Charpentier, rédacteur en chef en second, grand, calme, serein et informé, sérieux et déterminé, au courant de tout ce qui touche aux reportages ; il nous informe de la teneur des sujets en cours de tournage ou proposés ce jour-là. Enfin, en bout de table Virginie Fauroux, une jolie brune au charme discret venue de la presse écrite, assistante personnelle de Poivre, chargée des éléments éditoriaux. Je reste le seul à gauche de Patrick, à la même place depuis vingt ans, lui ayant manqué une seule fois le jour du déclenchement de la guerre au Kosovo, le soir de l'envol des avions américains de leur base italienne d'Aviano pour les premiers bombardements en Europe depuis la seconde guerre mondiale. J'avais un engagement d'émission dans le privé. En rentrant à la rédaction le lendemain, je m'aperçus avec émotion que je lui avais manqué. Notre exclusivité est pourtant un classique des émissions de télévision, tous les animateurs ou présentateurs ont leur réalisateur fétiche mais au journal télévisé, le travail étant quotidien, notre attachement sur les années prend valeur de choix ; depuis j'ai abandonné toutes les émissions périphériques, protégeant ainsi mon influx nerveux, pour réussir notre journal.

Notre petite équipe est restée la même depuis quinze ans. Une stabilité gage de réussite ; aussi parfois Patrick s'amuse à moquer gentiment Philippe, thaumaturge de l'ordinateur, scribe de notre conducteur numérique. À l'arrivée des beaux jours vient le temps des stagiaires, jeunes gens appelés à passer cette période estivale dans la rédaction. Après les avoir salués, Patrick se tourne alors un brin ironique vers Philippe, en souriant plein d'aménité : « Et toi à l'édition, toujours pas de nouvelles têtes... ? Tu as éliminé tous les candidats ! »

Philippe qui garde en réserve une bonne dose d'humour réplique : « Eh oui, je ne veux embêter personne mais on voit toujours les mêmes têtes ici... les présentateurs, la rédaction en chef, même les réalisateurs... »

Apartés destinés à détendre l'atmosphère toujours tendue lorsqu'il faut décider d'un journal sous pression.

La personnalité attachante de Patrick, extrêmement attentive à son pouvoir de décision mais en même temps ouverte et accueillante aux débats avec une touche d'humour, permet une conférence rapide et efficace. Patrick conçoit son journal en architecte respectueux des lois du genre. Il énonce clairement l'ordre des sujets, et ses mots pour nous le dire arrivent aisément car il prend soin de ne laisser aucun de nous sur le bord du chemin. La réussite de l'exercice est à ce prix mais il le fait naturellement, c'est là tout son charme. Aussi Patrick regarde avec tendresse et amusement le cahier à spirale de Geneviève Galey où tous les sujets du jour sont distribués aléatoirement ; le travail de la rédaction en chef est de prévoir, savoir et revoir, elle inscrit donc les reportages des semaines à l'avance, ouvrant lors de nos conférences quotidiennes la page du jour. Lorsque nous plaçons les 18 à 20 sujets dans l'ordre, Philippe Perrot est directement branché sur l'ordinateur, Lionel Geneviève et Virginie ont un cahier, Patrick et moi remplissons une feuille blanche.

Ah, le stress de la feuille vierge ! Geneviève, c'est le côté amusant, attribue des numéros à chacun des sujets sur la feuille de son cahier où les reportages sont déjà inscrits et notés dans leur ordre de fabrication, souvent plusieurs jours auparavant. Évidemment lorsque nous modifions la place de l'un d'eux, il nous suffit de mettre une flèche et de continuer notre liste, mais Geneviève doit modifier ses numéros, quand le 12 devient le 6, que deviennent le 7, le 8 ou le 13 ? Comment s'y retrouve-t-elle ? Son secret est peut-être ailleurs, par ce geste altier elle marque ainsi son territoire signifiant son rôle d'initiatrice ; seule au fond lui importe la présence de tel ou tel reportage ce jour-là pour des raisons d'actualité, laissant à Patrick le choix et l'ordonnancement de l'ensemble, partage des rôles nécessaire. La nature des rapports entre rédacteur en chef et présentateur a depuis toujours donné le ton d'une rédaction. Par ailleurs, Patrick aime prendre son temps pour composer son conducteur, ne pas gâcher cette fête en choisissant trop vite, laisser venir l'inspiration, la résonance d'un rebond ou d'une ellipse, la belle musique de cet épisode ultime, gravé dans nos mémoires furtives, dont dépendra ensuite le travail de centaines de personnes, à Paris, en régions ou à l'étranger. Geneviève passe toujours en temps record au sujet suivant, toujours son désir d'en mettre le plus possible. Patrick se tourne vers elle : « C'est ton côté écureuil, tes provisions, tu as peur de manquer pour l'hiver. »

Patrick est le patron de son journal, nous faisons des suggestions, parfois acceptées. Un peu trop bavard, j'ai appris à me discipliner, ayant subi des râteaux mémorables, mais l'atmosphère reste studieuse et attentive, Patrick fait mouche connaissant son public et la manière de lui parler. Il nous communique son enthousiasme. Disons-le, nous sommes fiers d'être là, nous ne laisserions notre place pour rien au monde dans cette antichambre de l'antenne, cellule de crise aux commandes du plus grand journal télévisé de France, impression renforcée par l'étrangeté de cette pièce impersonnelle devenue la nôtre, seuls, groupés à six face à un espace vidé de ses occupants, plus de faux-semblant, chacun dans son domaine devra compter sur lui-même, prêt à épauler Poivre qui devient à ce moment le rédacteur unique de son journal. Il prendra les décisions et fera les choix, nous sommes là pour l'aider ou préciser un détail.

Patrick, toujours sensible aux pressions, d'où qu'elles viennent, attend soigneusement que tout le monde ait passé la porte de la salle de réunion pour démarrer. Il sait pouvoir compter sur nous pour mettre en œuvre son journal sans en trahir l'esprit, que je résumerai d'un seul mot : indépendance. De tout, des partis, des patrons et des on-dit, des rumeurs et des lobbies, des cancans et des pressions psychologiques de l'intérieur comme de l'extérieur et même de nous, sa petite équipe. Une fois venu le temps de faire le conducteur, c'est le moment de la création journalistique dans sa forme la plus pure, jamais de compromis avec lui. Ayant vu fonctionner un grand nombre de présentateurs, j'ai l'expérience suffisante pour comparer et j'en ai composé plus de 7000 avec lui depuis vingt ans. Si Patrick est brillant à l'antenne, il est encore plus éclatant pour élaborer le conducteur. Là il donne toute sa mesure, c'est une leçon de journalisme quotidien. Savoir aller à l'essentiel pour être compris de tous. Refuser les facilités. Enchaîner pour raconter. Nous avons la chance de partager ce moment. Chaque jour de la semaine, j'en suis témoin, j'assiste à la naissance d'un grand journal libre de toute tutelle et ceux qui critiquent de l'extérieur me font bien rigoler.

Sur sa feuille vierge, Patrick inscrit maintenant le premier sujet. En dessous de chacun d'eux, il écrit « pl » pour « plateau » entouré d'un rond, ce sera son travail à lui. Et surtout, il n'omet jamais d'articuler clairement à haute et intelligible voix l'intitulé du sujet et le nom du journaliste afin que nous soyons tous les cinq parfaitement informés, pas d'à-peu-près dans la rédaction du conducteur, il doit être composé en « harmonie collective » : plus il est personnalisé, plus il doit être partagé. Car ce qui est dit est écrit à ce moment-là et fera date pour le reste de la journée, gravé dans nos mémoires, aucune erreur ne doit donc se glisser dans nos conversations. Dans nos métiers d'image, de télévision en direct où la décision s'imprime en action immédiate, le rôle de la parole et de son écoute reste une donnée essentielle.

Nouvelle leçon pédagogique offerte par Patrick. Là aussi, j'ai pu comparer avec ses nombreux prédécesseurs qui œuvrent la plupart du temps dans l'opacité ou la brouillonnerie, rédigeant dans leur coin sans partager leurs infos ni leurs décisions ; aussi nous repartions de cette réunion avec des informations incomplètes. C'est la morgue de certains journalistes qui se considèrent seuls dépositaires de l'information entre eux, l'aspect le plus détestable de leur caractère que j'ai appris à supporter. Rien de tel avec Patrick, toujours chaleureux avec nous. Au fur et à mesure, la chef d'édition inscrit chaque proposition sur l'ordinateur ; dès cet instant, le scénario du journal est inscrit dans le marbre virtuel du « Naos », le conducteur électronique de la rédaction qui pilotera ce soir notre journal télévisé.

*

Un ton nouveau a soufflé sur la campagne présidentielle, le retour de la politique, initié dès le départ par les débats participatifs de Ségolène Royal, associant les citoyens et le volontarisme de Nicolas Sarkozy, « je dis ce que je ferai et ferai ce que j'ai dit », mettant au rancart les attitudes florentines ou calculatrices de ses prédécesseurs. La télévision, notamment TF1 s'est mis au diapason avec « J'ai une question à vous poser ». Une vraie nouveauté aussi chez nous, dans les studios, les couloirs, hors de l'antenne, à l'arrière-scène où pour la première fois nous parlons de politique, décomplexion nouvelle en France, dans les salles de montage, sur le plateau, propos d'une nouveauté surprenante, nos opinions s'affichent ; je connais pratiquement toutes celles de mes collaborateurs, personne ne se cache plus. Installant le journal en plateau, je confie à l'une de mes assistantes : « Même si l'on n'aime pas Sarkozy, il faut le créditer d'avoir ratatiné le Front national, c'est un « plus » indéniable pour la France ! »

Elle me rétorque : « Non mais tu ne vois pas le discours ! »

Je la regarde, amusé : « Tu n'as pas de sens politique. »

Ça la fait bondir, c'est chaud, mais on s'adore, ravis de cette nouvelle attitude citoyenne, mieux se connaître permet de s'apprécier dans les moments critiques. J'ai demandé un jour à Patrick où il se situait politiquement. Bien entendu il a eu des engagements de jeunesse, comme moi, comme nous tous. Alors aujourd'hui, s'il fallait nommer sa place, où se situerait-il sur le curseur? « Je pourrais être anarchiste de l'extrême centre! » Une réponse qui n'en est pas une bien sûr mais qui éclaire ses sentiments. Se situer au milieu de l'échiquier politique permet de n'avoir pas à prendre parti, de rester libre et indépendant au milieu des guerres de religion entre droite et gauche et surtout de tenir la balance entre les pouvoirs interventionnistes et sa nécessaire liberté de ton personnelle. Liberté chérie, cela me va très bien.

Pour parachever la tonalité nouvelle de cette campagne à l'intérieur même de nos équipes de fabrication, la création d'un nouveau décor a permis d'insuffler de la joie et de la bonne humeur entre nous; nous retrouvions le chemin du studio, vivant tous les soirs ce que j'ai appelé entre nous « le retour de la télé », une période d'euphorie où toutes les équipes furent à nouveau soudées autour d'un but commun, faire le plus beau journal possible. Nous pouvions à nouveau jouer collectif, cela faisait du bien! Et bizarrement, ces archi-nouveautés nous permirent de retrouver notre télé à l'ancienne: on s'appelle par nos prénoms, on se voit pour en parler, on boit des cafés ensemble à la machine, échangeant des propos badins sur l'air du temps, nous retrouvons la camaraderie des années Cognacq-Jay et tous les jeunes autour de nous, notamment mes nouvelles assistantes, profitent de notre expérience. En mettant en place le journal à 18h30 après la météo, je leur raconte notre histoire, nos grandes heures et ses anecdotes; nouvelles venues à la télévision, elles sont ravies de constater qu'elles appartiennent à une grande famille.

En revanche, l'autre nouveauté de cette campagne, dans la famille médiatique, fut l'éloignement forcé de journalistes jugés au tribunal de la pensée unique trop proches des acteurs du monde politique ou ayant déclaré leur flamme à un candidat, comme Alain Duhamel, écarté de RTL à cause d'une image volée lors d'un cours à Sciences-Po, surgissement intempestif d'Internet qui se révèle un réseau de la rumeur, gigantesque surveillor décrit par Jacques Attali dans son dernier livre. Marie Drucker au Soir 3 et Béatrice Schönberg au 20 heures du week-end de France 2 feront elles aussi les frais de ce politiquement correct.

« Sarko-Ségo », c'est le refrain de ce début de campagne, tous les jours nous évoquons les péripéties quotidiennes de ce match, cette élection d'un nouveau genre entre deux quinquagénaires qui auraient d'ailleurs formé un couple explosif, lui Verseau ascendant Vierge, elle Vierge ascendant Verseau, tous les deux séducteurs, parlant une autre langue que leurs prédécesseurs. Sur le tard, tétanisé, le camp chiraquien s'est tu, beaucoup trop influencé par les préceptes cisterciens de Jacques Pilhan, le gourou de Mitterrand passé chez lui. D'accord, ce qui est rare est cher, mais à trop vouloir se protéger des embûches, sa présidence un brin pauvrette s'est éteinte dans le silence glacial des espaces infinis.

La campagne a vraiment commencé il y a cinq ans, lors de l'émission « 100 minutes pour convaincre » d'Olivier Mazerolle, où Nicolas Sarkozy a ferraillé contre Tariq Ramadan. Les Français l'ont découvert en pleine lumière ce soir-là, vif et décidé, nerveux et convaincant, osant briser les tabous et la langue de bois pour contrer cet intellectuel islamiste. Une première absolue en France. Deux ans plus tard, après un passage remarqué au ministère de l'Intérieur, l'UMP conquise, le principal était fait à droite, le 14 janvier, il se déclarait candidat dans un show à grand spectacle. Ségolène Royal s'était qualifiée à l'automne aux primaires socialistes, à la loyale mais au forceps, sortant du bois en novembre alors que personne ne l'attendait, terrassant à la fois François Hollande et ses deux rivaux installés, Dominique Strauss-Kahn et Laurent Fabius. Elle fait la une des magazines : une femme pour la première fois est en lice pour le poste suprême. La joute pouvait commencer entre le jeune homme pressé parti de rien qui avait pensé à tout et la belle jeune femme, sourire de précaution et tenue blanche de madone, poussant les éléphants dehors.

*

La conférence terminée, Patrick revient dans son bureau du deuxième étage où il aperçoit le bâtiment de France 2 trônant, lui aussi, en bordure de la Seine à quelques encablures ; impossible d'oublier la concurrence, elle reste féroce malgré nos bons chiffres. Il s'installe et demande à Fanny Schwarcfeld et Marie-Hélène Mille, ses assistantes, de le rejoindre, passant en revue avec elles les derniers appels téléphoniques, la liste des lettres à signer et le planning du lendemain. Face à lui, immanquable, une affiche géante de deux mètres sur trois, occupant la moitié du mur : une photo vue d'avion représentant son rêve de château d'enfance de Tregastel, situé à 500 mètres de sa maison de vacances, surmontée d'une inscription : « On l'appelle Rose de Bretagne ». Fenêtre sur sa jeunesse et son bureau de vote, quelle plus belle preuve d'amour ! À droite, un canapé de cuir noir. Sur son bureau, trois téléphones et la lampe d'« Ex-Libris » placée à gauche afin d'écrire le soir sans faire d'ombre sur la page blanche.

À côté de la grande affiche, des dizaines de photos souvenir épinglées au mur, la tête penchée vers Bill Clinton à Washington, parlant à Vladimir Poutine lorsqu'il est venu dans nos murs à Boulogne, la seule fois de notre carrière où des hommes en armes se trouvaient sur le plateau, posant avec Ronald Reagan en Californie le jour où le président américain publiait ses Mémoires, assis dans le bureau de Jacques Chirac à l'Élysée, de profil conversant avec Tony Blair, souriant avec Hilary Clinton, une audience avec Jean-Paul II et ses proches, le Dalaï-Lama reçu au journal devant notre premier décor et une photo de jeunesse en noir et blanc montrant les jeunes trentenaires « romantiques » ensemble devant une fontaine, Gonzague Saint-Bris, Frédéric Mitterrand, Brice Lalonde et Patrick portant une casquette anglaise et une écharpe au cou.

Solitaire sur un coin de mur libre, une photo de Rimbaud trône non loin d'un cliché étonnant où l'on voit l'industriel Gérard Bourgoin et Fidel Castro assis de part et d'autre d'une télévision où Patrick présente le journal. Nombre d'actrices souriantes ici et là et un cliché d'Alain Delon les traits accusés, de nombreux instantanés familiaux de toutes les époques. Une photo récente avec son frère posant devant un bateau en Bretagne dont les peintures vertes et jaunes font ressortir les visages des deux hommes dans la force de l'âge, plus quelques flashs en action, courant au marathon de New-York, disputant le ballon à Patrick Le Lay lors d'un match de football ou tentant une sortie de mêlée avec Fabien Pelous lors d'une rencontre de rugby. Enfin avec ses amis de TF1 un cliché avec Christian Brincourt, éternel grand-reporter des massifs alpins et des soirées tropéziennes ou un portrait de Catherine Nayl, notre belle brune directrice des reportages.

De très nombreux objets exotiques en bois rapportés de ses voyages sont posés sur une bibliothèque en verre à côté d'une sculpture en fer représentant un pharaon égyptien agrégé à des formes mystérieuses, maçonniques ou symboliques ; sur une table à gauche, un foisonnement de maquettes de bateaux de toutes tailles, un aquarium où une maison règne sur son petit monde en miniature et une belle sculpture en bois posée au sol d'où émerge le portrait d'une femme noire au sourire énigmatique. À gauche, près de la fenêtre, l'affiche des Wagons-lits de sa jeunesse « Trains de luxe – Simplon Express – Londres Calais Paris Milan Venise » dont les couleurs ont viré au bleu avec le temps, le dessin d'un homme la tête penchée en avant signé « Hamlet 94 » et un grand portrait de Solenn, le sourire de la Joconde. Posé devant l'affiche, un papier collé « Lettre à l'absente ». À droite près de la porte, une bibliothèque pourvue d'une dizaine d'écrans de télévisions reliés à différents lecteurs de DVD et magnétoscopes, une œuvre d'art électronique virtuelle célébrant « Vol de nuit », un dessin moderne avec des « P » entrelacés dans le style de Jackson Pollock et le dernier arrivé, un portrait stupéfiant de Patrick, un pastel aux teintes marron foncé où l'artiste s'est emparé de son regard pour en faire ressortir la brillance, découvrant l'âme derrière le personnage. Capter à ce point un instant fugace résumant un art de vivre est un tour de force ; j'appelle Fanny pour savoir si elle partage mon point de vue. Assistante fidèle de Patrick depuis ses débuts à Antenne 2, elle ne l'a jamais quitté, toujours à ses côtés ; la fidélité dans notre métier est une qualité précieuse, preuve que le professionnalisme peut se marier avec l'amitié, le talent avec la gentillesse, la rigueur avec le dévouement.

Une équipe soudée ne donne pas tous les droits mais s'arroge le prestige de l'amitié. Au service des grands, la proximité élève le débat en allant à l'essentiel, le travail rondement mené et apprécié. Pas besoin de remerciements, le quotidien partagé reste la meilleure réponse aux efforts consentis.

C'est bien lui, me dit-elle, ses yeux dont il faut savoir interpréter le sens. Toujours aux aguets, Patrick n'est pas « démonstratif », nous devons être attentifs à ses « clins d'œil ». D'ailleurs, chacun de nous a son rôle quotidien bien identifié. Fanny et Marie-Hélène gèrent l'agenda de sa vie professionnelle à l'intérieur et en dehors de la télévision. Geneviève Galey, la rédactrice en chef, élabore les choix éditoriaux et le sens donné au journal depuis l'intérieur même de la rédaction grâce ses reporters sur le terrain ; quant à moi, je m'occupe à Boulogne de l'antenne et du direct, mettant en œuvre la préparation et le journal lui-même en régie et sur le plateau. Trois facettes de sa petite équipe rapprochée, présente tous les jours gardant à l'esprit une même exigence soutenue par une rigueur sans faille. Mais ce regard saisi par l'artiste est aussi un appel à ses proches, « aidez-moi, j'ai placé la barre très haut, j'ai confiance en vous ».

Pour Fanny à ses côtés depuis vingt-cinq ans, Patrick n'a pas changé, « encore plus exigeant aujourd'hui, il fait attention à tout ». Les épreuves personnelles, il les extirpe dans l'action, se projeter, avancer, une attitude d'ailleurs évoquée dans son plus récent ouvrage *Aimer c'est agir, mes engagements* où il raconte le sens de son combat comme ambassadeur de l'Unicef ou Reporters Sans Frontières. Vie privée, vie publique, c'est la même, « il ne laisse pas de place à l'interrogation, toujours en éveil ». Elle lui rend hommage pour ne l'avoir jamais mise en difficulté devant témoin, « preuve qu'il fait attention aux autres ». Justement, on lui a souvent reproché une attitude hautaine ou bonapartiste, c'est tout le contraire, précise-t-elle : « Notre bureau est connu pour ça, tous les gens qui nous écrivent ou nous téléphonent ont droit à une réponse, un mot, un signe, un appel téléphonique. » Sauf qu'une journée professionnelle n'a que douze heures.

D'ailleurs, son humeur, ou son humour, à l'égard de ses confrères s'exerce parfois comme une forme de combat verbal destiné à soulager la pression, afin de lâcher ce supplément d'âme refoulé devant son personnage public harcelé en permanence par le regard des uns ou les demandes des autres. « Les couloirs c'est le danger » me dit-il. Son assistante a d'ailleurs un adage pour qualifier ses colères : « elles sont comme la mayonnaise, elles montent très rapidement mais redescendent aussi vite ». Un jour une chef d'info s'accrocha avec lui, leurs deux points de vue semblaient inconciliables ; au comble de l'émotion, elle se leva et quitta la pièce, du jamais vu ! Poivre aime bien qu'on lui résiste, attitude de seigneur, mais il faut le faire avec humour pour désamorcer la bombe. La boutade lui vient facilement et sa repartie est rarement prise en défaut, son auditoire lui étant acquis mais l'effet boomerang du surgissement de la vérité ainsi exposée ne l'entraîne jamais à tricher sur la probité intellectuelle. Si les blagues surgissent parfois, elles agissent comme le philtre de l'alchimiste en révélant la raison pure face à la confusion des idées reçues.

*

Philippe Morand, chef du service économique, entre dans la salle de la conférence de rédaction en exprimant sa surprise : « Tiens, il n'y a que des filles ! » lance-t-il à la cantonade.

Après un rapide coup d'œil autour de la grande table, je vois en effet une vingtaine de filles et quelques garçons. Désormais journalistes, assistantes ou cadres administratifs, les jeunes femmes sont partout aux postes de commande ; dans notre équipe du 20 heures également, nous pratiquons la parité à la mode, un gars une fille, Patrick et Geneviève.

Juste après notre arrivée à Boulogne, il y a quinze ans, je ne me rappelle plus lequel de nous deux a commencé, mais un après-midi Patrick et moi fûmes tous les deux surpris du nombre élevé de femmes présentes à notre rendez-vous quotidien. Un seuil semblait franchi ; je prenai note de ces deux chiffres 8/16, signe révélateur d'une révolution sociologique, la féminisation des métiers. La télévision n'y échappe pas. D'ailleurs, François Truffaut le soulignait : « le cinéma, c'est faire de jolies choses avec de jolies femmes ». Qu'aurait-il dit s'il avait mieux connu la télévision ! Aussi depuis ce jour, il m'arrive, lorsque je suis d'humeur badine, au début des conférences de rédaction, de noter ce marqueur social. Cet après-midi, le chiffre est symbolique : 10/18, évocation de la petite collection littéraire qui régala notre jeunesse. Les minutes de cette chronique journalière ont fortement évolué, passant d'une majorité masculine au moment de la privatisation à un équilibre mouvant dans les années 90 pour aboutir à une majorité féminine aujourd'hui. La composition de mes équipes d'assistants-réalisateurs est également révélatrice de ce feuilleton. À mes débuts, dans les années 70, la quasi-totalité de mes assistants-réalisateurs étaient des mecs sauf une, aujourd'hui la totalité sont des filles moins un.

Patrick ne va pas s'en plaindre, nous sommes comme lui à l'unisson, en particulier quand surgissent de belles actrices ou chanteuses, intelligentes et attrayantes. À l'identique des filles de la rédaction quand débarquent les beaux mecs. Ce fut l'émeute dans nos murs, après la dernière Coupe du Monde, lorsque Zinédine Zidane est venu à Boulogne, au siège de TF1, donner une interview pour annoncer sa retraite. Toute la journée je suis harcelé, où va-t-il arriver, où cela va-t-il se passer ? Je regrette de les avoir gentiment envoyés balader mais je ne voulais pas trahir le secret bien gardé de sa venue dans le bureau de Robert Namias, n'imaginant pas que le meneur de jeu des Bleus pouvait faire monter leur pression à ce point. D'ailleurs ce jour-là, c'est Claire Chazal qui l'interrogea, provoquant un agacement de notre présentateur.

Patrick semble parfois sous le charme lorsque paraissent devant ses yeux les belles invitées sur son plateau, en général à la fin du journal, lorsque le plus dur est fait, les sujets du jour ont été diffusés, nous sommes à quelques minutes de rendre l'antenne, place aux réjouissances. Que paraissent les belles ! Elles sont à lui pour un moment privilégié, seul au monde, plus rien n'existe. Patrick se conduit alors souvent comme un petit garçon, un fan, totalement désarmant et attachant. Il n'oublie pas quand même de rester journaliste en ayant la chance de pouvoir faire vivre cet attrait aux yeux du grand public. Finalement, en se laissant séduire il devient notre porte-parole, nous sommes à sa place pour nous extasier en tête à tête sur le sourire enjôleur ou les yeux de biche d'une personnalité captivante qui le mettent en émoi, l'antenne en est témoin, cela nous amuse franchement. En plus, Patrick plaît aux dames. J'y vois une authenticité, pourquoi jouer la froideur ou le professionnalisme distant ? Il aime ces belles comédiennes ou femmes politiques et, grâce à lui et à mes gros plans appuyés, nous les admirons avec ses yeux.

Patrick adore les actrices de cinéma, les yeux de Michèle Morgan ou de Juliette Binoche ; sa chouchoute, c'est Isabelle Adjani. Pour lui, les actrices ont les yeux de la dissimulation, il aime cette duplicité érigée en art, le regard d'une actrice, c'est la femme multipliée par vingt qui ment pour dire sa vérité et jouer son rôle. Mais il aime aussi badiner, ce fut le cas un an avant la présidentielle avec le duo de choc Salma Hayek-Pénélope Cruz, deux brunes incendiaires qui venaient de tourner *Bandidas,* un *remake* de *Viva Maria*, le film réunissant Brigitte Bardot et Jeanne Moreau dans les années 60. Patrick présente les deux petites nouvelles avec son élégance habituelle qui ne l'empêche pas d'offrir des tas d'informations au téléspectateur attentif, lancées avec naturel dans un style littéraire parlé : « Pénélope Cruz vous avez beaucoup de sang espagnol dans les veines, Salma Hayek vous avez un peu de Liban, un peu de Mexique, tout ça est un peu explosif, d'autant qu'il y a de la poudre au milieu de tout ça. Est-ce qu'on peut dire que votre duo a bien fonctionné comme dans ce film d'hier où les femmes se « crêpent le chignon » comme on dit en français, vous vous êtes bien entendues ? La vérité... »

Les deux invitées, tout sourire, confirmèrent qu'elles s'étaient bien crêpé le chignon mais pour rire et qu'elles avaient appris à se battre, à tirer au pistolet, à monter à cheval, des gestes virils qui n'étaient pas pour déplaire à Pénélope, frêle et menue, perchée sur ses très hauts talons. Piquantes toutes les deux. Nous avons passé un bon moment. Lorsque les invités viennent au journal, nous avons l'avantage de les côtoyer quelques trop rares instants mais ces moments fugaces restent marquants dans nos mémoires.

En trente ans de carrière, peu d'invités firent connaître une exigence sur mon plateau ; en général je n'y souscris pas, sauf pour les actrices, notamment Isabelle Huppert ou

Catherine Deneuve qui ont un profil favori comme Mylène Farmer, que l'on imagine éthérée et distante mais tout à fait sympathique en réalité, et presque intimidée de venir s'exprimer pour la seconde fois en douze ans sur le plateau, elle qui ne répond jamais à aucune interview. Je lui accordais généreusement son profil gauche, elle m'en fut reconnaissante, me remerciant d'un grand sourire et de paroles chaleureuses et sincères.

*

Six mois auparavant, Robert Namias, le directeur de l'information, nous avait lancé une invitation, appelant à la rescousse les quatre réalisateurs du journal. Un geste inédit. « J'ai besoin de vous » dit-il, nous présentant l'architecture générale du nouveau décor virtuel. Pour la première fois dans la longue histoire du journal télévisé, nous n'aurions plus de murs réels, peints, dessinés ou vitrés mais des écrans, dans lesquels nous aurions à imaginer des images. Grâce à une vue sur Paris, filmée depuis notre tour, nous nous retrouvons placés « au centre du monde » virtuel. Le décor magnifique et tout rond, vous le voyez à la fin du journal, il fait grosse impression sur les invités qui nous rendent visite. Le 27 août 2006, Claire Chazal inaugurait ce nouveau dispositif avancé d'une journée au dernier moment, le lendemain je l'inaugurais avec Patrick. À cette occasion eut lieu « la bataille des dates ». La Deux qui devait commencer en même temps que nous, ce lundi-là, recula son inauguration au lundi suivant, le 3 septembre. Pour quelles raisons ? Pas prêts ou désir de voir ce que nous faisions ? En tout cas, les ressemblances sont évidentes dans l'habillage et, trois mois auparavant, un reportage avait « fuité » sur le nouveau décor, paru dans *France Soir*.

Restait à résoudre la manière de filmer le présentateur dans un environnement virtuel où l'on peut imaginer toutes sortes d'images ; il suffit d'en revenir aux fondamentaux de Charlie Chaplin, deux caméras, l'une en plan serré, l'autre en plan large. Restait à résoudre la question ultime, la plus importante : comment filmer Patrick de deux endroits différents sans perdre son regard, il ne doit jamais quitter sa caméra donc les yeux du téléspectateur, comment faire ? Serge Khalfon, le réalisateur de Laurent Ruquier, initiateur de ce décor, me confia en aparté : « c'est la modernité, des écrans dans les écrans ». D'accord, mais en ce qui concerne le regard de Patrick, quelle est sa proposition ? Il me dit en plaçant la seconde caméra juste à côté de la principale, en première intention, donc le fond de sa pensée : « ça dépend de ce que TF1 peut supporter comme profil. » Il proposait 30 degrés d'écart. Je m'étonnais, c'est énorme, les pilotes de ligne et les bons en maths me comprendront, l'avion risquait de manquer la piste, le regard de Patrick serait perdu dans le vide, comme l'est celui du présentateur au 20 heures de la Deux, mis en œuvre par le réalisateur Jean-Jacques Amsellem. La mise en scène du journal télévisé n'est pas un laboratoire ou une vitrine technologique mais un exercice personnalisé sur le visage du présentateur. Ce qui est acceptable dans un *talk-show* où la vivacité des échanges ne dépend pas du regard de l'animateur est au contraire une nécessité au journal, où le message dépend des yeux du présentateur qui fixe sa caméra pour capter l'attention du téléspectateur. Un regard de biais est donc à proscrire. Je m'indignais : « TF1 ne supporte pas l'approximation, encore moins l'imperfection, mais désire la perfection, lui disais-je. On ne filme pas des figurants dans un décor mais un présentateur au journal. »

Patrick venait de rentrer de vacances, j'étais là depuis dix jours, nos explications apparemment byzantines sur la place exacte de la seconde caméra faisaient rage entre nous. Patrick débarqua souriant, le visage hâlé ; nous voyant ferrailler, il me lança : « Arrête, je suis reposé, on verra… »

Je mis huit jours à convaincre Serge ; après moult batailles, il me proposa finalement la seconde caméra en dessous de la principale. Notre débat sous sa futilité apparente touchait à l'essentiel. Si trouver le mot juste est le travail du journaliste, bien placer sa caméra celui du metteur en scène. Cette nouvelle prise de vue, vous la voyez actuellement tous les soirs au 20 heures, juste avant certains sujets, un écran où apparaissent une photo, une image ou une carte.

Il restait à trouver une image symbole de ce nouveau journal. J'ai l'idée de la tour Eiffel, proposée par la caméra placée sur le toit de TF1 au huitième étage de la Tour. Cadrée en gros plan, elle s'illumine de mille feux scintillants à la fin de nos titres, l'horaire du journal facilite ma trouvaille ; je mettais par la même occasion le journal en accord avec la signalétique de la chaîne qui joue cette année-là sur le spectacle et le brillant, comme au music-hall. À la Toussaint, cela devint un jeu avec Harry Roselmack car ses titres plus courts le font arriver à l'image alors que la tour n'est pas encore allumée. J'ai les nerfs en ce premier lundi, j'attends cinq longues secondes et elle s'illumine à l'antenne, c'est magique ! Même chose le lendemain, et voilà le travail ! De plus, cette nouvelle architecture permet des séquences inédites en direct.

À la mi-janvier 2007, j'ai négocié avec Guillaume Hennette, un jeune journaliste chargé de commenter les images du mauvais temps aux États-Unis. J'avais aperçu un carambolage spectaculaire au 13 heures, comme ces images des séries télévisées américaines filmées d'hélicoptère. Dans l'après-midi, je vais le voir dans sa salle de montage pour lui demander de placer cette séquence en ouverture de son sujet, s'il n'y voit pas d'inconvénient naturellement, et d'attendre quelques secondes pour son commentaire afin de profiter du bruit du crash entre les voitures. Puis je rancarde mes copains du son en leur expliquant qu'en début du sujet, même si Patrick parle encore, il ne faut pas manquer le bruit du carambolage. Ensuite j'explique la mise en scène à mon truquiste afin qu'il se prépare à placer le sujet dans l'écran, à droite de Patrick. Nous déroulons le journal, arrive le moment tant attendu, Patrick termine son lancement et l'on voit à sa droite, pendant qu'il donne le nom du journaliste, le fameux carambolage, image et son réunis, un vrai régal, ça, c'est du direct, effet garanti, comme au cinéma. Deux heures de travail pour une séquence de deux secondes en vrai direct ! Grâce à ce nouveau décor, les écrans permettent également d'illustrer les propos des invités politiques au moment même où ils s'expriment. Ségolène Royal va en profiter.

*

Automne 2006 : les primaires socialistes sont en préparation, trois candidats se présentent aux suffrages des militants socialistes, Laurent Fabius, ancien Premier ministre de François Mitterrand, ligne de gauche pure et dure, Dominique Strauss-Kahn, ancien ministre des Finances de Lionel Jospin, ligne social-démocrate ; enfin, surprise, l'inconnue déjà célèbre, la compagne du Premier secrétaire du PS François Hollande, Ségolène Royal, ancienne secrétaire d'État à l'enseignement, sortie du bois, faisant la une des magazines avec son beau sourire et sa séduction, une femme, nouveauté sidérante en matière d'élection présidentielle, déjà virtuellement gagnante, tenant un discours plus droitier que ses rivaux, renouvelant le genre à gauche. Les éditorialistes se demandent même pourquoi organiser l'élection présidentielle.

Son passage au 20 heures de TF1 peut donc être décisif en termes d'image de son « personnage public » attesté par l'importance d'un dialogue avec Poivre. La campagne officielle est encore loin mais les primaires restent à gagner. Tous les éléments sont en place pour une prestation attendue mais il y a un fait nouveau, notre décor virtuel. Depuis la nuit des temps, les invités politiques sont filmés sur un décor neutre, qui évolua au fil des années sans changer de nature. Notre tout premier invité fut Dominique de Villepin, nous étions fin août, les plâtres étaient à peine secs, la vue sur Paris magnifique, encore ensoleillée avec cette touche rassurante d'un ciel parsemé de nuages blancs et cotonneux comme du Magritte ! Le Premier ministre faisait sa rentrée politique en se plaçant en réserve de la république chiraquienne, au cas où…

Un mois plus tard, le 4 octobre, c'est au tour de Ségolène Royal. Je décide de mettre les petits plats dans les grands en illustrant les propos de l'invitée avec des images choisies par nous, projetées dans le grand écran du studio. Une première au journal télévisé, pas des images pour faire joli comme dans un talk-show à l'instar d'« Esprits Libres » de Guillaume Durand où l'illustration dans les écrans est là pour faire contraste en reprenant des images du plateau sous un autre angle. Ce soir-là, il s'agit de réagir en direct aux propos de la candidate, c'est de la politique en images et en direct, sans répétition. Mon équipe des images électroniques est conviée à la préparation. Ce soir-là, Elizabeth s'occupe du journal,

Zab pour ses amies, ancienne webmaster, finesse féminine et vigueur masculine, visage ironique et jeans de rigueur, nous faisons une liste ; elle me compose un programme de photos sur tous les sujets possibles, anticipant sur les questions que Patrick ne manquera pas de poser : voyages à Dakar de la candidate socialiste, portraits accolés des trois prétendants à l'investiture, Ségolène, DSK et Laurent Fabius, une vue de la rue de Solférino et un sigle du PS, son titre de vainqueur du prix de l'humour politique du Press Club, une vue de son site « désir d'avenir », Ségo parlant à une tribune de ses réunions participatives, des photos d'elle à l'Assemblée nationale et dans des foules pour illustrer la proximité, des militants montrant des pancartes « pour nous c'est elle », un peu de vie personnelle avec une photo d'elle souriante à côté de son compagnon. Elizabeth m'a imprimé une feuille où toutes ses photos en couleur sont présentées avec des têtes de chapitres classées selon des thèmes : « étranger », « politique », « PS » me permettent un visuel facile pendant le direct afin de suivre les propos de la candidate. À la conférence de rédaction de l'après-midi, je la pose sur la table, on y voit une vingtaine de photos, Patrick sursaute en voyant le mot « people » à côté des clichés avec Hollande, je le rassure, « c'est juste pour les nommer » car je le sais arc-bouté contre toutes les pratiques tendant à s'immiscer dans la vie privée, son combat personnel, je le savais et m'en veux de cette faute de goût mais la feuille venait d'être imprimée, trop tard pour la changer. J'en toucherais un mot à Zab avec finesse car elle a la repartie facile. Toutes mes équipes sont sur le pont pour cette première, techniciens des équipements, cadreurs, assistantes, fournisseurs d'images et chefs de plateau, afin de réussir notre prestation.

Patrick démarre avec deux questions sur ce qui « ne fonctionne pas » en France. Puis aborde le fond de l'affaire ce soir-là, sa capacité « d'affronter toutes ces attaques personnelles qui, hélas, fleurissent lors des campagnes présidentielles ». Elle s'impose en douceur. Patrick en vient au rôle de son frère dans l'affaire du Rainbow Warrior. On voit le bateau.

« Je ne savais rien », dit-elle.

Patrick évoque son prix de l'humour politique, le téléspectateur l'aperçoit sur l'écran, cela paraît naturel mais il faut 48 heures de préparation pour un tel résultat. Sur tous ces sujets les illustrations vont de soi, je suis les deux protagonistes mot à mot. Puis viennent les questions sur François Hollande : est-il « de mèche » avec elle ?

« Que deviendra-t-il en cas d'élection ? Restera-t-il premier secrétaire du PS ou deviendra-t-il Premier ministre ou ministre de votre gouvernement ? »

On les voit tous les deux, assis côte à côte, la candidate s'explique, elle prend la lumière sans effort comme l'on dit entre nous, ajoutant son charme indéniable à ses explications, raison de son succès. Du cousu main pour nous sur ce chapitre, pas de problème pour suivre cet entretien en images.

Enfin, le point d'orgue de l'interview :

« Comprenez-vous pourquoi vous attirez la lumière, les regards, d'où est venue cette cristallisation ? »

Se donnant le temps de répondre, la possible candidate déclare : « Je veux penser que c'est grâce à ma liberté de parole. »

À la fin de ce journal qui s'est très bien passé, je m'attarde avec mes équipes. Patrick est en conférence critique juste à côté avec les journalistes dans la salle de fabrication, j'arrive au moment où la rédactrice en chef déclare que Ségolène était assise de guingois. Patrick se retourne brusquement vers moi : « Tu aurais pu faire attention ! »

Je suis surpris de cette accusation : « Tu sais bien que mes plans sont de profil à cause du décor de Serge, les caméras sont cachées derrières les murs.

— C'est toujours la faute des autres ! » me répond-t-il

Ulcéré alors que tout avait baigné dans l'huile, ce seul petit défaut ne m'étant pas imputable, je déclare fâché à la cantonade : « Puisque c'est comme ça, je m'en vais ! »

Histoire de signifier aux yeux de tous que cette algarade est injuste, je m'éloigne théâtralement. Attitude stupide, j'ai joué petit bras mais c'était la première fois que je rembarrais Patrick de cette manière et a fortiori en public. Comme quoi, cette campagne électorale était novatrice à plus d'un titre ! En fait, il s'était félicité de la bonne tenue du journal mais j'étais arrivé trop tard pour l'entendre. Le 20 heures a une fois de plus joué son rôle fédérateur, les magazines de presse écrite avaient fait de Ségolène une candidate, en 9 minutes 54 secondes d'entretien et 580 plans, nous en avons fait une finaliste potentielle.

*

N'oublions jamais qui nous a fait rois, le public qui a sacré notre 20 heures ; naturellement nous lui devons tout. Pour fêter les vingt ans de sa privatisation, TF1 vient de battre tous les records rangés dans les armoires de Médiamétrie, l'organisme comptabilisant les audiences, à la manière de Météo France accumulant ses records de chaleur, du jamais vu depuis un siècle, la décennie la plus chaude, l'année la plus chaude. L'effet de serre de la campagne électorale a balayé tous les graphiques. Les journaux de 20 heures de TF1 font maintenant de manière récurrente et comptable le double de ceux de France 2 ! J'évoque ces chiffres rendus publics avec un copain éclairagiste rencontré dans l'ascenseur. Sa remarque piquante a le mérite de la franchise et donne la tonalité de notre état d'esprit : « Ce n'est pas parce qu'ils sont moins bons, ce sont d'excellents professionnels, c'est parce qu'on est les meilleurs ! »

Patrick Poivre d'Arvor est devenu le héros de la série « le 20 heures de TF1 », vingt-et-unième saison, il a mûri avec la chaîne qui lui a offert le fauteuil le plus convoité de France, en dehors du siège éjectable de président de la République.

Camera et promptеur, messager protecteur
Un p'tit côté acteur, c'est le présentateur

Tels pourraient être les couplets de la chanson du journal, le refrain est connu : le journal de 20 heures c'est de l'info servie à chaud, toujours des drames, une savante mise en scène et chaque soir une seule loi, être à l'heure. Occupant l'écran à l'avant-scène, le présentateur. Georges de Caunes, vedette de la télévision des années 60 me le disait : « nous sommes à l'image et nous arrivons comme des acteurs au théâtre devant le public ». Diderot au siècle des Lumières avait brillamment formulé ce paradoxe du comédien. Selon lui, l'acteur doit jouer son rôle à froid en toute connaissance de cause, simuler la joie ou l'énervement, ne pas s'énerver soi-même, encore moins se réjouir. Observateur scrupuleux de la nature, seul le souvenir des émotions passées et un sang-froid précautionneux lui permettent de réussir sa composition. Au théâtre, la représentation du comédien est nourrie d'émotions répétées, il duplique, son rôle est un copier-coller.

Au journal télévisé, Patrick est tous les soirs à l'affiche mais les nouvelles priment tout le reste, aussi son rôle de présentateur, observateur attentif de l'actualité est d'en organiser la hiérarchie pour livrer son roman à épisodes quotidiens. Il reproduit chaque jour des émotions neuves, renouvelant en permanence sa prestation, une écriture à peine dictée et aussitôt vocalisée à l'antenne. C'est le paradoxe du présentateur qui s'énonce comme suit : le masque du présentateur, l'image du journaliste et le visage de l'homme. Les trois ne font qu'un. Rester soi-même en toutes choses pour incarner l'autre, le passeur d'info, altérité personnalisante, obtenir le naturel le plus grand en composant un rôle sans artifices qui respecte les faits de manière scrupuleuse.

Je lui disais au moment de la privatisation, en forme de boutade : « Le matin tu arrives à Cognacq-Jay comme un journaliste, tu sais que tu es une vedette et pour le public tu es une star.

— D'abord je ne me considère pas du tout comme une vedette ou comme une star. Je n'ai jamais réussi à m'y faire et je ne m'y ferai jamais. Dans la rédaction je suis superbien, avec vous, avec tous mes amis qui ne me regardent pas avec des yeux trop éberlués.

— Oui mais quand tu sors dans la rue ?

— Quand je sors à l'extérieur, j'ai toujours l'impression d'être un extraterrestre qui traverse le regard des gens que je croise. Tout cela me paraît excessif. »

Acteur et journaliste, présentateur des faits et vedette cathodique, il reste acteur de sa prestation, sans jouer la comédie naturellement, d'où la difficulté de l'exercice.

Pourtant, selon lui, le direct n'est pas trop difficile : « le passage à l'antenne, pour moi, c'est le plus facile, c'est pour ça que je suis étonné des problèmes que cela pose aux présentateurs ». Dix ans plus tôt, Roger Gicquel avait aussi été confronté au passage en pleine lumière et cet exercice fut pour lui nettement plus ardu : « on ne s'adresse pas à cinq millions de téléspectateurs, mais cinq millions de fois à une seule personne ». Comme Bruno Masure en butte à ce trou noir de l'antenne « Heureusement pour moi, je n'imagine pas une seconde les millions de gens qui regardent le journal ; dans le studio je suis presque seul face à la caméra, c'est la grande solitude du plateau. »

Patrick y ajoute le roman de sa vie publique, nourrie aux péripéties de son actualité littéraire, humanitaire ou personnelle. Il faut s'y retrouver ! Soi-même et son double ne faisant qu'un dans sa double prestation, être soi-même pour incarner les nouvelles, parfois les siennes et s'impliquer pour faire naître l'émotion. Avec le temps, Patrick incarne l'information dans son expression publique pour la grande majorité des Français, qu'ils l'aiment ou lui refusent leur adhésion, montrant son visage au contraire du journaliste sur le terrain. Humilité et concision sont nécessaires. Ces émotions ne s'imposent pas d'emblée : « je suis obsédé par la manière dont les gens reçoivent ce que je dis, je m'occupe surtout de la réception du message. Je ne me contente pas de dire les faits, je veux savoir comment ils vont être reçus, alors j'essaie de me mettre à la place des gens qui m'écoutent ».

Tout nouveau plateau devient un combat textuel d'une vingtaine de secondes où la vie du journal, de l'information, renaît dans la présentation du sujet à venir. Patrick doit faire revivre l'intérêt à chaque fois, d'où l'importance de la mémoire des émotions déjà vécues ; un jour le Tsunami, un autre l'incendie de la rue de l'Opéra, l'une implique l'autre, les faits s'ajoutent, les émotions s'empilent, la voix est la même. Par ailleurs, parler de soi est devenu une habitude pour Patrick, à travers les événements dont il est le témoin dans la journée ou pendant le week-end, manifestations humanitaires et voyages pour Reporters Sans Frontières ou l'Unicef dont il est ambassadeur, inauguration de la maison de Solenn, pour aider les adolescents en difficulté, dont il fut un des initiateurs avec Bernadette Chirac et l'un des contributeurs, Marathon de New York auquel il participe et termine dans un temps plus qu'honorable, prix littéraire où il est juré. Un soir du joli mois de mai, grâce à notre nouveau décor, j'ai réussi à placer deux Poivre à l'antenne, le réel celui du plateau parlant au téléspectateur de l'opération « la Bretagne à Paris » et le virtuel, incrusté dans l'écran où passaient des images de cette manifestation.

Présentateur, il se donne à fond au journal, toutes ses activités connexes sont abolies lorsque sonne l'heure, renaissant à la vie au fur et à mesure que nous nous rapprochons de l'heure fatidique, ce moment de grande tension où nous prenons l'antenne. « Je suis convaincu donc convaincant » dit-il. Ce qui ne l'empêche pas, pendant la diffusion d'un reportage, de donner un petit coup de fil sur son portable ! Mise en abyme définitive pour le destinataire de l'appel ! Il s'implique à fond mais sans en avoir l'air. L'implication du présentateur, ce clin d'œil au public tant essoré par Roger Gicquel, tant décrié par Christine Ockrent. S'impliquer sans s'afficher, émouvoir sans se troubler. Ce n'est plus de la comédie naturellement mais l'exercice s'en rapproche, Patrick a rendu son journal soluble dans l'affect sans s'y noyer, surmontant ses émotions pour les extirper et les exprimer en pleine lumière.

Est-ce un rôle de composition ou du naturel poussé à l'extrême ? Il entraîne le paradoxe du présentateur à son point culminant. Le style c'est l'homme dit-on, en nous parlant, fait-il du Poivre ? Aucune nécessité ne l'y pousse, son retour quotidien à l'antenne est là pour conforter, sans effort apparent, la pérennité de son rôle. Il ne fait pas du Poivre, il apparaît tel que son papa et sa maman l'ont fait, comme son histoire personnelle l'a forgé, avec ses goûts, ses combats et ses envies mais en respectant scrupuleusement les canons du genre journalistique, dont certains qu'il a lui-même créés. Dans son expression publique, il ne fait pas de cinéma, avec le temps il s'est lâché, naturel jusqu'au bout des lèvres. Sa voix et ses répliques coulent. Pourtant les grands acteurs comme John Wayne possèdent plus qu'un personnage, une identité, une bible de comportements qu'ils ne peuvent trahir face à leurs spectateurs, ils se forgent une vie de l'écran en n'acceptant que des rôles compatibles en refusant par exemple un rôle de méchant. Patrick aurait-il la même exigence ? Nullement, car s'il respecte les valeurs qui sont les siennes, probité, indépendance et liberté intellectuelle, il n'a aucun besoin de forcer le trait, son rôle est sa vie elle-même, aussi son naturel lui tient lieu de continuité dialoguée.

Il conduit son antenne, son texte, ses lancements, ses questions et son univers d'une langue puisée aux meilleures sources, agile et déliée, mais sans aspérités, précise et claire sans esprit d'escalier, simple et émouvante mais sans emphase ni banalité, recevant d'ailleurs le prix Roland Dorgeles de la langue française. « Je dicte mon journal à toute vitesse, en fin de journée, jamais avant 19 h et l'éponge qui s'est imprégnée toute la journée je la presse et ça sort comme ça ! C'est plus spontané et lorsque je restitue mon texte à l'antenne, il est encore très frais dans ma mémoire. » Mais parfois, souvent même quand l'actualité brûlante est aux abonnés absents, il trébuche sur un mot ou un nom difficile d'accès, ces embûches vocales ajoutent à son charme, lui apportent de la fraîcheur et une certaine humilité, le rapprochant un peu plus du téléspectateur. Ces jours de décontraction, il manque parfois la marche, ouf il est comme nous, lui aussi peut trébucher, aussi grand que soit le présentateur, il peut être ce que nous sommes. Enfin, ne rêvons pas !

Enrichissant cet exercice journalistique par son talent de conteur, le grain de sa voix chaudement timbrée qui enveloppe et caresse des mots bien choisis. Sa diction est claire, le débit personnel et la conviction affirmée, non dénuée d'humour passés les grand sujets du jour dans une langue de belle facture, français sans anglicismes, sans clichés, sans trompe-l'œil, le plus souvent littéraire, enrichie de mots glanés dans ses voyages ou ses lectures, toujours au plus juste. Évoquant le mauvais temps, il parle de « la mer formée », vocabulaire de marin. Faire simple, pas de phrases complexes destinées à se mettre en valeur au détriment de l'information. Au plus près du sujet, émouvoir suppose clarté et concision, loin de toute emphase. Pendant la soirée du deuxième tour des législatives, le parler populaire s'est même invité. Expliquant qu'il ne doit rien révéler avant 20 heures. « Il faut être *nickel* ! » Il n'a pas ajouté « chrome », mais l'humeur y était.

Dans « Vol de Nuit », au journal de 20 heures, dans les émissions où il est invité, il ne dit pas tout de lui, bien entendu, mais ce qu'il dit est toujours authentique. Il ne joue pas de rôle, s'affichant en public depuis bien trop longtemps pour avoir besoin de forcer le trait. Sa personne est même devenue d'une certaine manière consubstantielle à l'information. Sa marionnette de Canal Plus, ce PPD dont il ne parle jamais, en est au fond le plus bel hommage. Comme tous les timides, Patrick est un audacieux chronique, une nouveauté s'impose au journal entre nous, une image, un enchaînement, pas besoin de nous concerter, nous sommes en ligne directe, à l'unisson, nous prenons des risques et nous aimons ça. L'adrénaline est notre carburant émotionnel.

Ceux qui ont la chance de le connaître hors de l'antenne savent bien que son charme est encore plus puissant au naturel. Mourousi avait le charme de l'insolence, un copain de classe. Poivre c'est le charme de la séduction, le grand frère protecteur. La télévision ne ment pas, tout se voit, surtout les sentiments cachés. En gros plan, l'impalpable se niche dans le détail, un regard flottant, une moue réprobatrice ou émue, un enchaînement rapide ou la voix cassée par l'indicible en sortie de sujet. Le présentateur doit-il s'impliquer jusqu'à prendre parti ? Très facile mais trop risqué. Rester en dehors est la condition même de l'exercice du métier de journaliste de télévision, même si l'on ne peut rester totalement hors du coup. Surtout lorsque les drames atteignent des sommets dans l'horreur. Ou même lorsque naissent des sourires, Claude Sérillon leur a dû sa disgrâce.

*

Tous les jours nous côtoyons la mort ou l'émotion forte, les attentats quotidiens en Irak, répétition d'images qui mithridatisent notre inconscient comme pouvaient l'être les séquences répétitives des attentats à Beyrouth pendant la guerre du Liban, puis c'est l'abbé Pierre, des milliers de personnes se rendent au Val de Grâce pour lui rendre hommage, puis Jean-François Deniau disparu ce jour-là, s'y ajoute un sujet sur les mannequins anorexiques de Cyril Auffret qui interpelle naturellement Patrick. La voix presque blanche il lui dira, pendant la conférence : « Ne te laisse pas avoir par les éditeurs, le témoin que tu as interrogé pour son livre n'est pas la plus représentative sur le sujet. »

C'est la fêlure de Solenn qui resurgit, nous sommes bouleversés pour lui. Face à la disparition, Patrick a choisi de se battre sur le terrain de l'action, un engagement personnel pour se reconstruire. Dans ces moments de tension, où nous sommes à l'unisson de sa tristesse, nous tentons de réussir les séquences concernées pour ne pas brouiller le message, être honorables, faire honneur à ce moment de mémoire caché, c'est notre petite participation à son grand malheur, les larmes nous viennent à l'œil, c'est sa vie, nous tentons de la lui rendre tenable.

Ce jour-là, c'est l'écrivain qui parle : « Il faut arrêter de dire que TF1 est inculte, la Deux n'a rien fait hier soir dans ses titres ! »

La veille nous avions fait un titre en images en ouverture du 20 heures sur la mort de Jean Baudrillart, sociologue observateur de la vie quotidienne, plus un sujet dans le corps du journal. Cet après-midi, *le Monde* fait un encart en première page : « Quel journal télévisé français a fait un titre sur la mort de Jean Baudrillart ? Le nôtre, 20 heures. » C'est un vieux refrain, entamé dès la privatisation. Le « mieux disant culturel » proclamé par Françis Bouygues n'aurait été qu'un argument de campagne. Mais Patrick a respecté le contrat, on ne peut rien reprocher au 20 heures de TF1 depuis vingt ans, à « Ex-Libris » puis à « Vol de Nuit » ; il fait vivre le monde littéraire sur la chaîne. Aussi quand on le titille sur le journal où il met en exergue le monde culturel, lorsque l'actualité lui en donne l'occasion, son sang ne fait qu'un tour : « Je trouve qu'il y a beaucoup de journalistes qui ne sont pas très cultivés, ne mettent pas assez les événements en perspective avec le passé. »

Sur son agenda recouvert de cuir noir, écrit au crayon, au détour de pages effacées, surgissent les noms des invités de « Vol de Nuit », serrés les uns contre les autres au bas d'une page. Patrick, comme tous les bons romanciers, a une mémoire d'éléphant et ajoute ses livres dans le poids de la balance, n'hésitant pas à se mettre en scène par l'écriture, on lui a tellement répété que sa vie est un roman qu'il les a écrits. Comme toujours tout faire soi-même, le héros doit être libre, il l'est naturellement, malgré la rudesse de l'exercice quotidien, accumulant les ouvrages ou la fiction le dispute à la confession intime tout en restant secret, protégeant sa vie privée avec robustesse et ténacité, trouvant à l'âge mûr la confirmation de sa démarche de plus en plus naturelle. Le fléau penche-t-il vers le journaliste ou l'écrivain ? Au début, malgré le succès retentissant de *Les enfants de l'Aube*, devenu récemment une fiction sur la Une, il ne s'est d'ailleurs que peu reconnu dans ce film, le monde de l'édition restait sur son quant-à-soi. Faisant la fine bouche, même s'il considère qu'il a été plutôt bien accueilli par la critique qui aurait pu avoir la dent dure vis-à-vis d'un confrère connu. Patrick a répondu en multipliant les ouvrages.

*

Quelques minutes avant le journal début février, je lui donne les dernières brèves, un urgent vient d'arriver sur mon écran, je l'imprime et passe dans la cabine vitrée, lui tendant la dépêche : « C'était attendu, ça vient de tomber. »

Il s'agissait du ralliement de Christian Blanc à Nicolas Sarkozy, un des ténors de l'UDF qui a fait carrière sous plusieurs gouvernements de gauche et de droite, le dernier en date des ralliés de la gauche. Nous sommes entrés dans l'ère de l'instantanéité et du temps réel. Je propose à Patrick une photo dans les titres, il est dans sa cabine de frappe, mettant la dernière main à ses titres, dictant les dernières lignes de son texte. À côté de lui, derrière la porte vitrée, depuis mon bureau, immergé au milieu de la « salle de fabrication », vaste salle chic et moderne pourvue d'un mur d'images et d'écrans plats d'ordinateurs ultrarapides de dernière génération, j'imprime la dépêche, il est moins six, il me regarde de la cabine, je lui fais signe que ça ira, j'ai téléphoné à mes copines des images électroniques pour qu'elles me fournissent la photo de Christian Blanc, nous l'ajouterons dans les titres en images, déjà préparées par les monteurs.

À nos postes de commande, le quatuor du 20 heures est à la tâche, Patrick est prévenu, pas le temps d'en parler avec Geneviève Galey, la rédactrice en chef qui visionne les sujets en compagnie de Philippe Perrot, le chef d'édition. Dans ces moments extrêmes, même s'il faut tout savoir sur tout pour éviter les plantages et pouvoir prendre les bonnes décisions ultra-rapidement sans faillir, sans se dédire, ce qui est dit est dit, la parole devient action, un ralliement de cette envergure est une vraie information de cette journée politique, il ne faut pas la manquer, surtout dans les titres. Il nous reste juste le temps de rejoindre nos postes, Patrick en plateau, moi en régie, il est moins trois, il faudra qu'il ajoute une phrase à son texte et me dit : « Je n'ai pas eu le temps de lire la dépêche, amène-la moi. »

Il l'avait laissé sur son bureau, je l'imprime à nouveau, la lui tends et cours en régie tandis qu'il s'installe en plateau. Tout va très vite, à peine assis, il est moins une, il dicte à Rosine la phrase sur ce ralliement, la musique du générique retentit, il termine la phrase trois secondes avant de reprendre le fil, apparaissant à l'antenne pour attaquer les titres en images dans l'ordre prévu, pas de panique, tout est fluide, l'antenne est parfaite.

La campagne s'accélère elle aussi. En février TF1, propose aux téléspectateurs une émission politique d'un nouveau genre « J'ai une question à vous poser », où des Français choisis sur un panel représentatif vont pouvoir poser directement leurs questions aux candidats par-dessus l'épaule des journalistes. Poivre est à la manœuvre. Le « Tiers État » s'invite à la télévision, les états généraux seront réalisés en direct, à Boulogne à côté du siège de TF1, aux studios SFP de la rue de Silly, les anciens studios cinématographiques de Boulogne reconvertis pour la télévision. Patrick présentera le journal sur place, je reste à Boulogne pour assurer la liaison avec nos studios où je retrouve Harry Roselmack qui prépare un journal en parallèle, afin de pallier une éventuelle interruption d'images. Sur les écrans, nous voyons Nicolas Sarkozy arriver en studio, énervé par la présence de Franck Tapiro, le publicitaire qui organisait le panel. Le joker de Patrick était à TF1 depuis quelques mois.

Le mercato des présentateurs

MARS 2006 à Canal Plus, il est 16h. Harry Roselmack est plongé au milieu de la rédaction d'I-Télé, le journal en continu de la chaîne cryptée où il vient d'arriver, dans le 15e arrondissement, allée de la Deuxième division blindée au rez-de-chaussée à côté du studio du journal. En face de lui la chef d'édition, les bureaux sont ouverts, une cinquantaine de personnes travaillent dans ce grand espace, chacun son ordinateur. Il sort de la conférence de rédaction, s'installe et s'apprête à écrire ses textes de lancement. Dans les chaînes d'information aujourd'hui, on travaille dans le bruit et les conversations. Il reçoit un coup de fil.

« Bonjour c'est Patrick Poivre d'Arvor; écoute, on a évoqué l'avenir avec Patrick Le Lay, il voudrait te parler, je t'engage sincèrement à le rappeler… »

Patrick et Harry s'étaient rencontrés quelques mois plus tôt au Club Averroès lors d'un dîner réunissant également Etienne Mougeotte et Robert Namias. L'Élysée et le CSA avaient demandé des efforts aux télévisions pour promouvoir « les minorités visibles » comme on dit, des journalistes de talent issus des départements et territoires d'outre-mer, du Maghreb ou d'Afrique francophone. Harry

Roselmack présentait les journaux de France Info comme journaliste « fil rouge », lançant les reportages. Michel Polacco, le copain de jeunesse de Patrick, à ce moment directeur de la station d'information en continu, l'avait présenté ce soir-là à Patrick qui découvre son visage et sa haute stature, ils sont aussi grands tous les deux. À l'étonnement d'Harry Roselmack, Patrick lui dit tout de go : « Je connais votre voix, j'aime beaucoup la manière dont vous présentez les nouvelles... »

Harry était surpris d'avoir été ainsi remarqué et content de recevoir des félicitations de Patrick dont les jugements sont écoutés dans la profession.

18 h 00 : Harry fait son journal à Canal Plus et laissa passer la soirée avant de rappeler le patron de la Une, le lendemain. Un rendez-vous est finalement fixé au domicile de Patrick Le Lay aux Invalides pour des raisons de confidentialité évidentes. Fidèle à sa manière, il engage aussitôt la conversation sur la raison de cette rencontre : « Ne tournons pas autour du pot, je vous propose de venir au journal de 20 heures pour les remplacements de Patrick Poivre d'Arvor. »

Une fois les questions essentielles résolues, Patrick Le Lay, comme souvent, évoque la Bretagne et offre à Harry Roselmack en gage d'amitié un livre d'Ernest Renan, l'écrivain « breton » né à Tréguier, consacré à la vie d'Averroès, le grand philosophe et mathématicien arabe du Moyen Âge, qui fit connaître l'héritage de la culture grecque d'Aristote, emblème du club qui porte son nom.

La surprise est totale en ce printemps 2006 quand la chaîne annonce l'engagement à TF1 du journaliste français d'origine antillaise pour présenter les journaux d'été du 20 heures dans le rôle du *joker* de Poivre. Depuis un an l'actualité est aux débats sur les problèmes de minorités et de colonisation ; certains ténors politiques de l'opposition évoquent une nécessaire « repentance », le CSA demande avec insistance d'ouvrir les écrans et notamment les journaux télévisés aux minorités visibles, journalistes de couleur, africains, maghrébins ou antillais. Sur France 2, Rachid Arhab avait présenté le 13 heures, à TF1 Rabah Aït-Hamadouche d'origine kabyle, Patrick Ninine d'origine guadeloupéenne ou Patrick Fandio d'origine camerounaise sont grand-reporters, Audrey Pulvar, d'origine martiniquaise, est présentatrice des journaux de France 3 où la Réunionnaise Mémona Hintermann est grand reporter, mais les effets de cette présence restent diffus. Depuis deux ans, Sébastien Folin né lui aussi à la Réunion présente les bulletins météorologiques en compagnie d'Evelyne Dhéliat ; les fous rires n'ont pas manqué avec lui, Sébastien est un joyeux drille, amusant, pointu et blagueur.

Mais il manque un symbole, une image, une icône qui ferait du bruit sur la chaîne « premium » la plus regardée d'Europe et au 20 heures, l'Empire de Poivre depuis 20 ans même si un journaliste noir, notre ami Jean-Claude Odin, avait bien présenté le journal de la Une du matin à l'été 86. L'arrivée d'Harry Roselmack est donc portée par l'air du temps et cet état d'esprit. Primordial le fait qu'il soit le plus français des Antillais, né à Tours, d'origine martiniquaise car il est naturellement incontestable en tant que journaliste. Ne l'oublions pas, la Martinique est devenue française en 1635, un siècle avant la Corse, deux siècles avant la Savoie. Mais Harry serait-il instrumentalisé ? Au contraire, il s'en félicite, il y avait une attente dans la population : « TF1 est la première chaîne à promotionner la diversité dans les médias, j'ai accepté la proposition, c'était même un sacré challenge. » Il me confie : « De toute façon, à ce poste même un blanc aux yeux bleus aurait été attendu; tous les journaux titrent sur la venue du premier journaliste de couleur. Si je me « ramassais » je savais qu'il n'y en aurait pas d'autres. »

Le 14 juillet 2006, Patrick Poivre d'Arvor est au palais de L'Élysée pour la garden-party et l'interview du président de la République; ce n'est pas la première fois évidemment pour le présentateur-vedette, mais ce sera en revanche la dernière apparition en ce lieu et à cette occasion pour Jacques Chirac, dont tout laisse à penser qu'il ne se représentera pas. Son poulain, Dominique de Villepin, est à la manœuvre pour s'imposer face à Nicolas Sarkozy, mais comme l'a dit son prédécesseur à l'hôtel Matignon, la pente est raide et la route plutôt escarpée ! Patrick ne tergiverse pas :

« Je ne sais pas si vous avez un petit pincement au cœur à l'idée de nous répondre une dernière fois en tant que président ici même, à moins que vous ne décidiez de vous représenter.

— Quand on a fait la réforme du quinquennat, on n'a pas dit qu'on allait rester un an à ne rien faire..

— Supposez que vous ne vous représentiez pas?

— Tout cela, Monsieur Poivre d'Arvor, c'est de la politique-fiction, je suis à l'heure de l'action… »

Soyons charitables, il ne pouvait dire le contraire. Le lundi suivant, Harry Roselmack fait son apparition sur les écrans à 20 heures. Comme de nombreux présentateurs de la télévision, il vient de la radio où il présentait les journaux sur France Info puis il passa sur Canal Plus où la profession remarqua son style et sa plastique. Après les « débats tranchés » vécus dans l'anonymat du service public radiophonique et le travail solitaire dans la petite rédaction privée de Canal Plus, comment va-t-il appréhender sa venue sur

TF1, une grande machine d'information et ses dix millions de téléspectateurs? Il sait sa position bien établie. Tenu à l'excellence, Harry se doit d'être parfait en tant que journaliste présentateur remplaçant de Poivre et figure promue icône des minorités visibles. « La pression, j'ai essayé de m'en exonérer » me dit-il. Le 20 heures est une machine complexe et, comme toujours, il faut être bon dès la première seconde, mais je crois que nous avons tout fait pour lui rendre cette tâche agréable. Il le confirme: « dès mon arrivée j'ai ressenti un choc, j'imaginais une maison gigantesque, dénuée d'humanité, dure dans les rapports humains et j'ai découvert de la sympathie, on m'a « chouchouté », j'ai été pris en mains par l'ensemble de la rédaction, tout a été fait pour me décharger de cette pression ». J'ai réalisé avec Harry une dizaine de journaux hors de l'antenne pour mieux le connaître, lui permettre de se familiariser avec nos méthodes, le plateau et nos procédures internes. Surtout pour l'habituer à dicter le journal en équipe.

La réussite d'Harry Roselmack tient à son charisme qui s'imposa dès le premier jour; il nous offrit comme un cadeau sa gentillesse professionnelle mâtinée d'une autorité naturelle tapie derrière son sourire éclatant, désir d'indépendance foncière, l'attitude ne manquait pas de charme, l'homme non plus, les filles de la rédaction furent tout de suite sous le charme. Quelques jours avant son arrivée, je croisais Catherine Nayl, rédactrice en chef et directrice des reportages. :

« Alors vous avez engagé un beau mec !

— Chut il ne faut pas le dire », répond-elle, complice et enjouée.

Harry Roselmack travaille en baskets, habillé d'un teeshirt, dans la décontraction totale, au travail très tôt dès le matin, afin de conjurer le stress déstabilisateur, il ne laisse pas de place au vague à l'âme en travaillant énormément comme tous les présentateurs futés. Pour son journal inaugural, il est arrivé avec son costume satiné, enveloppé dans une housse, à 19h40, les titres terminés, mes assistantes triaient les feuilles sorties de l'imprimante. Apparemment les plantons n'avaient reçu aucune consigne et la cabine du deuxième étage, prévue pour qu'il puisse se changer et « s'habiller antenne », avec ses costumes brillants dans les tons sombres, était fermée à clef. Moins le quart, pas le temps d'appeler au secours, il fallait trouver une formule instantanément. Connaissant bien la géographie interne, je lui propose la cabine des toilettes réservée aux handicapés, spacieuse et claire où une grande glace lui permettra de s'habiller dans le confort. Cinq minutes plus tard, nous entrons en plateau pour une dernière mise au point.

Signe de rigueur à l'antenne, sa diction est travaillée, chaude et bien placée, articulant très clairement des lancements nettement plus longs que ceux de Patrick pour se donner le temps de lancer les reportages en détaillant l'angle choisi. En matière de réalisation, il imposa un grand classicisme, différent de l'intuition mise en œuvre avec Poivre. Dès ce premier soir, je réalisais une belle séquence sur nos écrans avec Lilian Thuram, l'arrière des Bleus, dans l'écran placé à sa droite, offerte comme un symbole de cette naissance métissée. Les résultats d'audience du lendemain vinrent confirmer nos premières impressions : le public marchait lui aussi, son personnage accrochait la lumière, son naturel à la fois chaud et distant plaisait au plus grand nombre, la partie semblait gagnée. La presse unanime salua l'événement ; rarement on vit un tel concert d'éloges en matière de journal télévisé, où les critiques pleuvent à chaque nouvel arrivant, et a fortiori sur TF1. Harry avait créé la sensation, faisant souffler un appel d'air salutaire. Il fut adopté d'emblée par le public, les commentateurs et notre petite équipe, subitement fiers de cet événement qui provoquait un tel consensus. Une nouvelle aventure commence pour le 20 heures qui s'adapte à tous les changements en restant lui-même.

*

Pour son retour en France, Céline Dion était l'invitée d'Anne-Sophie Lapix. La séquence a été enregistrée durant l'après-midi pour des raisons d'agenda de la star, les services techniques mettent au point une vue de Paris nocturne pour respecter l'unité de temps, de lieu et d'action. Sur le plateau, en attendant la chanteuse, Anne-Sophie et les techniciens s'amusent un brin. La petite nouvelle fait alors un grand numéro pour distraire son auditoire, chantant son tube de l'été 95, *Pour que tu m'aimes encore*, composé par Jean-Jacques Goldman avec force mimiques, comme le micro à la main, devant des gens qui la connaissent peu, certains la voyaient pour la première fois... *je me changerai en or pour que tu m'aimes encore !* Le ton est donné. Ce fut la deuxième surprise de l'été 2006, l'arrivée d'Anne-Sophie Lapix comme remplaçante de Claire Chazal. Petite blonde pétillante, simple et avenante, bourrée d'entrain et sans chichis, elle arrive dans la rédaction en conclusion d'un feuilleton médiatique qui tint en haleine toutes les chaînes pendant le printemps.

Mélissa Theuriau était pressentie et même annoncée mais la belle journaliste fit savoir qu'elle ne « se sentait pas prête à assumer le 20 heures ». Déclaration rare dans le métier surtout pour le fauteuil convoité de la reine de fin de semaine. La journaliste était devenue un « phénomène Internet », ses vidéos sur « Youtube » étant vues par des millions « d'admirateurs ». Au siècle dernier, Jean-Paul Sartre et Julien Gracq ont refusé le Nobel en 1964 et le Goncourt en 1951, désormais l'histoire retiendra Mélissa Theuriau qui a refusé le 20 heures de TF1 en 2006 ! Laurence Ferrari, installée dans ce rôle de joker estival rejouait chaque été depuis quatre ans une pièce que les journalistes des magazines médias avaient concocté, « la bataille des blondes ! » Claire Chazal contre Laurence Ferrari, il fallait bien pimenter la chronique. Les chroniqueurs n'ayant rien à dire sur des journaux parfaitement présentés, les éditorialistes inventèrent de toutes pièces cet affrontement virtuel qui n'avait aucune substance autre que des articles à la limite du people.

« Roule, ma poule » me lance Laurence Ferrari comme une apostrophe avant d'entrer en plateau, manière de conjurer le stress. J'ai tout de suite trouvé mes marques avec elle, moins avec son compagnon, Thomas Hugues, tous les deux *jokers* de Poivre et Chazal depuis quatre ans. TF1 a l'art d'attirer les couples comme le miel pour les abeilles. Thomas est resté distant avec moi, ce qui n'était pas le cas de Laurence.

En ce printemps, c'est du lourd. Les fauteuils prestigieux sont mis aux enchères et ça balance sur les ondes ou dans la presse, un jeu de dominos ou de chaises musicales ! Comme souvent, les jokers veulent exister, obtenir plus d'air, comme le demanda Bruno Masure quinze ans auparavant, mais sur l'affiche il n'y a qu'une vedette. Pour la première fois au journal télévisé, surgissait en pleine lumière une sorte de « mercato » des présentatrices, chose inimaginable dans le monde feutré du microcosme parisien des JT, affaire de spécialistes et de journalistes habitués aux négociations feutrées suivies de communiqués lapidaires. Entre M6, Canal Plus et TF1, chaque nouvelle proposition aux unes ou aux autres ébranlait un subtil équilibre entre postes et fonctions; l'émission dominicale « 7 à 8 » fut mise dans la balance comme le poste de directeur des magazines, les négociations se firent pratiquement sur la place publique. Peu de mots qui fâchent mais beaucoup de sous-entendus car peu d'employeurs à disposition.

Après le départ fracassant de Laurence Ferrari et de Thomas Hugues, Canal Plus leur tendit les bras. Laurence prit la barre d'une émission politique dominicale, Thomas les rennes du journal d'« I Télé », il se fit couper les cheveux, s'habilla rocker, cet ancien reporter de politique étrangère devenu présentateur joker de Poivre s'inventait une nouvelle jeunesse. TF1 pris de court appela Julien Arnaud pendant l'été, un jeune présentateur sympathique et très professionnel de LCI, aimable et entraînant, afin de faire le joint à l'antenne le temps pour Anne-Sophie Lapix d'effectuer son préavis sur M6 où Mélissa entra pour prendre les commandes de « Zone Interdite » à sa place. Ouf! Le parcours d'Anne-Sophie Lapix est celui de nombreux présentateurs ou journalistes trentenaires: Sciences-Po à Bordeaux, CFJ à Paris, trois ans pigiste chez Bloomberg TV. Engagée à LCI elle fera « le Grand journal » pendant un an et passe sur M6 où elle présente « Zone Interdite », avant d'inaugurer le premier journal de cette chaîne avec un présentateur à 12 h 50. Nous avons fait plusieurs numéros zéros avec elle à l'été 2006; drôle, gaie, toujours prête à faire un mot d'humour, elle se fondit rapidement et quasi fusionnellement dans nos équipes à l'instar de Jacques Legros, le remplaçant de Jean-Pierre Pernaut. Tous les deux ont cette qualité rare d'entretenir d'amicales relations et une franche camaraderie pendant la préparation de leurs journaux.

Face à la Une

« J'AI UNE QUESTION à vous poser » donna l'occasion à Patrick pour la première fois de sa carrière de présenter un journal en public, devant une centaine de personnes, des Français choisis pour être représentatifs, une audience palpable et visible, placée à sa droite. La chose est rare, cette expérience lui a beaucoup plu. En représentation pendant les sujets, il parlait parfois avec ses proches voisins depuis la scène avant de reprendre la parole en s'adressant à la caméra sous l'œil curieux et intéressé du public ; une mise en abyme de proximité, enchaînant le journal et le prime-time, un exercice de style maîtrisé sauf sur un point de friction avec le réalisateur qui l'avait placé à côté d'une plante verte sur le côté pour l'émission elle-même. « Tant que vous y êtes, pourquoi ne pas me mettre derrière la plante, je serais là ou pas, ça ferait le même effet ! » lui dit-il, courroucé.

Les deux émissions avec Ségolène Royal et Nicolas Sarkozy feront des records d'audience, près de 9 millions chacune, le journal 11 millions. Le lendemain, Poivre est agacé par les éditos de la presse contestant le principe de ce questionnement ou une éventuelle préparation. « Il faut bien cadrer quelque peu l'émission » nous dit-il, mais rassuré par le constat du CSA sur l'équilibre des temps de parole. En janvier, comme d'habitude TF1 est inattaquable, 18 % à égalité pour Sego et Sarko, 64 % pour les autres candidats, il nous dira : « On nous accuse de préparer une élection Ségo-Sarko, on voit bien que ce n'est pas le cas. » En revanche, Poivre se plaint car, comme à chaque fois, le CSA parle des « chaînes de télévision », les mettant toutes dans le même sac. Car c'est la presse écrite qui avait monté de longue date la mayonnaise Ségolène contre Nicolas, les unes des magazines papier glacé ayant besoin de cette nourriture personnalisée pour exister. Comme d'habitude à la télévision, nous sommes tenus à un strict équilibre entre tous les candidats et ces accusations sont infondées. En revanche, notre émission politique est une vraie première en prime-time, sanctionnant le surgissement de la société civile, de la proximité dans le débat national, même si le dispositif fait tousser les éditorialistes. Pourtant ils ont leurs émissions, celle-ci est un moment de la campagne, sans plus. Une campagne électorale est composite, les commentateurs politiques ont leur importance, nos émissions aussi, elles ne se concurrencent pas, elles se complètent. Aujourd'hui, jeudi 15 mars, veille de clôture des signatures au conseil constitutionnel, Dominique Voynet et Arlette Laguiller ont déposé leurs parrainages, ils sont maintenant neuf candidats. Nous préparons « Face à la Une », les émissions de campagne présidentielle où nous recevrons les douze candidats. Juste avant le premier tour. Les regards sont focalisés sur les émissions où apparaissent les trois candidats principaux, Ségolène Royal, Nicolas Sarkozy et celle de François Bayrou qui doit être enregistrée pour des questions d'agenda.

Le 14 avril 2007, Patrick arrive décontracté et de bonne humeur ; il est vrai, François Bayrou fait l'événement de cette fin de campagne, il fera sa dernière émission chez nous. Pour une fois, nous ne sommes pas en direct et l'atmosphère est évidemment bien différente même si la concentration est la même. Qu'on le veuille ou non, l'adrénaline du direct est nécessaire, sa tension fait office d'effet de levier. Au maquillage, il me demande si tout est prêt.

« J'ai optimisé au maximum tous les moyens mis à ma disposition et j'ai réussi à obtenir une modification du décor pour améliorer la prestation de François Bachy qui était désespérément filmé de profil. »

Pour la première fois, c'est notable, je lui explique mes soucis de réalisation, Patrick pige vite, car mes soucis sont aussi les siens et influent sur le rendu à l'antenne de ses interviews. D'ailleurs, le candidat centriste va en remettre une couche ce matin-là, fustigeant la Une à quelques jours du vote, s'attaquant à François Bachy, notre chef du service politique qui a dû se battre pendant toute la campagne pour orchestrer une égalité drastique des temps d'antenne.

Dès sa première question, Patrick réaffirme la règle essentielle : « Restons fidèles à ce qu'on fait depuis dix ans, nous ne parlerons pas des sondages mais des sujets qui intéressent les Français. Vous vous plaignez de l'euro fort ; comment faites-vous pour le faire baisser et quelles sont vos idées pour réduire la dette, vous parlez de rentrées fiscales nouvelles ? »

François Bayrou lui répond : « Je n'augmenterai pas les impôts. Ce matin dans le journal, *Les Échos*, dans un sondage, on demandait aux chefs d'entreprise des PME, quelle était l'idée qui les intéressait… »

François Bachy intervient : « C'est la vôtre, les deux emplois… »

François Bayrou reprend, légèrement énervé : « Ils ont dit l'idée qui nous intéresse c'est celle de François Bayrou, deux emplois sans charges pendant un an… »

François Bachy lui rétorque : « Évidemment, c'est un effet d'aubaine pour eux… »

François Bayrou brusquement monte sur ses grands chevaux : « Vous dites ça du haut de votre tranquillité. À TF1 on considère que l'effet d'aubaine est pour les autres. »

Stupeur de Patrick. François Bachy ne perd pas le fil du débat et le coupe aussitôt : « Non, pour les chefs d'entreprise. »

François Bayrou fait comme s'il n'avait pas entendu et reprend : « Ces gens qui travaillent, il faut leur donner la possibilité que cet emploi pèse moins sur les épaules… »

On l'a compris, chassez le naturel, il revient au galop. Jean-Marie Cavada l'aurait-il poussé à ces attaques contre la Une ? De toute manière, l'inconscient a parlé, son positionnement tactique n'est plus de bonne guerre mais devient une mauvaise manière faite à des professionnels ! J'avais saisi au vol la relance de François Bachy, ce plan de coupe de notre chef du service politique permettait aux téléspectateurs de ne pas perdre le fil de cet échange plutôt musclé. Le soir lors de la diffusion en direct de cette émission, très gentiment, Poivre m'en fit la remarque :

« Je n'avais pas remarqué ton plan de coupe… »

Le plan de coupe est une arme efficace ; d'ailleurs dans le débat organisé entre les deux tours, toute une panoplie de mesures drastiques sera édictée afin d'éviter ces fameux regards entre les deux candidats, qui sont à l'image même de la vie et apportent de l'information, montrant les réactions des uns face aux autres.

*

Au lendemain du premier tour où Nicolas Sarkozy a réalisé 31 % des voix, un record pour la droite depuis bien des années, Segolène en deuxième position est qualifiée pour la finale, François Bayrou éliminé, Jean-Marie Le Pen laminé, Marie-George Buffet et tous ses alliés de la gauche plurielle, Verts ou antilibéraux, réduits à la portion congrue, Patrick reçoit Alain Juppé et François Hollande au 20 heures. La veille au soir, devant des millions de Français, Nicolas Sarkozy en a aussitôt appelé au « rêve français ». Ségolène Royal attendra trois-quarts d'heure pour sa déclaration, les alliances vont être au centre du jeu, notamment à gauche. Ce soir, il faut trouver une ouverture et une amorce de dialogue. Patrick a préparé son affaire pour avoir les deux lieutenants des candidats en même temps sur son plateau. Convaincu qu'il peut se passer quelque chose, je rajoute une caméra pour permettre un éventuel échange, même s'il n'est prévu aucun dialogue, leur présence commune sur le plateau est une opportunité à ne pas manquer.

Patrick démarre l'interview d'Alain Juppé, je montre plusieurs fois François Hollande qui attend son tour, ce n'est pas prévu dans le déroulement mais j'espère ainsi provoquer un échange. Pendant la diffusion d'un reportage, hors de l'antenne, Patrick s'adresse à François Hollande : « Voulez-vous dialoguer ? »

Le premier secrétaire du PS se retourne vers les écrans de contrôle sans lui répondre ! Patrick a bien essayé de forcer le destin. Vers la fin de l'interview de Juppé, j'entends la voix du directeur de l'Information derrière moi dans la régie : « Mais pourquoi montrez-vous des plans de Hollande ? »

J'attends le scoop, mon général, un éventuel dialogue ! La journée est chargée en tension, tout est bon pour obtenir quelque chose. Car malgré le refus, Patrick reviendra à la charge. Pour l'instant, il interroge Alain Juppé sur le traditionnel débat d'entre les deux tours : « Nicolas Sarkozy est toujours d'accord pour un débat frontal ? »

Alain Juppé : « Pourquoi frontal ? Entre les deux tours, il est tout à fait légitime que les deux champions viennent s'expliquer, je crois que c'est programmé… »

Patrick répond : « Je ne sais pas… »

Il se retourne alors vers François Hollande qui attend son tour, saisissant au vol l'opportunité de cette date pour tenter une ouverture ; sa question est d'autant plus naturelle que l'image du premier secrétaire est à l'antenne. Il demande à François Hollande… :

« On parle du mercredi 2, mai François Hollande ?…

— Je n'en sais pas davantage, vous m'avez posé la même question hier et je vous ai dit que Ségolène Royal était prête au débat avant le premier tout et elle est prête maintenant… »

Alain Juppé reprend : « Si l'un et l'autre sont prêts, on a de fortes chances que ce débat ait lieu… »

Patrick se tourne alors vers François Hollande pour l'interroger. Un autre débat intéressait tout le monde, ce soir-là : Ségolène allait-elle faire alliance avec François Bayrou, éliminé avec les honneurs ? Alain Juppé quitte le plateau, Patrick questionne François Hollande :

« Comment s'adresse-t-on à François Bayrou ? On voit bien qu'il a son caractère, il a envie de créer son parti centriste, on lui téléphone ? Ségolène Royal a appelé François Bayrou sur son portable, pas de réponse, quelle est la réponse ?…. »

Un scoop énoncé par Patrick en direct. Le premier secrétaire n'avait pas prévu cet incident mais il fait bonne figure, souriant, apparemment pas déstabilisé. Officiellement, il vit avec la candidate :

« Vous poserez la question à ceux qui ont envoyé le message ou à ceux qui l'ont reçu.

— Vous connaissez bien la candidate, quand même !

— Oui mais je ne connais pas François Bayrou, je ne peux pas savoir quelle réponse il a donné… »

Quelques jours plus tard, Franz-Olivier Giesbert lâche lors de son éditorial politique du matin sur RTL : « François Hollande a appris sur le plateau de TF1 l'appel du pied de Ségolène Royal à François Bayrou. » Ce soir-là fut donc unique à plus d'un titre. Plaisir de vivre ces moments en direct au 20 heures, de les mettre en images, de participer à leur élaboration, nous adorons ce métier pour ces instants magiques, fugitifs mais révélateurs. Patrick a l'art de dire les choses importantes avec une légèreté étonnante, de manière enjouée, gardant une distance respectueuse pour l'interlocuteur.

*

On attendra finalement sept mois pour apprendre, sous la plume de Ségolène Royal elle-même dans son livre *Ma plus belle histoire, c'est vous*, sorti le 4 décembre, que la candidate Royal, trois heures après ce 20 heures épique, est allée voir François Bayrou à son domicile parisien, rue Cler, dans le 7e arrondissement, sonnant à sa porte, seule et pleine d'espoir mais le Béarnais n'a pas voulu ouvrir ; elle insiste. « Il y a du monde dans la rue ? » demandera Bayrou. Elle décrira cette scène et son interlocuteur, cela ne s'invente pas « comme un amoureux qui craint la panne ou un adultère risqué ». Il nous reste encore des choses à apprendre ! François Bayrou s'expliquera le lendemain lors d'une conférence de presse à Reims sur son refus ce soir-là. « Mon problème avec Ségolène Royal c'est que je n'étais pas d'accord avec son programme et j'ai appris par la suite qu'elle non plus n'était pas d'accord avec le mien. » Le centriste, s'il était monté, aurait ainsi refait spectaculairement le coup de Jacques Chirac en 1974 avec VGE. La candidate explique à son tour qu'en refusant de s'allier avec elle pour devenir son Premier ministre, proposition qu'elle comptait lui faire le soir de sa visite nocturne, « François Bayrou est passé à côté d'un tournant historique dans la mutation de la politique française ». Donc sept mois après l'élection, le mardi 4 décembre 2007, Ségolène Royal vient à notre 20 heures évoquer son ouvrage.

Elle n'a pas changé, le même sourire, les mêmes mots qui reviennent, « l'ordre juste », et elle compte, malgré qu'elle ne l'ait pas dit explicitement, concourir à nouveau. Patrick porte une belle cravate jaune, j'aurais aimé qu'elle eût un chemisier, il lui manquait un col. Bon, ce n'est pas grave. On eut même l'impression qu'il s'agissait d'une interview de « Vol de Nuit », deux écrivains parlant de mots d'auteurs. Murielle Maricourt, mon assistante en plateau ce soir-là, me fait remarquer que Patrick a une attitude plus décontractée, plus douce, toute en retenue, physiquement détendu, moins « rentre-dedans » que d'habitude. D'ailleurs, il la reçoit comme une femme d'abord avec une pointe de séduction, comme une politique ensuite et, ce soir-là, comme un « auteur ».

Lorsque l'entretien est terminé, pendant le passage du reportage qui suit l'interview, avant qu'elle ne quitte le plateau, il lui fait remarquer hors antenne que la couverture de son livre aurait pu la représenter de dos avec un public ou une foule de face, vu son titre, comme symbole de son appel à l'opinion publique. Ségolène n'en disconvient pas. Comme cela lui arrive parfois juste après un moment important, une fois qu'elle a quitté le plateau, il nous demande par le canal du micro hors antenne, « c'était pas mal, non ? c'était bien ? » Besoin de se rassurer, c'est normal.

En conférence critique après le journal, nous sommes une quinzaine de personnes. Sont présents les journalistes ayant des sujets qui viennent de passer à l'antenne, il est tard, 20h45, les autres sont rentrés chez eux ou partis en reportage, les chefs de production, la responsable du montage, la rédactrice en chef, Virginie l'assistante de Patrick, le chef d'édition et moi. Patrick interroge, sourire aux lèvres Antoine Lefevre qui suit le PS chez nous depuis des lustres :

« Alors tu l'as retrouvé, la même !

— Elle a même ressorti l'ordre juste.

— Pourtant on avait l'impression que tout ça était oublié depuis longtemps, ces mots semblaient avoir vieilli. »

Patrick s'interroge tout haut sur la rencontre ratée avec François Bayrou.

« À mon avis il s'est passé autre chose, on n'a pas fini d'en apprendre, François Bayrou n'a pas exactement la même version des faits. »

Quand tout le monde est parti, Geneviève Galey le rejoint dans la salle de frappe où Patrick se démaquille tout seul et, comme chaque soir, ils échangent leurs dernières impressions sur ce journal.

*

Retour sept mois auparavant au lendemain du premier tour de la présidentielle, en ce lundi de tous les dangers, Poivre continue son interview de François Hollande :

> « François Hollande, juste un mot, s'il y avait un adjectif, un mot rien de plus pour qualifier Ségolène Royal, qu'est-ce que vous nous trouveriez ? »
>
> Hollande marque un temps d'hésitation, Patrick insiste :
>
> « Sur l'instant ?

— Tenace, elle ne lâche rien, vous verrez !

— Et en défaut ?

— Tenace, elle ne lâche rien. »

Il revient à la charge, utilisant son « droit de suite ». Arnaud Montebourg, avait dit quelques jours auparavant à Canal Plus : « le seul problème de Ségolène, c'est son compagnon » :

« Je ne vous demande pas de faire comme Arnaud Montebourg, mais elle a quand même des petits défauts, elle n'a pas quelque chose ? »

François Hollande répond, détendu :

« Sans doute, mais aujourd'hui je veux plutôt insister sur ses qualités (il sourit), je ne suis pas là pour souligner ses défauts, ce serait quand même un paradoxe… Mais si vous voulez qu'on parle des défauts de Nicolas Sarkozy, je crois qu'ils sont assez évidents… »

Malgré cette réussite, j'apprends la veille des deux « Face à la Une » d'entre les deux tours, les émissions les plus importantes de la campagne que j'étais écarté de leur réalisation. Un professionnel ne se plaint pas. J'ai dit simplement en conférence de rédaction que « le procédé n'est pas élégant ». Deux heures plus tard, j'apprends par la bande, le planning du réalisateur concerné étant probablement surchargé, que j'étais rétabli dans mon rôle habituel. Cette journée a été épique avec la conférence de presse de François Bayrou qui décide de se tourner radicalement vers la gauche déclarant « qu'il ne votera pas Nicolas Sarkozy ». Les deux « Face à la Une » d'une heure, entre les deux tours, seront le pic de la campagne pour la rédaction de TF1, une heure d'émission, une semaine avant le grand débat. Patrick se fait du mouron, l'équipe de Ségolène Royal se demande si une heure n'était pas trop. « ce sont des fous furieux » dit-il, résumant la pensée générale.

Premier « Face à la une » avec Nicolas Sarkozy, une émission où sont apparues de loin ses chaussures dans le plan large où François Bachy, Patrick Poivre d'Arvor et Nicolas Sarkozy apparaissent dans l'espace du studio. Jean-Marc Morandini sur Europe Un en fait tout un foin le lendemain matin ; le petit bout de la lorgnette, il a mis l'image sur son blog et l'a fait sauter comme d'habitude, il y revient dix minutes plus tard car des gens ont téléphoné, indignés de cette mauvaise manière, « c'est juste un clin d'œil », il minimise ! À la fin de son émission dans « La libre antenne », une dame explique : « finalement Sarkozy est comme nous, quand il a chaud il sort ses pieds des chaussures ». En revanche dans la rédaction, cette émission, une fois n'est pas coutume, m'a valu une avalanche de félicitations.

Après ce « Face à la Une », nous avons passé une demi-heure avec le candidat, entouré d'Etienne Mougeotte, Patrick Poivre d'Arvor, Robert Namias, les journalistes politiques de TF1 et son équipe de campagne. Poivre demande à Nicolas Sarkozy s'il se prépare pour le débat avec Ségolène, car c'est une femme.

« Si j'avais écouté les conseillers, je ne me serais même pas présenté, Ségolène devait gagner à tous les coups. »

Françoise Hug le relance sur le débat, s'est-il préparé avec un coach ?

« Une campagne est importante à chaque instant, pas seulement dans les grands rendez-vous. »

Il nous regarde, légèrement amusé et nous prend à témoin : « C'est tous les jours la campagne, à chaque instant, dans le meeting le plus simple on peut dire une bêtise. C'est comme le Tour de France, on peut se prendre dix minutes dans une étape de plaine. Et ce n'est pas celle de l'Alpe d'Huez la plus dure, car à ce moment-là on fait son métier. Le plus stressant c'est d'être dans le peloton pendant les étapes de plaine où lors d'une bousculade on peut se casser la gueule. »

Puis, il nous fait part de son admiration sans bornes pour Lance Armstrong : « À 18 ans un cancer, une leucémie, puis la chimiothérapie et six Tours de France gagnés. Même s'il y a dopage, il reste un génie. »

J'ai pu côtoyer tous les hommes politiques depuis vingt ans, dans ces petites réunions d'après émission. Nicolas Sarkozy se comporte avec nous hors de l'émission comme il apparaît à l'antenne, le même exactement, ne faisant aucune différence entre les uns et les autres, il s'adresse à nous tous, précisément moins people qu'on veut bien le dire alors que d'autres ne parlent qu'aux chefs, c'est notable. Cherchant à convaincre ses interlocuteurs. Son naturel n'est pas étudié, il parle à la télévision comme dans la vie. Poivre est pareil, aussi naturel devant la caméra que dans la vie. Charles Pasqua arrivait au maquillage et sortait ses griffes, à l'antenne il continuait ses menaces. Michel Rocard était le même dans la vie et sur les planches, aussi emberlificoté que Lionel Jospin mais brillant dans ses démonstrations. Dominique de Villepin à l'automne nous annonçait en petit comité qu'il n'était pas candidat alors qu'il ne pensait qu'à ça, une de ses conseillères tentait de nous persuader du contraire. Ségolène est nature et sympathique hors de l'antenne, sous les projecteurs elle se met en scène. Pour le second « Face à la Une » d'entre les deux tours, Ségolène Royal est arrivée alors que le générique retentissait, elle s'est assise pendant le premier titre consacré à Nicolas Sarkozy, quelques secondes avant son passage à l'antenne comme invitée. Patrick, dans son deuxième titre, évoque précisément la rencontre de Ségolène Royal avec François Bayrou qui connaît des difficultés d'organisation. La proposition de la Presse quotidienne régionale refusée, celle de Canal Plus aussi à cause des temps d'antenne ; elle s'assied et hop ! à l'antenne, elle est tout sourire. Ah bon ! Les uns et les autres jouent un rôle mais Nicolas Sarkozy est le plus naturel de tous.

*

Dix ans auparavant, c'était ma rencontre avec Jacques Chirac. À six mois des élections présidentielles de 1995, Edouard Balladur est déclaré vainqueur d'un scrutin qui ne peut échapper à la droite après deux septennats de François Mitterrand, chapardant le rôle naturel du candidat de la droite au maire de Paris. Jacques Chirac, ulcéré de l'attitude de son ami, décide de contre-attaquer. Il vient de publier chez Nil Édition un petit livre programme. Nous décidons de faire un 20 heures en direct depuis l'Hôtel de Ville.

Michel Balloche me fait visiter le bureau du maire. Le souhait général est d'apercevoir Paris derrière les fenêtres. Après un rapide coup d'œil dans ce bureau immense donnant sur la place de l'Hôtel de Ville où la vue est tristounette, je passe au grand salon de leur appartement personnel, dont les fenêtres donnent sur la Seine, *Fluctuat nec mergitur*, je lui précise qu'il me faut un mètre supplémentaire au sol. Aïe, comment faire ? Cette pièce d'environ 300 mètres carrés avec deux grands canapés contient d'innombrables objets d'art premier comme l'on dit, vases chinois, objets japonais plus un mobilier encombrant et cassable, fragile et onéreux. Michel en a vu d'autres, organisateur des festivités du RPR, il n'est pas manchot et décide de tout vider pour faire installer un praticable en bois ! Jacques Chirac va se déclarer candidat à la présidence de la République, il en rêve depuis 30 ans, une histoire de salon à déménager ne va pas gripper la machine. J'avoue avoir été un peu gêné, ma demande tout à fait naturelle en matière d'image prenait des allures surnaturelles dans cet environnement domestique. Néanmoins, l'effet fut réussi. Lorsque je pénétrais dans le salon nouvelle norme, il n'y avait plus rien qu'un praticable et les rideaux. J'installais une table et un décor presque à l'identique et commençais le journal en extérieur avec de beaux plans de Paris. J'avais ouvert les fenêtres derrière le maire de Paris afin qu'on voit bien la Seine, dès le début de l'interview Étienne Mougeotte demanda qu'on les ferme afin de bien entendre les propos de Jacques Chirac.

Après ce journal mémorable, point de départ d'une campagne au cordeau, nous avons passé un long moment en compagnie de Claude, Bernadette et Jacques Chirac. Robert Namias présenta ce soir-là François Bachy au désormais candidat, lui expliquant qu'il suivrait sa campagne. Chirac, une bouteille de bière à la main, m'en servant une bonne rasade, m'apparaissait tel que le décrivent les journalistes qui le suivent depuis vingt ans : amusant, hâbleur, gaillard, souriant et joyeux même s'il ne décolère pas de l'attitude d'Edouard Balladur. Il n'a jamais été si fort qu'en partant de zéro, c'est le cas aujourd'hui. Martine Maigné, la marraine de mon fils, était l'une de ses secrétaires particulières.

Rencontrer les responsables politiques chez eux ou les présidents de la République à l'Élysée ou sur nos plateaux est évidemment une chance. Un soir, nous avions réalisé avec Patrick un 20 heures en direct avec François Mitterrand. À la fin du journal, l'antenne rendue, je me glisse avec

Patrick dans son bureau. Nous nous installâmes dans les fauteuils Louis XV. Je remarquais la désinvolture pour ses collaborateurs, notamment envers Jacques Attali qu'il envoya « chercher des rafraîchissements ». Le Président forçait l'admiration, ses ennuis de santé commençaient à être connus, pas dans leur totalité mais suffisamment pour alerter, néanmoins les échanges avec lui étaient brillants. Il se plaignait des attaques portées contre lui, injustes évidement ; il semblait fataliste, il m'a semblé ce soir-là que le temps était venu pour lui de passer la main.

Assis à côté de François Mitterrand, de Poivre et de Jacques Attali revenu avec des sodas, je ne pouvais manquer de penser à Chateaubriand qui a vu passer Napoléon sous ses fenêtres et ne l'a rencontré qu'une fois. Il a pourtant écrit mille pages sur lui ! Au contact physique des grands hommes, qu'apprend-on, finalement ? Une impression visuelle, parfois psychologique, et surtout l'intensité d'un naturel. Avec François Mitterrand, les paroles échangées n'ont rien eu de fracassant, l'eussent-elles été, elles ne m'auraient pas fait changer d'avis, chacun resta dans son rôle, le Président ayant demandé à Patrick s'il avait été bon, le présentateur lui répondit par l'affirmative, de toute façon ils s'étaient déjà vus, tout cela participait à un jeu de rôles. Sauf à être un intime ou être invité à confesse, peut-on parler franchement avec un chef d'État, un président étranger ou un responsable politique en charge du pays ? Les journalistes sont naturellement privilégiés, ils offrent à l'homme politique une scène, une estrade, une place au soleil de l'actualité, une main tendue vers l'opinion publique, nous autres anonymes ne représentons rien qu'une poignée de main aussitôt donnée et déjà oubliée. François Mitterrand ne fascine pas, il intrigue. Le nécessaire personnage qu'il s'est donné comme carapace se révèle à mes yeux, la percer est une cause perdue, l'homme est trop secret. Soutirer ou happer au passage d'éventuelles confidences ne m'intéresse pas, je n'ai aucun « personnage informé » à défendre devant les miens, les petits gestes sont peut-être révélateurs mais seule compte la grande politique, le reste ce sont des propos volés par les journalistes qui ne changent pas la face du monde comme l'avalanche de livres qui seront publiés après la victoire de Nicolas Sarkozy. Facile pour les journalistes qui le suivent de happer au passage quelques propos saillants. Évidemment, rien à voir avec les ouvrages de Catherine Nay ou le livre de Franz-Olivier Giesbert sur Jacques Chirac et Dominique de Villepin, *La tragédie du président* révélant les propos tenus par les acteurs de l'affaire Clearstream où le journaliste a cassé la langue de bois habituelle et « vidé ses carnets », un vrai livre politique facilité par ses portraits tissés au fil du temps.

Ce soir-là, dans le bureau de François Mitterrand à l'Élysée, je vois plutôt devant moi un vétéran de la IVe République ; il en a conservé les mots d'humour à fond perdu, les sens des combines politiciennes, ce qu'on appelle sa mise en scène « florentine », le tout mis au service du socialisme pour prendre le pouvoir et le garder. Son teint cireux impose néanmoins le respect, il lutte pour la vie, aussi mon jugement sera tempéré ce soir-là par cette constatation.

Le grand débat

APRÈS LE WEEK-END, arrive le jour du grand débat, le point d'orgue de la campagne électorale des élections présidentielles. Nous ne le claironnons pas mais le 20 heures TF1 est le journal télévisé le plus regardé d'Europe ! Nous y sommes, Poivre aussi, vingt ans d'escalade, le voici au sommet, posant avec le drapeau national devant l'objectif des photographes ; c'est du lourd, il anime le débat entre les deux candidats à la présidentielle. Cinq ans auparavant en 2002, il devait naturellement arbitrer cette joute, mais l'absence de débat était due au refus de Jacques Chirac d'affronter Jean-Marie Le Pen. Déjà en 1995, il avait sa place ; Annick Cojean du *Monde* l'interroge sur ce rendez-vous manqué : « J'ai été récusé par les communicants de Lionel Jospin, cela m'avait beaucoup choqué, il paraît que j'étais trop mordant. » Un reproche identique lui avait été fait en d'autres temps par François Mitterrand comme par Jacques Chirac qui évoqua son « insolence ». Brevet de bonne conduite journalistique que ses portraitistes oublient ou minimisent. Aujourd'hui à l'heure d'Internet et du renouvellement du genre, une grande part des archaïsmes de la procédure initiée par Mitterrand en 1981 où les deux candidats choisissent les débatteurs sur une liste présentée par les chaînes ayant volé en éclat,

TF1 et France2 n'ont proposé qu'un seul nom chacune: Patrick Poivre d'Arvor et Arlette Chabot. La route est libérée pour le passage d'une génération à l'autre, celle des cinquantenaires du baby-boom qui effacent les hommes politiques issus de la seconde guerre mondiale avec quand même quinze ans de retard sur Bill Clinton.

Lundi, la conférence de rédaction est appelée bien avant 16h. « Ils sont tombés du lit » s'écrient les participants car l'heure de cette conférence, située entre 16 et 17h dépend de l'agenda fluctuant du présentateur. Aujourd'hui, il doit s'occuper du débat et se rendre sur place pour organiser les derniers préparatifs. Pas de chance, un orage d'été vient d'éclater, il ne pourra s'y rendre en scooter comme d'habitude. Il a décidé de faire le 20 heures depuis le studio de Boulogne juste avant le débat. Etant habillé à la ville comme à l'antenne, il devra partager le trajet en voiture et assurer la conversation, ce qui le déconcentre. Ayant passé une heure avec chacun des candidats, la semaine précédente pour « Face à la une », il estime ce challenge réalisable, c'est possible, tout est toujours possible quand on le veut.

À 48 heures de la rencontre entre Ségolène Royal et Nicolas Sarkozy, l'heure est à l'humour pour détendre l'atmosphère au studio de Boulogne où se prépare cette joute tant attendue. Jérôme Revon, le réalisateur choisi pour la mettre en images, a enfilé pour l'occasion sa plus belle chemise blanche, ayant belle allure, penché à côté de Patrick Poivre d'Arvor et d'Arlette Chabot. Deux assistants du décorateur, Philippe Désert, ses grosses lunettes et sa silhouette enveloppée, amènent sur la table vitrée transparente une fine couverture transparente, « sablée » précisent-ils. Poivre ne manque pas l'occasion: « Eh oui, sablée, parce que c'est Désert ! »

Puis Jérôme Revon montre les images des différentes caméras, envoyées depuis la régie par son assistant, quand arrive le plan de Patrick… : « Oui ça, c'est un plan que j'aime bien. »

Arlette fait de même pour son plan avec une moue complice. Ils étaient déjà réunis dix ans auparavant pour la soirée de l'élection présidentielle de 1988 à TF1 et à leurs débuts dans les années 70 aux matinales de France Inter ; Poivre finissait sa nuit, Arlette commençait sa journée.

Jérôme Revon a 12 caméras, tout est orchestré, les tenues vestimentaires sont aussi essayées à la lumière de Bernard Favero-Longo. Le réalisateur propose trois génériques qu'ils regardent d'un œil distrait. Poivre est détendu, souriant, à l'aise, il a offert un brin de muguet à Arlette Chabot, demain c'est le 1er mai ; il répond à la question de la journaliste politique de France 2, enchaînant et parlant aussi détendu à la caméra que dans la vie. Mêmes phrases, mêmes intonations, même débit clair, posé, articulé et limpide. Arlette Chabot cherche un peu ses mots, son expression est plus travaillée. Patrick est authentique, ça coule, pas d'embrouilles, habitué à être observé du matin au soir, il se comporte dans la vie comme à l'antenne. Cet après-midi-là, il n'évoque pas la question mais il y tient, intérieurement il jubile, c'est son tour d'arbitrer la présidentielle, estimant qu'il s'agit d'un sommet dans la carrière d'un journaliste, proposant d'ailleurs quelques instants plus tard à Arlette Chabot un reportage sur les arrière-plans et les coulisses de ce débat « pour l'Histoire ». Arlette approuve. Une cassette, du solide, du matériel, pas du virtuel dématérialisé en numérique, effacé au bout de deux jours dans les grands serveurs numériques.

Le lendemain, je rejoins Philippe Morand dans la salle où il effectue le montage de son reportage sur la préparation de ce débat. Sur l'écran de gauche Poivre et Chabot, sur l'écran de droite une émission de LCI en direct où Michèle Cotta et Jean Boissonat évoquent le premier débat télévisé qu'ils ont arbitré, celui de 1974. Michèle Cotta explique l'échec de François Mitterrand à cause de la réalisation : « il était mal filmé, paraissant barbu comme Nixon avec Kennedy, une élection qui s'est d'ailleurs jouée à quelques voix d'écart » ; elle précise : « il s'est désuni pendant un quart d'heure, se défendant mollement et ça a été le moment où Valéry Giscard d'Estaing a sorti son couplet sur "le monopole du cœur". » Le matin chez Jean-Michel Aphatie sur RTL, Valéry Giscard d'Estaing a expliqué avec talent qu'il a probablement gagné en 1974 grâce à ce débat télévisé.

Comme il y a trente ans, le débat sera important cette année avec une nouveauté sidérante : la présence de Ségolène Royal. Bilan-projet, droite-gauche, homme-femme, au moins la joute est clairement identifiée. En ce jour de fête du travail, Nicolas Sarkozy interrogé sur le débat dévoile publiquement pour la première fois sa déclaration sur le Tour de France, un face-à-face c'est l'étape de montagne, mais sur une étape de plaine on peut se prendre dix minutes dans la vue, mot pour mot l'argumentaire qu'il nous avait tenu la semaine précédente. Il avait donc testé cette expression sur nous, ayant dû le faire précédemment avec les proches de son équipe de campagne, avant de lâcher la phrase en déclaration publique. La politique, c'est un métier. Le propos est authentique, simplement il est nécessaire de le mettre en bouche, d'en rôder l'expression vocale.

Patrick a décidé de présenter le journal juste avant d'animer le débat ! Est-ce une gageure ? La concentration n'est pas la même. Le rôle fixé aux deux animateurs n'est pas le registre habituel de l'interview, même si les thèmes ont été décidés d'un commun accord avec Claude Guéant, le directeur de campagne de Nicolas Sarkozy et Jack Lang pour Ségolène Royal. Paradoxe, le rôle des deux journalistes est de lancer les débats pas d'intervenir dans leur déroulement. Dans les sondages, Nicolas Sarkozy est en tête, Ségolène Royal est donc placée dans la position du challenger et devra se découvrir, attaquer, le candidat UMP pouvant se contenter de défendre, préserver le résultat. Et comme d'habitude, toutes les prévisions voleront en éclat.

*

Mercredi 2 mai, l'avantage de notre journal sur place, devant la porte du studio depuis la rue de Silly, devant le studio de la SFP est de permettre de voir en direct l'arrivée des deux candidats, suivis de leur état-major de campagne. Jacques Lang, porte-parole de Ségolène, lâche devant les caméras : « Vive la quille ! » Les deux candidats sont au maquillage. 20 h 30, Arlette Chabot et Patrick pénètrent à leur tour dans l'arène. Les trois coups peuvent sonner. Nous reprenons l'antenne les huit dernières minutes avant l'heure H pour une séquence en direct animée par Harry Roselmack. « Il faut que ça vive » m'a demandé le directeur de l'Information ; je mettrais à contribution Jean-Pierre Bouilliez notre réalisateur sur place pour illustrer ces derniers instants, montrant les abords du studio et les tout derniers préparatifs.

L'heure a sonné, le décor est lumineux et bleuté, loin des rideaux maronnasses des anciennes émissions, le quatuor affûté, un couple médiatique et un couple journalistique, les premières questions posées sur le thème des institutions, selon le scénario prévu. Mais au bout de quelques minutes, tout ce bel ordonnancement vole en éclat : Ségolène Royal décide d'évoquer les questions économiques et sociales, afin de placer Nicolas Sarkozy face au bilan du gouvernement auquel il a appartenu. Habilement, celui-ci lui répond, le bilan « je l'assume ». La candidate espérait faire vivre la chronique d'un bilan négatif. Nicolas Sarkozy passe à l'évocation de son projet. Bilan contre projet, les élections présidentielles ou législatives se sont toujours jouées sur la bonne équation entre ces deux stratégies. Le programme socialiste, défendu à demi-mot par Ségolène pendant la campagne, avait donné lieu à quelques empoignades farouches. Du côté de Nicolas Sarkozy, la stratégie était clairement à la présentation de propositions nouvelles, le bilan étant zappé volontairement sous l'emblème de la « rupture ». Le débat ne pourra donc se jouer sur cette thématique amenée sur le tapis par Ségolène Royal.

Tout avait été prévu avec les équipes des candidats, acté ou validé comme l'on dit aujourd'hui, les thèmes choisis et les signatures de Claude Guéant et Jack Lang échangées. D'ailleurs, pour avoir vécu aux premières loges ce virage éditorial sur les jantes, Patrick nous dira le lendemain : « Un jour, je vous montrerai ces documents. » C'est l'équation personnalisée de l'élection présidentielle, les candidats plongés dans l'arène au moment du grand saut font comme ils l'entendent. Mais devant l'entêtement de Ségolène d'aborder plusieurs sujets à la fois, Nicolas Sarkozy s'adresse à Patrick et Arlette pour leur demander d'en revenir au débat prévu, changeant l'axe de son regard. Surprise dans l'équipe de réalisation, ce scénario dérogeait évidemment à l'ensemble prévu. Tout explosait, sur le fond et dans la forme ! Jérôme Revon avait placé ses caméras et sa lumière comme les débats précédents, animateurs de face, regards des candidats l'un vers l'autre. Les canons du genre avaient été fixés il y a vingt-cinq ans en 1981, quand l'équipe de François Mitterrand, mécontente des aléas du débat de 1974, avait fixé des règles drastiques pour éviter de se faire surprendre par la technique. Regards de face, aucun plan de coupe et les réalisateurs de chaque candidat qui suivent le déroulement aux côtés du réalisateur officiel chargé d'appliquer leurs souhaits. Cette année-là, le candidat Giscard d'Estaing avait dit : « Faites comme vous voulez, j'accepte tout ! »

Mis devant le fait accompli, Jérôme Revon a été obligé de sauter l'axe, contraire aux lois de la mise en scène, il ne pouvait faire autrement mais lorsque Nicolas Sarkozy regardait à gauche Ségolène et à droite les animateurs, la lumière n'était évidemment pas la même, le téléspectateur y perdait son latin, même s'il ne savait pas pourquoi. Le résultat, ce furent des plans mi-figue mi-raisin. Lorsque Nicolas Sarkozy regardait Ségolène Royal, on l'écoutait à l'aise en pleine lumière. En revanche, lorsqu'il se tournait vers Patrick ou Arlette, comme ce fut souvent le cas, il se retrouvait à moitié dans l'ombre, le message en était affecté, presque masqué. Le lendemain, Poivre nous raconte que des observateurs attentifs lui ont même affirmé que la candidate socialiste regardait uniquement sa propre caméra où la lumière était la meilleure, regardant Nicolas Sarkozy au-dessus de son épaule droite pour fuir ses yeux. Dans les deux cas il y avait déstabilisation par l'image. Jérôme Revon n'a rien pu faire, ce dispositif n'était pas le sien mais il aurait pu éclairer de manière identique les deux axes, ce qui l'aurait sauvé.

Le lendemain du débat, Poivre est enjoué, il a envie de parler avec nous, d'échanger des impressions. Le côté formel du débat n'avait pas empêché la politique de reprendre ses droits. Au moment de l'algarade entre les deux candidats sur les chiffres de l'énergie nucléaire, les 17 % avancés par Ségolène contre les 50 % de Sarkozy, en fait c'était environ 80 %, Patrick connaissait grosso modo la réponse mais il a hésité, il nous en parle : « Fallait-il interrompre le débat ? »

Il s'est posé la question avec Arlette. Cette attitude aurait brisé brutalement leur rôle d'arbitre du chronomètre. Moment de grande tension évidemment.

« Il s'agissait d'un débat particulier, nous étions là avec Arlette pour ordonner le temps, nullement pour mettre notre grain de sel. J'ai pourtant essayé d'intervenir face à l'étrange comportement des candidats. »

Mais vu la teneur des algarades réciproques, intervenir aurait été risqué, l'énervement de Ségolène Royal et le calme de Nicolas Sarkozy, deux attitudes travaillées, la tension était palpable. Avoir raison dans une telle arène n'a pas d'importance journalistique, il valait mieux laisser se dérouler le combat.

« Et puis cela a duré très longtemps, plus de deux heures et demie. Je me demande si, dans l'avenir, il ne serait pas préférable d'organiser plusieurs débats avec des thèmes bien définis. »

À notre petite réunion, certains journalistes du service politique avancent des explications : « Son équipe rapprochée, Jean-Louis Bianco et François Rebsamen, n'est au courant de rien, elle fait ce qu'elle veut et ne prévient personne. »

Patrick estime par ailleurs que la colère de Ségolène Royal sur les handicapés était prévue un peu plus tôt ; elle attendait un moment propice pour placer une pique, celui-ci s'est présenté, elle a sauté sur l'occasion comme le fit Giscard en 1974. Nicolas Sarkozy, quelques heures plus tôt sur RTL, s'était étonné lui aussi de cette agressivité de la candidate, minimisant une fois encore l'importance de ce débat dans le vote des Français : « Je n'ai pas cette vision dramatique d'un moment de la campagne », replaçant sa comparaison fétiche : « le Tour de France, il ne faut pas perdre en montagne, mais les étapes de plaine peuvent être terribles, il y a de grandes échappées, un chien traverse la route et hop, envolé le maillot jaune. »

François Bachy nous informe du tout premier sondage réalisé à la fin du débat, selon « Opinionway » Nicolas Sarkozy a gagné par KO 54 % contre 31 %. Il se demande si les chiffres de ce nouvel institut sont fiables. Ségolène Royal dira : « on sait comment cela marche », sous-entendant que ces sondages sont truqués. Pourtant dès vendredi, les derniers sondages d'intentions de vote, beaucoup plus performants, tombaient 53 % pour Sarko, 47 % pour Ségolène. En fait le débat avait confirmé la tendance, l'amplifiant même, ce chiffre dépassant les 3 % de marge d'erreur prévue. Son importance se révéla en creux. Les résultats chiffrés du deuxième tour confirmeront le retour en grâce des sondeurs, cette fois-ci le vote pour Nicolas Sarkozy est à 63 % un « vote d'adhésion ». Depuis cinq ans, la gauche estimait avoir gagné tous les scrutins mais les instituts ont fait remarquer que la victoire du non au référendum sur le Traité constitutionnel européen en 2005 était d'abord un vote sanction contre Jacques Chirac, pas un choix des électeurs pour la gauche.

Le président

PATRICK POIVRE D'ARVOR anime le second tour de la soirée présidentielle en compagnie de Claire Chazal. La victoire de Nicolas Sarkozy est annoncée dès 20 heures, aussitôt toutes les télévisions, radios et agences de presse succombent au syndrome de la poursuite à moto. Cette première chevauchée dans Paris avant la Concorde et le Fouquets sera vécue avec ironie amicale par les deux présentateurs envers leurs confrères, Michel Scott et Nicolas Escoulan lancés à plus de 100 kilomètre-heure pendant 15 minutes à la poursuite de la voiture présidentielle de Nicolas Sarkozy sur les quais de la Seine. Une nuée indescriptible de dizaines de motos de tous les médias français et étrangers qui fait penser au passage du Tour de France.

Claire Chazal : « On va appeler Michel Scott qui suit la voiture de Nicolas Sarkozy. »

Patrick : « Il y a énormément de motos, ces motards qui suivent Nicolas Sarkozy… »

Michel Scott sur sa moto : « C'est une nuée de motos, de photographes et de caméramen, Il y a déjà eu de la casse, la portière d'une voiture accompagnatrice a été arrachée au passage, il va être très difficile de se rapprocher de la voiture de Nicolas Sarkozy et de tendre le micro dans ces conditions… »

Patrick tempère la surtension de ses grands reporters: « Michel Scott, faites attention aux contraventions, ne roulez pas trop vite… Nicolas Escoulan, prenez garde aux feux rouges… »

Michel Scott: « Nous sommes avenue Montaigne, nous allons être salle Gaveau dans une minute, je ne sais pas si vous avez cette image incroyable du nombre de motards qui suivent la voiture de Nicolas Sarkozy. »

Le caméraman et sa moto chutent au sol, les deux hommes se relèvent sans dommages.

Claire Chazal:

« Ne vous inquiétez pas, nous avons les images sur notre antenne.

— On a récupéré l'image de Nicolas Sarkozy avec une autre caméra, ce sera assez difficile pour lui de se frayer un chemin… »

La voiture est arrivée salle Gaveau.

Michel Scott: « Il va descendre d'ici quelques instants, il est hors de notre vue… on le suit pas à pas, c'est une bousculade incroyable… Il est parti devant par une porte dérobée, on est bloqués… »

Patrick calme ses troupes et en revient à l'information principale: « L'essentiel est que le candidat vainqueur arrive sain et sauf; nous avons annoncé il y a exactement 22 minutes la victoire de Nicolas Sarkozy avec, selon nous, 53 % des voix contre 47 % à Ségolène Royal; on se retrouve à l'intérieur de la salle Gaveau. »

*

Cette chevauchée en moto n'est pas une première. Les soirées électorales de la présidentielle de 1995 sont déjà présentées par Patrick Poivre d'Arvor et Claire Chazal à Boulogne, Gilles Amado est à la réalisation. Il trouvera une manière tout à fait subtile et originale d'agrandir notre plateau du journal où se déroule la soirée en utilisant d'habiles trucages. D'ailleurs, nos visiteurs sont toujours étonnés, lorsque je leur montre le plateau. Ah bon, ce n'est que ça ! Une table, des projecteurs et un mur vitré. Le travail du réalisateur tend à magnifier l'espace, le rendre lumineux et transparent, nos plans repoussent les murs et rendent les studios gigantesques, c'est la magie de l'image. Mais à cette occasion, le pédégé de la télévision publique, empereur en son domaine, amateur de coups et d'information, imaginera un court-métrage non prévu au programme.

Jean-Pierre Elkabbach, président de France Télévision depuis deux ans, s'occupe de sa chaîne et de ses programmes mais ce qui l'intéresse, c'est de « contrer » TF1 sur le journal ; le différentiel se tasse régulièrement malgré les efforts méritoires de la direction de l'info menée par Gérard Carreyrou et Robert Namias qui tentent de répondre à l'attente d'une information plus proche des téléspectateurs. Jean-Pierre Elkabbach procède d'abord à une opération de transfert pour renforcer son équipe, Jean-Luc Mano devient son directeur de l'Information, il amène avec lui de nombreux journalistes de TF1 qui feront de belles carrières. Arlette Chabot, l'actuelle directrice de l'Information, Guilaine Chenu qui présente « Envoyé spécial », Thierry Thuillier spécialiste de l'étranger dans son émission de « Carnets de route » un temps à la tête de la rédaction, Benoît Duquesne, présentateur du 20 heures, à la tête de son émission « Complément d'enquête » et beaucoup d'autres comme Michaël Darmon au service politique ou Jean-Michel Carpentier, un journaliste politique. Une vraie concurrence, les partants connaissent tout de nos méthodes, nos réflexes et nos petits secrets de fabrication.

Au premier tour, TF1 l'avait largement emporté en audience. Jean-Luc Mano et Jean-Pierre Elkabbach cherchent des idées. En discutant, ils imaginent suivre le candidat dès l'annonce des résultats; où qu'il soit, il risque de se déplacer dans la capitale, il suffit de mettre des moyens. « La proposition est venue de nos équipes, ils nous ont dit on a des motos », mais Elkabbach se demande qui pourrait s'en charger. Il faut un reporter capable de se rapprocher de la voiture du vainqueur, de frapper à la vitre, gardant la tête froide pour poser des questions et de ne pas perdre l'équilibre sur la moto. Certains proposent Jean-René Godart, un habitué du Tour de France et ses chevauchées acrobatiques. Benoît Duquesne est finalement choisi pour cette tâche originale et inédite.

Dès le début de la soirée, Jean-Pierre Elkabbach remarque le panache de TF1 : « Ils avaient un meilleur plateau, de meilleurs invités, plus de monde, nous étions en régie avec Patrick Clément, Louis Bériot et Carlo Freccero, il était neuf heures moins le quart et l'on voyait TF1 nous écraser. À un moment donné, Benoît Duquesne nous appelle : "Ça y est, il sort"... »

Le journaliste et le conducteur de sa moto se mettent en route mais ils s'aperçoivent au bout d'une minute qu'ils sont en train de suivre une « voiture leurre ». Revenu à l'Hôtel de Ville, Benoît Duquesne aperçoit Jacques Chirac dans la bonne voiture et commence à le suivre en continu et à l'antenne. On découvre la CX présidentielle, Jacques et Bernadette Chirac à l'intérieur, le président élu fait des signes de la main. On a presque l'impression de gêner. Où cela va-t-il mener ? Le plan dure, dure... Jean-Pierre Elkabbach s'interroge : « Nous avions un débat entre nous, entre ceux qui disaient on va ennuyer le téléspectateur et ceux qui affirmaient qu'il faut rester en continuité. Mais au bout de cinq minutes, nous avons tous senti qu'il se passait quelque chose. »

À ce moment, les télévisions américaines, notamment CNN, prennent le relais et diffusent eux aussi cette séquence.

« J'ai été convaincu que cette image exceptionnelle allait illustrer la soirée quand nous avons vu que nous étions repris à l'étranger. »

Avec les équipes de la SFP, Benoît Duquesne et son motard ont réalisé un plan séquence qui dura 17 minutes. J'étais le réalisateur du car destiné aux images du quartier général de Chirac à l'Alma, offertes en *pool* à toutes les chaînes. À cet endroit se termina l'odysée de la moto qui venait de suivre Jacques et Bernadette Chirac depuis leur sortie de l'Hôtel de Ville. Ce trajet en moto provoqua un coup de froid dans mon car : « Bon dieu, quel film ! » Je reprend l'antenne mais à ce moment, ma retransmission par contraste présente moins d'intérêt. Et pourtant, Jacques Chirac descend de sa CX Citroën, élu depuis une heure à peine au milieu d'une foule qui le presse de toutes parts ; il apparaît au balcon dans une belle lumière orangée qui donne sa touche de vérité à ce moment unique où le nouveau président s'affiche vainqueur aux yeux des siens. Robert Namias en convient : « Il fallait y penser, ils y ont pensé, pas nous, c'était formidable, il faut le reconnaître. »

Chaque progrès technique change le visage de l'information, le prompteur, la vidéo, les satellites, la Bétacam, le montage sur ordinateur, les serveurs numériques ; à chaque fois le visage du journal télévisé a changé, augmentant sa puissance et sa rapidité. Les motos étaient utilisées depuis longtemps en radio pour faire des directs par téléphone. En 1968, leurs liaisons seront coupées par le pouvoir qui ne voulait pas de directs sur les barricades. Mais en télévision, il faut de l'image. Quand la Cinq a été créée, l'idée de Jean-Marie Cavada était d'avoir comme les Américains des motos et des voitures HF partout en direct, les progrès techniques permettaient maintenant d'avoir image et son. L'exploit d'Elkabbach est d'avoir pensé à utiliser les moyens du Tour de France pour une émission d'information grâce à un avion relais. Une fois de plus, la grande boucle impulse une nouveauté et un progrès au journal télévisé, dont les soirées électorales sont le point d'orgue.

*

Quant à la partie politique de cette soirée électorale 2007, les observateurs ne pourront pas se dire surpris par l'ouverture, ni même les citoyens d'ailleurs, car toute la stratégie présidentielle avait été parfaitement expliquée par François Fillon très tôt, dès 20h23, aussitôt connue la victoire.

Marielle de Sarnez, le bras-droit de François Bayrou, vient de déclarer en plateau qu'on ne peut rester cinq ans avec une France coupée en deux, il faut sortir de cet affrontement droite-gauche, il va falloir travailler ensemble. Puis, Claire Chazal interroge François Fillon à propos des centristes. Pour lui, la France n'est pas du tout coupée en deux, c'est la démocratie elle-même qui oblige à confronter les projets, les caractères, pour définir des majorités ou des oppositions. Dire que tout le monde serait d'accord autour du même projet est dangereux. Cela conduit à un grand bloc central et à des extrêmes.

> « Nicolas Sarkozy proposera un contrat législatif avec une majorité présidentielle, la plus élargie possible, au centre pour ceux qui le souhaiteront, à gauche pour des personnalités qui voudront la rejoindre. Je pense que la composition du gouvernement incarnera cette ouverture. »

Tout a été dit vingt minutes après la victoire. L'ouverture ira très vite. Les élections législatives sont fixées dans un mois.

Le lendemain du 16 mai, jour de l'intronisation à L'Élysée, Patrick demande un sujet sur la famille de Nicolas Sarkozy, les journalistes en conférence le regardent avec scepticisme. Pourtant il a raison, pendant toute la matinée, lors de la retransmission en direct depuis L'Élysée, on a pu voir les images de la cérémonie de la passation de pouvoir entre Jacques Chirac et Nicolas Sarkozy à L'Élysée où Louis, l'enfant de Nicolas et Cécilia, s'est rapproché du cordon présidentiel, curiosité naturelle de petit garçon ; tous les Français ne sont pas journalistes politiques et qui connaît vraiment l'ensemble de la généalogie de cette famille recomposée, les noms et les fonctions de ses membres et de leurs enfants ?

Devenu président de la République, quelques jours plus tard, Nicolas Sarkozy reçoit la présidente du Liberia. Nous devions lancer un reportage de Patrick Fandio sur place. J'avais une carte du Liberia à ma disposition, précédée de quelques images de sa rencontre à L'Élysée avec le président de la République. Ce soir-là, Patrick revient à l'antenne pour aborder cette séquence. Un fois les images de la rencontre à L'Élysée à l'antenne commentées par Patrick lui-même, je remarque la présidente libérienne dans son magnifique boubou bordeaux, on avait envie d'en profiter plus longtemps ; je me rappelais aussitôt de sa campagne électorale contre le footballeur Georges Weah. Par ailleurs, c'était l'une des premières réceptions de Nicolas Sarkozy à L'Élysée, l'image valait plus que les 10 secondes habituelles. Donc juste au moment de revenir en plateau, j'opte pour laisser les images à l'antenne, préférant enchaîner le commentaire de Patrick et le reportage de Fandio au Liberia sans la rupture du retour en plateau. Nous construisons une narration, l'accroche du jour devient la rampe de lancement pour le reportage, que rêver de mieux ? Poivre est toujours d'accord avec ces enchaînements où il disparaît derrière l'image : « Pas besoin d'insister pour montrer mon visage à l'antenne, les gens me connaissent. » L'idée de cette mise en scène est simple, plonger le téléspectateur dans une histoire, comme au cinéma, partant de l'actualité pour aller vers le reportage. Ces choses-là se décident dans l'action grâce une intuition partagée, le téléspectateur profite d'une qualité magazine papier glacé, alors que nous improvisons tous les deux !

*

Premier tour des élections législatives, le plateau de TF1 offre aux Français plusieurs têtes d'affiche du tout nouveau gouvernement de Nicolas Sarkozy ; la parité et l'ouverture ont gagné la partie, la décontraction atteint son point maximum dans cette soirée électorale. On aperçoit la magnifique Rachida Dati, la belle Valérie Pecresse et l'obstinée Christine Boutin. Avec Poivre, nous étions devenus depuis vingt ans, et pour l'anecdote, les scribes de la chronique du féminisme galopant à la télévision, le voici à l'antenne, nouveauté radicale encore une fois, les couleurs vives de leurs tailleurs, leurs sourires, les charme de la politique au féminin, le changement est visible sur nos écrans. Même François Hollande, invité au milieu de ces dames, lance en réponse à Christine Boutin : « Vous avec vos "forces divines"… »

Autre décontraction, lors de cette soirée, le sourire de François Bachy au moment où s'assoient Jean-Pierre Raffarin et Marielle de Sarnez. Patrick lâche à l'antenne : « Tiens, voilà les jeunes giscardiens… »

Rappelant, grâce à cette incidente, un engagement de jeunesse qui lui a collé à la peau de nombreuses années.

On a souvent évoqué Jacques Chirac vendant *l'Humanité* à 20 ans ou Lionel Jospin trotskiste lambertiste, certains commentateurs ou éditorialistes ont toujours supputé une prise de position politique de Poivre en rappel de son passé.

*

Quand Georges Pompidou meurt en avril 1974, Patrick Poivre d'Arvor est alors jeune journaliste à « France Inter » depuis trois ans. La campagne électorale présidentielle commence aussitôt. Bien entendu, les deux favoris sont le gaulliste historique Jacques Chaban-Delmas et le socialiste François Mitterrand qui vient de conquérir la place de premier secrétaire du PS au congrès d'Epinay en s'alliant avec Jean-Pierre Chevènement. Restait la candidature de Valéry Giscard d'Estaing, appuyée par les « Républicains Indépendants ». Les grandes signatures du métier suivront naturellement les deux favoris. Roger Gicquel, le patron de l'Info d'Inter demande à Poivre de suivre les activités du candidat Giscard.

Avec lui une poignée de jeunes journalistes, Patrice Duhamel pour la première chaîne aujourd'hui directeur de France Télévision, Olivier Mazerolle pour « Radio Monte-Carlo » aujourd'hui chez Alain Weil à I-Télé, Michel Polacco pour « Europe 1 » qui fut pendant la dernière campagne présidentielle le patron de France Info. Evidement, pour eux, c'est l'occasion de profiter des confidences, de participer comme témoin aux activités du « premier cercle » où se prennent les décisions majeures. Patrick est naturellement en phase avec les idées du candidat centriste ; il s'était déclaré pour l'éclatement de l'ORTF, allait-il se tourner vers la politique ou rester journaliste ? La question est posée en ces heures dramatiques d'une campagne présidentielle où tous les ressorts dramatiques et émotionnels sont portés à leur paroxysme. Participer à l'élaboration de la politique de la nation peut être une tentation. Garder la tête froide pour commenter l'actualité est l'autre alternative. Laquelle choisir ?

Dans la journée excitante du deuxième tour, Valéry Giscard d'Estaing réunit lors d'un déjeuner à Chamalières les journalistes qui l'ont suivi pendant la campagne électorale et leur fait la confidence de son choix pour Jacques Chirac comme Premier ministre s'il est élu quelques heures plus tard. La chose allait de soi, évidemment. Le jeune loup lancé dans la vie politique par son mentor Georges Pompidou avait négocié les accords de Grenelle en 68 et, pendant la campagne, il avait lâché Chaban-Delmas, entraînant avec lui 43 députés gaullistes appelant à soutenir VGE. À ce moment très important de sa vie, Patrick se pose la question majeure, politique ou journalisme ? « J'avais découvert maintes sensations extraordinaires en couvrant les grands événements, cette étrange impression de danser sur un fil au bord du précipice. À la radio comme à la télévision, le direct est un moment d'extrême tension, mélange euphorisant de toute-puissance et de grande fragilité, j'adore ces moments-là. »

C'est pourquoi il choisira de rester journaliste, sans rien regretter lorsque celui pour lequel il avait un temps milité entre à L'Élysée. Un peu plus de 300 000 voix ont fait la différence comme pour Kennedy, la télévision lui aura été utile pour les obtenir. Pierre Tchernia pour la chaîne Histoire lui posera, 25 ans plus tard, la question toujours sensible pour un journaliste et présentateur : est-il entré à la télévision comme journaliste giscardien ? « Non, d'abord je n'étais absolument pas jeune journaliste giscardien, j'avais été pour Giscard pendant ma jeunesse, comme il y a eu beaucoup de maoïstes, communistes, de trotskistes qui avaient le droit de vivre, apparemment qui ont toujours le droit de vivre, mais en revanche quand vous ne pensez pas du bon côté, c'est beaucoup moins accepté. Non, j'étais déjà considéré comme un peu insolent, un peu éloigné de la pensée unique… » En ce printemps 1974 où la France change de président, Patrick reste au journal du soir de « France Inter » avec la réputation d'un journaliste « peu malléable, en marge des modes, viscéralement indépendant ».

*

Premier tour des législatives. François Bachy fait la synthèse politique de la soirée et aborde le sujet du parti socialiste. François Hollande est assis précisément à côté de lui. Patrick interrompt le chef du service politique et pose la question au premier secrétaire du PS :

> « Alors vous restez toujours à la tête du PS ? »
> François Bachy se tourne vers lui, Hollande leur répond :
> « Oui jusqu'en 2008… »

Autre scoop de la soirée, survenu quelques minutes plus tôt, Jean-Louis Borloo, pourtant célèbre avocat à la parole brillante avait fait sensation en n'arrivant pas à rétorquer avec aplomb à Laurent Fabius qui l'accusait de préparer en catimini la TVA dite sociale. Le thème politique de l'entre-deux tours est né ce soir-là sur le plateau de TF1 en direct devant les Français. Le PS s'accrochera désormais à cette liane pour sauter d'un tour à l'autre en position de force. Après des jours de tergiversations et de confusion, Nicolas Sarkozy sera obligé de sortir un communiqué de L'Élysée à quatre jours du second tour pour calmer le jeu.

Le lendemain de ce premier tour des législatives, c'est du jamais vu dans ma mémoire pour un lundi de lendemain d'élection, le calme du désert des tartares. L'intensité de la soirée est retombée, réveil dans le calme, après un exploit. La veille, nous avons réalisé un nouveau record, six millions et demi de téléspectateurs, 30 % de parts de marché, la meilleure audience pour des Législatives depuis le début de Médiamétrie ; le film de M6, *Le cave se rebiffe,* fait mieux que les services publics où comme d'habitude France 2 réalise la moitié de TF1 et la troisième chaîne fait un peu mieux que sa grande sœur. En gros ce soir-là, l'événement et les ténors étaient pendant une heure et demie sur TF1, suivie par la politique pure et dure sur France 2 jusqu'à 23 h où l'on passait sur France 3 pour les résultats détaillés.

À la conférence de l'après-midi, Patrick tient à remercier une nouvelle fois François Bachy pour la composition de son plateau et lui demande la liste des sujets politiques de ce lundi : « L'image de la nouvelle assemblée avec la projection en sièges. »

Poivre réagit aussitôt : « Ce n'est pas une information mais une projection et nous l'avons montrée hier soir dès 20 h, je n'ouvrirais pas avec cette image… »

Après moult discussions, Nicolas Escoulan, un des jeunes loups de notre rédaction, est finalement chargé de faire le sujet regroupant toutes les infos en chiffres de la soirée, il pourra à l'occasion se servir de cette image. Finalement Patrick constate que les titres du 20 heures ont commencé par le fameux camembert qu'il ne voulait pas en ouverture. Une manœuvre technique inattendue, l'oubli d'une consigne, la télévision est un art délicat, ce n'est pas une faute mais une bévue ; on s'explique dans le calme, il n'y a pas mort d'hommes.

Parmi les 109 députés élus au premier tour, un débutant dont c'est la première députation est venu dès le matin chercher sa sacoche à l'Assemblée nationale, contenant insignes, cocardes et marques républicaines de son nouveau pouvoir. On l'a vu au 13 heures. Mettant mon grain de sel, j'estime que cette image apportera un peu de fraîcheur. Poivre se gausse de ma bêtise en me faisant remarquer gentiment, la main devant la bouche, comme pour m'éviter un affront public : « Pour la fraîcheur tu as raison, il a près de la soixantaine. »

Toujours pipelette, on ne se refait pas, je ne peux m'empêcher de répondre : « Oui mais c'est de la fraîcheur dans notre dispositif ! »

C'est dur de ramasser un râteau mais sympa venant de Poivre !

Ambiance décontractée, nous regardons sur un ordinateur portable une vidéo floue d'Internet du chef de l'État au sommet du G8, sortant de sa rencontre avec Vladimir Poutine lors d'une conférence de presse. Séquence décrite par un présentateur belge par ces mots «... sortant de sa réunion avec Vladimir Poutine où le président français ne boit pas que de l'eau ». Le journaliste présentateur a joué sur le visage du président associée à un lieu-commun, les Russes boivent de la vodka ! Ça c'est de l'information, coco ! Il faut toujours vérifier, nous regardons maintenant les rushes filmés par nos équipes. C'est vrai, Nicolas Sarkozy arrive essoufflé mais vraiment il n'y a pas de quoi en faire un foin, il sourit et demande s'il y a des questions. On voit là poindre le début d'une remise en cause « médiatique » du président par les journalistes qui vont chercher dans les mois suivants à mettre celui-ci en difficulté sur sa manière de gouverner, sinon d'« omniprésider » ! Il faudra même qu'il se justifie en direct, quinze jours plus tard en direct de L'Élysée en disant que Valdimir Poutine est comme lui et ne boit que de l'eau ! Beaucoup de bruit pour rien.

Affabulations, bêtise et lieux-communs mélangés, comment un présentateur de journal télévisé a-t-il pu se laisser aller à une telle bévue amplifiée et déformée sur Internet, un réseau propageant des rumeurs parfois aussi bêtes que méchantes, des pseudos blogs recyclant à l'infini ces approximations. Il a fallu un siècle aux grands journaux d'information pour être crédibles. En revanche, les bisbilles au PS atteignent un sommet, c'est du lourd, du brutal, pas de la rumeur, les deux têtes du PS se déchirent en public. À nouveau la saga des portables. Ségolène appelle l'ex-candidat centriste, François Bayrou ne répond pas à ses avances, ce sont les femmes politiques qui font les premiers pas.

François Hollande : « Il y en a qui téléphonent, moi je ne téléphone pas. Chacun fait ce qu'il veut dans cette démocratie téléphonique. »

Ségolène répond dans l'après-midi : « Si la politique était aussi simple qu'un coup de fil, ce serait mieux ! »

Quelques heures plus tard, vingt minutes avant le journal, le bureau du PS dément formellement tout contact, dans un communiqué, et refuse toute alliance avec le centre de Bayrou.

La campagne s'emballe. Pendant le 20 heures, alors que le premier ministre François Fillon est en meeting à Nancy, nous regardons en même temps le journal de France 2, magie de l'ubiquité de professionnels habitués à faite trente-six choses en même temps. Ségolène Royal n'a pas l'air pas contente, elle attaque David Pujadas et France 2 où sur cette chaîne aussi les invités sont maintenant de profil, on ne voit pas leurs yeux. Patrick se tient au courant de cette algarade. Ségolène est mécontente car France 2 a diffusé le sujet qui fâche, ses proches en difficulté dans leurs circonscriptions, Julien Dray, Jean-Louis Bianco, François Rebsamen ou Vincent Peillon. David Pujadas est maintenant attaqué nommément par l'ancienne candidate à propos d'un reportage sur la circonscription de Bordeaux où se présente Alain Juppé, tenue depuis soixante ans par la droite dans laquelle, selon elle, le nom de la candidate socialiste n'aurait pas été cité, au contraire de celui de l'ancien Premier ministre. Elle cite plusieurs fois son nom, madame Delaunay, disant : « Je sais comment ça marche ! » David Pujadas lui rétorque que tous les critères d'égalité de traitement sont respectés. Nous devons montrer les noms de tous les candidats après un reportage, égalitarisme formel évidemment éloigné du traitement journalistique qui donne la priorité à certains candidats comme symbole de toutes les autres situations locales. Patrick nous déclare par son micro, hors antenne, qu'il est « totalement solidaire » de Pujadas. L'orage gronde.

Le lendemain j'arrive dans la rédaction, il y a le feu à France 2. Arlette Chabot et les journalistes de la chaîne montent au créneau et s'interpellent aux yeux des Français. Patrick nous dit en conférence :

« Après nous avec Claire Chazal et François Bayrou, c'est maintenant au tour de la Deux… »

Le SNJ de France 2 a sorti un tract à la suite du journal de la veille, traduisant le malaise de la rédaction. Comme c'est l'habitude dans le service public, le présentateur est sommé de faire le journal de la rédaction, David Pujadas et Arlette Chabot sont mis sur la sellette, les mots qui fâchent sont lâchés : « le SNJ estime « impératif » que le présentateur et le rédacteur en chef « acceptent de faire le journal de la rédaction » ». C'est le débat éternel qui resurgit à chaque crise, prouvant la pertinence de nos choix de stabilité avec un vrai patron. Quelle est la raison de ce coup de chaleur ? Des chiffres catastrophiques. Pour la première fois, le service public reconnaît que le 20 heures de France 2 fait moitié moins d'audience que celui de TF1. Les chiffres sont cruels, en simplifiant : 20 % contre 40 %. La société des journalistes en fait un constat mais la découverte est ailleurs. Des journalistes de France 2 interrogés mettent en exergue nos sujets de grand reportage à l'étranger, se plaignant de ne pas faire les mêmes ; un journaliste de l'international de la Deux estime que chez lui : « On ne veut voir de l'étranger que la guerre ou l'insolite alors que paradoxalement, TF1 n'hésite pas à diffuser de longs sujets sur la Tchétchénie ou le Darfour », alors que TF1 et Poivre sont accusés depuis des lustres de minimiser les information internationales, accusation récurrente depuis la privatisation.

Second tour des Législatives. Avalanche de commentaires, la gauche aurait gagné (ah bon) elle entre en force à l'assemblée. L'UMP a la majorité absolue mais Alain Juppé est battu, fin de l'épisode chiraquien. Une fois de plus, Patrick lors de la conférence de rédaction de l'après-midi remercie publiquement François Bachy pour « ses plateaux d'enfer » ajoutant : « Malgré un manque… »

Je les regarde tous les deux, je demande peu après à François où était le manque, il me dit ne pas avoir prévenu Patrick des toutes dernières péripéties internes de la rupture Hollande-Royal qui faisait les gros titres de la matinée.

*

Le lendemain on retrouve le grand fauve. Patrick arrive en chemise blanche, signe de grande activité. Habituellement il est en costume, il vient de L'Élysée, frais et dispos, excité comme une puce, nous racontant les petites phrases des uns et des autres sur les nominations en cours du second gouvernement de François Fillon ; nous sommes évidemment surpris de la promotion de Jean-Louis Borloo. Patrick est affûté à mort, il vient de décrocher l'émission en direct de Nicolas Sarkozy pour demain, en compagnie de Claire Chazal : « Ne rêvons pas, nous l'avons obtenue par nos bons chiffres, je ferai un journal de dix minutes dans le bureau contigu à celui de Nicolas où il travaille pendant la journée, nous laissant nous installer dans le sien, pour l'émission qui durera cinquante minutes. »

Je reste à Boulogne pour la coordination, le réalisateur Renaud Le Van Kim, toujours excellent, est à L'Élysée. Pendant le journal de Patrick qu'il présente debout devant une fenêtre donnant sur le parc, nous voyons les chefs de partis politiques invités par le président pour évoquer le Conseil Européen de Bruxelles ; ils ont défilé là où se trouve précisément Patrick ce soir pour son 20 heures. En voyant cette image de Poivre à L'Élysée, dans le bureau du nouveau président, je ne peux manquer de remarquer que le 20 heures à la manière de Patrick Poivre d'Arvor a quelque chose à voir avec le métier de président de la République. Tous les deux s'adressent à la France, tous les deux sont des prescripteurs d'information, des créateurs d'émotion, tous les deux ont des obligations publiques, leurs décisions engagent le pays même si l'un décide et l'autre relate, parfois le président devient journaliste et le présentateur par ses questions peut influer sur les décisions, ils se complètent l'un l'autre, le public les écoute, la France a besoin des deux. Si le bail des chefs d'État est forcément limité, le présentateur du 20 heures au contraire s'en passe allègrement. Leurs agendas sont bourrés de rendez-vous difficiles, on vient chez le président pour se plaindre ou quémander. L'agenda de Poivre, tout aussi chargé, est nettement plus attractif. Un carnet épais, à la couverture noire en cuir, qu'il a appris à écrire au crayon, pour garder enfoui ses rendez-vous, effaçables à volonté. Leurs journées sont chargées, multiples rendez-vous et choix difficiles à chaque instant. Poivre s'y met d'un coup le matin à la radio, des déjeuners pour mieux connaître les responsables politiques, une rédaction qui prépare les reportages, il lui reste à lire, écouter et finalement choisir ce qu'il va dire le soir, écrire les grandes lignes de son discours et paraître en direct devant les Français.

Nicolas Sarkozy, quelques jours avant son élection, confiait : « le pouvoir est une ascèse, l'oubli de soi et sans doute, la mise entre parenthèses de son bonheur personnel ». Malheureusement pour lui, il n'a pas respecté cet adage et les Français lui en voudront quelques mois plus tard de la mise en avant de sa vie privée et de son bonheur personnel. Quant à leur présence permanente à l'antenne dans des registres opposés, le problème est identique pour les deux hommes. Nicolas Sarkozy pâtira de ses apparitions répétées, trop de Sarko tue le Sarko, pourrait-on dire. Il fallait toute l'habileté de Poivre pour ventiler dans un même journal deux ou parfois trois apparitions quotidiennes du président sur des sujets différents. Quant à Patrick au contraire la récurrence de ses apparitions, cet exhibitionnisme de la présence de soi à l'antenne, bonifie sa crédibilité en renforçant son message.

> Leurs échanges, pendant l'émission, seront à la fois amusants et instructifs, révélant une confrontation feutrée, même si, aux côtés de Claire Chazal, Patrick se coule dans la voix et les yeux des Français pour évoquer le Conseil Européen mais, ce soir-là, le problème dépassera les deux hommes. TF1 est accusée de rouler pour Nicolas Sarkozy et Patrick veut montrer son indépendance.

« En parlant du sommet du G8, on vous a vu très à votre aise avec les différents chefs d'État ou de gouvernements, presque même un peu excité comme un petit garçon en train de rentrer dans la cour des grands ! »

Le chef de l'État, lui répond d'une mimique amusée : « Vous avez décidé d'être aimable, Monsieur Poivre d'Arvor, vous dites ça parce que vous avez quelques mois de plus que moi… Petit garçon, franchement, il n'y a qu'en France où l'on vous dit à cinquante-deux ans que vous êtes jeune… »

Patrick en remet une louche : « Vous qui êtes fébrile… »

Plan de coupe sur la grimace du chef de l'État. Ces propos inimaginables entre un président et un présentateur depuis Charles de Gaulle, Georges Pompidou, Valéry Giscard d'Estaing, François Mitterrand ou Jacques Chirac, rappellent l'attitude un poil provocante d'Yves Mourousi sur le bureau de Mitterrand. Le ton a changé, la présidence aussi et Poivre de même. Evidemment, il y a été un peu fort ! Mais c'est bien dans son attitude. Ici ou là, jamais où on l'attend, en fait Patrick est toujours ailleurs, déjouant les pièges. Le lendemain, comme pour faire oublier son insolence, il lui enverra une citation de l'écrivain Saint-Exupéry qu'il chérit particulièrement, disant joliment que tous les adultes ont d'abord été des petits garçons. Un an plus tôt, un accrochage s'était déjà produit entre les deux hommes après la prestation de Ségolène Royal d'octobre 2006, dans notre nouveau décor.

En novembre, interrogé à TF1, Nicolas Sarkozy avait lâché : « J'ai regardé à l'antenne le journal où vous l'avez interviewée… enfin, interviewée est un bien grand mot… »

Nouvel épisode des relations tendues entre le pouvoir et la télévision, les uns cherchant à s'y faire entendre pleinement, les autres à montrer leur indépendance qui passe nécessairement par une certaine forme d'insolence.

*

Avant l'été, de folles rumeurs avaient couru à la rédaction à la suite d'une éventuelle nomination de Nicolas Beytout, le directeur du *Figaro*, au poste de directeur de l'Information, à la place de Robert Namias. À la conférence de rédaction de l'après-midi, il y a foule. Patrick prend la parole devant quarante personnes : « D'abord je veux vous dire, il n'en est pas question, il ne faut pas croire les rumeurs et puis nous n'attendons pas de sauveurs. Ont-ils quelque chose à nous apprendre en matière de télévision ? Nicolas Beytout ne m'a pas téléphoné. Il l'aurait fait s'il avait été appelé à ces fonctions. Il n'y a pas de problème entre nous. Je m'entends bien avec lui. J'ai toujours accordé ma confiance à ceux qui respectaient totalement notre indépendance. »

Patrick comme d'habitude nous a parlé comme un père rassurant sa famille, défendant ses troupes, s'expliquant avec simplicité et chaleur. Mais il s'échauffe et se fâche quand il nous rapporte la teneur d'articles parus dans la presse écrite évoquant ses attitudes politiques supposées : « C'est trop facile, qui peut savoir ce que je vote ! » dit-il devant nous, agacé d'un récent papier dans *Libération* laissant entendre qu'il aurait fêté la victoire de Nicolas Sarkozy au soir du deuxième tour : « Personne n'en sait rien et je défie quiconque sur cette question ! Quelqu'un m'a-t-il vu sabrer le champagne à 18 h, le soir de l'élection, comme le raconte *Libération* ? Il y a une seule chose qui est importante pour nous, ici à TF1, c'est de préserver notre totale indépendance, rester neutre. »

Le Conseil Supérieur de l'Audiovisuel rendra son verdict en décembre dans un rapport de 59 pages. « Les règles d'équité puis d'égalité, garantes du pluralisme, ont été respectées par l'ensemble des radios et des télévisions. » Patrick a toujours considéré son rôle de journaliste sous le signe de l'indépendance et sous la forme du « libérateur de l'information » : « Nous apportons chacun notre pierre à cette conquête de libertés supplémentaires. Georges de Caunes me plaisait quand j'étais jeune à cause de ce ton qui tranchait par rapport à nombre de ses confrères. Ce qu'a fait Jean-Michel Desjeunes avant moi était déjà formidable, ce qu'on fait Claude Serillon et Bernard Rapp après mon départ à la Deux, c'était aussi plus que je ne faisais moi-même. Aujourd'hui, j'ai pu faire sauter d'autres contraintes et mes successeurs feront plus encore. Nous participons tous à ce chemin vers la liberté. »

Huit mois après la présidentielle, un livre anonyme s'attaque à TF1 et notamment à Patrick et revient entre autres approximations sur cette révélation ultime et définitive : il aurait sabré le champagne le soir de l'élection de Nicolas Sarkozy ! Les témoins de la scène tombent des nues ! C'est le journalisme du « on dit » car ils sont nombreux ce soir-là autour de Patrick. L'émissions durait de 19 à 23 h et, comme dans toutes les entreprises normales, un petit buffet a été préparé pour les salariés, patrons, journalistes et techniciens qui vont passer trois ou quatre heures sans discontinuer devant les caméras. Même Rosine Mondor, sa fidèle prompteuse, est là. Chacun peut boire une coupe et manger un petit four avant de passer à l'antenne. Cela devient à posteriori : PPDA a sabré le champagne à la victoire de Nico ! Ces gestes naturels, se sustenter et s'hydrater avant l'épreuve, deviennent sous la plume d'on ne sait qui d'ailleurs, une charge politique fielleuse, empreinte de jalousie et mal informée sinon très malveillante. On reste pantois devant de telles âneries !

D'ailleurs, Patrick me signale ce soir-là une jeune femme « universitaire » imprudemment invitée par Etienne Mougeotte, étrangère à la télévision, qui prenait des notes pendant la préparation sur le plateau. Si c'est elle la propagatrice de cette fausse information, il faut qu'elle retourne au CPJ ou qu'elle aille travailler dans une rédaction pour se frotter aux us et coutumes des gens qui travaillent pour le public et ne pas céder aux idées toutes faites. L'amateurisme de ces déclarations n'auraient aucune importance si elles ne servaient pour étayer un pamphlet haineux.

Et puis David Martinon, jeune et récent porte-parole du président de la République, fit une annonce : Laurent Solly allait rejoindre TF1 après la campagne. Voilà TF1 une fois encore accusée de « rouler » pour la droite en général et Nicolas Sarkozy en particulier ! C'est un nouvel élément à porter au débat feuilletonnant, celui des amitiés entre les hommes politiques et les responsables des médias. Quand François Mitterrand crée Canal Plus et met André Rousselet, son ancien directeur de cabinet, à la tête de la chaîne cryptée, c'est naturel pour le microcosme. Quand un collaborateur de campagne de Nicolas Sarkozy entre à TF1 pour s'occuper des programmes, c'est un scandale. On mesure l'ampleur de la différence mais il est si facile de s'en prendre à la Une ! Depuis l'entrée à L'Élysée de Nicolas Sarkozy, l'interrogation s'étend à tous les médias privés ou publics puisque le président est connu pour ses amitiés avec Martin Bouygues, Arnaud Lagardère ou Vincent Bolloré. À TF1, Canal Plus et Direct 8, cela fait des milliers de journalistes sous contrôle !

Autre exemple de désinformation patente et assumée par la presse en général : Patrick reçoit des coups de fil de Nicolas Sarkozy, donc il est sous tutelle, la chaîne est dépendante. Le seul but étant de relayer des rumeurs. Aussi le 18 février 2008, Patrick souhaita répondre aux attaques très personnelles dont il est l'objet dans cet ouvrage prétendument écrit par des auteurs anonymes venant de TF1. Il était fin novembre en Ethiopie pour l'Unicef avec le journaliste qui l'interroge pour *TV Magazine*, le lendemain de l'émission avec Nicolas Sarkozy :

« Vous m'avez vu recevoir un coup de téléphone du président...

— Que vous tutoyez d'ailleurs...

— Absolument, comme je tutoie par ailleurs Ségolène Royal, François Bayrou, François Fillon et tous ceux de ma génération. Ce jour-là, Sarkozy me dit deux choses au téléphone. Il vient d'avoir les chiffres d'audience de la soirée qu'il trouve formidables et ajoute : "Vous ne m'avez pas ménagé mais c'était une très bonne émission". Une semaine plus tard, un écho prétend que le président l'aurait trouvé trop gentil. Et ainsi de suite... »

Les questions qui fâchent

La politique et le journal

Les pressions politiques et le journal, le pouvoir industriel et les médias, le service public et le privé, le contenu de l'actualité et le marketing, que faut-il en penser ? Cela reste quand même une question qui taraude l'opinion publique et les journalistes du microcosme ou les commentateurs de télévision, notamment ceux qui considèrent TF1 comme illégitime puisque privée. C'est bizarre car les radios Europe 1 et RTL n'ont jamais été accusées d'être privées, les auditeurs ont le choix, ils peuvent écouter les stations de Radio France ou les périphériques, comme on les appelait. Les téléspectateurs aussi peuvent se décider pour les journaux de France 2 et France 3 ou celui de TF1. Alors pourquoi ce procès permanent ? Comme nous le disait souvent Étienne Mougeotte, il y a un divorce entre l'immense majorité des gens qui regardent la télévision et ceux qui écrivent sur elle. Mais bien sûr, pas question d'échapper à cette interrogation qui peut se résumer ainsi. Après plus de vingt ans de 13 heures avec Jean-Pierre Pernaut et de 20 heures avec Poivre et Claire Chazal, au sein d'une entreprise privée dont la chaîne est contrôlée par le groupe Bouygues, que deviennent la déontologie, la crédibilité, la politique, les mots qui fâchent ?

Privé et public, comme majorité ou opposition, l'histoire de la télévision et celle du pouvoir sont rythmées depuis toujours par les luttes d'influence. Les penchants politiques d'un présentateur peuvent-ils apparaître à l'antenne ? Combien de fois n'a-t-on accusé Jean-Pierre Elkabbach d'être sous l'influence du pouvoir politique. En 1981, il est viré sous la contrainte de l'opinion publique. En 2007, on l'accuse d'être sarkophile. En 1974, il avait été écarté par les giscardiens qui venaient de prendre le pouvoir ; trois ans plus tard, il est nommé à la tête de l'information d'Antenne 2 par les giscardiens. Alors que peut-on en conclure, journaliste indépendant ou pressions des pouvoirs successifs ? Patrick s'explique en ce qui le concerne. « Je crois ne pas être influençable, j'écoute, je regarde, j'essaye de ne pas être mû par une idéologie ; souvenons-nous des journaux d'il y a vingt ou trente ans, on ouvrait systématiquement par le voyage du président de la République. Cette période-là est terminée… »

Même question posée par Michel Denisot il y a vingt ans sur Canal Plus : « La politique vous a tenté à un moment ?

— Oui mais j'ai été très vite douché, très déçu par les petites ambitions des responsables politiques. Mais surtout j'ai trouvé qu'il y avait de la vérité dans tous les camps, plus j'allais plus je me dépouillais d'une quelconque idéologie ; il n'y a que les hommes qui m'intéressent.

— Et la langue de bois des hommes politiques ?

— Normalement, ils vous disent en privé à peu près le contraire de ce qu'ils déclarent en public.

— Vous savez ça et vous ne le racontez pas à la télé ?

— Il me semble que mon œil légèrement ironique fait un signe aux téléspectateurs : "voilà ce qu'ils ont dit, vous en faites ce que vous voulez". De toute manière, le public s'en rend compte, je suis très distancié avec la politique. »

C'est l'histoire qui les résume toutes, celle des rapports entre la politique et la télévision et elle remonte loin. Le JT et la politique, c'est la querelle cent mille fois recommencée, la chanson de geste des journalistes contre les tentatives d'étouffement, plus souvent remerciés que félicités ! Dans leurs mémoires, ces faits d'armes deviennent légendaires. Les histoires de télévision sous contrôle appartiennent au passé gaulliste ou giscardien, Mitterrand a coupé le cordon. Le surgissement des télévisions privées est venu abolir le soupçon de dépendance et chaque rédaction réagit aujourd'hui comme bon lui semble. Rappelons-nous lorsque François Mitterrand est venu en 1988 pendant la campagne présidentielle au micro de Philippe Alexandre à RTL, le commentateur de la vie politique sans complaisance qui ne l'avait pas ménagé depuis des années. Un geste apparu comme un symbole. Dans les derniers instants de la campagne électorale, il descendait dans une arène supposée hostile pour convaincre, tel un gladiateur, ultime concession pour s'exprimer sur cette radio privée la plus écoutée, indépendante du pouvoir en place, ni complaisante ni laudatrice.

De toute façon, tous les experts et observateurs des médias, tous les observateurs de la vie politique le reconnaissent à l'instar d'Alain Duhamel : posséder des amis à l'intérieur d'une télévision n'est en aucun cas un gage de victoire à la présidentielle, c'est même le contraire ! La télévision gaulliste puis pompidolienne n'a pas empêché le mouvement de mai 68 ni Giscard de triompher en 74. Devenue giscardienne, elle n'a pas empêché sa défaite en 81 Les rédactions socialistes des années 85 n'ont pas empêché la droite de gagner les législatives de 86, les chaînes récemment privatisées du gouvernement Chirac durant la première cohabitation n'ont pas empêché Mitterrand de gagner en 88. Les écrans soi-disant balladuriens n'ont pas empêché Chirac de gagner en 95. La télévision ne fait pas l'opinion, elle la reflète, parfois pointue, souvent à la traîne, s'emparant d'une nouveauté, d'un courant de pensée ou d'une mode lorsque ses effets sont déjà déclinants.

Le service public change sans arrêt de dirigeants au gré des différents gouvernements, leur nomination ne peut échapper à des postures ou des attitudes arbitrées à l'aune du pouvoir en place, des mots, des gestes d'allégeance ou de refus. En revanche à TF1 depuis 1987, la direction n'a pas bougé d'un poil, les dirigeants n'ont pas à tout remettre constamment en question, les changements politiques ne risquent pas de bouleverser notre équipe. Poivre me l'affirme avec force : « Depuis la privatisation de TF1, nous avons connu sept Premiers ministres différents et cela n'a pas changé notre mode de fonctionnement. Nous sommes totalement indépendants. Nous pouvons hiérarchiser l'information en fonction de ce que nous croyons essentiels. Nous avons parfois quelques petites frictions avec le pouvoir politique, mais cela ne dure jamais très longtemps. Cette constance et cette indépendance nous donnent de l'assurance et c'est important pour la sérénité de la rédaction. Notre seul souci est de faire le meilleur journal possible. »

Le journal télévisé évidemment n'est pas exhaustif, l'ensemble des textes dits, lus ou commentés à l'antenne ne dépasse pas le volume d'une page dans un quotidien national. Patrick écrit environ 200 lignes sur une trentaine de feuillets et impossible de passer intégralement les 20 minutes d'un discours même important ; on se contente de « petites phrases ». Quand j'étais au Maroc, nous faisions de même pour les discours du roi. Il y a toujours une insatisfaction mais c'est la loi du genre. En revanche, ne pas choisir les bons passages ou déformer la vision d'ensemble est une faute professionnelle. C'est ce qu'a voulu souligner avec force le 23 janvier 2008 Jacques Attali, reçu au 20 heures de France 2 pour la présentation de son rapport sur la libération de la croissance. 316 propositions dont 313 acceptées et trois retoquées sur la suppression des départements, du principe de précaution et sur la déréglementation des pharmaciens.

Pour une fois et c'est notable, le résultat à l'antenne sur TF1 et Antenne 2 sera bien différent malgré des informations identiques. Premier sujet sur les mesures. Sur France 2, le seul passage retenu de Nicolas Sarkozy est un long extrait consacré au refus de la suppression des départements. À TF1 dans l'après-midi, Poivre avait précisé que les sujets devaient être fouillés et clairs sur les mesures et qu'il donnerait lui-même en brève les trois refus, manière de séparer l'essentiel de l'accessoire. Le second sujet à TF1 est un catalogue sur les métiers touchés par la déréglementation, notaires, coiffeurs et taxis.

Sur Antenne 2, l'exemple choisi est uniquement celui des taxis. Le reporter demande à un chauffeur de taxi :

« Vous pensez que c'est réaliste, 60 000 taxis ?

— Non, impossible. »

La Deux, qui donne souvent des leçons de déontologie, est prise en défaut. C'est dix fois moins. David Pujadas devra s'excuser en plateau. Ensuite, sur les deux chaînes, un sujet regroupant les réactions politiques. Sur TF1, on entend Arnaud Montebourg et Ségolène Royal qui approuve ce rapport : « il a le mérite d'être là ». Sur France 2, on n'entend qu'Arnaud Montebourg disant : « ce rapport prépare l'opinion publique à des mesures de rigueur ». Ensuite à TF1, un sonore de Nicolas Sarkozy approuvant la philosophie de ce rapport.

Sur les deux chaînes, on n'a pas entendu les mêmes choses. Sur TF1 la présentation est sobre, Denis Cadeau passe en revue tous les thèmes importants avec un sonore de Jacques Attali et les réactions, le tout traité factuellement et sans parti pris, l'impression générale est neutre, la présentation volontairement chiffrée. À chacun de se faire une opinion. Sur France 2, on a un sentiment de malaise, le rapport de Jacques Attali ne semble comporter que de sujets de mécontentement venus du président lui-même qui exprime des réserves, l'impression est au malaise.

D'ailleurs, aussitôt revenu en plateau Jacques Attali, invité du journal, s'insurge : « Toute cette présentation est mensongère. Mensongère, mensongère, mensongère... Mensongère la façon dont ce commentaire a caricaturé le rapport lui-même.

— Ce n'était pas le but... répond David Pujadas.

— Mensongère la façon dont a été décrite la réaction du président de la République qui, pendant 40 minutes, a dit oui à toutes les propositions et non seulement à trois...

— ... Importantes quand même... rétorque David Pujadas.

— Trois sur 316 ! Vous n'avez cité que des choses lilliputiennes et sans importance comme les taxis, où là aussi c'était mensonger, parce qu'il s'agit de 7 000 et non de 60 000. Il ne s'agit pas de déréglementation mais d'une concurrence plus vaste au bénéfice de l'emploi pour un équilibre plus juste de toutes les catégories sociales. »

Pujadas, revient quand même sur les trois refus :

« Vous n'êtes pas déçu quand même ?

— Ségolène Royal a approuvé ce travail, elle n'a même pas été citée. J'aurais souhaité qu'une présentation plus honnête soit faite ce soir. »

Jacques Attali a réagi à chaud, sa réaction prend d'autant plus de relief. Un éclat rarissime à la télévision où s'en prendre nommément au présentateur du 20 heures est aussi rare qu'improbable. L'éclat de Ségolène pendant la campagne législative concernait un sujet, cette fois-ci Attali met en cause Pujadas lui-même, comme porte-parole de sa rédaction. Les journalistes ne sont pas souvent pris en défaut publiquement et il me semble à la deuxième vision de ce journal que les arguments de Jacques Attali sont irréfutables. Son rapport a été pour le moins tronqué et présenté défavorablement au nom du principe journalistique, parler des trains qui n'arrivent pas à l'heure. Une attitude de bon sens mais lorsqu'elle est raidie comme ce soir-là, elle conduit à de l'idéologie, nous sommes alors dans la politique, plus dans le journalisme. Comme souvent les journalistes sont moutonniers, accrochés aux effets de mode, s'en prendre à Nicolas Sarkozy est à la mode, allons-y, chacun ayant peur d'en faire moins que son voisin.

D'ailleurs certains journalistes pressés d'être plus acteurs que spectateurs ont sauté le pas, passant de l'autre côté du miroir, plongeant dans la vraie vie pour se frotter aux responsabilités politiques. Toute la palette des sensibilités est visible. De la VIe à la Ve République, ils sont une petite poignée à avoir choisi l'action politique après la parole télévisuelle. François Gerbaud, gaulliste, député UDR de l'Indre puis sénateur UMP, fut avant cela présentateur pendant quatre ans du journal avec Léon Zitrone et Georges de Caunes en 1963 : « J'ai essayé comme présentateur de me hisser à une sorte d'objectivité télévisuelle, bien qu'elle fût contestée par la nature des relations entre le journal et le pouvoir au temps de l'ORTF. »

À Antenne 2, Noël Mamère, écologiste, journaliste et animateur de l'émission « C'est la Vie » et présentateur d'Antenne 2 Midi à la fin du septennat de VGE et durant les premières années de François Mitterrand, est entré en politique comme député Vert et maire de Bègles. Regrette-t-il la télévision ? « Le direct procure une émotion formidable, c'est un peu comme si l'on vous mettait une perfusion tous les jours et au bout d'un moment, vous ne pouvez plus vous en passer. C'est la raison pour laquelle il est toujours si difficile de s'en passer, mais j'ai bien digéré. Je ne garde que de bons souvenirs et si d'aventure mes électeurs me retiraient leur confiance, je reviendrai à France 2. »

À l'inverse des hommes politiques, sont-ils devenus journalistes ? Peut-être est-il plus facile de faire son *coming out*, d'afficher ses opinions plutôt que de rentrer dans sa coquille pour entrer en journalisme où la parole doit rester neutre, est-ce même possible ? Dominique Baudis a été présentateur à « Soir 3 » puis à TF1 avant d'être élu maire de Toulouse sous les couleurs du Centre et de revenir d'une certaine manière à son métier de journaliste comme président du CSA. Jean-Marie Cavada, le producteur de « La Marche du Siècle » est entré en politique à l'UDF aux côtés de François Bayrou pendant la campagne de 2007 avant de briguer le mandat du 12e arrondissement en ralliant l'UMP de Nicolas Sarkozy. Parions qu'il reviendra à la télévision, pari pascalien évidemment !

En revanche, Michel Péricard en est un bon exemple. Gaulliste dans sa jeunesse, il entre à l'ORTF au début des années 60, présente le journal télévisé en 1962 au moment des événements d'Algérie, assurant une édition spéciale le jour de son indépendance. Sa passion politique le pousse à se présenter comme conseiller municipal puis adjoint au maire de Saint-Germain-en-Laye, rejoignant François

Missoffe au ministère de la Jeunesse puis Yves Guéna à l'Information. Revenu à la télévision, il commente les obsèques du général de Gaulle, présente le journal dans l'équipe de Jacqueline Baudrier, invente la première « Heure de vérité » en 1972 (le concept sera repris dix ans plus tard), est à l'antenne le soir de l'annonce de la mort de Georges Pompidou, nommé directeur de radio France en 75, il crée ensuite « La France défigurée », la première émission écologique. Finalement, il revient en politique et devient maire de Saint-Germain-en-Laye et député RPR l'année suivante. Il cesse alors ses activités journalistiques. Deux ans avant sa mort, il occupait le fauteuil de vice-président de l'Assemblée nationale. La télévision est-elle plus excitante que la politique ? « J'ai du mal à séparer les deux, la télévision est une immense aventure, la nostalgie de ma jeunesse, nous étions la deuxième génération après les pionniers, on n'imaginait pas que la télévision prendrait une telle importance pour la vie des Français. »

*

Les journalistes de télévision n'inventent pas les faits, ils les relatent, ils ne font pas de politique, ils la commentent, ils ne créent pas l'actualité, ils s'en font l'interprète et la remettent en perspective pour la faire vivre au téléspectateur. Aussi la tentation existe toujours d'en être un peu l'acteur, ils en ont les moyens et la possibilité. Peuvent-ils biaiser cette relation pour orienter le jugement des Français ? Si cela se produisait, ce coup de pouce idéologique se verrait au premier coup d'œil comme le nez au milieu de la figure. J'ai toujours vu Poivre distant avec les présidents, inquiet du tempo de l'actualité pour ne rien rater mais jamais partant pour relayer le message du pouvoir, l'évoquer avec rigueur mais jamais passeur, impliqué mais pas contrôlé. Sa fréquentation quotidienne de l'Élysée depuis vingt ans ne l'a pas mithridatisé, Giscard il s'en moque facilement avec tendresse, Mitterrand toujours présent quand il le fallait mais jamais complaisant, Chirac c'est « l'autre », un peu girouette et surtout trop compassé, Sarkozy c'est pareil dans un registre opposé, la télévision est une pièce à deux personnages, si l'un des deux est en panne d'expression, le résultat est médiocre pour tout le monde, s'il brille, la lumière rejaillit sur les duettistes.

Pourtant, la presse est le quatrième pouvoir, dit-on, après l'exécutif, le législatif et le judiciaire. C'est vrai qu'en ce début d'année 2008, on reste stupéfait du déchaînement massif et quotidien des journalistes à propos du président Nicolas Sarkozy. L'opposition atone et cantonnée dans un rôle de commentateur lointain, les « médias » comme l'on dit sont en première ligne et on a l'impression d'un face à face du chef de l'État seul contre tous les organes de presse qui seraient pourtant à sa botte. À la rentrée, la gauche avait fait monter au créneau les étudiants comme d'habitude mais pour la première fois cela n'a pas marché. Puis elle a envoyé au front les cheminots, ça marche à tous les coups mais pas cette fois-ci. Le rapport Attali par l'ampleur de ses réformes a bien permis à quelques corporatismes de sortir du bois et de se faire entendre, mais le feu a été vite éteint. Il reste les médias et là, c'est plus subtil.

Tout en restant neutres et « factuels », les journalistes des médias ont trouvé un truc qu'on pourrait appeler « la méthode du parapluie ». Comme la mise en route des réformes plébiscitées par les Français a démarré tambour battant dès l'élection de Nicolas Sarkozy, les opposants feutrés ou non déclarés, présentateurs de journaux, rédacteurs en chefs ou directeurs de l'Information ont trouvé une méthode : ouvrir leurs journaux avec de grands panneaux sur les sondages montrant la baisse de notoriété du président au profit de son Premier ministre. J'ignorais que ces photos instantanées de l'opinion publique avaient acquis une valeur d'information propre à faire les titres d'un journal national. La méthode est simple, on s'abrite derrière des chiffres incontestables. Et comme il y a de nombreux organismes de sondage, BVA, SOFRES, IFOP, CSA et les autres, cela fait quatre ouvertures à la suite dans la semaine, un rouleau compresseur, toute la France ne parle que de ça ; de quoi au juste ? De rien, du vent monté en épingle. La notoriété du président change-t-elle quoi que ce soit à la marche du pays ou au quotidien des Français, patrons, salariés ou chômeurs ? Il a été élu pour réformer la France, il ne gouverne pas pour être populaire, d'ailleurs toute réforme est impopulaire, c'est un truisme.

Au même moment, une visite de plusieurs heures au salon de l'agriculture avec un discours à la clé est totalement passée à la trappe ; ne sera retenue qu'une réponse à une phrase insultante : « Tu me salis… », et sa réponse : « Casse-toi pauv'c… ». Le film sur Internet du *Parisien* est placé en ouverture de tous les journaux et passe en boucle dans de nombreux JT. Qu'a-t-il dit aux agriculteurs ? On ne le saura même pas, aucune brève ne le précisera. Le débat politique tourne autour de la manière, le fond est passé à la trappe. Tout y passe, l'envolée du Premier ministre, le style décrié, l'activité débordante, les problèmes personnels, etc. Chaque journal prenant appui sur ses confrères pour faire la même chose. C'est le quatrième pouvoir à l'époque d'Internet, pas méchant en soi et nécessaire mais fatiguant et répétitif.

Pourtant la télévision ne peut pas être idéologique ni appartenir à un camp politique. Lorsque Robert Hersant a repris la Cinq en 1987, Jean-Marie Cavada lui a bien expliqué qu'il ne s'agissait pas de faire *Le Figaro* en images. Cinq ans avant quand Bernard Langlois a été viré d'Antenne 2 Midi pour sa prise de position gauchiste à propos de Monaco, Daniel Bilalian, actuel directeur des Sports de France 2, qui le remplaça, a dû subir les attaques des journalistes communistes de la rédaction. Il décrit bien le phénomène : « On ne peut pas prendre position à la télé où un téléspectateur est communiste, le deuxième RPR et le troisième ne s'intéresse pas à la politique. Notre travail consiste à trouver un moyen terme. » Le journal télévisé est neutre. Il met en scène l'actualité du jour. Bien sûr lors d'une grève, il peut choisir de montrer les grévistes mécontents, les usagers qui râlent ou les syndicalistes qui grognent mais il se fera naturellement l'écho des trois, c'est son rôle et il le remplit quotidiennement. Que cela énerve les usagers en galère, les grévistes qui se sentent abandonnés ou les syndicalistes qui estiment ne pas avoir assez de temps de parole, ces jugements restent subjectifs puisque tous les sujets sont traités. À chacun devant son poste de se faire une opinion. La révolution a eu lieu en 1982. Les ciseaux de la censure coupèrent eux-mêmes le cordon qui reliait le pouvoir à la télévision.

*

L'article premier dit : « la communication audiovisuelle est libre », l'article deux : « les citoyens ont droit à une communication libre et pluraliste ». La libération des ondes a eu lieu il y a un quart de siècle. La loi sur la communication audiovisuelle de Georges Fillioud du 29 juillet 1982, cent un an après celle sur la liberté de la presse, met fin au monopole de la programmation. Aussitôt radios et télévisions privées fleurissent, Canal Plus en 1984, la Cinq et la Six en 1986, TF1 attribuée au groupe Bouygues en 1987. L'évolution est comparable dans les autres pays européens en Allemagne et en Espagne aux mêmes dates. Qui dit concurrence dit pluralisme et l'œil du confrère devient plus important pour les journalistes que celui du public, tout dérapage sera évidemment remarqué et mis en exergue ! L'opération s'est faite en deux temps, d'abord par la gauche. François Mitterrand a coupé organiquement le lien entre l'État et les télévisions en 1982, puis par la droite avec les privatisations opérées sous Jacques Chirac en 1986. Seuls subsisteront la redevance pour les télévisions publiques et le principe d'une nomination de ses présidents par un organisme indépendant, la Haute-Autorité sous la gauche, la CNCL avec la droite et enfin le CSA aujourd'hui.

La télévision dorénavant se fera librement, chaque chaîne et journal télévisé choisissant son style et ses vedettes, loin du pouvoir politique. Le vrai changement a été subtil mais définitif, bien expliqué par Michèle Cotta, ancienne présidente de la Haute Autorité : « quand un ministre faisait une conférence de presse, il avait forcément un droit de passage à 20 h ; avant le pouvoir politique n'avait pas besoin de discuter pour s'imposer, il fixait les règles ». Depuis la coupure du cordon, il est « en position de demandeur et en fait la multiplication des chaînes et la privatisation de TF1 ont renforcé l'indépendance de l'information à la télévision, nous ne sommes plus menacés par les changements de gouvernements. J'ajoute que les rapports des hommes politiques avec la télévision ne sont plus les mêmes à partir où il y six chaînes, ils ont le choix et nous aussi ». À la télévision, pas question de choisir son camp, c'est un média populaire qui s'adresse au plus grand nombre, l'information y est nécessairement pluraliste.

Mais le journal télévisé peut-il quand même favoriser un camp, en matraquant une position idéologique comme les radios le font pour un tube musical ? Une étude menée en 1963 par René Rémond dans *La Revue française de Sciences politiques*, décortique le vote des Français au référendum de 1962 qui entraîna l'adhésion pour le vote du président de la République au suffrage universel. « L'opinion publique est persuadée que la télévision possède un pouvoir considérable, encore que mystérieux et mal défini sur l'opinion publique. » Il montre pourtant, chiffres à l'appui, qu'il n'existe pas de corrélation entre le nombre de récepteurs par département et le total des « oui » au référendum du 28 octobre 1962, battant en brèche la rumeur selon laquelle la télévision forme l'opinion publique.

Sur ces bases Jacques Pilhan, le conseiller en images de François Mitterrand passé avec armes et bagages chez Jacques Chirac, délivrait ses oracles sibyllins fondés sur le secret et la rareté. Comme toujours pour les hommes politiques, c'est le fantasme de la parole télévisée, censée faire pencher la balance, révélateur de l'influence que d'aucuns accordent à un présentateur du journal télévisé comme le dit Poivre : « Ils sont persuadés que si vous prononcez à 20 h le nom de François Mitterrand avec une intonation un tantinet favorable, vous allez influencer le jugement de certains téléspectateurs. » La logique de Jacques Pilhan appuyée sur des sondages « qualitatifs », c'est-à-dire sur le contenu et les attentes des Français et non sur leurs réactions ou l'image des responsables politiques, mettait en œuvre des stratégies liées à des « messages subliminaux ». D'ailleurs, en 1988, une polémique naîtra sur l'utilisation de portraits de François

Mitterrand glissés aléatoirement dans le générique du JT d'Antenne 2 !

Au-delà de cette cuisine, l'indépendance du travail journalistique est visible à l'antenne dans tous les sujets et reportages de nos journaux. Aujourd'hui, nous n'entreprenons même pas un tournage si dès le départ les deux points de vue ne sont pas exposés et les rendez-vous pris avec les interlocuteurs concernés. Quand les chefs d'info proposent un sujet, ils nous précisent immédiatement avoir le « sonore » du ministre mais aussi celui du syndicaliste, celui de la victime mais aussi celui de la plaignante ou, à défaut, de son avocat. Les sujets à sens unique, cela n'existe plus à la télévision.

Mais même en traitant honnêtement un sujet, ne risque-t-on pas de se retrouver les mains liées, victime de l'effet haut-parleur du journal télévisé, en ayant suscité un débat juste en l'évoquant au 20 heures ? Le problème se posera au moment de l'histoire du foulard à l'école. En 1989, plusieurs jeunes filles avaient provoqué une polémique en se couvrant d'un voile pour aller à l'école à Creil, dans l'Oise, au nom de l'islam. Patrick explique le casse-tête qu'il a dû résoudre : « Nous avons agi ainsi parce que les responsables politiques, notamment le ministre de l'Éducation nationale Lionel Jospin, avaient conféré au débat une vraie gravité en livrant leur sentiment alors qu'ils auraient dû laisser les chefs d'établissements régler la question comme ils l'entendaient. Mais peut-être ont-ils réagi parce que nous donnions de l'importance à l'événement ? » écrit-il dans *L'homme d'Image*. Les trois jeunes filles sont finalement exclues, le foulard interdit en classe et toléré ailleurs. Mais la polémique a fait couler beaucoup d'encre et engendré des retours de flamme. « Cercle vicieux, nous avons ainsi suscité des réactions de rejet ou d'exclusion et réveillé de vieilles questions sur l'école. Apparaissant comme porte-voix, je dois à un moment donné choisir de mettre un bémol à un sujet devenu périlleux. »

*

Et puis le journalisme télévisé appliqué à la politique est un genre qui a ses lois. Quelques phrases de commentaire doivent livrer l'ensemble de l'actualité de la journée et il ne faut pas manquer le passage qui a ses chances d'être repéré et repris dans tous les organes de presse. Ce n'est pas facile, il faut donc bien choisir ses images et les mots qui les accompagneront. À cet égard, Poivre ancien journaliste politique et qui joue donc un rôle politique éminent comme interviewer, fait toujours une critique pointue de ces sujets après le journal. Il faut savoir prendre la politique avec une certaine distance, ne pas tomber dans le panneau de la communication ou de l'idéologie pure, rester attentif et savoir donner le goût et la saveur du monde politique mais sans faire sa tambouille.

D'ailleurs, il s'agace souvent des séquences montrant les députés à l'Assemblée nationale. Ce jour-là, François Bachy est à nos côtés. Patrick écoute la proposition de François Hug d'un petit sujet à propos d'un éclat de voix entre la majorité et l'opposition. Il lui répond : « C'est toujours pareil, personne ne s'écoute, ils tapent sur leurs pupitres, crient pendant le discours d'un orateur, s'invectivent les uns les autres, c'est archaïque, ils ne donnent pas une belle image de la politique, c'est dépassé tout ça… »

François Bachy lui répond, sourire aux lèvres : « Tu parles quand même de la représentation nationale… de toute façon, tu as cette idée depuis longtemps ! »

C'est vrai, les phrases prononcées à l'Assemblée nationale sont toujours recouvertes de cris divers et la plupart du temps mal filmées. Le piètre spectacle donné sur les bancs de l'Assemblée nationale semble donner raison à Charles de Gaulle qui a bien fait de supprimer la République des partis. À quel titre les parlementaires gouverneraient-ils ? Ils sont élus pour légiférer pas pour diriger le pays. Il y a cinquante ans en 1953 au moment de l'élection du président de la République, la RTF comptait seulement 400 employés. Le monde politique de la IVe République, qui avait jusque-là superbement ignoré la télévision, commence à voir nos camarades de l'époque qui ont obtenu un deuxième car de reportage à deux caméras ressemblant à un autobus, se pointer dans les ministères, se déplaçant avec de grosses caméras, de la lumière aveuglante et des torons de câbles noirs reliés au véhicule de retransmission équipé d'antennes disgracieuses. Des Huns débarquant dans la cour des grands. Néanmoins, leur patron Pierre Sabbagh flaire le coup et installe ses caméras à l'Élysée ; au mois de juillet, il fait visiter l'hôtel Matignon et en décembre la RTF couvre pour la première fois l'élection du président de la République René Coty à Versailles. Une retransmission qui fit découvrir le monde secret de la politique, tel qu'il n'avait jamais été montré.

Spectacle ahurissant, les caméras sont admises dans l'enceinte du Congrès où sont massés députés et sénateurs. Les téléspectateurs découvrent avec stupeur les images prises sur le vif des tractations, des retraits ou des alliances présidant aux treize tours de scrutin. Des scènes parfois cocasses qui peuvent faire douter de l'efficacité des institutions parlementaires. Un rôle politique joué naïvement et presque à son insu par la télévision française. Au sixième jour, la retransmission est interrompue car elle donnait une mauvaise image de la France ; la RTF est une administration. Évidemment par la suite, la télévision n'obtiendra jamais plus l'autorisation de placer des caméras à l'Assemblée nationale. Aujourd'hui, c'est fait mais le spectacle est toujours le même et deux chaînes spécialisées retransmettent les débats toujours aussi théâtraux.

C'est pourquoi dans la majorité des cas, nous demandons aux hommes politiques de nous accorder une interview « privative », dans le calme, où leurs mots seront choisis et pesés avec soin, bien mieux compréhensibles par tous, ce qui est le but. Choisir pour intéresser, il faut constamment s'éloigner de l'institutionnel pour donner à vivre la politique, aller à l'essentiel. Toujours dans cet esprit d'aller plus vite pour en savoir plus, Poivre apprécie une « manière » de la télévision américaine et que les journalistes politiques français pratiquent trop rarement. Montrer un homme politique en recouvrant son propos par le commentaire du journaliste, ne laissant en sonore dans la continuité du même plan que la phrase la plus importante. À l'époque, pour éprouver notre doigté et surtout montrer au service politique que la chose était possible dans un sujet, Patrick me suggère d'en réaliser une séquence en direct, recouvrant l'homme politique avec le commentaire *off* de Patrick qui s'arrête de parler et le laisse s'exprimer pour une phrase choisie soigneusement à l'avance ! Nous avons réussi la séquence mais j'ai dû jongler avec les secondes… Le tabou était brisé, nous avions montré que la chose était possible. Dans une salle de montage, c'est quand même plus simple qu'en vrai direct, à vous de jouer messieurs dames !

*

Se mêle à ce débat la question du marketing. Les journaux offriraient au téléspectateur ce qu'il demande en délaissant son rôle, faire une offre d'information « légitime », c'est évidemment la déontologie qui est en jeu. Selon les spécialistes, nous serions passés des années 60 où la télévision des « professeurs » de la nation offrait un programme sans s'occuper de savoir s'il correspondait à une demande, la qualité d'abord, alors qu'aujourd'hui on chercherait à savoir ce que veulent les téléspectateurs pour leur offrir un programme formaté. Les courbes de Médiamétrie seraient scrutées par les responsables qui adapteraient leur offre journalistique à la demande des téléspectateurs, symbolisés par les courbes « minute par minute » livrées par l'institut de sondage « Médiamétrie ». Évidemment, tous les directeurs de l'Information connaissent ces courbes où l'on s'aperçoit principalement que la présence d'un invité en plateau fait chuter l'audience. Au journal, nous refusons d'en tenir compte même si nous les connaissons.

D'ailleurs, elles ne prouvent rien car qui connaît la demande des téléspectateurs en matière d'information ? Un attentat en Irak aurait-il moins d'impact qu'un fait divers en France ? Une grève serait-elle moins intéressante qu'un résultat sportif ? Qui peut l'affirmer sans rire ? Pour la consommation, pas de problème, le marché est identifié, les objets mis en vente s'adaptent à la demande des acheteurs. Mais en télévision et au journal télévisé, y a-t-il une loi sacrée pour faire de l'audience, des segments de population concernés par un sujet, une entourloupe connue des seuls journalistes ? Bien sûr que non. Des maîtres chanteurs spécialisés nous glissent à l'oreille des recettes ou des formules magiques, les sentiments, l'émotion, l'aspect humain. D'autres la politique étrangère, sauveur de la crédibilité journalistique. D'autres la proximité avec les vrais gens. D'autres encore la noblesse de la politique. Mieux dire, en dire plus, tout dire, ne rien cacher. Évidemment le programme est alléchant. Mais en fait comment s'y prendre ? Comme dans les mariages anglo-saxons : « Y a-t-il quelqu'un dans l'assistance qui s'oppose à ce journal… ? Qu'il le dise maintenant ! » Que veulent les Français en s'asseyant le soir à 20 h devant leur écran ? Un journal qui leur donne un résumé quotidien de l'actualité du jour, bien fait, pas ennuyeux, si possible attrayant et rythmé, reflétant leurs préoccupations du jour et offrant matière à débat. Avec l'essentiel, ce qu'il faut avoir vu pour être informés à l'identique de leurs voisins ou amis, des gens qu'ils rencontreront le soir même ou le lendemain, au bureau, à l'école ou dans les transports.

Le marketing s'occupe de la consommation, de produits, de vente et d'achat. Le journal ne se consomme pas, il se regarde, il n'a rien à vendre, il produit des images et comme la plus belle fille du monde, il ne peut offrir que ce qu'il a, c'est-à-dire l'actualité du jour ; parfois elle est catastrophique, parfois atone, souvent riche et variée, à de rares moments historiques. Et puis il y a deux 20 heures en même temps, se tromper serait mal vu et sanctionné donc pas de règles mais de l'intuition et surtout de l'expérience, le déjà vu ou entendu, la mémoire des émotions passées. En revanche, le journal est confronté quotidiennement à de la communication, qu'elle soit politique, syndicale, économique ou institutionnelle. C'était le rôle d'un service gouvernemental, le SLII, au temps du gaullisme. Donner de la matière aux journalistes en orientant leurs choix. Mais le rôle des journalistes, qui connaissent parfaitement leurs interlocuteurs, est de nous alerter sur la teneur du message ; à nous de bien identifier ce qui relève de la « com » et ce qui relève de l'information.

Quand la sécurité routière lance une campagne de communication sur la vitesse au volant, un spot est proposé aux chaînes. Nous allons « l'habiller » comme on dit, pourquoi le dédaigner ? Il va passer sur les antennes dans les plages de publicité. Le rôle du journal est de le mettre en perspective. À côté de ces images, nous lançons un reportage sur les nouveaux radars embarqués qui vont obliger les automobilistes à faire attention à leur vitesse car les panneaux indiquant un radar fixe vont disparaître. Dans le sujet, les deux points de vue sont montrés, certains automobilistes se plaignent, d'autres s'en félicitent. On nous propose aussi un sujet sur la conduite dans les pays nordiques, en Hollande où un village a choisi de se passer des panneaux indicateurs ; il viendra compléter ce chapitre consacré à la route. On peut faire autrement, bien sûr, mais nous souhaitons bien expliquer tous les aspects de la question, nous donnons tous les éléments de jugement. Les détracteurs du privé diront, regardez ils font des micro-trottoirs, les adhérents des « Automobile-Clubs » au contraire estiment qu'on ne leur a pas donné la parole ; la « Sécurité Routière » proposait une interview du responsable de la campagne que nous n'avons pas passé car il n'amenait aucune information, de leur côté le présentateur et le rédacteur en chef se demandent si trois sujets, ce n'est un peu lourd.

Y a-t-il eu la tentation d'en faire une ouverture pour *booster* l'audience ? C'est là qu'interviennent les réflexes journalistiques. S'il y avait une mesure chiffrée sur le nombre de tués sur les routes, cette information aurait pu être placée au début du journal car les problèmes automobiles intéressent tous les Français. Mais il ne s'agissait en l'occurrence que d'une campagne, l'ensemble trouvera donc sa place au milieu du journal. C'est de la logique journalistique, une hiérarchie naturelle de l'information, il n'y a aucun jugement ni marketing dans ces choix. Voilà nos débats, nos questionnements, il faut chaque jour décider et faire le tri entre toutes ces demandes et proposer au téléspectateur le meilleur. Tout est une question d'équilibre et de flair.

Plus difficile à traiter est la communication politique. Il faut bien distinguer entre ce qui nous vient du gouvernement et des partis. Quand le gouvernement lance un plan de communication pour faire passer une loi, pas question pour nous de faire de la politique, de juger si telle ou telle déclaration est « politique » ou « communiquante ». Nous montrons les faits du jour, telle réunion, telle phrase, la réaction de l'opposition et les mesures sont expliquées par de l'infographie. Bien sûr il y a de la « com » dans la politique, mais de la même manière qu'il y a de belles images dans un reportage, ce n'est pas une raison pour s'en passer. Nous donnons à voir et à entendre les éléments du débat.

Ce qui vient des partis est différent. Nous sommes alors dans la politique pure. Une réunion est intéressante s'il y a une information. D'ailleurs, qu'est-ce qu'une information ? Revenons aux fondamentaux. Le travail des journalistes est de repérer la « nouveauté », autrement dit « l'information ». En dehors de l'actualité pure, un sujet s'impose au journal télévisé s'il est nouveau, inédit, s'il apporte du contenu, des idées, s'il fait « avancer le schmilblick », si un événement ne s'est jamais produit, un fait de société, une mode, un produit nouveau, une attitude jamais aperçue. Ce peut être néanmoins un jugement en réaction à un événement. Au bout de plusieurs jours de grève, la première phrase de François Hollande, premier secrétaire du parti socialiste qu'on n'avait pas entendu jusque-là, c'est une information. Nous la passons, évidemment. Nous faisons pour l'opposition comme pour la majorité. Quand une mesure est lancée par un ministre, nous ne donnons jamais le point de vue de l'UMP, favorable par nature, ce n'est pas une information.

Ayant bien compris toutes les contraintes de la télévision, les politiques eux-mêmes facilitent le travail des reporters en confectionnant des petites phrases, destinées à être reprises. Avant un discours, le responsable des médias, l'attaché de presse ou le directeur de la communication de l'homme politique, va voir les journalistes politiques des chaînes sur place et leur donne les feuillets du discours qui va être prononcé en leur signalant le passage principal. Le journaliste en fait ce qu'il veut, mais il est prévenu et informé des intentions de ses interlocuteurs. Les choses sont donc claires. Le parti et l'homme politique proposent, le journaliste dispose, les JRI journalistes-caméramen savent où lancer le moteur, car ramener tout le discours donnerait trop de travail à la monteuse, mais en fait ils prennent tout le discours quand même par sécurité, principe de précaution élémentaire, au cas ou il se passerait quelque chose d'inédit ! Chacun fait ce qu'il veut, si le journaliste sur place choisit un autre passage du discours, c'est son affaire.

Quand à la communication économique, celle des entreprises, elle est facilement éventée et les journalistes tombent rarement dans le panneau d'un plan média destiné à nous vendre telle ou telle réalisation industrielle. Un jour, j'ai vu un entrefilet, nous avions annoncé la création du réseau téléphonique portable de Bouygues Télécom. On nous accusait de nous étaler devant l'actionnaire, il n'y aurait que des journalistes aux ordres à TF1 ! Comment peut-on proférer de telles âneries ! Il y avait alors deux réseaux en France, France-Télécom qui deviendra Orange et SFR. Aussi la création d'un troisième réseau est une information importante et concerne tous les Français. Nous avons fait un sujet, point barre. Ce jugement de l'entrefilet n'était pas un commentaire journalistique mais une accusation malveillante. Facile à constater sur les années écoulées, tous les points de vue ont été respectés dans nos sujets concernant les portables : tantôt parlait un représentant d'Orange, tantôt de SFR, tantôt un représentant de Bouygues Télécom.

On me rétorquera que la mainmise est maintenant plus subtile, faite d'intérêts croisés entre de grands industriels et l'État prescripteur de contrats. Imaginer que la diffusion d'un sujet d'une minute au 20 heures faciliterait la signature d'un contrat de plusieurs centaines de millions d'euros négocié pendant des mois est une bêtise proférée par des ignorants. Et tellement d'industriels ont maintenant tellement de télévisions que cette diversité empêche tout esprit partisan. Là aussi, que je sache, a-t-on mis le doigt, depuis vingt ans, au 20 heures de TF1, sur la moindre dépendance de la rédaction envers son actionnaire principal, pourtant numéro un du BTP à l'époque, aujourd'hui partie prenante d'entreprises dans l'eau ou la téléphonie mobile ? J'ai diffusé des dizaines de sujets sur les dangers des ondes téléphoniques, des reportages sur les entreprises de BTP employant de la main-d'œuvre illicite ou sur les contrats contestés des grands fournisseurs d'eau. Les accusations, les polémiques sont relatées quand des enquêtes d'investigation éclairent le débat, et lorsqu'elles sont étayées et crédibles, elles trouvent un accès direct sur les écrans débarrassés de leur gangue idéologique.

*

Autre facette de ce débat, nous choisirions la place de tel ou tel sujet pour augmenter notre audience ? Ah bon, car vous savez ce qui va intéresser les Français ? Si on le savait ce serait facile, c'est comme une chanson ou un film, connaître les recettes n'est en rien un gage de succès. En matière de journalisme, ça se complique car les attentes ne sont pas listées, les recettes n'ont jamais été écrites et personne à ce jour n'a jamais donné la clé du mystère. Alors il faut s'en remettre comme chaque soir à l'intuition et au flair pour orchestrer un journal qui tienne la route.

En matière d'audiences, pas besoin de les regarder à la loupe pour s'apercevoir que Canal Plus a placé ses « guignols » à 20 h, son PPD en même temps que le nôtre en chair et en os. Pas besoin non plus d'être un grand spécialiste pour voir que FR3, dans sa lutte acharnée pour conquérir un auditoire, place à 20 h 20 des émissions destinées à « contrer » les journaux ; ce fut d'abord « C'est mon choix » et ses sujets de société parfois racoleurs et aujourd'hui « Plus belle la vie », un feuilleton populaire. Toutes les chaînes mettent le paquet à 20 h. C'est le lieu de l'audience maximum, l'enjeu de la lutte frontale, de la contre-programmation et de la concurrence entre toutes les chaînes. Alors nous aurions choisi précisément ce moment-là pour nous livrer à de la cuisine pour « attirer le chaland » ou influencer le téléspectateur. Mais la concurrence est telle qu'il faut évidemment renoncer à un tel pari, la rédaction propose, Patrick choisit, parfois nous donnons notre avis. Si nous sommes regardés, c'est que nous avons été bons. Aucune police médiatique n'oblige dix millions de téléspectateurs à venir chez nous tous les soirs. Et puis en face, sur la Deux, ils font exactement comme nous.

Prenons les neuf jours de grève pour les retraites, à l'automne 2007. Les enchaînements sont obligés. Si vous ouvrez par la grève, il y a d'abord les prévisions du lendemain, le reportage sur les assemblées générales de grévistes, le parcours des gens qui vont au travail, la phrase des syndicalistes, la réaction politique du Premier ministre et le sujet sur la grève en Allemagne qui se déroule en même temps que la nôtre. Donc une séquence de 12 minutes qui ne peut être coupée, les sujets s'enchaînent les uns aux autres. Tous les points de vue ont été donnés, tous les éclairages offerts. À la fin de cette séquence, le téléspectateur tel un baromètre de la vie nationale, a suffisamment de points de vue, de phrases et d'événements pour se faire une idée. Tout cela est architecturé au millimètre par une logique de fer imparable. Il est où le marketing, elle est où la course à l'audience ou la supposée attitude politique des chaînes ? La Deux a fait le même journal avec pratiquement les mêmes sujets, en même temps. Les accusations contre les journaux télévisés sont de nature politique. Jean-Pierre Pernaut a été accusé de parler de la galère des usagers. Et alors, il n'y a pas de galère ? Mon fils a raté une semaine de cours, aucune rame sur sa ligne de métro numéro 13 qui mène au CHU Bichat. Chaque famille a été touchée. Les points de vue des grévistes sont connus, tous les jours ils ont la parole, comme les cheminots dans les assemblées générales.

Les jugements laissant entendre par ailleurs que tout serait sacrifié à l'audimat, que valent-ils ? D'abord, les audiences sont stables depuis des années. Et puis regardez les journaux de la Une et de la Deux, ils sont pratiquement identiques. L'un vit de la publicité, l'autre en grande partie d'un financement public, pourtant ils se ressemblent comme deux frères jumeaux. Si TF1 était inféodée aux pouvoirs économiques, qu'en serait-il de France 2 sous tutelle du pouvoir en place, qui fait exactement le même journal ? Les journalistes influents réussissaient-ils malgré tout à orienter l'information dans un sens ou dans l'autre et lequel ? Le 27 juin, nous ouvrons sur Tony Blair, la Deux le passe en deuxième sujet. Le 28 juin, même ouverture sur la Une et la Deux avec le Bugaled Breizh, même deuxième sujet, l'accident du massif des Écrins, puis le chômage, mais le pire ce sont les mêmes témoins au même moment sur les deux chaînes, même invité, Tony Parker à la fin de nos journaux, en duplex enregistré sur la deux, en direct chez nous ; son agent nous avait promis l'exclusivité, une fois de plus pas respectée. Ces exemples sont récurrents tout au long de la semaine depuis dix ans.

C'était encore plus frappant le 14 janvier 2008. En ce lundi où l'actualité était « molle », aucun sujet ni thème saillant pour ouvrir, les deux journaux vont faire exactement la même chose. Premier sujet sur la police de quartiers prônée par Michèle Alliot-Marie. Elle parle en « sonore » au même moment sur TF1 et France 2. Elle est en gros plan de profil pour la Deux, le JRI de TF1 était à sa gauche, il l'a cadré un peu plus large. Deuxième sujet identique, une illustration à Montfermeil de cette police « de proximité » ; c'est hallucinant, le maire de Montfermeil parle exactement en même temps dans les deux journaux au même moment. Les deux journalistes se sont-ils téléphonés, ont-ils eu la même idée ?

Je pose la question à Ludovic Romanens, notre reporter. La Cité des Bosquets où il a tourné son reportage est un site expérimental pour cette police, il était naturel d'y aller. La Cité dépend de deux communes, Clichy sous Bois et Montfermeil. Le maire de Clichy sous Bois n'étant pas joignable, il s'est adressé à celui de Montfermeil. Le journaliste de la Deux a dû faire la même démarche. Il a enregistré son interview avant midi. Ludovic Romanens est passé après lui mais au contraire de son confrère de la Deux, il est allé avec son JRI Jean-Etienne Mach et l'équipe dans la Cité, située à un quart d'heure du poste de police le plus proche. Autant dire qu'il a pris des risques. Il a contacté quinze associations de quartier, un seul « médiateur » a bien voulu témoigner. Heureusement, il n'y a pas eu d'incidents et il a ramené un bon reportage. Ce qui explique que nous retrouvions Xavier Lemoine, le maire UMP de Montermeil au même instant à 20 h 02 sur les deux journaux.

En faisant notre journal, nous voyons également celui de la concurrence, je le découvre sur un écran de contrôle placé dans ma régie et Patrick, qui a plusieurs écrans enchâssés dans son bureau de présentateur, est lui aussi frappé par cette ressemblance. Ce n'est pas fini. Troisième sujet : François Fillon, le Premier ministre s'est déplacé à Marseille pour annoncer la privatisation de sept ports français, l'après-midi il est en Corse à l'assemblée territoriale où un incendie a éclaté le samedi précédant. François Fillon, cadré en plan large devant les micros visibles des radios, parle au même moment sur les deux chaînes. Conçus dans deux rédactions différentes, avec deux présentateurs aux antipodes, deux rédacteurs en chef différents, de chaque côté de la Seine, chacun dans son bâtiment, les deux JT sont plus qu'identiques. On parlerait, en médecine, de clonage.

Les amitiés entre responsables politiques et journalistes

Autre querelle, les amitiés entre responsables politiques et patrons des médias, présentateurs de journaux ou directeurs de l'Information. Franz-Olivier Giesbert est reçu fin septembre chez Guillaume Durand à son émission du vendredi soir, « Esprits libres », ainsi que Catherine Nay ; le débat tourne autour de la politique et des médias, de leur importance respective. Sur la fin, Guillaume Durand se retourne vers FOG en présentant son livre sur Chirac, *La tragédie du président* : « Ce livre-là a eu une importance politique. »

FOG joue les faux modestes, attitude inhabituelle chez lui ; en fait, il sait bien qu'il a abattu Dominique de Villepin avec ses révélations sur l'affaire « Clearstream ». La question tourne alors autour des amitiés. Est-il possible pour un responsable politique d'être l'ami d'un journaliste, car Franz-Olivier Giesbert a révélé au grand jour des propos tenus en privé. FOG répond : « Il ne vaut mieux pas, c'est difficile d'être ami avec nous. Seule compte notre indépendance. »

Poivre me dit la même chose lorsque je l'interroge : « J'ai quelques hommes politiques, assez rares, parmi mes amis et je crois qu'à l'antenne cela ne se voit pas, je ne crois pas être plus gentil avec eux qu'avec les autres. En fait, c'est difficile d'être l'ami d'un homme politique. »

Chez Guillaume Durand, Jacques Attali, invité de cette émission, pendant le week-end de la Toussaint, exprime la même idée. Michel Onfray, le philosophe, déclarait face à lui : « vos amis », sous-entendu vous avez été l'ami de François Mitterrand et maintenant celui de Nicolas Sarkozy, vous représentez *l'establishment*, les élites que combat le philosophe qui anime la « résistance » sur le terrain. Jacques Attali lui rétorque : « Je suis l'ami de Nicolas Sarkozy mais cela ne fait pas de moi un homme de droite, je garde mes opinions ; simplement la France ronronnait depuis 1986 et Nicolas Sarkozy la fait vivre au rythme de la société mondiale qui bouge très vite. Mes amitiés n'ont rien à voir là-dedans. Il m'a confié une commission avec des gens de tous les horizons, c'est cela qui compte. »

Être l'ami d'un homme politique ou d'un industriel n'empêche absolument pas de faire son métier en toute indépendance. En revanche, les journalistes font l'actualité politique et leur marge de manœuvre est plus grande en la matière. J'avais interrogé Patrick à cette occasion, il y a vingt ans, au moment de la polémique sur les rénovateurs de la droite qui s'opposaient à VGE : « Selon que l'on insiste ou pas dans nos journaux, sur tel ou tel événement, le gouvernement peut être amené à reculer ou changer de cap ; à cet égard, nous avons une réelle influence.

— Surtout quand les responsables politiques viennent au 20 heures.

— Les hommes politiques se répondent les uns les autres par l'intermédiaire de nos journaux mais ainsi le débat est toujours public, on prend l'opinion à témoin, ça, c'est bien, cela provoque un souffle démocratique.

— Quels sont les risques ?

— Ils sont doubles, deux déviations : d'abord l'extrême démagogie, suivre l'opinion sans aucune distance, la caresser dans le sens du poil, ou alors privilégier l'image, la posture, le scoop au détriment des idées. Pour un journaliste, j'y vois un avantage...

— Celui d'être un peu l'acteur de la vie publique...

—... Oui, on en a tous un peu envie, nous sommes tous un peu voyeurs mais avec l'envie d'être impliqué. Nous sommes au confluent des problèmes de la société française, c'est très intéressant. »

L'affrontement politique se déroule toujours sous les feux de la rampe de l'actualité télévisée, baromètre de la vie politique nationale. La campagne électorale l'a confirmé en tous points. Le duel Sarko-Ségo est une conséquence de l'importance de la notoriété et de la personnalisation du débat au moment de l'élection présidentielle, pas une prise de position politique des médias comme voulait le faire croire François Bayrou. Politiquement, on le sait, les centristes ont toujours eu du mal à trouver une place dans le système politique français de la Vᵉ République, fondé sur une forte bipolarisation majorité-opposition. D'ailleurs, le patron de l'UDF obtiendra lui aussi le statut personnalisé de la vedette après sa sortie contre les médias, faisant les unes des magazines, devenant la coqueluche de la presse, un opposant de plus, du pain béni. C'est la raison du choix par le leader centriste de cette séquence estivale de septembre 2006, répétée au mois de décembre 2007, où il a attaqué TF1, dénonçant une soi-disant « connivence » entre propriétaires de médias et hommes d'État.

À l'été 2006, François Bayrou est l'invité de Claire Chazal au 20 heures. Il s'adresse à la présentatrice :

« Les grands médias ont orchestré pour les Français un choix dicté à l'avance. Sans le moindre doute Claire Chazal, vous êtes totalement innocente et loin de moi de mettre en doute cette innocence vertueuse… je considère, Claire Chazal, que l'argent et la politique doivent être séparés notamment lorsque ces puissances économiques possèdent de grands médias. »

Claire Chazal lui répond : « C'est une accusation extrêmement violente qu'il faudrait étayer. L'amitié ne signifie pas une prise de position ou des concessions sur l'idéologie et les idées. »

Donc, le centriste François Bayrou se pose en victime des « puissants » pour se faire une place au soleil dans cette campagne, dirigeant ses flèches inattendues contre les grands médias. Évidemment, c'est une posture. Quelques mois plus tard, pendant l'hiver, Nicolas Sarkozy s'exprime le 12 décembre dans *Le Nouvel Observateur* et se défend de toute « mainmise » sur les médias, affirmant que la presse est « globalement de gauche » et qu'elle a été « globalement opposée » à sa candidature. D'ailleurs, le pilonnage auquel il est soumis depuis son élection, à l'automne et pendant l'hiver 2007-2008, prouve bien qu'il ne contrôle pas grand-chose dans la presse, de toute façon hostile à tous les pouvoirs établis.

Tous les journalistes sont-ils de gauche ? Le sondage réalisé en interne par l'hebdomadaire *Marianne* le 23 avril 2001 avant la présidentielle, sans être une réponse, est un bon éclairage. Oui, les journalistes sont en majorité classables à gauche, ils ont répondu eux-mêmes dans ce magazine qui se veut du centre, non inféodé à quelque pouvoir que ce soit. Les réponses révèlent qu'ils sont de gauche à une écrasante majorité de 63 %. Leurs votent se détaillent en 32 % des journalistes qui pensent voter pour

Lionel Jospin au premier tour de cette élection, 13 % pour Noël Mamère, 8 % pour Jean-Pierre Chevènement, 5 % pour Arlette Laguiller, 5 % pour Robert Hue. La droite ne recueille que 6 % des intentions de vote des journalistes (4 % pour Jacques Chirac, 1 % pour Alain Madelin, 1 % pour François Bayrou). Donc, à *Marianne,* sur dix journalistes, six sont de gauche et un seul de droite.

C'est pourquoi, le 7 mai 2008, Nicolas Sarkozy se plaint devant les députés UMP réunis pour le premier anniversaire de son élection de ne pas être aidé par la presse ; selon un participant, il aurait expliqué que son porte-parole Frédéric Lefebvre a fait un communiqué depuis l'Élysée sur Ségolène Royal au moment de sa condamnation, quinze jours auparavant pour un litige avec d'anciennes collaboratrices, qui n'a pas été repris par l'AFP. Le président aurait dit en substance : « Imaginez si j'avais eu un problème de droit social, la gauche aurait demandé ma démission ! » Ironisant quand même sur les attaques dont il est l'objet : « Quand je suis sur les couvertures ça fait vendre, on a fait 76 bouquins sur moi. » En fait, les journalistes et les salariés de la télévision ne sont pas différents des employés des grandes entreprises, avec des problèmes de salaires, de conditions de travail ou de promotion et s'opposent à leur direction. La seule différence est qu'ils sont *leaders* d'opinion, leurs reportages ont du retentissement et ils s'adressent à l'opinion publique. Ils sont par ailleurs plus sensibles aux difficultés de leurs concitoyens car leur métier est d'enquêter, de porter le fer là où ça fait mal mais sans jamais exprimer leurs idées dans l'exercice de leur travail. Cet effort quotidien est sanctionné par les diverses études sur la « crédibilité ».

Quant au patronat, serait-il de gauche ou de droite, cela changerait-il quelque chose à l'antenne ? Les patrons de la télévision ne se revendiquent jamais d'une appartenance politique. D'ailleurs, qui oserait se revendiquer de droite en France, à part les hommes politiques ? Il faut être aux États-Unis pendant les campagnes électorales pour voir des citoyens se revendiquer ouvertement d'un candidat républicain dans leur vie quotidienne, au revers de leur veste, sur les pare-brise de leurs voitures ou les frontons de leurs maisons, à l'instar de tous les citoyens américains d'ailleurs qui plantent la bannière étoilée dans leurs jardins, faisant œuvre de patriotisme. Qui planterait un drapeau français devant son pavillon chez nous ? Y a-t-il des manifestations de droite en France ? Deux en quarante ans, les Champs-Élysées en 68 et Versailles en 84 contre plusieurs milliers de la gauche politique ou syndicale. Les « Guignols de l'Info » accusent régulièrement Jean-Pierre Pernaut sur leur antenne, mettant dans sa voix ces mots de manière récurrente : « et surtout, n'oubliez pas de voter à droite ». Cette accusation politisée viendrait-elle d'une télévision de gauche créée par André Rousselet, ancien directeur de cabinet de François Mitterrand ? On le voit, ce débat n'a aucun intérêt et aucune substance. Pourtant il reste qu'accuser un journaliste d'être de gauche déconsidère son auteur, mais dire qu'il roule pour la droite est approuvé et applaudi à tout rompre dans le microcosme ; c'est toute la différence entre la pensée unique des rédactions et la réalité des faits.

Les journalistes s'abritent derrière l'argumentaire habituel du métier où cela où ne se fait pas de dire que Laurent Joffrin ou « Libé » roulent pour Ségolène Royal, alors qu'Alain Minc ou François Beytout sont régulièrement accusés de « rouler » pour Nicolas Sarkozy, qui plus est en sous-main. La gauche est toujours légitime en matière de presse, cela va de soi, une présentation optimiste ou sympathique sera toujours accusée de dépendance. Seuls les problèmes font débat et celui-ci est classé à gauche mais il ne faut pas le dire ouvertement, cela va de soi, mais encore mieux en le taisant... Une attitude née avec la presse, elle lui est même consubstantielle.

*

Le président de la République estime par ailleurs que ses amitiés n'ont pas fait son élection. « À TF1, que dirige Martin Bouygues qui est l'un de mes meilleurs amis, qui peut dire que cette chaîne a fait mon élection ? » demande-t-il en ajoutant : « Réjouissez-vous que des industriels investissent dans la presse plutôt qu'elle appartienne à des fonds de pensions anglo-saxons ! » Les actionnaires apportent du capital pas les idées contenues dans les conducteurs des journaux. Dans la presse écrite, *Libération* a une ligne d'opposition de gauche, chaque article est une prise de position politique et pourtant, le quotidien a besoin des investissements d'Édouard de Rotschild. Le journal on l'achète, c'est déjà un premier choix politique, la télévision est gratuite et le zapping permet de s'échapper. Personne n'oblige quiconque à regarder un programme. Son caractère généraliste lui ôte d'entrée toute idée de sujétion. Et surtout, l'entretien d'une rédaction étoffée coûte beaucoup d'argent, dix fois plus que la presse écrite. Trouver des entrepreneurs décidés à les soutenir en investissant de grosses sommes est une opportunité, soulignée par Robert Namias : « C'est vraiment ne rien connaître de l'économie de l'information, il faut des groupes financiers qui puissent permettre aux journalistes de s'exprimer librement, charge à eux ensuite de gérer en interne leur liberté. »

Au moment de la deuxième cohabitation entre 1993 et 1995, TF1 fut accusée d'être balladurienne. Patrick a sa petite idée sur la question : « Un soupçon farfelu pour qui me connaît bien, démenti par les faits quand on interroge nos collaborateurs qui ont les idées politiques les plus variées, quand à Martin Bouygues il ne m'a jamais passé le moindre coup de téléphone. » En bon entrepreneur, il souhaite réunir sur sa chaîne le maximum de téléspectateurs de gauche comme de droite : « Les défenseurs de cette thèse ont leur botte secrète ; Claire Chazal a écrit en 1992 une biographie d'Édouard Balladur ! Personne n'a reproché à France 2 d'avoir laissé son chef du service politique Gilles Leclerc publier une biographie de Lionel Jospin. France 2 serait-elle une chaîne jospiniste ? Idem à TF1, François Bachy notre chef du service politique a écrit un ouvrage sur François Hollande, TF1 serait-elle devenue subitement une chaîne socialiste pendant la troisième cohabitation ? Et Patrick de Carolis a écrit un livre sur Bernadette Chirac ; France Télévision serait-il devenu un groupe chiraquien ? »

À chaque intervention plus ou moins forte, pression politique ou pression des hommes de communication, attachés de presse ou conseillers, Poivre est à la manœuvre. On le sait, certaines collaboratrices de responsables politiques appellent plusieurs fois par jour le présentateur quand leur patron est dans l'actualité. L'anecdote vaut pour « D'Jack Lang » et Monique, les champions en la matière. De plus, Patrick le connaît bien puisqu'il a passé sa thèse de droit international avec lui. Occupé par ailleurs comme tous les étudiants de l'époque, Poivre ne connaissait pas le programme et, gentiment, le professeur Lang et l'élève Poivre discutèrent du marxisme. Finalement, Patrick obtiendra, grâce à Lang, son certificat.

Il faut donc avoir des nerfs d'acier pour garder sa courtoisie. En conférence, il nous a dit ce jour-là, au moment de l'affaire de l'Arche de Zoé : « Je reçois quand même plus de deux cents appels téléphoniques par jour d'attachées de presse qui veulent me vendre leur patron. Un jour, je vous raconterai mes jours (ont-ils un intérêt, d'ailleurs ?) et vous verrez à quoi vous avez échappé ! Chaque jour les politiques m'appellent, ils veulent tous passer au 20 heures, tous venir en direct. Avoir une interview les intéresse naturellement mais ils préférèrent être invités en plateau, pour le gouvernement bien sûr mais aussi pour eux, leur carrière, leur famille, les copains, les confrères. Je ne comprends même pas comment nous pouvons encore être à nos postes, avec tous ces refus quotidiens que je suis obligé de négocier avec eux. Nous sommes fâchés avec la terre entière ! »

Déjeuner avec un ministre n'empêche pas de lui refuser son plateau. Patrick fait le sale boulot, c'est tellement plus facile d'accepter. Éviter les invitations spontanées est un travail harassant, une dialectique habile et argumentée, sans peur de se mouiller, aimablement bien sûr et avec les formes. Contraintes horaires, actualité du jour, égalité des temps de parole ou match de football juste après le journal, il doit faire appel à des arguments convaincants lors de tels entretiens. Pour convaincre les responsables politiques qu'un passage au journal ne les servira pas, il est nécessaire de bien les connaître pour trouver les arguments adéquats ou pertinents, en échangeant par exemple un sujet ou un sonore dans un reportage contre un direct ou bien même dans les cas difficiles, un duplex contre un plateau. En clair et décodé, pas question de s'inviter comme ça à la fête quand on n'a rien à livrer d'important : « Les invités, je les accepte lorsqu'ils ont quelque chose à dire, lorsque j'ai des questions très précises, très concrètes à leur poser. C'est un de mes combats et d'ailleurs plus personne n'insiste, nos journalistes eux-mêmes ne les proposent plus. Il arrive qu'ils aient une phrase dans un sujet, sept à huit secondes, et c'est très bien comme ça. » En ce mois de juin 2008, un an après l'élection de Nicolas Sarkozy, les ministres reçus par Poivre au 20 heures se comptent sur les doigts d'une main. Il y en a pratiquement un par semaine sur la Deux !

Yves Mourousi, à l'époque de François Mitterrand, a connu les mêmes problèmes et me disait exactement la même chose : « Il est courant d'entendre dans les conférences de rédaction venant de confrères éminents à l'Élysée, à Matignon ou à l'UDF, on souhaite que... et il est toujours très difficile de connaître l'origine d'une demande. » Alors, Yves pousse le système jusqu'au bout et téléphone directement au principal intéressé : « Immanquablement, j'apprends que le « on » en question est un troisième couteau rencontré à un déjeuner et qui a voulu se donner de l'importance. » Un jour, le pédégé de TF1 en colère appelle Yves Mourousi pour se plaindre de son refus d'inviter François Guillaume qui le lui aurait demandé. « J'ai décroché mon téléphone et appelé le ministre de l'Agriculture pour en avoir le cœur net, après tout s'il avait une information à donner pourquoi ne pas l'inviter en plateau ? » Le jour en question, il était à Bruxelles et n'avait rien demandé. « C'était un troisième sous-fifre du cabinet qui, lors d'une rencontre, avait souhaité faire passer son ministre à la télévision et s'était entendu répondre : "nous allons demander à Mourousi" ; finalement, le ministre n'avait aucune envie d'être invité. Yves Mourousi a fait toute sa carrière contre les "on dit". » Il précise : « Je dois dire que cela m'a valu pas mal d'ennemis. »

Les dirigeants de TF1 ne sont pas nommés par le pouvoir politique. Au moment du référendum sur le Traité constitutionnel européen, ce n'est pas l'Élysée qui a décidé de l'émission avec les jeunes où Jacques Chirac s'est ramassé mais les responsables de TF1, comme l'explique Patrick :

« J'ai déjeuné avec Claude Chirac afin de décider d'une éventuelle invitation de son père au 20 heures de TF1. C'est nous qui lui avons proposé le principe du panel des jeunes présents sur le plateau dans le cadre d'une émission spéciale. Elle pouvait l'accepter ou la refuser, ce n'était pas un scénario imposé par l'Élysée. »

La dernière marotte de la pensée unique est d'affirmer comme une trouvaille sémantique que le président de la République Nicolas Sarkozy serait devenu « producteur de l'information à la télévision » et notamment au journal télévisé. On voit le chef de l'État tous les jours dans les journaux. Visé, le *story telling*, mis au goût du jour par les *spin doctors* de Tony Blair, les spécialistes de la communication qui estiment que la politique devient une narration d'auteur-metteur-en-scène-scénariste. Selon eux, il faut alimenter la presse chaque jour avec une séquence action, déclaration ou émotion, selon les thèmes politiques choisis, afin d'entretenir une relation durable avec l'opinion publique. Tony Blair, Nicolas Sarkozy, une filiation évidente qui s'est d'ailleurs traduite dans les faits avec la présence du chef du « New labour » au Palais des Sports avant les municipales 2008, pour le lancement de la campagne de l'UMP.

Mais l'action politique n'est pas de la communication, aussi brillante soit-elle même s'il y a toujours un peu de communication dans la politique, sinon l'action gouvernementale serait inaudible. Intervenant deux fois par jour, là où l'ancien président intervenait deux fois par an, Nicolas Sarkozy montre simplement qu'il est un enfant de la télé et il l'utilise au service de son action politique comme le général de Gaulle lors de ses conférences de presse ; Giscard a essayé également au début de son septennat. C'est d'abord une question d'âge. Giscard et Sarkozy ont été élus dans leur quarantaine ou cinquantaine. Mitterrand et Chirac sont des enfants de la guerre, élus dans leur soixantaine, la génération précédente, celle de la radio. D'ailleurs, les deux n'aimaient pas la télévision et n'ont rien fait pour s'en attirer les faveurs.

La politique étrangère

CONDOLEEZZA RICE est à Paris pour la conférence sur le Darfour organisée par Bernard Kouchner le 25 juin 2007 au centre de conférence de l'avenue Kleber, à côté de l'Étoile où la paix au Vietnam a été signée avec Henry Kissinger et Le Duc Tho. Le temps est radieux, grand soleil sur Paris. L'immeuble est imposant, un paquebot de facture haussmanienne très classique avec des balcons, occupant la moitié d'un pâté de maison. Je viens en repérage, j'ai rendez-vous avec le grand intendant, il m'apprend que nous sommes au quai d'Orsay, enfin presque ; il rectifie très vite : « Ici l'on travaille, là-bas au quai d'Orsay c'est la diplomatie ! »

Évidemment, dans le ton de sa voix la nuance est d'importance.

J'arrive dans le bureau de Gabriel Keller, « ambassadeur » chargé des questions de bioéthique aux côtés du haut représentant pour la sécurité et la prévention des conflits. Nous attendons pendant dix minutes, en fait l'éminence est à l'intérieur, d'autres fonctionnaires inquiets viennent se renseigner auprès de l'intendant pendant que nous attendons : « Que va devenir mon bureau ? »

Des changements sont prévisibles avec le gouvernement Fillon fraîchement nommé et l'arrivée d'un nouveau ministre, apparemment ça bouge dans les couloirs. L'intendant en sait plus qu'il ne veut bien en dire. L'ambassadeur doit quitter les lieux et son bureau pour que je puisse installer mon dispositif; des fonctionnaires viennent prendre ses affaires personnelles, son déménagement est peut-être définitif. Je feuillette l'annuaire laissé sur la cheminée le temps du rangement. Ils sont tous ambassadeurs ou ministres plénipotentiaires. Des milliers de noms, des huissiers en veux-tu en voilà, la République est bonne fille avec ses diplomates ! Le bureau que l'on me propose n'a rien d'attrayant pour une rencontre télévisée de cette nature entre le plus grand journaliste de France et la secrétaire d'État du pays le plus puissant de la planète ; des murs blancs, un mobilier banal, des peintures écaillées, je vais devoir m'arracher et imaginer un décor.

Je demande à l'intendant une horloge comme on en voit dans tous les ministères, deux beaux fauteuils de cuir, un buste de Benjamin Franklin, un grand vase du mobilier national, des drapeaux américains et des livres anciens à reliure de cuir et dorées à l'or fin ; pour le reste, je jouerai sur une lumière aux tons ambrés afin de transfigurer cette citrouille Kleber en carrosse pour Condi ! Nous attendons les émissaires de l'ambassade américaine, le service de presse et les conseillers de Condoleezza Rice. Son assistante personnelle est une Asiatique, elle souhaite trois bureaux, un pour la secrétaire d'État en particulier, qui lui servira pendant la conférence, un autre pour les réunions avec ses conseillers et enfin celui où je suis pour sa prestation télévisée qui sera l'image principale de cette rencontre pour les télévisions, en plus de la conférence de presse. Un des conseillers me donne sa carte de visite, habitude américaine. J'installe les traducteurs dans l'entrée du bureau, un homme pour traduire les questions de Patrick à Condi et une voix féminine de langue anglaise pour traduire les propos de Condi aux téléspectateurs français. Cela lui convient-elle ? Pas de problèmes.

Le jour de l'enregistrement, je rejoins Charlotte, mon assistante, nous prenons un café en face, le soleil inonde la capitale, je me suis garé au parking Foch. Le jour du repérage, j'avais trouvé de la place en face du Centre de conférence. Tous deux heureux de nous retrouver dans ce Paris estival pour un de ces événements en extérieur, devenus si rares depuis quelques années. Mais comme d'habitude à la télévision, tout a été prévu sauf les badges d'accès. La conférence a commencé depuis le matin et la grande entrée est évidemment inaccessible aux pauvres mortels, des barrières surveillées par des policiers empêchent d'ailleurs d'y accéder. Je croise de belles femmes, sortant de chez le coiffeur, habillées en tailleurs sombres, escarpins aux pieds, téléphone portable à l'oreille, dossiers à la main. Les hommes l'air important passent eux aussi dossiers à la main vers l'entrée, déposés par de grosses berlines foncées. Dans la contre-allée, le long du bâtiment, sont garées des voitures banales, remplies d'hommes fumant cigarette sur cigarette ; en connaisseur des romans de John Le Carré et Paul Kenny, j'imagine aisément les espions des services secrets des différentes nations. Philippe Perrot, notre chef d'édition, vient à notre rencontre, il nous dit : « Vos badges sont à Boulogne. »

C'est cool Raoul, là-haut les techniciens installent le dispositif et moi je suis dans la rue avec mon assistante. Reste à attendre, ce qui n'est pas mon genre. Tout faire soi-même, comme d'habitude. Le car d'enregistrement étant installé au pied du balcon du deuxième étage, dans le bureau de Keller où doit se dérouler l'entretien, je téléphone aux techniciens présents à l'intérieur et leur demande de nous envoyer deux badges non nominatifs pour nous permettre de les rejoindre dans le bâtiment. Qu'ils les jettent par la fenêtre ! Une manœuvre d'école comme dans mon enfance, boulevard Malesherbes, lorsque je sortais de l'appartement par la fenêtre ! Foin du plan Vigipirate et de la guerre contre le terrorisme, ils nous les envoient par la voie des airs, impénétrables aux plantons, Charlotte et moi pouvons enfin entrer pour préparer l'émission. Deux heures après, les précieux badges arrivent, tout aussi peu nominatifs ! Un bout de carton plastifié, sur le mien je peux lire : « Crise du Darfour, réunion ministérielle du Groupe de contact élargi, Paris 25 juin 2007, presse 141 »

Mon pote Jean-Loup Demigneux collectionne ces badges, comme les revues *National Geographic*. Grand reporter de politique étrangère dans les années 80, il a participé à moult conférences de par le monde ; malin, il les a gardés comme trophées. Je les ai découverts dans son bureau lorsque nous avons été à Washington avec Patrick. J'ai fait de même, ils sont à l'entrée de mon bureau à la maison, ceux du festival de Cannes, des cérémonies du 14 juillet, de Moscou UER Moscow 88, ceux du Maroc, du Top-Com de Biarritz, de la visite apostolique de SSS le Pape à Lyon, etc.

Philippe Perrot nous invite à déjeuner avec Charlotte au café d'en face. Nous évoquons des souvenirs communs. Patrick nous rejoint, il faut attendre la fin de la conférence de presse. L'attente durera deux longues heures. Charlotte a été chercher *Le Monde* pour Patrick. Condoleezza Rice arrive très chaleureuse, en tailleur sombre, mes fauteuils permettront d'admirer ses jolies jambes ; cette rencontre marque le retour de l'amitié franco-américaine après les heurts qui avaient suivi le déclenchement de la guerre d'Irak. L'interview est très chaleureuse, les Américains sont d'accord pour soutenir les efforts français au Darfour. Après avoir balayé les grands sujets du moment, notamment sur l'opportunité ou pas de boycotter les jeux Olympiques si la Chine continue à soutenir le régime de Khartoum au Soudan, qui ne lui semble pas la bonne solution, Patrick l'interroge sur sa vie après la prochaine élection. Sait-elle ce qu'elle va faire ?

« Beaucoup de piano ! J'ai beaucoup de chance d'avoir pu servir le gouvernement. Je viens d'une famille aimante mais modeste d'enseignants. Un pasteur presbytérien. Impossible d'imaginer que je serais un jour conseillère de sécurité puis secrétaire d'État. J'ai eu cette chance dans une période de défi et je ferai tout ce que je peux pour que la résolution sur le Darfour soit respectée et qu'on établisse un État palestinien. Après, je retournerai à l'enseignement universitaire. »

Les Américains ont de la vie politique une vision peut-être plus saine que la nôtre. En France, on entre en politique comme dans la fonction publique : pour toujours. À la fin, un petit événement inattendu et très chouette. Contrairement à la plupart des hommes politiques français que j'ai connus depuis quarante ans, Condoleezza Rice a un geste étonnant, elle tient à poser en photo avec toute mon équipe. Les techniciens n'en reviennent pas, elle très aimable, le naturel américain. L'interview intégrale disponible sur le site Internet de TF1 dure 10 minutes, à l'antenne elle est compactée sur les meilleurs moments sur une durée de 5 minutes. Je ramène dans ma voiture Charlotte et Joëlle la maquilleuse à Boulogne, il est 17 h 30, la conférence de rédaction se déroule très vite. À 20 h, nous nous retrouvons tous les quatre à l'antenne, Charlotte, la maquilleuse

Poivre et moi, heureux de cette séquence importante pour le journal et d'un peu de bonheur en plus dans nos têtes.

*

C'est l'autre débat feuilletonnant : TF1 accusé, la tête sur le billot, menottes derrière le dos, visage masqué, de minimiser les informations de politique étrangère, une accusation récurrente qui revient en boucle à chaque article sur notre journal. On nous accuse en gros de scruter les audiences pour placer tel ou tel sujet dans le journal soi-disant pour faire de l'audience, l'international étant par nature lointain des préoccupations des Français, nous en minimiserions l'importance. Cette légende dit que France 2 ouvre sur l'étranger et pas TF1 ! Les premières phrases de présentation du nouveau responsable de la rédaction de France 2 Thierry Thuillier, un ancien de chez nous, étaient destinées à affirmer qu'ils allaient faire plus de politique étrangère car eux, ils ne s'occupent pas de l'audience ! Idem dans les récentes déclarations de David Pujadas dans *France Soir* du 20 janvier 2008 à la question :

« Qu'est-ce qui distingue votre journal de celui de TF1 ?

— Nous faisons plus d'international, plus de politique et moins de proximité. »

Faisons d'abord le tri entre le fantasme et les faits, entre le « diplomatique » et « l'international ». Ce sont deux choses différentes. Dans les années 60 et 70, quand les moyens de la télévision étaient limités, le journaliste en plateau consacrait beaucoup de temps et d'énergie à lire les communiqués officiels reflétant la position des diplomaties françaises ou étrangères car il y avait peu d'images. Trente ans plus tard, nous avons à notre disposition des dépêches d'agences, des images EVN, des chaînes d'information en continu de tous les pays où les déclarations officielles sont relayées instantanément, à la vitesse de l'éclair. La partie « diplomatique » de l'information, ce sont généralement des hommes assis autour d'une table et des poignées de main avec sourire de circonstance. C'est l'information du jour mais une décision de politique étrangère, un Traité, une réunion officielle sont aussi vécus par les populations concernées. Il faut parler des deux. Pas besoin de mobiliser notre envoyé spécial pour lire le communiqué officiel, des images *off* lancées et commentées par le présentateur livrent cette information qui lui permet de lancer ensuite notre grand reporter sur place qui apporte un plus et relate sa traduction dans la vie réelle. Quelques images d'une manifestation populaire anti-syrienne à Beyrouth, commentées par le présentateur livrent le fait du jour et sa partie diplomatique, suivies d'un reportage de notre envoyé spécial dans une famille chrétienne, l'ensemble des deux donne une bonne idée de la situation du jour dans le quartier chrétien de Beyrouth. Grâce à la rapidité et à la souplesse de nos télévisions modernes, nous avons aujourd'hui presque en même temps, les images officielles et le reportage vécu sur le terrain qui constituent dorénavant une partie de la matière de l'international. Alors c'est vrai, le commentateur diplomatique comme Emmanuel de la Taille ou Dominique Bromberger, qui venait en plateau paraphraser la politique étrangère de la France, a vécu car ces décisions sont maintenant visibles en images dans les réunions officielles. Pourtant, cette absence de « diplo » sert d'argument massue aux commentateurs.

La télévision c'est de l'image, pas de la parlote, faire pesant en plateau est-il un gage de sérieux ? Cette assertion est pourtant relayée par nos amis du service public pour plaider leur cause. C'est facile et ça ne mange pas de pain puisque c'est improuvable. Sauf à dire que tel jour ils ont ouvert avec un sujet étranger et pas nous. Nous pouvons rétorquer que tel autre jour nous avons ouvert sur la Birmanie et pas eux. Débat byzantin qui n'intéresse personne. Prouver une telle assertion amènerait à découvrir une scène de crime sans indice concordant ni aveux spontanés aboutissant à un non-lieu puisqu'il ne s'est rien passé. Essayons quand même de l'expliquer. Comme toutes les accusations gratuites, elle est basée sur la rumeur et non sur des faits et comme on le sait, ils sont aussi têtus l'un que l'autre.

*

Comme aurait pu l'affirmer sans rire Pierre Dac, l'étranger c'est loin. D'ailleurs connaissons-nous les noms des présentateurs des journaux télévisés de nos voisins européens ? Pareil pour l'information de proximité ou les faits divers, chaque pays a les siens. Difficile pour un téléspectateur français de regarder les journaux de la RAI, de la ZDF ou de la BBC, leurs préoccupations intérieures ou nationales sont trop lointaines des nôtres. Les Anglais sont fiers de leurs caméras dans les rues, arrêtent leurs terroristes grâce à ce maillage très serré, en France ses initiateurs sont accusés de toutes les dérives. Ils ont des soldats en Irak, nous n'en avons pas, nos visions du conflit sont très éloignées. L'affaire Manaudou traitée à Turin et à Paris n'a pas la même couleur. Aux États-Unis, l'étranger se limite le plus souvent à l'actualité du Proche-Orient. Le débat linguistique belge n'a pas la même teneur à Bruxelles et à Anvers. De simples exemples parmi une foultitude sur les différences de mentalités.

Bruno Masure explique ce phénomène : « Présenter le journal, c'est vendre le travail des reporters. Lorsqu'arrive un sujet sur l'Afghanistan, notre boulot est d'expliquer aux téléspectateurs en quoi ils sont concernés. Pour cela, nous devons nous arracher les tripes, c'est une tâche humble. » Le journal télévisé est national. Il faut beaucoup de talent à Arte pour imposer une chaîne franco-allemande dont le journal télévisé s'en tient d'ailleurs aux faits internationaux, les seuls consensuels entre les deux pays. Quand le présentateur allemand parle d'une grève en Allemagne, nous sommes moins concernés.

Alors pourquoi « l'international » est-il devenu un facteur de crispation ? L'histoire est complexe, mélangeant les jugements des commentateurs du *Monde*, considéré comme le « journal de référence, bible de la politique étrangère » et les jugements jaloux des cadres de France 2, croyant sur ce terrain fertile engranger des points d'honneur à défaut d'audimat. Les chiffres malheureusement démentent ces accusations. L'INA, organisme officiel, dans son bulletin mensuel l'*Ina'stat* numéro 6, où l'organisme public collationne les temps d'antenne trimestriels des différents sujets de tous les journaux télévisés à cette rentrée 2007, on constate que TF1 a traité de l'information étrangère pendant 4 heures et 57 minutes, France 2 pendant 4 heures et 40 minutes. Donc une équivalence presque parfaite sur trois mois. Cherchez l'erreur ? La méthodologie est très fouillée, elle comprend les rubriques suivantes : catastrophes, culture/loisirs, économie, éducation, environnement, faits divers, histoires/hommages, international, justice, politique française, santé, sciences et techniques, société et sport. Aussi il n'y a pas d'ambiguïtés possibles. L'INA ne comptabilise que les « vrais » sujets étrangers. Affirmer dans la presse que France 2 fait plus d'international que TF1 est une contre-vérité et laisser entendre que les journaux de TF1 préfèrent les faits divers (qui ne représentent qu'une 1 heure 52 minutes) à l'international est donc un mensonge patent.

Certains pays choisissent des formules différentes. Ainsi l'Italie dans les années 80 a choisi d'affecter les journaux télévisés de ses trois chaînes de télévision publique RAI 1, RAI 2 et RAI 3 aux trois grands partis politiques de la péninsule. Ce système adopté pour satisfaire la demande des partis politiques n'apparaît pas comme un facteur pluraliste malgré son caractère transparent. Il participe au contraire au renforcement des idéologies, à l'isolement des téléspectateurs et au non-renouvellement de la classe politique. Ainsi curieusement, la richesse du journal télévisé semble naître de sa relative brièveté et de son caractère généraliste. Le journal télévisé étant la somme d'informations que nul n'est censé ignorer, le téléspectateur recherche, bien sûr, dans le journal télévisé l'information qui lui fait défaut ou entendue le matin à la radio. Mais en regardant le journal télévisé, il désire aussi savoir comment la télévision traite le sujet, savoir si nous y attachons de l'importance. Il lui importe d'avoir vu et entendu ce qui est exprimé au journal télévisé pour pouvoir réagir le lendemain avec ses amis. D'où l'importance d'être suffisamment varié, complet et honnête. Lorsque se produisent des événements particulièrement dramatiques, le journal télévisé du soir atteint des taux d'écoute records.

Aussi les différents journaux télévisés diffusés dans le monde semblent parfois se confondre mais il s'agit d'une apparence trompeuse. Même dépassé le problème de la langue, il apparaît que chaque journal télévisé est le reflet par excellence de la vie d'une nation. La chaîne CNN dispose de 29 bureaux dans le monde dont 7 aux USA, elle utilise les ressources de onze satellites, mais la perception de l'actualité demeure américaine. Pendant la seconde guerre du Golfe, les reporters américains embarqués dans les différentes armées reflètent une vision « patriotique » du conflit ; impossible d'ailleurs de les diffuser sur les antennes françaises, leur nationalisme exacerbé serait incompréhensible pour des Européens.

Les chaînes publiques ne sont pas idéologiques, ce ne sont pas des chaînes gouvernementales ou politiques comme en Italie, même si le gouvernement souhaite s'y faire entendre. Le journal télévisé d'une chaîne française, publique ou privée, est perçu en France et à l'étranger comme étant une vision de l'actualité conçue, produite, réalisée par les Français. En cela, le journal télévisé apparaît comme un facteur d'intégration pour les jeunes générations et pour des populations étrangères souhaitant être assimilées par la France. La nouvelle chaîne d'informations en continu « France24 », diffusées en français, en anglais et en arabe, c'est la couleur de la France, le ton et la tessiture de sa voix, de son univers et des gens qui la peuplent, pas la politique de la France.

*

Octobre 2007, les bonzes manifestent à Rangoun, cent mille personnes les soutiennent dans la rue. Les journalistes de la rédaction, même s'ils adorent Patrick, ont toujours une certaine réserve, il faut à chaque fois qu'il leur rappelle avoir interviewé l'un ou l'autre au journal, reçu telle personnalité décédée à « Ex-Libris » ou à « Vol de Nuit » pour qu'ils en mettent un extrait dans leurs sujets. Patrick avait fait une interview d'Aung San Suu Kyi. Ce soir-là, sur le plateau de la Deux, on voit Jane Birkin apporter son soutien à la Birmanie, un geste assurément sympathique mais loin du sujet. Chez nous, le journaliste chargé du sujet ne passera que quelques secondes fugaces de l'interview de Patrick. Voir Aung San Suu Kyi plus longuement ou en sonore aurait été un gage de crédibilité pour la chaîne et pour le sujet. Juste pour entendre le son de sa voix ! Bon… C'est dur d'être un patron de rédaction, une vedette pour ses confrères, un bon journaliste face à l'événement et en même temps un grand reporter aux exploits répétés. Je le dis à Poivre le lendemain, il me regarde en grommelant : « Ils ont juste montré un micro passage »…

Dix ans auparavant, le 7 mars 1996, Patrick était parti pour la Birmanie, seul, une mini-caméra dans son sac, bien décider à faire un coup. J'avais été également en Birmanie en 1986 avec mon épouse avec des visas de complaisance, me déclarant « décorateur », je peux ainsi imaginer et décrire son voyage. On nous confisqua notre caméra amateur à notre arrivée car elles étaient plus grosses que les caméras numériques comme celle de Patrick, impossible de les dissimuler aux regards attentifs et soupçonneux des fonctionnaires birmans. Le voyage est stupéfiant lorsqu'on passe de la frénésie populeuse de Bangkok au silence birman. Seulement quelques touristes autorisés par jour selon un strict contingentement. L'arrivée dans les bâtiments de l'aéroport de Rangoun fait revenir au siècle précédant, des dizaines de fonctionnaires assis derrière les bureaux d'une baraque en bois, tamponnant compulsivement des liasses de papiers qu'ils se repassent de l'un à l'autre, on craint la disparition de son passeport dans ce fatras. Deux heures à attendre une entrée dans le pays par une petite porte en bois.

Aung San Suu Kyi habite dans une petite rue de Rangoun. Patrick en se glissant chez elle par des intermédiaires obtiendra une interview exclusive du prix Nobel de la Paix, offert en 1991 par les jurés norvégiens pour l'aider dans son combat : « Je l'ai rencontrée dans la villa où elle était assignée à résidence donc disons-le franchement, en prison chez elle, entourée de grillages. » À ce moment, son mari est malade, réfugié en Europe et la junte l'autorise à le rejoindre. « Evidemment son retour était en question, pas de réponse, à elle de choisir. Ému par son courage je souhaitais la rencontrer, elle est restée dans son pays loin de son mari qui est mort seul en Europe... »

Patrick demande à Aung San Suu Kyi ce qu'elle pense de l'année du tourisme, décidée par les militaires de la junte au pouvoir ; permettra-t-elle un élargissement des mentalités et davantage de démocratie ?

« Certains pensent en effet que cette nouvelle politique peut ouvrir le pays sur l'extérieur, mais le peuple birman n'a pas besoin d'être exposé de cette manière, Depuis les élections de 1990, il sait ce que veut dire la démocratie. D'autres ajoutent que le tourisme va se traduire par un plus grand nombre d'emplois, je n'en suis pas si sûr, cela ne bénéficiera qu'à un groupe très privilégié. »

Aussitôt montés dans un taxi, celui-ci nous propose des liasses de billets crasseux contre quelques dollars. Je vois dans les rues des camions Berliet des années 50. La Birmanie s'est fermée au monde en 1948 au moment de ma naissance, je pouvais donc voir par le petit bout de la lorgnette à quoi le pays ressemblait à cette époque-là, un peu comme à Cuba : pas de réfrigérateurs, aucun magasin, quelques échoppes donnant sur les trottoirs défoncés vendent des confiseries douteuses. Les hommes en sarong et les femmes maquillées avec des peintures ocres et jaunes sur la figure. Un seul restaurant climatisé en ville, un chinois où, apparemment, viennent dîner les huiles du pouvoir.

Chez elle, retranchée dans sa demeure sous surveillance, Patrick lui demande ce qu'elle attend de la communauté internationale ?

« Qu'elle fasse de son mieux pour mettre en œuvre les résolutions des Nations Unies, un retour immédiat à la démocratie en Birmanie. »

Le soir dans les rues de Rangoun, la lumière est inexistante ou très faible, les bâtiments délabrés datent de l'époque coloniale anglaise, notre hôtel en bordure d'un lac ressemble à ces vastes demeures britanniques début de siècle, parquets luisants, boiseries lustrées, mais humidité maximum, nous sommes sous les tropiques en pleine jungle. Un employé est préposé aux mouches, une tapette à la main. Deux ou trois personnes seulement, assises au milieu de couples anglo-saxons. Au milieu des années 80, qui va en Birmanie ?

Patrick lui demande sa réaction sur le souhait actuel du gouvernement birman d'attirer les capitaux étrangers ; cela peut-elle lui servir à mieux faire connaître sa lutte ?

« Cela ne nous est pas très favorable, en réalité très peu de choses entrent en Birmanie à l'exception de Total qui a beaucoup investi dans le pays. Si l'on y regarde d'un peu près, on constate la faiblesse des garanties qui pourraient permettre un retour aux investissements. »

Excursion obligée à la pagode Shwedagon de Rangoun, la plus grande d'Asie, regorgeant d'or ; laisser ses chaussures à l'entrée est un supplice car toute la ville, au milieu de la forêt, est très humide. Nous rencontrons un jeune bonze souriant et avenant, habillé en orange, muni d'une ombrelle rouge du plus bel effet, il a fait ses études en Occident puis est revenu au pays, raison de notre dialogue sans contraintes. Étape suivante d'un voyage en Birmanie, Mandalay et ses bonzes que l'on rencontre à tous les coins de rue, calmes, marchant avec humilité et sereinement, leur écuelle à la main pour demander du riz. Le clou de ce voyage est évidemment la visite de la plaine de Pagan, où s'étalent avec majesté plus de 5 000 pagodes, construites à l'époque de la splendeur birmane. Cambodge et Thaïlande réunies sous la férule d'un empire dont l'écriture arrondie ressemble à celle de ses voisines. Nous partons en calèche, le spectacle dépasse l'imagination. Nous grimpons en haut du premier édifice rencontré. Aussi loin que porte le regard, des pagodes espacées les unes des autres de quelques centaines de mètres, des grandes, des petites, des belles ou des sobres, un assortiment complet. l'Empire devait être puissant et riche, des rats courent le long des couloirs, personne pour nous accueillir, pas de documents touristiques, quelques rares papiers datant de la dernière guerre vendus par quelques enfants. Rien, la nature, les pagodes et nous, le site est trop vaste pour rencontrer d'autres touristes. C'est la découverte à l'état pur. La Birmanie a gardé son visage bouddhiste du passé.

> Le père d'Aung San Suu Kyi, lui-même responsable politique, a été assassiné ; craint-elle pour sa vie ?
>
> « Je ne pense pas en ces termes, je suis moi-même bouddhiste c'est-à-dire que je crois en la vie éternelle, ma vie, une existence, n'est pas limitée par le temps. »

Nous revenons à Rangoun par le train. La gare est truffée de fils de fer barbelés, de soldats en armes, les transports sont stratégiques dans ces régions où les séparatistes comme les Karens sont légion ; nous ne sommes pas loin du Triangle d'or que nous irons voir du côté thaïlandais, cette fois-ci. On y échange les fameux rubis de Birmanie du côté libre de la frontière qui borde le Laos, la Thaïlande et la Birmanie, haut lieu du trafic de drogue. Sur le Mékong, nous verrons flotter des cadavres.

Que pense le prix Nobel de la paix du nouveau nom de la Birmanie « Myanmar » décidé par les militaires ?

« Le gouvernement prétend que l'appellation "Myanmar" regroupe l'ensemble des ethnies du pays. Ce n'est pas vrai, ce n'est pas en changeant le nom que l'on va opérer de véritables changements dans le pays, c'est dérisoire. »

Le choc des civilisations, nous l'avons connu le jour de notre retour en montant dans l'avion qui devait nous ramener à Bangkok sur la compagnie aérienne thaïlandaise. Aussitôt assis, le champagne coulait à flots et nous avions retrouvé « la civilisation ». Que vaut-elle finalement ? Du confort assurément et de la vitesse. C'est pourquoi l'attentat terroriste à Bali nous stupéfia. Le peuple balinais est tellement gentil et sympathique comme l'est le peuple birman, comme le sont également les Cambodgiens.

Au retour du voyage de Poivre, Claire Chazal lance un reportage expliquant que la chaîne a pu obtenir l'interview du prix Nobel de la Paix Aung Sang Suu Kyi à Rangoun dans sa maison où elle est retenue prisonnière par la junte militaire birmane. Lorsqu'arrive à l'image le visage amaigri de la chef de l'opposition, frêle jeune femme filmée à côté d'une fenêtre en semi-clarté, une signature apparaît en bas de l'écran : « entretien Patrick Poivre d'Arvor ».

Depuis longtemps, PPDA et TF1 parrainent pour Reporters Sans Frontières. Wun Tin, un journaliste birman : « on lui a retiré tout crayon, tout papier » dit-il. Condoleezza Rice a appelé la communauté internationale à condamner les dirigeants tyranniques qui violent les droits de l'homme en Birmanie. Patrick retournera sur place avec Vincent Brossel de RSF ; on voit les deux hommes passer la frontière birmane dans une barque sur le Mékong. Un ancien prisonnier politique parle de Win Tin : « Il a été enfermé pendant cinq mois en 1995, il a continué à écrire des articles adressés aux Nations Unies sur des petits bouts de papier. »

> Puis un reporter de « Democratic Voice of Burma » évoque sa détention : « Malgré la maladie et l'isolement, Win Tin ne se plaint jamais, il croit en une seule vérité, la démocratie va triompher en Birmanie. »
>
> Ensuite, Patrick interroge Robert Ménard, secrétaire général de RSF : « La Birmanie est un des pays où il y a le moins de liberté, la radio et la télévision sont censurées, même chose pour Internet, les calendriers sont censurés, les avis de décès sont censurés, il y a 1 500 prisonniers politiques, uniquement parce qu'ils demandent la démocratie. »

Aujourd'hui, le maillage a été resserré après les manifestations des bonzes et plus personne ne peut accéder à l'opposante. Même la catastrophe qui touche le pays à la suite du cyclone « Nargis » n'offrira aucune fenêtre pour entrer dans ce pays.

*

Déjà lorsqu'il présentait le journal d'Antenne 2, à la fin des années 70, Poivre nous faisait remarquer qu'au moment du tremblement de terre qui s'était produit en Chine de 1976 et qui avait fait 240 000 morts officiels et probablement le double, autant que le tsunami des Philippines, il en fit simplement une brève six jours plus tard au 20 heures ! Aucune image ne parvenait de l'Empire du milieu, totalement replié sur lui-même. Le tsunami en revanche a été couvert comme jamais par les télévisions du monde entier, provoquant la plus forte mobilisation caritative planétaire de l'Histoire ! La télévision, en trente ans, est passée du presque rien au presque tout !

Rareté ou avalanche, pour les connaisseurs des médias comme Dominique Wolton, le principe démocratique du journal télévisé tient justement au fait que si tout le monde regarde les mêmes images, personne ne voit exactement la même chose. Cette diversité permet à chaque téléspectateur d'accéder ou non à ces informations et d'y puiser librement celles qui l'intéressent, le téléspectateur se trouve obligé d'entendre et de voir des images qui au départ ne l'auraient pas attiré. C'est sans doute là une des supériorités de la télévision, la richesse du journal télévisé tient à son caractère généraliste au contenu tellement disparate qu'il est quasiment impossible pour un téléspectateur de zapper sur une autre chaîne au moment où une information ne l'intéresse plus. Pour espérer regarder le sujet qui l'attire, il doit regarder le journal dans son intégralité. Dans un journal écrit, le lecteur peut facilement sauter des articles dont la lecture du titre ne l'attire pas; il en est tout différemment au journal télévisé où le téléspectateur est captif. C'est pourquoi les sujets de politique étrangère dans le journal, mêmes ramassés, sont importants.

Autre argument de nos détracteurs: vous n'en passez pas assez! Les chiffres de l'INA démentent cette assertion, la quantité ne fait rien à l'affaire. Toute image est signifiante. Faire long n'est pas non plus un gage de sérieux. Dans l'architecture des journaux ramassés sur trente minutes, l'importance de la rubrique étrangère au journal est qualitative, pas quantitative. Enfin, ultime argument, le plus utilisé car il peut servir à tout moment: l'ordre de passage. Quelle importance cela a-t-il qu'un sujet passe à 20 h 08 ou à 20 h 15 ? Pour le téléspectateur, aucune. Pour les rédacteurs en chef non plus, le « conducteur » est une narration, pas une liste décroissante, seul compte l'aspect d'actualité du sujet, le plus récent sera toujours placé en meilleure position. Mais pour les commentateurs du JT, l'ordre d'apparition semble l'essentiel.

Un article de *Marianne* du 19 janvier 2008 évoque ce problème avec un commentaire concernant un comparatif entre les deux 20 heures de Patrick Poivre d'Arvor et de David Pujadas du lundi 8 janvier : « France 2 préfère s'intéresser aux primaires du New Hampshire, un sujet de politique étrangère relégué dans le dernier tiers du journal de TF1 juste après… l'ouverture des soldes. » Les trois points font office de commentaire. L'article évoque ensuite nos JT du lendemain, le mardi 9 janvier avec cet autre commentaire : « La révélation par la haute autorité sur les OGM de son éventuelle dangerosité… France 2 détaille l'affaire en deux minutes treize, juste après l'éboulement de la Réunion. TF1 relègue l'info en fin de JT, juste avant d'évoquer le prototype d'une nouvelle voiture propre. »

France 2 « détaille » et TF1 « relègue ». Au-delà de ces qualificatifs, pour la seconde fois le journaliste estime plus important le sujet placé avant. Mais l'écriture du « conducteur » ne répond pas à cette hiérarchie, il est plutôt élaboré sur l'alternance de sujets du jour et de sujets magazines, de sujets longs et de sujets courts, de la nécessaire proximité entre deux éclairages sur le même chapitre, avec des relances tout au long du journal entre national et étranger. L'enchaînement de France 2 passant de l'île de la Réunion, un accident aux OGM, un problème d'environnement vaut bien celui de TF1 passant des OGM aux voitures propres, deux problèmes d'écologie. Où est la relégation supposée ? Je dirai même que celui de TF1 semble plus logique. Cet éditorialiste si prompt à fustiger la Une devrait également savoir que le nombre de téléspectateurs augmente au fur et à mesure du déroulement du journal et qu'un sujet placé à 20 h 20 sera mieux reçu qu'une ouverture. Je le dis comme ça en passant, avant d'écrire des bêtises il faut travailler son sujet. Le journal est un tout du début à la fin, titres compris. Cet argument ne veut rien dire.

Dernier exemple qui résume tous ces débats byzantins : le jeudi 7 février 2008 après trois ans de batailles féroces, à l'Assemblée nationale les députes viennent de voter cet après-midi-là, par 366 voix contre 52, la ratification française du Traité européen qui intervient après la Hongrie, la Slovénie, Malte et la Roumanie, d'où rentre le chef de l'État. Depuis trois ans, on a vécu successivement un référendum perdu, une élection présidentielle où Nicolas Sarkozy annonce sa préférence pour la voie parlementaire, sa rencontre avec Angela Merkel pour résoudre cette question par un Traité simplifié, le consensus européen autour de cette solution et une révision constitutionnelle à Versailles C'est un sujet de politique étrangère, un vrai, pur et dur, diplomatique et institutionnel.

Ce jour-là, à 17h au moment d'écrire le conducteur, plusieurs sujets sont susceptibles d'être placés en ouverture, Patrick fait un tour de table entre nous, au menu les six membres de l'Arche de Zoé dont le président Idriss Deby vient de confirmer qu'il n'exclut pas leur grâce, des tornades aux États-Unis et le lancement de la Navette avec un Français à l'intérieur, le déficit du commerce extérieur avec près de 40 milliards d'euros, le plan banlieue présenté demain ou la vidéo d'Al Quaïda montrant la préparation « d'enfants soldats kamikazes », le choix est vaste. Nous hésitons. Patrick nous lance comme un clin d'œil : « Vous ne trouvez pas qu'il y a une information essentielle aujourd'hui ? » Nous le regardons, étonnés.

« Le vote du Traité européen… »

Bien entendu, encore une fois il déjoue toutes les embûches, c'est évidemment le sujet du jour.

Si TF1, comme elle est accusée à tout instant par ses détracteurs, avait choisi la proximité, la France et pas l'étranger, le sujet était tout trouvé, l'émotion nationale autour des membres de l'Arche de Zoé, et certainement pas un sujet institutionnel de politique étrangère, le vote d'un Traité où l'image et l'émotion font défaut. Pourtant à France 2, Françoise Laborde ouvre avec l'Arche de Zoé, pour enchaîner sur les taxis et un très long commentaire en duplex de Michaël Darmon suivi d'un sujet avec Brice Hortefeux et d'un reportage sur l'immigration. Nous, à TF1, c'est tout le contraire : nous ouvrons avec l'Europe, l'Arche de Zoé avec la situation de réfugiés entre le Cameroun et le Tchad, les tornades, la Navette avant d'en venir à la France avec le déficit du commerce extérieur. Où était le service public, ce soir-là ?

Je me contente d'observer ces débats et comme personne ne l'explique, je me permets de livrer des faits incontestables au public. À lui de se faire une opinion sur nos pratiques ; dans notre cas, elles sont parfaitement transparentes comme j'ai essayé de vous les décrire.

Fin de campagne

MOIS DE JUILLET 2007, avec le Tour de France, c'est le retour de Romo Goldèche. Ce soir-là sur les images de l'étape, victoire au sprint d'un coureur au nom imprononçable, Gert Steegmans. Patrick, dans un souffle, annonce troisième « Romo Goldèche »... Il nous raconte le lendemain qu'un soir des années 90, il avait déclaré à l'antenne à la fin de son 20 heures : « Et Romo Goldèche sera l'invité du 23 Heures. »

Ce soir-là, Geneviève Galey, notre rédactrice en chef actuelle, présentait l'édition de la nuit. Elle consulta ses dépêches, posant la question à son équipe, demandant qui est ce coureur remarqué au point d'être l'invité d'un journal ? Patrick ressort comme ça parfois, de sa boîte à malices, le nom de cet inconnu célèbre. Six mois plus tard, il fait sa réapparition. Juste avant les vacances de février 2008, le jeudi pour son dernier journal de la semaine, on nous propose une naissance au zoo de Vincennes. En conférence de rédaction, Alain Badia, un de nos chefs d'info, est fier de nous montrer tout sourire la photo d'un propithèque dont le nom inconnu demandait une image pour être assimilé. Le soir, juste avant les séquences sportives, Patrick commentera les images de cet animal en disant : « Une naissance exceptionnelle au zoo de Vincennes, il s'agit d'un bébé propithèque mâle qui se nomme Kibongo ; il fait partie de la famille des lémuriens, une espèce menacée d'extinction, comme Romo Goldeche… »

L'histoire remonte loin, aux débuts du journal télévisé en 1949 lorsque la petite équipe de vingt personnes regroupée autour de Pierre Sabbagh devait commenter en direct chaque soir quelques petits sujets en noir et blanc achetés aux agences d'images et diffusés en catastrophe quand il manquait trente secondes pour finir le journal. Pierre Tchernia et Pierre Dumayet avaient adopté « Schwartzenberg », personnage énigmatique d'une pièce de théâtre italienne, récupéré par Pierre Tchernia, arrivant à point nommé lorsqu'ils n'avaient aucune information sur l'arrivée d'une course de moto ou de canoë-kayak. PPDA qui, a la mémoire de ses devanciers, a inventé Romo Goldèche, personnage passe-partout et clin d'œil télévisuel. Comme Molière nous devons aller au bout, ne serait-ce que pour honorer la chronique de ce personnage aux mille visages, pas question que notre héros potache disparaisse corps et bien.

Aujourd'hui, des incendies ont éclaté dans le midi, un 4 juillet où pourtant de la neige est tombée à Tignes, à 3 000 mètres d'altitude. Chantal en régie est la manœuvre. France 2 vient d'ouvrir avec ces incendies. Nous sommes en retard. Il y a trois ans, Patrick aurait grondé : « Pourquoi ces images ne sont pas arrivées ? »

Ce soir, il tend la main à Chantal et ils concoctent de petits arrangements entre amis et attendent d'être totalement prêts pour les diffuser. Le reportage arrivé, il reste à caler l'interview et il faut encore attendre deux sujets supplémentaires, nous nous organisons. Tout se fait dans le calme et la sérénité. C'est la primauté de l'expérience qui joue son rôle. Aujourd'hui serein, Patrick nous laisse le temps de nous organiser où précédemment son impatience nous gagnait, plombant notre atmosphère quotidienne.

Avec la rentrée de septembre, l'omniprésence de Nicolas Sarkozy. Il avait annoncé des réformes, il les met en œuvre. En ce mois de septembre, Patrick et Arlette vont interroger Nicolas Sarkozy à l'Élysée. Il nous dit : « Cette interview, je l'ai arrachée ! »

Car le président avait parlé la dernière fois sur TF1. C'était normalement au tour de France 2, mais c'était aussi ce jour-là le 20 septembre, le jour de son anniversaire. Peut-être a-t-il fait jouer cet argument sentimental avec Arlette...

Sur son tout nouveau blog personnel, il détaille l'émission pour les internautes. On voit Patrick quelques minutes avant l'antenne, dans les couloirs de l'Élysée, filmé avec une petite caméra numérique : « Il y a juste trois mois, avant les vacances, j'avais interrogé Nicolas Sarkozy avec Claire Chazal dans un autre bureau. L'installation avait été compliquée, ce jour-là nous avions préparé l'émission dans le bureau de sa conseillère, Catherine Pégard, un bureau de substitution, au premier étage. Finalement le président a décidé de garder ce bureau pour l'interview d'aujourd'hui, c'est celui-là que l'on verra à l'antenne ce soir, pour cette rentrée avec Arlette Chabot. »

*

Emmanuel Chain, à la rentrée de septembre, a créé un « salon de la télé » à la porte de Versailles où les apprentis journalistes ou animateurs peuvent passer une audition, faire la météo ou présenter le journal. Poivre était invité évidemment, voix de la France cathodique « consacrant deux heures au public », écrit le journaliste du *Parisien* qui évoque les questions posées, TF1 accusée de rouler pour la droite, affirmation récurrente et rumeur de toujours posée pendant un débat de trente minutes un peu identique à « J'ai une question à vous poser » sauf que l'interviewer était cette fois interviewé. « Ce n'est pas ce que pensent les téléspectateurs ; les journalistes de la chaîne sont apolitiques, il n'y a jamais eu l'exemple d'une seule censure. » Autre question sur le jeu de la séduction féminine en plateau. « Ça ne me gêne nullement, mon carburant c'est la passion. » Il nous a dit en rentrant : « J'ai au moins deux cents CV. »

Il m'arrive la même chose ; trouver un boulot ou même un stage est devenu particulièrement difficile. Je suis sollicité par un grand nombre de jeunes gens et jeunes filles, attirés par les feux de la rampe, journal et télévision confondus, information ou divertissement, lumières de la gloire ou simples envies de reportages. En dehors d'un coup de piston que chacun de nous garde au chaud pour ses propres enfants, il reste Internet et les offres classiques. Ce soir-là au 20 heures, lancement d'un sujet sur le bac d'anglais passé sur ordinateur, tourné au lycée Carnot. J'embête mes copains en régie en leur racontant mes souvenirs de ce lycée et de mon copain en quatrième, Jean-Louis Niccolini, devenu proviseur ; le voilà interviewé. Pendant la minute trente du reportage, Patrick échange quelques mots avec Rosine, sa fidèle assistante chargée de prendre le journal sous sa dictée : « Si je devais passer mon bac d'anglais sur ordinateur aujourd'hui, je ne l'aurais pas ! » Le propos peut faire sourire pour un gars qui l'a eu à quinze ans et demi, à une époque où seulement 25 % d'une classe d'âge l'obtenait, mais avec les progrès du numérique et de l'ordinateur, difficile de s'y retrouver. Patrick ajoute encore à destination de Rosine, une super-pro de la frappe assistée sur ordinateur : « Je le passerais si tu le passais avec moi, Rosine… »

Les nouvelles technologies nous obligent au renouvellement. Pendant cette campagne, Patrick a créé son site personnel sur TF1.fr, un blog avec du contenu éditorial. Le soir lorsque nous avons un invité au journal, les lumières éteintes et l'antenne rendue, nous rallumons les projecteurs pour faire un enregistrement supplémentaire en lui posant trois questions destinées au blog Internet de Poivre ; les douze candidats y sont passés. Ce soir nous recevons Bruce Willis, lui aussi répondra aux questions de Patrick ; une des assistantes vient prendre une photo numérique sur le plateau et elle se retrouve sur le site quelques minutes plus tard, ça aussi c'est l'accélération de l'info. Philippe Perrot a entraîné les journalistes pour leur apprendre à remplir leur site, Francine Buchi lors de son voyage dans le grand Nord a ainsi pu tenir quotidiennement son carnet de route. Les téléspectateurs voyaient ses sujets et pouvaient ensuite se rendre sur le site pour obtenir des informations inédites et exclusives.

*

Aujourd'hui c'est le « jeudi noir », le baroud d'honneur des syndicats contre la réforme des régimes de retraite. À mes côtés ce jour-là Lionel, mon truquiste préféré, habile, sympathique et souriant, jamais battu, toujours affûté, polyvalent, c'est un plaisir de réaliser le journal avec lui. En faisant la météo, nous discutons football et les commentaires fusent sur les émissions qui passent au même moment à l'antenne. C'est l'époque du « Destin de Lisa » dans sa version allemande. Les péripéties de « la Teutonne » nous tiennent en haleine chaque soir. L'interactivité a gagné les séries, les téléspectateurs peuvent voter entre deux fins possibles ! Je prépare avec lui le grand soir syndical. Xavier Bertrand, le ministre du Travail, et Bernard Thibault, le secrétaire général de la CGT, sont invités en direct, pas vraiment en même temps mais comme François Hollande et Alain Juppé l'avaient été au lendemain des élections, quelques mois plus tôt. Pas question qu'ils se parlent, mais si l'occasion leur est donnée, pourquoi pas ? Tout va se jouer sur le dispositif. À moi d'être habile pour dérouler le tapis rouge à Patrick.

Xavier Bertrand souligne dans l'après-midi que le gouvernement fera la réforme des retraites mais qu'il est prêt à négocier leur application, d'ailleurs il recevra les syndicats le mercredi suivant. Des préavis sont déposés pour continuer la grève, notamment FO et « Sud-Rail ». S'ils vont se rencontrer dans six jours, pourquoi ne pas commencer dès ce soir ! Je prépare un trucage de trois images avec Patrick à gauche de l'image, Xavier Bertrand et Bernard Thibault de l'autre côté. Le trucage de base étant résolu, restait posé le problème de leur présence presque « physique » à l'antenne, Xavier Bertrand étant chez nous en plateau et Bernard Thibault en extérieur en duplex. J'ai l'idée de rapetisser l'image de son duplex dans notre écran virtuel, pour le faire apparaître presque à grandeur réelle sur notre plateau grâce à une caméra qui permet de voir les trois interlocuteurs en même temps, réalisant du même coup une « vraie » rencontre virtuelle, poussant à fond l'idée de notre décor.

L'image est magique, ils apparaissaient presque ensemble sur le plateau avec une touche réaliste car l'on voit qu'il s'agit d'un duplex même si l'illusion est agréable à regarder et fait vivre le débat. Car finalement échange il y a eu, le dispositif permettant à Patrick de s'adresser à l'un puis à l'autre de manière naturelle, car lui aussi voyait ses deux interlocuteurs de manière physique, Bertrand face à lui et Thibault dans l'écran mais à grandeur presque réelle. Le dialogue animé par Patrick se passera sans heurts. Mon assistante Murielle viendra me féliciter à la fin. J'en parle avec Geneviève dans l'ascenseur. « Bien sûr, je l'ai remarqué ! » Nous formons une équipe.

*

Après avoir interrogé dans le passé Ronald Reagan et Bill Clinton, Poivre est en route pour Washington. Nicolas Sarkozy est reçu au Congrès, où il recevra une *standing ovation*, l'occasion rêvée d'interviewer George Bush junior. Notre présentateur attend cette opportunité depuis sept ans, la brouille avec la France à propos de la guerre en Irak avait obéré tout projet. Lundi soir, il arrive dans la salle de frappe du journal avec ses affaires de voyages, le journal terminé il part aussitôt pour l'aéroport. Les journalistes viennent me voir pour me demander « il va où ? » Demain, je ferai le journal avec Harry Roselmack. Arrivé en fin de journée, grâce au décalage horaire, il se rend directement à la Maison Blanche où les fouilles, naturellement, sont toujours très complètes. Patrick n'a pas de fiches, au contraire de Lesley Stahl la journaliste de CBS venue interroger Nicolas Sarkozy la semaine précédente et qui se fit remettre à sa place par le chef de l'État lorsqu'elle posa une question sur Cécilia.

On voit le reportage avec la célébration du marquis de La Fayette, présentée à la Maison Blanche par des comédiens, signe d'amitié fondateur entre les deux pays. À son retour, j'interroge Patrick : « Tu n'as pas essayé de fourguer à Georges Bush ton scénario sur La Fayette ?

Non, mais j'en ai parlé à l'ambassadeur. »

Patrick avait écrit cinq ans avant *J'ai aimé une Reine*, évoquant le personnage de La Fayette qui se rêvait le

« Washington de la monarchie » et fit la révolution en restant en rapport avec Marie-Antoinette au « club des Feuillants » opposé à la Convention ; un texte écrit dans le style des romans feuilletons de Stendhal, Dumas ou Balzac. Cet ouvrage aurait pu être un script pour porter sa vie à l'écran. Il avait rencontré Jean-Marie Messier et lui en avait parlé. Mais sa demande tomba au moment où le patron planétaire de Vivendi-Universal explosait en vol, déclarant depuis les États-Unis que « l'exception française avait vécu ! » Le président Bush est très chaleureux pendant les quinze minutes d'interview, l'appelant amicalement Patrick. Son image est-elle celle d'un homme simple ? Pas nécessairement ; selon Patrick, il est très malin, intelligent et ne recherche pas la notoriété mais l'efficacité.

Après avoir répondu sur l'Irak, l'Afghanistan et l'Iran, le moment sympa sera à la fin de l'interview où il déclara :

« Je ne remercierai jamais suffisamment le président Sarkozy d'avoir envoyé son ministre des Affaires étrangères à Bagdad, la visite de Bernard Kouchner étant la première d'un responsable politique français. »

Sur une question à propos de la prochaine campagne électorale, quel candidat allait-il soutenir dans son camp républicain ? Il répondit :

« Je vois que vous essayez de me coincer subtilement pour m'impliquer dans la campagne des primaires. Je soutiendrai le républicain nominé… »

Le lendemain soir, revenu à Paris et son journal terminé, il extrait de sa serviette en cuir la photo prise en compagnie du président américain Georges Bush junior. Elle rejoint son Panthéon personnel accroché face à lui dans son bureau sur le mur des victoires, c'est la photo plus récente.

Quelques mois plus tôt à la fin de la campagne présidentielle, Robert Namias a offert un pot à toute la rédaction, pour nous remercier du travail accompli. « Ouf c'est terminé » dit Robert, Patrick nous remercie également chaleureusement pour ce moment « d'exubérance démocratique »... Dans ce salon de réception du rez-de-chaussée, à côté de la salle de projection, je retrouve Jean-Pierre Rousseau, nouveau directeur des ressources humaines, je ne l'avais plus vu depuis vingt ans, il avait cette charge au moment de la privatisation. Il me déclare, enjoué : « Je regarde les génériques, me dit-il, et depuis toutes ces années je vois toujours votre nom »...

Je suis en effet à l'antenne depuis deux décennies avec PPDA, 1987-2007, un sacré bail qui vaut bien une petite narration !

La privatisation de TF1 racontée aux enfants de la télé !

Du service public au secteur privé

Un matin, je reçois un coup de téléphone de Lucien Billard : « Jacques, il y a des journaux à réaliser au Maroc, passe me voir avenue Franklin Roosevelt, je t'expliquerai. »

Lucien Billard était le Maréchal des Lumières de la télévision française, le directeur photo le plus ancien dans le grade le plus élevé, chargé d'illuminer les grandes fêtes et les célébrations nationales. Petit bonhomme rondouillard, chauve et peu disert, maire de son patelin d'Île de France, homme respecté qui avait fait les belles heures de l'ORTF. Grâce à l'ampleur de sa notoriété, il s'était dégoté une retraite dorée chez Hassan II, le roi du Maroc, plus précisément chez André Paccard son décorateur, comme serviteur appliqué et factotum pour les médias. Je l'avais engagé pour ma réalisation de la procession nocturne du Pape Jean-Paul II à Lourdes, il m'en fut reconnaissant. On se connaissait bien. Il m'introduit dans une salle de réunion où une belle table oblongue de marbre vert foncé peut accueillir une dizaine de personnes, des fauteuils en cuir noir et des cendriers de luxe ; chaque participant a devant lui un bloc et un stylo, un verre, une carafe d'eau et une tasse en porcelaine pour le café.

André Paccard fait son entrée. Grand bonhomme, les yeux rieurs, longs cheveux blanchis en bataille, face rougeaude, massif et enveloppé, voix forte et tonitruante, cravate déboutonnée, il respire l'insolence artistique et l'autorité naturelle ; il m'accueille chaleureusement et m'explique qu'il s'agit de modifier les programmes de la RTM, la première chaîne marocaine. Le roi souhaite tourner ses regards vers l'Occident, concrètement redonner sa place à la langue française sur sa télévision nationale, donc créer un journal télévisé en français diffusé avant le grand journal du soir en arabe. Il avait besoin d'un professionnel pour les réaliser.

Je me hâte de lui brosser le tableau des changements nécessaires, pas facile de créer de toutes pièces un nouveau journal télévisé français en plein cœur d'un monde musulman. Il faudra des locaux, la chose va de soi chez un architecte, puis engager des journalistes parlant français, ma proposition est de les dénicher à « Médi 1 », la radio francophone de Tanger, car ils sont bilingues. Il suffira de leur assurer un *training* et refaire leur *look*. Ensuite évidemment, un studio neuf à l'image des espaces modernes de nos télévisions occidentales avec des écrans ; je venais de refaire celui de TF1 et possédais les petits secrets de fabrication. Je me présente modestement comme l'homme de la situation, mes états de service à TF1 plaident pour moi. J'ajoute que les programmes, je n'y connais rien, je me contenterai du journal télévisé, la tâche étant déjà énorme. Ce dernier trait emporta le morceau. Un homme capable de se dire incompétent dans un domaine ne peut être foncièrement mauvais ! J'avais pris soin de ne pas tenir des propos de journaliste informé, connaissant tout le monde, prétentieux et bavard, seulement du concret en allant droit à l'essentiel.

André Paccard et les siens m'ont donc écouté sans a priori. Installé au Maroc depuis dix ans, il n'avait ni réseau ni antennes dans les médias, auprès des journalistes influents. Ce fut ma chance. Dans les grandes chaînes de télévisions, les réalisateurs ont rarement voix au chapitre ou seulement pour la forme quand les directeurs se sont exprimés. Seuls de grands journalistes comme Jean-Pierre Elkabbach ou Jean-Marie Cavada, qui construisait la Cinq au même moment, peuvent exprimer des idées larges et une hauteur de vue. Eux seuls sont écoutés par les nouveaux entrepreneurs et financiers des médias, laissant aux réalisateurs la portion congrue et l'intendance technique. Je venais par la seule force de ma conviction de montrer que j'avais une vision d'ensemble pour réaliser et diriger une opération politique et médiatique de grande envergure ayant eu la chance de me trouver au bon moment au bon endroit et surtout de la saisir. Sans l'avoir prévu, je devenais en quelque sorte directeur exécutif de la télévision marocaine. La totalité de l'opération devant se faire dans l'ombre, le changement serait effectué officiellement par les Marocains eux-mêmes, c'était la nature même de mon contrat, faire le travail sans le dire. Aussi à Paris, je ne parlais à personne de mes nouvelles fonctions. Aujourd'hui vingt ans ont passé, Hassan II, Driss Basri et André Paccard nous ont quittés, il y a prescription.

André Paccard, le décorateur d'Hassan II, construisait palais, mosquées et universités depuis ses bureaux de Rabat-Salé dans l'enceinte même du Palais royal à la convergence de tous les pouvoirs économiques du royaume, fournissant commodités, facilités et douceurs de toutes natures en pourvoyant aux fêtes royales. Je formais une équipe solide chez moi, avenue de New-York, présentant les uns aux autres, des copains de Cognacq-Jay pour l'image, un grand reporter Patrice Vanoni, ayant des qualités de résistance utiles par gros temps et deux journalistes, Marine Jacquemin et Catherine Nayl ; j'engageai aussi deux réalisateurs et ma scripte Marilyne Dubreuil, mon épouse Muriel, journaliste de presse écrite, sera mon assistante. Nous formions « l'équipe Asline » car sur le terrain nous croiserions les équipes d'André Paccard, maître d'œuvre des constructions et les équipes de la Sofratev, société semi-publique qui construisait les régies techniques.

Nous fîmes un premier voyage au Maroc. André Paccard nous invita un week-end pour faire connaissance dans sa maison située dans une zone résidentielle au sud de Rabat où les huiles du pouvoir possédaient des résidences privées en bord des plages de l'Atlantique. Il nous montra la télévision marocaine sur des cassettes. Il y avait du boulot ! Pour forcer le changement, il nous faudrait beaucoup de ténacité et l'envie de résister aux pesanteurs. Apparemment, André Paccard avait le feu vert royal sur le plan politique et insiste sur l'aspect commando de notre intervention. Nous avions trois mois pour réaliser « une opération coup de poing ». Sa conception était claire : tout détruire pour reconstruire, seule solution envisageable.

Rare est l'opportunité de créer un journal télévisé à partir de rien. La plupart du temps, ils préexistent à l'arrivée d'une nouvelle équipe. Le savoir-faire ne suffira pas, il faudra aussi des idées. Pour illustrer une forme de rupture, j'ai l'idée de proposer d'afficher des femmes journalistes à l'antenne, notre rénovation aurait un visage. Évidemment aujourd'hui, vingt ans plus tard, la chose va de soi sur les écrans luxueux d'Al Jezira mais il y a vingt ans, accroche-toi Jeannot ! Il nous fallait dénicher la perle. Fatima Loukili, la présentatrice principale de la radio francophone du Maghreb, s'exprimait dans un français impeccable, mes interlocuteurs m'assurèrent que son arabe l'était tout autant. Journaliste affûtée, elle avait des idées sur la question, un beau sourire et la volonté de faire bouger les choses. Aurait-elle le courage d'abandonner sa place enviable à Tanger, porte de l'Occident, pour venir se frotter à ses collègues masculins installés depuis des lustres à Rabat sur la première chaîne du pays ? Pour corser le tout, elle attendait un enfant.

Il était temps de réunir le personnel de la RTM. Nous sommes reçus en grandes pompes dans le grand auditorium. Je prends la parole devant 300 personnes pour expliquer notre venue, accompagné de ma petite équipe de Français face aux patrons de la télévision, journalistes, chefs de services et employés de la chaîne publique. Je devais motiver les troupes, après tout ils savent faire, à moi d'être convaincant, déclarant en substance : « Vous voulez une RTM plus colorée, plus réactive, nous vous offrons les moyens de la faire. » J'avais demandé de casser les murs afin de créer des bureaux ouverts, anticipant nos *open-space* d'aujourd'hui. Le 28 décembre 1985, les travaux commencent. Nous étions d'accord avec André pour demander à Folon de nous réaliser la bande-annonce de la télévision marocaine dans la veine de celle d'Antenne 2. Il s'inspira des couleurs vertes et rouges du drapeau, le résultat fut très poétique. Mes plans pour le studio s'inspirèrent de celui de TF1 avec un mur d'écrans aux lumières bleutées, dans lesquels je faisais tourner le logo de la RTM de Folon. Pendant tout l'hiver 86, de décembre à mars, je ferai constamment la navette entre Rabat et Paris où je m'occupais des élections législatives. Deux plateaux à construire en même temps et deux gros chantiers.

*

Au même moment pendant l'hiver 1985, des travaux identiques se déroulent 241 boulevard Perreire, à côté de la porte Maillot, sous la houlette de Jean-Marie Cavada, appelé par le patron de presse Robert Hersant pour monter une station de télévision privée. Le but est de mettre au point un studio moderne et des plateaux ; Canal Plus venait d'être lancée, mais l'information n'y était pas prépondérante. Tous les industriels lorgnent vers la télévision en France. Europe 1 envisage de créer un réseau privé grâce à son savoir-faire du Club de la Presse. Francis Bouygues prépare une chaîne locale pour la région parisienne. Jean-Luc Lagardère, le patron de Matra-Hachette, regarde tous les dossiers avec intérêt. La télévision commerciale est sur les rails, tous les amis de François Mitterrand sont mis à contribution pour cet appel d'air, André Rousselet, Christophe Riboud ou Jérôme Seydoux, et le président français va faire appel à Silvio Berlusconi, « son éminence » entrepreneur de médias en Italie pour aider à la création d'une grande chaîne.

La création de télévisions privées avait été envisagée vingt ans plus tôt dès l'époque du général de Gaulle en mars 1965 lors d'un Conseil restreint à l'Élysée. À l'intérieur d'un texte décidant d'introduire la publicité à la télévision est accolée la possibilité d'autoriser la création de chaînes commerciales. La CSF Thomson, la Compagnie Générale d'Électricité, Philips, Schneider, Havas et Publicis créent une société d'étude intitulée Pro-TV, dirigée par Michel Bokanovski, ancien ministre du général de Gaulle, dont le but est de promouvoir la création d'une chaîne privée. Deux ans plus tard, le député Robert André Vivien, avec 19 députés gaullistes, dépose une proposition de loi pour la création d'une chaîne commerciale financée exclusivement par la publicité. Mais le projet restera sans lendemain.

Jean-Marie Cavada se met au travail. « Je voulais créer une machine d'information très performante à l'image de CNN que peu de gens connaissaient alors, nous voulions faire du « City News », une chaîne d'information pour l'Île de France. » Ils sont aidés par Sylvain Anichini, un ingénieur qui réalisa le premier système entièrement automatisé français pour une rédaction, des ordinateurs dans les bureaux, les salles de montage et la diffusion. Cavada est très enthousiaste : « Nous avions imaginé des motos avec lesquelles on pouvait émettre en direct, le cadreur recevant les ordres du rédacteur en chef resté dans la rédaction de façon à faire du news rapide. » Une idée semblable à la chaîne new-yorkaise Eye Witness : « Créer une chaîne de télévision, cela n'arrive pas deux fois dans une vie, on n'a rien inventé, on a simplement anticipé sur les événements. »

*

À Rabat, Lucien Billard fut tout de suite jaloux. J'arrivais tôt le matin aux bureaux de Paccard et dictais pendant une heure un long télex, destiné à André où je relatais le travail de la veille, récapitulant celui que je comptais entreprendre dans la journée et mes orientations futures. Je savais que ces trois ou quatre pages relatant des faits confidentiels seraient détournées et lues avec attention au Palais royal par les services compétents du ministère de l'Intérieur, tenus en main par Driss Basri, ministre de l'Intérieur et de l'Information, le numéro deux du régime, certains disaient le numéro un. Lucien disait à mi-voix aux secrétaires : « il se prend pour Raymond Barre ». Mais je tenais à laisser une trace palpable de notre travail. Au milieu d'un chantier de cette nature, où s'activent des centaines de personnes, où les budgets sont pharaoniques, chaque décision est explosive. Vu le contexte de confidentialité de mes initiatives, nos faits et gestes s'évanouissaient rapidement. Je tenais à mes directives, elles étaient ma planche de salut en cas de pépin politique, budgétaire, humain ou matériel.

J'appris très vite ce que voulait dire travailler pour un roi. Dans la sphère royale, toute demande même superflue est satisfaite. Absolument tout. Il suffisait que je souhaite avoir une caméra Bétacam dernier modèle, un avion décollait pendant la nuit, au matin à 8 h elle trônait sur mon bureau. Aussi je modérais mes ardeurs, comprenant que rien ne me serait refusé. Je n'ai rien commandé qui ne soit vraiment utile, renonçant aux palettes graphiques derniers modèles, trop chères pour en acquérir de plus simples. Pareil pour les déplacements. Nous changions d'aéroport, un hélico nous prenait à Orly pour nous conduire au Bourget et nous faisions le voyage en avion privé pour aller à Rabat. Paccard avait un petit appareil à hélices de six places, bruyant mais bien pratique. Avec de telles facilités, impossible d'échouer. Ça file le stress ! Deux jours avant la première, nous allions nous coucher au Hilton à une heure du matin. Je reçois un coup de fil affolé de Gigi, l'assistante du patron me convoquant illico au bureau d'André Paccard : « C'est très grave » me dit-elle.

Que se passe-t-il donc ? On se rhabille et je me rends au Palais avec Muriel et Patrice Vanoni. André Paccard semblait paniqué et nous tient un discours alarmiste. Je ne l'avais jamais vu dans un état pareil, il semblait décomposé. Il se prend la tête entre les mains : « Nous ne serons jamais prêts, le chantier n'avance pas, c'est la catastrophe ! »

Devant notre surprise, il en rajoute un brin théâtral : « Bon, je vous accorde *full credit*, faites ce que vous voulez, Jacques je vous confie mon chéquier, il faut réussir, ma place est en jeu ! »

Je modérais aussitôt ses velléités dépensières lui expliquant qu'en matière de télévision la préparation apparaît souvent aux yeux des néophytes comme « un vaste chantier », rien ne semble à sa place. Mais je le savais, quand sonne l'heure de prendre l'antenne, tout se met en place. Évidemment, des margoulins en auraient profité. J'explique à André l'inutilité de dépenses supplémentaires à 48 heures du coup d'envoi. Nous tenions les commandes et tout se mettait en place, qu'il ne s'inquiète pas, nous serons prêts. Discours viril qui ne rassura pas totalement André, mais il nous laissa faire, je lui rendis son chéquier. Des tensions étaient apparues avec les équipes d'André Paccard, énième bataille entre géomètres et saltimbanques ! Pour l'estrade des présentateurs, j'avais précisé un podium de 20 centimètres. J'arrive à Rabat une semaine avant la première et découvre un podium de 50 centimètres de haut, cassant toute fluidité. Horreur ! Il a fallu s'adapter, il était trop tard pour tout changer.

Pour l'inauguration officielle, les équipes nocturnes marocaines et françaises redonnèrent en une nuit son éclat à la rue où se situait la RTM, toutes les maisons furent nettoyées et repeintes en blanc. Moulay Rachid, âgé de 13 ans, le fils cadet du roi, inaugura les nouveaux bâtiments le 26 janvier 1986, l'après-midi même où la navette Challenger explosait en plein ciel au décollage. Nous en fîmes évidemment l'ouverture de notre journal en langue française. Le soir chez André Paccard, dans sa villa, nous nous avons fêté la première ; le conseiller personnel d'André déclara à la cantonade : « Le journal arabe était une merveille, comme le journal français. » J'avais choisi le meilleur de la France pour le Maroc, réalisant un habile mariage de TF1 et d'Antenne 2 pour le décor et l'habillage. Deux semaines plus tard, l'IFOP réalisa un sondage où 80 % des personnes interrogées se dirent favorables au changement vu sur les écrans de la télévision publique marocaine. D'ailleurs lors d'un de mes voyages éclair à Paris, Michel Cardoze, le Monsieur Météo de la chaîne, me croisant dans les couloirs de Cognacq-Jay me lança : « Dis donc, t'as fait du TF1 ! » C'était un ami, aussi je ne lui rétorquais pas qu'il succombait au joli pêché de jalousie.

Ma petite rédaction « francophone » comportait une dizaine de journalistes marocains dont la moitié engagée par nous et deux équipes de reportage équipées de Betacams. Notre premier journal en français, d'une vingtaine de minutes, comportait trois reportages et un discours royal que nous coupâmes comme nous en avions l'habitude, ne retenant que les morceaux principaux et les phrases importantes. Évidemment, dans les salles de montage, les habitudes n'étaient pas encore prises pour une telle boucherie. Un des journalistes de la rédaction, sous des dehors sympathiques, se révéla un représentant masqué du ministre de l'Intérieur. Il fallut tenir la main du monteur pour couper les propos du Roi. Vanoni était à la manœuvre, les mains dans le cambouis. D'ailleurs, ses efforts seront récompensés d'un écho dans le *Canard enchaîné* local où il était écrit que les Français en prenaient à leur aise avec les Marocains. Évidemment, nous n'existions pas. Nous faisions le travail mais sans le dire.

Mais la surprise n'est pas venue de ces royales coupures. Le lendemain matin, un policier vint au Hilton nous porter un pli comminatoire. Nous étions convoqués, Patrice et moi, séance tenante au ministère de l'Intérieur chez Driss Basri. Une voiture nous attendait, au cas où nous aurions fui par la mer ! Personnellement, je n'ai rien contre les ministres de l'Intérieur. Ils font le sale boulot, assurer l'ordre n'est pas évident, il y faut de la poigne et des convictions. De toute façon, ils se font toujours engueuler. La majorité silencieuse ne s'exprimant pas, toutes leurs décisions sont aussitôt contestées. De Pasqua à Sarkozy, ne criez pas haro sur le baudet. Je trouve même une certaine esthétique à ce métier, de l'ordre de la catharsis, il tanne le cuir. Pasqua n'a jamais changé. Encore, il y a peu, se rendant dans nos studios, il s'exprimait durement dès le maquillage, Patrick à ses côtés, Ah, Monsieur Poivre d'Arvor, j'en connais des choses sur vous ! Ça commençait bien. Il réitéra d'autres menaces à l'antenne. Pour aller si loin, en tant que ministre, même en public, il devait avoir beaucoup de choses à se faire pardonner ou à demander, qui sait ?

Nous sommes introduits dans le bureau de Driss Basri. Avec Vanoni, on se demande ce qui a bien pu se passer. Des taupes ont dû évoquer nos propos incendiaires, il est vrai que nous ne ménagions pas les susceptibilités marocaines et le pouvoir. Faire un journal aux canons du journalisme occidental dans une enceinte vouée depuis des lustres à la surveillance généralisée, sinon l'autocensure, n'est pas simple. Il y faut des convictions, nous en avions, mais aussi du courage, nous n'en manquions pas. Nous nous faisions allumer par les faux journalistes, par les patrons qui s'effrayaient de nos méthodes à la hussarde, par les journalistes eux-mêmes angoissés de perdre leur place, ne sachant pas si, lorsque nous serions partis, les vieilles habitudes ne reprendraient pas leur place et par les paresseux chroniques qui ne voyaient dans notre rigueur qu'un travail épuisant, par les équipes de Paccard elles mêmes, architectes et géomètres confondus qui s'affolaient de l'aspect politique des rapports humains en journalisme et de nos phrases assassines, ne connaissant pas nos habitudes où toutes les choses sont dites, même avec le sens de l'humour.

Driss Basri, face à ces petits Français arrogants, devait tenir son rang, qui était grand. D'abord nous impressionner, c'était fait avec la convocation en voiture. Restait le mépris. Il entra dans le bureau sans nous regarder. Nous étions une petite dizaine avec les responsables de la télévision, assis en arc de cercle dans son grand bureau d'au moins 300 mètres carrés. Il entra et pendant dix minutes fit comme si nous n'existions pas. Il se leva, alla à la radio placée derrière lui, l'alluma, se rassit, ouvrit des dossiers, fit mine de les consulter. Finalement, il se releva pour éteindre la radio. Il prenait soin de ne pas nous regarder. Sa posture en devenait comique. Statufiés, les Marocains semblaient marcher dans la combine, avec Vanoni nous nous regardions un brin amusés. Au bout d'un moment, son numéro terminé, il s'adressa au patron de la télé. Monsieur, lui dit-il en substance, le journal en français n'était pas mal. Ceci posé, tapant du poing sur la table, nous ne souhaitons plus voir des reportages comme celui d'hier soir ! Demandez aux responsables de faire le nécessaire. Repartis à la télé, nous fîmes le point. Où était le problème ? Un petit reportage de proximité, diffusé la veille au soir sur la pompe à essence Shell située à Rabat donnait la parole à un voisin qui s'était plaint de résurgences de pétrole dans son jardin. C'en était trop ! Le reportage est une vision démocratique de l'information, où l'on donne la parole aux deux côtés, l'accusateur et l'accusé, le plaignant et la victime, au téléspectateur se fait sa propre idée. La conception de Driss Basri était probablement différente. Nous avons fait comme si nous n'avions pas entendu. Il n'avait qu'à nous le dire clairement. Nous continuâmes comme si de rien n'était et il y eut encore de beaux reportages au journal francophone.

*

Rentré à Paris pour préparer les élections législatives de mars 1986, je vois des affiches sur les murs « Au secours la droite revient ». François Mitterrand est à l'Élysée depuis cinq ans, la « cohabitation » est prévue par les instituts de sondage. À TF1 je m'étais fait un copain, Alain Denvers le directeur de l'Information nommé par Hervé Bourges, je devins son poulain. Il promut au journal les enfants de 68, Claude Serillon la semaine et Bruno Masure le week-end. Il précise : « nous avons opté pour des présentateurs jeunes, beaux et dynamiques ». Il me chargea de créer un nouveau journal de 20 heures, souhaitant une vitrine radicalement neuve dont il explique la philosophie : « Il a fallu tout reconstruire, à commencer par le décor du journal, malgré des réticences d'Hervé Bourges qui considérait cela comme un détail ; ce décor symbolisait le changement et d'ailleurs il a duré longtemps, près de dix ans, plaçant TF1 au centre du monde de l'information avec les écrans où arrivent les images brutes que les journalistes vont commenter. »

J'étais chargé du chantier avec David Niles, gourou américain, concepteur de l'habillage de CNN et ABC qui possédait des palettes graphiques dernier cri permettant le dessin d'images électroniques en trois dimensions. À ce jour, nous faisions le journal sur des feuilles de décor, des murs éclairés, parfois un écran de télévision pour meubler le vide. Changeant tout, je lui dessinais un nouveau décor imposant, architecturé, épousant toutes les possibilités spatiales du studio, en proposant deux murs d'images élégants aux couleurs gris perle encadrant une carte du monde en lamelles bleutées. David Niles trouva la formule et fabriqua également de beaux génériques où apparaissaient pour la première fois les mots « Treize heures » et

« Vingt Heures », cette nouveauté donna un patronyme à notre journal. Ce décor de 1984 avait une facture aussi originale que celui de Raoul Sangla en 1974, d'ailleurs Patrick Poivre d'Arvor fera son journal dans ces deux décors. Alain Denvers me chargea de toute l'organisation, la soirée des élections législatives, Antenne 2 venait de déménager dans ses locaux scintillants avenue Montaigne, j'ai donc eu la possibilité en cassant les murs, de marier les deux grands plateaux de Cognacq-Jay. Cette soirée électorale des législatives du 16 mars 1986 sera un moment de télévision novateur grâce aux dessins humoristiques de Trez et Plantu réalisés en direct, une idée d'Alain Denvers. On a peine à imaginer aujourd'hui la nouveauté de ce dispositif en plein cœur de l'émission la plus politique, une sorte de commentaire à chaud comme le *Canard Enchaîné* mais en direct, cela ne s'était jamais fait.

Ça commence juste avant 20 h, Alain Denvers est à l'antenne : « Dans cinq minutes les estimations… »

Premier dessin de Plantu « Alors ça vient ces chiffres ! » On rejoint le ministère de l'Intérieur.

« Il reste deux minutes avant que Jacques Asline puisse nous donner les estimations de la Sofres… »

J'affiche alors un deuxième dessin de Trez où Mitterrand tremble devant son écran de télévision.

« Il est 20 h… les estimations donnent 37 sièges au PC, 212 au PS, 282 à la coalition RPR-UDF et 37 au Front National… »

Nouveau dessin de Plantu, on voit un ouvrier mangeant devant son écran « on n'est pas sorti de l'auberge ». Jérôme Jaffré reconnaît que les premiers résultats contredisent les sondages qui voyaient la droite gagnante avec une large majorité. Nouveau dessin de Trez, on voit Mitterrand regardant l'écran « Qui a gagné ? TF1 ou Antenne 2 ? » On se retrouve dans l'hémicycle avec les invités. Pendant l'apostrophe de Charles Pasqua critiquant la proportionnelle imposée par Mitterrand, j'affiche un dessin de Plantu en surimpression sur son visage, juste une bulle avec ces mots « faut meubler ».

Alain Denvers rebondit : « Faut meubler, dit Plantu, c'est vrai nous sommes à la recherche des premiers résultats… »

L'affichage de ces bulles en surimpression sur les gros plans des invités ajoute naturellement une touche de commentaire politique en images à cette soirée. Claude Sérillon présente le journal de TF1 pendant la semaine à ce moment-là : « dans la manière de présenter le journal, dans la façon de se comporter ou de sourire, l'on apporte nécessairement une personnalisation, c'est l'interprétation de ces sourires et de ces impertinences qui m'a toujours beaucoup surpris ». À cette occasion, *Le Monde* avait publié un dessin de Plantu où l'on voit Jacques Chirac en train de regarder le 20 heures de TF1 disant « Ahrg… Sérillon… il a souri. » Il s'en désole : « au fond, c'est à peu près la seule chose réelle qu'on m'ait jamais reprochée, de sourire ! Jamais on n'a pu dire, ce que vous avez dit est faux., alors on jugeait le ton ».

Jacques Chirac était le grand vainqueur, aussi tout le monde attendait sa déclaration. Quand je passe à l'antenne le maire de Paris, quelques instants avant sa prise de parole, pour avoir quelques images de coulisses avant sa déclaration officielle, Jacques Toubon du RPR, invité du deuxième débat de la soirée vient se plaindre outré à Alain Denvers. Cela ne se faisait pas ! Ce soir-là, TF1 et Antenne 2 font à peu près jeu égal en audience. Ce ne fut plus le cas après la privatisation et il fallut attendre longtemps avant que TF1 reprenne la suprématie. Je serai d'ailleurs « nommé » aux deuxièmes « 7 d'or » comme réalisateur de cette soirée des élections législatives de 1986 parmi les quatre noms de la catégorie « réalisateur de direct ». Aussi les premières années, je fis partie du jury final des 3 000 votants.

*

Sans avoir le temps de souffler, je repars au Maroc pour le jubilé d'Hassan II qui fêtait ses 25 ans de règne. Fatima Loukili faisait merveille au journal en langue arabe et je suis fier de sa promotion car elle sera engagée deux ans plus tard à « 2M » la deuxième chaîne de télévision marocaine privée où aujourd'hui elle anime les débats prestigieux, devenue en quelque sorte la Christine Ockrent du royaume. Nous décidons de la création d'un 13 heures de la RTM, à la manière d'Yves Mourousi, avec Abdou Souiri, un journaliste malin, rigolo et entraînant, possédant toutes les qualités d'un excellent animateur. Nous nous installons dans la villa d'André Paccard à Marrakech pour mettre au point les détails de cette première édition dont une fantasia en direct fera l'ouverture, la course de chevaux devra démarrer à 13 h pile ! Restait à expliquer la manœuvre aux cavaliers berbères parés de leurs plus belles chéchias bleues et blanches, longs fusils décorés à la main, montures harnachées pour la parade, tirant des coups de feu en galopant bride abattue vers mes caméras positionnées avec soin pour ne rien manquer de cet événement. Je place l'une d'elles et Muriel dans l'axe de leur chevauchée à même le sable, à cent mètres de leur point de départ. Me lançant face à ces cavaliers farouches déjà dans un état second, fébrilité dans le regard, leurs bêtes suantes avides de mouvement dans de brèves mais signifiantes explications. La langue faisant barrage, je me résous à un unique signe de la main de Muriel censée donner le coup d'envoi. Tout ça en direct naturellement, avec la moitié des techniciens qui ne parlent pas français. Facile, il suffit de prier. Dans certains directs télévisés, la prière au Très Haut, quel que soit son nom, reste le seul viatique envisageable.

Arrive l'heure fatidique, pour la première fois à la télévision marocaine, Rabat donne l'antenne à Marrakech pour un journal de 13 heures en direct, je donne l'aval à Muriel pour qu'elle fasse signe aux cavaliers de s'élancer. Que croyez-vous qu'il arriva ? La fantasia berbère démarra sur un rythme lent, les magnifiques et nobles cavaliers trottinant vers nous comme dans un ralenti de *La Horde Sauvage*, puis subitement à dix mètres de la caméra, ils s'élancèrent dans leur traditionnelle course effrénée en tirant des coups de fusil. Le spectacle était très beau mais si intense et rapide que l'un des cavaliers ne pouvant retenir sa monture sauta au-dessus de la caméra, provoquant la panique, et retomba sur notre dispositif. Voyant le drame, le cameraman sauta sur Muriel pour faire un bouclier de son corps et la protéger des ruades, la caméra fut brisée, le Marocain blessé et un noir antenne vint sanctionner cette première séquence en direct haute en couleurs.

Cette fantasia ouvrait le jubilé du roi, pour ses 25 ans de règne et la société chargée de construire les studios et les régies semblait avoir du retard. Le patron de la Sofratev, Jacques Chevalier, un homme délicieux et souriant, fut convoqué manu militari à dîner à Marrakech, Paccard décide de lui donner une leçon. La veille, il m'avait demandé en urgence plusieurs équipes de tournage pour « couvrir » les cérémonies où Hassan II s'offre à la foule en foulant des centaines de tapis, précédé de senteurs de roses vaporisées par des assistants. J'ai passé ma nuit au téléphone, convoquant toutes affaires cessantes la fine fleur des baroudeurs de Cognacq-Jay, les héros souvent anonymes de la télévision française, Tony Comiti, Tony

Bosco, Jean-Claude Bruzzi et Roch Pescadère, un quarteron exceptionnel de grands reporters, seigneurs de la guerre télévisée ayant filmé avec leurs Eclairs 16, sur terre et sous l'eau, par mer et dans les airs, tous les mafieux colombiens et nazis en cavale, dictateurs déchus et soldats mercenaires, présents sur tous les fronts de l'actualité télévisée du Vietnam au Proche-Orient en passant par l'Amérique latine et l'Afrique. Menés à la bataille par Patrice Vanoni, je ne craignais rien, assuré de la qualité de leurs prestations, Hassan II se confiant rarement à la presse.

Dans cette atmosphère un brin tendue, la réunion débuta le lendemain en fin de soirée. Un moment unique. À table, André Paccard et le directeur de la Sofratev, Patrice Vanoni et Roch Pescadère, Tony Comiti et Jean-Claude Bruzzi, Muriel et moi étions confortablement installés dans des fauteuils de bridge, pendant que les servantes marocaines pourvoyaient aux babioles accompagnant les *drinks*. André nous avait chauffés, ce fut un tir roulant contre ce pauvre homme, tout y passa : l'arrogance des technos, les patouilles des techniciens, la paresse et l'impéritie des sociétés semi-publiques, c'est notre argent que nous investissons, il nous faut des résultats, le directeur fut laminé. Chacun de nous apporta sa pierre. Il était piquant de voir cet aréopage original, décorateur royal, baroudeurs du grand reportage, plongeur d'Aspreto et réalisateur intermittent se payer la tête d'un homme de l'art qui avait pour seul défaut d'être issu du service public ! Il fut humilié. Après cela, il ne fallait pas nous attendre, avec Patrice, à réaliser d'autres télévisions à l'étranger.

Deux mois plus tard, coup de tonnerre dans le PAF, le paysage audiovisuel français, Bruno Masure annonce le 14 mai 1986 dans les titres de son 20 heures que TF1 va être privatisée, avant d'accueillir François Léotard, le ministre de la Culture qui a porté la réforme de l'audiovisuel du gouvernement du Premier ministre Jacques Chirac. Dès le printemps 86, avec le changement de gouvernement de la première cohabitation, le gouvernement de Jacques Chirac veut appliquer son programme ; la Cinq et TV6 du gouvernement socialiste de Laurent Fabius vont être réattribuées par la nouvelle majorité, Robert Hersant fait son entrée à la Cinq aux côtés de Silvio Berlusconi et la CLT, le holding luxembourgeois d'Albert Frère qui contrôle RTL, prend la Six qui devient M6. Quant à la Une, c'est une surprise monumentale. Bruno Masure pensait que la Deux serait privatisée, comme beaucoup de professionnels d'ailleurs, l'annonce du choix de TF1 fut accueillie comme un coup de tonnerre : « Dans les couloirs, je voyais des secrétaires en pleurs, on va tous être virés ; le soir même lors de la venue de François Leotard en direct au journal, l'ambiance était telle que les responsables avaient multiplié les mesures de sécurité, pensant qu'il allait se faire agresser. »

Pourquoi les responsables politiques au pouvoir ont-ils fait le choix de TF1 ? Nos trois chaînes sont issues de l'éclatement de l'ORTF. Les députés RPR évoquaient FR3, au cabinet de François Léotard la balance penchait plutôt vers Antenne 2. Pierre Desgraupes, son ancien pédégé, était un chaud partisan de la privatisation : « L'ORTF était un établissement ingouvernable sclérosé par le monopole, j'ai donc toujours été un chaud partisan de la dislocation de l'Office mais aussi de l'introduction du privé. » L'ORTF a été le creuset des télévisions publiques et le chemin qui mène du service public au secteur privé a commencé là, dix ans auparavant.

*

L'histoire se déroule au printemps 1974 juste avant l'élection de Valéry Giscard d'Estaing. Ce matin-là, deux jours après mon arrivée sur le plateau 13, des Buttes-Chaumont où régnait une chaleur tropicale, pas loin de 40 degrés, le réalisateur Jean-Christophe Averty fut pris d'une rage subite. J'étais seul en compagnie d'un cameraman et de deux musiciens. Soudain, un cri perçant retentit dans cette cathédrale entièrement bleue des murs au plafond où nos yeux sont exposés sans ombre à une lumière de plomb, grillés par les rayons cathodiques affûtés du maître de la poésie télévisuelle et de la fusée sonore. Le cadreur dépose son casque afin de ne pas devenir sourd, un grésillement cocasse s'en échappe, nous sommes statufiés, que s'est-il passé ? La porte de la régie s'ouvre brutalement, le réalisateur descend les marches de l'escalier en fer et se précipite en furie devant le trompettiste, lui criant au visage avec un cheveu sur la langue : « Alors, qu'est-ce que fous foutez ? »

Il tourne autour de lui, regardant par terre, en tapant du pied : « Fous n'êtes pas à fotre place. »

Lui montrant un petit morceau de scotch blanc collé sur le sol bleu. Ah bon, ce n'était que ça ! Soudain, sans prévenir, il lève la tête et s'en prend au fil d'un micro pendant du plafond, l'arrache violemment, le jette à terre, toujours en colère, avant de quitter le studio pour remonter en régie. Ce micro « statique » devait coûter mon salaire de l'année ! Je venais d'entrer à l'ORTF, immense usine à rêves.

C'est l'époque des réalisateurs de « L'école des Buttes-Chaumont », Marcel Bluwal et son « Dom Juan », Claude Barma et ses « Rois maudits », Stellio Lorenzi avec « Jacquou le croquant », Jean Prat avec ses mémorables « Perses » d'Eschyle, enfin Jean-Christophe Averty pour son show « Montand de tous les temps », l'émission sur laquelle j'étais programmé ce jour-là. En face de l'imposant bâtiment, situé dans le 19e arrondissement, rue des Alouettes, un café à l'enseigne « Les comédiens » où le patron a le sens de l'opportunité. Mais le petit monde des studios se retrouve plutôt à cinquante mètres de là, dans l'estaminet au coin de la rue du Plateau la bien nommée où la patronne connaît tous les artistes et techniciens.

Devant l'entrée, un groupe de fans, adolescents boutonneux garçons et filles plutôt moches attend, exhibant des photos dédicacées. Je me renseigne, Claude François ne va pas tarder à sortir. Ah bon ; ragaillardi, je monte les six marches et passe la porte vitrée, dans le hall d'entrée je salue les appariteurs pas encore musclés. Je grimpe au premier étage par un grand et large escalier blanc cassé. À droite, la porte de la régie du studio 16 et un grand couloir haut de plafond où des décors sont appuyés aux murs, toiles peintes ou trompe-l'œil, grands panneaux de bois de six mètres de haut. Des ouvriers en bleu de travail, caisse à outils en main se dirigent vers le studio d'Averty, des comédiens en costumes du Moyen Age, hallebardes à la main, fument une cigarette en plaisantant. Je traverse l'atelier des peintres, décorateurs, staffeurs, au milieu d'odeurs de colle à bois et du vacarme assourdissant des machines à scier, tout se fait en bois, on ne regarde pas à la dépense. Second couloir encore plus grand, celui des émissions de variétés. Un grand Steinway de concert posé là attend des mains expertes, une dizaine de danseuses suivent Jacques Chazot, le pas léger et le bagage mince, en se dirigeant vers le 17, le plateau de Jacques Chancel où une troupe de musiciens en queue-de-pie font sonner leurs instruments à vent.

Deux copains m'accompagnent, eux aussi souhaitent faire quelques piges en attendant la fin de nos études, et le responsable du service des éclairagistes de l'ORTF nous reçoit au sixième étage à la porte 6311 dans un vaste bureau ensoleillé. Un ponte syndical vu sa tranquille assurance, son armée est accrochée au mur, planning impressionnant d'une vingtaine de grosses productions, dramatiques ou variétés en cours de tournage, d'émissions documentaires ou magazines la quasi-totalité en direct. François Bartoli, fonctionnaire de l'ANPE, nous a introduits dans ce milieu plutôt fermé. L'information de notre licenciement ayant circulé, nous sommes accueillis à bras ouverts, la réputation du Palais des Sports où nous avions éclairé tous les spectacles depuis cinq ans joue en notre faveur mais à cheval sur la législation, le CAP d'électricien est requis pour les éclairagistes, il nous demande si nous avons nos cinq ans d'expérience. La liste de nos spectacles remplace le document. Engagés sur l'heure et aussitôt mis à contribution, quelques minutes nous suffirent pour devenir employés intermittents de l'ORTF, c'était le bon temps ! On ne rigole pas sur le règlement ici, nous sommes engagés à « titre occasionnel » dans la « fonction éclairagiste », l'échelle 4, l'indice 1492, l'échelon 1, payé 240 francs par jour.

Deux jours, après je suis planifié sur le « Top à Maxime Le Forestier » de Maritie et Gilbert Carpentier. L'émission passe le samedi soir en direct sur la Une, enregistrée en couleurs mais diffusé en noir et blanc. Les époux Carpentiers mettent à contribution plusieurs vedettes en même temps filmées avec décors, costumes et accessoires. Le réalisateur dirige la manœuvre et le directeur photo, chef de la lumière, produit du cérémonial. Venant du secteur privé, nous n'avons pas l'habitude de finasser. Efficacité et rapidité, sans compter nos heures ni la peine. Dès ma première journée je suis effondré, contrairement au monde du spectacle où seul compte le résultat, ici à la télévision, il semble que des rites d'usage soient nécessaires à l'accomplissement de l'éclairage. La coutume la plus étrange étant le réglage du projecteur destiné à la vedette, comédien, chanteuse ou présentateur, Alain Delon, Dalida ou Jacques Chancel. Le directeur photo parait en plateau, sa Spectra à la main, cellule photoélectrique mesurant l'intensité de la lumière qu'il consulte d'un œil dédaigneux. Sa troupe maintenant regroupée autour de lui, un chef éclairagiste, un sous-chef et quatre éclairos, il désigne un projecteur de 2 000 watts au chef électro qui transmet au sous-chef qui m'indique que je dois me bouger. Commence alors la cérémonie. Il s'agit d'adoucir le faisceau lumineux.

Je place d'abord un rond de fer devant la lentille pour réduire le rayon. Cela ne suffisant pas, j'installe un ou deux volets, pour adoucir encore. La manœuvre se révèle délicate, serrer le volet faisait bouger le projecteur. Puis sur injonction pressante du sous-chef qui guette l'approbation du directeur-photo, je rajoute un tulle pour tramer un peu plus la lumière. Celle-ci étant encore trop forte, je déplace l'échelle pour élargir le rayon à l'arrière du projecteur. Passant la main devant ce rayon de lumière devenu quasi invisible à l'œil nu, l'aiguille de la Spectra ne réagissant plus, le directeur photo ordonne que l'on mette en œuvre un second projecteur et ainsi de suite. Deux heures, après j'y étais encore. Pendant ce temps-là, le réalisateur lui ayant montré la place de Dalida, le directeur photo, obligé d'assurer son rang, s'approche de la chanteuse inquiète du modelé de son visage à l'écran, vu qu'il sera filmé en gros plan et confie complice à la chanteuse : « Tu verras, je vais t'arranger ça ! »

Il n'ajoutait pas « ma poule », mais le cœur y était.

De son côté, le réalisateur gardait une botte secrète pour enjoliver Dalida, sans s'occuper des aléas de la lumière ou du directeur photo. Son dispositif occulte s'appelle « la correction de contour », identique à la trame posée devant l'objectif des caméras Panavision dans les films des années 40. Le secret en est bien gardé et la recette se chuchote sous le manteau qui s'allonge comme le nez d'Arlequin à mesure que les jupes raccourcissent. La technique consiste à rajouter du « flou artistique » et un curseur permet d'en doser la puissance. Dalida ayant aperçu le rendu de son visage sur l'écran de contrôle où elle paraissait vingt ans de moins, impossible de ne pas pousser la correction de contour à fond. Tout fonctionnait ainsi à l'esbroufe. Au final, l'artiste était entouré de dizaines de projecteurs qui l'éclairaient de partout. Ça chauffe, Marcel ! Nos réglages byzantins ne servaient à rien, mais l'opération avait mobilisé sept personnes pendant des heures et les hiérarchies en sortaient renforcées. Tant d'énergie pour la galerie me fascinait. Parfois bousculés par mégarde, ces fameux projecteurs n'ont jamais inquiété personne, ni le réalisateur ni le directeur photo, preuve de leur inutilité. Étant nouveaux, sous numéraires en renfort, intermittents du spectacle et étudiants de surcroît, nous étions classés dans la catégorie des parias.

En fait toutes les professions, des artistes aux techniciens, se dissimulaient derrière une façade d'autant plus sournoise qu'elle n'était pas avouée, un système de sous-entendus subtils destinés à perdurer loin des regards curieux. Sur ces plateaux prestigieux, le souci principal consistait à faire le juste nécessaire, soutenu par une hiérarchie qui gonflait les effectifs. Ici, buller est un métier, chercher un collègue une occupation à plein-temps, les plages de travail sont subordonnées à l'horaire, la journée s'articule en fonction des pauses. Dans ces studios, l'inutilité de toute question saute aux yeux, aucun responsable ne sollicite d'avis autorisé ou d'idées sur la question. La mariée est belle uniquement le jour de la cérémonie, pendant le direct. Trois jours plus tard, convoqué pour l'enregistrement d'une fiction en costumes, un syndicaliste responsable de la lumière me prend à part sur le plateau : « Nous sommes déjà quatre, mon équipe est complète, nous n'avons pas besoin de vous.

— Mais j'ai été convoqué.

— Rentrez chez vous, au besoin je vous appellerai. »

Un mois plus tard, grimpant au sixième étage pour récupérer ma paye, quelle ne fut pas ma surprise de toucher un salaire mirifique pour une semaine entière de présence gratifiée d'un nombre impressionnant d'heures supplémentaires sur une émission où je n'ai jamais mis les pieds !

Sur le Top à Maxime, nous avons commencé le mardi tandis que les artistes chauffaient les numéros dans les salles de répétition, nous mettions en place le dispositif. Le vendredi, on répétait chaque chanson avec les doublures lumières et certains artistes présents, notamment la vedette, qui invitait ses copains à venir chanter avec lui. Le samedi, jour du direct, tout l'après-midi était consacré à une « filée », une répétition générale, dans les « conditions du direct ». Le soir, à 19 h, certains allaient dîner. Quand le générique retentissait, l'émotion serrait les tripes, l'émission ne laissant aucune place au hasard. Pour les variétés, le direct est une gageure, car tout le monde doit être au top en même temps, placé au bon endroit au bon moment, d'où le titre de l'émission.

En revanche, l'avantage de cette ORTF malgré ses défauts, était précisément le nombre et la qualité de ses employés, tous les métiers artistiques, techniques et ouvriers sont représentés comme sur les tournages de films, le modèle artistique de l'époque. Car la qualité de la prestation du chanteur dépend d'un ballet où sont mis à contribution musiciens, danseurs, chorégraphes, habilleuses, coiffeuses, maquilleuses, répétiteurs musicaux, décorateurs, peintres, accessoiristes, éclairagistes, doublures lumières, machinistes, câblemans, ingénieurs du son, cameramen, assistants-réalisateurs, scriptes et au premier rang le réalisateur qui dirige plus d'une centaine de personnes pour cette représentation unique, architecte des cadrages, du rythme et des enchaînements, de la couleur et de l'ambiance de l'émission ; seul maître à bord, pendant le direct, il est alors le « maître d'œuvre » et le prestataire le mieux rémunéré.

Quelques jours plus tard, je suis planifié rue Cognacq-Jay au journal télévisé de la Une. Je m'arrête au « Lafont », le café situé au coin de l'avenue Rapp et de la rue de l'Université pour acheter mes clopes. À la terrasse, journalistes à la mode ou cameramen d'actualités, seigneurs de la guerre, se racontent, un brin hâbleurs, leur dernier reportage en Afghanistan ou aux États-Unis. Ils prennent l'avion en première, les notes de frais suivent le mouvement et regardent avec commisération le minot vissé sur les plateaux. De retour du Portugal, l'un d'eux, un grand brun hâlé, me glisse à l'oreille, un rien vantard, la teneur de sa dernière interview du colonel Otello de Carvalho ; l'ultra gauchiste lui a raconté tout le mal qu'il pense de ses collègues putschistes, récemment arrivés au pouvoir pendant la « révolution des œillets ». Deux jours plus tard, en assurant la lumière de l'interview de Felipe Gonzàles, le chef du parti socialiste portugais qui répondait aux questions d'un journaliste sur le plateau en couleurs de la Deux, l'Eclair 16 est tenu par mon professeur de grand reportage, celui-la même qui m'avait snobé. J'installerais deux « mandarines » pour qu'il fasse son interview. La valeur de chacun des protagonistes dépendait de l'affectation de chacun de nous, sur les routes ou dans les couloirs de Cognacq-Jay, parfois sur les deux pour les grands du métier.

À Cognacq pas de badges, j'entre comme dans un moulin. Dans le hall, après avoir descendu trois marches, deux ascenseurs à gauche, encombrés et très étroits, trois personnes y tiennent au maximum, pour se faire des amis, mieux vaut rester factuel. Les destinations importantes sont le deuxième étage celui des plateaux, le quatrième couloir des régies des deux chaînes, la cinquième patrie brouillonne de la Une et la sixième maison moderne de la Deux, aux couleurs lumineuses et attrayantes. Dans l'ascenseur, je reconnais un journaliste que j'avais vu sur le petit écran et lui demande où est le journal de la Une, il me conseille le quatrième. Il n'a jamais dû mettre les pieds dans le studio. J'arpente un couloir sombre, où l'on marche sur des dalles astiquées et branlantes, débarquant dans la régie de la première chaîne où des dizaines d'écrans diffusent plusieurs rencontres simultanées de la Coupe du Monde de football en Allemagne. Ce jour-là, l'équipe de l'Ouest, la République fédérale allemande, rencontrait justement celle de l'Est, la République démocratique allemande. L'avantage de sauter de l'autre côté du miroir me sembla tout de suite décisif comme le passage du mur de Berlin. L'accès direct à toutes les images était un avantage sur le commun des mortels.

Une porte au fond à droite de cette régie, je descends les marches en fer et rejoins le plateau. Le journal est alors présenté par Léon Zitrone. Son bureau en arc de cercle, surélevé de deux marches et capitonné de moquette épaisse pour éviter les bruits est entouré de plusieurs caméras pourvues d'un gros nez, le prompteur. À l'arrière, un écran de cinéma perlé permet de diffuser des diapositives, diffusées par deux Carrousels Kodak. Le plafond beaucoup plus bas qu'aux Buttes est parsemé de dizaines de projecteurs pendus aux cintres. Atmosphère feutrée, ce n'est pas une cathédrale, plutôt une chapelle intime où l'on dit la messe quotidienne. À gauche, la salle de maquillage, au fond la cabine des électros. Je me présente au chef éclairagiste, un gars bourru, la pipe à la bouche, l'air affairé, il repasse la main à son sous-chef, un jeune mec hâbleur semblant arrivé d'une boîte de nuit. Deux éclairagistes âgées d'une cinquantaine d'années attendent silencieux à côté de lui. Le jeune gars, ennuyé, me prend à part et me chuchote à l'oreille : « T'es le nouveau ? Bon, aujourd'hui on est au complet. Tu peux rentrer chez toi. Ne t'inquiète pas, tu seras payé. »

Son conseil était évidemment un ordre. Décidément, l'argent coulait à flots ! Lui rétorquer que le journal m'intéresse n'aurait servi à rien et détérioré l'atmosphère. L'ORTF est bonne fille avec ses employés, fussent-ils extérieurs, je suis maintenant habitué à être payé sans rien faire. Finalement Lénine avait raison, le socialisme ce sont les Soviets plus l'électricité, les éclairagistes étaient branchés au bon endroit. Le lendemain, je suis convoqué aux Buttes Chaumont pour enregistrer les émissions télévisées des candidats. La campagne officielle pour l'élection présidentielle de 1974 a commencé entre Chaban, Giscard et Mitterrand. Ce jour-là, on met en boîte l'intervention de Valéry Giscard d'Estaing. Les sondages commencent à lui être favorables ; grand et chaleureux il arrive sur le plateau, aimable avec nous, demandant intéressé : « Et vous, vous faites quoua » ? J'étais en renfort, autant dire pas grand-chose. Je braquais néanmoins deux projecteurs de 2000 watts sur son visage. Giscard rayonnait dans la force de l'âge, quelques cheveux grisonnants aux tempes ajoutaient à son charme. Il commence par un « Madame, Mademoiselle, Monsieur, bonsoir » comme le présentateur au journal télévisé. Affectant le ton de la confidence, un truc de communication. Soigneusement coaché, il nous fit, pendant les deux tiers de ses huit minutes, le déroulé complet et exhaustif de sa vie. Aucun détail ne nous fut épargné. Il écrivait déjà ses Mémoires. Puis ce fut au tour de Jacques Chaban-Delmas. Sympathique, l'ancien Premier ministre nous a salués les uns après les autres d'un pas allègre ; sportif convaincu, il grimpait les marches de Matignon à l'arrache, plaisantant à l'occasion. Héritier historique et naturel du général de Gaulle, il en a conservé la tranquille assurance et l'aisance naturelle. Mais son enregistrement et sa voix quelque peu aigrelette et haut perchée ne convainquent pas. Aimable, après la prise, il nous demanda si tout s'était bien passé.

Pendant cette campagne électorale, les salariés de l'ORTF ont eux-mêmes creusé leur tombe sans vergogne. Baroud d'honneur syndical, une « certaine catégorie de personnels », appelée dans le jargon administratif les T2, ont décidé la grève, 15 techniciens pouvaient provoquer l'écran noir en abaissant une manette, ce qu'ils firent sans aucun état d'âme, anéantissant le travail de 15 000 personnes. Il n'y eut plus d'image sur les deux chaînes pendant plusieurs semaines. Valéry Giscard d'Estaing ne pardonnera jamais ce coup de force au personnel de l'ORTF, c'est pourquoi dès qu'il fut élu, son premier geste fut de « démanteler » l'office, bastion syndical de la résistance communiste, usine à gaz ingouvernable, devenue un immense Hollywood à la française animé d'un esprit frondeur et traversé de grèves à répétition qui minent ses qualités. Amen.

*

Jean-Pierre Pernaut présentait le journal de 23 heures ce soir-là et après avoir lancé un reportage économique, il voit derrière la caméra, dans le studio de la rue Cognacq-Jay, un pouce levé qui approuve ses paroles ; Francis Bouygues en visite dans nos murs, assis comme invité dans le studio qui s'intéresse à notre journal, pour voir comment fonctionne la machine. Quelques semaines plus tard, le jour de l'annonce de la privatisation de TF1 au printemps 1986, Francis Bouygues, pédégé de son entreprise numéro un mondial du BTP, est en compagnie d'Alain Schmit, un journaliste de FR3 qui avait quitté la chaîne après l'arrivée de la gauche au pouvoir.

« C'est une affaire pour moi » lui dit-il.

Dès le lendemain, ils établissent une stratégie pour la reprise de la première chaîne. J'avais travaillé avec ce journaliste et éditorialiste politique à l'époque de Soir 3 dirigé par Jean-Marie Cavada ; nous avions dîné avec un groupe de journalistes amis dans sa maison en bordure de la Seine près de Bougival où il organisait la résistance. C'est lui qui fit découvrir la télévision à Francis Bouygues comme je l'avais fait pour André Paccard. Alain Schmit me demanda des notes sur différents sujets, notamment des synthèses sur le rapport annuel du sénateur Caillavet. Il avait concocté avec Francis Bouygues un projet de télévision locale pour l'Île de France « Paris Télévision », dont le dossier de candidature avait été déposé à la « Haute Autorité » et m'avait confié la mise en œuvre de la télévision locale de Sarcelles qui pourrait servir de préfiguration avec le maire RPR de l'époque Raymond Lamontagne ; j'ai réalisé l'antenne deux jours sans interruption.

Hervé Bourges, le pédégé de TF1, venait de moderniser sa chaîne, l'offrant comme un paquet cadeau et crée la sensation en lançant une campagne d'affichage publicitaire dans toute la France, avec les marionnettes du Bébête Show, l'aigle Chirac, l'ours Babarre, la grenouille Kermitt, le cochon Marchais et VGE surmontés d'un slogan ravageur « Il n'y en a qu'une, c'est la Une », frappant les esprits et ce d'autant plus que le secret avait été bien gardé : « Au moment où l'on parlait de privatisation, je voulais montrer que notre chaîne était une grande chaîne de service public et qu'elle s'était imposée comme la première en Europe. Et quand l'annonce a été faite, je me suis incliné, que pouvais-je faire d'autre ? » Des critiques sont nées à cette occasion sur l'attitude offensive de la Une, balayées par Alain Denvers le directeur de l'Information : « Est-ce faire le lit de la privatisation que de créer un réseau de correspondants en province, préparer les journalistes à ce qu'ils aient l'œil rivé sur ce que font les autres pour être meilleurs et plus rapides ? »

Francis Bouygues rencontre alors Hervé Bourges, l'empereur de TF1 : « La télévision c'est formidable, je veux acheter TF1, voulez-vous m'aider ?

— Bien entendu, mais au même titre que les autres candidats, s'il y en a d'autres, nous allons mettre à votre disposition la documentation vous permettant de connaître le fonctionnement de TF1.

— C'est formidable, vous faites très bien marcher cette chaîne, je vais être repreneur, mais je ne suis pas opérateur, accepteriez-vous de rester PDG ?

— J'ai un très grand attachement à cette chaîne que j'ai remontée et moi aussi j'ai un patriotisme d'entreprise. Il est possible que je continue à la diriger, on verra… »

De nombreuses réunions sont organisées, les deux repreneurs voulaient voir l'ensemble des professions, les réalisateurs étaient du nombre. J'ai donc rencontré les deux candidats à la tête d'un petit groupe de confrères. Francis Bouygues impressionnait, massif, roué et malin, brillant et charismatique, Cyrille du Pelloux me présente à lui comme le réalisateur du 20 heures, il tend l'oreille, je lui dis l'importance du journal pour une télévision, il en convient. Une semaine auparavant, un collaborateur énarque de l'équipe Hachette était passé nous voir. Les souhaits de l'équipe menée par Yves Sabouret et leur condescendance tranchaient avec la simplicité de l'équipe Bouygues, leurs paroles semblaient irriguées par les habitudes d'antan, les arcanes du pouvoir politique et la notoriété ; ils avaient déjà construit leurs organigrammes où bien sûr nous n'apparaissions pas, seuls comptaient les journalistes. À cette occasion, je rencontrai pour la première fois mes confrères réalisateurs et m'aperçus avec effroi qu'ils ne différaient pas notablement des salariés dans leur ensemble, arc-boutés sur d'éventuels avantages acquis, corporatistes désuets et réflexes hérités de l'ORTF, je ne discernai dans leurs propos aucune vision d'avenir, porteuse d'un projet global. Je me sentais bien isolé dans ce maelström fortement syndicalisé, ce qui me poussera à innover dans ma démarche personnelle. Je venais de m'occuper pendant trois mois de la télévision marocaine et j'avais un pressentiment favorable pour les Bouygues, les constructeurs ne mentent pas. Les gars du bâtiment aiment faire simple et carré, efficacité et rapidité, pas de bla-bla, leurs constructions doivent être solides, bien conduites et belles pour être admirées. Ils pouvaient réussir la même chose chez nous.

Au même moment, Alain Schmit est à la manœuvre pour la reprise de TF1 : « En réalité, la Haute Autorité nous a poussés à la candidature pour que Hachette ait un concurrent face à lui. Notre chance a été que Francis Bouygues ne connaissant pas les données du problème, ait écouté les gens avec attention, prenant TF1 à bras-le-corps et apportant des solutions là où on ne l'attendait pas, des idées nouvelles qui ne correspondaient pas aux schémas habituels. » Alain Schmit est chargé de préparer ces auditions qui seront publiques et télévisées : « Mon rôle a été de réussir un concours à partir d'un appel d'offres pour une chaîne de télévision héritière de l'Histoire nationale ; une première évidemment, la majorité du pays était contre, l'incertitude économique totale et le personnel de la chaîne hostile à cette privatisation. »

*

Que va faire Patrick Poivre d'Arvor ? Depuis quatre ans, il est sur tous les fronts, il a quitté contraint le 20 heures d'Antenne 2 pour des raisons politiques et professionnelles, sa liberté et son indépendance étaient entamées, il a préféré partir, « sans indemnités » précise-t-il. La situation était devenue intenable en 1981 avec l'arrivée de Christine Ockrent, engagée par Pierre Desgraupes.

À ce moment-là, je réalisais « Face à Vous », l'émission de Jacqueline Alexandre qui suivait le journal de la mi-journée, un magazine en direct évoquant les programmes de la chaîne et croisais le chemin de Patrick Poivre d'Arvor pour la première fois… Grande et belle blonde lumineuse au regard clair, Jacqueline Alexandre, séduisante speakerine devenue journaliste, était chargée d'investiguer les couloirs de la chaîne avec complicité et chaleur pour faire aimer ses programmes. Elle jouait le rôle de Tintin à Moulinsart, je jouais celui du capitaine Haddock, chargé de fournir les images et les « bandes de moules à gaufres » car nous étions toujours à deux doigts de la catastrophe pour la prise d'antenne qui suivait le journal.

Pour cette émission du 12 octobre 1981 réalisée sur le plateau du JT, je plaçai mes caméras rapidement à la fin du tout premier journal de 13 heures de Philippe Labro, le petit nouveau aux commandes d'Antenne 2 midi ; j'avais réalisé un reportage dans le service des faits divers de la chaîne. François-Henri de Virieu, le nouveau directeur de l'Information, voulait briser le carcan des informations générales. Marcel Trillat, journaliste communiste, arrivé il y a trois semaines, expliquait la manœuvre avec son accent populaire, donner la parole aux gens « en ne cherchant pas à couvrir l'événement, ni à le recouvrir mais à le découvrir ». Martine Laroche-Joubert, jolie brune un brin dépitée ajoutait que s'intéresser aux Français restait encore un vœu pieux dans sa rédaction. Le générique du journal à peine terminé, aussitôt surgissait la première image de notre émission.

Ce jour-là, heureusement, j'avais demandé un peu de temps au chef de chaîne et une bande-annonce de France Inter me permit d'installer mon dispositif en 45 secondes.

« À vous les gars », nous lança le chef de production.

Je saute sur la place encore chaude de Jean-Luc Léridon, le réalisateur du 13 heures. Mon entrée en matière avec Patrick Poivre d'Arvor fut acrobatique, comme tout le reste de notre carrière, d'ailleurs !

Sur le plateau, Jacqueline Alexandre mène les débats avec vivacité. François-Henri de Virieu parle de ce ton un peu cassant qu'auront les mois suivants tous les nouveaux dirigeants installés par la gauche. Philippe Labro n'a qu'à bien se tenir, liberté d'innover mais sur un chemin soigneusement balisé. Au 20 heures, Christine Ockrent vient de terminer sa première semaine à l'antenne, avec un journal très découpé, rubriqué, « l'image du jour » ou « le commentaire ». À la barre du 20 heures une semaine sur deux en tandem avec Patrick Poivre d'Arvor, elle souhaite un journal clair, complet, explicatif. Et surtout imprimer sa marque. Précisément, Patrick Poivre d'Arvor débute quelques heures plus tard dans cette nouvelle configuration. Il parle avec un brin d'humour « au milieu de cette bande de jeunes » présentant le journal depuis cinq ans déjà, expliquant que Christine et lui « étaient nés à la télévision par le reportage ». Je constate qu'il donne un petit coup de canif, rapide mais bien senti, au contrat de mariage tout récent à propos du rubriquage du journal, notant qu'il ne faut pas se tromper par exemple sur « l'homme du jour ». « Peut-être trop de rigidité nuit-elle à la souplesse nécessaire à l'information ? » Les paroles étaient dites. À la fin de cette émission en direct, Jacqueline Alexandre remercia les participants d'un magnifique « Merci, messieurs » ; une voix monta alors du plateau : « et madame »... Christine Ockrent se plaignant avec vivacité et un grand sourire peu complice qu'on l'oublia de la sorte, Jacqueline Alexandre s'excusant aussitôt de ce crime de lèse-féminisme perpétré par une journaliste maison.

Pierre Desgraupes devait arbitrer entre ses deux présentateurs et il choisit Christine Ockrent. « J'ai décidé de la nommer rédactrice en chef car il ne pouvait y en avoir un différent chaque semaine, par ailleurs elle a cette qualité rare de ne pas faire de clin d'œil au public, personne ne peut savoir ce qu'elle pense. » Christine Ockrent convient que la situation était délicate : « À ce moment-là pour des raisons parfaitement compréhensibles, Poivre en a conçu une déception légitime, déjà lorsque j'étais arrivée à l'automne, il avait dû partager l'antenne, ce qui n'était pas agréable pour lui. » Présentateur unique d'Antenne 2 depuis cinq ans, Poivre est dorénavant obligé de partager son fauteuil. Tous les deux sont de grands reporters et si Christine est le sourire féminin de ce journal, Patrick en représente la continuité comme Yves Mourousi un étage plus bas à TF1, tous les deux ont sauté l'alternance politique en conservant leur poste. Pourtant, Pierre Lescure est fier de son couple de présentateurs : « Nous avions une équipe pour jouer une Coupe du Monde, il restait à trouver un système de jeu entre Christine et Patrick. » Quelles sont les petites habitudes des deux présentateurs au vestiaire ?

Les plus proches de ces moments de grande tension professionnelle restent les assistantes du prompteur qui vivent de l'intérieur cette confrontation. Au moment de dicter son journal, le présentateur abandonne les rôles, les attitudes et les masques, confronté à la nécessité de l'excellence, les seuls témoins directs sont les assistantes qui prennent le journal sous leur dictée. Brigitte Delachat à Antenne 2 et Nejma à TF1, aucun secret ne peut leur échapper. Pour Brigitte Delachat, interrogée par Bernard Violet : « Patrick c'est la rigueur, il soigne ses textes, il faut le suivre totalement sans s'en tenir au texte dicté car il improvise, c'est à nous de suivre, il est très impliqué et, quand c'est important, il est capable d'en faire beaucoup plus ; au final c'est toujours lui décide. » Nejma, son homologue de TF1, évoque les instants privilégiés passés en compagnie de Patrick à TF1 cinq ans plus tard. Apparemment c'est le même : « Patrick Poivre d'Arvor n'a aucun défaut, avec lui tout va bien, il va au-devant de l'actualité et dicte à une vitesse vertigineuse. » Quant à Christine Ockrent, Brigitte Délachat précise qu'elle est « plutôt froide, elle ne nous laissait guère nous impliquer dans le travail ». Ses lancements sont travaillés en trois étapes, elle donne l'info, la met en perspective et livre l'angle d'attaque. Patrick est depuis toujours plus littéraire, travaille plutôt les mots eux-mêmes et raconte une histoire.

Le témoignage des journalistes récemment engagés est également intéressant car ils ne connaissent pas encore les coutumes. Les impressions de Marcel Trillat recueillies par Bernard Violet corroborent les miennes et sont chaleureuses envers Patrick : « Il respectait le travail des journalistes, écoutait beaucoup, savait passer un coup de fil d'encouragement après la diffusion de tel ou tel reportage, très peu de présentateurs le font, il se comportait bien. » En revanche, Christine lui semble plus autoritaire : « Claude Carré et Christine Ockrent nous imposaient parfois des choses aberrantes : nous avions réalisé un excellent reportage sur la famine en Éthiopie qui aurait pu ouvrir le journal, elle a choisi de le faire précéder par un sujet de géopolitique, Poivre n'avait pas ce genre de réactions. » Attitude identique en plateau quand il faut décider de partager l'antenne : « Poivre était très accueillant à la présence d'un spécialiste, quand vous vous trouviez en direct il vous aidait, Christine au contraire détestait quelqu'un d'autre en plateau avec elle, restant très perso, c'est comme ça que les présentateurs sont devenus petit à petit des chouchous, tout seuls sur leur trône » estime Trillat.

Deux ans plus tard, Patrick rue dans les brancards, estimant qu'il n'avait plus les moyens de faire le journal qu'il aurait souhaité. Il est catégorique : « En fait, j'irritais à nouveau beaucoup les sphères du pouvoir de l'époque et l'on a progressivement voulu me marginaliser. » Ne pas avoir la main sur les sujets de son journal réduit évidemment le rôle du présentateur à celui d'un auxiliaire. Le rédacteur en chef décide des sujets du jour et signe les ordres de mission. Dans les couloirs, entre eux, l'ambiance est polaire. Pour les élections municipales, Christine exige de présenter la soirée même si Pierre Lescure lui dit que Poivre est meilleur dans cet exercice. Un soir, il présente le journal de 20 heures mais n'a pas le choix des sujets d'ouverture. On lui propose d'ouvrir sur un discours de François Mitterrand sans intérêt particulier à cette place du journal. La coupe est pleine. « Je ne l'ai pas accepté, ma liberté était rognée, on ne peut pas être heureux en état de siège permanent. »

Patrick va donc quitter Antenne 2 : « Les pressions politiques étaient si fortes que j'ai démissionné, j'ai fait un choix délibéré et à cette époque, quand un présentateur quittait la télé, il partait définitivement, je pensais réellement ne pas revenir. » Un crève-cœur pour Patrick qui a adoré Antenne 2 et ses reportages au service politique, ses évasions internationales avec Jean-Pierre Elkabbach, ses plus grands souvenirs datent de l'époque où il était reporter : « Quand je me suis assis dans le fauteuil de présentateur, le terrain m'a tout de suite manqué, d'ailleurs, dès qu'il y avait un événement chaud, j'aimais bien présenter le journal sur place. Bien sûr, c'est parfois trop fugace mais cela permet de travailler avec les équipes de reportage, de parler avec les cameramen, les preneurs de son et les envoyés spéciaux. »

Le 17 juillet 1983, il présente son dernier journal de 20 heures sur Antenne 2. Alain Gillot-Petré, à la fin de son bulletin météo, s'adresse à Patrick :

« Soyez prudents pour votre départ en vacances, Patrick ; je veux vous voir à la rentrée…

— … à la rentrée ou, comme on dit en Bretagne, "adieu vat"… Demain c'est Philippe Harrouard qui présentera ce journal. Je vous souhaite une excellente soirée et de bien belles soirées d'été. Au revoir. »

À ce moment, l'image de Patrick s'en va par un trucage, une petite fenêtre qui s'évanouit petit à petit au milieu de l'écran.

Dix jours plus tard, Patrick dira adieu pour toujours à la rédaction de la Deux, sa chaîne chérie et adorée, celle qui l'a vu naître au grand public. Être libre cela se mérite, déclare-t-il à *Télé 7 Jours* : « Je revendrai. » Sent-il néanmoins que cet adieu au journal de la Deux est peut-être définitif ? Probablement : « Pendant les premiers mois qui ont suivi cette séparation, j'ai eu l'impression d'être mutilé, la sensation égoïste que les événements se passaient sans moi ; quand on quitte le 20 heures, on mesure la fragilité de son poste et à cette époque dans le service public nous étions « tricards » sur toutes les autres chaînes, aucune télévision à part FR3 Bretagne ne m'avait fait de proposition. » La BBC l'appelle néanmoins pour donner des leçons en français aux journalistes en Grande-Bretagne. Le seul à lui proposer un poste honorable fut Ivan Levaï d'Europe 1.

Aussi depuis quatre ans, Poivre ronge son frein. Exil, retraite ou simple entracte, tout est affaire de décor. Durant cette période, il effectuera sa « traversée du désert ». Dans la presse écrite, il tient son carnet de bord pour *Le Journal du Dimanche* et, à la télévision, il participe à la création de Canal Plus, animant l'émission de prestige diffusée en clair à 19 h, « Tous en Scène » : « la presse de tout bord nous tapait dessus, peu de gens furent accueillis comme nous le fûmes cette année-là, on s'était tous trompés, nous pensions que cette chaîne serait haut de gamme ». Finalement, Canal Plus deviendra la chaîne du cinéma et du sport, destinée principalement au grand public, avec une tonalité humoristique. Il répond cinq ans plus tard aux questions de Michel Denisot : « Je n'ai pas aimé l'émission que je présentais à

Canal Plus, je n'étais pas bon. Il faut se débarrasser de l'inutile et refuser de recevoir les gens qu'on n'aime pas. À un moment on achète sa liberté, c'est-à-dire la possibilité de dire non, il faut dire qu'on est souvent demandé, j'ai aimé les gens que je recevais, moins les chanteurs… »

En attendant, il s'occupe avec des articles pour *Paris Match*, parcourant le monde dans les trains de rêve, sa petite expérience en bandoulière et réalise des interviews-portraits pour *Le Journal du dimanche*. Une idée fixe lui trotte néanmoins dans la tête, comment revenir au journal télévisé ? Une première ouverture se produira au moment de la privatisation de TF1. Hervé Bourges lui propose en juillet 1986 de s'occuper de la tranche dominicale. Après avoir hésité, il plonge dans l'animation d'une émission de variétés, « À la Folie pas du Tout », produite au départ par Catherine Barma et Thierry Ardisson qui devient « À la Folie », quand les deux producteurs partiront sur la Cinq de Berlusconi. L'idée de l'émission est de mêler variétés et information pour obtenir des scoops journalistiques. Les invités ont du temps pour s'exprimer en direct. Michèle Barzach, ministre de la Santé de Jacques Chirac, y vécut un après-midi mouvementé aux Buttes-Chaumont où le plateau fut envahi par des étudiants en médecine très vindicatifs. « Nous avons parlementé et l'émission fut interrompue mais sans casse, même si la ministre ne put regagner son véhicule dont les pneus avaient été crevés par les manifestants. »

*

« C'est un grand jour, j'ai choisi d'être le repreneur de TF1 ; quand on combat c'est pour gagner, la Une restera la Une si on veut bien me la confier » déclare Francis Bouygues venu lui-même apporter le 23 février 1987 son dossier de reprise de TF1 à la CNCL. La première chaîne c'est un peu la France, elle est à l'image de l'Histoire de notre pays ; il est donc important que les repreneurs soient à la hauteur. Les tours de table d'actionnaires de Bouygues et de Hachette donnèrent lieu à un feuilleton qui s'étalait tous les jours dans les quotidiens nationaux, et les repreneurs préparaient dans la fébrilité les auditions, devant les neuf sages, qui seront télévisées en direct. Des trainings sont organisés pour l'équipe de Francis Bouygues, peu habituée aux feux de la rampe. Les délibérations de la CNCL, hautes en couleurs, firent couler beaucoup d'encre sur le « mieux-disant culturel ». Cet après-midi-là, l'équipe Bouygues se fait maquiller car l'ensemble de l'audition est retransmise à la télévision et il faut faire bonne figure devant les Français. Au moment de s'installer, Bernard Tapie s'aperçoit qu'il est placé en bout de table ; subrepticement, il intervertit les cartons nominatifs au grand dam de Jacques Duquesne, chargé de plancher sur l'information, domaine important s'il en est. Les neuf sages s'étonnent eux aussi de cette supercherie. Jacques Duquesne replacera les cartons dans l'ordre prévu !

Le samedi 4 avril, par « Flash spécial » à 14 h 30, Marie-France Cubadda annonce sur TF1 la désignation de Francis Bouygues comme repreneur de TF1 par 5 voix contre 4 au groupe Hachette, dont le projet était piloté par Étienne Mougeotte et Christine Ockrent. Aussitôt Francis Bouygues téléphone à Christine pour l'engager, son appel reste sans réponse : « Je m'étais mise sur répondeur car j'en avais « gros sur la patate » ; je ne me suis pas rendue compte tout de suite de l'appel de Bouygues. » L'histoire retiendra la méthode employée par Francis l'outsider, aller au plus près de chacun des jurés pour présenter personnellement son projet, convaincre et séduire alors que Jean-Luc Lagardère, persuadé d'avoir gagné comme Jacques Chirac le sera pour Paris 2012 face à Tony Blair, naviguera à l'estime, trop sûr de lui dans sa position de favori. Le soir même, Francis Bouygues accompagné de Patrick Le Lay, responsable de la diversification, arrivent au 15 de la rue Cognacq-Jay, accueillis par Hervé Bourges, ils s'asseyent sur le fauteuil des invités du 20 heures de Marie-France Cubadda. Dans la régie, c'est l'effervescence des grands jours, la tension est à son comble, tout le monde veut voir le nouveau patron qui impressionne les salariés présents dans les couloirs.

> Marie-France Cubadda interroge Francis Bouygues : « Je suis très ému, pour moi c'est un jour merveilleux, ce fut un formidable challenge, je conserverai tous les acquis. »
>
> Michel Cardoze l'interroge sur « Droit de réponse » de Michel Polac, l'émission emblématique du samedi soir où le polémiste fait l'actualité, Francis la conservera. On diffuse dans ce journal un sujet montrant les réactions dans les couloirs de Cognacq-Jay, un ingénieur du son présent depuis trente ans déclare : « je suis triste », une monteuse : « je crains une diminution des effectifs », un cameraman dubitatif : « j'attends pour voir », on aperçoit l'administratrice Christine Couve pas spécialement souriante.

Dans la soirée, Francis Bouygues fait une proposition à Hervé Bourges : « Il me demande de rester président d'honneur, conseiller personnel et me propose un contrat mais j'ai choisi de partir sur la pointe des pieds et je dois dire que personne au pouvoir ne m'a proposé un autre poste. » Quelques jours plus tard, Francis Bouygues prend officiellement possession de TF1, le matin il remet à Édouard Balladur un chèque de 3 milliards de francs correspondant à la moitié du capital de la chaîne, Bouygues en propre possède seulement le quart des actions. Le soir même, Hervé Bourges fait ses adieux sur le plateau du 20 heures et Francis

Bouygues, Patrick Le Lay et Alain Schmit descendent à Cannes au MIP-TV où ils apprennent une nouvelle stupéfiante : la fuite de toutes les stars de la Une ! Ils ont été floués sur le produit. Toutes les vedettes emblématiques de TF1 viennent de signer sur la Cinq. Patrick Sabatier triomphait avec « Le jeu de la Vérité », Patrick Sébastien avait fait de « Carnaval » l'émission de variété événement et Stéphane Collaro décapait la vie politique au faîte de sa gloire avec le « Bébête Show. À la surprise générale, les forces vives, le sang de la Une, les stars sont transférées chez Robert Hersant qui n'a pas lésiné sur le nombre de zéros, les sommes mises en jeu sont faramineuses, c'est « l'arrêt Bosman » de la télévision ! Ils se plaignent aussitôt à Hervé Bourges, ses contrats ne sont pas sécurisés, dans la vie commerciale et industrielle les choses ne se passent pas comme ça mais Hervé Bourges leur répond qu'il avait bien mis en garde les partants : « Je leur ai conseillé ainsi qu'à Marie-France Brière de rester sur TF1, leur faisant remarquer que la Cinq n'avait pas les émetteurs suffisants, que son audience serait faible, ils ne m'ont pas écouté et ils sont partis. »

Patrick Le Lay, Francis Bouygues et Alain Schmit se réfugient alors à l'hôtel du Cap d'Antibes, enfermés pendant 48 heures pour élaborer la contre-attaque. Cellule de crise, Alain Schmit me détaille la manœuvre : « Nous nous sommes rendu compte de l'aspect positif de cet événement, au lieu de surenchérir sur le prix des vedettes nous avons décidé de les laisser partir et d'en créer de nouvelles, refusant l'inflation des salaires proposée par la Cinq. » Le mardi suivant, Christine Ockrent, recalée du dossier Hachette mais sa notoriété intacte, est reçue chez Francis Bouygues. Elle avait publié quinze jours auparavant un papier dans *Le Monde*, célébrant les vertus du service public. La voici chez le diable en personne, 8 h du matin, l'heure matinale du patron. « Je ne ferai rien sans vous en parler » lui dit-il. La journaliste accepte finalement de venir sur TF1, un gros chèque à la clé avec le titre de « directrice générale adjointe ». Jacques Duquesne est aussitôt envoyé au feu pour éteindre un éventuel incendie, le passage de la vedette chez le concurrent 72 heures après l'échec de la candidature Hachette aurait pu faire mauvais genre dans l'esprit du public. Il voit la journaliste au bar du Plazza, lui conseillant de s'éclipser pendant six semaines afin de laisser retomber le soufflé. Il se trouve qu'elle avait des engagements avec la télévision nippone NHK, ce sera l'occasion d'un voyage au Japon. Christine Ockrent voit évidemment les choses autrement : « J'ai laissé les choses traîner pendant un mois, malgré ce qu'on a pu dire et je suis partie au Japon où j'avais des engagements à la NHK. »

Le dimanche suivant à Issy-les-Moulineaux, ils sont quatre mousquetaires de la nouvelle Une à s'embarquer dans un hélicoptère pour rejoindre la Sologne, convoqués à déjeuner par Francis Bouygues dans sa propriété, pour faire le point. Patrick Le Lay chargé du dossier TF1, Bochko Givadinovitch le patron de la publicité, nerf de la guerre, Alain Schmit le bras droit de Francis et Jacques Duquesne, le patron du *Point* présent dans le tour de table de la chaîne qui met les pieds dans le plat dès son arrivée, faisant compliment du jardin potager à côté de la bâtisse ; « c'est la maison du gardien » précise Francis. Le palais en marbre est caché derrière les arbres. Quelques mois plus tard, Christophe Dechavanne pour impressionner le *tycoon* arrivera lui aussi en hélico. Sur la terrasse au soleil, Patrick Le Lay fait un point stratégique « brillant », selon les participants, il faut maintenant trouver un directeur d'antenne. Le nom de Philippe Labro est cité à table, Francis se tourne vers le patron du *Point* : « C'est vous qui le connaissez le mieux, pouvez-vous l'appeler ? » Rendez-vous est pris le lendemain à la brasserie près de l'impasse Récamier, où habite la vedette. Mais entre-temps, il y avait eu des fuites et quand Jacques Duquesne le rencontre, Philippe Labro lui confie, désolé, qu'il vient d'être nommé vice-président de RTL ! Le lendemain mardi 14 avril, Jacques Duquesne rejoint les bureaux des Champs-Élysées où Francis Bouygues lui énumère une liste de noms de personnalités susceptibles de diriger l'antenne de TF1, fournie par Jacques Séguela, dans sa quasi-totalité des gens de la publicité ; il lui rétorque : « Il n'y en a qu'un qui connaît le dossier à fond, c'est Étienne Mougeotte, un type formidable, vous devriez le voir. »

Jacques Duquesne a carte blanche, il appelle Étienne en retrait chez Hachette, ils se voient une heure plus tard au bar du Lutétia et Mougeotte accepte tout de suite cette proposition. Le soir même, ils se retrouvent pour dîner rue des Sablons à Paris, dans le 16e arrondissement, au domicile de Francis Bouygues. Le bras droit de Jean-Luc Lagardère pour le dossier de candidature de Hachette a été battu non par manque de compétence mais par l'ingéniosité de Francis pendant la compétition, même s'il a porté le chapeau de la défaite. Depuis quatre ans à la tête de *Télé 7 jours*, Étienne Mougeotte connaît bien la télévision populaire. Parcours classique : Sciences-Po, journaliste dirigeant d'Europe 1 et patron du *Journal du Dimanche* pendant trois ans dont il a fait progresser les ventes pour Lagardère, c'est réellement l'homme de la situation pour la direction de l'antenne. Il me l'explique : « TF1 m'a appelé trois semaines après la fuite des stars et lorsque nous sommes arrivés dans la chaîne, c'était la débandade, certains pensaient qu'on allait supprimer l'info, on se méfiait de nous, étais-je un journaliste épris de marketing ? Mais pour moi, l'information était essentielle, on ne peut pas être une grande chaîne si l'on n'est pas leader en matière d'information. » Trois jours plus tard, il propose d'engager Michèle Cotta comme directrice de l'Information grâce à son expérience incomparable en tant que journaliste politique et son autorité incontestable en tant qu'ancienne présidente de la Haute Autorité.

*

Patrick Poivre d'Arvor qui anime la tranche dominicale de TF1 a déjà deux propositions en poche. Celle d'Antenne 2 par l'intermédiaire d'une conversation au mois de janvier avec Jean-Marie Cavada, Patrick avait laissé entende dans une interview : « Le 20 heures, pourquoi pas ? » En avril, le PDG Claude Contamine lui propose officiellement de revenir sur la Deux pour présenter le 20 heures. Mais son vieux complice Paul Lefevre, encore président de la société des rédacteurs avant de passer sur la Cinq, le prévient aussitôt des difficultés qu'il pourra rencontrer. Cette chaîne considérée par Patrick comme sa famille naturelle n'éprouve peut-être pas un grand enthousiasme à l'idée de le voir revenir. Devenu une « star » à leurs yeux, peut-être craignent-ils qu'il souhaite tout régenter.

Deuxième offre, celle de Robert Hersant, le patron emblématique et plutôt secret du *Figaro* lui propose de venir sur la Cinq où un nouveau journal de 20 heures va être créé de toutes pièces, moderne et innovant. Mais Patrick craint comme Anne Sinclair d'aller sur cette Cinq nouvelle mouture, attelage bizarre d'un *condottiere* italien et du patron de presse français, craignant la pente naturelle de Robert Hersant : faire de ses journaux télévisés le porte-voix d'un engagement politique, une caisse de résonance de la droite. « Je l'ai cru, à tort car cela a toujours été mon credo depuis que je fais ce métier de refuser à la fois les étiquettes et les dépendances. »

À ce moment Marie-France Brière, directrice des Variétés de TF1 depuis trois ans dans l'équipe d'Hervé Bourges, l'invite à la Coupole, la célèbre brasserie du boulevard du Montparnasse, afin de lui faire rencontrer Patrick Le Lay, peu connu à l'époque, bras droit de Francis Bouygues. L'ingénieur et le journaliste, tous les deux face à l'inconnu d'une page blanche à écrire, installés comme convives au milieu de ce décor années 30, plongés dans cette agitation parisienne rive-gauche, cossue et bruyante, quelque peu snobinarde et germanopratine, se découvrent une passion commune pour la Bretagne et son folklore. Le responsable de la diversification de Bouygues lui fait une proposition honnête entre Bretons, prendre langue dès le lendemain matin avec Francis Bouygues lui-même.

C'est maintenant l'heure des surprises. Après les vieux routiers des médias, connus et croisés depuis des lustres, il va à la rencontre des moins aguerris. Favorablement surpris par son dîner de la veille avec Patrick Le Lay, il arrive dans les locaux confortables de Francis Bouygues dans le 8e arrondissement, le bâtisseur dont il a connaissance de la personnalité hors du commun, des négociations secrètes sont en cours. Il s'en amuse franchement, entendant derrière la porte des propos étonnants d'un confrère qu'il n'attendait pas dans ces murs privés. C'est son tour, il entre dans le grand bureau spacieux et lumineux et il est tout de suite impressionné par sa personnalité charismatique, sa stature, sa truculence et sa franchise. Francis Bouygues lui dit sans détour : « Moi les programmes, je n'y connais rien. Je confonds Sébastien et Sabatier. Ils l'ont mal pris et sont partis sur la Cinq comme une volée de moineaux et pas mal d'autres, d'ailleurs. Mais cela n'a aucune importance. Par contre l'info, je connais. J'ai fait demander à Masure, qui est un rigolo, de présenter le samedi et le dimanche. Il a répondu qu'il était contre la privatisation. Je lui ai triplé son salaire, tout d'un coup il est devenu pour et a accepté. Mais pour les choses sérieuses, en semaine, je veux que ce soit vous. Il paraît que vous êtes d'une nature indépendante. Ça me va. Tenez-moi les politiques à distance, je me méfie d'eux. »

Bien sûr, Patrick réserve sa réponse. Aussi Patrick Le Lay passe un soir chez lui à Neuillly. Ils n'avaient pas dîné et ouvrent une boîte de conserve en forçant le couvercle à coup de marteau ! « Patrick Le Lay m'a dit qu'il me voulait même s'il ne pouvait s'aligner sur les prix de la Cinq, entre Bretons a-t-il ajouté, nous sommes obligés de nous entendre et de nous affronter, lui ai-je répondu, parce que vous m'avez l'air aussi têtu que moi. » Si Patrick Le Lay est très accrocheur, il restait à le convaincre de signer. Étienne Mougeotte passe donc lui aussi à Neuilly à son domicile, un dimanche matin. Il est dans l'équipe Bouygues depuis quelques jours. Ils se connaissent bien, Étienne a toujours fait merveille, le grand magazine populaire de la télévision est un très bon observatoire de la future grille de la Une privatisée, une chaîne grand public à l'audience la plus large. Mais Patrick, c'est naturel, s'inquiète pour sa paroisse : « La nouvelle équipe ne va-t-elle pas minimiser l'information, ne risque-t-on pas de se retrouver sur une télévision à paillettes ?

— Francis Bouygues et Patrick Le Lay ont été très clair, ils ne souhaitent pas minimiser l'information, j'ai eu des assurances formelles, pour eux l'information est essentielle. »

Patrick est rassuré, il voulait un grand pro à la tête des programmes et un journaliste qui n'aurait pas pour tâche de diminuer la part des journaux télévisés. De son côté,

Étienne lui donne carte blanche mais à condition de réussir, bien sûr. Aussitôt dit, aussitôt fait, Patrick accepte de venir sur TF1, signe pour trois ans à 60 000 francs par mois plus les frais, pour présenter le 20 heures où il sera le patron.

La semaine suivante, Patrick Poivre d'Arvor reçoit Francis Bouygues au festival de Cannes, dans son émission « À la folie ». Dans cette journée du 6 mai, le nouveau patron monte à la tribune lors d'une conférence de presse pour présenter son projet et son équipe. Dans la salle, on voit Étienne Mougeotte nommé directeur de l'antenne, Christine Ockrent qui vient d'être nommée directrice générale adjointe, Anne Sinclair qui garde « 7 sur 7 », Michèle Cotta, nommée directrice de l'Information, Dominique Cantien, Pascal Breugnot, Yves Mourousi, Patrick Poivre d'Arvor, une *dream team*. Alain Denvers explique sa démission du poste de directeur de l'Information. Deux jours plus tard, dans son 13 heures depuis la plage du Majestic, Yves Mourousi reçoit Madame Dupuy, la maire de la ville à qui il remet un buste de « Marianne » à l'effigie de Catherine Deneuve qui vient d'être désignée comme « la nouvelle ». Dans le ciel, survolant la baie, un ballon sur lequel s'affiche en lettres géantes « TF1 13 heures Mourousi-Géraud ». C'est l'heure de gloire pour Yves, Pierre, la chaîne et les nouveaux patrons.

*

La chaîne installa des plantons à l'entrée de la rue Cognacq-Jay et le premier jour de cette mise en place donna lieu à une scène picaresque. Yves Mourousi arrivant comme d'habitude tout feu tout flamme, le planton lui barra la route et lui demanda son badge d'accès. Stupeur du journaliste : « ils nous voient tous les matins depuis vingt ans et, sous prétexte de privatisation, ils empêchent les gens d'entrer ». Pierre Geraud déclara ce jour-là que Mourousi était « un badge vivant ».

À l'intérieur de TF1, dans les couloirs de Cognacq-Jay, il est de bon ton de moquer les nouveaux arrivants, les blagues et les rumeurs circulent, Francis Bouygues assis à Cannes à côté de Jeanne Moreau ne l'aurait pas reconnue. On raconte également qu'il aurait téléphoné à Denvers, le jour de sa victoire.

« Vous venez à TF1 ?

— Oui, c'est où ? »

Autre histoire rapportée par Bruno Masure concernant Alain Denvers : Francis lui aurait affirmé « vous restez » et le lendemain, il le virait. En réalité, Alain Denvers s'était vu proposer de rester mais Patrick Le Lay ayant aussitôt nommé Yves Mourousi rédacteur en chef, Denvers plaidant le contraire, il partit à l'amiable : « preuve qu'ils ne m'en voulaient pas puisqu'ils m'ont proposé à nouveau la direction de l'Information ». Pendant ce temps, Robert Namias cherchait à joindre Étienne Mougeotte, son camarade d'Europe 1 depuis sept ans, devenu directeur d'antenne. Au bout d'un mois pas de réponse : « J'ai essayé de le joindre, il ne m'a jamais rappelé. » Il s'adresse alors à Jacques Duquesne, le patron du *Point* ; c'est d'ailleurs à l'hebdomadaire que Robert Namias rencontrera Anne Barrère son épouse. « J'étais ennuyé de cette situation et il s'en est ouvert à Étienne Mougeotte qui m'a finalement appelé et je suis entré à TF1 mais sans rôle parfaitement défini. »

Dès les premiers jours de l'installation des nouveaux patrons, je déjeunais avec Patrick Le Lay en compagnie de Jean Bertolino, le baroudeur qui avait obtenu le prix Albert

Londres et qui lui fit l'hagiographie du grand reportage, arrachant ce jour-là au tout frais directeur la promesse d'un magazine qui deviendra « 52 sur la Une ». Je réaliserai les premières émissions internes de Bouygues à destination des salariés de la chaîne au siège social de l'entreprise à Saint-Quentin en Yvelines, magnifique petit Versailles dans sa structure et sa conception.

Dès l'annonce de la privatisation et du choix du repreneur, je réunissais les réalisateurs dans la salle de conférence, au cinquième étage. La pérennité de notre travail serait-elle maintenue dans la nouvelle configuration ? Des petits malins arpentaient les couloirs, colportant des rumeurs insensées, les nouveaux patrons allaient supprimer le journal télévisé ! Nous devions décider d'une marche à suivre. Alain Scémama, un des chefs d'édition, était en notre compagnie à la manœuvre, mais la noblesse de notre métier subsistait, nous restions libres de nous déterminer.

Pour ce faire, je devais d'abord m'imposer à l'intérieur même du collège des réalisateurs. Nous étions une bonne douzaine, dont six « pigeaient » au 20 heures. Lequel d'entre nous serait choisi pour réaliser le journal de Poivre ? Depuis cinq ans, je tenais notre planning et négociais les augmentations de salaire chaque année avec l'administratrice du JT, j'avais donc la haute main sur l'emploi de chacun de nous, la plupart intermittents, une douzaine de réalisateurs avec une centaine de prestations mensuelles. Tâche essentielle qui demande charisme et diplomatie. Aucun de nous n'avait de contrat à part deux ou trois anciens de la RTF, nous étions tous des intermittents du spectacle. Au sein d'un service public, tout le monde est égal, le talent particulier ne compte presque pas ; être inscrit au tableau de service suffit à obtenir le travail, même si quelques ajustements à la marge permettent d'éviter les incongruités. En revanche, je militais pour un adage simple : si l'on choisit le journal télévisé, c'est pour travailler au minimum 15 jours par mois. Je leur expliquais ma vision des choses, cessons les pratiques en vogue à la Deux où les réalisateurs ayant une semaine chacun devaient trouver d'autres émissions, une attitude qui dévalorise la réalisation du journal, considérée comme un expédient entre deux émissions de prestige.

D'où le refrain erroné des journalistes et des responsables de l'information peu informés de la question, plus le gars se démène à droite, à gauche, meilleur il est. Non bien sûr, un bon comédien du Théâtre Français ne fera pas nécessairement un bon acteur de cinéma, un réalisateur de talk-show n'est pas dans son univers au journal télévisé. Pour toutes ces raisons, je n'ai jamais cru aux paraboles de notre disparition. Depuis toujours, pratiquement chaque jour, il ne manquait jamais un chef de plateau ou un cadreur laissant tomber : « Les réalisateurs au journal, mais c'est terminé, mon vieux ! » Une manière de nous lier les mains. La persistance de ces propos de comptoir, leur récurrence au fil des années fit naître dans mon esprit une interrogation : pourquoi tant de haine ? J'ai donc décidé, seul dans mon coin, de pousser les feux de la restructuration. Pour trouver une place originale et apporter ma pierre à notre métier, je devrai faire œuvre de pionnier avec une idée simple comme toutes les bonnes trouvailles, investir la rédaction afin d'en devenir un membre à part entière, considéré à l'égal des journalistes avec une conviction, tout savoir pour mieux réaliser. Plonger dans le contenu des informations pour maîtriser le flux des images, améliorant ainsi mon travail personnel de réalisateur et la qualité du journal.

Dans nos réunions, malgré les propos consensuels, on s'enlisait. Décider d'une prééminence est affaire de seigneurs ou de guerriers, la diplomatie y a peu de place ou seulement à la marge. Supplanter mes confrères ne serait jamais le résultat d'une négociation, aussi je décidais de prendre le pouvoir sans tergiverser en affirmant que « j'étais le meilleur et que le débat était clos ». Coup de force bonapartiste envers les miens mais je laisserai naturellement Poivre choisir son réalisateur, une fois les choses mises au point entre nous. Ayant une haute idée de mon métier, connaissant bien l'histoire de chacun de nous, ses qualités et ses défauts, je m'étais simplement demandé, au-delà de mon intérêt personnel, lequel des réalisateurs présents serait le plus apte à la réussite du 20 heures de la nouvelle TF1 privatisée, afin de produire de la qualité, sinon de l'excellence. En dehors de Jean-Claude Delannoy et Marcel Fages chargés du 13 heures, qui ont toujours imposé notre métier et préservé notre aura, les autres réalisateurs de TF1 s'intéressaient surtout au nombre de leurs prestations et à leurs acquis mensuels, figurer au planning suffisait à leur bonheur. Comme chez André Paccard l'année précédente, il y avait une chance à saisir, je ne la manquais pas.

Patrick Poivre d'Arvor venait d'être choisi pour présenter le 20 heures, je ferai l'ouverture avec lui. L'indépendance d'esprit journalistique que j'avais appréciée en côtoyant Yves Mourousi, j'espérais la revivre à nouveau avec lui en mieux, car au 20 heures j'étais dans mon élément. J'avais apprécié le jeune présentateur romantique des années Antenne 2 et j'étais heureux de son arrivée, promesse d'idées nouvelles, décidé à mettre du magique, de l'imprévu, du sensuel, du surprenant, donc de la séduction, au service des nouvelles. Patrick m'est apparu d'emblée avec ses qualités et ses défauts comme le plus libre de ses confrères. Un espace nouveau s'ouvrait, Patrick saurait-il manier son sceptre avec la volonté d'en faire un empire de liberté ? J'y croyais et allais me donner à fond dans cette entreprise. Une fête aux Pyramides de Marly fut organisée pour célébrer ce passage de témoin où évidemment toutes les vedettes, tous les personnels, tous les journalistes furent conviés, chacun ses badges, chacun sa couleur.

Pendant l'été où pour la première fois Yves Mourousi n'assure pas les 13 heures en extérieur des festivals de l'été d'Orange et d'Aix en Provence, la voix cassée par la Gitane et le reste, Michèle Cotta appelle Pierre Geraud, son rédacteur en chef, et lui propose d'assurer la rédaction en chef du 20 heures de Poivre. Il demande à réfléchir. Un mois plus tard, elle le rappelle et l'engueule : « Tu ne peux pas refuser une offre pareille, tu seras le plus jeune rédacteur en chef du plus grand journal de France ! »

Finalement, Yves le laisse partir et Pierre sera présent pour le grand retour de Poivre au 20 heures.

Patrick Poivre d'Arvor à TF1

NOUS DÉCOUVRONS sa haute silhouette élégante et légèrement voûtée, il se déplace avec aisance, ses gestes sont fluides, teintés d'une grâce féline et empreints de naturel. Il n'a évidement pas fait de numéro zéro, se coulant directement et sans répétition dans ses nouveaux habits. Patron de son journal comme Mourousi pouvait l'être pour le sien, il me fait la même impression que lui, rapid : vif, intelligent, chaleureux, être à ses côtés se présente comme une fête. Il pige l'info instantanément, sait ce qu'il faut faire et ne s'embarrasse pas de technique. Il écoute avec attention et décide rapidement. Le 31 août 1987, deux jours après le concert de Madonna, Patrick Poivre d'Arvor revient à l'antenne. Il s'est installé dans l'ancien bureau de Jean-Pierre Elkabbach, au sixième étage, tout un symbole. Dans l'après-midi, il a effectué une petite visite sur le plateau du journal de la rue Cognacq-Jay en compagnie de son épouse Véronique qu'il me présente, lui détaillant les divers éléments du studio et son univers désormais quotidien. J'étais heureux de l'épauler pour la première fois à la réalisation, a fortiori dans mon décor élaboré trois ans auparavant. La semaine précédente, il avaı arpenté les couloirs de la rédaction, saluant ses nouveaux confrères, se renseignant, quêtant les identités et les visages des journalistes maison, humant l'atmosphère de cette équipe dont certains journalistes, cameramen, réalisateurs ou techniciens ont connu les grandes heures de l'ORTF et même de la RTF, pionniers du journal télévisé, s'informant du travail de chacun.

Le voici enfin premier de la classe, il cumule pour la première fois la présentation et la direction de son journal. « Lorsque j'ai accepté de présenter de nouveau le JT, je n'ai posé qu'une condition, être maître du contenu de mon journal. En étant directeur adjoint de l'information, je suis responsable de mon travail et c'est essentiel, parce que pour convaincre les téléspectateurs, il faut d'abord être convaincu de ce que l'on fait. Cela dit, je ne prends jamais de décision importante sans y associer la rédaction. » Dans son bureau, meublé comme un intérieur feutré, avec des rideaux dans les tons sombres, une silhouette de Michael Jackson en carton est posée là comme invité virtuel, ce sera une des surprises de ce premier 20 heures.

Dans l'après-midi Marine Jacquemin, rentrée des États-Unis, est dans une salle de montage pour terminer son sujet sur le sida qui doit passer ce soir. « C'est un peu grâce à Patrick que je suis devenue journaliste, il représente à mes yeux le charme, la séduction et la rigueur journalistique. » Régis Faucon du service étranger réceptionne près de la régie le reportage envoyé du Québec par Dominique Bromberger. « Je ne suis pas fébrile mais curieux. Patrick est la locomotive qui doit entraîner le convoi. Nous vivons une remise à plat, certains y voient une opportunité, d'autres sont déçus. » Justement le nouveau patron de la chaîne, Francis Bouygues, déambule dans le vaste bureau paysager construit depuis la privatisation. Catherine Delmas de *France Soir* recueille ses propos : « Je suis souvent dans la maison, dit-il. Je serai là pour le nouveau journal ; il a un genre particulier, ce garçon », dit-il, évoquant Patrick. « Il n'est pas un journaliste banal et puis il bénéficie déjà d'un bonne image de marque. »

Je descends pour la première fois avec Patrick les escaliers qui nous mènent au plateau de Cognacq-Jay. En passant dans les couloirs, l'un de nos techniciens lui lance amicalement : « Le JT, coco, c'est comme le vélo, ça ne s'oublie pas ! » Petite nouveauté, nous avons décidé de donner les titres du journal cinq minutes avant le 20 heures, une idée venue de CBS. En arrivant dans le studio, un peu intimidé quand même, il voit des dizaines de photographes et l'état-major de la chaîne venu le soutenir, Étienne Mougeotte, Michèle Cotta et Corinne Bouygues qui s'occupe des relations publiques. Une de nos assistantes confie quand elle le voit : « dire qu'il a quitté la présentation gamin et qu'il revient en homme ». Les titres en images, pourquoi ne pas les faire de manière originale ? Je propose à Patrick de les réaliser dans son bureau au cinquième étage, dans les cintres au-dessus du plateau ou dans la régie. Pour ce premier soir pas de risques, il s'asseoit sur son bureau, un peu à l'avant-scène. Cinq minutes plus tard l'heure a sonné, parti quatre ans auparavant dans le trou noir d'une petite fenêtre d'Antenne 2, il réapparaît en pleine lumière sur TF1 par un mouvement inverse. J'ai convoqué l'électronique pour ce petit cadeau subliminal en forme de clin d'œil, tenant ainsi à refermer l'entracte. Il porte un costume bleu, une chemise rayée et une cravate foncée :

> « Mesdames, messieurs, bonsoir, je suis heureux de vous retrouver… C'est donc la rentrée un peu pour tout le monde, avec des bonnes et des moins bonnes nouvelles pour notre portefeuille… »

Ce fut son seul aparté personnel, ce soir-là. Le premier reportage concerne un projet de loi sur les amendes routières impayées, commenté par Denis Cadeau, entré au service économique cinq ans auparavant. Dès le départ de ce sujet, les photographes ont été autorisés à mitrailler le nouveau présentateur, les flashs crépitent pendant une minute trente. Élisabeth Courtial, une de ses fidèles assistantes avec Fanny Schwarcfeld, est en plateau, dans l'après-midi elle lui a offert un bouquet de marguerites.

À son retour en plateau, il enchaîne sur les nouvelles du voyage de Jacques Chirac au Canada ; aujourd'hui, il est reçu au Québec par le Premier ministre Robert Bourassa à l'occasion du deuxième sommet des pays francophones où l'on attend le chef de l'État. Patrick en profitera le jeudi suivant pour évoquer le président François Mitterrand et son premier ministre Jacques Chirac « parlant enfin la même langue au Québec, le français ! » Manière de souligner non sans humour les postures théâtrales du président et de son Premier ministre à l'étranger, cohabitation oblige. Le bras de fer avait débuté un an avant lors d'un premier voyage au Japon au sommet du G7 où Jacques Chirac, d'abord contraint d'arriver après le début de la réunion, fut relégué au bas de l'estrade au moment de la conférence de presse finale, puisque François Mitterrand refusa qu'il réponde aux questions des journalistes, la France devant s'exprimer « d'une seule voix ! »

> Catherine Jentile nous envoie un reportage d'Aouzou au Tchad, la ville reprise par les forces libyennes. Marine Jacquemin nous revient de Floride avec un reportage sur la persécution hystérique des habitants contre les jeunes séropositifs, exclus de leur école et dont la maison a été incendiée, des manifestants leur demandent de quitter la ville d'Arcadia. À la fin du journal, il est temps de lancer

la surprise attendue, un vrai événement, le clip de Bad, le nouvel album de Michael Jackson mis en vente ce jour-là dans le monde entier ; le clip vidéo est tourné par Martin Scorsese dans le métro de New-York. Accompagnant cette première, un reportage sur le concert de Madonna, l'avant-veille au parc de Sceaux où Jacques Chirac s'était illustré en recevant la chanteuse et sa culotte en cadeau. Ce qui entraînera une réaction de Jean-Marie Le Pen, lors de son université d'été du Front national, dans le Cher ; propos recueillis par Valérie Nataf :

« Vous ne m'entendrez pas crier à la décadence parce que Madonna jette sa culotte aux orties. Je me suis aperçu qu'elle avait une culotte gigogne et qu'ainsi la pudeur a été sauvegardée. À tout prendre, je préfère que ce soit Madonna qui jette sa culotte au public plutôt que Jacques Chirac. »

Un petit champagne est offert après le journal. Francis Bouygues, Étienne Mougeotte, Michèle Cotta et Patrick trinquent au succès de la nouvelle formule. Jean-Claude Narcy est à côté de moi : « Je suis venu lui faire une bise, on aime tellement ce métier. » Comment vit-on un tel moment ? Patrick s'explique avec nous : « Il m'a fallu la moitié du journal pour me sentir à l'aise, j'aurai bien continué sur ma lancée encore plus longtemps. »

Le lendemain, *France Soir* décrit sa prestation : « Très à l'aise, il a surgi sur l'écran après le générique habituel, lançant ses sujets comme le grand professionnel qu'il n'a cessé d'être. Il attire l'attention quand des images fortes vont suivre et accroche un brin d'humour à son propos comme ce plongeur en piscine recordman en hauteur « qui s'en tire avec quelques bleus. » Ce premier journal de PPDA n'était peut-être pas d'une particulière fantaisie ni exempt de critiques de détail, mais sa sobriété et sa clarté permettent d'être rassurés, il n'a pas perdu la main. »

En revanche, n'a-t-il pas connu une exaltation particulière en reprenant le 20 heures, un instant de folie subite au moment de dire bonsoir ? « C'est vrai, le seul moment dans ma vie où j'ai eu l'envie de faire sauter mes plombs, ce fut ce soir-là, au retour sur l'antenne après quatre ans de régime, je me suis dit l'espace d'un instant, ça y est, je l'ai fait… et puis je leur dit "au-revoir" »… Mais le lendemain Patrick était là, une nouvelle aventure commence et comme disent les Anglais, *the last but not the least,* la dernière mais pas la moindre, elle était devant nous, une page blanche à écrire.

*

Nous avons tous vécu à cent à l'heure, avec une grande marge d'incertitude, les premières années de la privatisation resteront marquées par cinq ans de folie. De 1987 à 1992, TF1 cumulait les anciennes magnificences du service public récemment aboli et sa nouvelle rigueur privée en gestation dans un certain flou artistique, un léger flottement entre nivellement et méritocratie, les périodes d'entre deux sont toujours passionnantes à vivre. L'actualité se chargea de nous fournir la matière, la fin des années 80 furent celles du grand chambardement. Ce fut la vie quotidienne de notre quarantaine bercée par ces instants historiques où Cognacq-Jay tout entière dédiée à TF1 s'inventait un nouveau testament peuplé de « challenges » à réussir et de batailles livrées à « la concurrence », sous-entendu Antenne 2, instillant ces attitudes génétiquement modifiées dans notre ADN qui n'avait encore pas eu le temps physique de muer. La sélection naturelle faisait son œuvre. Les plus résistants ou les plus entreprenants s'accrochaient ; à la moindre contrariété, les tendres ou les émotifs passaient sur la Cinq ou la Deux pour se refaire une santé.

Nous allions toujours grand train, noblesse du reportage lointain et des journaux de crise en extérieur, menant notre 20 heures en grand équipage à bride abattue, héritiers des années de folles dépenses sur le théâtre mondial de l'actualité. Quand nous partions aux États-Unis, les rédacteurs en chef et l'état-major décidaient des moyens et des hommes. Deux semaines plus tard, tout le monde rentré à la maison, les comptables se mettaient aux additions. Il en coûtait parfois deux millions de francs pour un journal en extérieur. Pour la Une tout était en première, les hôtels, les restaurants, les billets d'avion, les frais de mission et même les extras pour les super-chefs; le réalisateur était gâté, il ne partait jamais sans sa scripte et son assistant. Mais les Bouygues savaient compter, c'était leur force, séparant rapidement le bon grain de l'ivraie, ils eurent vite fait de rationaliser cet univers un peu fou où nous faisions ce que nous voulions, la comptabilité analytique sonna la fin de partie. Mais entre-temps, nous eûmes cinq ans d'euphorie où l'histoire de l'Europe catapulta notre désir de journal total.

À l'antenne, le match n'était pas gagné d'avance. Au milieu des années 80, un an avant le retour de Poivre, les journaux télévisés étaient à peu près à égalité, 40 % pour Marie-France Cubadda sur TF1, 43 % pour Claude Serillon sur Antenne 2. Un an plus tard, Poivre a creusé l'écart, réalisant 46 % face à Christine Ockrent 22 %. Sans être une revanche, ce chiffre ne bougera pratiquement plus pendant les deux décennies suivantes, preuve de l'impact de la personnalité de son présentateur. À l'été 87, nous n'avons rien changé fondamentalement. Dans un premier temps, Patrick s'est coulé dans le moule de notre rédaction, du décor et de ma réalisation. Pour son premier journal le 31 août 1987, Patrick réalisait 23 % d'audience et Antenne 2 18 %. Deux jours après, la fourchette s'était élargie, il réalisait 25 % et la Deux seulement 14 %. Il y a donc bien eu un « effet Poivre » sur le 20 heures. Pierre Geraud, l'alter ego d'Yves Mourousi à la rédaction en chef, assurait une sorte de relais, de transition de Mourousi à Poivre dans cette manière si personnelle, propre aux deux journalistes, d'incarner l'actualité. Tous deux sont en mouvement et font la une des gazettes, tous les deux improvisent à merveille, un ton naturel et personnel, tous les deux sont brillants et survolent leurs sujets.

À mon poste, j'assure également cette continuité. Quelques jours après ses débuts, j'optais pour le gros plan, presque cinématographique, cadré aux épaules, très près du regard afin de renforcer son message. Imposant ainsi une forme de vedettariat avec cette touche « papier glacé » inconnue jusqu'alors dans l'univers journalistique de l'actualité. Ayant bien connu moi aussi Antenne 2 et TF1 publiques où j'étais depuis six ans, je lui demandais où il situait la différence entre les deux chaînes après quelques mois chez nous : « Sur le principe c'est la même chose, à Antenne 2 dans les années 70, la droite était au pouvoir depuis longtemps et il était naturel qu'il y ait un contre-pouvoir assez contestataire. Avec de bons journalistes comme Cavada et Elkabbach, nous avions des frictions mais de ces heurts naissaient les bonnes idées, nous avions de vrais débats ouverts à tous. » Cet état d'esprit, je l'avais constaté lors de mon passage sur les plateaux de la Deux où mon travail de réalisateur n'allait pas de soi et je devais à chaque fois convaincre mes techniciens de telle ou telle décision. À TF1, je vivais plutôt une armada au combat, la hiérarchie s'était affirmée et les chefs se faisaient entendre plus facilement, les débats restaient souvent techniques, cette autorité acceptée permettait un travail plus fluide. Patrick le constata lui aussi dès son arrivée chez nous : « Ici, à TF1, c'est assez différent ; Michèle Cotta a une autorité naturelle et il se trouve que la rédaction est plus jeune, avec moins de « signatures historiques », 40 % des effectifs sont engagés depuis moins de deux ans, il y a donc moins d'états d'âme. À TF1, lorsqu'on veut quelque chose, cela se fait et souvent très vite, je préfère l'efficacité aux discussions byzantines non suivies d'effets. » Patrick parle d'or, tous les deux amoureux d'Antenne 2 qui vit nos premiers pas, nous voyons qu'on obtient plus facilement un résultat à TF1. En tout cas, notre espace de liberté s'en trouve renforcé d'autant !

Pour Poivre, il y eut bien quelques frictions au début mais cela n'alla pas loin. Patrick Le Lay lui demanda un jour d'interviewer Paul Quilès à l'occasion du lancement de la fusée Ariane. Poivre refusa, estimant qu'un responsable politique n'était pas la personne la mieux placée pour commenter un tel événement. Ce qui lui a valu un coup de téléphone du ministre de l'Industrie. « Qui dirige ici, c'est Le Lay ou PPDA ? » lui demande-t-il glacial. Poivre n'a pas cédé et Le Lay ne fut pas fâché, au contraire il trouva plus habile de laisser la responsabilité de ce genre de décision à son présentateur pour lui éviter de se fâcher avec les politiques. Ils se répartissaient les rôles et l'indépendance de la rédaction en sortait renforcée.

Nous nous habituons aux légers changements de personne, mais rien de fracassant. Les vedettes sont maintenant responsables vis-à-vis de la direction, Patrick Poivre d'Arvor, Yves Mourousi et Anne Sinclair dont les salaires, sans être mirifiques, n'ont plus rien à voir avec ceux de leurs confrères. Patrick met les choses au point répondant à un journaliste du *Matin de Paris* : « J'ai l'intention de mener mon affaire en collaboration non pas avec la hiérarchie mais avec la rédaction et je comprends qu'ils aient des problèmes de salaire. » Les nouveaux patrons ont eu l'intelligence de ne rien brusquer. Bruno Masure était alors président de la société des journalistes, il le confirme : « Si Hachette avait gagné la privatisation, beaucoup de têtes auraient valsé ; les Bouygues étant moins sûrs de leur victoire, ils ont commencé très doucement, à doses homéopathiques, en offrant pas mal d'augmentations de salaire, cela a calmé les ardeurs revendicatrices. Ils avaient peur de nous, pendant quelques mois on s'est regardés en chiens de faïence, nous étions un « nid de gauchistes » pour eux. »

Mourousi & Poivre

Patrick Le Lay devient officiellement pédégé de la Une après le retrait de Francis Bouygues. Il regarde le journal de la mi-journée présenté par Yves Mourousi et Marie-Laure Augry depuis sa Bretagne natale et proclame qu'il ne vaut plus rien. En face sur Antenne 2, William Leymergie et Patricia Charnelet ont une image plus moderne et font mieux en audience, 13 points pour la Deux et 10 seulement pour la Une. Michèle Cotta insiste et ne veut pas se séparer du présentateur vedette. Pourtant, le 22 février 1988, Jean-Pierre Pernaut s'installe aux commandes du 13 heures de TF1. Est-ce le nouveau Mourousi ? Toujours prêt à défendre un confrère, au-delà des chapelles et des clans et même de ses patrons, Patrick Poivre d'Arvor conclura son 20 heures ce soir-là : « La direction a fait savoir qu'Yves avait demandé à être déchargé de ses fonctions. Je viens de le croiser dans les couloirs, il m'a assuré que ce n'était certainement pas à sa demande que la décision a été prise. »

Sept ans plus tôt, je débarquais dans le bureau d'Yves Mourousi juste à temps pour réaliser le 13 heures ! Il arrivait toujours au dernier moment, pour une fois c'est moi. La veille au soir j'étais à Bologne, en Italie réalisateur d'Antenne 2 à « Incroyable mais vrai » de Jacques

Martin pour un reportage sur Rémy Julienne ; le lendemain passant d'Antenne 2 à TF1, je suis planifié au journal de 13 heures, la vie classique des intermittents du spectacle. Dans la soirée, un brouillard à couper au couteau recouvre la région d'Emilie-Romagne, il est 21 h, pour rejoindre Paris toutes affaires cessantes, il me restait à peine douze heures. Je rejoins Milan par l'autoroute à 200 kilomètres ; arrivé dans la capitale lombarde en pleine nuit, je pêche un taxi et lui paye sa course afin de le suivre jusqu'à l'aéroport où je dors sur un siège de l'aérogare de peur de manquer le premier vol du matin. Arrivé à Paris, je fonce à Cognacq-Jay.

J'arrive essoufflé, Mourousi arrive souriant. Le journaliste à la silhouette élancée, ses éternelles Ray Ban posées sur son visage est furieux des pressions insistantes de membres de la gauche récemment arrivée au pouvoir en mai 1981. Habillé d'un veston, chemise ouverte, jeans et mocassins, mélange habituel d'élégance et de décontraction. Tous les ministres lui téléphonent pour s'inviter à la mi-journée. Ayant tout juste raccroché à Georges Fillioud, un peu énervé, voyant nos regards interrogatifs, il venait de le rembarrer : « ça recommence… de toutes façons, je ne cherche pas à être sympa, j'ai horreur de tout ce qui est mou. Après tout, ceux qui ne m'aiment pas ne sont pas obligés de me regarder mais ils viennent quand même pour voir quelle « connerie » je vais bien pouvoir inventer ». Nous approuvons, complices.

Réaliser le journal d'Yves Mourousi m'amusait franchement et en plein état de grâce mitterrandien, Jean-Claude Delannoy et Marcel Fages étant occupés ailleurs, j'officiais pour la première fois au 13 heures d'Yves Mourousi, le 19 août 1981. Afin de pimenter son journal, il recevait en plateau un sportif français, tireur à la carabine qui fit une démonstration en direct. On vit parfaitement la cible et le résultat de ses tirs, de minuscules petits trous sur un carton grand comme un paquet de cigarettes installé sur le grand plateau. J'étais adoubé dans la cour des grands. À quoi tient une carrière ! Trois mois plus tard, le 23 novembre 81, je réalisais une performance avec trois émissions dans la même journée, signant sur Antenne 2 à 13 h 30 « Face à Vous » de Jacqueline Alexandre, à 17 h sur la même chaîne un documentaire de 52 minutes sur « Le Tango » et le « Soir 3 » en direct sur FR3. Les autres jours, je réalisais le journal de TF1.

Yves Mourousi travaillait en toute liberté et comptait bien le rester. À ses débuts à France Inter, à la barre d'« Inter Actualité magazine », il passait déjà pour un franc-tireur, invitant à son magazine d'actualité de la mi-journée des personnalités avec lesquelles il avait noué des relations privilégiées comme Daniel Cohn-Bendit qui sentait encore le souffre. « Tu comprends, j'évitais les conférences de rédaction, et quand j'y venais, je ne révélais pas le nom de mes invités ; si j'avais évoqué sa venue on me l'aurait interdit, je les mettais devant le fait accompli ; dès le départ, j'ai pris le risque de faire quelque chose avec eux, inviter des gens interdits d'antenne comme Marchais, Le Pen, Aragon, Montherlant, Malraux ou Mitterrand. » Aussi, comme une récompense ou plutôt comme une marque d'amitié, dès le 14 juillet 1981, le tout nouveau président François Mitterrand le charge de l'interroger dans les jardins de l'Élysée. Il faisait très beau ce jour-là, j'ai passé ce journal à quatre pattes, passant à Yves le livre qu'il m'avait demandé quelques minutes auparavant. J'étais parti en courant dans les couloirs de l'Élysée à la recherche d'un improbable ouvrage, passant d'un salon doré à une salle de réception, tombant devant un écran où des huiles regardaient la prestation du président. Je cherchais une attachée de presse, une femme naturellement, on cherche toujours sa maman dans les moments critiques ; tombant sur l'une d'elle qui me confia le précieux livre, je glissai discrètement à Yves l'ouvrage sans me faire voir par les caméras.

Pour les extérieurs, Patrick préférait sur Antenne 2 le style grand reportage avec des caméras légères et un montage. À TF1, Mourousi avait imposé le style « vidéo lourde » avec des directs dans les endroits prestigieux comme la place Rouge ou l'intérieur du Vatican. Quand le 20 heures s'y frottait comme au sommet de Versailles c'était une autre histoire. Un an après son élection, François Mitterrand reçoit les grands de la planète pour le sommet du G7, étalant les fastes prestigieux pour Ronald Reagan et la dame de fer Margaret Thatcher. La rédaction avait décidé de figurer sur place avec un 20 heures en extérieur. Pour l'emplacement, la sécurité étant particulièrement vétilleuse, le protocole ne m'avait pas tellement laissé de choix, j'optais donc pour l'Orangerie, un peu à l'écart, au bas du grand escalier dont les marches serviraient de décor. Un journal en extérieur est un exercice folklorique. Une table pliante exposée à tous les vents, une chaise en plastique inconfortable, deux caméras posées là comme une installation artistique, un petit écran peu visible doté d'un haut-parleur nasillard, deux ou trois projecteurs disgracieux, une camionnette Citroën C35, garée à une centaine de mètres, avec quatre personnes à l'intérieur sans moyens de communications fiables. Là où Mourousi imposait son charisme et ses invités, l'actualité chaude du soir n'offre pas beaucoup d'alternatives. Aussi, Jean-Loup Demigneux installé comme un campeur en était réduit au rôle de figurant. Pas d'oreillettes, la transmission des infos passait par un assistant posté à côté de la caméra, lui-même relié à nous par un casque où il tentait de percevoir des directives que nous tentions d'obtenir à la régie de Cognacq-Jay et qui nous parvenaient brouillées par des haut-parleurs. L'imprévu de dernière minute était repoussé au 23 heures. Notre extérieur ressemblait à un magazine pas à un journal, il en avait la couleur mais pas le goût.

Têtus, nous décidons six mois plus tard de suivre François Mitterrand au Bundestag, le parlement allemand où le président français doit parler de l'implantation des fusées Pershing sur le sol européen. Pour son discours important, un nouveau 20 heures en direct de Bonn, avec Jean-Claude Narcy cette fois-ci. Dispositif identique, seulement j'ai remplacé le camping sauvage par une location meublée, l'Allemagne subit un climat continental, accompagné de pluies et vents glaciaux, nous étions en janvier. Un bureau dans l'immeuble du Bundestag fera l'affaire. Ça manquait de recul mais nous étions au sec. Être présent sur place au moment des événements historiques est considéré par les rédactions à ce moment comme le nec plus ultra du journalisme moderne. Les journaux en extérieur de Poivre, en Afrique, au Salvador ou en Italie étaient destinés à amener de l'information fraîche, des images nouvelles et faire découvrir une région meurtrie ou déstabilisée. Mais sur des sommets internationaux ou des manifestations protocolaires, l'intérêt n'est pas le même car les images officielles et les informations fraîches transitent par un autre canal et n'arrivent pas jusqu'au présentateur.

C'est pareil pour les reportages. L'envoyé spécial sur le terrain ne peut être au courant de tout. Parti le matin de l'hôtel avec son équipe dans des conditions difficiles, il s'est rendu sur place au prix d'efforts harassants. Se dépêchant de revenir au point de diffusion pour monter ses images et les envoyer à Paris. Son témoignage est irremplaçable mais les chefs d'information à Paris lui lisent souvent la dépêche AFP pour qu'il puisse argumenter son direct à l'antenne. C'est paradoxal, mais la chose est constatée depuis plus de trente ans de télévision. Les directs avec les présentateurs sur place obéissent à peu près aux mêmes règles. Plus nous sommes prêts de l'événement, moins nous en savons sur les tenants et leurs aboutissants. Tout passe par Paris, aller et retour. Mais à l'époque, être sur place n'était pas négociable, toute la chaîne envoyait ses meilleurs représentants afin de rendre compte de l'événement et surtout montrer qu'elle était présente car les rédacteurs en chef ne sont pas bêtes et cette loi paradoxale, ils la connaissent parfaitement. Le direct en extérieur est également une sorte de récompense pour le présentateur qui voit là une occasion de briller à l'antenne à peu de frais, enfin on ne comptait pas.

Jean-Claude Narcy reçoit donc le président François Mitterrand à Bonn dans notre bureau, devenu par la force des choses une petite enclave française au milieu du siège de la souveraineté allemande de l'Ouest. Le maquillage est à côté du plateau éclairé, j'ai quatre caméras, le président arrive pour se faire maquiller, accompagné d'Edgar Faure. Il demande à Jean-Claude :

« Que dois-je dire aux téléspectateurs ? Bonjour ? »

Jean-Claude lui propose :

« Pourquoi ne diriez-vous pas bonjour en allemand, puisque les télévisions allemandes vont retransmettre votre intervention ? »

— Oui, mais comment dit-on bonjour en allemand ? »

Jacques Attali n'était pas là pour la soudure…

Pendant ce temps à Cognacq-Jay, le journal d'Yves Mourousi avait deux visages : celui de la rédaction aux conférences du matin, effectuant les reportages avec réflexes et habitudes, hérités d'années de télévision formatée et la petite équipe d'Yves Mourousi, Pierre Geraud son rédacteur en chef, Michel Rieusec son attaché de presse, son assistante fidèle et notre petit équipe de réalisation. Chacun faisant son marché et piochant dans le menu proposé par les journalistes. Des « étrangers » étiquetés socialistes avaient débarqué en conférence de rédaction, nouveaux chefs de services ou éditorialistes de politique, d'économie ou d'affaires étrangères le plus souvent venus de la presse écrite comme Jacques Decornnoy du *Monde*, découvrant la télévision sans en connaître les contraintes de concision et peu habitués à nos méthodes, dissertant brillamment sur la marche du monde, parlant des heures là où une phrase aurait suffi. On refaisait le match en permanence. Mourousi n'avait pas les mêmes valeurs. Les grands de la télévision savent ce qui est important, une image, une phrase, une attitude, un ton, cela n'est pas écrit dans les livres ni dans les colonnes des journaux, encore moins dans les réunions interminables où il ne se passe rien. La vérité est à l'antenne où les artistes s'expriment sans filet. Le jour de la privatisation, Yves Mourousi ouvrit le journal en portant un casque blanc de TF1 : « Vous remarquez que je porte le casque de TF1 ? » Il en change à vue et se coiffe du casque orange de Bouygues : «… Car dès demain, voilà le casque de la privatisation. » Tout était dit, sans jugement d'ailleurs, c'était l'image du jour, pertinente et visuelle, entrée dans le Panthéon de la télévision française.

Cette indépendance d'esprit, il la faisait vivre également face à nous, ses réalisateurs. Pour garder le rythme approprié à son journal, faire ce qu'il entendait, il avait choisi d'être son propre metteur en scène et de nous prévenir des lancements de sujets en touchant ses lunettes, dirigeant ainsi la manœuvre à sa guise. Car il fallait cinq longues secondes entre notre top en régie et l'apparition d'un reportage à l'antenne à cause de l'inertie des magnétoscopes de l'époque. Il avait également une manière bien à lui pour rester libre physiquement en arrivant au dernier moment sur les plateaux à Cognacq-Jay ou dans les journaux extérieurs. Pratique qu'il respectait à la lettre en tous lieux, histoire de préserver sa liberté de mouvement. Au volant de sa Golf ou de sa Honda 750 cm^3, il fit beaucoup pour les forains et les motards, il fut même nommé « Monsieur moto » par le président Valéry Giscard d'Estaing, rendant difficile les opérations d'enveloppement, toute pression devenait superflue puisque le principal intéressé se trouvait rarement là où on l'attendait. Le portable n'existant pas, invisible au bureau, rencontrer Mourousi ou l'avoir au bout du fil restait un exploit. Les présentateurs de journaux télévisés passent le plus clair de leur temps au téléphone, beaucoup plus qu'à l'antenne. Les nouveaux ministres de gauche appelaient directement Yves Mourousi dont le plateau accueillait tous les jours des invités célèbres, artistes, chanteurs et comédiens, mais aussi de nombreux hommes politiques, dans l'actualité du jour. Le 20 heures n'était pas encore à la mode, il fallait passer chez Mourousi, la reprise de la phrase du jour serait plus efficace. D'ailleurs pour la réalisation, il était d'usage de rester sur le plan fixe de l'invité pour faciliter une reprise sur les chaînes concurrentes, pas besoin d'identifier Mourousi, on savait que la phrase venait du 13 heures. Au contraire d'aujourd'hui où confronté à la profusion d'images et de journaux d'information, je mets en scène Patrick dans mes plans de coupe, pour assurer le *copyright* de l'événement.

Pour le 13 heures d'inauguration du premier festival de la bande dessinée à Angoulême, j'avais mis en place le dispositif toute la matinée en compagnie de Pierre Geraud.

À dix minutes de l'antenne, Yves n'était toujours pas là ! Le plus amusant, c'est que généralement nous n'avions aucune angoisse, nous savions qu'il arriverait mais la situation ne manquait pas d'être étrange ; je rejoignais le car à cinq minutes de l'antenne n'ayant pas vu mon présentateur de la matinée ; sans pouvoir lui expliquer ses déplacements, il se débrouillait, moi aussi, chacun dans notre rôle, c'était acrobatique ! Si Mourousi jouait à se faire peur, arrivant sur le plateau au tout dernier moment, Patrick Poivre d'Arvor excelle lui aussi dans cet exercice, poussant même le bouchon très loin en s'installant dans son fauteuil du 20 heures au moment du générique ; le plan est bon à la seconde près, c'est tout un art.

Dans ces directs en extérieur, il est difficile d'expliquer généralement en anglais au cadreur étranger, israélien, russe ou américain, nos canons en matière d'actualité, notre manière de filmer les journalistes. Chaque pays a la sienne, plans larges chez les Allemands, moyens chez les Anglo-Saxons, serrés chez nous, trop de mots techniques sont nécessaires. Une fois, j'étais en régie et nous entendons en ouverture du 13 heures depuis Jérusalem le « bonjour » de Mourousi sans le voir, l'image montre un magnifique olivier. Ah bon, c'est un style nouveau ! Le réalisateur sur place avait demandé au cadreur israélien placé à la caméra numéro 3 de filmer Yves Mourousi, hélant le technicien, « camera tree » pour *caméra three*, tout le monde parle anglais en Israël. Le cadreur hébreu entendant cet ordre bref, sibyllin et imagé, filma l'olivier qui était à côté de Mourousi et pas le journaliste. Ce fut la parabole pas de bol du Mont des Oliviers !

Mourousi nous laissait entièrement libres de nous organiser. Quand j'arrivais dans son bureau, l'atmosphère était plutôt rock'n'roll, il ne manquait jamais de s'en amuser :

« J'arrive au bureau comme un journaliste avec une bande de copains, d'ailleurs chacun le voit bien, tout le monde peut y entrer, je n'ai jamais souhaité m'isoler du monde, au contraire ! » Les chambardements de toute nature qui présidaient à la mise en œuvre de nos journaux transformaient les couloirs de Cognacq-Jay en bazar oriental, souk éditorial, brocante sauvage entre les réunions improvisées et le mélange des deux chaînes ; l'atmosphère était inédite et disons-le franchement « folklorique ». Dans l'ascenseur menant au cinquième, des inconnus du show-biz proposaient des lignes, dans les toilettes des odeurs de moquette emplissaient l'atmosphère, chacun entrait et sortait pour offrir un gadget à montrer à l'antenne, des émissaires se prévalant du « château » cherchaient à inviter un ami politique par la bande, d'autres montaient des plans pour circonvenir un journaliste afin qu'il évoque à l'antenne une manifestation ou une déclaration, sans oublier naturellement la politique qui faisait des ravages, des réunions inédites s'organisaient spontanément à la suite d'un mot prononcé à l'antenne qui n'était pas dans la ligne du moment. Ce Cognacq-Jay picaresque s'est évanoui dans nos mémoires.

*

Patrick Le Lay, Étienne Mougeotte et Jean-Claude Paris, qui dirige la rédaction, sont au travail pour trouver une formule de remplacement à Yves Mourousi. L'idée est de faire l'exact contraire en supprimant les invités et les plateaux pour donner toute sa place au reportage en privilégiant la proximité. Si le 20 heures est le journal de la France, le 13 heures devra être « le journal des Français » selon la formule en vogue à l'époque, des images, plus de parlotes. Encore faut-il pouvoir bénéficier d'un réseau de correspondants comme à la radio car, le matin, l'équipe du 13 heures a seulement quatre heures à sa disposition. Michèle Cotta connaît depuis longtemps les grands patrons de la presse régionale, notamment Jean-Louis Prévost de *La Voix du Nord* ou ceux du midi, à Toulouse ou à Nice, sa ville natale. En passant des accords avec la PQR, la presse quotidienne régionale qui déteste la télévision car elle veut garder sa publicité locale, elle réalise un exploit en proposant aux patrons de presse un débouché au sein des journaux télévisés comme une vitrine de leurs quotidiens papier. Coûts de production contre image de marque, le marché semblait rentable des deux côtés.

TF1 va donc passer des accords avec les journaux régionaux, recrutant au sein de leurs rédactions des petites équipes de journalistes qui ne vont travailler que pour la Une ; nous signerons leurs reportages avec le nom de leur journal. Petit à petit, Michèle Cotta conclut des accords dans les grandes villes de France ; au début, c'est parfois l'improvisation. Thierry Cabannes, le tout récent correspondant de Nantes, installe son appareil de montage dans sa voiture personnelle !

De son côté, Jean-Pierre Pernaut a commencé sa carrière journalistique à l'ORTF en région, plus précisément à Amiens. Son premier journal a lieu le jour de la catastrophe ferroviaire de Vierzy, près de Soisson, en juin 1972, à l'endroit même où Patrick Poivre d'Arvor et Michel Polacco, jeunes journalistes à France Inter, sont en reportage. Les responsables de la Une lui confient ce challenge : faire mieux que la Deux à 13 h en proposant autre chose, un journal de proximité. Facile à dire, comment faire ? « Depuis de nombreuses années, le journal télévisé était parisien et international. De grands reporters partaient au bout du monde et les événements quotidiens étaient tournés dans le quartier ou la région parisienne. » Le bal du 14 juillet était toujours celui des pompiers de la rue Malar à côté de Cognacq-Jay, le marché de la rue Cler à cent mètres de la télévision servait pour illustrer les hausses des prix, le patron du café-tabac « Le Lafont », où se retrouvaient les personnels des chaînes, répondait aux questions en cas de besoin. « En revanche, une tempête en Bretagne, on n'en parlait pas au journal télévisé. En 1987, Europe 1, le premier média national, a évoqué cette catastrophe quatre jours après alors que pour la moindre tempête aux États-Unis, nous recevions les images deux heures plus tard. » Les correspondants amèneront au 13 heures un suivi quotidien de la vie des régions, ce qui n'existait pas avant et en même temps permettent de découvrir comment les Français en région ressentent la vie nationale, politique, économique ou sociale.

Précisément, la Bretagne attend réparation en cet automne 1988. L'année précédente, une tempête a ravagé ses forêts dans l'indifférence générale. Patrick, Breton comme moi, revendique son origine marine et salée, Tregastel et ses rochers de granit rose, la mienne est à Saint-Malo, patrie des corsaires. Une Bretagne qu'il a faite sienne, la mer est la patrie des grands voyageurs. « J'y vais sans arrêt depuis quarante ans, j'aime le granit, il tient quelles que soient les tempêtes. » À 500 mètres de sa maison de Trégastel se dresse un magnifique manoir et ses deux tourelles de noblesse, perché en haut des rochers, dominant le paysage, fantasme de jeune garçon. « C'est le château de mon enfance, celui que j'ai toujours rêvé d'habiter, d'une certaine manière il m'appartient, comme la plage lui appartient. Je n'ai jamais pu l'acheter, il est trop cher, Thierry Le Luron ou Léo Ferré y ont pensé un moment. » Aussi la catastrophe de l'Amoco Cadiz, ce pétrolier panaméen fracassé sur les rochers de la commune de Portsall, immortalisée par l'image de la mouette engluée de pétrole tournée par notre cameraman Jacky Kargayan, est gravée dans nos mémoires ce jour-là lorsque s'ouvre enfin une décennie plus tard le procès de ses responsables. Nous décidons de nous y rendre pour un journal spécial le jour même du verdict, en liaison avec Alain Chaillou présent à Chicago où le juge Mac Garr déclare que « certaines demandes n'étaient pas justifiées ». Un ostréiculteur témoigne, c'est la venue d'un avocat américain qui a convaincu les riverains de faire un procès à la Standard Oil Company qui vient d'accorder les indemnisations.

Au même moment alors qu'Etienne Mougeotte devient vice-président de TF1, Yves Mourousi s'interroge. Depuis un an, il a un bureau près de la tour Montparnasse et un titre de directeur des opérations spéciales : « Nous n'étions pas d'accord sur la conception de la télévision que je voyais événementielle, grand spectacle et branchée sur l'événement ; à cette époque, ils m'avaient donné leur accord mais je n'ai pu monter aucune opération. » La semaine précédente, il m'avait demandé de passer le voir, nous avions discuté à bâtons rompus, l'antenne lui manquait, il ne trouvait pas sa place dans le nouveau dispositif. « Je suis resté un an à Montparnasse avec un salaire et une équipe mais sans travail, j'ai donc préféré m'en aller. Une grille, aussi bonne soit-elle, doit s'effacer lorsque les événements le commandent et ils n'étaient pas prêts à accepter cela. » J'étais là lors de ce passage de témoin. Réalisateur d'Yves Mourousi, j'étais maintenant celui de Patrick Poivre d'Arvor. Les grands journalistes charismatiques comme Poivre ou Mourousi ont cette ténacité et cette indépendance d'esprit nécessaires pour faire naître des informations inédites, dénicher des scoops à travers des invitations originales ou pertinentes, des comportements propres à faire naître les révélations.

Leur concurrence amicale avait connu son apogée, dix ans auparavant, en Chine où ils s'étaient retrouvés tous les deux au même moment. TF1 et Antenne 2 allaient profiter des progrès techniques pour être les premières à Pékin. La révolution culturelle se termine le 24 mai 1979 et le Parti communiste décide que les anciens capitalistes vont pouvoir récupérer leurs biens confisqués ; pour la première fois depuis le début du maoïsme, la Chine s'ouvre à l'extérieur. Yves Mourousi et Patrick Poivre d'Arvor arrivent à Pékin. Mourousi compte s'y prendre en négociant avec les autorités chinoises comme avec les Soviétiques qui lui accordaient toujours le maximum de facilités une fois la négociation conclue, imaginant que les Chinois fonctionneraient pareil. Ayant réussi à faire évacuer la place Rouge, il pensait faire de même sur la place Tien An Men. Mais en débarquant de l'avion, Pierre Geraud lui signale que les autorités chinoises n'ont pas donné leur accord. Mourousi provoque alors une réunion avec les responsables et les prévient que sans réponse positive de leur part, les Français feraient leurs valises. « Les chinois m'ont répondu, c'est très regrettable que vous partiez déjà ! » Installés à l'hôtel Minzu, l'hôtel des nationalités, il va falloir recoller les morceaux. Aussi Jean-Pierre Elkabbach et Patrick Poivre d'Arvor en profitent pour leur griller la politesse. Il faut d'abord trouver de l'éclairage pour la place Tien An Men. Tout ce que Pékin comporte de projecteurs sera installé pour les caméras de TF1 sur les toits environnants et dans la journée toute la communauté française est mise à contribution. Patrick en profite et témoigne : « Imaginez les membres de l'ambassade française qui tenaient les câbles ou déplaçaient les projecteurs, c'est du jamais vu. » En attendant, même si tout n'est pas parfait et l'éclairage insuffisant, les équipes d'Antenne 2 décident de passer en premier.

À Paris, c'est « Antenne 2 Midi » mais, à cause du décalage horaire, le journal de Patrick Poivre d'Arvor est en nocturne à 8 h du soir heure locale et il peut affirmer avec fierté : « Pour la première fois au monde, un journal télévisé en direct de Pékin. » Il apparaît seul sur la place Tien An Men. 24 heures plus tard, Yves Mourousi aura du monde autour de lui à son 13 heures. Le réalisateur Jean-Claude Delannoy avait des soucis : « les Chinois assuraient les moyens techniques car nous n'étions qu'une poignée de Français et je m'aperçois que les cadreurs ne parlaient pas l'anglais ; finalement j'ai mis aux caméras Michel Rieusec l'attaché de presse d'Yves Mourousi, Tom Grant mon assisant-réalisateur et j'ai offert la troisième à Daniel Guichard, le chanteur qui était avec nous dans l'avion. » Des centaines de personnes sont réunies place Tien An Men pour ce journal exceptionnel, en pleine nuit et comme d'habitude Yves Mourousi n'est pas là à 10 minutes de l'antenne. Pierre Geraud le cherche désespérément dans la foule. Il rejoint le car pour se mettre en liaison avec Paris par téléphone où, dans la régie de Cognacq-Jay, une simple voix au téléphone à 10 000 kilomètres lui dira : « vous êtes à l'antenne ».

Générique du « 13 heures Portes ouvertes sur la Chine ». Yves dit bonjour en chinois, *niao*, au milieu d'une procession d'une dizaine de jeunes Chinois en costume folklorique. « Il est huit heures à Pékin, huit heures du soir, j'ai dit bonjour en chinois, je suis accompagné par un jeune garçon, il est à l'image de la jeunesse chinoise. » La Chine restait la dernière terre encore inconnue de la planète télévisuelle. Patrick Poivre d'Arvor venait de tacler Yves Mourousi et TF1 sur la place Tien An Men, revanche de l'édition spéciale sur la place Rouge où Mourousi s'était illustré en premier, trois ans auparavant. Ce sont les batailles de l'actualité télévisée. Elles ne faisaient que commencer. Les ayant interrogés tous les deux au moment du départ d'Yves Mourousi, je peux aujourd'hui livrer ce dialogue à distance où tous les deux épousant leur époque, à égale distance des pouvoirs, déterminés à rester libre, évoquent leur métier.

Yves Mourousi : « Tu comprends, Kissinger, ce n'est pas en lui écrivant une lettre que je l'ai obtenu, mais hier soir chez Régine, à trois heures du matin. J'ai fait le pari avec lui qu'il ne serait pas présent au journal. Résultat, il vient. »

Patrick Poivre d'Arvor : « Pour réaliser l'interview de Bénazir Bhutto, à Karachi, j'ai dû batailler pendant deux mois avec Dominique Bromberger. Les interviews de Muhamad Kadhafi ou d'Aung San Suu Kyi, elles ne se décrochent pas sous le sabot d'un cheval, il faut se remuer le derrière et comme je me remue, ça me tombe dessus, mais pas tout cuit. Je crois que c'est comme cela qu'on fait avancer le « schmilblick », en se « remuant » le derrière ! »

Yves Mourousi : « Prenons l'ensemble de mes confrères journalistes et faisons le petit jeu des scoops. Que l'on me dise lesquels, soit dans leurs écrits soit dans leurs interviews, ont fait vraiment avancer le "schmilblick" de l'information. Le rôle du journaliste est d'abord et avant tout d'apporter du neuf et non de répéter en réécrivant une dépêche de l'AFP ou un article du *Monde*. »

Patrick Poivre d'Arvor : « La présentation du journal est le résultat du travail de toute la journée. C'est assez facile, disons-le franchement. »

Yves Mourousi : « Je trouve ahurissant que le prompteur soit célébré comme le garant et le sérieux de l'information. Comment est-il possible de présenter le journal si l'on n'a pas tout dans la tête ? »

Patrick Poivre d'Arvor : « Un jour, à 20 heures 28, tombe la nouvelle de la libération de Jean-Paul Kauffmann, à cet instant tout devient caduque et il faut rassembler toutes les énergies, il faut pouvoir improviser, on peut craquer ou s'écrouler lorsque le présentateur ou la rédaction n'ont pas une idée claire sur une affaire comme celle-là. »

Yves Mourousi : « Le 18 octobre 82, deux minutes avant l'antenne, l'actualité était chargée : au moment du générique, on me glisse une courte dépêche « Pierre Mendes-France est mort ». Que faire à ce moment-là ? Ou bien je l'annonce et dit qu'on va y revenir dans le courant du journal. Ou bien je suis capable d'évoquer moi-même sans notes Pierre Mendes-France, sa vie son œuvre. Si je ne dispose pas de la culture nécessaire pour en parler, je ne mérite pas ma place de présentateur. »

Patrick Poivre d'Arvor : « Avec certains comme Yves Mourousi et son ton incisif, nous faisons avancer l'information. D'autres sont plus suivistes. Tous les pores de ma peau respirent le journalisme, je suis même étonné, pour tout dire, que d'autres n'obtiennent pas des interviews originales. »

Yves Mourousi : « Le journaliste ne doit pas pratiquer la langue de bois, ou alors il ne faut pas qu'il la dénonce. Les confrères qui emploient le langage institutionnel pour avoir l'air de faire partie du milieu se font plaisir, je ne fais pas partie du milieu. En revanche, j'ai la chance d'interviewer le président de la République. »

Patrick Poivre d'Arvor : « Avec l'interview tout est possible, l'interlocuteur va-t-il s'écrouler, faire une erreur, envoyer une gifle en direct ? C'est bien plus excitant. Si l'on vient trop tôt, on est obligé d'engager avec ses invités une conversation qui peut ressembler à une négociation, je m'en méfie beaucoup, je ne leur soumets jamais à l'avance mes questions. Il est bien mieux de les surprendre au dernier moment. »

Yves Mourousi : « "Ça nous intéresse, Monsieur de Président", où je me suis assis sur le bureau présidentiel, a prouvé, par le style qu'elle s'était imposée, qu'il est possible d'évoluer à cent lieues du monologue de la plupart des émissions politiques, à condition que les interlocuteurs parlent d'égal à égal. Dans un duo, il faut se hisser au niveau de celui qu'on interroge. Grâce à cette proximité, si l'on connaît bien son interlocuteur, on l'amène à sortir le meilleur de lui-même. »

Patrick Poivre d'Arvor : « Après avoir été douché par deux ou trois mauvaises interviews, ennuyeuses et tellement langue de bois, j'ai décidé que je n'en voulais plus. Je cherche à faire des interviews efficaces, où les téléspectateurs apprennent quelque chose. C'est sur mon plateau que Jean-Marie Tjibaou et Jacques Lafleur se sont serré la main pour la première fois et, malgré le grand nombre de photographes présents ce soir-là, il y avait une qualité de silence que l'on ne trouve que dans les moments forts. »

Pour Pierre Geraud, autre témoin privilégié, rédacteur en chef des deux présentateurs, tous les deux sont profondément des « Tintin reporters » : ils se ressemblent, « intelligents et réellement cultivés, ayant d'invraisemblables facilités et des envies en dehors de l'actualité ou de l'information, le cinéma, la littérature ou la danse » mais leurs caractères sont également très différents : « autant Yves est cyclothymique et extraverti, autant Patrick est secret et se livre rarement ». Durant trois ans au quotidien avec lui, il précise : « Je ne peux pas dire que je le connais. » Chacun d'eux fait vivre l'information à sa manière, l'humour et les surprises pour Yves, la chaleur et les facilités pour Patrick. Lorsque le général Jaruzelski est venu à Paris, invité par François Mitterrand, Yves Mourousi commença son journal de 13 heures avec des lunettes noires. Cinq ans plus tard, Patrick Poivre d'Arvor réalisait l'interview du général Jaruzelski à l'heure du déjeuner à Varsovie ; entre-temps Solidarnosc avait marqué des points, il était rentré à 19 heures au journal sur son scooter avec ses cassettes avant de dicter et présenter son journal. « Durant ma scolarité, on disait que j'avais des facilités, aujourd'hui c'est un reproche déguisé, j'ai une image de désinvolture parce que je fais tout très vite. » Surprise, vivacité, excitation, nouveauté, scoops, dialogue au plus haut niveau, Mourousi a inventé les canons de cet art, porté à son sommet par Patrick.

*

Les élections présidentielles de 1988 sont placées sous le signe de la Génération Mitterrand, Stéphane Collaro déçu par la faible audience de la Cinq est revenu au bercail. Son « Bébête Show » avec Jean Amadou et Jean Roucas redevient l'émission emblématique de TF1, raillant les politiques, la grenouille Mitterrand, l'aigle Chirac, l'ours Babarre, Georges Marchais en cochonne, Giscard on ne sait pas trop. Mitterrand devenu « Dieu » anime tous les soirs la chronique de la campagne. La sujétion entre l'État et la télévision semble définitivement abolie. Patrick en est persuadé, il me le dit à ce moment-là :

« Le cordon ombilical est coupé avec le pouvoir, c'est très important, les gens ne se disent plus : attention, voici Radio propagande ou Télé gouvernement.

— Grâce au Bébête Show ?

— Si son impertinence était suivie d'un journal révérencieux ou complaisant, nous serions aussitôt montrés du doigt et décrédibilisés. »

Michèle Cotta m'a associé à Alexandre Tarta pour la réalisation de la soirée électorale. Ce réalisateur historique, sorti comme moi de l'IDHEC, a créé un décor bizarre confectionné avec du papier argenté, posant des caméras au sol et créant un script épais et précis, à l'identique de ses scénarios de « Questions à Domicile », une émission de prestige où il montrait ses mains au générique poussant les boutons du réalisateur. En avril, décryptant son dispositif, les caméras me semblent mal placées, l'ensemble paraissait quelque peu rigide ; je vais à sa rencontre dans son bureau, un des rares à Cognacq-Jay avec une plaque nominative « Alexandre Tarta ». Preuve de son importance. Je mets les pieds dans le plat : « Je suis désolé mais votre mise en place me paraît difficile à mettre en œuvre, comme nous signons tous les deux, pouvons-nous en discuter ? » Je connaissais mon affaire en matière de soirées électorales. Il me regarde, totalement stupéfait, son visage se ferme, je lis à livre ouvert sur ses traits. Comment un jeune freluquet inconnu au bataillon se permet-il de mettre en doute les qualités de ce grand réalisateur, aux trophées gravés dans le bronze de l'ORTF ? Il se lève en colère me montrant la porte d'un geste vengeur : « Sortez ! »

J'étais habitué au vaudeville, Elkabbach m'avait déjà joué la même pièce de boulevard, un étage au-dessus, cinq ans auparavant. Mais l'antenne allait se charger de me donner raison. Je n'en tirais aucune satisfaction, mais le tort tue comme chacun sait. Au pic de la soirée du premier tour, dès 20 heures, aussitôt les premières estimations affichées, Patrick Poivre d'Arvor se tourne naturellement vers Arlette Chabot pour lui demander un premier commentaire. Stupeur d'Alexandre Tarta qui n'avait pas prévu de plan sur la journaliste. Au lieu d'essayer de rattraper le coup en cherchant une caméra dans son dispositif, il se retourne furibard vers le chef de production assis dans la cabine derrière lui et crie : « Mais ce n'est pas prévu ! » Attitude singulière. D'abord le gars derrière lui n'y pouvait rien, il n'était pas chargé du déroulement de la soirée électorale mais des liaisons avec l'extérieur. Il s'appelle chef de production pas chef d'orchestre ! Au fond, notre rôle est précisément de piloter à vue dans les tempêtes.

À la fin de cette mauvaise soirée pour nous à la fois en image et en audience, Antenne 2 nous ayant battus, je ne suis pas tombé de haut, en ayant pressenti l'augure mais, par contrecoup, j'ai été séché par Michèle Cotta et les responsables de l'information qui m'ont associé à la déconfiture d'Alexandre Tarta, payant les pots cassés pour un coup joué par un autre dont j'avais anticipé l'échec. Injuste mais logique, le spectacle continue. Raymond Barre, trop honnête lui aussi, se vit également renvoyé dans les cordes par les électeurs. Au second tour où s'affrontaient François Mitterrand et Jacques Chirac, Jean-Claude Delannoy reprenait le flambeau. Les grandes douleurs sont muettes, je n'en parlais à personne, trop compliqué à expliquer. TF1 fut à nouveau battue par la deuxième chaîne. Si notre JT de 20 heures caracolait en tête des audiences, les soirées électorales restaient notre talon d'Achille.

Le record

COMME chaque matin, Patrick fait son *jogging*, en gros le tour de son pâté de maison de Neuilly sur Seine à petit trot ; l'endroit est verdoyant, non loin de l'hôpital américain où j'ai vu le jour, une vingtaine de minutes, chaque jour depuis trente ans. Son confrère de France Inter, Aymeric de Dampierre, l'a initié à cette course à pied quotidienne devenue un rite, nécessaire pour faire le point, vider les toxines et trouver des idées. Le temps est clair et ensoleillé, il est installé au 20 heures depuis maintenant un an. Les Jeux Olympiques de Séoul ont commencé depuis une semaine, le Canadien Ben Johnson a remporté la prestigieuse médaille d'or du 100 mètres devant les Américains et Christine Ockrent démissionnaire de TF1 doit faire son retour au 20 heures d'Antenne 2. Elle estime s'être fourvoyée sur la Une à son poste de directrice générale adjointe où « au sein des comités exécutifs et stratégiques, l'obsession est de supplanter le supérieur hiérarchique ; c'est une bagarre permanente et moi je n'ai pas cette mentalité-là, je m'étais trompée, il y avait maldonne, c'est l'univers des travaux publics, aussi au bout d'un an j'ai claqué la porte ». Claude Contamine lui propose aussitôt de venir sur Antenne 2 présenter le 20 heures. Nouveau match avec PPDA, nouvel enjeu, après avoir été côte à côte, les voici face à face, après les frictions, la confrontation.

Quelques semaines plus tôt dans mon bureau, à côté de la salle de frappe vitrée où Patrick dicte son journal, on m'a livré un ordinateur. En fait, ce n'était pas mon bureau mais la salle de réunion des conférences de rédaction. Alain Denvers avait aménagé cette grande pièce donnant sur une petite cour intérieure et installé un mur d'images avec six écrans, pour les six chaînes. J'y avais reçu les ingénieurs d'André Paccard, deux ans auparavant, afin de préparer la rénovation de la télévision marocaine ; dans cette pièce s'était jouée la décision pour savoir qui serait le réalisateur de Patrick. Intermittent du spectacle, je n'apparaissais évidemment dans aucun organigramme donc pas de bureau, j'avais donc squatté celui-là naturellement, le plus grand de la rédaction, inutilisé une grande partie de la journée. J'y suis sans y être, c'est le mien sans l'être vraiment.

Les Bouguyes, intelligents et futés, étaient passés maîtres dans l'art de l'informatique comme aide à la décision. En arrivant chez nous, ils ont vite compris qu'en décentralisant la source de l'information, ils ne changeront rien aux structures hiérarchiques, mais offriraient en retour de la fluidité à toute la chaîne et une accélération du travail. Aussi une de leurs premières décisions fut d'installer partout des postes informatiques, de l'hôtesse d'accueil au pédégé, tout le monde se voit attribuer un ordinateur avec les dépêches d'actualité. Nouveauté radicale. Avant, l'information qui tombe minute par minute sur les téléscripteurs était verrouillée de manière hiérarchique. Grâce à l'informatique, l'actualité coule dorénavant dans nos bureaux comme les grandes eaux du château de Versailles. J'ai un écran noir aux lettres vertes prénommé « star », ce n'est pas la lune, mais je peux consulter le « conducteur » du journal et le fil des grandes agences mondiales d'actualité, l'américaine Associated Press, l'anglaise Reuter et l'Agence France Presse. En parallèle subsiste évidemment la filière des dépêches papier, irriguée par des journalistes du *desk*, où les jeunes journalistes commencent leur carrière, petits poissons dans la grande rivière de l'information, les doigts noircis par l'encre des téléscripteurs.

J'observe depuis un an la manière personnelle de Patrick de trier les dépêches, tenant un paquet dans sa main gauche, ses longues jambes croisées touchant le bureau, jetant un coup d'œil rapide, glissant les dernières arrivées au milieu des autres ou les jetant dans la corbeille, parfois il en pose une sur la table, elle attendra le moment propice. « De toute façon le plus important tombe après 19 heures » me dit-il, « tout s'accélère à ce moment-là. Pas la peine de s'y prendre trop à l'avance ». Nejma, son assistante pour le prompteur, est assise à quelques mètres devant un écran semblable au sien et prend le journal sous sa dictée. En le voyant ainsi tous les jours travailler à toute vitesse, survoler l'information, procéder par gestes souples et déliés, œuvrant de manière fluide au tri du flot sans cesse grandissant des dépêches, son savoir-faire renforce ma conviction de l'aider pour le plaisir.

En face, avenue Montaigne, sur Antenne 2, c'est le désordre et la grève. La révélation dix jours auparavant du salaire alloué à Christine Ockrent, 120 000 francs par mois a entraîné des arrêts de travail sur les chaînes publiques. Christine n'en revient pas : « J'étais plutôt heureuse de revenir à l'antenne car j'avais conservé de très bons souvenirs d'Antenne 2 et j'ai trouvé assez savoureux que l'on m'accuse de tous ces pêchés au moment où précisément je quittais TF1 où je gagnais deux fois plus, c'est une preuve de cette espèce de démesure de la télévision. » Comme un symbole, Paul Amar, rédacteur en chef du service politique de la Deux, déclare dans *Le Monde* : « Je récuse ces mœurs nouvelles dans le service public, cette perversion du système et cette imposture qui consiste à faire des présentateurs des stars. »

Au service économique, une petite nouvelle fait ses premiers pas à ce moment-là, Claire Chazal engagée comme « grand reporter ». Elle entre dans le sanctuaire dominé par les enfants du baby-boom ; née en 1956, elle appartient à la génération suivante, il lui faudra se faire une place au soleil. Pourtant ma question la déconcerte : « Je n'ai jamais eu ce sentiment d'appartenir à une autre génération, mais c'est vrai si je compare avec Patrick né en 1947, il est d'une autre génération journalistique qui avait connu l'émergence de grands événements des années 60 et 70. »

Elle se frotte aux grands du métier, les seigneurs de la guerre, ces baroudeurs, notamment les cameramen qui avaient parcouru le monde : « C'étaient les princes de la caméra, nous étions jeunes, ils nous méprisaient, nous appelant « les baveux », parce qu'on ne savait rien selon eux car ils représentaient la mémoire de la télévision, ils étaient formidables d'ailleurs. » Antenne 2 est également une rédaction un peu spéciale où les sensibilités sont à fleur de peau : « J'ai eu beaucoup de mal car il n'y avait aucun esprit d'équipe ni de solidarité collective, partout des luttes de clans, des arrière-pensées politiques et syndicales. » Claire en a souffert car elle a été embauchée à 20 000 francs en CDI : « Comme j'ai été engagée par Elie Vannier réputé être de droite, venant du *Quotidien*, avec l'image de la « pistonnée » censée connaître Edouard Balladur, bref j'étais considérée comme « l'intégrée directe », bien payée par rapport au reporter de base, en gros les gens de la Deux considéraient que j'usurpais ma fonction. » Malgré ses engagements de jeunesse à l'UNEF et chez les jeunes socialistes, elle s'était retrouvée au *Quotidien de Paris* où Philippe Tesson prend une décision radicale : « Au lendemain de la victoire socialiste de François Mitterrand, décidant qu'il serait dans l'opposition. J'étais « le diable » pour Jacques Delors, car je dénonçais dans mon journal la plupart des dérapages économiques, mes premières armes je les ai donc faites dans ce petit quotidien à la réputation sulfureuse. » Claire Chazal n'oubliera pas celui qui l'a formée dans ce métier. Quand elle obtiendra un 7 d'or, elle lui dédiera son trophée. « C'est mon père spirituel, il m'a appris ce métier. »

Pour l'instant, le nouveau match du 20 heures entre Patrick et Christine apporte du piment et promet la saveur quelque peu épicée d'un duo à distance. Il n'aura pas lieu pour l'instant, et Christine n'était pas tendre dans ses jugements sur Patrick : « il n'aime rien tant que guetter dans l'oeil de l'autre le reflet de sa propre splendeur ». Ses confrères des chaînes publiques porteront à ce moment-là des jugements identiques sur elle mais de toute façon cet arrêt de travail fera beaucoup de mal à la deuxième chaîne. « Une grève où se sont exprimés les malaises et aussi les jalousies, concède Christine, mais beaucoup moins personnalisées qu'on a bien voulu le dire. »

La même semaine, le mercredi 28 septembre, je réussis un exploit grâce à mon ordinateur, mon premier coup fumant avec l'annonce de la disqualification de Ben Johnson et l'annulation de sa médaille d'or aux jeux Olympiques de Séoul, en Corée du Sud, tombé en « bulletin » à 19 heures sur les téléscripteurs et l'écran de mon ordinateur. Pour la première fois, j'avais été plus rapide que le desk, les battant sur le fil d'une minute, mon sprint dans la salle vitrée avait permis à Poivre d'être informé en premier. Devenu ainsi son assistant sur le tas, passant le pont d'Arcole, dépêche à la main comme un étendard, il ne m'avait rien demandé, j'ai sauté le pas en lui proposant, dès le lendemain, les dépêches de mon ordinateur triées en trois paquets, celles concernant les sujets, celles pour les titres et une sélection des dernières brèves. Apparemment satisfaits tous les deux, nous n'évoquâmes jamais cette révolution interne qui finalement coulait de source. Cette démarche n'allait pourtant pas de soi, j'empiétais sur le travail des journalistes professionnels. Mais comme au Maroc où j'avais appris à être directeur de la télévision sans le dire, je serai dorénavant journaliste sans le faire savoir, c'est juste entre Patrick et moi. Et puis même si la régie et le plateau se trouvent quatre étages plus bas, m'obligeant à me déplacer quand j'ai une consigne à donner, nous avons considéré avec Patrick, sans jamais le formuler naturellement, que mon aide s'avérait utile pour son journal. Il fut mon professeur et son 20 heures devint une succession de petits cours particuliers à mon CPJ perso, il me suffisait de le voir œuvrer à son journal, j'apprenais tous les jours sur le tas, à ses côtés; cela donna à notre vie quotidienne professionnelle une allure de complicité amicale.

Dans les bureaux, on a parfois coutume de lire un écriteau par-dessus les chevelures des secrétaires, « l'urgent est déjà fait, l'extraordinaire est en cours, pour les miracles prévoir un délai ». Une devise inventée par Paul Julius Reuter, le créateur de l'agence de presse britannique qui prit son nom. Dans le petit monde de l'information les miracles étant quotidiens, l'urgent ne l'est plus tellement. Il est signalé par devoir mais l'info qui déménage, c'est le bulletin. Ces dépêches faisaient ma joie. Formé à la littérature classique, aux formules sartriennes et philosophiques qui se répètent à l'envie, je découvrais le style rédactionnel des journalistes d'agence, exempt de jugements ou de qualificatifs. Rien que des faits, chaque ligne apprend quelque chose, évitant le qualificatif douteux, l'adjectif redondant, l'exclamation piteuse, l'adverbe mal placé, la répétition lourde, l'allitération inutile. J'ai surtout appris à lire à la vitesse de l'éclair.

Possédant l'ensemble du trousseau de clés, je créais un poste qui n'existait pas avant, « réalisateur informé » nageant comme un poisson dans l'eau de la rédaction. Les réalisateurs se cantonnent le plus souvent à leur rôle technique, enchaîner les images et diriger la technique. J'y ajoutai copain avec les journalistes, en symbiose avec la rédaction en chef, proche du présentateur, non seulement dans sa prestation à l'antenne mais aussi dans sa préparation éditoriale. Muni de tous ces actifs au chaud dans ma besace, ma réalisation coulerait de source. Car je souhaitais créer un rythme original, adapté à celui de Patrick qui a trouvé depuis longtemps sa propre formule rédactionnelle. PPDA fait court, le plus court possible. Comprimant, à rebours de ses confrères qui expliquent le sujet avant sa diffusion. Patrick en donne juste la saveur, un lancement au plus près ayant rebondi sur le précédent, style d'une neutralité totale. L'affect, le sentiment, l'émotion ne sont pas écrits, ils sont dans sa voix, le ton et son rythme, posés et chaleureux. Quatre à cinq lignes sont un maximum là où Jean-Claude Narcy ou Harry Roselmack écrivent quinze lignes. Pas besoin d'être longtemps à l'antenne. Les journalistes font rarement l'effort d'apprendre les gestes du réalisateur, ils comprennent nos difficultés seulement lorsqu'il y a une faute ou une bavure. En revanche, faire le tri entre une bonne et une mauvaise réalisation lorsque l'émission est réussie demande beaucoup plus de finesse. J'ai fait l'effort de comprendre pourquoi un journaliste était pertinent, mes camarades présentateurs, sauf Patrick naturellement, ne se sont jamais donné la peine de savoir quand ma réalisation était bonne. Patrick m'a promu sur ces valeurs, en me faisant confiance, aucun autre journaliste n'a eu cette largesse de vue.

Le lendemain de la disqualification de Ben Johnson, pas de 20 heures sur les écrans d'Antenne 2 ni de FR3. Une aubaine pour le journal de Patrick sur TF1. À cette occasion, le jeudi 29 septembre 1988, nous réalisons un record avec 42,6 % d'audience, soit plus de 21 millions de téléspectateurs, médaille d'or incontestable pour un journal télévisé depuis l'invention de Médiamétrie et la meilleure audience de l'année pour TF1. Un an après la privatisation, ce résultat sera plus que symbolique, il marquera la victoire de l'information là où ne l'attendaient peut-être pas les patrons de la chaîne ; explication de texte de Poivre : « On pouvait craindre que sur une chaîne privée, où la rentabilité est le maître mot, si l'information avait été balayée par une série américaine, une variété ou un jeu, nos patrons auraient hésité à investir tant d'argent sur un produit peu regardé, il y avait un vrai risque pour nous. » Jean-Claude Paris, le directeur de la rédaction, a d'ailleurs fait les comptes : « Un de nos atouts dans une chaîne privée est de faire de l'information qui fait de l'audience à un coût raisonnable, une variété coûte 3 millions de francs, une fiction 6 millions, un film 2 millions, on s'aperçoit qu'avec l'information à 550 000 francs l'heure nous avons l'audience et l'image en plus. »

Patrick est fier de ce résultat : « Nous avons prouvé que le journal était très regardé, un 20 heures qui réalise la meilleure audience de l'année, toutes émissions confondues c'est formidable et pas uniquement pour son présentateur… » Les records sont faits pour être battus naturellement mais celui-ci restera longtemps sur les tablettes car, instruits par l'expérience, les dirigeants du 20 heures de la Deux agiront désormais de telle sorte que même en cas de grève ils puissent réaliser quand même un 20 heures, dans un décor provisoire, devant une image identique à celle du studio dans la régie finale.

Le Festival de Cannes

La Croisette rythmait notre année télévisuelle. Pierre Geraud, rédacteur en chef du 20 heures, avait mis au point les cérémonies cannoises d'Yves Mourousi, mécanique parfaitement rodée depuis une décennie ; le gratin du festival venait à la mi-journée sur son plateau, installé sur la plage du Majestic, le soir Yves commentait la montée des marches pour le public cannois. Patrick Poivre d'Arvor, vedette d'Antenne 2 invité du festival depuis des années, logeait généralement au Majestic, savourant avec gourmandise comme invité de marque la séquence méridionale exceptionnelle du printemps où la douce France est à la une des magazines, Festival de Cannes, Grand Prix de Monaco et Roland-Garros, événements fondateurs où notre pays dévoile ses charmes, son talent et ses personnalités sous le regard attentif du monde entier. Le bureau de la chaîne au Martinez, le palace le plus éloigné du palais des festivals, se situait au dernier étage avec une vue somptueuse et imprenable sur la Croisette depuis le Palm-Beach jusqu'au Cannet. Au sortir d'un hiver pluvieux et d'un printemps maussade, ayant quitté deux heures plus tôt la grisaille parisienne, débarquer à l'aéroport de Nice Côte d'Azur puis sur cette terrasse à 11 heures du matin procurait un bienfait ineffable, bouffée de chaleur provençale, souffle timide de la grande bleue, douceur du climat s'ajoutant à la fébrilité colorée de la Croisette, gestes et instants festifs, affiches de films en avant-première, belles voitures et yachts immaculés, baigneurs croisant personnalités en tenues d'été, scooters et smokings, touristes chics, hommes d'affaires en grand équipage, belles femmes très entourées, ce panorama titillait les cinq sens, apportant un sentiment de bien-être salvateur.

Le cinéma faisait encore l'événement. Nous étions plongés dans ce spectacle exhibitionniste où les caméras baladeuses de plus de trois mille journalistes permettent de relater de petites anecdotes entre les deux projections de la journée, le contenu des films en compétition restant la seule occupation notable. Après le 20 heures, Patrick animait une émission en fin de soirée où il recevait les invités prestigieux. Mais le cœur du festival au fond, c'est quoi ? Une douzaine de jurés qui regardent des films puis se réunissent entre eux dans une villa cachée aux regards du commun des mortels pour confronter leurs points de vue. Le reste est une agitation de milliers de personnes dans les couloirs du bunker, les halls des grands hôtels ou les rues cannoises, de touristes privilégiés, professionnels missionnés, journalistes accrédités, curieux au passage du moindre smoking, même si les célébrités déambulent rarement dans les rues, course au badge pour être au plus près des conférences de presse, décrocher une interview des vedettes ou obtenir l'accès aux projections. Comme partout ailleurs, sans relations personnelles rien n'est possible. Le seul événement un tant soit peu notable sortant de l'ordinaire, ce sont bien évidemment les soirées organisées dans des villas somptueuses, mondanités où l'on s'amuse au contact des journalistes et des personnalités. Finalement le festival de Cannes est une sorte de récompense offerte au petit monde du cinéma et de la télévision pour bons et loyaux services rendus tout au long de l'année et même si rien d'important ne se négocie à Cannes, ces festivités soulignent l'importance prise par les films sur le petit écran. Enfin, soulignait, car aujourd'hui la fiction télévisée l'a remplacé dans les grilles de programmes.

Chaque année, dès le retour du printemps, pour nous tous à TF1 être qualifié pour aller à Cannes représentait une récompense suprême. Seule une élite triée sur le volet avait droit à cette échappée belle. Une certaine opacité régnait, les mêmes cameramen, monteuses, assistantes et journalistes obtenaient leur ticket pour la Croisette. Mon journal en direct, placé généralement en fin de festival, dérogeait à leurs habitudes, je croisais leur gentillesse un peu crispée, ils me livraient peu d'informations en ce qui concerne les petits événements ou les opportunités. Nous arrivions sur le tard, avec de nombreuses demandes précises : « débrouille-toi ». J'avais bien compris le message. Ils fournissaient les sujets et les moyens, le reste était hors de prix.

Une année, Poivre avait invité Claudia Schiffer. Avec elle il fallait être au niveau, elle était en avance, je vais à sa rencontre sur le ponton du Carlton, je lui arrive au nombril, déjà très grande elle avait des talons hauts, je mesure un mètre soixante-cinq ! Un an auparavant, elle était venue sur notre plateau, avec une robe en cuir rouge, provoquant une émeute car j'avais pour la première fois placé une caméra pour apercevoir la silhouette des invités. Les vedettes habituées au cirque de Canal Plus et à ses équipes arrivaient sur notre plateau plus que spartiate, heureusement la chaleur et la gentillesse de Patrick faisaient des merveilles. Parfois mon assistante, Charlotte Guigue, devait avoir recours à toutes ses notions scolaires d'anglais pour les faire attendre, comme l'année où Valeria Bruni Tedeschi est venue accompagnée de Morgan Freeman et Gene Hackman. J'étais dans le car pour établir les liaisons et faire les essais de son avec les traducteurs, Charlotte toute seule sur le ponton du Carlton, à la nuit presque tombée, il pleuvait des trombes d'eau. Une clameur éclata soudain, la foule se masse et crie au passage d'une vedette, c'est juste Carla Bruni la top model, la sœur de Valeria ! Patrick fut aux manettes pour s'occuper de toutes ces vedettes. Carla resta assise pendant l'interview à côté de sa sœur, hors champ, jambes repliées à côté de mes caméras.

Comme tous les journaux en extérieur, nous nous retrouvions comme des campeurs sous leur tente en fin de journée, sur la terrasse désertée de la plage du Carlton, à 20 heures, à ce moment de l'année où la lumière tombe rapidement, grand soleil au moment des titres puis clarté nocturne vingt minutes plus tard. Sur cette terrasse près de la plage, nous avions juste deux téléphones, un téléscripteur, un fax et un petit écran qui diffusait la Une, nous étions ainsi parfaitement informés mais seuls au monde ! Aussi les téléphones chauffaient, encore une fois les liaisons se révélaient essentielles. Charlotte était aux petits soins pour Patrick qui arrivait à sa place, « comme un petit garçon » me dit-elle. Une année, la pluie est tombée à seaux et, entre chaque reportage, mon assistante poussait la tente surplombante de Patrick, avec une perche pour faire tomber l'eau accumulée au-dessus de sa tête, qui menaçait de ruisseler en douche sur notre présentateur.

Un de nos grands moments à Cannes fut l'invitation d'Alain Delon en mai 1990, nous avions mis au point un déroulement très sophistiqué. Cinq minutes avant le début du 20 heures, la star partait du cap d'Antibes en bateau, pour arriver à l'embarcadère du Carlton juste au moment où retentissaient les premières notes du générique du JT, à la seconde près le trajet avait été chronométré. À la fin du journal, une foule compacte se précipita sur le plateau pour approcher les deux vedettes, noyées dans les cris et les hurlements de plusieurs centaines de personnes et de fans, une bousculade indescriptible. Notre plateau était ouvert à tous les vents, aucune protection particulière, la leçon fut retenue les années suivantes. Franchement c'était dangereux. Trois ans plus tard, l'entarteur visa notre spécialiste du cinéma installé sur le ponton du Carlton. Patrick nous le dit souvent, il est heureux au retour de ses déplacements souvent chahutés de se retrouver chez nous, dans la rédaction. Descendre dans la rue est une aventure pour lui, pire que les vedettes de cinéma ou de la chanson. Les fans courent après les chanteurs au contact, rien de tel avec Poivre, ses apparitions publiques le placent sur une autre planète, celle du vedettariat et de la politique mêlés. Confronté à la visibilité de son visage, mais aussi au contenu de ses propos. Il en est conscient, je lui disais :

« Les acteurs de cinéma sont adulés, toi le présentateur du journal, malgré ta notoriété, tu restes un ami de la famille.

— Nous n'avons pas du tout la même relation avec le public qui a une admiration confite pour les acteurs de cinéma. Avec nous il s'agit plutôt d'une relation fondée sur l'affectivité, nous parlons par nature à une seule personne, alors que cinéma parle à une salle tout entière.

— Dans la rue, tu éprouves néanmoins ta grande célébrité ?

— Notre célébrité est nulle, il y en a qui font bien mieux que nous ! »

Et dans la rue, il doit également justifier d'une phrase lancée à l'antenne, d'un mot ou d'une attitude, d'un parti pris supposé. Tantôt l'admiration emphatique, tantôt l'hostilité. Comme les hommes politiques en terre inhospitalière, avec l'écueil supplémentaire d'un quotidien partagé, d'une proximité hebdomadaire, donc une force d'attraction peu commune. Être populaire, malgré ce désir commun à tous d'obtenir un « quart d'heure de célébrité » n'est pas une sinécure. Les vedettes c'est toute la journée, en tous lieux.

« Pendant longtemps j'ai refusé de signer des autographes. Alors les gens se disaient : pour qui il se prend, celui-là ! Alors j'ai fait comme tout le monde, j'ai donné une petite signature, mais elle est complexe alors mes interlocuteurs regardaient ce gribouillis, j'ai imaginé qu'ils n'allaient pas me croire, alors j'ai simplifié, j'ai écrit "PPDA", mais ce n'est pas moi, c'est un double, il fait son métier, pas trop mal, mais ce n'est qu'une toute petite partie de moi… »

Le moment le plus difficile, où nous avons vraiment été en danger, fut notre journal en direct depuis le stade de Bordeaux pour la finale de la coupe de l'UEFA contre le Bayern de Munich. Avec notre chef d'édition, Alain Scemama, nous avions concocté un petit programme d'enregistrements à effectuer avec Patrick quelques minutes avant le direct pour insuffler du tonus à l'événement ; il lancerait les sujets depuis différents endroits du stade, les vestiaires, le couloir d'accès à la pelouse et devant un but. Lorsque nous sommes arrivés sur la pelouse, devant le but, les spectateurs étaient déjà présents dans les tribunes, des cris ont fusé depuis le virage où étaient massés les fans les plus remuants. Une marée humaine, faite de slogans et de gestes hostiles, souleva le kop, je n'avais jamais vu ni entendu ça, heureusement de grandes grilles nous protégeaient, je comprenais aussitôt ce qui avait pu se passer au Heysel, cette violence gratuite à la limite de l'exécution publique. Tous ces jeunes criaient en fait leur rancœur contre la société en général, pas contre nous en particulier. Notre plateau de lancement rapidement enregistré, nous nous repliâmes à la hâte dans les vestiaires.

*

Dans les années 80, la télévision devait organiser elle-même ses propres événements. Aussi Canal Plus, la chaîne du cinéma, sœur de sang ou maîtresse dominée, on ne sait plus très bien, achetant toutes ses productions à longueur d'année, créa un cirque bruyant sur la plage du Martinez, devenu un lieu dédié à la seule chaîne cryptée bénéficiaire d'une autorisation d'émettre en clair. « Nulle part ailleurs » avec ses pitreries, ses clowns cathodiques et son arrogance, la surprise passée, commença à énerver les festivaliers. Trois cents mètres à la ronde, le ballet de dizaines de techniciens habillés en noir, la trentaine active et affairée, le talkie-walkie à la main, prétentieux et démultipliés, occupait le terrain et nos oreilles. Nous désertâmes le Martinez et la plupart des professionnels quittèrent ce coin de Croisette pourtant magique où dès l'heure du déjeuner les hauts parleurs commençaient à chauffer nos oreilles, leurs préparatifs s'entendaient depuis le restaurant de la plage du Carlton !

Justement, Patrick est reçu à Canal Plus dans « Mon Zénith à moi ». Son retour à TF1 est un succès, les audiences viennent confirmer son statut de présentateur emblématique, son émission « Ex-Libris » marche bien, il y reçoit tous les grands écrivains. Lui reste-t-il quelque chose à prouver ? Ils sont assis face à face dans des chaises de plateau de cinéma. Un micro-trottoir montre les jugements des téléspectateurs dans la rue qui oscillent pour les favorables entre « le gendre idéal » ou « l'amant » et pour ceux qui le détestent entre l'indifférence ou la franche hostilité. Michel Denisot lui a demandé de choisir des séquences pour illustrer sa conception de la vie et de son métier. On voit le générique de « Dynastie » et sa vedette Linda Evans.

« Elles sont l'exemple même de l'artifice, regardez cette maison, c'est du toc, les acteurs ont trois ou quatre centimètres de fard sur le visage, bien plus sur les sentiments, ce sont des stéréotypes, ces vedettes féminines m'insupportent au-delà du possible, on voit du faux champagne, ce doit être du mousseux d'ailleurs, tout est faux et artificiel, je n'en veux pas au public qui les regarde, mais personnellement c'est tout ce que je déteste. »

Ils parlent ensuite du cinéma. Patrick adore le grand écran, spectateur attentif, amitiés venues de loin, romanesque intime. Parmi ses films préférés, *Huit et demi* de Fédérico Fellini ou *Le septième sceau* d'Ingmar Bergman.

« Il reste en moi ce côté catho, pas pour la pratique mais pour la rédemption, le Moyen Âge est une période que j'aurai aimé traverser, à l'identique du XIXe siècle pour son panache, période de duels, de passions amoureuses et d'exaltations, aujourd'hui tout est au même niveau. »

Au début du siècle, les grands de ce monde fréquentaient danseuses et artistes de cabaret, aujourd'hui ce sont les comédiennes, parfois les chanteuses. Patrick posa en photo récemment avec Patricia Kaas et Diam's, à l'identique de Mylène Farmer. D'ailleurs, quand les confrères lui demandent avec un brin de gourmandise : « alors ces livres, comme *Les femmes de ma vie* ou *Don Juan* où apparaissait une Claire C. ou décrivant une rencontre avec la princesse Diana, ont-ils une résonance personnelle ? » Patrick ne manque jamais de leur dire qu'ils ont mal lu le livre et que généralement même si « de petits cailloux personnels sont déposés ça et là », ces liaisons restent

Dernier journal de Patrick Poivre d'Arvor sur TF1 le 10 juillet 2008

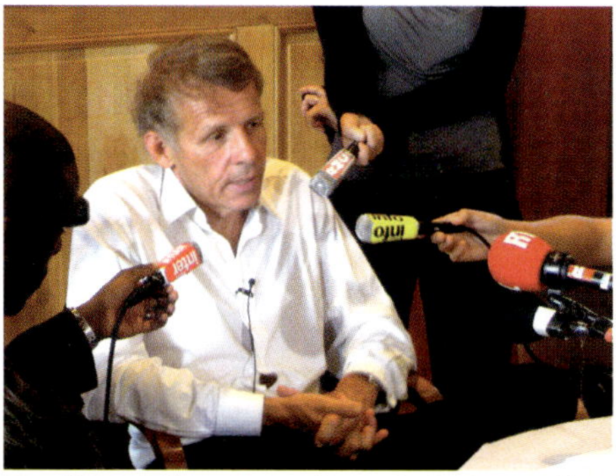

Conférence de presse 12 h 30. © G. Gottwallès.

17 heures, ultime conférence de rédaction : Philippe Perrot, Geneviève Galey, Patrick et Jacque Asline. © G. Gottwallès.

19 h 59, les titres du dernier journal : Virginie Fauroux et Rosine Mondor.

© G. Gottwallès.

20 h 32, Patrick fait ses adieux au public. © G. Gottwallès.

20 h 40, applaudissements à la fin du journal : Patrick, Jean-Louis Charrat, Jacques Asline, Geneviève Galey (de dos), Patrick Le Lay, Antoine Guelaud et Dorothée (la fille aînée de Patrick). © G. Gottwallès.

La salle de conférence

Conférence de 16 h 30 avec les chefs d'information et la rédaction 2007. © TF1.

À 17 heures, le 10 juillet 2008, les six « fabricants » du 20 heures, de gauche à droite : Virginie Fauroux, Lionnel Charpentier, Philippe Perrot, Geneviève Galey, Patrick Poivre d'Arvor et l'auteur. © TF1.

Avec Poivre, le jour de la venue
de Madeleine Albright. © TF1.

Avec Harry Roselmack, le jour de
sa première, juillet 2006. © TF1.

Mes dépêches triées pour les lancements 1996, derrière Denis Brunetti. © TF1.

Après le journal

Nicolas Sarkozy, Face à la Une, avec l'auteur avril 2007. © TF1.

Ségolène Royal, Face à la Une, Gabriel Gottwallès, Ségolène Royal et François Bachy. Avril 2007. © G. Gottwallès.

Conférence critique dans la salle de fabrication, 30 juin 2008. Patrick, Antoine Lefevre, François Bachy, Valérie Nataf, de dos Geneviève et à droite de profil Denis Cadeau. © G. Gottwallès.

L'univers intime de Patrick - juin 2008

Son bureau avec la photo de Solenn. © G. Gottwallès.

Ce qu'il voit depuis son bureau : les photos de Bill Clinton, Vladimir Poutine, Ronald Reagan, Jacques Chirac, Hillary Clinton, Mikhaïl Gorbatchev, Tony Blair, Fidel Castro, George Bush, Jean-Paul II, le Dalaï-Lama. © G. Gottwallès.

Patrick et Geneviève Galey après la conférence critique. © G. Gottwallès.

Ses deux assistantes Marie-Hélène Mille et Fanny Schwarcfeld. © G. Gottwallès.

« L'amicale des trentenaires » : Frédéric Mitterrand, Brice Lalonde, Gonzague Saint-Bris et Patrick. © Coll. personnelle.

La salle de conférence de Cognacq-Jay et mon bureau, 1985.

© Coll. personnelle.

Législatives 1986. Plateau de Cognacq-Jay, assis à la table : Jérôme Jaffré, Roland Cayrol, Pierre-Luc Seguillon, Chritian Fauvet et Gérard Carreyrou. © Coll. personnelle.

Le Maroc 1986

Jalil Nouri et Fatima Loukili. © Coll. personnelle.

André Paccard. © Coll. personnelle.

Les « seigneurs de la guerre » réunis chez moi avenue de New-York : Catherine Nayl, Roch Pescadère, Jean-Claude Bruzzi, Marine Jacquemin, Patrice Vanoni, Tony Bosco et Tony Comiti.
© Coll. personnelle.

La fantasia de Marrakech avec Muriel, mon épouse. © Coll. personnelle.

Patrice Vanoni, l'auteur et Jacques Chevalier de la Sofratev.

© Coll. personnelle.

Journaux en direct de Jérusalem - février 1988 et septembre 1993

L'appartement et l'éclairage nocturne du mur. © Coll. personnelle.

Poivre et Meir Rosen. © Coll. personnelle.

Alain Scemama et Pierre Geraud. © Coll. personnelle.

La régie installée dans les rues de la vieille ville. © Coll. personnelle.

Après le journal : Jean-Claude Paris, Pierre Geraud (de dos), Laurent Hauben et Patrick. © Coll. personnelle.

Voyage à Jérusalem 1er septembre 1993 dans l'avion Bouygues : Claude Massé, Michaël Darmon, Philippe Perrot, Patrick et l'auteur. © Coll. personnelle.

Révolution roumaine, février 1990

Patrick dans les rues de Bucarest. © Coll. personnelle.

Avec Michèle Cotta, Patrick Poivre d'Arvor et Dominique Bromberger devant le palais de Nicolae Ceaucescu. © TF1.

Dans la régie du studio 4 où s'est écrite la révolution roumaine. © Coll. personnelle.

Moscou, Sommet Reagan-Gorbatchev, mai-juin 1988

Derniers ajustements sur la place Rouge. © Coll. personnelle.

Ulysse Gosset et Patrick enregistrant leurs plateaux de lancement. © Coll. personnelle.

Patrick et son invité Alexei Gloukov. © Coll. personnelle.

L'équipe sur la place Rouge avant le journal. Corine Ginsberg fait le « blanc » pour la Betacam. © Coll. personnelle.

Élections américaines

Avec Patrick et Michèle Cotta - élection de George Bush senior 1988. © TF1

Avec Jean-Loup Demigneux devant la Maison Blanche - élection de Bill Clinton, 1992.
© Coll. personnelle.

Les 40 ans du journal télévisé, le 3 avril 1989 à Cognacq-Jay

Le 2000e 20 heures de PPDA

Au premier plan : Christian Bernadac, François Gerbaud, Michel Anfrol, Michel Pericard, Patrick Poivre d'Arvor, Pierre Sabbagh, Pierre Roubaud, Maurice Seveno, Bruno Masure, Joseph Poli - Au deuxième plan : Jean-François Robinet, Claude Guillaumin, Jean-Pierre Chapel, Jacques Alexandre, Emmanuel de la Taille, Betty Durot, Thierry de Scitivaux, Maurice Werther, Marie-Laure Augry - Au troisième plan Ladislas de Hoyos, André Sabas, Norbert Balit, Jacques Hebert, Jean-Claude Narcy, Jean-Pïerre Elkabbach - au fond Jean Lanzi, Jean-Pierre Berthet, Dominique Bromberger, Jean-Claude Bourret, Dominique Baudis et Claude Darget. © Jean-Marie Mazeau.

Au premier plan : Pierre Sabbagh, Georges de Caunes, Claude Darget, Patrick Poivre d'Arvor debout, Roger Gicquel et Léon Zitrone - Au deuxième plan : Pierre Roubaud, Joseph Poli, Michel Anfrol, Louis-Roland Neil, Jean Offredo (Poivre) Jean Lefevre, Jacques Alexandre, Maurice Werther et Jean-François Robinet - Au fond : Dominique Bromberger, Ladislas de Hoyos, Jean Lanzi, Christian Bernadac, Betty Durot, Jean-Loup Demigneux, Jacques Hebert, Marie-Laure Augry, Claude Brovelli et Jacques Poux.

© Jean-Marie Mazeau.

Jacques Sallebert, Michel Anfrol, François Gerbaud et Pierre Sabbagh.
© Jean-Marie Mazeau.

Conférence de presse de "La Bataille du 20 heures" (Acropole)

Press-Club de France, février 1990

Assis : Raymond Marcillac, Pierre Sabbagh, l'auteur, Léon Zitrone, Emmanuel de la Taille - Debout : au deuxième plan Jacques Alexandre, Guillaume Durand, Bruno Masure, Patrick Poivre d'Arvor, Jean-Pierre Chapel et Roger Gicquel. © Universal.

France-Soir

toute dernière TIERCE-QUARTE +

4,50 F

ALERTE A LA DÉLINQUANCE - DES CHIFFRES TERRIBLES

Un drogué sur deux vit en Ile-de-France

■ En 1989, le trafic des stupéfiants a augmenté de 9 % à Paris

■ + 29,8 % pour les vols à main armée dans les pharmacies

La Mairie et la R.A.T.P. vont aider les marginaux à se réinsérer

Les champions du 20 Heures en deux générations

Les mêmes pris dans le jardin du Press-Club et à la une de *France-Soir*. © Universal.

Les 50 ans du journal télévisé - printemps 1998

Reconstitution du premier journal télévisé de juin 1949 au studio BP4 de la rue Cognac-Jay. Autour de la table : Jacques Sallebert, Pierre Tchernia, Jean-Marie Coldefy, Georges de Caunes et Pierre Dumayet. © Jean-Marie Mazeau.

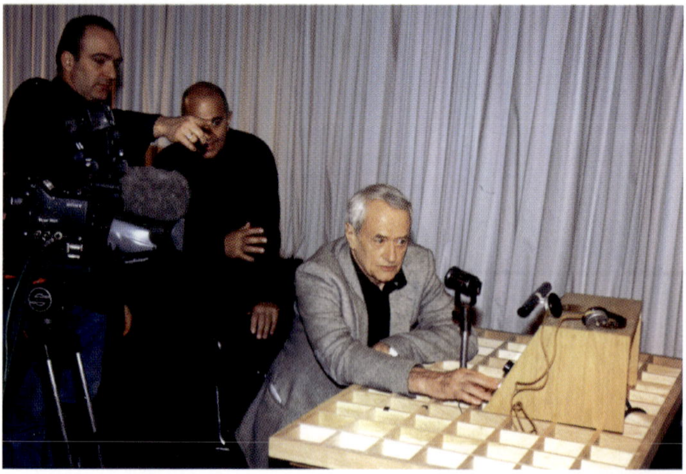

Mes deux opérateurs Jean-Claude Bruzzi et Jacky Kargayan derrière Georges de Caunes commentant un reportage. © Jean-Marie Mazeau.

Les journalistes devenus responsables politiques devant l'Assemblée nationale : Michel Pericard, Noël Mamère, l'auteur, François Gerbaud et Dominique Baudis.

© Étienne Chognard / TF1.

Les 50 ans du journal télévisé - printemps 1998

Les journalistes devenus patrons de chaînes, Étienne Mougeotte, l'auteur, Pierre Lescure, Jean-Marie Cavada et Jean-Pierre Elkabbach.
© Étienne Chognard / TF1.

Les journalistes de mai 1968 et de la création de TF1 : Christian Bernadac, Roger Gicquel, Emmanuel de la Taille, Henri Marque, Francis de Closets, Michel Honorin, Jean-Pierre Chapel, Maurice Seveno et Jean Lanzi.
© Étienne Chognard / TF1

Les envoyées spéciales de TF1 sur le plateau du JT : Catherine Jentile, Marine Jacquemin, Nahida Nakad et Patricia Allemonière. © Jean Pimentel / TF1.

Avec Christine Ockrent et Philippe Labro sur le toit de Cognac-Jay.
© Étienne Chognard / TF1.

La guerre du Golfe et les années 2000

La régie de Cognac-Jay avec la vitre sur le plateau, le 21 janvier 1991. © Coll. personnelle.

Cartes professionnelles de Patrick et Jacques. © DR

Patrick et Jacques, juin 2008. © Gabriel Gottwallès.

Claire Chazal et PPDA, 1992, avec ma double fenêtre. © Coll. personnelle.

1er badge de Boulogne-Billancourt, juin 1992. © Coll. personnelle.

Le générique 3 ans avant l'an 2000. © Coll. personnelle.

souvent des rencontres amicales, on ne prête qu'aux riches. La personnalité de la princesse de Galles, constamment harcelée par les photographes, intriguait tout le gotha mondial et François Mitterrand interrogeait régulièrement Patrick à son sujet, ils se voyaient notamment pour les interviews du 14 juillet. Un rapport de police laissait entendre au président qu'ils s'étaient vus, et même davantage ; « je l'ai laissé mariner, il semblait beaucoup apprécier le charme de la princesse et je ne lui en veux pas de m'avoir posé de nombreuses questions, c'est même un des aspects de sa personnalité, ce goût du ragot (qui couche avec qui ?), qui me le rendit accessible ». Le rapport de police qui excitait tant la curiosité du président montrait seulement que Patrick et Lady Di avaient dîné ensemble. « Je n'ai rien avoué à François Miterrand, nous nous étions simplement promenés tous les deux dans Paris sans être importunés. »

Lorsque l'occasion se présente, Patrick endosse le costume du comédien ; ce fut le cas notamment en 1986 pour son ami Claude Lelouch, dans *Un homme et une femme, vingt ans déjà*, sa première expérience cinématographique d'acteur même s'il jouait son propre rôle aux côtés d'Anouk Aimée et Jean-Louis Trintignant que l'on découvre vingt après leur amour, elle productrice de films, lui directeur d'écurie. Patrick joue l'amant d'Anouk Aimé en étant à la télévision. Je suis allé le voir interpréter son rôle un après-midi à la terrasse du café de l'avenue Hoche, non loin du studio 13 de Claude Lelouch. Ils étaient assis à la terrasse et recommençaient plusieurs fois la prise. À la sortie du film sur les écrans un an après, Patrick était revenu au journal et nous confia : « C'est un métier où il faut être patient, deux heures pour un plan, c'est long. » Difficile en effet d'affronter son naturel ou de plonger dans un rôle devant la caméra des cinéastes, lorsqu'il faut énoncer dix fois les mêmes propos avec le ton approprié. D'ailleurs lors de nos enregistrements, je prends bien soin de réunir tous les éléments pour que sa première prise soit toujours la bonne. J'aime bien Claude Lelouch qui offre le surgissement de la vie par sa caméra virevoltante comme un reportage de fiction, l'autre visage de la nouvelle vague, son côté documentaire, presque journalistique, comme un réalisateur témoin de l'histoire qu'il raconte.

Patrick n'a jamais réellement joué un rôle de composition mais il a toujours accepté en revanche de se glisser dans son propre rôle pour annoncer comme au journal des informations concernant les héros du film. J'en ai enregistré d'innombrables. Les équipes, en général le réalisateur et un producteur ou un comédien, viennent à Cognacq-Jay ou aujourd'hui à Boulogne et nous enregistrons la séquence en deux minutes chrono ! Au cinéma on le sait, il faut au moins une heure pour un plan. Ils sont époustouflés à chaque fois du professionnalisme et de la rigueur offerte par Patrick pour ces quelques mots de dialogue très vite prononcés, sachant rattraper au vol la fin d'un mot pour basculer dans le suivant, bon dès la première prise. Pour sa première apparition dans un long-métrage en 1978 alors qu'il était à Antenne 2, Peter Kassovitz l'avait enregistré à Cognacq-Jay pour un dialogue avec Henri Crémieux car Claude Dauphin, pressenti, pour le rôle venait de mourir. Vingt ans plus tard, mise en abîme, son fils Mathieu Kassovitz demandera également à Patrick de jouer dans *Assassins* un présentateur de télévision, et ce sera son père qui dialoguera avec Patrick, le film n'était pourtant pas tendre avec la télévision. Patrick est élégant avec les artistes, sachant trouver la distance entre l'homme d'image et sa personnalité attentive avec une vraie écoute. Seul lui manque le temps, comme dans toutes ses activités.

Nos voyages

Au printemps 1988, nous nous rendons au sommet de Moscou réunissant Ronald Reagan et Mikhaïl Gorbatchev. Le rideau de fer impressionne depuis trente ans, ses histoires d'espionnage, de fusées balistiques et d'armée Rouge emplissent les colonnes des journaux, les romans de gare et nos esprits ; se rendre en URSS n'est jamais banal. J'offre le voyage à Muriel, mon épouse journaliste, afin qu'elle profite de cette opportunité. La glasnost et la perestroïka, transparence et restructuration, ont planté une épine dans le glacis soviétique. Une semaine de repérage s'impose.

Munis des visas et de nos billets accordés par l'ambassade soviétique, nous arrivons à l'aéroport de Cheremetiovo, passant la douane sans être contrôlés, en bénéficiant du parcours privilégié de la valise diplomatique ; un taxi nous mène au Rossia, aujourd'hui détruit. L'hôtel situé en contrebas de la place Rouge est tellement vaste et monumental qu'il existe des entrées nord-sud-est-ouest, l'architecture russe reflète la démesure du pays le plus étendu de la planète. Passer la porte d'entrée est déjà un événement, nos passeports sont examinés avec un soin méticuleux par des gardes en uniforme. L'attribution de notre chambre dura deux heures, nous obtenons un simple laissez-passer. Dans le couloir du sixième étage, une babouchka revêche aux impressionnantes rondeurs mâtinées d'autorité farouche nous échange ce bon accordé au comptoir contre la clef de notre chambre. La confiance règne. J'avais déjà tout lu dans *Coplan* et *OSS 117*, j'y étais. De notre chambre nous voyons les rives de la Moskova et des dizaines de limousines noires, alignées dans le parking, attendant les invités de marque. Avec Muriel, nous évitons d'aborder à haute voix les sujets brûlants, les micros évidemment. De petits papiers griffonnés feront l'affaire. Il faut bien se mettre dans l'ambiance. Nous dînons au restaurant de l'hôtel, le menu ressemble à l'encyclopédie de Diderot et d'Alembert, 30 pages épaisses, au moins 500 plats sont offerts au touriste. En fait il n'y en a qu'un seul de disponible.

Revenu dans notre chambre, je cherche à téléphoner aux équipes de TF1 déjà sur place, la ligne ne sonne pas, d'ailleurs il n'y a pas de tonalité ni d'annuaires. Le lendemain matin au petit-déjeuner, il n'y a pas grand-chose : un yaourt, un vague café sans goût, une portion de fromage, en revanche du thé en abondance, le sucre vaut de l'or. Nous descendons dans le grand hall, les Américains étaient au courant de cette pénurie, je les aperçois débarquer d'une camionnette aux armes de CBS des dizaines de caisses emplies d'oranges, de tomates, de jus de fruits et d'eau minérale.

Notre guide Intourist, autrement dit le KGB en jupons, nous attend devant le comptoir du rez-de-chaussée et se met entièrement à notre service. La quarantaine vive et attrayante, jolie silhouette affairée, un français impeccable quoiqu'un peu scolaire, Irina, belle blonde aux cheveux mi-longs, un joli foulard sur ses épaules, nous propose aussitôt une visite express du Kremlin, la forteresse urbaine dans le texte. Ses murailles s'étendent le long de la Moskova et sur la place Rouge. À l'intérieur, des palais, le siège du pouvoir soviétique, un musée et des lieux de culte, les églises orthodoxes formant un carré, notamment l'église de l'Assomption de Vladimir, très simple d'aspect, quatre arches et quatre bulbes, lieu d'intronisation des tsars et des empereurs de Russie. Moscou est toujours restée la capitale religieuse de l'Empire soviétique.

Le soir nous retrouvons une partie de l'équipe, Dominique Bromberger fête son anniversaire dans un grand hôtel de style international où la nourriture est excellente mais très chère, nous commandons une omelette norvégienne pour l'occasion. Rendez-vous est pris pour une excursion à Zagorsk. Nous partons avec Marie-Hélène Mélies, l'arrière-petite-fille du créateur du cinéma de fiction et Jacques Caron, nos deux monteurs, vers ce haut lieu de la religion orthodoxe, située à une centaine de kilomètres de la capitale. Nous sommes à la Pentecôte et les festivités sont plus ou moins tolérées dans ce lieu consacré de l'orthodoxie. Sur le chemin du retour, nous nous arrêtons dans une auberge nichée au milieu d'une forêt de bouleaux abritant les datchas réservées aux huiles du pouvoir soviétique. Notre chauffeur, un kagébiste pur et dur, l'âme slave et le contact rugueux, tête ronde et cheveux courts, nous y avait conduit d'office. On nous servit du caviar, enfin une espèce de réglisse noirâtre censé en tenir lieu. À la fin du repas, nous demandons l'addition, plusieurs milliers de francs pour quatre personnes ! Le salaire annuel d'un Soviétique ! Qu'il se débrouille, nous n'avons pas cette somme sur nous.

Le lendemain Patrick est arrivé, nous allons le chercher à l'aéroport. Il est déjà venu à Moscou, ayant appris le russe aux Langues-O. Nous improvisons une réunion avec

Philippe Perrot notre chef d'édition dans le restaurant du Russia pour préparer le journal. Un premier plateau devant l'église de Basile le Bienheureux puis le reste sur la place Rouge où nous allons maintenant voir le tombeau de Lénine et la relève de la garde. Promenade symbolique avec tout le gratin de TF1, Patrick, Jean-Loup Demigneux, notre correspondant à Washington qui suit Ronald Reagan en voyage, Ulysse Gosset notre correspondant de Moscou, Geneviève Galey du service politique, seul manque à l'appel Dominique Bromberger chargé des reportages sur le sommet qui nous serviront le lendemain pour notre journal en presque direct, puisque nous l'enregistrerons trois heures avant 20 heures. Ce soir-là, nous sommes presque seuls, remontant vers le tombeau de Lénine en passant devant l'entrée du Kremlin, où des Zis noires entrent et sortent, passant entre deux soldats au garde à vous.

La place Rouge est totalement illuminée par les projecteurs des télévisions américaines, de gigantesques projecteurs de 5 000 watts, installés par les grands réseaux d'information qui ont dressé des plateaux pour les journaux en direct de leurs présentateurs les plus connus, Dan Rather pour CBS, Tom Brockau pour NBC et Peter Jennings pour ABC avec vue sur la place Rouge depuis la terrasse de l'hôtel Rossia. Ils nous fournissent une entrée en matière hollywoodienne ; les Américains comme d'habitude ont le sens du spectacle et les moyens financiers. Nous attendons la relève de la garde. Dans cette atmosphère un brin électrique, elle prend une dimension féerique. Soudain deux soldats sortent de l'entrée du Kremlin, font une centaine de mètres en une minute chrono de leur démarche quelque peu raide, s'arrêtent devant les soldats déjà en faction devant le mausolée, bâtisse carrée et sans âme en granit rouge foncé, puis se retournent brusquement tous les quatre a contrario les uns des autres et les deux soldats précédemment au garde à vous retournent vers leurs cantonnements du même pas millimétré en soixante secondes exactement. Les Slaves ont eux aussi le sens du spectacle.

Les régies des télévisions américaines sont installées dans les minuscules chambres de l'hôtel. Je vois les réalisateurs américains donner leurs ordres sans toucher aux images, celui de CBS devait être italien, il s'exprimait avec force gestes ; quand la pub démarra, il se leva extatique, venant de mettre en scène sa séquence avec Dan Rather. Si la régie ressemblait à du camping, le plateau extérieur sur les toits était pratiquement semblable à leurs studios de New-York ou de Washington, maquilleuses, décorateurs, assistants, 40 personnes s'agitant dans tous les sens. Je vois Dan Rather en train de se faire maquiller au milieu d'une nuée d'assistants. Rien de tout cela pour nous, nous enregistrerons le journal comme un reportage avec les deux caméras du bureau de TF1 de Moscou. Nous avons passé la soirée chez Ulysse Gosset qui nous fit un accueil chaleureux avec son épouse. Au même moment, Ronald et Nancy Reagan sont accueillis dans la salle Saint-Georges du Kremlin par Mikhaïl Gorbatchev et son épouse Raïssa.

Le lendemain, le 29 mai 1988, fixé pour notre journal en extérieur, je me rends dans l'après-midi avec mon équipe sur la place Rouge, en face le Goum, le grand magasin où l'on trouve de tout. À l'intérieur, trois vastes galeries en étage, chacune étant décorée d'une couleur pastel, la rose, la verte et la bleue.

> Je place Patrick pour son plateau inaugural devant l'église de l'Intercession de la Vierge dont les bulbes polychromes font la renommée de Moscou dans le monde comme la tour Eiffel pour Paris. Elle fut commandée par Ivan le Terrible pour commémorer sa victoire contre les

Mongols d'Astrkhan. Patrick interroge Jean-Loup Domignoux, notre correspondant aux États-Unis, dont la coutume veut qu'il suive son président, Ulysse Gosset, et Alexei Gloukov, un dignitaire soviétique avec lequel il évoque les dissidents, notamment un certain Grigorian, éditeur d'un journal, *Glasnost*. Le Russe affirme qu'on ne trouve pas de prisonniers politiques en URSS. Patrick le questionne sur les hôpitaux psychiatriques, le Russe répond par la prochaine visite de psychiatres américains et termine sur une note optimiste, il y aura bientôt des élections libres en URSS. C'est la langue de bois soviétique.

Toutes les forces vives de la chaîne sont sur le pont pour la réussite de la couverture de ce sommet consacré au désarmement, mise en scène diplomatique de la ratification d'un traité sur la suppression des missiles nucléaires à portée intermédiaire. La rencontre accoucha finalement d'une souris, mais fit couler beaucoup d'images. Nous ne le savions pas mais il s'agissait du feu d'artifice final du communisme. Après les interviews vers 17 heures, nous retrouvons Marie-Hélène Melies qui finalise le montage de notre journal, composé des plateaux de Patrick et des reportages, deux heures seulement avant d'envoyer les images à Paris. Patrick se tient au courant des dernières nouvelles au téléphone avec la rédaction pour préparer les titres du journal avec les images de la conférence de presse tenue à la fin du sommet par Mikhaïl Gorbatchev qui déclare : « C'est un grand événement, on avance dans les relations diplomatiques avec les États-Unis. »

Ronald Reagan : « J'ai changé d'avis à cause de Monsieur Gorbatchev, j'ai lu son livre et je suis d'accord avec certaines choses. »

Deux ans plus tard, Patrick traversera l'Atlantique pour se rendre jusqu'en Californie afin de rencontrer Ronald Reagan qui vient de publier ses Mémoires. Patrick réalise un long entretien pour « Ex-Libris », la partie politique passera au 20 heures. Patrick lui demande quelle trace il souhaite laisser dans l'histoire. « Un homme qui a fait de son mieux. Le peuple américain avait une soif de renouveau spirituel, les dirigeants précédents lui avaient répété qu'il souffrait d'une sorte de malaise, que nous n'étions plus l'Amérique que nous avions été. Alors je suis arrivé avec quelques idées simples sur le nécessaire retrait de l'État, surtout qu'il fallait laisser les Américains agir par eux-mêmes. »

*

Six mois après le sommet Reagan-Gorbatchev, nous traversons l'Atlantique et retrouvons Jean-Loup Demigneux à Washington au bureau de TF1 pour les élections américaines. Comme tous les Français renommés aux États-Unis où nous ne sommes ni connus ni attendus, la difficulté consiste à trouver un lieu symbolique et des interlocuteurs parlant français. Pour le plaisir, nous avons loué une limousine afin d'aller chercher Poivre à l'aéroport. Avec Michèle Cotta et Patrick, nous nous rendons à une soirée dans un grand hôtel en faveur des candidats, Georges Bush père et Dan Quayle ; partout des pom-pom girls, c'est l'ambiance américaine festive des campagnes électorales à paillettes. Les bureaux de TF1 à l'étranger sont de petites chaînes avec une administration, une ou deux équipes de reportage, un journaliste « senior » préposé aux plateaux en direct avec Paris et un second ou « junior » qui fait les reportages sur le terrain. Pour un journaliste, le poste de Washington est le plus prestigieux d'entre tous, comme il l'est pour les diplomates.

Jean-Loup Demigneux avait loué un studio, une boîte de production fournissant le personnel. Les techniciens américains, malgré l'aura attachée aux productions et séries venues d'outre-Alantique, ne semblaient pas des fines lames, ou alors je ne suis pas tombé sur les bons. En plein direct, au moment d'envoyer nos reportages, voyant les yeux ahuris du gars chargé de cette tâche, planté devant le magnétoscope, malgré mon anglais fluctuant, je lui avais pourtant consciencieusement expliqué la manœuvre. Je décide aussitôt de me passer de lui, le pousse sans ménagement et appuie moi-même sur la touche « lecture » pour diffuser le sujet, manœuvre qui ne peut attendre, décidant également de simplifier les plans de mes caméras afin de leur faciliter le travail.

Peu après, discutant avec nos équipes du bureau de Washington installées aux États-Unis depuis longtemps, ils me confirment cette attitude. Les Américains sont des spécialistes du travail coulé dans le bronze. Encore faut-il avoir construit le moule auparavant, bref l'intuition, l'improvisation latine ou le *french flair* ne sont pas leur truc, les salariés américains travaillent en fonction d'un scénario et ne s'en écartent jamais, les syndicats veillent au grain et à l'application de cette règle. Ils font très bien ce qui est prévu. D'une manière symbolique et toutes proportions gardées évidemment, la guerre d'Irak confirme cet adage : les plans d'invasion respectés à la lettre furent un succès, l'après-guerre n'étant pas planifiée, l'occupation se transforma en bourbier. En voulant soi-disant combattre le terrorisme, les Américains ont favorisé son essor. Bravo les gars, n'hésitez pas à en remettre une couche en Iran, on aura la troisième guerre mondiale !

Dans l'appartement washingtonnien de Jean-Loup Demignieux une magnifique collection du *National Géographic* trône sur tout un étage de sa bibliothèque. Quand il viendra déjeuner chez moi, avenue de New-York à Paris, je me promets de lui montrer la mienne que je commençais ce jour-là. La jalousie est un vilain défaut mais ce magazine est le plus beau de tous, icône du grand reportage géographique, celui qui montre. Mon préféré.

*

Les événements nous mènent au Proche-Orient. Un soulèvement, l'Intifada vient d'éclater, la guerre des pierres, celles des Palestiniens pauvres contre l'armée israélienne, avec les moyens du bord, pneus brûlés et catapultes bricolées à la hâte. Un accident de voiture où quatre Palestiniens sont tués met le feu aux poudres en décembre 1987. Le soulèvement de la rue palestinienne est le résultat de plusieurs frustrations des habitants de Gaza ou de la Cisjordanie qui vivent mal l'occupation israélienne. Début février, je pars en repérage avec mon assistant Jean-Pierre Bouillez, régisseur recruté dans l'équipe de Claude Lelouch, devenu aujourd'hui réalisateur de Jean-Pierre Pernaut au 13 heures. Notre correspondante sur place est Patricia Allemonière, assistée de Laurent Hauben, assisté lui-même par Michaël Darmon, aujourd'hui sur France2 où il suit Nicolas Sarkozy. Il fallait trouver un accès visuel pour filmer le mur des lamentations, placé juste en dessous du Dôme du Rocher. Des villas en étage surplombent l'endroit. Je négocie serré avec un Juif séfarade qui possède une belle terrasse surplombant ces lieux prestigieux. Nous nous mettons d'accord pour 2 500 dollars réglés en liquide pour un après-midi d'installation et le direct à l'extérieur ; son appartement nous est interdit, pourtant il ne manque pas d'originalité. Un dôme vitré s'ouvrant automatiquement à partir d'une télécommande sur ce paysage chargé d'histoire.

Devant mes yeux, s'opposent mur à mur, bord à bord, souvent à raz bord, rabbins juifs et foules musulmanes, policiers de Tsahal et chrétiens admis comme touristes, temple contre mosquée, archéologie impossible, Coran, Ancien et Nouveau Testament mélangés physiquement. Même au Saint-Sépulcre, la bataille faite rage entre plusieurs communautés, les dominicains ont pris le pouvoir sur les lieux saints du christianisme et ne lâchent pas un centimètre de leur territoire. J'ai un sentiment étrange dans cette pièce monacale où passé et présent se conjuguent, salon blanc avec juste le chandelier aux sept branches et un canapé en cuir au modernisme flamboyant, découverte vitrée surgissant au milieu des vieilles pierres pour offrir la contemplation visuelle des petits papiers glissés dans le mur, comme une vue touristique sur la piété hébraïque. Les religions expriment une partie de leur âme dans ce rapport visuel, exhibitionniste ou intériorisé. Orthodoxes, catholiques et anglicans théâtralisent les foules à convertir grâce à l'or, les icônes, sculptures, vitraux, cathédrales ou figures des saints. Protestants et Juifs se contentent de temples et de synagogues plus sobres, la Bible fait foi. Dans la musulmane et la juive où la représentation humaine est taboue, signes et formes géométriques remplacent le grand architecte. Quant aux grands et petits véhicules des bouddhas obèses, leurs statues sont dorées à l'or fin des foules affamées. Aujourd'hui, les icônes c'est nous, la télévision fait l'opinion comme les religions l'ont formée durant des millénaires.

La vieille ville de Jérusalem est une bourgade assoupie, calfeutrée derrière ses vieilles pierres blanchies, le mont des Oliviers à l'extérieur des murs, à l'intérieur des ruelles tortueuses et ombragées où se croisent passants juifs et arabes au milieu des gardes frontières mitraillettes en bandoulière, un commerçant lave son magasin à grande eau, nous sommes dans le désert, il fait froid en février. Nous passons devant la Knesset, le parlement israélien, grosse bâtisse carrée dominant une colline sans arbres, avant de nous rendre à l'American Colony, grand hôtel un peu vieilli niché dans la vieille ville, rendez-vous des globe-trotters et fréquenté par les journalistes du monde entier où de la verdure accrochée aux murs baigne la cour intérieure. Même impression nostalgique et littéraire qu'en pénétrant à l'Oriental de Bangkok.

Deuxième négociation serrée pour l'éclairage. Le 20 heures, huit mois sur douze, se déroule à la nuit tombée. Pour éclairer l'esplanade, il me faudra des moyens conséquents. Laurent Hauben me présente le chef opérateur qui a assuré la photo des séquences de *Rambo*, le film avec Sylvester Stallone, tourné quelques semaines auparavant. Il me faudra de gros moyens, il les possède, le contrat est signé, conséquent lui aussi. Troisième négociation, la plus délicate, je me rends avec Pierre Geraud, notre rédacteur en chef, au grand rabbinat pour demander pieusement l'autorisation de poser nos caméras devant le mur des Lamentations placé sous haute surveillance. On n'entre dans la zone des prières qu'après avoir passé un contrôle très strict, aux abords ouest où une chicane, des plots de béton et des barbelés empêchent l'accès des véhicules aux mosquées et au mur, mitoyenneté politique et militaire explosive. La seconde Intifada naîtra, douze ans plus tard, de la visite symbolique d'Ariel Sharon sur l'esplanade des mosquées, juste au-dessus du mur. Le grand Rabbin nous reçoit dans un bureau d'aspect pauvre, presque anonyme, d'allure administrative. Il tient à s'assurer qu'aucune opération politique ou provocatrice, sinon commerciale, ne sera mise en œuvre par l'entremise de nos caméras ; la politique française dans la région envers les Arabes n'est peut-être pas étrangère à son questionnement serré. La présence de Meir Rosen le rassure sur nos intentions.

Dix jours plus tard, Pierre Geraud qui est venu ici tellement souvent avec Yves Mourousi, Alain Scemama notre chef d'édition et Jean-Pierre Bouilliez mon assistant, nous rejoignons Jérusalem. Destination l'aéroport Ben Gourion de Tel Aviv où les contrôles sont plus que stricts, chacun de nous est pris en main par un employé membre du Shin bet, le service secret intérieur. Des dizaines de questions nous sont posées, pour s'assurer de notre bonne foi, la compagnie El Al est la plus sûre du monde malgré les détournements et attentats palestiniens à bord des Boeings qui emplissent la chronique terroriste depuis plus de quinze ans. La route qui mène de Tel Aviv à Jérusalem, environ une heure de conduite, montre un paysage plutôt désertique qui grimpe vers les hauteurs sur une route en lacets. Jérusalem est située à environ 800 mètres d'altitude.

Nous installons notre dispositif dans une ruelle, sous une arcade, au bas de l'escalier menant à la terrasse de la maison négociée une semaine auparavant. Quatre caisses, trois écrans, une petite table de mixage pour les images avec six boutons et un téléphone avec Paris. À 18 heures, 20 heures locales, il n'y a plus personne dans les ruelles de la vieille ville vouée aux prières, nous sommes quelques Français, plantés là comme des sans-domiciles, sans aucune protection, sauf quelques policiers postés là un peu en retrait, nonchalants, leur mitraillette à l'épaule. Pas un bruit, seulement le grésillement du retour sonore de Paris, envoyant une fréquence sonore et une mire de barre en images pour nous accorder sur le satellite. En revanche, sur la terrasse, en vue directe sur le mur, notre éclairage impressionne par son ampleur. J'ai demandé au chef opérateur de me faire une fleur. Lorsque Patrick arrivera sur le plateau, qu'il éclaire tout son dispositif d'un coup, pour le plaisir. La mosquée du Dôme, brillante et dorée, resplendit sous nos projecteurs, comme avec les Américains pour le Kremlin.

À Jérusalem, toute la journée avec Patricia Allémonière, nous avons préparé les reportages et tourné des images. Elle m'emmène à Jérusalem Est où notre voiture pourtant identifiée avec un panneau *press* est victime de tirs de mitraillettes non identifiés. Nous en réchappons. Évidemment, le contraste est saisissant venant de Jérusalem Ouest d'une propreté maniaque, grandes et larges avenues bordées d'immeuble construits en pierres blanches, solides et bien alignés. Passés dans la partie est de la ville conquise pendant la guerre des Six Jours, on revient en Orient avec le grouillement d'une population, colorée et agitée. J'imagine les croisés devant les murailles de Jérusalem ou Moshé Dayan pénétrant en libérateur devant le mur. Patricia m'explique la situation. Au-delà des négociations politiques, de la géopolitique locale du Proche-Orient, des guerres intestines entre Juifs et Palestiniens, des attentats quotidiens, le problème est démographique. La population arabe d'Israël fait plus d'enfants que les Israéliens, la religion juive n'est pas prosélyte, tout mariage ou mélange compromet sa survie ; au contraire, les Arabes nourrissent des familles nombreuses. Si rien n'est fait dans peu de temps, cet équilibre entre populations deviendra explosif. Nous peaufinons ses sujets.

À l'heure du déjeuner avec Patrick et toute l'équipe, nous nous rendons à Bethléem, situé à deux pas de Jérusalem, presque sa banlieue. Israël est un petit pays tout en longueur, toute la région qui a subi quatre guerres depuis une génération est d'ailleurs logée à la même enseigne: Damas est à 80 kilomètres de Beyrouth, Jérusalem à 50 kilomètres d'Amman, Eilat à 300 kilomètres du Caire. Jérusalem concentre tous ces facteurs de risque, chaque centimètre de son territoire est revendiqué, convoité ou gagné par les armes, chaque bourgade est un sanctuaire. Au restaurant à Bethléem, pour plus de convivialité, je place toutes les tables en carré, rompant pour une fois les habitudes, égalisant nos différences dans ce lieu de mémoire. D'ailleurs nous déjeunons en dessous d'une vaste fresque représentant *La Cène* du Christ ! Notre grand-messe du soir prend son envol à ce moment-là sous la houlette du grand architecte !

Le soir sur son plateau, Poivre a invité Meir Rosen, proche de Menahem Begin, ancien ambassadeur d'Israël en France et à Washington, où il avait participé à la négociation des accords de camp David. Je suis plus bas dans la ruelle, ne voyant ni le plateau ni Paris, le retour en images est une denrée coûteuse. Alain Scemama, notre chef d'édition, est au téléphone avec la régie parisienne et m'annonce brusquement : « On est à l'antenne ! » Concentré sur la musique qui me parvient de Paris par satellite, je passe les images destinées au générique. Le Dôme du Rocher, brillant sous les éclairages, la Mosquée d'Al Aqsa, puis le mur des Lamentations où une dizaine de rabbins sont occupés à la prière autour de quelques tables et chaises, une barrière séparant les hommes des femmes. Il est toujours difficile de s'imaginer en direct devant 10 millions de téléspectateurs, à 5 000 kilomètres de nos studios, dans une rue sombre ; quelques passants déambulent en nous regardant, étonnés. Il a fallu mettre nos montres à l'heure, deux heures d'écart, j'ai gardé l'heure parisienne par précaution. C'est le cœur de notre métier de réalisateur, imaginer un déroulement à distance en ne regardant qu'un écran minuscule, comme le chef d'orchestre imagine les sonorités des instruments en consultant sa partition. Comme d'habitude, dix secondes avant l'antenne rien n'est prêt, c'est le charme des plateaux de télévision, je discute en anglais avec les techniciens.

> Meir Rosen répond à Patrick dans un français impeccable sur les émeutes palestiniennes qui ont éclaté dans les territoires occupés et leur répression :
>
> « Personne ne croyait à une paix entre Israël et l'Égypte, pourtant elle s'est faite. Nous ne nions pas les droits des Palestiniens mais Yasser Arafat est incapable de négocier, il faut séparer les terroristes palestiniens des Arabes d'Israël. »

Patrick fait un bon journal, il se plaint simplement que je l'oblige à bouger de place de quelques centimètres à chaque plateau, pour voir derrière lui tantôt la mosquée du Dôme, tantôt le mur des lamentations, selon les reportages. Le froid est tombé et la pierre sur laquelle il est assis est déjà rafraîchie.

*

Quelques mois plus tard à Cognacq-Jay, le Proche-Orient met à nouveau notre 20 heures en ébullition et le journal de Patrick sera pour la première fois le théâtre d'un événement historique, une vraie bombe politique à résonance planétaire aboutissant à un mot lâché ce soir-là sur notre antenne, dont parleront les livres d'Histoire. La France, après avoir été aux côtés des Israéliens pendant la IVe République et les débuts du gaullisme, aidant l'État hébreu, fournissant son armée et même probablement son énergie nucléaire, a opéré un virage à 180 degrés et soutenu les foules arabes et les dirigeants palestiniens après la guerre des Six jours. La diplomatie française a beaucoup donné, exfiltré le leader de l'OLP de Beyrouth sept ans auparavant, sous les bombes et avec les honneurs, au plus fort de la bataille du Liban, Yasser Arafat devait bien cela à notre pays. Patrick Poivre d'Arvor signera là certainement, conjointement avec son interview de Saddam Hussein, l'année suivante, un de ses grands faits d'armes professionnels. Yasser Arafat est l'un des hommes les plus recherchés sur la planète, l'interviewer en tête à tête est le sommet d'une carrière pour un journaliste à ce moment. Notre envoyée spéciale Catherine Jentile est avec lui dans l'avion qui le mène à Paris.

Patrick obtiendra ce 2 mai 1989 l'exclusivité de l'interview qui doit changer la face des événements du Proche-Orient. Après avoir rencontré François Mitterrand, Yasser Arafat, en duplex depuis l'Institut du monde arabe est en direct dans le journal de Poivre, le chef de l'OLP répond à une question de Patrick sur la charte de son organisation :

« La charte de l'OLP est, comment dites-vous en français, c'est caduc je crois. »

Quelques mots en français, destinés à frapper les esprits comme Charles de Gaulle avec « Vive le Québec libre », improvisés ou longuement préparés. Les mémorialistes et les exégètes s'interrogent encore ou bien l'apostrophe de John Kennedy : « *Ich bin ein berliner* », devant le mur à Berlin Ouest. Une tournure dans la langue du pays hôte, destinée à frapper les esprits, ajoutée à un mot rare pour exciter les imaginations. Pour la première fois, les Palestiniens reconnaissent l'existence de l'État d'Israël, les négociations peuvent commencer après vingt ans de terrorisme, d'avions désintégrés et de combats fratricides. Patrick relativise son « exploit » : « Il fut un temps, je dirai même il y a encore cinq ans, où cette phrase-là aurait été prononcée sur le perron de l'Élysée. Maintenant les leaders viennent au 20 heures à la télévision s'adresser à la population française dans son ensemble. Pour nous c'est formidable, en revanche, je ne sais pas si la démocratie y gagne beaucoup, mais au moins, c'est plus clair. »

Ce soir-là, je souffre mille morts. Non que l'interview se déroule mal, au contraire tout se passe bien et l'on parle de nous le lendemain dans toute la presse, mais mon trucage, montrant sur une même image Patrick à Cognacq-Jay et Arafat à l'Institut du monde arabe ne semble pas à la hauteur d'un tel événement. Pauvre psychologiquement, il montre seulement deux petites fenêtres lointaines au moment des relances. Sur des questions pertinentes, les réactions des interviewés sont souvent plus révélatrices que leurs réponses préparées à l'avance. Les yeux des deux hommes restent lointains dans ces deux vignettes, enchâssées dans un plan très large du plateau. Je décidai ce jour-là d'innover et de trouver une solution.

Comme d'habitude, c'est l'œuf de Colomb ! L'idée est si simple que personne n'y avait pensé ! Il suffit de rogner sur les parties inutiles de chaque plan, épaules à gauche et à droite, bas du veston, afin de donner toute sa place au plus important, le visage placé au premier plan. Ce trucage permet par ailleurs, en restant toujours de face, d'éviter ce que nous appelons le « champ contre-champ », grammaire usuelle de la réalisation que Patrick appelle « les plans trous de nez », plans de passage au moment des questions, où le journaliste se retrouve en tout petit au fond de l'écran. Je réalise donc une vraie nouveauté au journal, les deux fenêtres plein cadre, qui permettent de rester toujours de face et de ne jamais perdre les yeux du journaliste et de son invité. Naturellement je fais école et par la suite, on retrouvera ce trucage sous diverses formes dans les journaux télévisés de la concurrence. Cette innovation a été commentée par un spécialiste de l'image : « À TF1, grâce à cette nouveauté technique, l'écran est partagé en deux comme un livre ouvert : l'image du présentateur et celle de l'invité vont s'inscrire, de face dans chacune des deux pages ouvertes. Ce procédé permet de voir simultanément celui qui parle mais surtout celui qui écoute. Il permet aux téléspectateurs de glaner sur le visage de ce dernier toute information non verbale mais significative. »

On casse les murs

En cet automne gris et pluvieux, un quart d'heure avant le journal, je descends avec Patrick les escaliers de Cognacq-Jay mes notes en main, une vingtaine de feuillets, les siennes imprimées vierges d'annotations, les miennes griffonnées de tout un tas de signes cabalistiques représentant les effets destinés à être mis en œuvre à l'antenne. Le plateau et la régie sont quatre étages plus bas, on ne prend jamais l'ascenseur avant un direct ; notre sérénité de façade ne cache pas une certaine fébrilité, de toute manière, il faut y aller. Nous échangeons peu de paroles, nous sommes en transit, pas en réunion. À ce moment de la journée, nous ne croisons pratiquement personne. Patrick est devant, je le suis et nos pas résonnent sur les marches de marbre marron, rarement nettoyées, comme les murs d'une couleur indéfinissable, blanc cassé un peu sale. La grande maison est presque désertée, la plupart des salariés, secrétaires et assistantes, surtout les mères de famille, partent vers 18 ou 19 heures comme dans tous les bureaux. Nous avons l'impression d'être seuls au monde. Nous marchons de concert sans perdre de temps dans le couloir menant au studio d'une hauteur de plafond impressionnante ; une bonne cinquantaine de techniciens nous attendent sur le plateau, la régie, la cabine de maquillage, les cintres ou les salles techniques, partout où des hommes et des femmes, choisis pour leur savoir-faire ou le hasard des embauches, s'affairent afin d'effectuer leur part d'un travail pas comme les autres, moitié spectacle, moitié journalistique, tout l'attrait de nos métiers.

Patrick passe au maquillage avant de s'asseoir dans son fauteuil de présentateur. Bruno Masure est encore à l'antenne les week-ends mais il gronde et se verrait bien en alternance avec Patrick dans la semaine. Pour le présentateur, c'est le vertige de la télé où la vedette apparaît à l'écran pratiquement seule sur un plateau dans un silence sépulcral face à un trou noir éclairé par de puissants projecteurs, trois ou quatre personnes seulement et derrière la caméra, monstre froid et silencieux, dix millions de téléspectateurs s'apprêtent à vous scruter comme des entomologistes. Dans la régie bruyante et désordonnée, je viens discipliner une armée agitée. Pendant le journal, nous n'avons jamais besoin de nous concerter sur les divers effets, l'entente a été tout de suite immédiate. Nous nous devinons, d'ailleurs dans nos métiers de direct moins on parle de nos effets, mieux ils se déroulent à l'antenne. C'est paradoxal, mais préparer un passage difficile en le détaillant à l'extrême fait monter la pression. Au lieu de le mettre en œuvre avec plaisir, car il y a toujours une touche d'improvisation et d'exaltation, on se retrouve plongé dans un carcan d'autant plus léonin qu'il a été évoqué auparavant.

Mon décor a évolué, les équipes de Bouygues ont décidé de casser le mur placé derrière le présentateur pour faire apparaître la régie derrière Patrick à travers une vitre. Auparavant, la seule apparition de l'un de nous à l'antenne était celle de Nejma, l'assistante du prompteur, furtive et habillée de noir, qui se faisait un malin plaisir à débouler avec son ruban de papier au beau milieu du plan de fin du journal pour épater ses copines. On ne manquait pas dans les couloirs, lorsque nous remontions au sixième étage, de lui en faire la remarque : « On t'a encore vue ce soir, à la fin du journal. »

Elle faisait celle qui n'entend pas. En cet automne 1989, les jeunes loups de la droite veulent en finir avec les querelles entre Chirac, Barre et VGE, qui ont fait perdre leur camp. Les rénovateurs demandent des places et de la lumière. Dominique Baudis revient à Cognacq-Jay et crée la sensation au 20 heures de Bruno Masure : « Dans quelques jours, je suis sûr que Valéry Giscard d'Estaing tendra le flambeau à notre équipe nouvelle. » À ce moment, il tourne la tête vers la caméra et déclare face aux téléspectateurs : « Monsieur le président, du fond du cœur je vous adresse un appel très sincère, ayez ce geste de générosité porteur d'espoir que le pays attend de vous. »

Passé de l'autre côté du miroir, il fait revivre son métier de journaliste. Bruno Masure est à l'antenne ce soir-là : « J'étais frustré à cause des problèmes d'horaires mais devais également respecter le caractère poignant de sa déclaration. Il était ému, sur le plateau la climatisation fonctionnait parfaitement, néanmoins il dégoulinait de sueur, ce qui est signe d'émotion. » La même histoire se reproduira vingt ans plus tard face à Poivre lorsque Dominique Baudis fut faussement mis en cause dans l'affaire Allègre ; ce soir-là, sa sueur devant nos caméras a été interprétée à tort évidemment. Nejma, qui a longtemps écrit le journal sous la dictée de Dominique Baudis, le confirme : « Toujours aimable, on ne l'entendait jamais même quand il était troublé. »

Quelques jours plus tard en réponse à Dominique Baudis, Valéry Giscard d'Estaing nous fit un grand numéro chez Poivre. Encore au maquillage lorsque le journal débutait, dans le conducteur c'était le moment de l'interview. Patrick s'était tourné vers son fauteuil encore vide, lui posant sa question, antenne oblige, VGE s'assied durant le temps de la question et répond comme si de rien n'était, toujours brillant. Deux bons élèves qui se font des farces d'écolier. Patrick s'amusait de ces bisbilles qui mettaient en valeur son 20 heures : « Ils dialoguent par écran interposé et ne s'envoient même plus de lettres, ça leur coûte 2,20 francs de moins ! » Mourousi s'amusait de cette tempête dans un verre d'eau car finalement les rénovateurs ne constituèrent pas une liste autonome : « Le public ne s'intéresse pas aux querelles du microcosme journalistico-politique, les gens qui regardent la télé dans le Cantal savent quels sont les sujets qui comptent. »

*

Brusquement un mois plus tard, au printemps 1989, le mélange détonnant de la visite de Mikhaïl Gorbatchev à Pékin et des images d'une télévision d'Atlanta inconnue jusque-là allaient révolutionner le monde. Comme à Budapest en 1956 ou à Prague en 1968, place Tien An Men, les étudiants chinois élèvent une statue de la liberté et demandent des réformes. Au moment où l'armée s'apprête à intervenir, un jeune Chinois arrête une colonne de chars, cette image, grâce à CNN fera le tour du monde. L'idée était née neuf ans plus tôt avec la création par Ted Turner de Cable News Network, une télévision par câble d'information en continu qui modifia le paysage mondial de l'information en proposant du direct toute la journée. Son premier haut fait d'armes planétaire fut la couverture de ce printemps démocratique chinois, suivi minute par minute dans le monde entier par des caméras judicieusement placées depuis les toits des immeubles. Ce n'était plus de la télévision mais l'Histoire en direct! Poivre est impressionné: « Ce petit bonhomme qu'on voit face à un tank, c'est une des plus belles images de la décennie; derrière lui il y a un milliard de bonshommes, en face de lui il y a un système. D'ailleurs il ne restera pas longtemps en vie, il est mort, je déteste les tanks, qu'ils soient capitalistes ou communistes. Je n'ai pas fait mon service miliaire, je n'aurai pas aimé être militaire. » En 1956 à l'âge de neuf ans, il avait vu les images de la répression soviétique à Budapest: « J'ai toujours préféré les minorités aux majorités, les gens opprimés plutôt que ceux qui tiennent le pouvoir. Ce qui s'est passé à Budapest était horrible, on a assassiné un rêve pour réhabiliter ces gens 20 ans plus tard, c'est pour ça que je déteste les idéologies. » Les dirigeants de la planète regardent maintenant CNN eux aussi pour s'informer, désormais l'information coulera à jet continu.

Quelques mois plus tard, le mur de Berlin va se fissurer avant de se casser brusquement, à la surprise générale, dans la nuit de jeudi à vendredi 9 novembre 1989, grâce à la télévison. Des bruits avant-coureurs avaient fait monter la pression depuis plusieurs semaines. La Hongrie vient d'ouvrir ses frontières. En trois semaines, 25 000 citoyens de la RDA s'y rendent sous prétexte de passer des vacances et passent en RFA via la Hongrie et l'Autriche. Alors que Mikhaïl Gorbatchev vient à Berlin Est pour fêter les quarante ans de la RDA, un million de Berlinois de l'Est manifestent. Cinq jours plus tard, le 9 novembre à 18 heures 57 lors d'une conférence de presse à la télévision de Berlin Est, un membre du bureau politique fait la lecture d'une décision du conseil des ministres sur une nouvelle réglementation des voyages qui n'était pas encore validée, les hiérarques du bureau politique avaient changé et la nouvelle équipe n'avait pas encore pris ses marques : « Les voyages privés vers l'étranger peuvent être autorisés sans présentation de justificatifs. »

Un journaliste lui demande quand celle-ci prend effet. Le responsable regarde ses papiers, hésite puis lâche comme une évidence : « Autant que je sache... immédiatement... »

Ces phrases retransmises sur les télévisions allemandes à l'ouest font sensation. Les journalistes annoncent aussitôt : « Le mur est ouvert. » Des milliers de Berlinois se pressent aux points de contrôle et exigent de passer. À ce moment, ni les troupes ni les fonctionnaires n'avaient été prévenus. Sans ordre et sous la pression de la foule à 23 heures, le premier point de passage de la Bornholmer strasse est ouvert. Ce soir-là Mstislav Rostropovitch joue du violoncelle au pied du mur, l'image fera le tour du monde. Le véritable rush populaire a lieu le lendemain matin, le 10 novembre. D'immenses colonnes de gens et de véhicules se dirigent vers Berlin Ouest où ils sont accueillis à bras ouverts. Pour la première fois depuis 28 ans, des Berlinois de l'Ouest peuvent accéder à la porte de Brandebourg en grimpant sur le « mur de la honte ».

Au matin de ce vendredi 10 novembre, Etienne Mougeotte appelle Robert Namias. Ils choisissent le créneau de l'émission « Reportages » qui passait le lendemain, samedi à 13 heures 15, dirigée à l'époque par Jean-Claude Paris, pour une émission spéciale. Robert Namias emmène Simone Veil, l'ancienne présidente du Parlement européen, Claude Cheysson l'ancien ministre des Relations extérieures de François Mitterrand, deux éditorialistes Jean Boissonnat et Serge July le patron de *Libération*, le chef d'édition Alain Scemama, mon assistante Corinne Ginsberg et moi pour la réalisation. Nous prenons un avion privé et arrivons à Berlin dans la soirée. Détruite pendant la guerre, Berlin Ouest ne ressemble à rien : des immeubles modernes, des rues sans plans bien définis dans un dédale d'entrepôts, de terrains vagues et de cours d'eau, l'âme historique de cette ville immense reste cantonnée à l'Est de l'autre côté de la porte de Brandebourg avec ses vieux quartiers et l'ancien Reichstag. Dans la nuit, nos équipes tournent des images à « Check Point Charlie », une simple cabane en bois vitrée où sur un panneau de bois est écrit en quatre langues, anglais, russe, français et allemand : « Vous sortez du secteur américain. » Des Allemands de l'Est passent ce point de contrôle sans être inquiétés dans une atmosphère de sidération joyeuse.

Dès l'aube du 11 novembre, je m'installe devant la porte de Brandebourg, l'atmosphère est à couper au couteau, malgré son aspect bon enfant. Des vopos, fantassins de l'armée de l'Allemagne de l'Est, ont pris place sur le mur encore debout, un soldat tous les cinq mètres, perchés attendant un ordre pour défendre le territoire ou se replier. Tout est allé si vite depuis 24 heures que les autorités des deux Allemagnes n'osent encore nommer l'événement, se contentant de l'accompagner ; ce matin-là, le temps suspend son vol. Sur l'avenue, côté ouest, une trentaine de cars de télévision ont pris place. C'est du lourd, le dispositif est impressionnant, toutes les télévisions américaines sont là encore une fois, CBS, ABC et NBC et CNN la petite nouvelle et bien évidemment toutes les télés européennes. À 10 heures du matin, notre directeur de production arrive sur place, nous l'interrogeons, selon lui la liaison est prévue une heure avant le JT. Il a des fax à la main, prouvant sa commande des « faisceaux » satellites.

J'avais à ma disposition un praticable de trois mètres sur quatre, sur lequel nos journalistes et leurs invités peuvent s'installer, serrés les uns contre les autres. Simone Veil est allée quelques minutes auparavant ramasser un petit morceau du mur pour sa collection personnelle ; je me tourne vers la production, il est midi et demie et toujours pas de liaison avec Paris. Nous écoutons, dépités, le journal de Bruno Masure dans le car régie, sentant venir la catastrophe. Toujours pas de liaison avec Paris. 13 h 15, notre émission aurait dû commencer, il ne se passe rien. Des pépins techniques, j'en ai connu mais jamais une absence totale de liaison, au pire nous avions l'image et le son fonctionnait mal. Ce matin-là rien, un trou noir. Nous décidons aussitôt d'enregistrer l'émission et nous nous replions en vitesse vers l'aéroport avec les cassettes, en ayant pris soin de réserver à Cognacq-Jay une salle de montage pour finaliser l'ensemble. Nous rentrons dans l'après-midi à Cognacq-Jay pour monter une édition spéciale qui passera en fin de soirée dans une atmosphère lugubre, elle sera diffusée vers 23 heures !

Que s'est-il passé à la mi-journée à Paris ? Là aussi, c'est du jamais vu. La grue de Latche n'a pas marché pour interroger François Mitterrand sur Antenne 2 mais en plateau à Cognacq-jay, les journalistes étaient présents. Ce 11 novembre 89, à la fin de son journal, Bruno Masure sans ciller lança l'émission spéciale qui remplaçait « Reportages ». Un trou noir s'installa sur l'antenne de TF1, une minute sans rien à l'antenne, pas d'images, pas de son. Le pire du pire, l'abomination absolue. La régie finale n'avait pas été prévenue, sans même parler de la rédaction où rien n'avait été préparé pour pallier un manque éventuel ou une panne. Jean-Claude Paris était parti en week-end ! Même pas de cassettes de l'émission « Reportages » en remplacement ou en rediffusion. Rien, absolument rien !

Le lendemain, une assemblée générale dans une grande salle de Cognacq-Jay, s'est tenue dans une atmosphère d'hostilité générale. Jean-Claude Paris, le responsable de l'émission « Reportage », directeur de la rédaction, fut aussitôt évincé et rejoindra Canal Plus, Gérard Carreyrou prenant sa place. Le chef de production sera muté au service des sports. Robert Namias, directeur adjoint de la rédaction, fit également les frais de ce fiasco et fut mis au placard durant quatre mois. Selon lui, en dehors de l'impéritie due au manque d'organisation à Cognacq-Jay, le problème venait semble-t-il de l'intérieur même de la direction de TF1 où les sensibilités s'affrontaient depuis deux ans, tirant à hue et à dia, chacun pour sa paroisse. Son explication est limpide : « C'était une époque où les tensions étaient fortes entre ce que la presse appelait « le clan Mougeotte » et ses proches face à la direction de l'Information, Jean-Claude Paris et Michèle Cotta qui s'inquiétait de l'éventuelle décision d'Etienne Mougeotte de lui retirer son poste au profit d'un de ses proches dont j'étais. » Pour Robert, cette tension personnelle s'est traduite dans une absence d'organisation matérielle : « Michèle Cotta et Jean-Claude Paris se sont dit puisqu'ils veulent faire leur émission, qu'ils la fassent et ils ne se sont pas occupés du suivi logistique. » Sur place, nous avions découvert que les faisceaux satellites n'étaient pas « garantis », contrairement aux affirmations du chef de production, rien n'avait été verrouillé, les fax avaient bien été envoyés mais il n'y avait eu aucune réponse en retour ! Robert Namias et Alain Scemama ont découvert le pot aux roses à 10 h 30 du matin : « On a compris qu'on n'aurait peut-être pas de liaison, aussi je préviens tout de suite la rédaction à Cognacq-Jay que cela va être compliqué. Quand nous avons pris l'antenne à 13 h 15, Bruno Masure qui n'avait pas vu d'un bon œil cette opération qui lui échappait complètement, nous a lancé en sachant qu'il n'y avait rien au bout. Un noir à l'antenne d'une minute, pour une antenne nationale, c'est un cataclysme. » Pour lui, l'explication de ce bug sismique est clairement à chercher dans cette tension qui a entraîné du « laisser-aller » et peut-être même des « malveillances ».

Depuis deux ans, chaque semaine, *Le Canard Enchaîné* se faisait l'écho de petites anecdotes révélant des bisbilles entre les responsables de l'info de la Une. Le refrain était toujours le même, le clan Mougeotte contre Michèle Cotta. Des petits potins que nous vivions en direct, connus de quelques initiés seulement et qui se retrouvaient dans la presse tous les mercredis. Comment ces informations confidentielles arrivaient-elles aux oreilles attentives du palmipède ? Par qui transitaient-elles ? Robert n'affirme rien mais constate cet état de fait : « Je ne sais pas par qui passaient ces indiscrétions mais, à plusieurs reprises, *Le Canard Enchaîné* a repris l'histoire d'Etienne Mougeotte et sa « bande » qui veulent virer Michèle Cotta, c'était la meilleure façon de la protéger. » Robert Namias se voit offrir une période de purgatoire, installé dans un petit bureau de Cognacq-Jay, j'allais le voir pour lui remonter le moral. Pierre Geraud, le rédacteur en chef de Poivre, rentre à Paris et constate que la bataille avait fait deux morts. Cette histoire de clans, il l'a vécue également : « En gros il y avait les anciens d'Europe 1, Etienne Mougeotte, Gérard Carreyrou et Robert Namias, tous très solidaires entre eux et de l'autre Michèle Cotta, solidaire de personne. Patrick Poivre d'Arvor vivait tous ces événements en électron libre, indépendant de tout ce remue-ménage. De toute façon, Patrick n'appartient à personne. » Dès le lundi suivant, Poivre ira faire un journal spécial devant le mur et la porte de Brandebourg avec nos équipes sur place. En Roumanie, la tension est proche de la guerre civile.

*

Quelques semaines plus tard, fin janvier 1990, je pars avec Patrick Poivre d'Arvor, Michèle Cotta et Dominique Bromberger, mon assistant Jean-Pierre Bouilliez et ma scripte Ghislaine Leblanc à Bucarest, en Roumanie où le « conducator » Nicolae Ceaucescu vient d'être destitué. Une révolution se déroule dont les journalistes rendent compte jour après jour, minute après minute sur les écrans de la télévision roumaine dans le studio 4 où nous nous rendons dans un avion privé, les liaisons normales étant aléatoires. Le 17 décembre, l'armée a ouvert le feu sur des manifestants anticommunistes à Timisoara. La rébellion se propage à Bucarest où Ceaucescu organise un rassemblement de masse le 21 décembre pour soutenir son régime contesté. Lorsqu'il prend la parole, il est interrompu par la foule qui lance le cri de « Timisoara » pendant son discours depuis son balcon où il s'adresse à la foule. Il hésite puis s'arrête de parler, décontenancé, la retransmission télévisée s'interrompt. Image stupéfiante ! Le lendemain les manifestants envahissent le Comité central et les époux Ceaucescu s'enfuient à bord d'un hélicoptère. Ils seront finalement rattrapés, arrêtés et exécutés quatre jours plus tard. Le même jour, la foule envahit le bâtiment de la télévision, l'armée fraternise avec les manifestants.

Dès nos premiers pas, l'aspect désolé de la capitale et de ses habitants nous frappe, comme doit l'être actuellement la population de la Corée du Nord, impression renforcée lorsque nous arrivons devant le siège du « palais du peuple », ce bâtiment à peine achevé, monstrueux par sa taille, presque aussi étendu que le Pentagone à Washington, qui domine une large avenue vide, aux alentours des rues en terre : des chiens errants, aucune voiture, une population mal habillée et ce monument aux dimensions colossales, à la gloire d'un tyran. Nous nous arrêtons Michèle Cotta, Dominique Bromberger, Patrick et moi le temps d'une photo souvenir. Dans les rues près de la télévision des chars encore fumants. Notre expédition n'est pas de tout repos, une ville en guerre, pratiquement pas d'eau potable. Nous nous arrêtons devant un endroit où des centaines de bougies et de fleurs rendent hommage aux morts de cette révolution. Jean-Louis Calderon, grand reporter de la Cinq, a trouvé la mort ici à Bucarest avant Noël au plus fort des événements. Il avait dit à sa femme : « J'y vais, je vois, je raconte et je reviens, ne t'inquiète pas ! » Marié, père de deux petites filles, une rue de la capitale roumaine porte désormais son nom.

Nous prenons la direction de l'Intercontinental, haute tour à la soviétique, partout des chars et des hommes en armes. Dans nos chambres, nous installons un petit studio. À Moscou, derrière le rideau de fer, j'avais été frappé par la surveillance et le régime policier, à Bucarest par la pauvreté et son cortège de dénuement. Les habitants portent des tenues élimées, des chaussures trouées, trimballant des mines fatiguées. Jeunes, nous nous sentions obligés d'embrasser la cause du peuple soviétique, dont les chants, les hymnes et les exploits avaient peuplé notre jeunesse nourrie aux sonorités des Chœurs de l'Armée rouge car ils avaient vaincu les nazis. En Russie, le second conflit mondial s'appelle « la grande guerre patriotique » et ce sont eux qui ont vaincu Hitler. les Américains ont achevé le travail en beauté mais les vingt millions de morts sont russes. Karl

Marx n'avait pris personne par surprise, je le voyais ce jour-là de mes yeux, mais il y avait un léger hiatus, d'un côté la dictature et de l'autre le prolétariat, le mélange n'avait pas fonctionné. Moscou était trompeur, la place Rouge malgré le verrouillage regorgeait de richesses, ici en Roumanie il n'y avait rien qu'une « Sécuritate », aussi puissante que la « Stasi » en Allemagne de l'Est et le palais d'un démiurge familial transformé en sanguinaire des Carpates. Ce dimanche-là, nous pénétrons dans la télévision roumaine, nous sommes fouillés, nous passons tous sauf Ghislaine Leblanc dont le sac regorge d'objets en ferraille. Je ferai notre émission spéciale en direct avec Paris avec les moyens du bord, presque les larmes aux yeux, les techniciens sont tellement gentils, ils manquent de tout. Michèle Cotta maquillera Patrick avec ses produits de beauté.

Patrick Bourrat, notre envoyé spécial sur place, décrocha pour Poivre l'interview du pilote d'hélicoptère qui avait permis l'arrestation du dictateur Ceaucescu. Toutes les télévisions mondiales étaient sur le coup. Sur le plateau, Poivre sera gardé par des soldats, miliciens et hommes en armes. Il a organisé une opération spéciale en ce dimanche après-midi pour les enfants roumains dont « Gavroche », le héros de la révolution roumaine. Les faisceaux satellites avec Paris et les Buttes-Chaumont ont lâché, on cherche en vitesse une autre liaison. Je suis dans la régie où la révolution s'est écrite en direct. Le bâtiment est cerné par une foule nombreuse mais pas hostile qui garde suspicieusement ce symbole de leur prise de pouvoir. Nous sortirons au milieu de cette masse humaine, protégés par des soldats et une rangée de chars. Au moment de repartir vers l'aéroport, un brouillard à couper au couteau tombe brusquement sur la capitale. Jean-Pierre est devant avec Michèle Cotta, je suis dans l'autre véhicule avec Patrick. On n'y voit pas à dix mètres. À un moment, nous nous arrêtons au milieu de nulle part. On perçoit un vague bâtiment dans la brume. Michèle Cotta saute au cou de Jean-Pierre : « Merci de nous avoir ramenés sains et saufs. »

Jean-Pierre avait payé un taxi qui nous avait montré le chemin. Nous attendrons deux heures, épuisés, l'embarquement dans l'aérogare. Quelques mois plus tard, le 20 heures de TF1 propose aux téléspectateurs la diffusion, en exclusivité, d'un reportage consacré au procès des époux Ceaucescu. TF1 et Antenne 2 se sont livrés à une bataille pour obtenir ces images négociées avec la télévision roumaine par Paul-Loup Sulitzer. Poivre réalise ce soir-là 62 % de parts de marché. Cette révolution roumaine, dont la population est quelque peu francophile, marquera l'entrée de nos télévisions dans l'ère du direct en continu. Sur la Cinq, Christian Guy avait eu très vite une idée toute simple, permise par la moindre audience de sa chaîne : les Roumains filmant en direct leur révolution depuis la télévision nationale, il décide de brancher la Cinq sur le studio 4. La fortune sourit aux audacieux, la Cinq a la chance d'avoir un interprète roumain qui traduit en cabine toutes les images qui parviennent de ces événements. Les journalistes de la Cinq ont innové en *direct live* pour suivre les péripéties de cette révolution roumaine, cette décision trouva un écho sur les antennes françaises. De ce jour, la prise d'antenne pour du direct en continu devient une idée qui fait son chemin.

Pour toutes ces raisons, les années 1989-1991 marqueront une rupture dans le monde de l'actualité télévisée, bouleversé par des événements à portée historique. Poivre à la barre du 20 heures fera également des interviews de nombreuses personnalités mondiales : « Je garde en mémoire ces instants où le destin de ces grands hommes bascule, à quelques jours ou à quelques heures de leur chute. » Cette connaissance des grands de ce monde est un passeport. Lorsque la chanteuse Madonna passa une sorte d'appel d'offres afin de connaître les animateurs français susceptibles de la recevoir, j'ai composé pour Patrick une bande où l'on voyait tous ses invités selon un point de vue américain. Facile, Patrick a reçu ou interrogé tous les grands de la planète : Nelson Mandela, Ronald Reagan, Margaret Thatcher, Muhamad Khadafi, Benazir Bhutto, Yasser Arafat, Fidel Castro, George Bush, Hassan II, Bill Clinton, on voyait tous ces invités prestigieux ; j'avais agrémenté cette séquence de ses invités cinématographiques anglo-saxons, Harrison Ford, John Huston, Kim Basinger, Robin Williams, Sylvester Stallone, Tom Hanks, Clint Eastwood, Jodie Foster, Eddie Murphy ou Arnold Schwarzenegger. Ingrate, la madonne préféra Anne Sinclair...

*

Un an plus tard en août 1991, un « Comité d'État pour l'état d'urgence » apparaît à Moscou alors que Mikhaïl Gorbatchev, le secrétaire général du Parti communiste, est alors loin de la capitale, passant ses vacances sur les bords de la mer Noire. À Moscou, les putschistes le destituent en le prétendant malade, lui laissent son poste de secrétaire général du Parti communiste et prennent le pouvoir en restant enfermés au Kremlin. Un faux pas qui permet à Boris Eltsine, l'ancien maire de Leningrad, d'appeler à la résistance et de se forger une carrure de héros de la démocratie sur le pavé moscovite. L'image de Boris sur un char fera le tour du monde, l'atterrissage en douceur du communisme sur la piste d'envol de la démocratie de style occidental. Fukuyama, un chercheur sino-américain, vient de décréter « la fin de l'histoire », autrement dit la résolution des conflits politiques par l'extension de l'économie de marché. Quelques mois plus tard, nous revenons au Kremlin avec Patrick. Entre-temps l'URSS est redevenue la Russie éternelle, Leningrad retrouve son nom de Saint-Pétersbourg et la religion orthodoxe sa lumière, Moscou a bien changé, ce sera bientôt le temps des « oligarques » et du tsar Boris, mais le printemps démocratique russe est à ce moment-là en plein essor, des noms occidentaux trônent en devanture des magasins, comme celui d'Yves Rocher, à deux pas de la place rouge.

Patrick Poivre d'Arvor vient interroger Boris Eltsine qui a liquidé les communistes. J'avais à ma disposition une centaine de personnes. Nous étions dans le saint des saints, la grande salle de réception du Kremlin, décorée par l'impératrice Catherine II. Soixante-dix ans après les bolcheviques, un libéral démocrate occupait les lieux pour la première fois. Poivre comme tous les bons journalistes affine toujours sa première question, la sienne était d'ordre personnelle, c'était habile. J'avais à mes côtés ma traductrice et lui propose de demander aux techniciens russes d'enclencher le moteur du magnétoscope pour l'enregistrement. Michel Pouchoulin, le chef de production resté sur le plateau, m'écoutait sur un réseau d'ordres. Croyant l'enregistrement en route, il proposa à Poivre de démarrer son interview m'ayant entendu demander le moteur, son casque n'avait pas de micro. Il fallut recommencer. Evidemment à la deuxième prise, Boris Eltsine refusa de répondre une seconde fois à la même question. Les liaisons nous ont trahis, une fois de plus. J'ai beaucoup souffert intérieurement de ce ratage. Même si toutes les questions politiques avaient été posées, je sentais bien qu'un moment privilégié auquel Patrick tenait s'était envolé à jamais. De ce jour et pour mille raisons, il préférera faire ses interviews en extérieur avec des cadreurs, des JRI, « journaliste reporters d'images » comme ils se nomment dorénavant à l'identique des instituteurs devenus professeurs des écoles. La technique des gros cars de reportage s'avérait trop lourde à manier.

Historiens du journal

DANS LA RÉGIE du studio, assis face aux commandes qui évoquent irrésistiblement celles d'un Boeing, le réalisateur Jacques Asline, entouré de son *staff*, n'est pas plus énervé que d'habitude. C'est dire qu'il l'est énormément : « Marcel, nom de Dieu, beugle-t-il dans le micro placé devant lui, ton cadrage a encore bougé. Qu'est-ce que tu fous, on a l'antenne dans trente-cinq secondes ? »

Patrick Poivre d'Arvor se retrouve campé comme moi dans *Meurtre à TF1,* un roman de gare écrit par Roland Cayrol, éditorialiste chez nous au début du mitterrandisme. Sa fausse-vraie fiction raconte l'enquête menée après l'assassinat de Jean-Marie Le Pen au journal de 13 heures d'Yves Mourousi où l'auteur demande si ce n'était pas le journaliste qui était visé, sous-entendu : c'est la guerre à TF1. Roland Cayrol a eu le temps d'apercevoir les coulisses de notre journal et nos modestes personnes et j'ai donc l'honneur de faire l'ouverture du livre où Yves Mourousi ou Patrick Poivre d'Arvor sont descendus en flammes. Pour s'amuser un brin, Jacques Idier, un des journalistes pince-sans-rire du service politique, fit pour « Ex-Libris » une enquête filmée sur l'ouvrage en promenant sa caméra dans les pas de l'auteur. Bruno Masure est en régie en train de régler son siège. « Oui je rêve de voir disparaître Mourousi, coulé dans le béton de l'Arche de la Défense. Mais j'ai un alibi en béton, j'aidais Joseph Poli à traverser la rue Cognacq-Jay et ça nous a bien pris un quart d'heure ! » Noël Mamère est traité de crypto-gauchiste, Dominique Bromberger rapporte ce mot du patron : « dans cette maison tout le monde est l'ennemi de tout le monde ». « Mimi » conclura cette pantalonnade en disant : « Pas la peine de chercher midi à quatorze heures, c'est du roman. » Fiction n'a qu'un œil !

La réalité dépasse heureusement la fiction et pour fêter l'anniversaire des 40 ans du JT et son 2 000e 20 Heures, Patrick Poivre d'Arvor a convié en direct tous les présentateurs emblématiques du journal télévisé depuis sa création ; sur 50 invités 43 ont répondu présent. Yves Mourousi était retenu à New-York, Pierre Tchernia s'est excusé, Philippe Gildas a envoyé sa marionnette. La semaine précédente alors que je préparais les images d'un petit sujet en prélude à cette rencontre, j'ai recherché les images du premier journal de Poivre à Antenne 2. Michèle Stouvenot du *Journal du Dimanche* était en reportage chez nous ce jour-là. Elle était à nos côtés quand Pierre Geraud, le rédacteur en chef, a montré la cassette à Patrick dans son bureau du sixième étage : « Tu vas voir, c'est un régal. »

Je branche le magnétoscope. Le générique montre une terre bleutée sur quelques notes de timbales et de grosses caisses. Patrick apparaît à l'image, âgé de 29 ans, ce lundi 16 février 1976 à 20 heures, jeune homme aux cheveux légèrement frisés, au regard clair, diction posée, allure romantique et attitude décontractée. Patrick est cadré en plan moyen, on voit ses bras et ses mains, une photo verticale est incrustée derrière lui, ce qui explique la couleur marron de son costume.

« Mesdames, Messieurs, bonsoir. On appelle ça le piège blanc. Hier soir la montagne a tué, a frappé lourdement, 12 morts, 7 dans les Pyrénées, 5 dans les Alpes. Parmi eux, l'ancien champion de ski Jean-Pierre Auger. 12 morts dans les avalanches, à titre de comparaison la route a fait 43 victimes pendant tout le week-end et l'année dernière ces grandes coulées avaient tué 118 personnes. Pourtant hier, ce ne sont pas comme d'habitude le redoux ou l'imprudence qui sont à mettre en cause. Le thermomètre n'a pas brusquement baissé, au contraire, mais c'est l'absence de contact entre la neige fraîche et la neige durcie qui a provoqué l'avalanche. Quant à l'imprudence, il est difficile cette fois d'en parler, Jean-Pierre Auger n'était pas un novice et les autres skieurs ne s'étaient pas écartés des pistes… »

Une certaine distance avec le texte de son journal, un ton différent de celui de Roger Gicquel, moins d'emphase mais tout aussi pédagogique. Un fait divers en ouverture cautérisé par des informations données avec une élégante légèreté dans l'expression. Dès son premier plateau en direct, Patrick fait étalage d'un savoir-faire certain, littéraire et informé, précis et chiffré, émouvant et argumenté. Pas trop de clins d'œil au public, d'emblée il a trouvé son style même s'il fait trop long, défaut qu'il corrigera par la suite. En revoyant pour la première fois son premier 20 heures, Poivre sursaute : « Oh là là, j'étais mauvais comme un cochon, trop sûr de moi, trop moralisateur, les mains en avant. À l'époque c'est vrai j'étais habité d'une rage folle. Depuis je me suis calmé, j'ai pris du recul, de la distance. »

Il me dira également en aparté : « J'étais un peu péremptoire et j'avais une insolence peut-être agaçante, une tête de premier communiant. » Quant au journal lui-même et ses reportages en général dépourvus de son d'ambiance, ils étaient assez institutionnels. « Comme quoi, le bon temps n'est pas toujours celui qu'on enjolive dans ses souvenirs. »

Quatre jours après ce visionnage des archives, le lundi 3 avril 89, il arrive à Cognacq-Jay après une journée agitée. Il rentre du Pakistan où il vient d'interviewer Benazir Bhutto, suit une conférence de presse avec Liz Taylor et assure l'enregistrement d'« Ex-Libris » l'après-midi. Puis le journal avec nous pour souffler ses 2 000 bougies. Une journée habituelle pour lui ! À comparer au qualificatif employé par les auteurs de *Mesdames, messieurs bonsoir*, qui a assuré le succès de leur ouvrage anonyme. Mensonge patent, la médisance est une paresse, tout le contraire du quotidien de Patrick ! Ils sont tous là, en direct sur notre plateau de Cognacq-Jay : Pierre Sabbagh, Jacques Sallebert, Georges de Caunes, Pierre Dumayet. Nous avons réalisé cette séquence en direct, évidemment il y avait aussi un journal à faire et cette présentation se plaçait en toute fin. Les répétitions furent brèves et réduites à leur plus simple expression, autant dire qu'il n'y en eut pas : les quarante journalistes sont arrivés avant ou pendant le journal, se sont installés sur quatre rangs, comme une gigantesque équipe, une *dream team* à la française. Patrick m'avait dit avant le journal : « Tu les montres un à un, je les cite… »

> « Vous reconnaissez Bruno Masure, ce n'est pas difficile vous le voyez trois soirs sur sept, Jean-Pierre Elkabbach qui fut mon directeur de l'Information sur la Deux, il y en a qui ont fait de la politique, à gauche, à droite au centre, on reconnaît Raymond Marcillac, Jacques Alexandre dont je vois surtout le crâne (rires), Jacques Sallebert qui m'a engagé sur la Deux, Claude Darget l'un des plus anciens nous a fait l'amitié de répondre à notre invitation, Roger Gicquel qui a détenu le record pendant six ans et Léon Zitrone qui a battu les records toutes catégories, il a présenté le 8 heures, le 9 heures, le 10 heures, le 11 heures (rires), dès que c'était possible il était là… Je suis assez ému de les retrouver, tous ces grands anciens… »

La séquence des présentateurs historiques dura quatre minutes et entra dans l'histoire de la télévision. Peu avant, Bruno Masure, hilare, s'exclamait : « Si Patrick a un malaise, on va être au moins quarante à bondir sur son fauteuil pour reprendre l'antenne, c'est sûr ! » Ce soir-là, Poivre se posait ainsi en fidèle héritier de ses prédécesseurs, prenant dans sa main de relayeur le bâton de Maréchal pour continuer l'épreuve en finisseur afin de battre le record du monde de la présentation, les vingt ans de Walter Cronkite à CBS ou de son successeur, Dan Rather qui termina sa carrière à 72 ans ! À la petite soirée qui suivit, nous étions tous réunis. Michèle Cotta s'adressant à eux tous leur dit : « Nous avons tous été ici été engagés par certains d'entre vous… » Patrick lança aussitôt une incidente : «… et parfois virés… », faisant l'éloge de Pierre Sabbagh.

*

Huit ans plus tard à Boulogne, en début d'après-midi, dans la grande salle de réunion du premier étage, je glisse à Poivre : « Il faudrait prévoir quelque chose pour les 50 ans du journal.

— Présente-moi un projet.

— Tu veux de l'investigation ou un beau livre d'images ?

— Un beau livre d'images. »

Entre nous, pas besoin de grandes phrases. Entre hommes, les mots ne fâchent pas, ils illustrent. Jacques Attali venait de publier ses *Verbatim*, comptes-rendus détaillés de ses années passées aux côtés de François Mitterrand. Poivre déclara à sa petite équipe : « Maintenant, j'ai mon verbatim. »

Le sien sera en images.

Je décidai de reformer l'équipe du premier journal télévisé, tous les témoins étaient encore là, une chance à saisir. Je fis mon enquête, ressortant du placard les sujets en images de ces premiers jours et demandai à nos grands anciens de refaire un commentaire identique à celui réalisé à l'époque, le mélange du noir et blanc et de la couleur facilitant cette démonstration pédagogique. Très gentiment, ils acceptèrent tous les cinq de participer à l'aventure. Passé cet anniversaire des 50 ans, ils savaient bien que leur mémoire s'évanouirait dans le néant, cette reconstitution n'avait jamais été faite, le moment était donc venu de mettre la main à la pâte pour l'histoire de manière précise, illustrée et incontestable.

Jacques Sallebert est monté de la côte d'Azur, j'étais passé le voir à Cannes et nous avions sympathisé. Aussi, malgré des difficultés pour se mouvoir, il est venu très gentiment, allant saluer Poivre qu'il avait engagé à Antenne 2. Georges de Caunes est revenu de La Rochelle, je lui demandai les coordonnées de Jacqueline Joubert, qui fut la première speakerine et sa compagne, pour reconstituer le déroulement de cette soirée. J'allai chez Pierre Dumayet, dans son appartement du faubourg Saint-Germain près de Sciences-Po rempli de livres naturellement puisqu'il fut le créateur de « Lectures pour tous », un plafond bas qui donne une intensité particulière à sa bibliothèque qui court sur plusieurs pièces. Il n'a pas changé, toujours lucide et caustique, ne faisant pas une montagne de ses exploits au journal télévisé. Pierre Tchernia, à côté du Parc Monceau, venait de perdre son carnet d'adresse !

Le casting bouclé, j'allais rue Cognacq-Jay. Extérieurement, l'immeuble n'a pas changé dix ans après le départ de TF1 et d'Antenne 2. Mais à l'intérieur, de nouvelles chaînes se sont installées, l'atmosphère est plus calme, les ascenseurs sont toujours là, comme le hall d'accueil, agrémenté d'une porte avec badge. Dans les étages, les ordinateurs ont remplacé les tubes à lampes, les bureaux sont petits et fonctionnels. Soudain au deuxième étage, au milieu des moquettes capitonnées, je découvre un îlot du passé, ouvert sur le couloir en chicane menant à l'extension du 19, rue Cognacq-Jay, comme une perle rare, le studio des speakerines, devenu celui des échanges avec les télévisions étrangères, appelé le BP4. Toujours là comme une rareté déposée à mon intention, avec sa vitre sur la régie, son mur gris en matière insonore, ses vieux câbles noirs et sa lourde porte, il sert encore aux envoyés spéciaux étrangers de passage à Paris pour faire des commentaires à destination de leurs chaînes respectives. Ses 30 mètres carrés suffisent à mon bonheur. J'apprends que le maître des lieux, Cognacq-Jay Images, a l'intention de le démolir. Dernière trace de l'histoire de la télévision des débuts, il ne reste que lui, je tournerai là. Six mois plus tard, il nous aurait fallu faire de la fiction. Mon histoire de la télé l'a échappé belle.

J'accueille Pierre Tchernia sur le trottoir devant le 15, rue Cognacq-Jay. Au deuxième étage, Georges de Caunes retrouve Jacqueline Joubert, moment d'émotion capté par une équipe de M6 : rires, embrassades et nouvelles de la nombreuse et professionnelle progéniture. Jacques Sallebert nous rejoint, s'aidant d'une canne, il s'assied et les premières plaisanteries fusent, aiguisées par l'arrivée discrète de Pierre Dumayet Je suis frappé par l'intensité de leurs regards toujours incisifs, malgré quelques difficultés d'élocution, je les trouve rayonnants même s'ils n'ont plus l'allant de leur jeunesse, il leur reste la flamme ; bref je les trouve beaux, comme est belle l'intelligence du cœur et de l'âme.

Le compagnon de mon assistante Madeleine Olive, dont c'est la première prestation, nous a construit une table à l'identique de l'originale, avec ses croisillons de bois, j'ai retrouvé les micros et les casques d'écoute d'époque au musée de la Maison de la Radio. Mieux qu'un film, c'est le vrai journal de 1949 qui renaît sous les yeux de mon équipe, Jacky Kargayan et Jean-Claude Bruzzi, mes deux acolytes journalistes cameramen qui nous feront une belle lumière dans les bleus et les orangés. Pendant une heure nous enregistrons la reconstitution, nous leur passons les sujets de l'époque, ils en font le commentaire en vrai direct. Rien de truqué, tout est exact comme au premier jour, même leur déplacement pour s'asseoir à tour de rôle devant le micro. Au montage j'ai simplement raccourci quelques temps morts. Jusqu'au dernier moment, Georges de Caunes a retouché son commentaire, il est vrai que l'enterrement de Marcel Cerdan lui donne l'occasion de choisir ses mots, « les invités y sont fantomatiques, on va reconnaître Georges Carpentier, homme du Nord, champion du monde de boxe, aussi et doux et tranquille dans la vie que le fut Marcel Cerdan, homme du Sud… » Jacques Sallebert nous fait revivre l'arrivée du Tour 49, avec la victoire de Fausto Coppi. Vient le temps des interviews, Georges de Caunes attaque : « On était populaires parce qu'on nous entendait tous les jours. »

Jacques Sallebert lui rétorque genre, réveille-toi l'ami : « Oui mais on ne passait pas à l'image. »

Georges de Caunes, un peu hautain : « On nous reconnaissait à notre ton. »

Pierre Dumayet, hilarant et pince-sans-rire : « Il faut reconnaître quand même que ceux qui avaient un poste étaient quand même héroïques… c'était plus drôle d'ouvrir leur poste et qu'il y ait quelque chose plutôt que de l'ouvrir et qu'il n'y ait rien ! On a eu forcément un petit succès à cause de ça ! »

George de Caunes, toujours caustique et définitif : « Le phénomène avec la télévision aujourd'hui, c'est que l'on peut ouvrir le poste et que souvent il n'y a rien ! »

Pierre Dumayet fait une moue genre, il va fort !

Jacques Sallebert, toujours bonhomme : « C'était nouveau, on pouvait faire n'importe quoi c'était génial... »

Pïerre Tchernia conclut ces galéjades nostalgiques d'un ton grave : « On plaisantait entre nous, on s'obligeait à des plaisanteries de collégiens. »

Georges de Caunes me demanda gentiment après son interview : « Pourquoi tu ne passes pas de l'autre côté du miroir ? » Sympathique de sa part, sa question fut la récompense de mon travail d'auteur, producteur et réalisateur de ce documentaire.

Changement de décor pour le deuxième tournage à la Maison de la Radio, autre lieu mythique de l'Histoire de la télévision. Nous avons retrouvé les toutes premières images de Patrick en noir et blanc qui faisait là ses premiers pas pour le journal de la Trois. Je reconstituai l'équipe qui présida à la naissance de TF1 : Christian Bernadac le rédacteur en chef du journal télévisé, arrive tendu, l'Ariégeois tient à mettre au point une fois pour toutes qu'il fut le maître d'œuvre du 20 heures ; c'est lui et non Henri Marque qui a eu l'idée d'engager Roger Gicquel qui cassa la baraque, justement le voilà, arrivant tout juste de Bretagne pour ce tournage. Edouard Sablier est venu à mon rendez-vous, mais ce directeur de la télévision en 68, en compagnie de Jean-Louis Guillaud, refusa de répondre à mes questions. Ils sont là tous les quatre, dans le grand hall de la Maison de la Radio, devant un mur de mosaïques multicolores, ils n'avaient pas été réunis depuis 20 ans. Lors de cette rencontre historique, Roger Gicquel se tourne vers Jean-Louis Guillaud, son ancien pédégé, et lui demande : « J'aimerai savoir ce que Jean-Louis Guillaud, c'était lui le patron après-tout, a pensé de ma prestation au 20 heures… je ne l'ai jamais su. »

Jean-Louis Guillaud accepte bien volontiers de répondre à Roger Gicquel : « J'ai tout de suite été extrêmement satisfait de votre journal car vous apportiez à la télévision une expression de maturité… »

Roger Gicquel : «… Même si l'on me reprochait que lorsqu'un avion tombait, il tombait sur mes chaussures ! »

Jean-Louis Guillaud : « Je ne vous ai jamais fait ce reproche, les téléspectateurs non plus d'ailleurs. »

Non, cette remarque : « lorsqu'un avion tombe, il s'écrase sur les pompes à Giquel » était due à Coluche.

Emmanuel de la Taille m'avait fait une remarque similaire, la télévision est un métier où l'on n'est pas jugé : « Durant toute ma carrière à la télévision, jamais un supérieur ne m'a fait la moindre réflexion, ni à moi ni à mes collègues, sur la nature ou la qualité de notre travail. Nous étions salués ou vidés sans commentaires, c'est un métier où l'on est entièrement seul. »

Retour à Cognacq-Jay pour l'interview croisée des grands patrons de la télé, Etienne Mougeotte, Pierre Lescure, Jean-Pierre Elkabbach et Jean-Marie Cavada, un plateau évidement exceptionnel et qui restera unique. Le grand moment de ce tournage, au-delà de l'image de leur présence commune, sera la mise au point finale sur la concurrence amicale mais effrénée que se livrèrent Jean-Pierre Elkabbach et Jean-Marie Cavada à la tête de leurs rédactions respectives au début des années 80, la lutte finale se déroulant au moment de la compétition pour la présidence de France Télévision que Jean-Pierre Elkabbach gagna en 1993. Cinq ans sont passés. J'ai placé les deux compétiteurs face à face, rue Cognacq-Jay, devant mes caméras pour leur toute première et unique explication de texte. Le grand public s'est-il aperçu qu'il y avait lutte entre les deux hommes? Pas sûr, en revanche il savait que la concurrence était forte entre TF1 et Antenne 2.

Leur premier heurt se produisit à Antenne 2 en 1977 quand Jean-Pierre Elkabbach entre à Antenne 2 comme directeur de l'Information. Jean-Marie Cavada s'en va aussitôt: « J'ai démissionné car je n'accepte pas les oukases. Ayant une grande distance vis-à-vis des événements car je viens du bas de l'échelle, j'ai du recul, je suis pondéré. Jean-Pierre et très affectif, il vous demande tout de suite: « Est-ce que tu m'aimes? » On peut dire que nous nous sommes « croisés », mais ce n'est pas vrai, nos affrontements symbolisaient les vicissitudes de l'Histoire de l'audiovisuel en France. Il est très impatient. »

Jean-Pierre Elkabbach s'adresse directement à Jean-Marie Cavada: « On nous a souvent montés l'un contre l'autre. Mais je ne crois pas que nous nous battions au nom d'une inimitié de caractère personnel. Jean-Marie a des qualités, même s'il est parfois insupportable de combativité, je m'en suis aperçu quand tu as été nommé directeur de l'Information de TF1, tu étais au cinquième étage, j'étais au sixième et c'était une guerre épouvantable; on s'est battu pour l'information et au-delà des heurts ou des crises qui se sont produites...

—... ou des circonstances. Jean-Pierre avait probablement noué des relations passionnelles, c'est mon jugement, et poussé le moteur pour qu'il aille le plus vite possible et j'ai le sentiment, sans lui en avoir parlé d'ailleurs, que certains dans son équipe lui ont renvoyé cette force quelque peu antagoniste, surtout à un moment où il était affaibli. On connaît l'élégance de ces attitudes…

— Oui, ce sont les circonstances qui nous ont mis en opposition. Jean-Marie et moi avons souvent été appelés par temps de crise à l'intérieur des rédactions. Quand éclatent les orages, on cherche des professionnels, on fait des listes et à un moment c'est l'un, la fois suivante c'est l'autre.

— Je peux dire la même chose, il est vrai qu'on l'a beaucoup cherché parce qu'au fond nous avons des profils très différents, des tempéraments opposés et combatifs, donc si l'un est épuisé, le tour de l'autre arrivera. Je vous rassure tout de suite, le cercle de famille des dirigeants s'est agrandi aujourd'hui. Les gens extérieurs à nos métiers ne l'imaginent pas, nous sommes plongés dans un tout petit milieu qui a parfois besoin de mousse pour sortir de l'ordinaire. Ce fut le cas notamment au moment de notre face sur la Une et la Deux. »

Jean-Pierre Elkabbach conclut : « Cela me permet de dire maintenant toute l'estime que j'ai pour Jean-Marie même s'il ne le sait pas, même s'il ne le croit pas ou ne veut pas le croire. En tout cas il y a un point commun entre nous, une véritable estime, je le dis, comme cela c'est net, clair et définitif. »

À RFO, après la diffusion du documentaire, je retrouve Jean-Marie Cavada devenu le pédégé de la télévision de l'Outre-mer. Nous parlons du film, il me lâche, amical mais toujours pointu et affûté, comme à son habitude : « Mon cher Jacques, vous nous avez utilisés… »

Que pouvais-je répondre ? Toutes les personnalités invitées à témoigner dans un documentaire le savent bien, ils répondent pendant une heure à nos questions et voient à l'antenne une petite phrase de quinze secondes, c'est la loi du genre. Christine Ockrent me l'avait dit en souriant, sur le toit de Cognacq-Jay où je l'interrogeais en compagnie de Philippe Labro : « Allons-y Jacques, de toute façon tu ne garderas qu'une phrase… »

C'est précisément cette remarque de Jean-Marie Cavada qui m'a poussé à écrire ce livre, j'avais des heures d'interviews et personne n'en avait connaissance.

Patrick fit la promotion du film lors de la projection de presse. Je me suis éclipsé sur la pointe des pieds, ses interviews devant une bonne centaine de confrères seront la meilleure valorisation possible de notre travail ; j'aurais juste l'occasion d'échanger quelques mots avec Véronique Richebois du *Nouvel Observateur*, que j'avais croisée lors de la promotion de « La bataille du 20 heures ». Elle écrira : « Le documentaire se feuillette comme un album de famille et, comme lui, provoque les mêmes attendrissements et les mêmes ironies. La performance du documentaire de Jacques Asline tient à son talent pour faire exister le JT comme un personnage en soi, dont il décortique la trajectoire, des balbutiements du début jusqu'à la grand-messe actuelle. ». Le journal télévisé est né il y a soixante ans, comme la génération du baby-boom dont il épouse l'Histoire.

Petite histoire du journal télévisé

Né quelque part

UN SOIR, le cinéaste Marcel Ophüls filme Patrick Poivre d'Arvor à Boulogne-Billancourt où TF1 vient de s'installer après avoir quitté Cognacq-Jay. Il finalise un documentaire sur la chute du mur de Berlin et Poivre attache beaucoup d'importance à ce tournage. Installé dans la petite salle de frappe du journal télévisé, le réalisateur regard collé à l'œilleton de l'Arriflex 16 millimètres rivé en gros plan sur le visage de Patrick, cherche à comprendre pourquoi le présentateur choisit telle ou telle information dans le flot des dépêches et comment il la formule au public, une des préoccupations majeures de son œuvre de cinéaste. Faire éclater la vérité par l'énoncé des faits, n'est-ce pas également le travail du journaliste ? À l'instar de son film *Le Chagrin et la pitié* qui attendit douze ans sur les étagères avant d'être diffusé, les Français attendront plusieurs décennies cette révélation incroyable : notre journal télévisé doit tout à l'armée allemande et particulièrement à l'un de ses officiers, inventeur de Cognacq-Jay et créateur de la télévision française.

Au mois de mai 1941, Kurt Hinzmann, officier de la propagande, ancien athlète devenu reporter à la radio, débarque dans Paris occupé. Ayant gravi les échelons, il vient d'être nommé sous-directeur de la télévision allemande. Affidé du régime hitlérien et décrit comme « un aventurier de haute volée », grand et bel homme, sa mission première dans la capitale occupée est d'élaborer des programmes de radio en langue anglaise pour diffuser des émissions de propagande le jour où le Royaume-Uni capitulera. Un mois plus tard, Adolf Hitler déclenche l'opération « Barbarossa » le dimanche 22 juin 1941 au petit matin, lançant sa Wermacht, ses panzers et ses maréchaux à la conquête de la Russie éternelle. À l'Ouest, il est tranquille, si les Anglais résistent encore, Pétain ne compte pas. La France est riche et docile, il la pille consciencieusement pour son effort de guerre.

En France, l'occupation ressemble encore aux images de *La Grande Vadrouille*, la zone dite libre au Sud de la Loire permet des échappées belles au nez et à la barbe des Allemands. Dans la capitale, les officiers cherchent à gagner les faveurs de la population parisenne où la vie nocturne et culturelle s'est à peine arrêtée. Jamais la vie parisienne ne fut plus intense, défilés de mode, opéra, courses hippiques ont repris, dans les théâtres ou les music-halls comédiens et fantaisistes font leur métier. Kurt Hinzmann reçoit l'ordre de démonter l'émetteur de la tour Eiffel, énorme machine de douze tonnes considérée comme le plus puissant du monde, il porte à 100 kilomètres autour de la capitale ; les nazis sont passés maîtres dans l'art du pillage industriel des pays occupés. Mais l'officier prend rapidement goût à la vie parisienne et n'a pas envie de retourner à Berlin. Habile, il réussit à faire annuler cet ordre et propose de réaliser des émissions de télévision pour distraire les blessés dans les hôpitaux parisiens. Une note du 20 mai 1942 officialise sa mission.

Avant la deuxième guerre mondiale, le terme de télévision est méconnu du grand public et il y a en France environ

300 récepteurs individuels, certains placés dans quelques rares lieux publics, la plupart chez des radioélectriciens, au même moment cinq millions de postes de radio sont en circulation. Trop confidentielle pour être efficace, la télévision ne sera pas intégrée au dispositif de propagande nazie. L'officier bénéficia également des difficultés de l'armée allemande pour conquérir l'Union soviétique, l'opération « Barbarossa » tourne au cauchemar, ce sont des milliers de soldats allemands blessés qu'il faut dissimuler aux yeux de l'opinion publique allemande. Aussi des trains sanitaires spéciaux les transportent directement du front russe à Paris en traversant l'Allemagne de nuit sans s'arrêter ; ils seront soignés dans les hôpitaux civils parisiens réquisitionnés.

Il doit maintenant trouver un studio et tombe par hasard sur un ancien dancing à l'abandon, au 180, rue de l'Université, le Magic City, dont la salle de danse était suffisamment vaste pour être transformée en studio. Derrière ce dancing, il découvre un garage abandonné, idéal comme atelier pour les décors, mitoyen d'un bel immeuble, une pension de famille, La familiale de l'Alma, qui pourrait servir de locaux administratifs, donnant de l'autre côté aux numéros 13 et 15 de la rue Cognacq-Jay, cette rue du 7e arrondissement visible de la tour Eiffel, donnant sur le pont de l'Alma. Il réquisitionne l'ensemble des deux immeubles, l'administration française les achète en 1942, le propriétaire sera indemnisé quelques mois plus tard. La station *Fernsehsender Paris* dite aussi Paris Télévision est créée en mai 1943, son logo est une tour Eiffel entourée d'ondes concentriques. L'inauguration officielle a lieu quatre mois plus tard, après des travaux importants, cette grande salle de cinéma sera le premier studio de la télévision française. La télévision a d'emblée trouvé son style. Un plateau et une régie, un réalisateur et des techniciens, un présentateur et des artistes. Ce n'est pas de la radio, les images sont prépondérantes, ce n'est pas du cinéma, tout de fait en direct. 250 postes sont installés dans les hôpitaux parisiens. Kurt Hinzmann fait venir d'Allemagne douze téléviseurs supplémentaires qui sont installés dans les chambres de l'hôtel Majestic, le QG des officiers la Gestapo, manière d'assurer ses arrières. Une centaine de personnes sans compter les intermittents, plusieurs nationalités se côtoient dans les couloirs et même des Juifs, des évadés ou des gaullistes. Kurt Hinzmann ferme les yeux avec une indifférence bienveillante et prévient même ses collaborateurs en cas de contrôle de la Gestapo. Un des réalisateurs de l'époque, Jean-Michel Smet, ancien danseur du théâtre de la Monnaie de Bruxelles, voit naître son fils, le futur Johnny Hallyday, en ces journées printanières, le 15 juin 1943. Un mois après l'inauguration, il fait engager sa cousine Desta qui élèvera son fils. D'autres obtiennent des certificats de complaisance leur permettant d'échapper au STO, le travail obligatoire en Allemagne.

Mais Paris Télévision connaît une existence éphémère : un an après sa création quand les alliés se rapprochent de la capitale. Le samedi 12 août en fin de soirée, *Fernsehsender Paris* interrompt brusquement ses programmes. Les troupes allemandes emportent avec eux les téléviseurs des hôpitaux, en revanche les douze récepteurs installés à l'hôtel Majestic resteront en place ! Quatre jours plus tard, l'ordre est donné à Hinztmann depuis Berlin de dynamiter l'émetteur de la tour Eiffel. Il tirera des coups de feu symboliques sur des équipements sans importance. Il aura ainsi sauvé deux fois l'émetteur de la tour Eiffel, laissant aux Français une station de télévision totalement opérationnelle parmi l'une des plus performantes du monde. Un geste chevaleresque qui l'oblige à s'enfuir. La guerre terminée, l'armistice signé, le gouvernement français reconnaîtra sa valeur professionnelle, il est rappelé en décembre 1946 accompagné d'une dizaine d'ingénieurs allemands. Kurt Hinzmann fut un vrai créateur, pendant 50 ans Cognacq-Jay restera l'emblème de la télévision française. Dans les années 80, la revue *Antennes* de TDF révélera qu'en reconnaissance des services rendus, la France lui a octroyé une pension d'ancien fonctionnaire de la Radiodiffusion Française.

*

Le 15 août 1948, aux États-Unis, la CBS inaugure une émission quotidienne « CBS Television News », à 19h30, qui se présente alors comme une amorce de journal télévisé. Il devient très vite le « Douglas Edwards with the news » de quinze minutes, diffusé tous les soirs. L'animateur américain donne des nouvelles sur le petit écran. Est-ce un journal télévisé ? En tout cas, pas celui que nous connaissons dérivé de l'esthétique du cinéma. Plutôt une sorte de *talk-show* comme l'on dit outre-Atlantique, entrecoupé de messages publicitaires. D'ailleurs, si l'on regarde encore aujourd'hui les journaux télévisés américains, ils sont principalement composés de directs avec des envoyés spéciaux, accrochés à une voiture HF qui donnent les informations en parlant sur le lieu de l'événement avec quelques images d'illustration. Ces images sont là pour supporter la prestation personnelle de l'envoyé spécial qui possède toujours sur son micro le logo de la chaîne. L'info c'est le journaliste sur place, pas le reportage. C'est souvent de la radio filmée. Le journaliste gardera sa place jusqu'en 1962 où il sera remplacé par le célèbre Walter Cronkite qui restera 19 ans à la tête du « CBS Evening news », remplacé lui-même par Dan Rather à partir de 1981 qui vient d'être démissionné le 9 mars 2005 à l'âge de 72 ans pour une histoire controversée sur la guerre d'Irak ; il aura tenu exactement 24 ans à l'antenne.

Le présentateur unique, l'*anchorman*, est donc apparu d'emblée aux États-Unis, personnalisant le journal et donnant son nom et son style à la tranche d'information. NBC suivra rapidement de manière encore plus commerciale puisque le « Camel News caravan » de John Cameron Swayze n'hésitait pas à afficher le nom du sponsor, une marque de cigarettes, comme emblème de l'émission. Il présentait l'information comme dans les films de Tex Avery disant : *Now let's go hopscotching around the world for headlines* (Sautons d'un bout à l'autre de la planète pour les titres de ce journal) et concluant son émission par : *That's the story folks, glad we could get together* (Et voilà le travail, merci de nous rester fidèles). En Grande-Bretagne et en France, on s'en doute, le style sera plus sobre et la tendance plutôt au service public et à l'anonymat.

Un mois plus tôt, le premier direct télévisé français d'information était apparu sur quelques écrans le 25 juillet 1948, diffusé depuis le Parc des Princes où Jacques Sallebert commente l'arrivée du Tour de France. À l'automne, le jeune François Mitterrand, tout juste nommé secrétaire d'État en charge de la radio nationale, signe en novembre 1948 le décret instituant le standard technique du 819 lignes. La France s'isole des autres pays européens même si elle vend son standard à la Principauté de Monaco, à la Belgique et au Vatican ! Cette décision est le résultat d'une « culture d'entreprise » car les fonctionnaires des PTT ont la mainmise sur la télévision française naissante. Naîtra alors l'adage bien connu des habitués de la rue Cognacq-Jay : « pourquoi faire simple quand on peut faire compliqué ! » La RTF, la Radiodiffusion Télévision Française, est créée dans la foulée le 9 février 1949, placée sous l'autorité du ministre de l'information, c'est une annexe du ministère, une administration pas un organisme indépendant. Ce jour-là, les services administratifs comptabilisent 3 794 récepteurs de télévision pour la plupart groupés à Paris et autour de la capitale, leurs propriétaires doivent payer la toute première redevance, la taxe de 3 000 anciens francs, trente nouveaux francs, cinq euros d'aujourd'hui. Le journal télévisé naît quatre mois plus tard. Finalement, ce seront les jeunes journalistes les plus turbulents et les plus entreprenants de la radio qui décidèrent de sauter le pas pour aller à Cognacq-Jay. Tous sortaient de la guerre. Le JT ne sera pas le résultat d'une volonté du pouvoir politique. C'est l'originalité de cette histoire.

*

Le recruteur Pierre Sabbagh a 31 ans. Il a fait ses études au lycée Carnot dans le 17e arrondissement et achète un magnétophone qui lui permet de devenir reporter à la radio et de gagner sa vie. Le 15 octobre 1945, il effectue son premier reportage le jour de l'exécution de Pierre Laval. En février 1949, armé de son expérience de reporter à la radio et de réalisateur de films, il rencontre les responsables de la RTF et leur propose une idée de journal télévisé en images. Au mois de mars, le sympathique directeur de la radio donne sa chance à Sabbagh en octroyant une semaine de congé au jeune homme fougueux pour qu'il prépare son affaire : « J'ai mis sur pied un projet, récupérant toutes les informations tombées pendant une semaine à la radio et sur les téléscripteurs, essayant de voir ce que je pourrais en faire en images, j'ai préparé un journal entièrement écrit et fait établir un budget. » Pierre Sabbagh, son projet d'une main et sa caméra de l'autre, circulera de bureaux en bureaux, présentant son idée. L'un de ses patrons lui dira : « ce projet ne vaut rien ». Le secrétaire d'État conclura : « laissez-les s'amuser ». Il a obtenu le feu vert. Il restait quatre mois pour former une équipe. Une vingtaine de personnes répond à l'appel d'offres, des commentateurs venus de la radio, Jacques Sallebert toujours le mot pour rire qui engagera Patrick Poivre d'Arvor à Antenne 2, Georges de Caunes grand brun un peu raide et décidé à se faire respecter, Michel Droit, âgé de 26 ans, reporter à la radio blessé en 1945 dans l'offensive vers Strasbourg, devenu académicien, Maurice Séveno, 25 ans, gouailleur et populo qui présentera le journal dans les années 60 et deviendra directeur de l'Info de FR3. Avec eux des cameramen ou réalisateurs, l'élégant Lucien Morice metteur en ondes, qui deviendra directeur artistique d'Europe numéro 1, des monteurs comme Jean-Claude Delannoy, petite moustache du titi parisien qui sera le réalisateur d'Yves Mourousi et qui m'a engagé au JT.

Pierre Sabbagh leur explique son idée : optimiser les images fournies par les agences Pathé-Gaumont, tourner eux-mêmes des reportages et profiter de l'attrait populaire du Tour de France. Le présentateur viendra cinq ans plus tard et presque comme un appendice, pour suppléer le manque de pellicules d'actualités. On peut donc affirmer que la création du journal télévisé par Sabbagh est une vraie première par son style, son esthétique et le choix de ses collaborateurs. Le reportage avec sa narration filmographique est né à Cognacq-Jay. Jusqu'à aujourd'hui, les journaux télévisés français ont gardé cette esthétique unique : de vrais reportages avec des sonores et des interviews où le journaliste s'efface devant son sujet sans se mettre en avant, où le texte du commentaire et le ton de la voix ont leur importance au même titre que les témoins interrogés. En tout cas, c'est le tout premier sur le vieux continent, il fera école partout dans le monde et à ce jour le 20 heures de TF1, ancêtre de cette chaîne unique, reste encore le plus écouté des journaux télévisés européens ! Notre exception française fut à l'œuvre dans ces couloirs de Cognacq-Jay dès les premiers jours du JT.

*

En traversant la Seine pour venir rue Cognacq-Jay, l'équipe des jeunes cinéastes et radioreporters embauchés par Sabbagh découvre une artère récente dont la plupart des immeubles ont été construits il y a moins de vingt ans, au début des années 30. Au milieu de cet univers cossu, la petite rue Cognacq-Jay est unique en son genre à Paris, dessinée, pensée, édifiée comme un geste urbain. Petit îlot de verdure de 200 mètres de long avec au bas des immeubles des jardinets grillagés où poussent des massifs de lauriers et de buis aux feuillages persistants.

Le mercredi 29 juin 1949, veille de la première étape du Tour de France, c'est l'effervescence dans Paris. Jacques Sallebert et son cameraman ont de quoi s'occuper. Ils se dirigent devant les magasins du Louvre où sera donné le départ de l'étape et se rendent ensuite rue du Faubourg-Montmartre, au siège de *L'Équipe* où à partir de 10 heures les coureurs viennent faire enregistrer leurs vélos, puis rue Réaumur au siège du *Parisien Libéré* où se déroule la remise des dossards. Paris est en fête, partout les badauds se pressent en foule pour apercevoir les deux vedettes de l'époque, Gino Bartali et Fausto Coppi qui viennent seulement d'arriver dans la capitale. C'est la course aux images, leur moisson en poche, Wakhevitch et Sallebert regagnent la rue Cognacq-Jay et amènent leur pellicule au développement.

Il est 16 heures. Juste à côté, dans l'unique salle de montage, Pierre Sabbagh s'affaire pour finir son sujet en ballon tourné la veille. Toutes les bonnes volontés sont mises à profit : « On développait la pellicule à la main, nous mettions les produits dans des boîtes de petits pois pour faire les bains, on manquait de tout, nous barbotions des boîtes à la cantine et pendant quelques jours nous avons développé les films avec du débouche-évier. » Pas de chance justement, à 18 heures, les trois bobines du cameraman Michel Wakhevitch sur les cyclistes que devait commenter Jacques Sallebert sont détruites au cours du développement, l'eau à 24 degrés n'était pas à la bonne température et la pellicule est voilée ! Toute l'équipe est effondrée, mais il faut faire face. À 20 heures, une heure avant la prise d'antenne, Pierre Sabbagh s'installe dans la régie où il va piloter et réaliser le premier journal tout en images de l'Histoire. Puisqu'il n'y a pas d'images du Tour, Sabbagh allonge un peu le minutage de son sujet surprise. C'est l'heure. Ce soir-là après le dîner, Jacqueline Joubert apparaît sur de rares écrans, filmée dans le studio par Pierre Sabbagh qui envoie la musique et s'est d'ailleurs fait engueuler par Jean Luc, le directeur des programmes, pour l'avoir choisie car c'est un morceau anglais !

Le titre est tout un programme : « Journal Télévisé, production du service des reportages de la télévision française ». La bobine de film démarre, apparaissent les premières images de « la Kermesse aux Étoiles » commentées en cabine par Michel Droit dans son élément puisqu'il a fait partie des soldats de la deuxième DB. Puis suivent deux sujets courts achetés aux agences, les électrices belges ont voté pour la première fois aux législatives et Bao-Daï l'empereur déchu entrant dans Saigon désert pour proclamer l'État du Vietnam anticommuniste. Ensuite les 24 Heures du Mans commentées par Georges de Caunes. Oubliée la déconvenue des images du Tour noyées au labo, si Pierre Sabbagh a pu continuer à faire son journal, il le doit en partie au sujet qui va suivre : « La veille du premier jour, j'avais eu l'idée d'un tournage inédit. » Tourné avec Michel Wakhevitch, son cameraman, qui explique : « Nous sommes partis en ballon dirigeable pour filmer Paris vu du ciel, un tournage exceptionnel pour l'époque ! Un peu ému, sous pression, Pierre Sabbagh passe maintenant l'image du carton de présentation du sujet, 7'30 de "News from Paris". Il faut leur excuser l'anglais... déjà il avait écopé d'une soufflante avec la musique, mais ils sortent tous de la guerre, les Américains sont nos libérateurs et l'occasion de ce reportage choc est la "coupe Gordon Benett", aventurier et magnat de la presse américaine. 14'50 de journal télévisé, une ouverture en or, Michel Droit, Georges de Caunes et Pierre Sabbagh, des images et de l'action, un fait divers spectaculaire et un haut fait d'armes, de l'Histoire et des histoires, tous les ingrédients de la dramaturgie télévisée. Le reportage sur Paris vu d'en haut fit sensation. À la fin, un carton en lettres noires sur fond gris avec le retour de la musique du début indique "Ainsi s'achève le Journal télévisé". »

Le lendemain dans l'après-midi, le journal *Le Monde*, dans son édition datée du 1er juillet, rend compte du JT de la veille : « La Télévision française a hier soir inauguré une série d'émissions quotidiennes destinées à rendre compte des actualités du jour écoulé. Nous avons pu voir ainsi, directement filmées à cette intention, des vues de la « Kermesse aux Étoiles » fixées par Michel Droit et André Michel, et un voyage en ballon de Pierre Sabbagh et Michel

Wakhevitch filmé depuis la nacelle qui se termina par l'incendie, lui aussi filmé, de l'aéronef. »

Après un arrêt de deux mois, le Journal Télévisé reprend le dimanche 2 octobre 1949. Il ne s'arrêtera plus jusqu'à aujourd'hui sauf en 68 pendant deux semaines ! Un mois plus tard, il va devenir quotidien puis être diffusé deux fois par jour dès le mois de novembre. Ce sont les responsables et la jeune équipe enthousiaste, influencés par ce qui se fait à la radio, qui imposent ce rythme trépidant. Comme le quotidien *France-Soir* qui avait plusieurs éditions, dont sa fameuse « dernière », le Journal Télévisé aura sa première édition à 21 heures, sa deuxième le lendemain à la mi-journée et la troisième vers 18 heures. L'absence de caméra sonore, donc l'impossibilité d'enregistrer le son des déclarations officielles, les obligeait à réaliser un montage de qualité et l'accompagner d'un commentaire captant l'attention du téléspectateur. Et sur ce point, ils ont fait la différence. Car s'ils n'avaient proposé que des plaisanteries de collégiens dans une émission composée de petits sujets en images, le journal télévisé aurait disparu corps et bien comme des milliers d'autres émissions de télévision. Mais aiguillonnés par Sabbagh qui voulait du sérieux avec humour, ces jeunes gens ont inventé le ton de la parole télévisée. Ce n'était pas évident au départ.

Dans tous les domaines, la parole publique restait enflammée, précipitée ou empesée. Les hommes politiques étaient reconnus pour leur talent oratoire ; à la radio, les commentateurs sportifs parlaient à la vitesse de l'éclair ; dans les actualités cinématographiques, les *speakers* pratiquaient des commentaires au ton administratif et claironnant comme le garde champêtre annonçant les nouvelles au son du tambour ; enfin au cinéma dont l'esthétique dérivait encore beaucoup de l'art dramatique, la parole était le plus souvent clamée comme sur les scènes théâtrales. Au journal télévisé, les journalistes vont parler au téléspectateur comme on se parle à la maison, entre amis, à table ou au bureau. L'image de la télévision aux dimensions humaines, regardée dans la lumière de la salle à manger où les visages apparaissent en gros plan, leur a permis d'inventer ce ton amical et bonhomme qui deviendra le propre de la télévision et son apport essentiel avec l'image en direct.

*

Le 2 juin 1953 c'est du jamais vu, de l'inédit, du spectaculaire ! Toute la France se passionne pour le couronnement d'Elizabeth II à l'Abbaye de Westminster. Les Français vont pouvoir regarder des images en direct de l'étranger dès 9 heures du matin sur les quelques écrans privés ou en public dans la rue. Autour des marchands de postes de télévision, c'est une ruée populaire, des salariés ont pris un jour de congé, des foules compactes sont amassées sur les trottoirs pour voir le spectacle retransmis au Marignan, le cinéma des Champs-Élysées. Mieux qu'un film, la réalité dépasse la fiction. Cet événement fera plus que doubler le nombre de téléviseurs en France, dans la semaine qui a précédé l'événement 5 000 postes ont été vendus à Paris. La cérémonie sera également retransmise en Allemagne, en Belgique et aux Pays-Bas. La BBC a mis en batterie pas moins de 17 caméras. Douglas Edward, le présentateur américain de CBS, était là aussi.

Le spectacle est stupéfiant, le carrosse kitsch de la reine dans les rues de Londres, la foule en liesse, des images qui se déroulent au même instant outre-Manche, Elizabeth II dans sa prime jeunesse, son sceptre royal dans la main droite s'avance majestueuse vers l'autel de l'Abbaye de Westminster, couronne d'hermine et de bijoux sur la tête, encadrée par les ecclésiastiques. Pour la première fois, le gros plan de la télévision permet à ceux qui la regardent d'être mieux servis que les participants à la cérémonie, le visage de la reine Elizabeth est filmé de près, les Parisiens la voient mieux que les personnalités dans la Cathédrale qui ne l'aperçoivent que de loin et de dos. Jacques Sallebert, correspondant à Londres, est dans la cathédrale de Westminster, Roger Debouzy sur le parvis, Pierre Tchernia est présent sur le parcours du carrosse royal au milieu de la foule et Etienne Lalou devant Buckingham Palace. Jacques Sallebert a été privilégié : « Les Anglais avaient interdit l'intérieur de la cathédrale à tous les journalistes qui n'étaient pas *british.* » D'ailleurs, un incident diplomatique se produit à la fin de la retransmission quand Sallebert fit ce commentaire sur les images de la cathédrale vide : « sur cette petite tribune où deux enfants émerveillés ont assisté au couronnement de leur mère, Charles ne peut pas ne pas imaginer que « bientôt » la même cérémonie se déroulera pour lui... » Cinquante ans plus tard, il attend encore et le mot fit du bruit dans les chancelleries !

Ce n'était rien à côté de l'étonnement des Parisiens voyant le lendemain à la une de leur quotidien *France Soir* qui atteint le million d'exemplaires vendus, la photo fixe d'un événement qu'ils avaient vécus la veille comme des témoins visuels. Un choc pour la presse écrite, dépassée pour la toute première fois par la force de l'image. Ce fut surtout la naissance de la télévision pour le grand public qui découvre son rôle unique et irremplaçable, le don d'ubiquité décrypté par Pierre Tchernia qui l'a vécu au milieu de la liesse populaire : « Ce jour-là, ce fut la compréhension de ce qu'est la télévision, voir ici ce qui se passe au même instant ailleurs. » Le pouvoir politique entérine cette puissance naissante et vote en décembre un plan de développement quinquennal pour la RTF et ses 60 000 postes en circulation.

À la demande pressante des téléspectateurs, l'horaire du journal est avancé à 20 h 30 puis à 20 h 15. Preuve que l'on ne regarde pas le journal comme un film dans le noir mais en famille ou à table dans une lumière d'ambiance. Mais il reste quand même un gros problème à résoudre pour nos jeunes loups et leur patron. Comment évoquer la guerre d'Indochine, la Conférence des pays non alignés à Bandung ou la création du pacte de Varsovie ? La radio lit les communiqués, comment faire au journal télévisé le jour où il n'y a pas d'images ? En plus il n'y a pas d'archives, aucune séquence ne peut être enregistrée. Aussi Pierre Sabbagh trouva la parade en faisant comme à la radio : « Nous avons eu une idée simple. Comme il n'y avait pas de présentateur à l'antenne, nous avons essayé d'en mettre un pour voir ! » Coup de tonnerre à la rue Cognacq-Jay, en octobre et novembre 1954, les commentateurs du JT parfois journalistes, certains réalisateurs, jusque-là simplement des voix, apparaissent à l'antenne en chair et en os, plusieurs dans la même édition et dans des décors différents. C'est un événement, ce soir-là, le journal télévisé numéro 1700 du 1er novembre 1954 montre le visage d'un présentateur ; d'ailleurs ils sont deux. Des essais ont été effectués depuis le 1er octobre. Évidemment Jacques Sallebert parti à Londres, le plus qualifié reste Georges de Caunes qui paraît sur le petit écran à 20 heures 15 pour dire « bonsoir » aux téléspectateurs, provoquant certainement une petite surprise.

*

1956, pour fêter sa septième année d'existence, le journal télévisé a enfin l'âge de raison, il ne croit plus au père Noël et va se frotter pour la première fois à la grande politique, la cérémonie nationale des élections législatives. Un grand plateau sacralisant « la soirée électorale » où l'on reste des heures, attendant résultats, commentaires et déclarations. De ce jour, présenter les soirées électorales et les réaliser offriront les bâtons de Maréchal de nos métiers de journalistes et de réalisateurs. Pierre Sabbagh organise en avril une émission spéciale à l'hôtel Matignon, faisant les honneurs du lieu aux téléspectateurs en parlant à la caméra, nouveauté importante dans la mise en scène, avant d'interroger Guy Mollet, récemment nommé président du Conseil, qui voulait établir un lien de proximité avec le téléspectateur. On voit Pierre Sabbagh entrant dans la cour de Matignon, montant les marches, passant un couloir, cherchant son chemin, permettant au téléspectateur de pénétrer dans les coulisses du pouvoir naturellement, comme l'utilisation du téléphone posé sur le bureau du président du Conseil. Les téléspectateurs découvrent « l'interministériel », quels sont ses interlocuteurs et qui appelle-t-il ? Guy Mollet lui répondra avec humour que l'un de ses numéros venait de changer, qu'il s'agissait précédemment de celui d'un hôtel et qu'il recevait fréquemment des appels pour la réservation d'une chambre ! Près d'un demi-million de postes sont déjà en circulation, l'équivalent du lectorat du *Monde*. La presse écrite note d'ailleurs la nouveauté de cette visite à Matignon, écrivant : « C'est un nouveau pas dans l'utilisation de la télévision par le gouvernement. »

Les socialistes de la SFIO seront les premiers à tenter de contrôler étroitement l'information, à la suite d'un reportage sur le voyage de Guy Mollet en Algérie le 6 février

1956 où il avait été filmé recevant des tomates. Il décida aussitôt de surveiller quotidiennement la télévision. Cette année-là marque d'ailleurs une rupture à la RTF car le journal télévisé jusque-là rattaché à la direction des programmes est intégré à la direction de l'Information. Ce changement de tutelle administrative signe le début de la prise du pouvoir par les journalistes, de la politique, donc de la parole sur l'image. En obtenant cet impact politique, le journal télévisé voit peu à peu s'éloigner de lui les pionniers, saltimbanques ou journalistes frondeurs. Par ailleurs une chaîne unique, donc une seule source d'information au journal télévisé, va entraîner très vite une confusion entre télévision publique et télévision gouvernementale. L'opposition va considérer que la télévision française est idéologiquement soumise au gouvernement, qu'il soit socialiste en 1956 ou gaulliste après 1958, les uns souhaitant se l'approprier, les autres s'y faire entendre. Le journal rencontre un large écho dans la population, les journalistes vont être reconnus par les téléspectateurs dans la rue du fait de la répétition de leurs passages à l'antenne. On ne peut pas encore parler de vedettariat, mais d'une certaine notoriété et le journal télévisé voit son horaire avancé à 20 heures dès le 3 novembre 1957, devenant ainsi le pivot des programmes de la journée. Un rendez-vous facile à mémoriser et choisi par les responsables de la télévision à la demande des téléspectateurs qui souhaitaient voir les programmes du soir commencer plus tôt. En huit ans, les canons du journal télévisé sont fixés pour toujours : un présentateur à l'image, des visages connus et un JT qui commence à 20 heures.

*

À Reims, la télévision entre dans la famille Poivre cette année-là. Patrick est en sixième au lycée Georges Clémenceau de Reims dans sa dixième année, gardant un souvenir mitigé de ses études, se rappelant surtout son appréhension du dimanche soir où il bâclait ses devoirs pendant que ses parents installés au salon regardaient le poste en noir et blanc. Ils venaient de déménager 22 rue Talleyrand, à cause de la naissance d'Olivier, le frère cadet de Patrick, dans l'immeuble du grand-père maternel. Ce personnage haut en couleurs, Jean-Baptiste Jeuge, venait de publier son premier livre à compte d'auteur sous le nom de « Jean d'Arvor » chez Subervie, éditeur à Rodez sous le titre *Poèmes de gloire et de foi*. Son grand-père lui dédicace ainsi un exemplaire pour ses 10 ans : « À mon petit-fils Patrick, ces écrits qui conviennent à son âge et à sa jeune âme… Qu'il les conserve et les transmette à son tour aux siens comme un legs d'esprit dans sa race. » Patrick admire ce grand-père autodidacte qui avait commencé sa vie comme ouvrier agricole. Comme nous tous, le jeune Patrick est impressionné par ce qu'il voit sur le petit écran : « Georges de Caunes avait une vraie insolence, plus dans le regard que dans le texte d'ailleurs, Claude Darget c'était l'insolence à l'état pur. » Ses sympathies le portent vers François Chalais pas seulement pour « Cinépanorama » et le regard amusé qu'il portait sur les vedettes de l'époque mais pour ses voyages comme journaliste : « Ma première image de la télévision c'était en 1956 dans la rue à Reims, agglutiné devant une vitrine avec des passants devant un poste de télévision pour voir la victoire d'Alain Mimoun au marathon des Jeux Olympiques de Melbourne. »

Au début des années 60, la télévision entre dans les foyers. Mon père, gaulliste fervent, donnait le ton dans la famille et les merveilles se bousculaient sur l'écran installé au salon où nous regardions le journal télévisé de Léon Zitrone et les matchs de rugby du tournoi des cinq nations avec Roger Couderc « à vous Cognacq-Jay ». L'achat du poste de télévision n'avait pas été une décision prise à la légère, le coût des récepteurs restait encore très élevé, chaque année un million de postes supplémentaires étaient vendus. Pour un père de famille, le petit écran se révélait économique, grâce à la « Piste aux Étoiles » de Gilles Margaretis, « Au théâtre ce soir » de Pierre Sabbagh, « La caméra explore le temps » d'Alain Decaux, André Castelot et Stellio Lorenzi, « Télé dimanche » de Raymond Marcillac et bien sûr le Journal Télévisé. La télévision remplit un rôle novateur, une extraordinaire découverte, une fenêtre sur le monde pour les loisirs, la culture et l'information.

Le récepteur est installé en général dans la salle à manger. Ce sont des écrans en moyenne de cinquante centimètres qui ressemblent un peu aux postes de radio en bois. Les journalistes, animateurs, artistes ou invités deviennent membres de la famille, l'ami qui vient s'asseoir à la table commune pour parler des choses de la vie. Sentiment de proximité qui propulsera immédiatement tous les acteurs de cette télévision au rang de vedettes. Le journal télévisé est diffusé à la meilleure heure d'écoute où l'on tient conversation. Les Français se séparent rapidement en deux familles, celles qui ont la télévision et celles qui ne l'ont pas ou pas encore. Et dans ces apartés sur « tu as vu hier soir, à la télé », le journal télévisé apparaît rapidement comme l'émission à ne pas manquer. La pression devient forte pour l'achat du poste. La télévision a trouvé son auditoire, bon enfant, bon public et prêt à participer à l'aventure, la grande foule de la classe moyenne, avide de consommation, de culture et de loisirs, un ancrage populaire qui renforce la celluie familiale. Le journal télévisé et ses journalistes deviennent le cœur, le moteur, la vitrine de référence de la télé, imposant son mode d'expression et ses vedettes au reste des programmes.

*

Patrick Poivre d'Arvor, fils d'une mère nantaise et d'un père d'origine bretonne, avait vu le jour dix ans plus tôt à Reims, à domicile comme l'on disait à l'époque, face à la cathédrale des rois de France. Clin d'œil du destin, il confie être né aux alentours de 20 heures, les graines lancées dans l'enfance ne cessent jamais de grandir ! Si une destinée se forge à l'aube du premier regard, il lui restera fidèle ainsi qu'à ses proches. Patrick garde précieusement auprès de lui ses assistantes depuis ses premiers jours de télévision, Fanny Schwarcfeld et Marie-Hélène Mille, et il ne m'a jamais manqué. Il a une sœur Catherine, plus jeune que lui, « joyeuse et volubile, débordante de vitalité » et un frère cadet Olivier avec lequel il a écrit de nombreux ouvrages. Madeleine, la mère de Patrick, a fait ses études de droit à la faculté d'Assas à Paris. C'est là qu'elle rencontre Jacques Poivre, un beau garçon blond aux yeux bleus, de trois ans son aîné. Étudiant désinvolte, comme le dira Patrick : « Il avait des facilités et emportait tout, examen comme le reste, à la séduction. » Pendant la guerre, réfractaire au STO, il intègre le Premier régiment de France par l'intermédiaire d'un ami de sa mère, rencontré à l'hôtel Matignon. À la Libération, pour cette raison, il ne peut s'engager à Saint-Cyr et se retrouve dans la vie civile représentant de commerce. Jacques et Madeleine se marièrent en 1946 à Paris. L'enfance de Patrick fut traditionnelle et sans chaleur à Reims, ville austère à l'âme noble et au passé écrasant. Deux ans après sa naissance, ses parents donnent le jour à

Catherine. Dans la famille Poivre, on avait le sens des convenances et l'on prenait garde à toute ostentation, ses parents prenaient la vie au sérieux. Du fait de l'absence du père, parti sur les routes de France pour gagner sa vie, c'est la mère qui domine à la maison. Et comme dans tous les foyers de l'époque, peu de place était réservé aux enfants qui ne s'exprimaient que très rarement ou seulement quand ils avaient fait des bêtises. Son penchant pour le romanesque, Patrick l'a puisé auprès de son grand-père maternel, personnalité hors-norme et figure marquante de sa jeunesse ; avec le recul, il estime même que ce fut l'un des moments-clés de sa vie.

Jean-Baptiste Jeuge, à qui Patrick vouait « respect, crainte et adoration », fut orphelin à l'âge de quatre ans, n'ayant jamais connu son père et privé de sa mère Marie-Alexandrine, partie très jeune au Brésil comme préceptrice. Il fut donc élevé en Auvergne par sa grand-mère qui ne l'aimait pas. Aussi ce petit garçon audacieux s'enfuit de chez lui dès l'âge de neuf ans, quitte l'école et s'embauche à Montluçon dans une manufacture de caoutchouc puis dans une tannerie avant de se rendre à Clermont chez un fabricant de pneumatiques où il gravit les échelons et occupe des postes à responsabilités. Malade, il est envoyé dans un établissement en Creuse où il noue une relation avec l'une des responsables de l'établissement. En 1925, ils s'installent à Nantes, ouvrent un magasin d'articles liés au caoutchouc et donnent naissance à Madeleine, la mère de Patrick. Trois ans plus tard ils s'installent à Reims, au 22 rue Talleyrand et mènent une vie aisée. Le grand-père tient un magasin en ville à Reims, Le comptoir du caoutchouc, et se prend d'affection pour les livres, malgré qu'il ne sache ni lire ni écrire ; il les habille de cuir au milieu des odeurs entêtantes et tenaces de colle.

Patrick racontera cette histoire dans son livre *Un héros de passage*. Petit garçon, en descendant d'un étage il découvrait cet homme mûr, au physique puissant, habité par la poésie qui se passionne pour les poètes. Ce radical-socialiste dans l'âme rêvait d'être un grand écrivain, courant les estrades politiques, publiant des tribunes dans les journaux, participant aux débats de la Société des gens de lettres à Paris et à Reims ; il conseillait le jeune garçon pour la rédaction de petits poèmes destinés à la fête des mères. La politique, Patrick la découvre grâce à lui : « c'était un prince de la rhétorique, à l'ancienne. Il aimait les joutes verbales et aurait pu faire une carrière politique si les livres ne lui avaient pris tout son temps ». Il s'adressa aux autorités pendant la seconde guerre mondiale pour tenter de sauver un de ses amis juifs à qui il avait donné les clefs de son appartement, provoquant la réprobation de ses voisins. Il débordait d'énergie et paraissait immortel, signant ses livres et ses articles « Jean d'Arvor ».

Patrick explique ainsi le choix de son nom : « Quand il est mort, j'avais 22 ans. J'ai décidé de porter son nom de plume pour que son souvenir ne disparaisse jamais. Fils de Jacques Poivre, petit-fils de Jean-Baptiste Jeuge, alias « Jean d'Arvor », je suis devenu Patrick Poivre d'Arvor. » Patrick adopta officiellement son patronyme en 2004, par le truchement du *Journal officiel* car sa fille Morgane lui avait demandé, au moment d'embrasser la carrière d'avocate, « de pouvoir porter à nouveau ce nom comme flambeau ». Un an auparavant, une rue « Jean d'Arvor, 1883-1970, Poète » fut inaugurée à Reims par toute la famille réunie à cette occasion, Madeleine et Jacques ses parents, Arnaud, le fils de Patrick, ainsi qu'Olivier son frère cadet.

*

Je suis né un an après Patrick à côté de l'Hôpital américain de Neuilly sur Seine. Nous habitions à la porte Maillot, dans un hôtel particulier obtenu à la Libération par mon père qui avait fait la France Libre. Ma famille était fantaisiste et mes parents joyeux, on riait beaucoup aux Champs-Élysées chez mon grand-père directeur de la Singer, l'entreprise américaine de machines à coudre. Hélène, ma mère grecque, voit le jour avant la première guerre mondiale à Constantinople en Turquie, dans cette ville cosmopolite décrite par Albert Londres ou Pierre Loti. Au crépuscule de l'Empire Ottoman, son père Constantin Nicolaïdes, spécialiste des affaires juridiques dans cette ville tournée vers l'Occident, fait partie des notables aisés. Bourgeois de Salonique, terre de la communauté juive grecque, il s'est construit une belle situation, au Consulat général de France à Constantinople, l'actuelle Istanbul. La légation se situait dans l'ancien Hôpital Saint-Louis, rénové par des ingénieurs français dont les bâtiments situés au 8 de l'Istiklal Cadesi, la rue principale du quartier de Galata, la plus « européenne » de la ville, se présentaient alors tels qu'on les voit encore aujourd'hui. En 1923, le partage de l'Empire ottoman, à la suite du Traité de Lausanne, prit toute la famille grecque au dépourvu et Kemal Ataturk déclara la République turque, décidé à chasser les étrangers et surtout ses voisins honnis. Le départ massif des résidents grecs devenait une question de jours. Il leur fallut tout abandonner en catastrophe, une vie diplomatique, le Bosphore et la douceur orientale, sans espoir de retour. Les Grecs sont marqués par le destin, le soleil et la démocratie. La famille s'embarqua pour des cieux plus cléments. La France leur fit bon accueil à Marseille où, selon la tradition familiale, ils débarquèrent fourbus et désappointés mais pourvus de tapis orientaux de belle valeur.

Mon père est né à Fougères en Ille et Vilaine pendant la première guerre mondiale, de parents normands et tailleurs. À l'âge de 17 ans, élevé à Saint-Malo par sa mère veuve de guerre dont le mari était mort deux jours avant le 11 novembre 1918 frappé par la grippe espagnole, enterré au son du clairon de l'armistice, il s'était naturellement engagé dans la marine et fut envoyé à l'arsenal de Brest. Les années folles tout juste avalées dans le front populaire, il rencontra ma mère dans un dancing des Champs-Élysées. Ma mère, Hélène Nicolaïdes-Parliaras, de cinq ans plus âgée, fraîchement naturalisée en 1936, vivait dans l'aisance, un luxe ignoré de mon père. Dans l'urgence de la mobilisation, ils se marièrent à Bonnières sur Seine, au bord de la Seine, lors d'une permission. La société Singer, dont le grand-père était directeur financier, venait de s'y replier dès les premiers combats et partirent aussitôt pour Brest. La drôle de guerre venait d'éclater.

En 1940, les Allemands arrivaient à Brest. Mon père embarqua sur le Meknes et accosta deux jours plus tard à Liverpool où il se rallia aux Forces Françaises Libres le 1er août 1940, avec le numéro 23909, affecté dans une boîte anglaise fabriquant des caméras de prise de vue pour les avions. L'honneur familial était sauf et la petite graine cinématographique dans le viseur de l'objectif ! Un an plus tard, mon père se porta volontaire pour l'Afrique équatoriale à Pointe Noire, en pleine forêt vierge, à 500 kilomètres de Brazzaville, où Charles de Gaulle leur rendit visite pour organiser sa reconquête avec la Deuxième division Blindée. Rentré à Londres, il se rendit à Alger comme second-maître pour accompagner le ralliement des Forces françaises Libres, la réconciliation de Giraud à de Gaulle sous l'égide des Américains. L'armistice signé, promu chauffeur de l'amiral Thierry d'Argenlieu, basé rue François 1er, mon père devint

« acheteur » chez Kleber, chez Textrope puis aux établissements Marcel Dassault pour faire vivre la famille, employé de bureau rêvant d'être assistant de cinéma.

Toutes les familles vivent sur des légendes. Les plus fournies se nourrissent des détails les plus simples. Chez nous ces détails tenaient lieu d'intrigue, la branche orientale de la famille assurait le spectacle sur des airs de Trenet, à la fin des repas dominicaux dans le salon de la rue de Ponthieu près de l'Étoile où fusaient les saillies mille fois répétées d'une tradition où les Grecs avaient l'avantage de la langue. Leur saga de bourgeois riches et orientaux courant sur des générations laissait la portion congrue à la famille paternelle bretonne, cantonnée aux utilités. Dans ces années d'après-guerre, notre famille était placée sous l'aile tutélaire de mon grand-père, le grec Constantin Nicolaïdes-Parliaras, grand gaillard cultivé et chaleureux, d'une gentillesse incroyable. Il imposait hiérarchie sans faille et repères bourgeois, vacances sur la côte d'Azur et ferme en Normandie, villa à Bry sur Marne et appartement aux Champs-Élysées. Un standing élevé dont profitait l'ensemble de la fratrie.

Mon enfance fut heureuse et sans problème. Elle passa en culottes courtes près de la porte Maillot, au bois de Boulogne, dans les « fortifs » où les voitures étaient rares et le boulevard sans danger à traverser. J'allais à l'école communale voisine de l'immeuble où seront installés les locaux de la Cinq, boulevard Pereire, et jouais dans les bunkers qui avaient résisté au départ de l'Allemand. Ma mère cousait elle-même ses robes avec des rouleaux de tissus achetés au marché Saint-Pierre, au pied du grand escalier de la Butte Montmartre où elle m'emmenait le jeudi matin. Je découvrais dans un joyeux désordre féminin et poussiéreux un amoncellement de tissus de toutes sortes, me faufilant autour de femmes attrayantes aux effluves entêtantes, hélant de rares vendeurs, leur mètre en bois à la main, caravansérail marchand et populeux. Les robes se portaient au genou, légèrement au-dessus ou en dessous. Dans la bousculade, ces Parisiennes m'offraient leurs jolies silhouettes.

Notre grand-père, humaniste et patriarcal, proclamait qu'il fallait occuper ses trois filles. Les Grecs sont malins, avant d'être marins. Il leur offrit donc un magasin, au rez-de-chaussée de l'appartement de la rue de Ponthieu, près de l'Étoile, au cœur de ce quartier de traverse voué à la mode, au cinéma et au tourisme, sans autre âme que son propre miroir. Elles l'appelèrent Élite Couture. Ses clientes, en effet, faisaient partie d'une petite coterie chic et distinguée, les bourgeoises des Champs-Élysées, portant sous leurs jupes légères, soigneusement dissimulées aux regards masculins, des combinaisons de soie naturelle, brodées de dentelles. Sortant du coiffeur de la rue du Colisée, leurs escarpins claquant sur le trottoir, elles entraient dans notre magasin pour l'essayage dans l'étroite cabine, pourvue d'une glace, ignorant ce petit bonhomme invisible à leurs yeux. J'entrevoyais ces femmes intrigantes rajuster leurs bas d'un geste habituel et furtif non dénué de charme, le bas se portait haut car son usage était quotidien. C'est bien connu, les Grecs adorent leur famille, comme tous les Orientaux. Notre grand-mère, Thérèse Vernazza, née à Sofia, belle femme au charme discret régnait sur la maisonnée. Son père Auguste Vernazza, mon arrière-grand-père italien d'origine française, ingénieur des Ponts et Chaussées, avait aménagé le port de Gênes à la fin du XIXe siècle puis s'était mis au service de Louis Alexandre Ier de Battenberg, prince de Bulgarie, qui venait de déclarer l'indépendance de son pays. Pour services rendus, il le nomma duc de ce royaume où se situe précisément le Balkan, la chaîne montagneuse qui donne son nom à toute la région. Ce titre nobiliaire, sorte de noblesse de fonction, obtenu d'une main princière, ne pesait pas grand-chose mais attestait notoirement de sa valeur d'ingénieur. Il rencontra sa femme à Sofia, où naquit Thérèse ma grand-mère. Grecs et Bulgares se ressemblent, chrétiens orthodoxes de culture byzantine.

Trois siècles auparavant, à l'aube de la Renaissance, les Vernazza, ses ancêtres italiens, avait obtenu des quartiers de noblesse, leur blason à trois quartiers rouges à rameaux d'or et d'argent établissaient leur appartenance nobiliaire au duché de Vernazza. Prenant le nom de ce village de Ligurie, le plus important des *cinqua terra* au sud de Gênes, où l'on cultive une liberté farouche et un vin râpeux à souhait. Aujourd'hui, Vernazza, peu accessible par la route, reste un village de tradition maritime, caché au fond d'une crique rocheuse. Ainsi les livres municipaux l'attestent de Ligurie en Balkanie, des gouttes de sang bleu coulent virtuellement dans mes veines, deux lignées ducales un brin anecdotiques ou rêvées mais intellectuellement rassurantes. Duc de Vernazza, le titre signe des origines levantines et méridionales. Ingénieurs ou diplomates, roturiers chics ou nobles éphémères, chrétiens, juifs ou orthodoxes, tous ont eu la volonté farouche de construire un avenir meilleur, en mettant la main à la pâte.

Nous voici, Patrick et moi, réunis à travers le temps à ces origines nobiliaires éventuelles, rêvées ou certifiées, adoptées ou oubliées, en tout cas réconfortantes et salvatrices. Plus tard, partant comme jeune journaliste pour « Envoyé Spécial », un concours de France Inter, Patrick choisira de se rendre à l'île Maurice, sur les traces d'un ancêtre familial, Pierre Poivre, un botaniste « rangé comme une boussole » dans sa généalogie familiale. Cet homme avait vécu sur l'île au XVIIIe siècle, après avoir voulu évangéliser la Cochinchine et s'être évadé de prison. Un destin romantique qui collait bien au désir d'évasion de Patrick mais l'archiviste de Port-Louis ôta toute illusion au jeune reporter. Il n'avait eu que des filles !

*

À treize ans, Patrick fut atteint d'une forme de leucémie. Le mot faisait peur et malgré les progrès de la médecine de l'époque, la vie du malade ne tenait plus qu'à un fil : « L'annonce d'une pareille nouvelle vous traverse comme un coup de sabre à l'âge où tout votre être est tourné vers l'avenir, la mort soudain présente, intime, vous assaille, elle s'installe, coule jusque dans vos veines. » Cette présence de la mort débarrasse brutalement Patrick de son innocence. Ses parents l'envoient dans les Vosges alsaciennes pendant plus de deux mois pour respirer l'air des sommets. « Aujourd'hui encore, je reste ce jeune garçon en sursis sur les pentes du ballon d'Alsace, un adolescent qui dévore tout devant lui. Je crois que ma vie a pris forme à ce moment-là. » On retrouvera la trame de ces inquiétudes et de ces souffrances dans son premier livre, *Les Enfants de l'aube*, un roman qui se coule dans ces déchirements d'alors mais aussi à la source de ses espoirs. Revenu à Reims, ni sociable ni expansif, Patrick se réfugia dans un monde romanesque. Lorsque sa mère lui donnait un peu d'argent de poche, Patrick traversait la rue, découvrant le monde des livres chez un bouquiniste installé juste en face de chez lui. La collection « Le Livre de Poche » venait d'être créée ; ils coûtaient 150 francs, 1,50 francs nouveaux. Il commença à les acquérir dans l'ordre de leur parution par le numéro un, *Koenigsmark* de Pierre Benoît, puis Steinbeck, Hemingway et les autres. Sa mère s'inquiétait de cette propension à la solitude. Il avait caressé un moment l'envie d'être médecin. Mais sa leucémie et son séjour en Alsace lui font abandonner très vite cette vocation naissante. En revanche ses lectures l'influencent, il faut bien trouver un métier. À l'école et dans le sillage des Chateaubriand, Stendhal, Morand, Claudel, Giraudoux ou Saint-John Perse qui tous gagnèrent leur vie dans les ambassades, il estime son destin soudainement tracé : il sera diplomate écrivain !

De retour à Reims après son séjour montagnard, il s'en ouvre à ses parents, pour son tout nouveau rêve il devra faire Sciences Po à Paris ; ses parents l'exhortèrent à oublier ces « chimères ». Ils ont des ambitions plus réalistes. Pourquoi émigrer vers Paris, cette « ville de tous les dangers » ? À Reims, il existe une faculté de médecine. Ils l'obligent à suivre la filière scientifique, pourtant ses résultats en maths, en physique-chime ou en sciences naturelles n'étaient pas fameux. Patrick rêvait évidemment à la section littéraire mais il s'inscrira néanmoins en « Sciences-Ex » selon les vœux de ses parents. Mais Patrick est tenace et déterminé. Ils arrivent à trouver un compromis, il s'inscrira à Sciences-Po à Strasbourg, à 300 kilomètres de Reims, très loin de la capitale.

La télévision gaulliste

CE MATIN-LÀ, en allant à l'école, boulevard Malesherbes, j'entends des klaxons au feu rouge, « Tu-tu-tu… tut-tut » pour « Algérie française », d'autres leur répondent, « tu-tut… tut-tut-tut », pour « de Gaulle au pouvoir » ! Le 13 mai 1958, des « Comités de salut public » ont pris le pouvoir à Alger, l'armée se soulève, des régiments vont-ils débarquer en France et monter à Paris ? Le général Salan vient de faire acclamer le nom de Charles de Gaulle depuis le balcon du Gouvernement général face à des milliers de pieds-noirs qui veulent rester français. L'heure du « grand Charles » a sonné. Lui seul possède le pouvoir et l'aura nécessaire pour mettre fin rapidement à la guerre d'Algérie, ses morts, ses déchirures et son milliard de francs quotidien perdu dans l'aventure. Au silence forcé à Colombey-les-deux-Eglises, le sauveur de la France Libre doit respecter les formes républicaines pour se faire remettre les clefs de l'hôtel Matignon. En premier lieu, s'adresser aux Français pour avoir l'opinon publique dans la poche.

Quatre jours plus tard, le journal télévisé du 17 mai est enregistré sur kinescope. C'est rarissime, preuve que l'heure est grave : la IVe République vit ses derniers soubresauts tandis qu'à Alger la situation est insurrectionnelle. Le présentateur du journal est dans l'impossibilité de montrer des images en direct, ou même en différé de l'arrivée de Jacques Soustelle à Alger. En plateau, le journaliste se contente de lire les dépêches d'agences tandis que sont projetées des diapositives. Par contre, en deuxième partie du journal est diffusé un long duplex de Bruxelles où Léon Zitrone interroge une cosmonaute russe participant à un colloque. Deux jours plus tard, les événements se précipitent. Après d'ultimes tractations entre Alger et Paris, le général de Gaulle prend la route de Paris, seul avec son aide de camp et son chauffeur. Il se demande, en ces instants ultimes qui précèdent l'assaut, où trouver la tonalité exacte pour parler aux Français, partagé entre l'attitude martiale du général et le ton patelin de l'homme d'État, entre l'organisateur de l'ombre et le dépositaire de l'élan populaire car il sait qu'il va être filmé par les équipes du journal télévisé et les télévisions du monde entier. Pierre Lefranc, coordinateur des réseaux de soutien, chargé d'organiser cette conférence de presse, a subi un véritable assaut de centaines de journalistes qui veulent être présents à l'hôtel du Palais d'Orsay.

Le verbe, comme en juin 40, fera la différence, encore faut-il en maîtriser la forme. « Pour moi, dit-il, le risque n'est pas le premier ni le seul, mais il est grand. » La radio avait été sa muse en juin 40, la télévision sera son ange gardien du retour au pouvoir en mai 58. Suspicieux, le ministre de l'Intérieur socialiste Jules Moch a placé le quartier en état de siège, des dizaines de cars, d'agents de police, de voitures pies sillonnent les rues aux abords de l'hôtel d'Orsay où le général, interdit d'antenne à la radio et à la télévision depuis douze ans, a convoqué la presse. Habillé d'un costume sombre, il apparaît alors derrière une forêt de micros et prend la parole pour un discours au ton solennel en lisant son texte filmé de trois quart profil, dans une certaine improvisation. Soudain à la fin de son allocution, en réponse à la question d'un journaliste qui sous-entendait qu'il pourrait provoquer un putsch pour prendre le pouvoir, son apostrophe, lancée comme une boutade d'une voix puissante, lui échappant dans les aigus, est restée célèbre : « Est-ce que j'ai jamais attenté aux libertés républicaines ? Au contraire je les ai rétablies ! Pourquoi voulez-vous qu'à soixante-sept ans, je commence une carrière de dictateur ? ! »

Événement très rare à la fin de cette conférence de presse, les journalistes applaudissent le général de Gaulle. Le ton est donné mais la forme est pesante. Conseillé par le publicitaire Marcel Bleustein-Blanchet, il corrige rapidement cette erreur de départ, fait supprimer la forêt de micros et apprend son texte par cœur. Il s'en explique : « À présent les téléspectateurs regardent de Gaulle sur l'écran. Pour être fidèle à mon personnage, il me faut m'adresser à eux comme si c'était les yeux dans les yeux, sans papier et sans lunettes. »

Un foyer sur dix possède maintenant un récepteur, le journal télévisé a dix ans. À ses débuts un seul studio, deux caméras et moins de 4000 postes. Aujourd'hui deux millions de récepteurs sont branchés chaque soir. Pierre Sabbagh se retrouve en charge de réhabiliter le journal. Dix ans après avoir monté la bande des pionniers en partant de zéro, il crée une nouvelle équipe de présentateurs, Claude Darget, Léon Zitrone, Raymond Marcillac, Joseph Pasteur et Michel Droit, seul rescapé des premiers jours, une nouvelle génération mélangeant l'expérience des anciens et de nouvelles personnalités ; ils seront les visages que nous allions découvrir lorsque nos parents achèteront un récepteur de télévision. Les Buttes-Chaumont construits sur d'anciens studios Gaumont ont été inaugurés deux ans auparavant. *L'album de famille de la télévision française*, un livre d'Henri Spade publié à cette époque aux éditions des Alouettes, présentait sur sa couverture trois photos, Brel, Bardot et de Gaulle.

Nous y sommes. La vraie vedette de la télévision de cette époque, c'est le général. Méfiant à l'égard du Parlement et de la presse, de Gaulle trouva dans la télévision le moyen idéal pour l'aider à tisser des liens intimes avec les Français, au même titre que les voyages en province ou le recours aux référendums. Désormais, chaque scrutin populaire sera précédé d'une allocution officielle où il demandera aux Français leur adhésion massive. Ses conférences de presse seront retransmises intégralement. C'est l'inventeur de la politique par le verbe et l'image.

*

Deux semaines après sa première conférence de presse, le général de Gaulle s'envole pour l'Algérie et depuis le balcon du gouvernement général, face à la foule massée sur le Forum, il lance : « Je vous ai compris », réconciliant les Français d'Alger, l'armée qui s'était soulevée et la nation. Les images et le son de cette phrase sont captés dans des conditions assez acrobatiques, les reporters du journal télévisé ont encore du mal à mettre leurs moyens techniques au diapason du grand homme et de l'histoire, tout cela relève encore du bricolage, l'intendance ne suit pas. Aussi pour la retransmission de ses discours, Pierre Sabbagh prend les choses en main. C'est le plus ancien dans le grade le plus élevé et l'un des aides de camp du général de Gaulle est de sa famille, son frère officier dans les sous-marins qui deviendra amiral. « Ce qui ne veut pas dire que j'étais pistonné, me fait-il remarquer. Au contraire j'étais le rigolo, le saltimbanque. » Les premiers enregistrements depuis l'hôtel Matignon seront quasiment improvisés avec juste une camionnette et quelques techniciens.

Quelques mois plus tard à L'Élysée, dès le 8 janvier 1959, un décor spécial est aménagé pour une de ses premières allocutions télévisées aux Français comme président. Sabbagh s'est inspiré du cinéma et fait construire deux feuilles de décor. Trois caméras américaines « Auricon » avec de grands magasins ronds pour la pellicule capables d'enregistrer trente minutes d'images et de son font face à l'orateur. Deux projecteurs de cinq mille watts l'éclairent. Les techniciens positionnent une ampoule de couleur rouge plus puissante sur celle qui réalise son gros plan : « J'écris avec soin mes allocutions à la nation. Pour un septuagénaire, assis seul derrière une table sous d'implacables lumières, il s'agit qu'il paraisse assez animé et spontané pour saisir et retenir l'attention sans se commettre en gestes excessifs ou en mimiques déplacées. »

À la fin de ses allocutions, Pierre Sabbagh lui proposait alors de voir le résultat de l'enregistrement. Difficile de lui donner un ordre, il venait voir les images avec réticence. « Une fois devant l'écran, il n'arrivait pas à appréhender sa propre image, comme c'est souvent le cas, pour savoir s'il avait été bon. » Sabbagh devait le rassurer. Pourtant le courant passe, il apprivoise cet outil mystérieux et le fait sien. Trouvant attitudes, gestes et paroles, mélangeant temps forts et temps faibles, il sait présenter, équilibrer et ordonner le spectacle qu'il propose aux Français. Car la télévision est un formidable révélateur.

Le lendemain du jour où le général de Gaulle devient président de la Ve République, apparaît le premier magazine d'information en direct « Cinq colonnes à la une », mensuel d'actualité diffusé depuis les studios des Buttes-Chaumont, imaginé par Pierre Lazareff, présenté et animé par Pierre Desgraupes et Pierre Dumayet, réalisé par Igor Barrère. Le générique montre ce que l'on voit assis dans la régie Une de Cognacq-Jay en faisant le journal. Pierre Lazareff, le patron de *France Soir* avait défini le style de l'émission dans une formule : « évoquer les idées à travers les faits et les faits à travers des personnages », à l'image de Pierre Sabbagh qui donna un visage à l'information. Au sommaire de la première de « Cinq Colonnes », un grand reportage sur un poste militaire en Algérie, qui frappa évidemment le public et la presse car le sujet était tabou, les vœux de Jean XXIII aux Français, un reportage croisé sur la vie de trois ouvriers allemands, italiens et français, un sujet sur Yves Montand qui venait de terminer six mois consécutifs de one man show au Théâtre de l'Étoile et une interview de Brigitte Bardot, notre star planétaire.

« Cinq Colonnes », comme l'appelaient ses concepteurs, était construit à l'image d'un grand journal télévisé décomplexé, mélangeant les genres comme la télévision le faisait si bien depuis dix ans. L'attrait pour le magazine était énorme le vendredi soir, les salles de cinéma ne faisaient pas le plein et les possesseurs d'un poste de télévision invitaient les voisins à venir la regarder chez eux. Ce soir-là, le 9 janvier 1959, Pierre Desgraupes pense l'émission terminée à 22 heures, en prenant son café aux « Comédiens », le café situé en face des studios. Il traverse la rue des Alouettes et remonte dans la régie. Pierre Lazareff dans le couloir est effondré, ils se réunissent en régie. « L'émission était prévue pour durer une heure et demie, il restait encore une dizaine de sujets à diffuser, nous taillons dans le vif, finalement nous avons quand même « débordé » d'une heure. » Le lendemain de la première, la presse à l'unisson évoque un « triomphe » saluant cet exploit mais Pierre Desgraupes pas dupe, reste lucide. « Il faut reconnaître que la médiocrité du journal télévisé a favorisé l'essor de « Cinq Colonnes », les faits et les événements qui n'y étaient pas traités se retrouvaient dans l'émission, ce fut l'une des raisons de son succès. » Jugement identique pour Pierre Dumayet : « Le journal télévisé était toujours aussi mauvais, ce n'était pas difficile de faire mieux, on avait cinq ou six équipes qui couraient le monde pour l'émission. »

*

En novembre 1960 de Gaulle, pressé de toutes parts, obligé de trouver une solution, prononce une allocution où pour la première fois il va lâcher le mot tabou de « république algérienne » mais en utilisant avec habilité les moyens du journal télévisé et la complicité des équipes de Pierre Sabbagh pour ne pas provoquer une guerre civile. Ces deux mots ne figureront pas dans l'allocution enregistrée le matin du 4 novembre 1960. Le texte « officiel » est communiqué à Michel Debré, son Premier ministre partisan de garder l'Algérie dans le giron de la France, et aux principaux membres du gouvernement. Dans le secret du studio de l'Élysée, une seconde prise de ce discours est effectuée et la phrase capitale « république algérienne » a été prononcée.

Pierre Sabbagh est mandaté pour amener dans un avion militaire ce précieux enregistrement à Alger où le discours agrémenté de la phrase en question est diffusé en même temps que l'original en France. Deux départements, deux discours très différents. Celui d'Alger pour rassurer le FLN sur ses intentions et celui de Paris pour garder la main auprès de l'opinion publique. Michel Debré, son premier ministre, partisan de l'Algérie française, est prévenu de la supercherie, seulement lorsque l'avion est au-dessus de la Méditerranée, quand le processus ne peut plus être différé. Il proteste, de Gaulle lui répond : « De toute façon, cela finira comme cela. »

L'allocution entendue à Alger déclenchera évidemment des réactions furieuses des « activistes » et des partisans de l'Algérie française qui ont le sentiment d'être lâchés par le général passé entre-temps de l'autre côté de la barrière ! Aussi quatre mois plus tard, les généraux Challe, Zeller et Jouhaud organisent la prise du pouvoir à Alger grâce aux parachutistes de Raoul Salan. Le samedi 22 avril, les membres du gouvernement fidèles à de Gaulle sont mis aux arrêts. Le journal télévisé se mobilise pendant ces heures dramatiques. La nuit du 22 au 23 avril, les Français sont scotchés devant leur récepteur en noir et blanc pour suivre ces événements dramatiques, près de 26 heures de direct sans interruption. Il faudra attendre la guerre du Golfe trente ans plus tard pour avoir 36 heures de direct ininterrompu ! De Gaulle va parler, c'est une question d'heures. Le dimanche 23 janvier dans l'après-midi, il enfile son uniforme et depuis l'Élysée prononce une allocution enregistrée pour la télévision, une fois encore la parole devient action. À 20 heures, un plan de l'Élysée en noir et blanc. *La Marseillaise*, l'heure est grave.

> « Un pouvoir insurrectionnel s'est établi en Algérie… un pronunciamiento. Ce pouvoir a une apparence, un quarteron de généraux en retraite. Il a une réalité, un groupe d'officiers partisans, ambitieux et fanatiques. Hélas… Hélas… Hélas ! Au nom de la France, j'ordonne que tous les moyens soient employés pour barrer la route à ces gens-là. J'interdis à tout Français et d'abord à tout soldat d'exécuter aucun de leurs ordres. » Il annonce l'application immédiate de l'article 16 de la Constitution qui lui donne les pleins pouvoirs. « Françaises, Français, aidez-moi ! » dit-il frappant son bureau, plus impérial et convaincant que jamais.

À 20 heures, le général se regarde lui-même à la télévision et ferme le poste aux premières notes de la Marseillaise. Ce discours diffusé toutes les heures par Radio Monte-Carlo est écouté sur les transistors jusqu'en Algérie et produit son effet. Dans la soirée, alors que les élus communistes se rendent à l'hôtel Matignon pour demander des armes afin de défendre la République, accueillis par Malraux la mèche en bataille et le verbe prophétique, Michel Debré avec l'accord du général de Gaulle se rend à la rue Cognacq-Jay, épuisé, pas rasé, refusant de se faire maquiller. Le Premier ministre va parler en direct à la télévision dont l'antenne est ouverte depuis 24 heures. Il est 23 h 45 sur le plateau du journal télévisé :

> « J'invite les Français à se rendre sur les aérodromes de la région parisienne à pied ou en voiture dès que les sirènes retentiront pour convaincre les parachutistes envoyés en métropole pour prendre le pouvoir de leur lourde erreur… »

Dans les jours qui suivent, tout est consommé. La guerre d'Algérie et les attentats de l'OAS inquiètent les responsables de la télévision. Pour parer à toute éventualité de putsch, une casemate est installée secrètement dans l'arche sud de la tour Eiffel, un bunker avec une caméra vidéo noir et blanc, une mini-régie et un télécinéma permettent la diffusion d'un programme de secours. Au paroxysme de la crise algérienne quand les troubles risquent de se propager en métropole, la présence de ce studio secret de la tour Eiffel pourrait permettre de sauver les meubles, de rester maître de la situation et d'assurer la diffusion d'un journal télévisé en cas de désastre national.

*

« Votre journal télévisé n'est vraiment pas fameux ! »

Charles de Gaulle discute avec Alain Peyrefitte, son jeune ministre de l'Information et porte-parole du gouvernement, dans le salon doré à l'Élysée. Trois jours auparavant, un député communiste a été réélu dans l'Hérault dès le premier tour lors d'une partielle. Le président de la République se plaint du battage fait autour de cet événement au journal du soir : « Un de vos types (il nomme ainsi les présentateurs) était en train de parler, à ce moment-là un autre est venu tout haletant lui apporter un papier et ils ont rigolé comme s'ils explosaient de joie. Vraiment ce n'est pas ce qui se fait de mieux. Votre télévision a donné tant d'importance à cette élection qu'elle a fini par en avoir effectivement ! »

Michel Honorin arrivait d'Algérie, comme des centaines de milliers de pieds-noirs, où il avait été le premier à réaliser des interviews des chefs du FLN. Il était condamné à mort par l'OAS. Trois mois après, le voilà rue Cognacq-Jay dans la rédaction où Jacques Anjubault, le rédacteur en chef, lui annonce un lundi matin : « Mercredi tu présentes le journal. Tu n'as qu'à suivre Léon Zitrone pendant deux jours pour voir comment ça fonctionne ! »

Il se présente à Léon, portant un costume prince-de-galles et une cravate écossaise. Zitrone le met en garde : « Il faudra en porter une moins voyante sinon les gens ne vont pas t'écouter mais regarder ta cravate ! » Michel Honorin n'en revenait pas mais il s'attelle à la tâche et apprend le vocabulaire et les gestes du métier. Après 48 heures de labeur, il descend dans le studio ayant appris son texte par cœur. Par fierté ou l'esprit bravache, il n'a gardé aucun papier sur lui. Ce mercredi soir, la tension à son comble. Derrière la vitre se tenaient tous les ténors du journal, Pierre Desgraupes, Claude Darget et Jacques Sallebert qui regardent les débuts du petit dernier. À la fin du journal, Michel Honorin va les voir et serre les mains. Claude Darget sans sourire se présente à lui : « Claude Darget, journaliste libre ! »

Un peu interloqué mais sans se démonter, Michel lui répond : « Je suis libre moi aussi. Comment avez-vous trouvé mon journal ? »

Impérial, Claude Darget lâche : « La télévision a enfin trouvé quelqu'un de plus triste que Georges Bortoli ! »

Celui-ci deviendra le « soviétologue » d'Antenne 2. Michel Honorin est conscient de l'aspect tristounet de sa prestation d'alors : « J'ai tellement eu le trac que je ne devais pas être très souriant. Je me suis aperçu finalement qu'au journal télévisé les apparences comptent énormément, on écrit finalement assez peu, moins de cent lignes par soir. »

*

Le 20 avril 1963 marque la vraie naissance du journal télévisé « moderne », tel que nous le connaissons aujourd'hui. L'initiateur de cette révolution fut Alain Peyrefitte et son artisan bâtisseur Raymond Marcillac qui créa le premier vrai grand journal avec une formule et des vedettes au charisme flamboyant, des nouveautés techniques, des histoires romanesques et une organisation structurée de la rédaction. Ce journal télévisé *new look* va naître sur le plateau de Cognacq-Jay, les accords d'Evian signés, la guerre d'Algérie terminée.

Raymond Marcillac avait commenté les premiers pas du général de Gaulle à la Libération à la radio, mais il était considéré par les anciens comme un « bleu » et on l'avait chargé de réaliser des commentaires en cabine sur des images avant de s'inscrire à la « tournante » sur un tableau de service où les noms des journalistes-présentateurs se succédaient selon une rotation quasi quotidienne. Ancien champion du 400 mètres haies au Stade Français reconverti au journalisme, une note administrative de septembre 1958 le bombarde soudainement chef du service des sports, évidemment, cette nomination ne s'accompagne d'aucun local. Alors Raymond Marcillac se débrouille avec les moyens du bord, arpente les couloirs, voit un bureau inoccupé : « J'ai inscrit « Service des sports » sur la porte et voilà, j'ai récupéré une des dernières secrétaires arrivées à Cognacq-Jay et c'est là que j'ai engagé Robert Chapatte, Thierry Roland ou Roger Couderc. »

Raymond Marcillac dirige l'information mais pour ses confrères peut-être n'est-il pas « légitime » ? Il va pourtant innover et s'inspirer de la presse écrite. Il décalque l'organisation des rédactions du *Monde* et de *France Soir*, éprouvée depuis des lustres, en créant des services à l'identique, politique intérieure, politique étrangère, économie, faits divers, informations générales, culture et sports. Il engage de grands journalistes venant de *France Soir*, Edouard Sablier du *Monde* appelé à diriger l'Information avec Jean-Louis Guillaud ou Emmanuel de la Taille de l'AFP. Alain Peyrefitte voulait des spécialistes, nous dirions aujourd'hui des « éditorialistes ». Pour le présenter, beaucoup de noms sont passés en revue car il faut une équipe solide. Aussi Georges de Caunes est rappelé en compagnie de Léon Zitrone, Maurice Séveno présent depuis les débuts et François Gerbaud qui arrive en droite ligne d'Europe 1 qui découvre la télévision.

Georges de Caunes, dans la force de l'âge, baladait sa haute stature à l'élégance britannique et son visage de séducteur de cinéma dans toutes les émissions où il apportait un ton original et distancié. Il rentrait de l'île d'Eiao dans l'archipel des Marquises en Polynésie où il venait de passer un an seul sur son île, à la manière de Robinson Crusoe, envoyant des chroniques sonores qui forgèrent sa légende de gentleman globe-trotter au caractère bien trempé. Léon Zitrone était l'autre vedette incontestée de l'équipe. Son charisme naturel irradiait une personnalité hors des sentiers battus, solennelle et drôle à la fois, grave et enjouée, capable de grandes envolées et de petites sorties amusantes, un ton nouveau dans l'actualité avec une manière romanesque et inimitable de faire vivre toute information, la plus minuscule soit-elle.

Le journal télévisé est maintenant regardé par une grande majorité des Français : plus de quatre millions de postes de télévision sont présents dans les foyers, ce qui représente au moins vingt millions de personnes, autant dire pratiquement un Français sur deux. Une seule chaîne, un seul journal, son importance politique n'est plus à démontrer. Chaque jour les gaullistes se plaignent que les journalistes déforment les mesures gouvernementales, chaque soir les responsables politiques de l'opposition se plaignent de ne pas avoir accès au journal où ils ne peuvent faire entendre leur voix. Le ministre de tutelle Alain Peyreffite prend les choses en main : il s'attaque au journal télévisé et rédige une note à de Gaulle dont les termes sont peu amènes : « Le journal télévisé est médiocre, la pauvreté habituelle des images, la suffisance et l'à-peu-près des commentaires le rendent difficilement supportable. Le moindre des propos des journalistes de la RTF prend une allure officielle, à chaque incident le gouvernement est tenu pour responsable. Une réforme profonde s'impose pour substituer au règne de l'improvisation un journal construit, réfléchi, imagé, avec notamment la suppression de la corporation des journalistes-speakers-polyvalents, dits présentateurs. »

Si le constat est pertinent, la note laissait percer une suspicion envers les présentateurs. Les journalistes qui parlent à l'antenne font-ils peur au pouvoir ? Emmanuel de la Taille en est persuadé. Engagé comme spécialiste de politique étrangère et de l'Europe, il commentait ces événements en direct, sans papier sans notes, au culot, chargé d'expliquer la politique gaulliste à de Gaulle ! Alain Peyrefite avait dit : « Lui au moins il connaît son affaire, pourtant tous les ministres disaient : Emmanuel de la Taille nous fait perdre des voix. » « Le Général était mon premier téléspectateur, je lui expliquais sa politique vue par moi et par ses adversaires, ce n'était pas facile mais j'avais une relative indépendance ! »

Le 1er avril 1963, le général de Gaulle approuve les principes de la réforme du journal et précise à son ministre qu'il devra l'expliquer lui-même au journal. Alain Peyrefitte, à la suite d'un voyage aux États Unis où il avait accompagné le président, rapatrie le prompteur en France. La venue sur le plateau du ministre fait monter la tension, les responsables décident de faire un « numéro zéro », une répétition. Alain Peyrefitte veut *Les trompettes d'Aïda* comme générique et précise à Marcillac que dorénavant les présentateurs ne doivent plus dire « bonsoir Mesdames, bonsoir Messieurs… » Ils sont tous là sur le plateau du studio de Cognacq-Jay, trois jours avant la présentation, et assistent ébahis aux éclats de voix de Léon Zitrone exaspéré par cette exigence ministérielle. La vedette à la stature imposante finit par exploser :

« Il n'est tout de même pas imaginable que moi, Léon Zitrone, j'entre chez les gens à 13 h et à 20 h sans dire au moins bonjour ou bonsoir ! »

Quant à la musique du générique, des sourires polis accompagnent la proposition d'Alain Peyrefitte, la sonnerie d'Aïda beaucoup trop martiale et décalée pour un journal télévisé. Alors ils appellent en catastrophe Maurice Jarre, le compositeur en vogue du moment, il lui reste trois jours pour trouver une idée afin d'illustrer les premières images du JT ! Le musicien venait tout juste de réaliser la somptueuse partition du *Docteur Jivago* et leur compose un nouveau générique en une nuit, enregistré le lendemain. Le samedi 20 avril 1963, Alain Peyreffite descend sur le plateau de Cognacq-Jay pour présenter sa réforme de l'Information.

Le générique montre des rotatives et des caméras et se termine par le titre « Actualités Télévisées ». Léon Zitrone présente naturellement le premier journal. Il se tourne alors vers Alain Peyrefitte son invité : « Avant de m'effacer, une question, si vous le permettez, très directe et très franchement, sur la politisation du journal : est-ce que cela ne va pas être considéré comme une sorte de "mainmise" (fait-il avec le geste de la main qui écrase) du gouvernement sur le journal télévisé ? »

Zitrone est manifestement affûté ce soir-là, ses récents éclats de voix avec le ministre l'ont chauffé à blanc !

Alain Peyreffite répond : « Le fait que j'inaugure cette nouvelle formule du journal télévisé ne signifie pas que le gouvernement veut se l'approprier. Quand un ministre de la République pose la première pierre d'un ensemble scolaire ou d'un hôpital dont il a décidé la mise en chantier, il ne politise pas cette école ou cet hôpital. Le journal télévisé ne doit pas être à la disposition d'un parti politique, il doit être le journal de tous les Français. »

Puis Léon Zitrone lui pose, de manière incisive mais courtoise, une question abrupte quand même à l'antenne devant des millions de téléspectateurs :

« Je voudrais vous poser une question indiscrète : pourquoi notre directeur général Monsieur Bordaz a-t-il nommé à la tête du journal télévisé Raymond Marcillac ?

— À cause des qualités d'organisateur et d'animateur dont il a fait montre à la tête des émissions sportives. La pratique du sport lui a appris le coup d'œil, la rapidité et aussi l'impartialité. Il retransmettait les matchs d'athlétisme, je pense que le public sera content de le voir maintenant retransmettre le match de la vie.

— Alors nous allons faire apparaître Raymond Marcillac dans cette espèce de tableau magique... Bonsoir Raymond... »

On voit l'image de Raymond Marcillac dans un Eidophore, à travers ce grand écran placé dans le studio, derrière Léon Zitrone et Alain Peyrefitte. Le directeur de l'Information, Raymond Marcillac soi-disant en « duplex », était en fait à l'autre bout du studio. Cette mise en scène, un peu arrangée, permettait de présenter cette nouveauté technique de manière vivante.

Dès les premiers jours, la nouvelle formule accroche, le ton est nouveau, Zitrone et de Caunes plaisent au grand public, l'image propose des nouveautés techniques, un écran en plateau pour les directs mais les tentations de mainmise du gouvernement restent fortes. Pourtant Georges de Caunes bât en brèche cette rumeur persistante du journal « contrôlé » par le pouvoir : « Jamais personne ne m'a donné la moindre consigne. » Si les sujets et l'ordonnancement sont surveillés de près par le directeur de l'Information ou le rédacteur en chef, en revanche à l'antenne le présentateur garde une grande liberté de ton.

Concentré sur son boulot de présentateur, Léon Zitrone ne se mêle pas lui non plus de l'ordonnancement du journal, il s'en remet au rédacteur en chef. « Ce n'est pas une histoire de confiance mais une question de hiérarchie, je suis un homme libre dans un pays libre, je donne mon avis mais je ne m'attends pas qu'il soit retenu, le rédacteur en chef a la responsabilité du journal, moi je le présente, c'est la règle du jeu, il faut la respecter. » Une semaine après le premier numéro, le général de Gaulle déclare à son porte-parole, le 30 avril, en marge du Conseil des ministres :

« Pour votre réforme du journal télévisé vous avez bien fait. Il y a davantage d'images, moins de bavardages, moins de persiflage. »

On découvre Charles de Gaulle qui regarde la télévision et son journal télévisé avec une attention extrême, on croirait entendre Etienne Mougeotte ou Patrick Poivre d'Arvor. Rien n'échappe au général, même les plus infimes détails :

« Pourquoi le générique représente-t-il des rotatives ? La télévision n'est pas à la remorque de la presse écrite ! Qu'on montre des caméras si vous voulez mais pas des rotatives, c'est absurde ! » Ils en rient tous les deux.

Leur conversation prend un tour détendu, ce jour-là de Gaulle est en veine de confidences. Tel un directeur d'antenne, il poursuit : « Je regarde régulièrement les trois journaux quotidiens. Le meilleur de beaucoup c'est le 23 heures parce qu'il n'y a pas de présentateur. Le pire c'est celui de 13 heures parce qu'on ne voit que le présentateur. Le présentateur ne devrait pas faire plus que des transitions de quelques secondes. »

Mais de Gaulle va encore plus loin, il serait un excellent rédacteur en chef : « Pourquoi n'y a-t-il pas de reportages sur nos grandes écoles, c'est tellement plus vrai et plus important que vos histoires de blousons noirs ! Et puis les grandes émissions comme « Cinq Colonnes à la une » devraient être davantage consacrées à la France en marche. Elles font à peu près exclusivement appel au catastrophique et à l'extravagant. »

Il trace la feuille de route à son ministre, comme un véritable directeur de l'Information, ce qu'est en réalité Alain Peyrefitte à son poste.

« Et puis pourquoi toujours succomber à la tentation du luxe et du clinquant, mettre tellement l'accent sur les présentations des grands couturiers ? Le journal télévisé s'adresse au peuple. Qu'un magazine féminin présente les collections, c'est son rôle. Mais au journal télévisé un défilé de robes à trois mille francs, c'est une provocation pour des ouvriers qui gagnent cinq cents francs par mois. »

Les mots de Patrick Poivre d'Arvor en conférence de rédaction résonnent à l'identique à mes oreilles. Ce n'est pas fini, comme « chef du service société et culture » il a aussi des convictions : « Et puis c'est très bien de montrer la France des régates et du tourisme hippique, mais ce sont là des vacances de riches. Et pourquoi toujours privilégier ce milieu frelaté, ce monde de l'argent facile, des filles faciles ? Montrez des images de la vie française telle qu'elle est, c'est-à-dire en progrès, en expansion, au total heureuse et paisible et non celle que la presse présente. »

Finalement, comme pédégé de la première chaîne, il ferait bien l'affaire : « Et pourquoi la télévision n'est-elle pas plus gaie ? Georges de Caunes a de l'humour, il est dans la bonne voie. »

En écoutant cette conversation, on comprend tout ce qu'il y a d'excessif à évoquer une télévision totalement sous l'emprise des gaullistes ou du pouvoir. La tentation existait, le suivi quotidien aussi, mais une fois les jalons posés, le menu imposé ne suivait pas toujours le cours prévu. Charles de Gaulle réagit comme un simple téléspectateur assidu : il aime le journal télévisé, captivé par sa magie, il souhaiterait simplement qu'il rende mieux compte de sa politique.

*

Six mois après le début de ce journal, un grain de sable viendra perturber son déroulement. John Fitzgerald Kennedy est assassiné à Dallas le 22 novembre. Maurice Séveno est à l'antenne ce soir-là : « À huit heures moins cinq une dépêche annonce sans autre précision "Attentat contre le président Kennedy", à la fin du journal à 20 h 30, on annonçait sa mort. Le journal ce soir-là fut comme une tragédie antique. » Ils vont tenir l'antenne jusqu'à 2 h du matin. De nombreuses personnalités accourent sur le plateau. Un reporter est venu rapidement à Cognacq-Jay avec un film de 52 minutes qu'il venait de tourner sur la famille Kennedy. Pendant sa diffusion, ils cherchent désespérément Jacques Sallebert et téléphonent partout pour le trouver mais le « correspondant » de la télévision française aux États-Unis est à Paris à ce jour-là ! Maurice Séveno s'en amuse : « Il était en "fausse perm", il est arrivé hagard à minuit, c'est un chauffeur de taxi qui l'avait reconnu dans la soirée et lui avait dit : mais vous vous rendez compte le président Kennedy a été assassiné. C'était comme le cuisiner Vatel ratant son plat pour le Roi Soleil. Chaque fois qu'on se voyait, il m'en reparlait. »

Deux révolutions techniques accompagneront cette réforme de Marcillac. Les magnétoscopes font leur apparition, des Ampex américains, ils vont permettre pour la première fois d'enregistrer des images et de les conserver.

Et pour les tourner, une caméra révolutionnaire est alors disponible, l'Eclair 16 dite la Coutant, du nom de son inventeur, très légère, 17 kilos, maniable et portable à l'épaule. Une vraie révolution pour le grand reportage, les cameramen n'ont plus besoin de décharger la pellicule, opération longue et fastidieuse, il suffisait de changer le « magasin ». Les responsables du journal fixeront également à partir de cette réforme une norme non écrite pour la présentation des sujets, qui variera peu jusqu'aux années 80. Une succession obligée commençant par la politique française puis les problèmes économiques ou sociaux, la politique étrangère, les faits divers, le sport, la culture, les arts ou les spectacles.

*

Il fallait marquer les esprits. Le général de Gaulle, une fois l'OAS liquidé et la guerre d'Algérie oubliée, souhaite maintenant que la RTF devienne une institution autonome, analogue à la BBC. Pendant la guerre à Londres, de Gaulle avait pu se rendre compte personnellement des qualités de cette vénérable institution, le statut de l'ORTF sera donc calqué sur celui de sa grande sœur britannique. Alain Peyrefitte est à la manœuvre à l'Assemblée nationale pour élaborer un projet de loi créant l'ORTF, l'Office de Radiodiffusion et de Télévision Française. Son statut est un premier pas dans l'autonomie puisqu'il sort la télévision de « l'autorité » du ministère de l'Information pour en faire un organisme public sous « tutelle », à la manière de la régie Renault ou de la SNCF.

Il fallait un monument visible pour parachever cette réforme. Charles de Gaulle inaugure « la Maison de la Radio » le samedi 14 décembre 1963 en présence d'André Malraux, bâtiment spectaculaire, enceinte ronde surmontée d'une tour de verre, onze kilomètres de couloirs et soixante studios qui deviennent le siège de l'ORTF. Avant la cérémonie officielle où le général appuiera symboliquement sur le bouton qui déclenchera l'éclairage du bâtiment, de Gaulle et Alain Peyrefitte arpentent les couloirs, déserts et interminables, marchant côte à côte. Le général lui demande soudain :

« Vous logez ici ?

— Mais non, mon Général.

— Comment, il n'y a pas un appartement pour le ministre ?

— Non, ici il n'y a que des bureaux. »

Un an auparavant Robert Bordaz, le directeur de la RTF, avait montré à Alain Peyrefitte les plans de son « appartement de fonction » prévu au sommet de la tour de la « maison ronde ». Alain Peyrefitte déclinera cette offre, pas de bureau ministériel à la Maison de la Radio.

On l'appelle « la maison ronde », construite par l'architecte Henry Bernard sur une ancienne usine à gaz, au 116 avenue du président Kennedy dans le 16e arrondissement, en bordure de la Seine. Sa vision moderne apaisée fut adoptée sans polémique par les Parisiens. La grande couronne extérieure de 500 mètres de circonférence est couverte de panneaux d'aluminium, l'intérieur est décoré de mosaïques et de peintures de Mathieu, 3 000 personnes travaillent dans ce bâtiment où la climatisation est assurée par la « géothermie », une source d'eau à 27 degrés puisée à 600 mètres de profondeur, il possède un abri antiatomique, au même titre que L'Élysée ou le ministère de l'Air. Une séquence restée fameuse de la « Caméra Invisible » présentée par Pierre Bellemare et réalisée par Igor Barrère, montrait ses salariés se cognant à des portes de verre comme dans les films de Jacques Tati.

*

Des arrêts de travail sont lancés par les syndicats dès la tentative d'instauration du « service minimum », pourtant en vigueur à la radio depuis huit ans, destiné à afficher à l'antenne un journal télévisé les jours de grève. Les syndicats n'en veulent pas. Des grèves éclatent du 5 au 16 février 1964. Au plus fort du mouvement, l'écran est désespérément noir. Soudain, le patron de l'info Edouard Sablier surgit à 20 h et donne en plateau sobrement les informations de la journée. Ce journal télévisé de fortune, diffusé depuis la casemate de la tour Eiffel est suivi de plusieurs courts-métrages. N'étaient au courant que le directeur général, le directeur technique et quelques ingénieurs. Le ministre Alain Peyrefitte, l'organisateur de ce coup de force, est fier de son exploit : « L'effet de surprise a été total, les syndicats sont restés aussi stupéfaits que si les martiens avaient débarqué. »

Les syndicats qualifieront cet événement de « coup d'État » mais comprennent vite l'ampleur des dégâts, les responsables de la télé ont dorénavant les moyens de réaliser un programme de remplacement apprécié des téléspectateurs. La grève cesse aussitôt et le programme minimum est validé dans les faits. À partir de ce jour, le JT est diffusé même en cas d'arrêts de travail de « certaines catégories de personnel ». Les jours de grève, et il y en avait souvent, les personnels recevaient chez eux un télégramme leur enjoignant de rejoindre leurs postes, j'en ai reçu plusieurs comme Patrick, aussi les présentateurs commençaient le journal en disant : « Ce journal est présenté par des personnels grévistes ou réquisitionnés. »

Mai 68

« LA VICTOIRE EN CHANTANT » : les échos de la première campagne électorale pour l'élection présidentielle au suffrage universel résonnent au Palais des Sports de la porte de Versailles où 5 000 personnes ont fait le déplacement pour la consécration de Jean Lecanuet. Le chant du départ s'élève d'abord doucement dans les rangs du balcon puis est repris en chœur par toute l'assistance : « la République nous appelle... » Soudain des « chut... chut » se font entendre, l'écran installé au-dessus de la scène vient de s'allumer, les haut-parleurs diffusent *La Marseillaise*, le son crachote un peu, il est 20 h 15 ce 30 novembre 1965. L'assistance, surprise, découvre l'image noire et blanche de la télévision française. Jean Lecanuet apparaît sur les écrans de l'ORTF, souriant, bronzé, il parle du progrès et du bonheur. Nous sommes à cinq jours du premier tour. Le général de Gaulle qui a dédaigné son temps d'antenne, car il est « au-dessus des partis », va maintenant s'exprimer pour la première fois à la télévision. Les ondes hertziennes de la campagne officielle diffusée par les émetteurs de la tour Eiffel atteignent cet écran installé comme un timbre-poste en surplomb de l'enceinte chauffée à blanc. Il y en a deux en France et les organisateurs ont versé une caution de 25 millions d'anciens francs pour le louer. Depuis un mois, la télévision française offre aux Français deux heures de temps de parole de chacun des candidats ; leur surgissement sur les écrans monopolisés habituellement par les gaullistes provoque un immense choc au moment où les citoyens votent la première fois pour élire le président de la Ve République. La campagne de Jean Lecanuet avec son sourire a surpris, calquée sur les méthodes du marketing politique d'outre-Atlantique qui ont fait gagner Kennedy.

Ce mardi soir j'étais dans la salle, j'avais 15 ans. La semaine précédente mon frère m'avait proposé ce petit boulot, éclairer la scène avec une poursuite. Ce n'était pas compliqué, il avait commencé à quinze ans au Vel d'Hiv comme projectionniste de remplacement. Le Palais des Sports venait d'être construit à la porte de Versailles sur un terrain concédé par la Ville de Paris en remplacement du Vélodrome D'Hiver, son infrastructure archaïque et ses six jours cyclistes passés de mode. En 1960 les patrons, Donald Grunwald, Jeff Dickson et Charley Michaëlis, eurent l'autorisation de le détruire mais à la condition expresse d'en reconstruire un autre. Entre-temps, le Palais des Sports fut édifié comme une salle de substitution, ce provisoire dure encore aujourd'hui depuis bientôt 50 ans. Je remplaçais mon frère les jeudis après-midi car il n'y avait pas école ce jour-là ; nous convenons qu'il empochera les 15 francs et me les donnera de la main à la main. Une petite fortune à l'époque, j'étais lycéen. La baguette coûtait un franc, le carambar dix centimes, un 45 tours valait 10 francs, ce petit boulot n'avait pas de prix.

Me voilà donc minot, éclairagiste à la porte de Versailles, au Palais des Sports pour le meeting du candidat à l'élection présidentielle. J'entrais dans l'arène au bon moment ! Les travées sont pleines à craquer de spectateurs assis sur les marches, foule bruyante, fumant cigarette sur cigarette, atmosphère fiévreuse plus féminine que les soirées sportives. Les centristes ont choisi d'organiser ce meeting le soir même où Charles de Gaulle s'adresse aux Français à la télévision. L'écran presque géant permet maintenant aux spectateurs de regarder le président parler pendant huit minutes. Son apparition déclenche rires et huées, on l'écoute quand même…

« Après ce que nous avons fait ensemble dans la guerre et dans la paix, je vous demande de manifester une nouvelle fois votre estime et votre confiance… »

Pour une fois son allocution n'est pas décisive, mal éclairé il semble fatigué. L'écran s'éteint et Jean Lecanuet apparaît derrière un grand rideau blanc, la main levée. Je l'éclaire avec ma poursuite, ce n'est pas difficile, la salle est restée allumée. Souriant il salue les cinq mille personnes, ses partisans l'applaudissent à tout rompre en tapant des pieds sur le sol, un grondement sauvage répercuté par l'acoustique arrondie de la salle. Il évoque d'emblée le dialogue refusé par le général : nouveauté radicale offerte par cette soirée, nous venions de le voir sur l'écran. Militants et spectateurs enthousiastes acclamèrent le héros, le vent de l'histoire souffle porte de Versailles, j'étais baptisé, pour un premier boulot y'a pire !

Pour Georges de Caunes, cette élection fut aussi une première. Son impertinence au journal l'avait fait remarquer par l'équipe du candidat socialiste qui lui a demandé de l'aider pour cette campagne. Un journaliste de télévision est crédible pour préparer un orateur et interroger le candidat. Bonne pioche mais Georges de Caunes, en dehors de ses copains journalistes peu de gens le savent, est un gaulliste convaincu : « J'avais ce privilège d'avoir été condamné par le même tribunal militaire que le général en juin 40, j'avais pour lui un attachement viscéral. » Paradoxe du métier de journaliste, Georges de Caunes considéré comme un opposant fit entre les deux tours la démonstration parfaite de son indépendance. D'ailleurs à la fin de la campagne, les socialistes souhaitèrent continuer à profiter de ses conseils mais Roger Couderc intervint à ce moment-là : « Vous êtes fous, il est gaulliste ! » Georges de Caunes est fier de cet impromptu : « De ce jour ils m'ont mis à l'écart, je n'ai donc pas profité de mes relations pour faire carrière. »

Un autre journaliste du JT va être sollicité pendant cette élection, un héros de la première heure, Michel Droit alors directeur du *Figaro Littéraire*. Le général le connaît peu mais sait bien qu'il s'agit d'un fidèle qui avait commenté à la radio sa descente des Champs-Élysées à la Libération. Lors de leur première rencontre à l'Élysée, le général lui propose trois thèmes : le monde, les Français et les institutions mais lui annonce son intention de n'intervenir qu'une fois. Michel Droit en bon professionnel n'a plus qu'une idée en tête, amener le général à faire trois interviews : « Je lui conseille de ne surtout pas lire son texte et de regarder la caméra à l'occasion car il s'agit d'un entretien, d'un échange. »

Michel Droit attaque d'emblée sur la distance entre « l'idée de la France » que se fait l'auteur des *Mémoires de guerre*, et celle qui paraît aux Français moins brillante. Les répliques fusent, on lui reproche de ne pas s'intéresser à l'intendance, il évoque les autoroutes et le téléphone et passe du budget des agriculteurs au panier de la ménagère, évoquant le progrès et le conservatisme.

> « Il y a pour ce qui est de la France ce qui se passe à la maison. La maîtresse de maison, la ménagère, elle veut avoir un aspirateur, un frigidaire, une machine à laver et même si c'est possible qu'on ait une auto. Ça, c'est le mouvement ! En même temps elle ne veut pas que son mari

s'en aille bambocher de toutes parts, que les garçons mettent les pieds sur la table et que les filles ne rentrent pas la nuit… Ça, c'est l'ordre. Et la ménagère, elle veut le progrès mais pas la pagaille. Eh bien c'est vrai aussi pour la France. Or le régime des partis, c'est la pagaille ! »

Le couplet favori du général sur lequel il est intarissable. À la vingt-huitième minute, Michel Droit lui souffle qu'il n'a plus que deux minutes et lui propose de parler la prochaine fois de la France et du monde sans faire allusion aux institutions, le général lui répond :

« Cher Michel Droit, c'est entendu. »

La caméra coupée, le président lui lance, beau joueur et l'œil malin :

« Alors si je comprends bien, nous sommes partis pour trois ! »

« Bravo l'artiste » soulignera Pierre Nora dans son discours d'intronisation à l'Académie française en 2002 au fauteuil de Michel Droit qui me précisa : « finalement nous avons enregistré les trois émissions le même jour, deux fois trente minutes le matin, une fois trente minutes l'après-midi ». Ils enchaînent aussitôt la deuxième émission, qui sera diffusée le lendemain, consacrée à la politique étrangère, celle où le général se déchaîne à propos de l'Europe. Michel Droit lui demande :

« Mon général, est-ce que vous êtes Européen ou non ?

— Du moment que je suis Français, je suis Européen… Bien entendu on peut sauter sur sa chaise comme un cabri en disant l'Europe, l'Europe, l'Europe…, bondissant sur son siège, mais cela n'aboutit à rien… Je n'ai jamais parlé de l'Europe des patries… j'ai parlé de la coopération des États. »

On se sépare pour le déjeuner. Quand de Gaulle revient en début d'après-midi, Michel Droit le trouve encore plus pétulant et détendu que le matin. Il dira :

« Ce n'est pas la gauche la France, ce n'est pas la droite la France, confessant au terme de cet ultime tête-à-tête, d'ailleurs si je suis élu dimanche, je ne resterai pas très longtemps. Mais quoi qu'il arrive, j'aurai rempli mon destin. »

Cette élection a eu pour notre Histoire nationale une importance capitale, marquant la naissance de l'opinion publique, les sondages sont utilisés pour la première fois massivement. Au soir du premier tour, Julien Besançon sur Europe 1 a même réussi à annoncer la mise en ballottage du général de Gaulle plusieurs heures avant tout le monde grâce à la technique de la « fourchette électorale », méthode de sondage importée des États-Unis. Et surtout l'élection s'est jouée à la télévision qui « a fait réfléchir les Français » selon la belle expression de Pierre Viansson-Ponté, six millions de postes sont en circulation, pratiquement la moitié des foyers français.

Le lendemain, j'obtenais mon deuxième engagement pour le meeting gaulliste d'entre les deux tours au Palais des Sports, le point d'orgue de la campagne. La salle fut à nouveau bourrée à craquer. À ma poursuite, je ne perdais rien du discours d'André Malraux dans lequel soufflait le vent de l'Histoire, de Jeanne d'Arc à Austerlitz, des soldats de l'An II aux résistants du Vercors. Il déclara avec force, agitant les bras, de sa voix modulée, s'attaquant à François Mitterrand : « Il n'est pas le successeur du général de Gaulle, mais son prédécesseur. » François Mauriac était assis à côté de l'orateur, Maurice Schumann prit la parole, suivi de Germaine Tillon, la grande résistante. Déjà intéressé par la politique, cette ambiance intense et survoltée fit de moi un passionné et me fila définitivement le virus de la politique.

Je regarde à la télé la grande soirée électorale de résultats à la télévision où Danièle Breem est en direct depuis le ministère de l'Intérieur et Gilbert Bécaud chante *Nathalie* depuis les Buttes-Chaumont. Le général et le chanteur, unis dans une même célébration républicaine, ça avait de l'effet, la télévision était l'enchanteur Merlin ; ces premières impressions me sont restées toute ma vie, sans savoir que je traverserai le miroir quelques mois plus tard, me retrouvant avec le chanteur à la fête de l'Humanité pour l'éclairer et bien plus tard au journal télévisé pour relater la politique de la France. Politique et spectacle, ma vie était lancée en fanfare.

*

Au même moment, Patrick Poivre d'Arvor vient d'arriver à Paris et cherche toutes sortes de petits boulots plus ou moins rémunérateurs : chauffeur de maître, coursier, gardien de nuit dans des hôtels près des Champs-Elysées, figurant de cinéma ou livreur de journaux pour Cino Del Duca, le magnat de la presse propriétaire de *Paris Jour*. Installé dans la capitale sans contact et sans aucun protecteur pour l'accueillir, il a dix-sept ans, encore « très immature » et s'inscrit en deuxième année de Sciences-Po, rue Saint-Guillaume ; sa grand-mère glissa dans ses bagages le smoking qu'elle lui avait offert. Il s'installe dans une chambre de bonne donnant sur le pont Mirabeau, sa logeuse est une dame âge d'une grande culture amie des peintres, des collectionneurs lui rendent régulièrement visite et Patrick lui sert d'assistant car elle perd la vue. Curieux de tout il sillonne Paris, courant les cinémas, grisé par tout ce qu'il voit : « J'étais enfin dans la ville de mes rêves mais sans argent. »

Après l'élection présidentielle, il devient pendant six mois contrôleur de train de nuit, principalement sur le Paris-Venise, enfin plutôt contrôleur de la machine car les jeunes gens devaient recharger la chaudière en charbon toutes les heures et satisfaire les menus besoins des voyageurs ou des voyageuses, ce qui n'était pas la partie la plus ingrate de leur équipée. Tous les vendredis soir, ils partaient de Paris avec leur casquette à l'insigne de la « Compagnie internationale des Wagons-Lits » et se retrouvaient le samedi matin à la gare maritime de Venise avec quelques heures de liberté. Certains de ses camarades épuisés par ce voyage en profitaient pour dormir dans un compartiment. Patrick galopait pendant toute la journée dans la cité des Doges, le monde appartient à ceux qui se lèvent tôt ou restent éveillés. « J'en garde aujourd'hui un souvenir enchanté et une sorte de fraternité avec tous ceux qui, par le passé, furent des fugitifs, de Casanova à Musset en passant par l'un de mes héros préférés, Lord Byron » dont la figure l'inspira dans son livre *La mort de Don Juan*.

En plus de Sciences-Po, il s'est également inscrit à l'Institut des langues orientales dans les classes de russe et de serbo-croate mais n'est pas un étudiant très assidu. Un de ses condisciples connu à Strasbourg l'introduit dans l'entourage de la famille du comte de Paris, alors courtisé par le général de Gaulle qui lui laissait croire à un destin depuis l'attentat du Petit-Clamart. Patrick sympathisa avec les deux enfants du prince, Thibault d'Orléans et Chantal de France. Ils le rejoignent dans l'hôtel où il officie comme gardien de nuit, à la résidence Marceau, près de l'Etoile. Un soir, raccompagnant Thibault chez lui rue de Montessuy, ils aperçoivent une vieille femme qui se jette dans la Seine.

Patrick se précipite à temps pour la tirer de l'eau mais elle lui reprocha avec véhémence de l'avoir sauvée.

Toujours convaincu d'étudier pour devenir diplomate, il décide un jour de pousser jusqu'à Belgrade, afin de rendre visite à une amie, fille de l'ambassadeur de France en Yougoslavie. Il y découvre la réalité de l'activité diplomatique, ses aspects contraignants et protocolaires et de son point de vue quelque peu bureaucratiques : « J'étais trop indépendant et fier pour supporter les règles d'un métier trop corseté pour ma nature rebelle. » En attendant, pour subvenir à ses besoins, Patrick devient figurant, des apparitions comme acteur de complément caché dans la foule de *Jeff* avec Jean-Paul Belmondo ou *Adieu l'ami* avec Alain Delon mais surtout un mois entier avec Bourvil dans *Les Cracks*, un film évoquant l'histoire d'une course cycliste Paris-San-Remo en 1902, réalisé par Alex Joffé.

Au même moment, les Beatles passaient au Palais des Sports et j'avais légèrement grimpé dans l'échelle sociale, passé de simple spectateur payant à celui d'acteur de l'événement, en matinée et en soirée. Toutes les Anglaises de Paris semblaient s'être donné rendez-vous à la porte de Versailles, leurs cris suraigus recouvraient la musique, on n'entendait pratiquement rien. Sur la scène les Beatles avaient de petits amplificateurs Fender, un micro placé devant, le tout repris par la sono du Palais, pas de quoi devenir sourd. Ils étaient arrivés en voiture par la rampe d'accès extérieure, quand ils chantaient *A hard day's night*, Georges Harrison prenait une guitare, probablement préparée, qui sonnait comme sur le disque. Dès la fin de *Slow down*, leur dernier titre le plus « rock'n roll », ils se précipitaient à nouveau dans leur voiture. Je courais à l'arrière-scène mais le temps d'arriver dans les coulisses, je les vis juste monter en voiture, direction la sortie. La *beatlmania* battait son plein, même à Paris et trop de monde voulant les approcher, ils passaient leur temps à fuir en coup de vent !

Patrick était déjà étudiant, j'étais encore au lycée Carnot. Le jour de la rentrée chacun choisissait une place à sa guise, le hasard faisant toujours bien les choses, un petit bonhomme rigolo était venu s'asseoir à côté de moi. Dès les premiers jours, le regard vif et perçant d'Olivier Schrameck et son avance scolaire éclataientt au grand jour. Il faisait premier partout, ce qui n'était évidemment pas mon cas. Devenu chef de cabinet de Lionel Jospin, lors de son passage à l'hôtel Matignon il produisit quelques pages pour glorifier sa position de grand commis de l'État dans le dispositif jospinien, en vue de l'élection présidentielle. Il croyait à la victoire de son poulain et se plaçait dans la course. J'envoyais à Matignon un petit mot sympa pour lui rappeler notre jeunesse, joignant une photo de classe pour lui rafraîchir la mémoire. Je fis chou blanc, l'éminence grise rentrait tard et ne déjeunait jamais en ville. Je suis probablement resté dans son souvenir ce petit garçon peu fréquentable, vu mon niveau !

Je croisais dans la classe voisine Michel Berger qui venait de sortir un premier 45 tours, *J'aimerais me promener*, pour ses 17 ans ; aux vacances de Pâques, je décidai de frapper un grand coup. Au premier trimestre j'étais parvenu à grimper à la première place en littérature, il me fallait rester en haut de l'affiche aussi je décidai comme le petit Napoléon avant le grand Austerlitz d'entreprendre une marche forcée destinée à ratatiner sur leur propre terrain les empereurs ligués contre moi, mes copains forts en thème. J'optais pour un défi, lire *L'Etre et le Néant* de Jean-Paul Sartre et le faire savoir. Ouvrage ardu et sévère pour initiés, un pavé Gallimard aux magnifiques proportions, nombre d'or des années soixante, l'acquérir, le poser bien en vue sur son bureau représente déjà un événement. Six cents pages de philosophie pure à l'hermétisme flamboyant où cohabitent le garçon de café qui fait des gestes et l'éclair au chocolat qui engage.

Quarante ans plus tard lorsque Nicolas Sarkozy choisira le lycée Carnot où le jeune résistant communiste Guy Mocquet avait fait ses études pour officialiser la lecture de sa lettre le lundi 22 octobre 2007, mon copain de classe de l'époque, Jean-Louis Niccolini, devenu entre-temps le proviseur de notre lycée, se retrouva en première ligne. Le mercredi précédent, j'eus la surprise de lire sur mon ordinateur le titre d'une dépêche de l'AFP : « des profs du lycée Carnot ont préparé une lettre pour Sarkozy ». Le temps de l'imprimer, ce que je pressentais se confirme. Une vingtaine de professeurs du Snes-FSU sur les 180 du lycée, donc proches des socialistes, écrivent qu'il « refusent solennellement de participer à cette commémoration ». Jean-Louis Nicolini n'a pas su empêcher ce coup d'humeur de sa base, mais déjà à l'époque il était timide !

Patrick se tourne résolument vers le métier de journaliste, il a soif de grands espaces et se plonge dans les livres des maîtres du grand reportage romanesque, Joseph Conrad, Jack London, Herman Melville, Albert Londres, Joseph Kessel ou Blaise Cendrars. Il multiplie les déplacements en auto-stop. Un matin au nord de Bordeaux, après avoir passé la nuit dans un transformateur pour se protéger de l'orage, une jaguar verte s'arrête et prend le jeune homme pour le ramener à Paris, où il lui fait visiter son usine, c'était le fondateur de l'entreprise Panzani ! Un soir au journal, je crois lui avoir donné la dépêche : « Quand j'ai annoncé son décès au journal télévisé, je me suis souvenu de l'adolescent qu'il accueillit un jour à bord de sa voiture. »

Patrick aime surtout sillonner les routes d'Europe centrale, attiré par toutes les formes de la culture slave, des hommes et des femmes toujours excessifs dans leurs sentiments, dépressifs, ardents ou passionnés. Romantique, Patrick souhaite passer la nuit dans la chambre natale de Frédéric Chopin à Zélavola-Vola en Pologne, mais le gardien mit fin à son rêve. En revanche, il passe une nuit d'automne en grelottant sur le champ de bataille d'Austerlitz en Tchécoslovaquie.

Cette année-là, nouveau rendez-vous politique au Palais des Sports le 31 janvier 1967 où la majorité UNR présente ses candidats aux élections législatives : plus de 400 personnes sur la scène, un show organisé par Michel Bongrand, le même qui avait réalisé la campagne de Jean Lecanuet deux ans auparavant et le meeting de la porte de Versailles. Je ne suis pas surpris, le style est identique, nous balayons les spectateurs avec nos arcs au son du *Sacre du printemps* d'Igor Stravinsky et sur un grand écran défilent les grandes réussites de la Ve République : Jean-Claude Killy et Pierrelatte, le pont d'Oléron et Christine Caron, Michel Jazy, un sous-marin, et les quatre prix Nobel français. Il y a deux semaines, Valéry Giscard d'Estaing avait prononcé la phrase fatidique, le « oui mais » des Républicains Indépendants qui allait le plonger dans l'opposition. Ce soir-là il est sur la scène mais noyé dans la foule des candidats, en tout cas pas au premier rang où trônent Georges Pompidou, à sa gauche Jacques Chaban-Delmas et Roger Frey, à sa droite André Malraux, Michel Debre et Edgar Faure. Dans la salle, de jeunes et jolies hôtesses distribuent des brochures et des gadgets, elles ne viendront pas jusqu'à moi, perché tout en haut avec ma poursuite.

Après l'été, je suis convoqué pour éclairer le tour de chant de Gilbert Becaud à la fête de l'Humanité, sur la pelouse de Reuilly, au bois de Vincennes. J'étais intimidé, nous l'étions tous à cette époque, par les communistes, nombreux, puissants et organisés. André Malraux avait enfoncé le clou : « entre les communistes et nous, il n'y a rien ». J'étais d'accord avec lui mais mon frère m'avait donné rendez-vous à l'entrée des artistes en début de soirée. Facile à dire, il avait 24 ans, j'en avais 16, sans repères géographiques fiables, venant à la porte Dorée pour la première fois. J'arrive en métro à cette soirée automnale, pressé de toutes parts par des dizaines de milliers de gens marchant en tous sens, calicots à la main, masse compacte, joyeuse et débridée. La nuit venait, on ne voyait rien à dix mètres. Les communistes étaient dans le vent et moi dans le cirage.

Au milieu des années 60, la chanson française défrichait sur les ondes des radios périphériques les chemins sentimentaux ou lyriques délaissés par les politiques ou les écrivains. Ce soir-là Gilbert Bécaud enflammait le public, occupant la scène comme un matador, du micro au piano, de ses musiciens au public. À la nuit tombée, lorsque sur la scène éclairée en rouge je pointais mon arc blanc sur le chanteur, assis au piano, un instant magique surgit au milieu des étoiles. Bécaud, vif et décidé, plastronnant d'énergie, regardant son public les yeux dans les yeux, se mit à taper quelques notes en regardant les spectateurs, rythmant les premières phrases d'un tempo incandescent. Pim Pa-Pa-Poum Pim-Poum, *la place Rouge était vide, devant moi marchait Nathalie*. Un frisson émotionnel parcouru l'auditoire, suspendu à cette chanson devenue instantanément un hymne romantique de la révolution d'octobre aux allures sentimentales, grain de chaleur dans un monde de culte. Après l'envolée finale au point d'orgue de l'accélération dansante et endiablée, slave et tzigane du morceau, la foule lui renvoya l'écho d'une immense ovation, c'était le grand soir. Éclairer des moments pareils donne la chair de poule. Depuis le début de mon semblant de carrière, je n'avais vécu que des moments historiques ! Au lycée, je redescendais sur terre, et encore !

*

Ma prof de philosophie, Colette Soler, jeune femme aux yeux noirs, la trentaine épanouie et quelque peu gironde, possédait ce charme discret de la maîtresse d'école, mère supérieure et mante religieuse à la fois, sensualité bien ordonnée titillant nos rêves d'adolescents. Nous étions sous le charme. La salle était en pente un peu comme dans les amphis, nous avions l'impression d'y être déjà. Intelligente, férue de psychanalyse, elle y mettait les formes et j'étais conquis d'avance. Je ferraillais avec elle à la fin des cours, découvrant sa sensibilité aux idées maoïstes, en vogue à l'École Normale Sup de la rue d'Ulm. Enfer et damnation ! M'enhardissant néanmoins à vue d'œil, je lui avouais ma passion pour la philosophie et l'envie de tenter la licence. Ma passion d'elle étant sous embargo, elle m'invita à dîner un soir chez elle. Pas besoin de potion magique. Sur un nuage, je me projetais en solex vers l'Est de la capitale et ses contrées inconnues, remontais en volant la rue Oberkampf pour arriver, planant, rue de la Grange aux Belles où en état de lévitation je sonnais à sa porte. Désappointement à la vue de son mari !

À la fin de l'année scolaire, mai 68 prit tout le monde par surprise, nous étions en train de passer le bac blanc au lycée Carnot. Dès les premiers jours d'émeutes au quartier Latin, l'agitation est frénétique à l'ORTF. Les journalistes sont évidemment en première ligne. Dès le 3 mai Jean-

Pierre Chapel, reporter au journal télévisé, demande à Jean-Louis Guillaud l'autorisation de filmer au quartier Latin. « Vous pouvez filmer mais sans le son » lui dit-il, sa marotte ! Michel Honorin, cameraman rompu au grand reportage, veut lui aussi aller au boulevard Saint-Michel ; il lui a fallu attendre cinq jours pour y aller : « Je rentrais du Vietnam où je tournais pour « Cinq Colonnes à la Une » et les caméras du journal restaient dans les placards, Desgraupes et Lazareff m'ont loué une équipe dans le privé, il n'y avait aucune raison de ne pas aller tourner des images à un kilomètre de Cognacq-Jay. »

Dès le début des événements, les consignes de la direction de l'ORTF étaient simples : « N'excitez pas trop les foules, montrez les manifestations mais avec modération. » Jean-Louis Guillaud, directeur de l'Information, le confirme : « c'est faux de dire que nous n'avons pas montré les manifs, simplement nous avons freiné, notre problème c'était le direct, nous avons arrêté notre voiture HF envoyée sur les barricades le 10 mai au soir ». Jean Lanzi était en Roumanie à Bucarest, accompagnant le général de Gaulle : « Nous n'avions aucune nouvelle, ne sachant même pas comment nous allions envoyer nos images ou rentrer à Paris ; le retour fut épique, nous sommes passés par la Suisse en louant des voitures. » Maurice Séveno était au festival de Cannes où Jean-Luc Godard, François Truffaut et Roman Polanski sabordaient le festival. « Pour rentrer à Paris, nous avons dû faire du stop. »

La nuit du 10 mai, à la télévision, le magazine « Panorama » est interdit et nous avons écouté sur Radio Luxembourg et Europe 1 en direct, jusqu'à 2 h du matin, les négociations entre Alain Geismar, Jacques Sauvageot, le recteur Roche et le préfet de police Grimaud. Trois jours plus tard, je participais à la manifestation monstre du 13 mai sous les couleurs du lycée Carnot. Nous étions une petite centaine de jeunes gens, ma mère nous accompagnait c'est dire le niveau bon enfant de cette balade printanière, enrôlés sous la bannière des comités d'action lycéens, faux-nez des trotskistes de la JCR, l'organisation d'Alain Krivine. À côté de nous boulevard Magenta, mais étrangers à nos préoccupations les maoïstes, élite intellectuelle huppée, alignés comme une armée indomptable dont se réclameront les « maos-spontex » Bernard Kouchner, Roland Castro ou Serge July, se revendiquant du stalinisme le plus pur, Jean-Luc Godard leur avait tiré le portrait un an auparavant dans *La Chinoise*. Les maoïstes de l'UJCML, j'ose à peine en expliquer l'intitulé barbare, « l'Union des jeunesses communistes marxistes léninistes », ça existe, proliféreraient à Paris rue d'Ulm et à la libraire Maspero ou dans les livres d'Althusser. Alignés comme à la parade, ils défilaient impressionnants et soudés, armée indomptable s'époumonant sur un slogan tombé du ciel « À bas le gaullisme, antipopulaire, créateur de chômage et de misère ».

Dans nos rangs lycéens, les slogans étaient plus simples : « Libérez nos camarades » ou « Ce n'est qu'un début, continuons le combat ». Nous étions en phase avec les centaines de milliers de jeunes descendus dans la rue cet après-midi-là pour demander le départ du général de Gaulle. Être populaire ça se mérite, c'est facile de faire secte. D'autres allumés gauchos ne s'en privaient pas et dénonçaient ces manifestations de jeunesse, qualifiées de petites-bourgeoises. Notamment l'AJS, un avatar fumeux de la branche lambertiste du trotskisme du nom de Pierre Lambert son « gourou », Bernard Murat, Lionel Jospin ou Pierre Moscovici seront de ses disciples. Autre tendance trotskiste, Voix ouvrière, ancêtre de Lutte ouvrière d'Arlette Laguiller, eux, ils étaient très sérieux et implantés dans les usines.

Sous la pression populaire, les responsables de la télévision cèdent et décident de recevoir les dirigeants du mouvement étudiant. Toute la France a regardé avec émotion l'émission du 14 mai, lancée par Léon Zitrone dans « Télé Soir », depuis le plateau du JT où l'on voit apparaître dans un écran eidophore les journalistes Pierre Charpy, Michel Bassi et Jean Ferniot puis Daniel Cohn-Bendit, l'incontestable chef du mouvement qui se produit enfin devant nos yeux, en chair et en os, en compagnie d'Alain Geismar et Jacques Sauvageot, les dirigeants syndicaux assis à côté de lui. Décor minimaliste, juste un rideau, ce soir-là, c'en est fini des examens, rejetés aux calendes grecques, advienne que pourra… Un soir de la mi-mai, une rumeur court les allées dans la grande cour de la Sorbonne : l'Odéon est à prendre. Avec Bernard, mon copain du lycée, nous y courons et pénétrons avec les premiers arrivants dans le temple de Jean-Louis Barrault et Madeleine Renault, en compagnie d'un bon millier de jeunes gens. Enfin une Bastille à prendre ! Sur le boulevard Saint-Michel, j'achetai, *Le Monde* tous les après-midi, peut-être me le suis-je procuré auprès d'un vendeur ambulant, Patrick les vendait ces jours-là en plein cœur du quartier !

Il débuta donc dans le journalisme en bas de l'échelle en vendant *Le Monde* au carrefour Saint-Germain-Saint-Michel. Déjà il apparaît comme un jeune homme pressé, débrouillard et inventif. Il se les procure d'abord à un kiosque puis à un dépôt « sauvage » rue Saint André des Arts. Bientôt il passe à la vitesse supérieur et va les acheter directement rue des Italiens, siège du quotidien, il vend également *France Soir*. Sa vocation journalistique a surgi pendant ces journées agitées, il est fasciné et excité comme nous par ce qu'il voit dans les rues du quartier Latin car il habite près de la place Maubert avec Catherine sa sœur cadette. Rentrant le soir chez lui, il est donc aux premières loges et comme beaucoup d'entre nous, s'il participe en quasi-spectateur aux manifestations et jets de pavés, il n'adhère ni aux thèses marxistes des groupuscules d'extrême-gauche qui fleurissaient alors à la Sorbonne, ni aux violences policières qui semblent disproportionnées.

Son envie de faire du journalisme est née à ce moment-là. Pendant les manifestations il rôde autour des voitures-radio rue Maubert, et voit Gilles Schneider faire un direct pour Europe 1. « J'avais de l'admiration pour lui et l'envie de faire son métier. » Tant pis pour Sciences-Po, il va laisser tomber la rue saint-Guillaume et le diplôme promis qui conduisait à l'Ena grâce à la filière « service public » choisie dès le départ, lui préférant le métier de journaliste. Patrick est étudiant depuis quatre ans, il est passé par les Langues-Orientales, sa première vocation de diplomate, où il s'est frotté aux langues russes et serbo-croates et surtout il est plus mûr que nombre d'entre nous car il a pas mal voyagé : cette même année il s'était retrouvé à Prague, en Tchécoslovaquie, un mois avant l'invasion des chars russes.

Rue Cognacq-Jay, les journalistes sont partagés. Faut-il continuer à travailler sous la contrainte pour informer les citoyens ou arrêter le travail et priver les Français du journal télévisé ? Le dilemme est cornélien. D'un côté les grands noms de la télévision rangés aux côtés de la contestation, de l'autre les patrons du journal et la majorité silencieuse, entre le marteau et l'enclume les journalistes de l'actualité télévisée, coincés entre les émeutiers, les gouvernants et les policiers. Il n'y a plus de journal depuis quatre jours. Une dizaine cars de CRS est postée au carrefour du pont de l'Alma. Le rideau du 15, rue Cognacq-Jay est baissé, un car de police stationne devant le porche. Les journalistes accrochent des calicots aux fenêtres. Emmanuel de la Taille explique à François de Closets qu'il faut trouver un prétexte pour mettre les journalistes en grève et prendre la tête de ce mouvement. Au café « Le Laffont », ils signent un communiqué d'appel à la grève. Michel Honorin est convoqué dans le bureau d'Edouard Sablier, le directeur de l'Information qui lui déclare solennellement : « Si vous faites la grève, vous êtes tous virés ! »

Le grand reporter essaye néanmoins de le convaincre, car le directeur a une bonne réputation : « Coupe tous ces téléphones reliés au pouvoir et vient avec nous, nous serons tous derrière toi.

— Je ne peux pas, c'est impossible. »

L'agitation est à son comble à Cognacq-Jay. Le journal est interrompu dans cette semaine du 18 au 25 mai où une assemblée générale réunit une grosse centaine de journalistes : 23 votent contre la grève, les 128 autres se rallient aux étudiants, un « comité des dix » se forme avec à leur tête Emmanuel de la Taille, François de Closets et Jean Lanzi. Les techniciens travaillent avec un badge « en grève ». Les 23 vont se débrouiller pour assurer des journaux minimalistes. Betty Durot, aujourd'hui rédactrice en chef de France2, faisait partie des non grévistes : « J'avais 26 ans et je souhaitais monter au créneau, comme nous étions peu nombreux à nous battre et même si nous n'étions pas les meilleurs, j'ai considéré que présenter le journal à ce moment était mon devoir de journaliste. » Les patrons s'y mettent aussi, Jean-Louis Guillaud en présentera un : « ce mouvement laisser présager une révolution, j'étais contre, mon devoir était de maintenir ce qui devait l'être dans une télévision de service public ». Pendant ces journées agitées, Alain Delon lui téléphone et demande à le rencontrer. La vedette vient à Cognacq-Jay et s'entretient avec le journaliste au milieu du chaos. « Vous avez perdu les vedettes du journal qui est actuellement fait de bouts de ficelles. Je suis d'accord pour le présenter car je suis une vedette et ferai un journal qui défend les institutions. » Aujourd'hui, quarante ans plus tard, un sondage demande aux téléspectateurs « Qui voyez-vous pour remplacer PPDA parmi les artistes ? » La réponse sera massive, Alain Delon est plébiscité par le public.

Mais 68, la France vaque à ses occupations selon un slogan écrit sur les murs. La grève devint générale dans le pays, dix millions de grévistes. Les accords de Grenelle sont signés mais refusés par la base à Renault-Billancourt où Georges Seguy le patron de la CGT prend un râteau mémorable. Pierre Mendes-France tente avec Michel Rocard une manœuvre d'enveloppement au stade Charlety et sentant le bon coup François Mitterrand, vieille canaille, tenta de se placer à l'avant-scène en présentant sa candidature au poste de président de la République alors que personne ne lui avait rien demandé. Son flop résonne encore aujourd'hui. « Charlety » et « Grenelle » ont marqué notre génération et l'Histoire de France, puisque les petits jeunes qui nous ont suivis dix ans plus tard à la crèche, Ségo et Sarko, ont eu recours à nos mythes fondateurs pour régler leurs problèmes politiques du moment, Ségolène Royal et son meeting à Charlety pendant la campagne présidentielle de 2007 et Nicolas Sarkozy et son « Grenelle de l'Environnement » la même année après son élection. L'âge de nos dirigeants comptait aussi dans la balance. Krivine, Cohn-Bendit, Geismar ou Sauvageot nous avaient précédés, trois ou quatre ans supplémentaires faisaient la différence, ils appartenaient plutôt à la génération de la guerre d'Algérie. Poivre appartenait à la nôtre mais, déjà en avance à l'époque, il sera plus rapide pour gagner ses galons.

Le mercredi 29 mai, la gauche cégétiste organisa une manifestation à l'ancienne, ouvrière, puissante, encadrée, avec des revendications ponctuelles et des mots d'ordre précis : « De Gaulle démission » et « Gouvernement populaire ». Ça ne rigole pas, pourtant Budapest et Prague sont encore dans nos mémoires. Passant près de l'Élysée, elle fit peur au pouvoir en place, de Gaulle s'éclipsa quelques heures et retourna la situation sur les Champs-Elysées avec Malraux et Debré après un discours à la radio resté célèbre. Certainement un de ses meilleurs. Toute la France avait l'oreille rivée aux transistors à 16 h 30 quand l'allocution démarra :

> « Françaises, Français, étant le détenteur de la légitimité nationale et républicaine, j'ai envisagé depuis 24 heures toutes les éventualités... dans les circonstances présentes je ne me retirerai pas. J'ai un mandat du peuple, je le remplirai... à moins qu'on entende bâillonner le peuple français tout entier en l'empêchant de s'exprimer en même temps qu'on l'empêche de vivre, par les mêmes moyens qu'on empêche les étudiants d'étudier, les enseignants d'enseigner, les travailleurs de travailler. Ces moyens ce sont l'intimidation, l'intoxication et la tyrannie organisées par des groupes organisés de longue main en conséquence et par un parti qui est une entreprise totalitaire même s'il a déjà des rivaux à cet égard... Eh bien non, la République n'abdiquera pas, le peuple se ressaisira... Vive la République, vive la France ! »

Aussi fort que l'appel du 18 juin 40 ! Et pourtant les deux futurs présidents de la République n'auront de cesse l'année suivante de se démarquer bruyamment du général : Georges Pompidou à Rome en se disant prêt à la relève et

Valery Giscard d'Estaing en appelant à voter « non » au référendum. Cruelle ingratitude ! Nous aussi les jeunes, nous n'avions pas tout compris, pour les révoltés dont j'étais il fallait renier le père pour exister, pour les jeunes libéraux dont faisait partie Patrick il était nécessaire de moderniser la France. Mais nous voulions tous le départ de de Gaulle !

Depuis dix jours, panne sèche aux pompes à essence et sur le petit écran, pas de journal télévisé, aussi le directeur de l'Information Edouard Sablier avec l'aide de journalistes réquisitionnés et du personnel non gréviste assure le premier journal de reprise. Il est seul cadré en plan moyen devant un fond neutre depuis la casemate de la tour Eiffel, dernier refuge de la république télévisée gaullienne. Mais la grève n'en finit pas à la télévision. Jean-Louis Guillaud s'en désole : « L'agitation a duré très longtemps à l'ORTF plus que partout ailleurs. » Comme des saltimbanques, les journalistes se sont mis en grève trois semaines après les étudiants à contretemps et raidissent leur mouvement au moment où les ouvriers reprennent le travail. Alors, comme un baroud d'honneur, du 4 au 11 juin, ils organisent autour de la Maison de la Radio l'opération « Jericho ». La police intervient pour les disperser mais la grève continue, elle durera jusqu'au 13 juillet, sept longues semaines bien au-delà des élections qui portent au pouvoir à l'Assemblée nationale une « chambre bleue horizon » où les gaullistes de l'UDR obtiennent une majorité écrasante de sièges.

Le 2 août, 102 journalistes sont licenciés des émissions supprimées, « Cinq Colonnes à la Une », « Lectures pour Tous » ou suspendues comme « Zoom », « Age Tendre et têtes de Bois » ou « Discorama ». Jean-Louis Guillaud a convoqué tous les journalistes dans son bureau. Devant eux il égrène les noms des « virés », dans cette « charrette » la plupart des vedettes du petit écran : Emmanuel de la Taille,

François de Closets, Férdéric Pottecher, Roger Couderc, Robert Chapatte, Claude Darget, Maurice Séveno, Michel Drucker, Thierry Rolland mais aussi Christian Dutoit, secrétaire de rédaction, Cécile Ibane du « Magazine Féminin » ou Maurice Cullaz, critique de jazz. Léon Zitrone n'est pas cité dans cette liste, sa notoriété l'a protégé. Pour retrouver une place, ils devront attendre une convocation individuelle ! Michel Honorin était là : « Puis Jean-Louis Guillaud s'adresse à Jean Lanzi : Vous vous êtes cassé la jambe, on ne peut pas licencier quelqu'un en arrêt maladie, vous êtes muté. Brigitte Friang, je prends en compte le fait que vous soyez secrétaire des "femmes gaullistes", vous êtes mutée, choisissez votre affectation. Dans un silence de mort, elle répondit : *Ravensbrück* ! »

Les Palais de nos 20 ans

Avec l'élection de Georges Pompidou, s'ouvre une cohabitation au sommet de l'État, la première de l'histoire de la Vᵉ République, la plus méconnue et la moins visible mais une des plus violentes, un peu semblable à celle qui avait opposé Michel Debré au général, au moment de l'Algérie ou François Mitterrand à Michel Rocard après 1988. Une lutte cachée aux yeux du public, sans label, sans nom officiel qui mit face à face frontalement le président de la République Georges Pompidou et son Premier ministre Jacques Chaban-Delmas, prêt à lancer « la nouvelle société » loin des souhaits de Pompidou qui voulait accommoder en douceur la France aux réalités modernes. L'héritier « historique » du général de Gaulle voulait au contraire adapter sans tarder la France rurale et conservatrice au grand mouvement du chambardement porté par la jeunesse frondeuse de mai 68.

À Paris, l'ambiance baba cool triomphe, les jupes des filles raccourcissent au fur et à mesure que les cheveux des garçons s'allongent. Patrick songe sérieusement à abandonner Sciences-Po pour le journalisme. Qu'a-t-il pensé de mai 68 ? Dans un ouvrage publié dix ans plus tard sur des photos de l'agence Gamma, il livre sa vision des événements : « Le paysage ne semble guère avoir souffert, les gros arbres ont tous tenu, seules quelques branches ont été arrachées mais la terre a été travaillée en profondeur par le vent et la pluie, et rien ne pourra plus tout à fait être comme avant. » Pour ses premiers pas d'écrivain journaliste, le romantisme est au programme. Il met l'accent sur « la merveilleuse aspiration au dialogue » de ces journées, soulignant le côté international de cette éclosion de la jeunesse d'après-guerre, le chaudron parisien ne l'ayant pas tellement tenté, le général de Gaulle n'ayant rien compris selon lui aux aspirations de la jeunesse, François Mitterrand trop opportuniste, Pierre Mendes-France rigoureux mais peu charismatique ayant loupé le coche, il penche plutôt pour Valéry Giscard d'Estaing, le ministre des Finances de Charles de Gaulle, qui a une vision de l'avenir et incarne pour lui cette aspiration au changement.

Au printemps 69, son opinion est faite, il faut moderniser la France et rajeunir les cadres, il va donc faire avec un ami la campagne électorale d'un candidat « Républicain Indépendant », le groupe politique de VGE auquel il appartient depuis quelques mois au sein du mouvement des jeunes en Champagne-Ardennes, dans la circonscription de Chateau-Thierry, pour soutenir Bertrand de la Roque, neveu du fondateur des Croix de feu, un grand résistant à la fibre sociale, collant affiches et parcourant les réunions où l'on évoque la « nouvelle société ».

De mon côté, j'avais réussi à traîner mes parents sous le préau de mon ancienne école communale, rue Ampère dans le 17ᵉ arrondissement, où Michel Rocard à l'époque au PSU, le parti socialiste unifié, tenait meeting. La campagne présidentielle de 1969 avait été lancée en catastrophe, sans préparation à la suite du départ du général de Gaulle le soir même de son référendum perdu. Campagne sans beaucoup d'intérêt, lutte de « bonnet blanc et blanc bonnet » selon le mot du candidat communiste Jacques Duclos, entre Georges Pompidou l'héritier naturel et Alain Poher entré par effraction dans cette campagne. Mes parents, gaullistes historiques, ont-ils voté pour le sémillant socialiste ? Je n'y crois pas trop. Huit jours auparavant au Palais des Sports, j'avais éclairé le meeting d'Alain Krivine, le candidat conscrit ; cinq jours après un premier passage à la télé qui avait surpris beaucoup de monde, le jeune homme investissait la porte de Versailles pour sa principale réunion de campagne. Il avait mis les choses au point, la jeunesse s'était soulevée, mais la révolution était encore lointaine. Pendaient aux cintres le sigle de la JCR et des portraits de Che Guevara, Cuba était à la mode. Alain Krivine, costume sombre et petite cravate noire, ses petites lunettes d'écaille noires cerclées de fer, prit la parole, éclairé par nos arcs. Nous étions aux premières loges : « Vous pouvez gémir et vous gémirez encore, bureaucrates de tout acabit… »

À ce moment, Patrick profitant d'une dispense militaire, entre au CFJ aussitôt confronté à des condisciples plutôt tournés vers le « gauchisme post-soixante-huitard », tous trotskistes, maoïstes ou communistes. Il rencontre un jeune provincial comme lui, Franz-Olivier Giesbert, tous les deux se sentent étrangers à cet univers d'assemblées générales courantes à l'époque dans les milieux universitaires. Patrick aimait Drieu La Rochelle et Scott Fitzgzrald, Franz appréciait Norman, Mailer et Julien Green, tous les deux avaient de l'ambition, ils se retrouvèrent en porte-à-faux avec les cadres de l'école très engagés politiquement, notamment dans la « section radio », la plus chic à l'époque, dont ils s'étaient fait virer pour « insolence ».

De mon côté élève d'Hypokhâgne, je travaillais au Palais des Sports de la porte de Versailles pour payer mes études.

Le Palais était dirigé par les frères Grunwald, en propriétaires avisés, ils s'étaient partagé le travail. Hubert, habile négociateur à l'élégance britannique, s'occupait des contrats extérieurs et des relations publiques. Sous son impulsion et celle d'André Malraux, des spectacles de danse prestigieux s'étaient délocalisés à la porte de Versailles, Maurice Béjart y avait créé *La Neuvième* de Beethoven, devenu l'emblème de la danse moderne. Le ministère n'était pas trop regardant sur la sécurité, la culture de masse était à ce prix. De son côté Donald, coriace, rugueux mais sympathique, dirigeait la manœuvre dans la salle louée aux producteurs russes de passage à Paris comme le Cirque de Moscou et les Choeurs de l'Armée rouge, ou américains comme les Harlem Globe Trotter et Holiday On Ice. Il mettait à leur disposition placeurs et vendeuses de programmes et un réseau de pompiers payés en liquide appelés en renfort lors des installations. Des électriciens de l'école Violet, des salariés et retraités de la police ou de l'administration éclairaient les spectacles le soir pour se faire un peu d'argent de poche ; ils avaient commencé au Vel d'Hiv, l'un d'eux travaillait à l'ORTF à Issy-les-Moulineaux. J'étais mobilisé en renfort lorsqu'il manquait quelqu'un. Il me demanda de former une équipe d'étudiants pour installer les spectacles et les éclairer le soir. Le Palais était à la mode, Johnny Hallyday allait y faire sa rentrée parisienne, Jean-Christophe Averty filmait le festival du Jazz d'Europe 1 avec les spectacles de Ray Charles et Duke Ellington. Signe des temps, Yves Mourousi animait au micro le spectacle de la gendarmerie, je le croisais pour la première fois.

*

Deux chantiers prioritaires s'imposent aussitôt à Chaban, là où le bât blesse dans la société française : la libéralisation des universités et la télévision. Edgar Faure est chargé de la réforme universitaire et Chaban va s'occuper personnellement de la télévision. Le journal télévisé va prendre de l'importance car « Cinq Colonnes à la Une » a explosé. Le Premier ministre déclare à l'Assemblée nationale : « Je fais mettre à l'étude la réforme du statut de l'ORTF et ferai en sorte que cette réforme soit élaborée avec l'aide et le concours de tous. En attendant, je me porte garant de l'indépendance de l'ORTF. »

Parmi les premières mesures prises, la décision de créer deux unités autonomes, deux journaux télévisés concurrentiels et antagonistes, l'un sur la première chaîne, « Information Première », en noir et blanc dirigé par Pierre Desgraupes et l'autre sur la deuxième chaîne, « 24 heures sur la Deux », en couleurs dirigé par Jacqueline Baudrier. La nomination de Pierre Desgraupes, la voix historique de « Cinq Colonnes » au poste de directeur de l'Information de la première chaîne fait tousser les caciques du parti gaulliste. Il se voit confier les plus hautes responsabilités sur la première chaîne de l'ORTF, la plus importante, la seule qui compte. Il m'en explique la raison : « Pierre Lazareff, le patron de *France-Soir,* et Marcel Bleustein-Blanchet, qui dirigeait Publicis, militaient pour ma nomination. Je rencontre Chaban chez Lazareff et lui dis que j'accepte le poste à condition d'avoir l'entière liberté du choix des collaborateurs et des sujets traités. Comme il était libéral, j'ai pu constituer une équipe sur des bases novatrices. »

Desgraupes choisit des journalistes combatifs et autonomes, décidés à faire leur métier en toute indépendance, reprenant d'abord ceux qui avaient été virés en 68 et débauche des journalistes courageux qui n'ont pas la « mentalité ORTF », Etienne Mougeotte, Jean-Pierre Elkabbach, Jean Lanzi, François-Henri de Virieu qui vient du *Monde*, Philippe Gildas mais aussi Joseph Pasteur, Danièle Breem, Michel Drucker ou François Gault. Naturellement, on appela cette *dream team* l'équipe Desgraupes. En octobre, Etienne Mougeotte est le dernier engagé et le premier à présenter le Journal : « J'étais arrivé depuis trois jours. Pierre Desgraupes me demande de présenter le Flash, le lendemain il m'envoie au 23 heures, trois jours plus tard je faisais le 20 heures. » Jean-Pïerre Elkabbach connaît la même aventure. Correspondant de l'ORTF à Toulouse et en Allemagne il entre dans l'équipe et le patron lui dit au bout de quinze jours : « lundi prochain, tu présentes le journal ». Il découvre à ce moment-là la force du journal télévisé : « Le premier soir, je n'ai pas été trop mauvais mais entre-temps je rencontre des gens qui m'avaient vu à la télé, alors j'ai pris conscience du formidable impact du journal de 20 heures. »

Sur la deuxième chaîne, chez Jacqueline Baudrier, le journal du soir en couleurs commence à 19 h 30 et dure plus d'une heure. Elle fait appel à une équipe de jeunes journalistes aux dents longues, certains venus de France Inter, les « minets » de Baudrier comme on les appelait, Bernard Volker, Jean-François Robinet ou Jean-Pierre Berthet : « J'avais 27 ans, nous étions très nombreux à présenter le journal, la tournante, un présentateur différent chaque soir. » D'autres anciens de Cognacq-Jay comme Michel Péricard sont très satisfaits de cette nouvelle aventure. Dès les premiers instants de cette concurrence, attitude radicalement nouvelle à l'ORTF, les deux patrons se marquent à la culotte, ce qui est le but recherché ! Pierre Desgaupes et Jacqueline Baudrier se voyaient de temps en temps, sans animosité mais sans chaleur non plus. Jacqueline Baudrier a recruté Léon Zitrone en *guest-star*, lui offrant les journaux du week-end. « C'est le seul que je tutoyais » dit-elle.

*

De Gaulle vient de mourir. Confrontés à l'importance de l'événement, les dirigeants de l'ORTF décident alors de fusionner momentanément les deux journaux télévisés pour permettre une meilleure couverture de l'événement et bénéficier également de la couleur. Tous les chefs d'État de la planète se retrouvent à Notre-Dame de Paris à l'occasion des obsèques du général de Gaulle. Philippe Gildas, Georges Walter et Etienne Mougeotte présentaient le journal en alternance. C'est lui qui est à l'antenne pour l'édition spéciale du journal télévisé du 11 novembre 1970. Pierre Géraud, un jeune journaliste qui avait trié les dépêches au desk, venait d'être nommé chef d'édition dans l'équipe de Robert Buchard et son accent de titi parisien. Ce jour-là, tous les titulaires étaient malades, et il est désigné pour organiser l'antenne pendant les trois jours de célébrations, commençant ainsi une carrière qui l'amènera à la rédaction en chef d'Yves Mourousi et de Poivre.

Au même moment Patrick Poive d'Arvor, parallèlement à ses études au Centre de Formation des Journalistes, entend à la radio sur France Inter un appel à candidatures pour une émission, « Envoyé spécial », un concours organisé par Pierre Wiehn. Il fallait avoir entre 20 et 30 ans, ne pas être titulaire d'une carte de presse et être prêt à faire le tour du monde ! C'était le CFJ en mieux. Il se rend en solex de la rue du Louvre au quai Kennedy et entre pour la première fois dans la grande maison ronde par l'entrée B, celle de France Inter. Patrick a proposé une idée originale concernant l'île Maurice. « Comment se fait-il que cette île, n'étant plus française depuis 1810, devenue successivement anglaise et indépendante en 1968 continue à parler le français ? » Des préoccupations personnelles lui ont dicté cette très belle idée d'enquête retenue par le jury.

En décembre 70, Patrick se rend donc dans l'océan Pacifique en compagnie d'un technicien équipé d'un Nagra sur les traces d'un ancêtre botaniste Pierre Poivre qui ferait partie de sa famille, ayant vécu sur l'île deux siècles auparavant. C'est l'été austral à ce moment, il fait très chaud, l'archiviste de Port-Louis montra au jeune reporter que son « ancêtre » n'avait pas eu de lignée mâle. Cette question personnelle réglée, Parick se met au travail et envoie un reportage quotidien pendant une semaine. À cette époque, le jeune homme de 23 ans, grand et pas prétentieux, toujours timide, on ne s'en guérit jamais, part à la rencontre des habitants et des coutumes locales. Il évoquera au micro la marche sur le feu, la cuisine locale ou la musique mauricienne.

Patrick, rentré à Paris, apprend que ses reportages ont été appréciés, ils restent quatre jeunes gens qualifiés pour la finale dont Patrick qui choisit les Philippines. Après une semaine de recherches infructueuses, il rencontre un baroudeur, représentant d'Air France à Manille, qui lui présente le président Ferdinand Marcos, un nationaliste arrivé depuis six ans au pouvoir ; sa femme Imelda se prend de sympathie pour le jeune homme venu de France. Grâce à cette recommandation, il a la chance d'être le premier à rencontrer en prison le peintre Benjamin Mendoza, le faux prêtre originaire d'Amérique latine qui avait tenté d'assassiner le Pape Paul VI avec un couteau lors du voyage du souverain pontife à Manille. Patrick réussit surtout un scoop en débusquant Monseigneur Rufino Santos, le premier cardinal philippin de Manille qui refusait de recevoir la presse et vivait protégé par une milice. Patrick se rendit discrètement un dimanche à l'église où il célébrait la messe et se cache au fond de la sacristie, dans un placard, au milieu des chasubles. À la fin, les fidèles repartis, Monseigneur Santos le découvre et au lieu de le sanctionner éclate de rire et lui accorde une interview, une audace de jeunesse qui lui a peut-être fait remporter ce concours.

Juillet 1971, le jury se réunit à la Maison de la Radio. Selon Pierre Wiehn : « Il sortait du lot, ayant une sorte de facilité, d'élégance, il avait potentiellement et naturellement toutes les qualités du reporter : dire les choses sans avoir l'air de les dire en restant très modéré dans son expression. » Le voici passé d'un coup d'étudiant journaliste au statut de grand reporter professionnel. Il choisit finalement France Inter par gratitude, c'était le contrat, il le respecte. En revanche, la direction du CFJ est très mécontente de son escapade et menace de ne pas lui délivrer son diplôme ; avant de se raviser, il aura le diplôme mais pas la spécialité radio !

Et Patrick décroche également sa licence de Droit avec une mention due à Jack Lang, professeur à la faculté de Nancy, qui l'interrogera à l'oral dans le cadre de son cours de « droit international » que n'avait évidemment pas suivi Patrick, il le lui avouera avec franchise et honnêteté. Il entre ensuite à la Maison de la Radio avec un contrat d'un an payé 3 000 francs mensuels, tout juste promu « grand reporter » de France Inter. De l'autre côté de la Seine au Palais des Sports, je gagnais 1 000 francs mensuels.

Georges Bortoli, ancien correspondant à Moscou de l'ORTF, lui propose alors dans la foulée un reportage inespéré pour un nouvel arrivant dans la rédaction, la TWA inaugurait une ligne faisant le tour du monde. Patrick partirait deux mois pour envoyer une « carte postale sonore » de chaque escale. Il y a pire pour débuter une carrière ! Mais entre-temps, Bortoli est débarqué et Patrick rencontre le nouveau directeur de l'Information, Lucien Renaud, qui douche aussitôt ses premiers rêves. « Vous êtes là depuis 15 jours et vous pensez faire le tour du monde aux frais de France Inter ? » Il n'a pas dit aux frais de la princesse mais le cœur y était ! « J'annule, il me faut un journaliste plus expérimenté ! »

Patrick vient de toucher sa carte de presse numéro 31072 et, comme tous les jeunes journalistes, il débute donc à la radio nationale par les flashs d'information de la nuit en alternance avec Paul Amar son condisciple du CFJ et de Raymond Mockel, un ancien de la radio aux commandes de ces bulletins nocturnes suivis par environ 50 000 auditeurs. À France Inter, on lui confie le journal du matin sous la houlette d'un des grands de ce métier, René Duval responsable de la rédaction qui s'était illustré dix ans auparavant par ses reportages sur Europe 1 lors des événements de la rue d'Isly à Alger. Poivre subira l'ire de ce grand professionnel qui donnait le titre de l'information d'une phrase, laissant Patrick développer les détails. Un matin, Duval annonce que Fidel Castro s'envole pour un voyage à Moscou, le premier depuis huit ans. Patrick enchaîne au micro ;

« Fidel Castro, le chef de l'État cubain… »

Aussitôt coupé sèchement à l'antenne et en direct par son aîné :

« Le chef de l'État cubain s'appelle Osvaldo Dorticos, Fidel Castro est secrétaire général du Parti communiste… »

Bon d'accord, le chef c'est quand même Fidel, trente ans après Patrick s'en rappelle encore.

*

Le Palais des Sports fut le théâtre d'affrontements très graves. À l'intérieur, nous devions assurer le meeting d'Ordre Nouveau. Jean-Marie Le Pen comptait se présenter à la prochaine élection présidentielle. Et ce soir-là, pour la première fois, nos opinions se heurtaient à notre travail mais un meeting s'éclaire quel que soit l'orateur. D'ailleurs avec le sens de la mise en scène qui les caractérise, les fachos avaient bien fait les choses. L'entrée des artistes ayant été barrée par la police car des manifestants hostiles se massaient à l'extérieur, nous sommes donc entrés comme le public par le « vomitorium », cet espace parcourant toute l'enceinte qui irrigue les portes d'accès à la salle. Une haie d'honneur avait été organisée, un faisceau de licteurs, une armée des ombres, prête au combat. Nous étions à Nuremberg, une cinquantaine de jeunes gars, casqués de noir, bottes aux pieds, cheveux ras, vêtus de blousons noirs siglés à l'enseigne de l'organisation Ordre Nouveau, se tenaient en rang, alignés comme à la parade de part et d'autre de ce long couloir. Chacun d'eux avait à la main une longue matraque de trois mètres brandie devant eux comme une menace de représailles. Il fallait passer devant leurs yeux hostiles. Nous n'en menions pas large avec nos cheveux longs, nos tenues babas compatibles et nos airs arrogants. Ce soir-là, nous gardâmes les tenues mais oubliâmes quelques instants nos grands airs. À l'extérieur, la bagarre avait commencé avec les gauchistes. Durant tout le meeting, les bruits des grenades lacrymogènes et les attaques des CRS ponctuèrent les discours des orateurs. Les jeunes militants, nous voyant à nos poursuites, venaient faire du prosélytisme. Mais non les gars, nous ne sommes pas des méchants mais des « nationaux ». Jean-Marie Le Pen avait trouvé ce soir-là son noyau dur, vivier de ses futurs militants convaincus.

Au sommet de l'État, le président de la République ne supporte plus les critiques diffusées tous les soirs par « Information première », le journal de la première chaîne voulu par Jacques Chaban-Delmas et dirigé par Pierre Desgraupes. Pour ne rien arranger, le Premier ministre vient de poser la question de confiance aux députés sans lui demander son avis ! Ce n'est plus de la cohabitation feutrée mais de l'affrontement public. Aussi le président de la République Georges Pompidou, lors d'une conférence de presse le 21 septembre 1972, donne une leçon de journalisme d'État à son Premier ministre qui en avait fait sa marotte, comme une motion de censure virtuelle adressée à son chef du gouvernement : « Qu'on le veuille ou non, et je sais qu'il y en a qui ne me croient pas, un journaliste de télévision n'est pas un journaliste comme les autres, il a une responsabilité particulière, d'une part à cause des moyens qui lui sont donnés, d'autre part parce qu'il y a un monopole. La télévision française est perçue comme étant la voix de la France et par les Français et à l'étranger. »

Georges Pompidou fatigué, malade, excédé par la télévision, renvoie Jacques Chaban-Delmas, son chef du gouvernement et nomme à sa place Pierre Messmer. Le Premier ministre s'attelle aussitôt à gagner les prochaines élections législatives mais d'abord, comme un principe de précaution, il veut briser le pôle critique quotidien venant de Cognacq-Jay. Arthur Conte, le tout nouveau pédégé de l'ORTF, déclare dans son discours d'ouverture vouloir « libéraliser les forces de la joie et de la distraction », homme du Sud-Ouest, écrivain, député socialiste des Pyrénées Orientales d'abord socialiste puis gaulliste il appelle Jacqueline Baudrier :

« Est-ce que vous accepteriez de venir sur la première chaîne remplacer Pierre Desgraupes à l'Information ?

— L'équipe de Desgraupes ne va pas m'accepter si le patron est viré. »

Arthur Conte, très étonné de la réaction de la directrice de la Deux, veut dissoudre les deux journaux télévisés et réduire à néant la forteresse « contestataire » édifiée par Desgraupes. Le lendemain de bonne heure, il rappelle Jacqueline Baudrier : « Bon, vous m'avez empêché de dormir ! Voilà j'ai trouvé, votre équipe et votre chaîne je vous la donne, vous allez passer sur la première chaîne avec tous vos journalistes. Il n'y aura plus de directeurs de l'Information, seulement des directeurs de chaînes. »

C'est donc dans l'improvisation totale que les deux équipes de journalistes vont se croiser, il suffira de monter ou descendre d'un étage mais à l'antenne c'est la révolution ! Toute l'équipe de la première chaîne, dirigée par Pierre Desgraupes, en partie disloquée, doit rejoindre la deuxième chaîne en couleurs, tandis que les équipes de Jacqueline Baudrier doivent intégrer la première chaîne en noir et blanc ! Jacques Alexandre se retrouve donc à la tête du plus grand journal télévisé du soir, le plus regardé. « Il se passe quelque chose de stupéfiant et de totalement surréaliste, nous nous retrouvons en noir et blanc sur la Une mais en contrepartie, évidemment, nous héritions du navire amiral. » Il va créer « 24 heures sur la une » où les journalistes présentent le journal suivant le principe de la

« tournante », bien connu depuis des lustres pour empêcher le vedettariat. Oublié Joseph Pasteur, qui avait imposé le présentateur unique l'année précédente dans l'équipe de Pierre Desgraupes, qui tient néanmoins à marquer leur réussite : « Je suis heureux de constater que lorsque nous sommes partis en 1972 le principe est resté, cette équipe et les journalistes qui la composaient sont encore numéro un aujourd'hui. »

*

À ce moment-là, le destin de Patrick bascule lui aussi. Une petite nouvelle vient de naître, la troisième chaîne diffusée directement en couleurs, c'est la chaîne du cinéma et des régions. Attelage bizarre mais le pouvoir politique a une petite idée derrière la tête afin de contrôler politiquement les grandes villes. À ce moment pour réussir à la capter, il faut enclencher le canal de la deuxième chaîne sur les récepteurs et tourner un gros bouton, aléatoirement à gauche ou a droite, autant dire qu'il ne s'agit pas encore de comptabiliser des audiences inexistantes.

Christian Bernadac, un ancien de l'équipe Desgraupes, est chargé de tester de jeunes présentateurs pour créer le futur journal de la Trois à la Maison de la Radio et repère Patrick Poivre d'Arvor comme Jean-Claude Bourret, Régis Faucon, Patrick Lecoq ou Yves Mourousi qui se souvient de ses premières armes de présentateur : « On avait créé un plateau de télévision avec une caméra fixe à l'intérieur même des locaux de France Inter, juste en face du studio où j'assurais le 12-14, le journal radio de la mi-journée. Chaque soir, j'étais chargé de présenter un résumé des informations. »

« Inter 3 » est un laboratoire. Un mur gris, une grosse caméra vidéo, deux projecteurs et un écran de contrôle. Patrick y fit ses premières armes devant l'objectif des caméras. L'exercice ne menait pas encore à la notoriété, comme il le confirme : « Nous avons été quatre ou cinq à présenter ce journal de FR3, il devait y avoir douze ou treize personnes pour nous regarder ! »

Intermittent du spectacle

C'EST L'ÉTÉ. Pierre Messmer a remplacé Jacques Chaban-Delmas. L'Agence nationale pour l'emploi vient de créer une antenne parisienne, rue Pigalle, dédiée aux personnels du théâtre vivant, de la télévision et du cinéma. Je passe l'été dans la capitale, les boulangeries fermées et les rues vides, seul dans la clarté tardive des nuits de juillet, étudiant-travailleur à l'année dans la fleur de l'âge. Mes copains partis en Inde ou à Katmandou, routards oublieux, le nez au vent, je reste en rade sur le pavé parisien, cherchant l'erreur. Travaillant depuis dix ans au Palais des Sports pour payer mes études, avais-je ma place parmi les intermittents du spectacle ? Un truc administratif, assurément. Pour me rendre compte, j'enfourche ma bécane, une mobylette Peugeot bleu pétrole ; se rendre à Pigalle promet un spectacle d'aubaine à défaut d'opportunité.

Non loin de l'entrée, je pose mon engin à côté d'une porte cochère où deux jeunes femmes plutôt belles font discrètement le trottoir, perchées sur leurs escarpins. Il est 10 h du matin, elles échangent des plaisanteries, les passants remontent la rue et ne leur prêtent aucune attention. Un riverain promène son chien, une Renault 16 stoppe au feu rouge, alentour brillent les néons éteints des cabarets nocturnes. L'accueil rue Pigalle vaut le déplacement. Je pénètre par une porte vitrée dans une pièce cosy donnant sur la rue, loin de toute grisaille administrative, atmosphère feutrée, moquette au sol, convivialité. Une jeune fille postée à gauche, âgée d'une vingtaine d'années, accueille les visiteurs. Petite brune piquante et pulpeuse, vêtue d'un blazer noir, un chignon amusant et haut perché. Souriante, elle m'oriente vers un des deux bureaux vitrés. Ayant lu une petite annonce, je décroche une place de figurant pour un film, *Henri et Paul*, tourné à Beauvais, dans l'Oise : une manifestation étudiante payée 150 francs la journée où je m'agiterai avec entrain comme lanceur de pavés en cartons !

Dans ce hall d'accueil cosmopolite, musiciens, assistants, techniciens, décorateurs, comédiens ou chanteurs s'échangent l'adresse du prochain tournage de Claude Lelouch où des petits rôles restent à distribuer, le nom du responsable à contacter au théâtre de la Porte Saint-Martin où il manque deux éclairagistes, l'heure de la convocation de la prochaine audition des musiciens pour l'orchestre du Châtelet. Assistants à la recherche d'un réalisateur, danseurs en panne de chorégraphes, chanteurs de variétés au rancart, comédiennes dont le téléphone ne sonne plus, l'annuaire des comédiens, gros livre épais, fourmille de centaines de portraits en noir et blanc, mais aussi ingénieurs du son renommés partant à Londres pour l'enregistrement du concert des Pink Floyd ou directeur photo ayant deux semaines avant le prochain tournage de Claude Barma aux Buttes-Chaumont.

Je suis chaleureusement reçu par François Bartoli, un grand gaillard corse impeccablement coiffé, habillé d'une veste classique, chemise blanche et cravate sombre, le sourire avenant et la poignée de main chaleureuse.

« Alors, dit-il ? » interrogatif mais attentionné.

— Le Palais des Sports est fermé pour les vacances, je n'ai plus de travail jusqu'à la rentrée.

— On va voir ça. »

Bien calé derrière son bureau, droit comme un capitaine à la manœuvre d'accostage, il semble inaugurer ses nouvelles fonctions. Je déroule le roman de ma petite expérience, mes mains expertes ont éclairé Johnny Hallyday, Rudolf Noureev, Holiday On Ice ou le Bolchoï. Le Corse en fait une légende et je prends place dans son Panthéon personnel comme une recrue de choix, un gars facile à placer. Bartoli fait semblant de consulter une ou deux ou fiches, mais apparemment son choix est déjà arrêté, un professionnel du placement artistique.

« Tu vas aller voir l'éclairagiste de la Nouvelle Ève, rue Fontaine…

— Le cabaret ?

— Oui, le gars part en vacances dans le Lot. Tu auras du travail pour les vacances. »

Son tutoiement me surprend, surtout dans ce bâtiment voué à la circulaire en trois exemplaires. Enfin je l'imaginais tel.

« C'est à deux pas de là », dit-il, ajoutant que le titulaire va rafistoler une ruine, c'est un amoureux du coin.

Rien ne lui échappe. C'est la force de l'administration.

« Attends, je vais l'appeler », dit-il d'un geste apaisant de la main.

C'est en face, à moins de cinquante mètres, juste à côté du Tabarin, cabaret à gogos où un gars posté devant la porte alpague le passant solitaire. Suffit de traverser la rue Pigalle et grimper au premier étage. J'entre dans un petit bureau boisé aux murs crème, fenêtre sur rue, qui sent l'organisateur de spectacles de province. Bernard et Adrien Pierini, deux Corses à l'allure hautaine et quelque peu méfiante, me saluent, circonspects et surpris, tendant une main hésitante. Au mur des affiches vieillottes montrant des danseuses emplumées, des étagères remplies de programmes, à gauche une armoire aux portes grillagées sur laquelle trône une coupe dorée. Peut-être s'attendaient-ils un gars rassis qui en a vu d'autres, entre hommes on se comprend, certainement pas à ce jeune homme aux cheveux longs ; naturellement je ne paye pas de mine, je suis déjà pratiquement condamné.

Légèrement en retrait, se tient un personnage brun et ridé, âgé d'une soixantaine d'années, qui me gratifie d'un large sourire. Georges Lugosi, vedette d'un numéro de music-hall fameux des années 30 et créateur du spectacle assure : « Ne me confondez pas avec Bela Lugosi, l'acteur de films fantastiques, il est très connu, c'est mon frrèrre », ajoute-t-il à la slave, en riant. Il sait détendre l'atmosphère et se présente comme le metteur en scène. Les patrons m'annoncent 100 francs par soirée, pour deux spectacles, grâce au laissez-passer de Bartoli, confrère en corsitude, une petite fortune ; à l'époque, je gagnais 30 francs au Palais des Sports, le prix d'un 33 tours, ce salaire représente trois fois plus. Deux ou trois mots lâchés sur le spectacle en général aident ces personnages considérables à me confier les clés de leur cabaret particulier.

Pas encore adopté mais déjà branché, reste à descendre la rue Dupré pour rejoindre la Nouvelle Ève, cent mètres plus bas, croisant des musiciens, le quartier Pigalle regorge de magasins renommés pour amoureux de la guitare et de boutiques d'accessoires féminins pour nuits torrides, en soie rose ou en latex noir. Au milieu de cette Babylone de plaisirs, surgit à l'intersection de trois rues pentues l'entrée de la Nouvelle Ève, surmontée d'un vaste fronton blanc où apparaît gravé le nom de ce cabaret parisien devenu aujourd'hui un endroit kitsch pour soirées tendance. J'aperçois un gars sur le pas de la porte fumant une cigarette, insouciant et blasé. Ma chance insolente brille à nouveau, en voiture systématiquement un automobiliste me laisse sa place. Et si c'était lui ? Son allure bougonnante ne trompe pas. Les autres l'ont prévenu. Nous nous lions, il me propose un verre, évitant le café le plus proche.

« Ici, dit-il, le patron c'est un con. »

Nous traversons la rue.

« Là par contre, la bière est bonne », dit-il en entrant dans son bar favori.

Se plier de bonne grâce, l'heure n'est pas aux débats d'idées. Rondouillard et d'accès facile, quoiqu'un peu buté sur certains sujets, il a depuis longtemps épuisé les charmes du music-hall. Ce soir je devrai le suivre partout. Nous pénétrons dans ce théâtre où la première revue nue est née dans les années 20 ; le décor a d'ailleurs les apparences d'un cabaret « Belle époque » avec un plafond étoilé et tamisé, une piste fluorescente et multicolore et un fronton de scène rococo au style corinthien. Au deuxième étage depuis sa cabine exiguë de quatre mètres carrés, on aperçoit la scène à travers une vitre insonorisée, des boutons parsèment les murs, une poursuite est vissée au sol, pointée vers la piste.

« Regarde, là tu envoies la lumière, ici tu baisses la piste, là tu allumes le plafonnier, tu verras, c'est facile. »

Je n'en doute pas.

« Je vais te montrer la salle » dit-il.

Une salle de spectacle endormie, assoupie comme la Belle au Bois dormant ravive nos émotions, éclairées par les seules lampes de service, fauteuils empilés, velours caressants, sièges de nos rêves, rideau fermé, projecteurs éteints, la tête dans les étoiles. Une petite lampe, sous un abat-jour vieillot situé sur les tables, permet aux clients de consommer sans verser. Les cuisines sont au fond. Autour de la scène, des dizaines de projecteurs sont accrochées aux cintres. Tout le dispositif fonctionne à l'électricité, je suis chargé de l'ensemble.

« Tu verras, dit-il, les artistes font leur numéro personnel et se joignent au ballet, les maîtres d'hôtel placent les clients et servent à table, nous, on est chargé de faire tourner la boutique. »

Je me demande légèrement angoissé si mon expérience sera suffisante. Je suis éclairagiste, pas électricien, la différence n'est pas mince. Accepter de manœuvrer le cabaret de la cave au plafond est un pari. Je prie pour que tout fonctionne et déclare mon ange gardien du temple. Me voilà patron d'un cabaret !

Pas bégueule, ce temple des plaisirs et nullement licencieux. Les filles, dont la loge est à l'étage, viennent dans la cabine entre les numéros voir le petit nouveau. Examen de passage. À moitié déshabillées, elles jettent un coup d'œil à travers l'ouverture vitrée pour s'informer du déroulement du spectacle. J'en profite pour jeter un œil, regardant la lune comme le conseille Lao Tseu, pas mon doigt qui leur indique le tabouret. À mes côtés, sans pudeur, elles s'assoient sur ce siège providentiel, déplient leurs longues jambes galbées et s'enduisent le corps d'une couche de crème rougeâtre, destinée à mettre en valeur leur peau sous la lumière des projecteurs. Nous sommes entre gens de spectacle, pas de gêne, elles répètent ces gestes tous les soirs pour satisfaire le public, pas ma curiosité. Heureusement, quelques notes de musique retentissent. Aussitôt, comme mues par un ressort, elles s'échappent fébriles, c'est le moment pour elles d'entrer en scène. Affolement général dans les coulisses, apostrophes et rires sonores, bruits de portes ouvertes et fermées, courses folles dans l'escalier, escarpins des filles claquant sur les marches, exclamations dans toutes les langues, appels du régisseur par les hauts parleurs : « *allez, allez, c'est à vous…* » suivi d'une exhortation pressante, dans l'escalier, de Luis Diaz, le metteur en scène. Final de la musique et noir salle. Le rideau rouge se ferme. Applaudissements. Ça, c'est du music-hall.

Elles dansent presque nues, échouées là comme des ballerines qui n'ont pas trouvé de ballet. Pour les danseuses, la différence se fait sur le sein. Caché, leur chorégraphie est artistique et les engagements fréquents, du Châtelet à l'Opéra de Paris. Découvert, il offre des prestations dansées, le plus souvent nocturnes et emplumées, dans les quartiers de la rive droite, du Moulin Rouge aux Folies Bergère. La rive gauche, on le sait, est réservée aux ébats intellectuels. Ôter le bas les fait basculer dans la cohorte des danseuses de maisons où l'on passe, cabarets alignés les uns à côté des autres entre le métro Blanche et la place Pigalle. La Nouvelle Ève ne fait pas exception. Comme au Crazy les danseuses sont grandes, bien faites, exubérantes, girondes, recouvertes de bijoux ne cachant rien de leur anatomie souvent enveloppée, la plupart Françaises plus quelques Suédoises, Autrichiennes, Slaves ou Sud-Américaines. Parfois elles surgissent à l'improviste, dans ma cabine, portant juste un bikini, avec dans leur sillage des odeurs de crème de maquillage, de sueur et de féminité, le soutien-gorge à la main. Voyant mon regard intéressé, elles se dépêchent de plaquer sur leur poitrine ce bout de tissu salvateur d'un geste furtif qui se veut naturel mais qui ne m'échappe pas. Les filles se déshabillent sur scène, pas en coulisses où leur nudité fait étalage de sa pudeur. Apparence trompeuse, du régisseur à l'électro, permis de regarder mais pas d'observer.

Pour l'heure, dans ma cabine surchauffée de la Nouvelle Ève, je peine lors de l'enchaînement de deux numéros, payé très cher pour accomplir ces gestes-là. Je dois actionner les projecteurs éclairant la scène et m'occuper de la piste aux néons tout en manœuvrant la poursuite. Il y a un temps pour tout mais pas à la Nouvelle Ève lieu de prédilection du don d'ubiquité, je fais le boulot de trois personnes, impossible de tout mémoriser. Malin, j'ai imaginé un petit stratagème en collationnant sur un grand carton, posé devant mes yeux, la liste des enchaînements, soigneusement notés au feutre noir, appris par cœur avant le grand saut. Mon carton amusa les filles, surtout les Françaises. J'étais l'objet de leurs railleries, simplettes et délurées, parfois coupantes ou acérées, un corps dénudé donne tous les droits. Se produisant toute l'année, rare était l'opportunité de blaguer un godelureau s'emmêlant les pinceaux. Naturellement, le titulaire connaissait le spectacle par cœur, le bougre, et pouvait plaisanter à l'aise. On m'avait chanté les Parisiennes, leurs petits nez et leurs chapeaux, dans leurs yeux moqueurs, les soirs de vague à l'âme j'étais loin du compte.

L'été échauffe les cœurs mais aussi les fils électriques des projecteurs. Le maître d'hôtel qui régnait sur le service de salle, un Hongrois à l'accent slave, vint me voir un soir après le spectacle, le teint cireux, raide dans son queue-de-pie, déclarant solennel : « Monsieur », c'était un gars à l'ancienne, « des lampes dans la salle ne marchent plus, votre collègue réparait le matin. »

Sa messe étant dite, des réparations devenaient nécessaires, pestant contre ce travail minutieux. Les fils n'étaient jamais assez longs, il aurait fallu tout démonter, il n'en était pas question, puis des projecteurs de scène tombèrent en panne, les uns après les autres, les rafistolant tant bien que mal ; suspendu sur des échelles branlantes, je constatais amèrement que ce boulot ne me convenait pas du tout, électricien, c'est un métier. Ma copine est venue me rendre visite, surprise des allées et venues des ingénues dévêtues aux allures suspectes, elle ne fit pourtant aucune remarque et me demanda pincée :

« Qu'est-ce que tu fais demain ?

— Je vais au Rectorat chercher ma maîtrise.

— Il faudra que j'y aille moi aussi, il faut décider ce qu'on va faire maintenant… »

Allait-elle se laisser tenter par le métier de prof ? Notre vie d'étudiants touchait à sa fin, je venais de réussir ma maîtrise de philosophie, régisseur de spectacle est une voie sans issue, amusante certes mais peu rémunératrice et aux horaires sans limites. La vraie tuile se produisit à la mi-août. Au dernier numéro du premier spectacle la salle tomba brusquement dans le noir au rideau final, quelques secondes avant la fin de la musique. Les lumières de secours, des veilleuses jaunâtres et faiblardes prirent le relais, à la cave, cinquante batteries étaient branchées les unes aux autres. On passait de Pigalle à Macao ! Le public ne se rendit pas compte et prit cela pour un effet prévu à l'avance. Il me restait tout juste trente minutes, avant le début du prochain spectacle, pour réparer cette panne qui semblait prodigieuse !

Le Hongrois et Luis Diaz montent dans ma cabine, ils m'interrogent avec gravité et hauteur car ils sont grands. Ai-je une idée ? Quand la panne électrique est générale, suffit d'aller au disjoncteur comme à la maison. Direction un couloir sombre au rez-de-chaussée, je découvre trois rubans de cuivres, des phases de deux cents ampères chacune, le compte est vite fait, des dizaines de milliers de watts, une bombe atomique cuivrée, la toucher expose l'auteur du geste fatal aux éclairs dorés, happé comme un trou noir, reste un petit tas de cendre pratique pour l'incinération. Le chef cuisinier avait surgi des cuisines où les frigos réchauffaient à vue d'œil, les trois responsables sont groupés autour de moi, se gardant bien de me donner un conseil. Je les rassure :

« Ne vous inquiétez pas, on va réparer. »

Le Hongrois demande s'il ne vaut pas mieux appeler, toutes affaires cessantes, un de ses amis tchécoslovaque œuvrant au Tabarin, le cabaret situé en haut de la rue. C'est la filière slave. Snobant crânement son conseil, pourtant plein de bon sens, tout faire soi-même comme d'habitude, je vais chercher un tabouret et une pince plastifiée. Une des trois phases avait grillé, restait à la changer. Mes doigts à quelques millimètres d'une mort certaine, je lui en substitue une neuve. Le car des touristes du spectacle suivant venait de se garer dans la rue Fontaine. En sueur, je redescends du tabouret puis enclenche le disjoncteur. Miracle, la lumière se fait, avec tout l'éclat désiré. Le Hongrois sincèrement surpris me remercie pour la « célérité » de ma réparation, j'étais « un garçon expérimenté ». J'acquis ce soir-là une certaine notoriété dans le milieu interlope des cabarets parisiens.

*

Au même moment, pendant l'été, le responsable de notre équipe au Palais des Sports fut mis sèchement à la porte, l'actionnariat avait changé de main. Robert Thominet, avec Jacques Goddet, prend en main la direction pour changer de formule, place à la production à part entière, il voulait créer des spectacles. Il offrira notamment la possibilité à Robert Hossein d'inventer *Potemkine*, *Notre-Dame de Paris* ou *Les Misérables*. Un soir rejoignant nos places habituelles pour un spectacle exceptionnel de Maxime le Forestier organisé par RTL, nous découvrons dix gars nouveaux à nos poursuites. Oups ! Des électriciens de l'école Violet nous remplacent au pied levé sans nous demander notre avis. Les nouveaux arrivants n'étaient même pas au courant, ne mesurant pas l'ampleur de cette révolution de palais. Le lendemain l'entrée des artistes fut barrée, l'accès des lieux nous fut totalement refusé. Le Palais des Sports avait été notre maison depuis cinq ans, pratiquement tous les jours et souvent la nuit, pour 1 500 soirées de spectacles. La messe était dite. D'ailleurs cette année-là, tous les enfants de 68 abandonnèrent le gauchisme qui n'était décidément pas un humanisme. Les grains de riz lancés à tous les vents par les maos avaient fait beaucoup de mal à notre jeunesse. L'opinion favorable dans un premier temps aux étudiants contestataires s'était brusquement retournée. Le journal *Libération* venait d'être créé, à l'instigation de Serge July, aidé par Jean-Paul Sartre, son propagandiste à la dérive sur son tonneau de Billancourt. Le combat de rue se mua en combat de plume, dont le kilo comme chacun le sait est égal au kilo de plomb de nos années de contestation. Thominet s'était résolu à vider tout le monde pour remettre la salle dans une configuration classique du monde du travail, les ouvriers à leur poste d'électriciens consciencieux et les éclairagistes attentifs aux ordres du chef. Il nous proposa le principe d'indemnités versées immédiatement contre notre démission collective nous évitant ainsi de longues procédures aux prud'hommes, où nous aurions gagné mais dans dix mille ans.

Le même été, le choc est brutal également à la télévision avec l'éclatement de l'ORTF. Aussitôt Giscard élu le 7 août 1974, toutes les structures volent en éclat, les salariés ne savent même plus où s'adresser, chacun doit faire ses valises et se trouver une maison, les choix de carrière se font dans l'urgence, il faut trouver un toit. La répartition des personnels donne lieu à des scènes étranges, un haut fonctionnaire, juriste ancien général de gendarmerie, est chargé de cette tâche. D'un caractère plutôt bonhomme, il doit néanmoins procéder à de douloureux arbitrages. Christian Bernadac établit avec lui la liste des journalistes qui vont rejoindre TF1. « Perrier avait une règle et suivant les budgets qu'on lui accordait il montait ou descendait le curseur, passant du numéro 230 au numéro 160 et il me disait, voilà il y aura 160 personnes, pas plus. C'était abominable, mais il fallait en passer par là. » Roger Gicquel, patron des journalistes de France Inter qui avait éjecté Poivre de la revue de presse du matin car il avait évoqué indirectement la maladie de Georges Pompidou, est alors sans travail. « Les journalistes virés en 1974 n'ont pas été aussi nombreux qu'en 1968 mais leur sort a été plus tragique car lors de l'éclatement tout le monde perdit son fauteuil définitivement et seuls ceux qui avaient des propositions concrètes retrouvèrent un poste ; personnellement n'ayant reçu aucune proposition je n'avais plus d'emploi, je n'étais même pas affecté. » Jean-Pierre Elkabbach ne trouve pas non plus chaussure à son pied : « Giscard a cassé le monopole de l'ORTF pour briser les syndicats et insuffler un peu de concurrence mais je n'étais pas sur la liste, il y avait eu une campagne présidentielle, on estimait que je n'avais pas fait le jeu du vainqueur, en l'occurrence VGE, cela deviendra une habitude pour moi. »

Patrick Poivre d'Arvor reçoit alors plein de propositions. Les responsables qui l'avaient vu sur la Trois voulaient qu'il reste, comme ses patrons de France Inter. Christian Bernadac veut l'amener avec lui sur la première chaîne et croise Patrick à la Maison de la Radio qui lui dit :

« Tu arrives trop tard, je sors du bureau de Jacques Sallebert, je viens d'accepter son offre. »

Patrick a 27 ans, il vient de donner son accord à la proposition de Jacques Sallebert, directeur de l'Information d'Antenne 2. Évoquant cette période agitée, Patrick me confia avec un sourire : « Depuis ce jour, nous avons investi la place et l'on n'arrive pas à nous déloger ! »

*

Patrick entre à la Deux au service politique en compagnie de Christian Guy qui arrive de la radio. Le 5 janvier 1975 dans une atmosphère funèbre, le tout dernier journal de l'ORTF est diffusé en noir et blanc, présenté par Jacques Alexandre, le directeur de l'information. C'est la 2 534e édition de « 24 Heures sur la Une ». Le lendemain matin, le 6 janvier 1975, c'est l'effervescence maximale à la rue Cognacq-Jay. Sont créées simultanément TF1, Antenne 2, FR3, la SFP, l'INA, TDF et Radio France. Sur la Une, Christian Bernadac est aux commandes : « Nous n'avions qu'un seul petit bureau d'une trentaine de mètres carrés, pour une quarantaine de personnes et après la fin du dernier journal de l'ORTF et le départ de l'équipe précédente, nous n'avons eu que la nuit et le matin pour préparer le 13 heures et le 20 heures. »

Évidemment Roger Gicquel n'avait jamais mis les pieds sur un plateau de télévision. Il n'a pu faire aucun essai pourtant ce n'était pas faute d'avoir essayé, il aurait bien voulu se rôder au moins une fois. « Christian Bernadac m'avait promis des essais en studio, alors je lui demandais tout le temps où et quand allions-nous faire un numéro zéro mais il ne trouvait rien de disponible. » Pendant l'automne, il n'y avait plus ni budgets et même pas de société capable de louer un plateau pour faire des essais ! Ce matin-là, Roger Gicquel cherche désespérément une dactylo et une machine à écrire pour dicter son journal. Les nouveaux venus ne savent même pas où arrivent les dépêches ni où se trouve la salle de visionnage des sujets. Il découvre la lourdeur du monde de la télévision. Il écrivait son texte dans son coin pour la radio. Ce jour-là, il doit dicter son texte à une assistante qui l'écoute et l'oblige parfois à changer son texte parce qu'elle ne comprend pas. « Moi je n'avais jamais vu ça ! Je me demande comment je vais faire pour lire ce texte à l'antenne et à quelle vitesse. » Venu de la radio où les journalistes se frottent à un micro et une équipe technique derrière la vitre, le changement est brutal, la télévision c'est une armée de techniciens, d'assistants et de salariés administratifs où l'on est seul face à la caméra dans le vide sidéral d'un plateau.

Roger Gicquel connaît des instants de vertige, au moment de faire le grand saut. Dans l'après-midi, Robert Buchard l'attrape par la main. Cet ancien chef d'édition devenu journaliste et récemment engagé sur TF1 qui voulait en découdre avec la Deux, a été chargé de piloter Roger Gicquel pour lui apprendre le journal télévisé. Ils descendent au deuxième étage sur le plateau, cette ruche bourdonnante où trône maintenant un magnifique mur bleu qui servira pour incruster des images illustrant ses lancements. Bizarrerie de l'époque, les techniciens travaillent dans un univers quotidien en couleur mais à l'antenne les téléspectateurs voient le résultat en noir et blanc. Roger Gicquel est stupéfait par ce théâtre étrange, ses gestes bizarres et sa dramaturgie opaque au néophyte : « J'ai découvert le studio un de la rue Cognacq-Jay et le prompteur à 17 h, j'étais totalement paniqué ! » C'est beaucoup pour un seul homme, comme le souligne Bernadac : « Je me rappellerai toujours de sa tête, 10 minutes avant le journal à la cabine maquillage. En quelques secondes, il s'est rendu compte du poids de l'image, à la télévision on est obligé de se faire maquiller. Son premier 20 heures fut sa toute première expérience télévisée ! »

*

Il me faut réussir le concours d'entrée à l'IDHEC. Pendant que l'ORTF éclate, l'été passa rapidement en démarches. Ayant passé les épreuves écrites, je fus convoqué un lundi matin au concours. Ne connaissant pas le monde du cinéma, j'attends mon tour, tétanisé dans cet endroit inconnu. Nous sommes une petite vingtaine regardant le plafond pour éviter le regard des voisins. Les patronymes en A passent toujours les premiers, c'est parfois un avantage. Oubliées les camaraderies spontanées du show-biz ou les hiérarchies obliques du salariat télévisé, nous luttons pour le sommet de l'affiche, chaque détail compte. C'est le moment tant redouté de l'épreuve orale.

L'IDHEC a une petite place dans l'Histoire du journal télévisé. Ecole d'État destinée à former des réalisateurs de cinéma créée en 1946, elle a couronné Jacques Sallebert, sorti de la toute première promotion avec Alain Reisnais mais également Claude Loursais et Jean-Marie Coldefy. Pas mal de ses anciens élèves iront d'ailleurs à la télévision comme Jean-Christophe Averty, Alexandre Tarta, Jean Prat ou Pierre Badel, sans compter les dizaines d'assistants, de scriptes, monteurs ou de chef opérateurs qui peuplent régies et rédactions des grandes chaînes. 800 postulants, 80 présélectionnés, 18 entreront dans la carrière, deux ou trois réussiront, les chances sont minces. Les grands noms du cinéma y envoient leur progéniture se frotter aux lois du métier. Louis Daquin ouvre la porte et appelle mon nom. Grand, le regard sympathique, légèrement voûté, il me sourit et s'efface pour me laisser entrer dans une pièce où deux personnes sont assises derrière un bureau. Des professionnels, ils se présentent aimablement, nous sommes entre gens de bonne compagnie, comme au grand oral de l'Ena. Louis Daquin, le directeur des études, réalisateur de *Premier de cordée*, tiré du roman de Frison Roche et du *Point du Jour* en 1948, un film pro-communiste est aux côtés d'Henri Alekan, un directeur photo renommé, en quelque sorte un collègue qui avait dirigé la photo de *La Bataille du rail* de René Clément ou *La Belle et la Bête* de Jean Cocteau. Le troisième, Lucien Rohman, professeur de l'école, fait tapisserie.

Malgré leur accueil chaleureux, je n'en mène pas large. Ils m'interrogent sur le dossier lui-même avant d'écouter la cassette de mon clip sonore de sept minutes où je présente mon dossier. Ça balançait grave, j'ai du talent pour mixer images et sons, c'est instinctif. Le directeur laissa ensuite Henri Alekan me poser une ou deux questions. Il était le spécialiste de la chose après tout. Le même sang du métier coulait dans nos veines. J'appuyais là où ça fait nécessairement du bien. « Sur les plateaux, on commence les premiers et l'on termine les derniers »... Il fut sensible à ma description amicale de notre activité d'éclairagiste. J'aurais pu tomber sur des réalisateurs intellos torturés ou gauche caviar, snobs avec le petit personnel. Je reçus huit jours plus tard un courrier officiel me convoquant pour le 1er octobre, pour la semaine finale d'épreuves bloquées, à Bry sur Marne, une vraie partie de campagne.

À Bry sur Marne pas de salle de cours, on entre sur un plateau dès le premier jour. Novembre 74, jour de rentrée. Louis Daquin nous réunit pour la première fois dans ces bâtiments héritiers des studios de Joinville, où furent tournés les plus grands films français, des *Enfants du paradis* à *Casque d'or* ou *French Cancan*. Nous sommes assis dans des fauteuils de velours rouge, il prend la parole, ambiance ciné-club : « Vous voilà maintenant embarqués pour trois ans, nous sommes tous des professionnels du cinéma, pas des pédagogues mais sachez-le bien et je vous le dis solennellement, vous embrassez aujourd'hui un métier de chômeurs. Le travail ne vous sera pas offert, il faudra vous battre et consentir beaucoup d'efforts pour conquérir votre place de réalisateurs. » Sa déclaration sur un métier de chômage nous glaça. Surpris d'un tel discours un jour de rentrée scolaire. Réalisateur communiste, ses explications venaient-elles d'un professionnel mis sur la touche ? Les mieux informés d'entre nous connaissaient pourtant la loterie des métiers dits artistiques, où il faut toujours réserver, à compétences égales, une certaine place au hasard, à la chance ou la destinée. Il est toujours possible de rester sur le carreau, le diplôme n'est en aucun cas un passeport.

Au bout de trois ans d'études, diplôme en poche je sortais de l'IDHEC, où l'on s'inscrit pour faire des films, comme à l'Ena pour devenir ministre ou Polytechnique pour diriger la régie Renault. Mais réaliser des films avec qui ? Mon carnet d'adresses était désespérément vide, ayant passé mon temps libre à travailler au Châtelet comme ingénieur du son au lieu de me faire des relations dans le métier, je n'avais aucun contact. Sortant de dix ans de spectacle, je n'avais plus l'âge de faire la manche pour une place d'assistant, porteur d'eau ou livreur de café sur un long-métrage. Et puis faire des films pourquoi ? Avais-je quelque chose d'original à raconter ou un message à faire partager ? Allais-je tourner des ronds dans l'eau ? Toujours de bonne humeur, organisé, optimiste et joyeux drille, heureux de vivre, étranger au drame, peu enclin au social, ennemi des problèmes en tous genres, je ne me sentais pas l'envie d'en narrer la chronique. Ou alors des films d'amour? La conquête amoureuse et les sentiments, la passion et la psychologie, ces moteurs du cinéma, je n'avais rien à dire d'important sur le sujet, les péripéties amoureuses, qu'elles soient prosaïques ou alambiquées, chic ou terre à terre sont des occupations de dilettantes. Il fallait maintenant entrer dans la carrière. Amateur de grands films, je compris aussitôt que ce rêve était hors de ma portée, petit Français moyen sans relations, je laissai donc tomber la grande dame reconnue, cinéaste est un métier d'artiste, pour draguer les plannings surchauffés des trois nouvelles chaînes de télévision. Non par manque d'ambition mais par lucidité, le cinéma est un art, la télévision une distraction populaire.

*

Je débarque au siège de FR3 Strasbourg en ce début d'après-midi. Tout juste arrivé à la gare et descendu du taxi, je me présente aussitôt au réalisateur. Celui-ci me regarde condescendant :

« Vous arrivez de Paris ?

— À l'instant.

— Tenez », dit-il, en lançant presque violemment sur la table un scénario épais, deux cents pages. Il ajoute : « Faites le dépouillement… »

Le dépouillement, c'est la liste détaillée des différents lieux de tournages, costumes, décors, accessoires, véhicules, comédiens, organisées logiquement en scènes à tourner, regroupées de manière chronologique, chaque jour à tel endroit avec les acteurs et le matériel nécessaire, la partition du film. Dépité mais souriant, je me tourne vers lui et lui rends le scénario de la main à la main, un reste d'éducation venu du fond des âges, ne nous fâchons pas :

« Excusez-moi, c'est écrit en alsacien ! »

Il avait voulu m'humilier, le séjour commençait bien. Pour la première fois, je réalisais la haine avouée du provincial envers le Parisien qui se doublait localement du mépris du réalisateur alsacien pour le pistonné qui lui ferait de l'ombre. Je me frottais à la vraie vie cinématographique ou plutôt à sa petite sœur télévisée, c'est presque la même chose. J'avais appris la mise en scène en compagnie de pointures, à Strasbourg rien de tout cela, juste un mec énervé et un jeune assistant frais émoulu, surpris d'une telle attitude hostile.

Si Patrick a démarré sa carrière de présentateur en télévision au petit journal de FR3 à la Maison de la Radio, il en sera de même pour moi mais dans les stations régionales. La troisième chaîne est la plus accueillante des maîtresses d'école ! Je semble abonné aux Corses, anges gardiens de mes recherches d'emploi. Après François Bartoli mon sauveur de l'ANPE de la rue Pigalle, Anne-Marie Zamponi entra dans mon univers. Installée à la Maison de la Radio, cette petite bonne femme vive et amusante, brune et autoritaire, dirigeait l'emploi des assistants et des scriptes intermittents des trois chaînes publiques TF1, Antenne 2 et FR3 qui venaient d'être créées. Le lendemain de ma sortie de l'IDHEC, elle m'envoya en Alsace avec 600 francs par jour de frais de mission pour l'hôtel et les restaurants. Depuis 40 ans, je n'ai jamais chômé ni passé une journée sans travailler, jamais malade, toujours au poste, présent avec quarante de fièvre, une rage de dents ou un bébé à naître.

J'étais notoirement dans les petits papiers du réalisateur strasbourgeois car aussitôt le bar complet installé sur le plateau, il m'emmène avec lui dans la cour, me montre un camion, et tend les clefs :

« Allez chercher les décors à la gare, ils arrivent de Mulhouse.

— C'est gros ? demandai-je afin de me faire une idée.

— Non, juste deux caisses. »

Ce n'est plus de l'humiliation mais de l'acharnement thérapeutique. Je ne me démonte pas et démarre l'engin. Le réalisateur alsacien m'attendait évidemment sur la marche arrière, me regardant faire, je ne m'en tire pas trop mal et vais lui chercher ses caisses sans provoquer de casse. Dans ma vie d'assistant, j'ai conduit tout ce qui roule avec un moteur, apprentissage aussi rapide qu'expéditif. Je me vengeai en lui piquant son habilleuse, sa petite amie d'une vie antérieure, douce et caressante mais peu intéressée par les parties de jambes en l'air, ça devait expliquer l'humeur du gars. À mon grand étonnement et malgré cet aigri Strasbourgeois, toutes les stations régionales m'ont accueilli chaleureusement. Les patrons étaient contents d'avoir un réalisateur venu de Paris avec des informations inédites et des idées nouvelles. Ils offraient le boulot du réalisateur payé au tarif de l'assistant, une aubaine à saisir. Car je devais attendre trois ans pour obtenir une magnifique carte bleu-blanc-rouge de réalisateur professionnel, semblable à celle des flics ou des députés, beaucoup plus chic que la carte verte des Anglo-Saxons ou la carte orange des banlieusards. Réalisateur est un métier à reconnaissance publique.

*

Cette fois-ci place à un vrai film à FR3 Dijon, un feuilleton avec Gérard Darmon en vedette, ses premiers pas devant la caméra, sa belle voix grave et son visage taillé à la serpe. Mon premier est un gars enveloppé et barbu, le visage rajeuni de Robert Hue, premier assistant ayant labouré la région lyonnaise où il connaît des filles partout, un vrai bottin coquin. Mon second c'est moi, deuxième assistant préposé aux tâches ingrates. Mon tout fut une bagarre permanente avec les actrices venues de Paris, condescendant mollement à tourner cette petite fiction pour se faire de l'argent, mécontentes qu'on n'ait pas remarqué leur immense talent, d'où des acrimonies permanentes dont je faisais les frais. Déjà je n'aimais pas beaucoup la fiction, mais cet épisode finit de m'en dégoûter à jamais.

Demander le silence est un droit reconnu à l'assistant, ce rôle de surveillant général m'incombait à la grande joie de ce plateau régional, mélange savant de professionnels parisiens, d'amateurs locaux et de comédiens en manque de reconnaissance, qualificatifs secouables dans tous les sens. Le métier d'assistant-réalisateur a ce côté touche-à-tout qui fait son charme et ses limites, lui incombe le casting promotion canapé destiné à trouver des figurantes, le tourisme culturel pendant les repérages en passant par la gendarmerie locale durant le tournage ou la mise en scène de haut vol pour les scènes de figuration, sans oublier la cellule d'aide psychologique pour comédiennes en manque de notoriété. Désagrément le matin, au moment d'aller chercher les actrices jamais contentes, comme il se doit. L'hôtel était trop loin ou trop bruyant, la chambre trop petite ou mal située, la voiture trop basse ou mal chauffée, le maquillage trop bref ou pas assez conséquent, le point de rendez-vous incommode ou trop éloigné, pourquoi attendre pour tourner, il fallait les sonner au bon moment. La liste de leurs récriminations n'avait pas de fin. Une ancienne speakerine de la Deux passée comédienne se surpassa en la matière. Les plateaux c'est la vie en raccourci. Autant les grands acteurs sont simples et sympas, comme le fut Gérard Darmon, ambitieux mais chaleureux, entre hommes on oublie vite, avec les femmes un mot de trop reste gravé à vie !

Au retour de ce tournage, je me retrouve pour la première fois seul à Paris, ayant quitté tous ces copains d'un mois, aucune production en chantier. Les métiers d'intermittents du spectacle, les paillettes scotchées à nos basques, naviguent entre moments exaltants et chutes de tension. Un comédien, un assistant ou un cameraman, se donnent corps et âme pendant les prises de vues, un mois de fusion totale, oublient tout, laissent tomber leurs affaires personnelles, suivent l'équipe sur les routes, nouent des relations intenses, parfois amoureuses et puis au soir du dernier jour, le matériel replié, chacun rentre chez soi. On s'appelle le lendemain, tout va bien, naturellement, et puis plus rien. Cinéma, télévision, spectacle fonctionnent à la demande, gouvernés par la loi de l'apparence, fut-elle trompeuse entre le meilleur et le plus beau, le plus compétent ou le libre de suite. L'audition précède souvent la prestation, avec le devoir de plaire aux producteurs, réalisateurs, chorégraphes ou chefs d'orchestres, dont les critères restent le plus souvent subjectifs. De cette expérience de ces tournages, moments d'émotions fortes suivis d'un grand vide, je forgeais la conviction de dénicher un travail fixe dans ce monde d'intermittence.

*

Clin d'œil du destin, à l'automne 1997, on avait besoin d'un réalisateur pour le journal télévisé à FR3 Limoges. On m'attend le lundi suivant à la station régionale pour une seule journée. Le hasard et la chance gouvernaient une fois de plus ma destinée. Je prends le « Capitole » Paris-Toulouse, arrêt Limoges, 2 h 59 exactement de luxe feutré pour rejoindre la gare des Bernardins. J'ai rendez-vous avec Claude François ! Le directeur de la station, prototype du rédacteur en chef aimant la bouteille et ses petits gars, charismatique, hâbleur et secret. Il me donne rendez-vous à 15 h. Futé, arpentant les couloirs, je me renseigne auprès d'André Grandis le présentateur, fin, la trentaine décidée, cheveux coupés courts et légèrement frisés, visage allongé, nez aquilin, la voix parfaitement timbrée et le sourire professionnel. Il m'interroge :

« Tu as l'habitude du journal ?

— Bien sûr… »

Au paradis des menteurs les impétrants sont rois !

« Passe me voir cet après-midi, je te donnerai mes textes. »

Je redescends d'un étage, en régie le truquiste met les choses au point :

« C'est simple, tu t'assieds à ma gauche, tu donnes les tops, je passe les images. »

Muni de ces précieux renseignements, vaguement rassuré, je me présente aux uns et aux autres. Martine la secrétaire d'édition, une jeune nana de 30 ans, cheveux courts, maîtresse femme, semble régenter le journal d'une main de fer, collationnant les sujets et les informations adjacentes, la plus grande partie du travail éditorial. Je prends soin de ne pas me frotter avec elle, n'ayant évidement jamais dirigé un JT. À Cognacq-Jay, ils m'avaient éjecté en douceur, gardant leur pré carré au chaud de peur que je le tonde. Loin de la régie, les détails essentiels de la manœuvre échappent. Ce jour-là je m'acquittai de la tâche avec brio, malgré sa nouveauté et repartai à Paris, le chronomètre dans la poche et la tête dans les étoiles.

Ce coup de cœur vécu avec exaltation se répétera journellement dans ma vie professionnelle et me remet en mémoire le trac monumental de mes jeunes années, lorsque j'étais aux commandes de la régie du Palais des Sports, lançant vers 21 h le top du « noir salle », on savait vivre dans les années soixante. Un murmure de satisfaction, bruissement d'impatience et promesse de plaisir, accompagnait notre petit crépuscule dans la salle immense où cinq mille personnes ayant payé leur place en voulaient pour leur argent. Il nous fallait emballer la prestation de ces messieurs dames, artistes, chanteurs, danseurs, musiciens, comédiens, bateleurs, acrobates, patineurs, que sais-je ? Les lumières s'éteignaient en douceur dans une obscurité propice aux surprises, les vedettes préparaient leur entrée en scène, notre boulot consistait à ne pas les rater, magie du spectacle. Au milieu de ce public, humant son haleine, ses rires ou ses frissons, se sont nouées mes premières amours, les feux de la rampe sur la scène, assis à l'orchestre ou dans la régie lumière. La télévision est venue après et j'ai épousé cette compagne dévouée, aimante et fidèle. Réalisateur au journal télévisé c'est comme régisseur dans une salle de spectacle, seule différence : on passe de 5 000 spectateurs à 10 millions de téléspectateurs.

J'avais eu le trac, le direct impressionne, même à Limoges. Les gars de la régie m'avaient adopté immédiatement, chaleureux, sympathiques et amicaux, sans ignorer mon parcours, nanti d'une expérience parisienne solide à leurs yeux selon les canons en vigueur, sauf peut-être la jeune chef d'édition, elle avait peur, semble-t-il, de se faire voler la vedette. Une impression fugace, bien sûr, renforcée dans la journée par des sourires crispés et un empressement suspect. Je remplaçais une réalisatrice en arrêt maladie et le pouvoir basculait masculin. À elles deux, assurant l'édition et la réalisation, la balance penchait en leur faveur, les hommes aux fourneaux techniques, elles servaient les plats et gardaient le pouvoir.

Mirobolants métiers ! Un coup de téléphone, je prends le train ou l'avion, passe une journée à faire des rencontres avec des gens inconnus le matin même, prépare tout un dispositif, fais un signe, lance deux ou trois mots au bon moment, hôtel et restaurant en notes de frais, salue toute la compagnie et reprends le chemin de la capitale. Il m'arrive même d'être considéré par mes compagnons de voyage. « Ah bon, vous êtes à la télé ! » 72 heures de déplacements et d'agitation pour un geste fragile, fugace, éphémère mais juste, une compétence éprouvée ou reconnue incarnée par un ordre bref à l'impact d'un but de football. Carton rouge quand la machine se grippe, on éprouve alors sa fluidité habituelle. Et le grain de sable oublié, de nouveau sur les rails, le spectacle doit continuer, le show ne refroidit jamais ! Chacun de nos métiers a son Livre d'Heures et ses personnages. Chacun de nous, l'ego en bandoulière et son planning ingérable est un artiste dans son genre. Sur les scènes ou à l'écran cet éphémère dure longtemps, d'où notre nom d'intermittent du spectacle.

*

Antenne 2 et TF1 faisaient journaux communs rue Cognacq-Jay, mais les états-majors des deux chaînes étaient logés ailleurs. La direction de TF1 avait choisi des bureaux anonymes près de la tour Montparnasse pas évidents à trouver, ceux d'Antenne 2 étaient situés 5 et 7 rue de Montessuy, une toute petite artère à 300 mètres de Cognacq-Jay. Le bâtiment de style haussmanien est totalement écrasé par la perspective du premier étage de la tour Eiffel toute proche qui semble collée au bout de la rue, on frise *Gargantua*, la minuscule petite chaîne dominée par son géant de métal diffusant ses images à tous les vents. Au sommet, une tour carrée surmontée d'un toit d'ardoises conique lui offre son surnom de « château ». Ce fut ma maison, j'y travaillais dans un bureau du rez-de-chaussée donnant sur un jardinet, croisant quotidiennement Jacqueline Joubert devenue la patronne de l'Unité jeunesse. Prodigieuse Antenne 2, une chaîne novatrice et aimable, décontractée et inattendue. Zitrone, Poivre, « Antenne 2 Midi » et Pivot, la chaîne parfaite, la soirée fabuleuse du vendredi soir après la fiction, « Apostrophes » où Claude-Jean Philippe vient annoncer en direct le film passant après le 23 heures où Alain Duhamel assis sur un fauteuil arrondi commente la politique, puis le générique du « Ciné-Club » sur la musique d'Emile Waldteufel à l'orgue de barbarie et ses portraits croisés.

Je venais d'emménager avenue de New-York dans un bel appartement donnant sur les quais de la Seine, face à la tour Eiffel. Dans le grand salon, les lumières orangées des bateaux-mouches de *Paris by night* se reflétaient sur les murs à la nuit venue où je manquais rarement la bande annonce de clôture des programmes dessinée par Jean-Michel Folon, montrant de petits bonshommes chapeautés aux bras d'oiseaux volant dans l'éther sur le hautbois de Michel Colombier, suspendu à la dégustation de chaque seconde de ce spectacle inouï, lyrique et nostalgique à la fois, je restais muet et attentif, ne laissant rien perdre de ces images jusqu'à la dernière goûte. Rien que pour elles j'avais envie de travailler pour eux.

Le 20 heures est présenté depuis un an par Patrick Poivre d'Arvor et Jean-Michel Desjeunes qui vient de la radio, avec lequel il noue une belle amitié. C'est lui qui inventa un soir, à la fin de son journal, ce sobriquet-abréviation « PPDA » pour le lancer à l'édition du lendemain. Il griffonnait « Prochain RDV, PPDA ». Aussitôt Patrick devint PPDA dans l'inconscient collectif, le sigle sonnait bien et avait de l'allure. À France Inter à ses débuts, son directeur avait également essayé de raccourcir son nom avant d'y renoncer. Jean-Michel a trouvé la formule qui fait mouche, même si Patrick ne l'apprécie pas mais, comme sa marionnette, il devra s'y faire. Les bisbilles permanentes entre l'hôtel Matignon et l'Élysée font monter la tension dans les services politiques des chaînes et des radios, avant la démission fracassante de Jacques Chirac et la nomination de Raymond Barre. Les patrons des radios privées en font les frais comme à la télévision où les giscardiens tentent de s'imposer en force. Patrick Poivre d'Arvor se désole de cet interventionnisme : « J'ai apprécié les deux premières années qui correspondaient à ce que j'aimais, c'est-à-dire le déblocage de la société par des réformes de mœurs et puis après il y a eu tout ce qui se passe quand il y a des moments difficiles. »

En janvier 1977, Marcel Jullian réunit tous les cadres de l'information en leur disant : « Je suis obligé d'accepter la venue d'une nouvelle équipe voulue par l'Élysée et dirigée par Jean-Pierre Elkabbach. » La plupart des rédacteurs en chefs de l'ancienne équipe sont limogés, le pédégé est lui-même renvoyé. Maurice Ulrich un diplomate, ancien chef des cabinets ministériels, est préféré à Marcel Jullian pour une mission qui s'apparente à une reprise en main. Jean-Pierre Elkabbach avait dans un premier temps proposé à Poivre la présentation mais le patron souhaite imprimer sa marque et lui subtilise aussitôt son fauteuil : « J'étais le quatrième directeur de l'Information en deux ans, j'ai donc voulu marquer une rupture en présentant le journal pendant un mois. J'avais préparé un texte liminaire, j'avais la trouille, alors je bois de l'eau, je me gargarise, me recoiffe et arrange ma cravate. Mais on m'a donné l'antenne une minute trot tôt, je ne m'en suis pas aperçu et les téléspectateurs m'ont vu me préparer, autant dire que j'ai fait un bide retentissant ! »

L'arrivée de Jean-Pierre Elkabbach est vécue comme un électrochoc. Patrick voit arriver son nouveau directeur sans plaisir : « nous étions certainement trop indépendants aux yeux du pouvoir et l'on nous a repris en main ». Jean-Pierre Elkabbach confie à Raoul Sangla les clefs du studio 2, au deuxième étage de Cognacq-Jay, où il construit un décor novateur avec des coins vitrés pour les rubriques et un fond dans les couleurs beiges avec quatre petits récepteurs de contrôle. Raoul Sangla, un des créateurs issus de l'ORTF, original aux idées bien arrêtées, avait coutume de se présenter comme le réalisateur « le plus remercié de la télévision » car il s'intéressait surtout aux acteurs modestes de la télévision. À « Discorama », il montrait le studio hérissé d'échelles et de projecteurs où les silences de Denise Glaser révélaient les chanteurs et « permettaient de montrer les artistes de music-hall redevenus des gens comme les autres ». Raoul Sangla inventera un nouveau sobriquet pour Patrick devenu dans sa bouche une « icône électroménagère », ce qui n'empêche pas les deux hommes de s'apprécier puisque Patrick lui confiera 12 ans plus tard la réalisation de son émission littéraire « Ex-Libris ».

En mars, au moment des élections municipales, ironie de l'histoire, Poivre et Robert Namias, à l'époque tous deux chefs adjoints des services politiques d'Antenne 2 et d'Europe 1, donneront ensemble les résultats des élections municipales ; c'est la première expérience de télévision de Robert : « Je ne comprenais pas qu'il faille tellement de gens et de lourdeurs pour dire quelque chose en télévision, où par ailleurs tout était étroitement contrôlé. Comme enfants du privé avec une culture du résultat, nous avions une certaine condescendance, tout ce qui relevait de l'État nous apparaissait lourd et pesant. » Le dispositif sera reconduit aux législatives de l'année suivante.

Patrick Poivre d'Arvor devient présentateur unique et créa un nouveau style avec des éditions entières à l'étranger en s'inspirant d'Yves Mourousi mais les deux hommes choisiront plutôt le style « caméra grand reporter » plutôt que le style « en direct avec la vidéo » plus solennel préféré par Mourousi. Patrick fera une cinquantaine de directs et d'éditions spéciales à l'étranger couvrir les conflits et les misères, les drames et les catastrophes : il ira comme reporter de terrain en Italie, en Ouganda, au Salvador où la guerre civile fait rage, rencontrant Bernard Kouchner, dans les camps de réfugiés aux frontières cambodgiennes et afghanes car les Soviétiques viennent d'envahir l'Afghanistan.

Au lendemain des élections législatives de 1978, une fumée âcre apparaît à Cognacq-Jay, au quatrième étage, à côté de la régie du journal d'Antenne 2, ce soir-là Patrick est à l'antenne. La nuit d'élection a dû surchauffer les fusibles. Le journal est interrompu pendant cinq minutes, le temps pour toute l'équipe de foncer au deuxième étage, siège de la régie finale, où une minuscule cabine permettait aux speakerines d'annoncer les programmes. Dans ce couloir, les odeurs de nourriture sont tenaces car les personnels doivent tenir l'Antenne 24 h/24 et prennent leurs repas sur place. Il est de coutume de présenter le journal dans cette cabine lorsque le personnel est en grève. En général le présentateur, le rédac chef, le chef d'édition, le réalisateur et leurs équipes rapprochées, assistantes et maquilleuses, se rendent alors à cet endroit, devant une feuille de décor minimaliste. Parfois il faut un œil très averti pour apercevoir une différence. Ce soir-là, Poivre et son équipe s'entassent à 25 personnes dans cette pièce devant une seule caméra. « Nous étions hirsutes, rouges et essoufflés pour tenter d'enchaîner dignement le journal. Des téléspectateurs ont écrit le lendemain pour demander s'il n'y avait pas eu un attentat rue Cognacq-Jay. Personne n'avait cru à l'histoire de l'incendie. » Au même moment Patrick fait pour la première fois la une de *Paris-Match* en compagnie des vedettes télévisées du moment, une consécration pour le jeune homme.

*

Un mois plus tard, le 27 juin 1978, Patrick Poivre d'Arvor est l'invité de Jacques Chancel à « Radioscopie », sur France Inter, la maison qui l'a fait démarrer. La concurrence est maintenant très vive à 20 h, entre Roger Gicquel sur TF1 et Patrick sur Antenne 2, le père qui rassure, le frère qui étonne, deux styles aux antipodes, deux personnalités bien différentes. Comme téléspectateur à l'époque, je trouvais Roger Gicquel trop grave et impliqué, il donnait « le bourdon », lui préférant la jeunesse de Patrick, ne sachant pas encore que je ferais partie de son « amicale » des trentenaires, la modernité du septennat de Giscard s'incarnait chez Mourousi et Poivre. Maintenant installé sur « l'autre lucarne », comme le présente joliment Jacques Chancel, quel effet cela fait-il à Patrick ?

« On ne se rend pas compte du nombre de téléspectateurs, on est focalisé sur notre préparation, on fixe simplement une caméra et il n'y a pas, comme ici, une cabine technique avec des gens présents que l'on peut regarder pour se rassurer, on dit des choses à l'antenne et c'est seulement après que l'on se rend compte qu'il s'agit parfois de dynamite. »

Ils sont dans le studio 134 de la Maison de la Radior.

« Vos débuts ici c'était il y a 7 ans, je crois, cela devait être au 133, juste à côté, l'émission s'appelait « Envoyé spécial », animée par Pierre Wiehn, je vous avais écouté… On sentait qu'il y aurait « autre chose » mais vous, saviez-vous qu'il en serait ainsi, vous avez travaillé dans cette maison ?

— Oui je suis resté 7 ans à ce micro. Aujourd'hui les gens de trente ans doivent conquérir le pouvoir. Nous sommes la première génération à ne pas avoir connu ni la Résistance ni la collaboration, pas du tout la guerre d'Algérie, à peine celle du Vietnam, nous ne sommes pas des gens du passé, nous pourrions former une « amicale » des gens de trente ans, nés entre 1940 et 1950 qui ont envie d'exister. »

Jacques Chancel rappelle le parcours de Poivre, tout est allé très vite :

« J'ai de l'appétit pour les gens qui bougent, ceux qui ne restent pas assis dans leur fauteuil, le risque évidemment c'est que je m'use trop vite, en ce moment cela a l'air de marcher, cela ne durera pas évidemment… »

Jacques Chancel lui rappelle ses premiers journaux, deux ans auparavant, en compagnie de Jean-Michel Desjeunes. Est-ce qu'il a changé, il semblait plus persifleur ?

« J'étais un sceptique sur ma colline mais je me suis aperçu qu'à la télévision cela ne payait pas. Si nous n'arrivons pas à créer un lien de proximité avec le téléspectateur, cela ne marche pas. »

*

Sur les plateaux l'atmosphère était souvent électrique. Ce jour-là, je préparais le tournage d'une émission avec un jeune réalisateur qui enregistrait un groupe de rock sur le studio 4. Sur le plateau, une voix sort du haut-parleur : « Il y a un problème technique. »

Le tournage s'arrête instantanément, les techniciens sur le plateau ajoutant : « Par sécurité il faut refaire la prise. »

Rien ne semblait avoir changé ici depuis 5 ans, lorsque j'avais quitté l'ORTF. Le réalisateur descendit sur le plateau voir quel était l'incident. Je croyais l'avoir identifié, sa caméra semblait mal placée pour le gros plan du chanteur, mais j'ai laissé faire, voulant voir sa réaction puisque je serais à sa place dans peu de temps. Je n'ai pas été déçu, il lui a fallu une heure et demie et une folle énergie dépensée pour enregistrer une chanson de deux minutes. Si l'on écoute les techniciens, rien ne va jamais. Le cameraman va voir l'animateur au moment où il va parler : « mets-toi plus à gauche, ne bouge pas quand tu poses la question ». Le directeur photo prend l'invité à part : « tu n'es pas éclairé, tu sors du champ de la lumière ». L'ingénieur du son fait arrêter l'enregistrement en coupant le micro : « j'ai entendu un bruit, le micro est mal placé ». La scripte hurle en régie pendant un effet compliqué : « je n'ai pas les mots de fin ». Le chef de production au bout d'une minute d'enregistrement lance : « le clap n'est pas resté assez longtemps à l'antenne ». L'artiste on ne lui demande évidemment pas son avis, déjà il a de la chance d'être là ! Ma surprise une fois de plus fut totale, ressentant un choc identique à celui de mon entrée aux Buttes-Chaumont. Certains réalisateurs ne semblaient pas au niveau pour diriger efficacement cette armada d'une centaine de personnes. Je pestais intérieurement. C'était donc ça ! Comprenant d'un coup la méfiance affichée des gens de cinéma pour les personnels de la télévision. Encore une fois l'affrontement privé-public. Quinze ans plus tard, lorsque Gérard Depardieu a franchi le Rubicon, première star du cinéma à tourner une fiction à la télévision en venant à TF1 pour *Le Comte de Monte Christo*, il ne demanda qu'une chose, que ça aille vite. Il arrivait sur le plateau à 10 h du matin, faisait ses plans et repartait l'après-midi en avion. Travailler vite et bien, au cinéma, le temps c'est de l'argent. La réalisatrice José Dayan avait précisément été choisie pour son caractère de battante.

Évidemment au sein de la télévision publique, l'autorité était mal vue. Syndicalisés à mort, les plateaux veillaient à la stricte application du nivellement par le bas. Les réalisateurs baissaient les bras, épuisés par ce petit jeu qui n'en finissait jamais comme les poursuites de Tom et Jerry, la plupart d'entre eux se résolvaient à prendre le parti de leurs techniciens pour avoir la paix. Artistes, producteurs, animateurs ou journalistes payaient l'addition en perdant une grande partie de leur spontanéité. Malins, les techniciens avaient inventé un autre parade pour garder la main, après un incident, quand tout était réglé personne ne prévenait les premiers intéressés et l'on perdait dix minutes supplémentaires, « Ah bon, vous êtes prêts ! » L'ambiance service public empêchait les initiatives comme ce cameraman de plateau au nom corse qui tenait le rôle du frein à disque, tournant en rond, debout sur les essieux, ralentissant la manœuvre à chaque instant. Tout lui était souci. Jean Cazenave, le réalisateur « d'Apostrophes », n'était pas à la fête lorsqu'il était planifié sur l'émission le vendredi soir.

Ayant seulement trois caméras, une pour Bernard Pivot, les deux autres s'occupant chacun de trois invités à la fois, sa prise de vues en direct demandait de la vivacité, des réflexes rapides et des nerfs. Lucien, réveille-toi !

J'en conclus à la nécessité d'imposer à mes équipes un bonapartisme éclairé, une direction ferme et sans bavures, j'y ajoutais une bonne dose d'humour. L'autoritarisme compétent permet de diriger les plateaux télé où chacun de nous, propriétaire d'un ego surdimensionné, s'estime le meilleur dans son domaine. Pour mettre en œuvre mes idées, on verrait plus tard. Pour l'instant, il fallait s'accrocher aux branches et changer de chaîne au gré du vent et des changements de direction. L'ambiance de capillarité offrait des passerelles faciles pour naviguer à vue de TF1 à Antenne 2 ou FR3, des magazines au journal, des fictions aux variétés, une cartographie connue des seuls initiés mais propices aux promotions.

*

Antenne 2 me présente Gilles Pernet, journaliste à *L'Équipe* qui avait obtenu quatre émissions dominicales. La coutume, depuis les grandes heures de « Télé-Dimanche » était de mêler sports et variétés le dimanche après-midi. Gilles ajouta une touche de reportage à ces directs habituellement réalisés en plateau, sympa et ambitieux, il était à l'aise dans pas mal de domaines et connaissait du monde. Je me retrouvais une fois de plus grand prêtre chargé des miracles quotidiens. Car Gilles Pernet suivait les épreuves de voile et les grands prix de Formule 1, parcourant le monde à la tête d'une vie trépidante et d'un agenda surchargé. Pendant ce temps-là, je devais assurer l'ordinaire, programmer les tournages, contacter les vedettes et assister Christian Vidalie, le réalisateur, qui lui aussi avait une vie trépidante, entre le JT de la Deux et ses magazines. À la télé, c'est fou le nombre de gens qui ont une vie trépidante, malencontreusement absents lorsqu'il s'agit de passer les coups de fil essentiels mais toujours à l'heure pour déjeuner avec les vedettes. Je m'acquittais néanmoins avec soin de cette tâche ingrate mêlant la production pure, la réalisation des variétés, la régie des accessoires, les achats de matériel, la conduite des véhicules, les repérages sur les lieux, les équipes à choisir, les rendez-vous à prendre, les autorisations de tournage à obtenir, les relations publiques à entretenir avec les responsables de la chaîne, me promettant qu'on ne m'y reprendrait plus.

Les tournages se déroulèrent au haras de la famille Rothschild à Gretz Armainvilliers. C'est simple leur domaine est grand comme la Belgique ; au Mans et à Monthléry, l'anneau de vitesse où je retrouvais Claude Nougaro avec lequel j'avais réalisé un film à l'IDHEC et Jean-Louis Trintignant, j'étais devenu un habitué des familles d'artistes, le charme du métier. Claude Nougaro s'était légèrement empâté.

Le comédien m'apostrophe, me regardant dans les yeux : « Tu as une voix magnifique ! »

Je lui rétorque que la sienne est inimitable, il en convient et ajoute : « Tu devrais faire de la radio. »

Cinq ans plus tard, au festival de Cannes pour TF1, je le croise à nouveau dans la rue et Jean-Louis Trintignant me lance à nouveau : « Vous avez une voix extraordinaire... »

Bien décidé à la faire entendre, je me rends à la tour Montparnasse pour obtenir ma carte professionnelle de réalisateur auprès de la commission d'homologation, formalité rapidement expédiée, ayant vingt fois les critères requis.

Bien décidé à réaliser mes premiers journaux, je regarde le paysage. La Une, starlette inaccessible, se refusait aux prétendants manquant de notoriété, son carnet de bal était booké depuis des lustres ; la Deux, jolie maîtresse exigeante, était la plus belle pour aller danser mais délicate à emballer ; restait la troisième chaîne, jeune provinciale qu'on n'invitait pas souvent et qui se laissait donc embobiner facilement pour de petites aventures. Je pris rendez-vous.

*

Le centre Devèze rue François Ier, aujourd'hui disparu, était le minuscule siège de la station FR3 Île de France où étaient réalisées les actualités locales et nationales de FR3 juste à côté d'Europe 1 et de RTL, en face du siège de l'UDF, jouxtant l'avenue Montaigne, sièges des grands couturiers parisiens, Dior faisait le coin à cinquante mètres. Le luxe, le pouvoir et les médias se côtoyaient, l'austérité aussi car la station n'était pas riche. Un couloir, des murs décrépis, une toute petite régie sombre et malaisée, dont la console Thomson datait de la guerre précédente, l'Indo ou l'Algérie, personne ne s'en rappelait. Un plateau à l'étroit et des bureaux sombres, les équipes n'étaient pas au large. Les personnels bénéficiaient d'un double statut, certains encore fonctionnaires, d'autres assimilés, selon les cas et l'ancienneté plus des intermittents du spectacle comme partout. Les salaires étaient loin d'être mirobolants, mais le tremplin efficace pour les jeunes turcs.

Jean-Marie Cavada, patron local de l'info de FR3, détaille ses moyens : « C'était une petite maison, 80 personnes techniciens compris, une trentaine de journalistes et cinq caméras, il me fallait me battre comme dans une guerre de religion pour obtenir un véhicule de direct. » Marcel Fages qui fit ses premiers journaux télévisés en 1956 sous l'autorité de Jean d'Arcy fut mon tuteur. Réalisateur débrouillard, vif et intelligent, hâbleur et entraînant, généreux et passionné, de taille moyenne et l'œil vif, portant beau, il habitait les couloirs de TF1 et de FR3 de son éternelle gaîté accompagnée de propos soufflés à l'oreille, d'un air entendu ou d'éclats de voix destinés à montrer qu'il était Marcel et qu'on devait écouter Fages. Il m'initia aux coutumes, ce qu'il faut dire ou faire et surtout ne pas faire. Car les mœurs différaient d'une maison à l'autre, à Antenne 2 on discutait sur tout, d'égal à égal quel que soit le poste hiérarchique, ces joutes verbales faisant son charme. Sur TF1, l'armée était dirigée apparemment d'une main de fer, le contraire du joyeux désordre de FR3 où tout le monde était chef de quelque chose et d'abord de lui-même.

Le Soir 3, par son horaire tardif entre 22 et 23 h, s'était taillé une notoriété immédiate, devenant le journal préféré des cadres rentrés au foyer dans la soirée. Pour Jean-Marie Cavada, c'était une opportunité : « Il y avait un créneau pour le Soir 3 entre les grands journaux de 20 heures et les éditions de 23 heures que les grandes chaînes laissaient en jachère. » La hiérarchie délocalisée dans un bel hôtel particulier du 16e arrondissement dirigeait ses troupes de loin. Jean-Marie Cavada avait la paix à Devèze : « Nous étions en contrepoint de toutes les autres chaînes. Ce que j'aime dans FR3 c'est qu'elle a le bon côté de la préfectorale, c'est une chaîne avec des structures, elle est parfaite car les patrons peuvent partir en vacances et les émissions sont livrées à l'heure. »

Néanmoins les équipes sur le terrain s'entre-déchiraient pour chaque décision. Toute autorité était bannie sur les plateaux où les ordres passaient en douceur. En force, il ne fallait même pas y songer. Les réalisateurs devaient ruser.

Marcel connaissait la chanson. En dire le moins possible, cacher soigneusement ses décisions, les demander par surprise au dernier moment et surtout étaler sa faconde, écran de fumée permettant de faire passer la pilule au panache, sinon au panaché. Le pot étant une seconde nature de la télé. Chaque jour une occasion étant offerte pour l'anniversaire de l'un, le départ de l'autre ou la naissance du troisième. Rue des Archives, avec sa belle épouse, Marcel était à bonne école, les ashkénazes ont toujours été maîtres dans l'art de l'entourloupe brillante. Il fut mon professeur. Dominique Baudis et Francine Buchi se relayaient à la présentation nocturne, Alain Schmit faisait des éditoriaux politiques, Jean-Marie Cavada dirigeait la manœuvre, comme directeur de l'Information et Marcel Fages réalisait les journaux. Il m'intégra à son équipe de trois ou quatre réalisateurs. Nous nous remplacions selon les plannings des uns et des autres.

Jean-Marie Cavada avait déjà l'esprit échauffé par les décors. À Devèze il avait imaginé un dispositif théâtral, je l'appelais le fer à repasser. Un grand panneau derrière le présentateur fait d'une vingtaine de lamelles pivotantes que le chef de plateau actionnait avec une manivelle. Sur l'un d'eux, un dessin « moderne », le fer à repasser. Il nous servait de générique, on élargissait le plan pendant la musique. Sur le deuxième côté, un sigle de Soir 3 stylisé. Le troisième servant peu, on l'avait oublié. La manœuvre grinçante animait la soirée, provoquant éclats de voix et suées. Les journaux étant tardifs, ce repassage nous évitait l'assoupissement. L'UDF de Giscard ayant abandonné ses locaux de la rue de Marignan, les bureaux de l'Information migrèrent aussitôt dans ce lieu à trois cents mètres de Devèze. Francine Buchi le dit avec humour : « Nous sommes arrivés, il y avait encore les pantoufles de Giscard. » Ainsi tous les soirs, l'équipe du journal vers 22h30 traversait l'avenue Montaigne, ses papiers à la main dans le vent et sous la pluie pour rejoindre les studios ! FR3 a toujours été une chaîne originale ! Les soirées se terminaient tard évidemment avec Jean-Marie Cavada. « En plus c'étaient des fous, nous terminions à 23h et après on allait dîner pour faire le débriefing, je dois l'avouer je fus l'auteur de quelques drames familiaux avec divorce à la clé mais à ma décharge j'ai œuvré pour des tarifs de groupe » dit-il en souriant. Nous allions tous nous retrouver de l'autre côté de la Seine quelques mois plus tard à TF1, Jean-Marie Cavada pour diriger l'info, Dominique Baudis, Marcel Fages et moi pour réaliser les journaux d'Yves Mourousi et le 20 heures.

*

Un matin de l'année 1981, je décide de poser ma candidature à la réalisation du journal télévisé d'Antenne 2. L'intérêt du journal en direct pour le réalisateur et le présentateur, c'est qu'on est aux commandes. Les uns et les autres peuvent nous raconter la lune, quand l'antenne est au rouge on est seul au monde, entre les deux acteurs de l'émission c'est une relation intense, chacun a besoin de l'autre. Je demande une recommandation à André Grandis, le journaliste de FR3 Limoges qui avait apprécié ma personnalité et mon travail. Jean-Pierre Elkabbach directeur de l'info de la Deux était l'un de ses copains, j'estimais mériter ce léger coup de pouce. Il lui a téléphoné, rendez-vous est pris, je me rends au sixième étage de la rue Cognacq-Jay dans son bureau blanc et moderne où il me reçoit, en compagnie de Louis Bériot. Je lui propose mes services pour les JT où officiaient alors plusieurs réalisateurs, Christian Vidalie, Pierre Lambert ou Jean-Luc Leridon.

« Pourquoi pas, me dit-il. Je vous engage. »

Me voilà dans la maison. Le bonheur, c'est simple comme un coup de fil.

Mon ami Jacques Pradel animait une émission à succès sur France Inter. Deux jours plus tard, il m'interroge en direct à son antenne sur la révolution du moment, l'arrivée des satellites dans le petit monde de la télévision. Je lui explique la manœuvre, les zones de couverture et tutti quanti et lui déclare : « cette nouvelle diversité d'images venues de pays lointains va nous permettre de comparer les journaux télévisés et choisir ceux qui sont les plus démocratiques ». Ce mot obscène rapporté par des auditeurs futés ou intéressés aurait-il tinté aux oreilles de l'éruptif patron des journaux d'Antenne 2 ? Toujours est-il que quinze jours plus tard, venu dans son bureau prendre les dernières consignes, Jean-Pierre Elkabbach se lève à mon entrée, grimpe sur ses ergots, me montre théâtralement la porte en lançant : « Dehors », d'un geste définitif.

Mon premier horion professionnel ! Me trompant de cible, accablant ce pauvre Jacques Pradel qui n'y était pour rien, je décidai aussitôt de ne plus jamais répondre aux questions des journalistes. Mais entre-temps je compris mon erreur. Le bug n'était pas dans le bureau mais dans les couloirs. Le bruit de mon arrivée dans l'équipe, engagé par le patron lui-même avait chatouillé les ego et allumé le feu dans le petit carré des oligarques. Un lobby puissant s'était alors mis en route pour m'empêcher d'entrer au planning des réalisateurs du journal. La paix sociale du sixième étage nécessitait mon éviction. Pas grave, je ne manquais pas d'émissions. Si la Deux ne voulait pas de moi, j'irai sur la Une.

Facile, suffisait de descendre un étage. Quelques marches plus bas me voilà au cinquième, siège de TF1 qui résume toute l'Histoire de la télé. J'entre dans le bureau contigu à celui d'Yves Mourousi, où je rencontre Jean-Claude Delannoy, le patron des réalisateurs. Grand, massif, barbu et d'une carrure imposante, souriant rarement mais avec ironie, il s'exprimait peu connaissant la musique. « Tous des cons » résumait sa philosophie ! Présent dès la création du Journal Télévisé comme monteur avec Pierre Sabbagh, ayant gravi tous les échelons, trente ans de télé au compteur, pas nécessaire de lui raconter des craques. Aussi jouant franc-jeu, je lui raconte mon aventure avec Elkabbach. L'anecdote l'amuse franchement car entre les deux chaînes « on se tire la bourre », c'est encore vrai aujourd'hui, ça l'était plus encore à l'époque. Je lui brosse un rapide tableau de mon parcours, notamment l'IDHEC. Sans le savoir, j'étais tombé pile. Son oncle, Jean Delannoy, réalisateur de *La Symphonie pastorale*, avait été à l'origine de cette école de cinéma, en compagnie de Jean Lherbier, un bon point pour moi. Et puis les réalisateurs diplômés ne courent pas les couloirs de la télé, la plupart sont montés du rang, j'étais donc un atout dans sa manche. Sur ces entrefaites, Jean-Marie Cavada, récemment nommé directeur de l'Information de TF1, entre dans le bureau. Delannoy s'adresse à lui me montrant de la main :

« Asline veut faire le journal. »

Cavada qui venait comme moi de la Trois s'interroge :

« Les gens de la Trois, tu sais ce que j'en pense, Jean-Claude, je n'en raffole pas. »

Si je ne pouvais décemment lui donner tort, il me coupait l'herbe sous le pied. Cependant Jean-Claude Delannoy avait du poids dans la chaîne et Jean-Marie Cavada, bon prince, le laissa décider. Jean-Claude me proposa d'être son assistant pour la soirée électorale des présidentielles et de le rester pendant un mois pour voir la mécanique et connaître les hommes, après c'est promis je pourrai réaliser le journal. Un vrai patron sait décider, Jean-Claude l'a été avec moi, je lui dois ma carrière au journal télévisé.

*

Dès mon entrée à la télévision je ne cessai d'entendre un refrain : « les jours des réalisateurs au journal télévisé sont comptés ». D'ailleurs Marcel Fages me disait, lorsque je suis entré dans la famille : « pas la peine de mettre nos noms au générique ». La mélodie de notre disparition était connue, il ne se passait pas de jours sans qu'un technicien, directeur photo, cameraman ou chef de plateau ne lance à nouveau : « bientôt il n'y aura plus de réalisateurs au journal » comme si la chose allait de soi. Marcel avait même inventé une formule qui avait le mérite de la clarté : « Tu verras, bientôt nous serons des commutateurs analogiques. » À chaque réforme, la même antienne courait les couloirs de Cognacq-Jay ou de Boulogne. Quand LCI, la chaîne tout Info naîtra, j'entendis à nouveau que des techniciens allaient remplacer les réalisateurs, sous-entendus, vous coûtez trop cher ! D'ailleurs les DRH nous avaient réunis pour s'informer de la tendance. Mes assistants ou scriptes se délectaient de cette rumeur. Est-ce que nous gênions ? Quand on a voulu supprimer les assistants de plateau Patrick s'y est opposé. Quand on a voulu me remplacer, là aussi Patrick a refusé de se passer de mes services. Nous sommes comme Asterix et Obelix dans ce petit village gaulois qui refusent de céder aux envahisseurs. Le journalisme et le spectacle sont toujours présents dans le dispositif avec le même objectif, garder une information de bonne tenue et la magnifier à l'antenne sans céder au marketing.

J'ai travaillé à la télé mais j'ai toujours gardé une nostalgie pour ma période de jeunesse dans le spectacle, on ne se guérit jamais de ses premières amours. La télé on s'y amuse bien, j'y ai fait mon trou relativement facilement, je suis sûr que Poivre c'est pareil, la diplomatie lui plaisait pour les voyages et professionnellement il garde pour sa période à Antenne 2 un brin de tendresse. Ayant considéré qu'on lui liait les mains, il laissa tomber. Mais ses premières amours journalistiques, il les a éprouvées à la Deux sur les routes des extérieurs et des grands reportages, TF1 finalement il l'a choisi comme moi, par raison. Et nous nous sommes unis professionnellement tous les deux, conscients qu'il fallait réussir et perdurer, la Une était le canal historique, donc le plus solide. Passer vingt ans ensemble, c'est exceptionnel entre un présentateur et un réalisateur.

La guerre du Golfe

Un scoop mondial

DANS LA TORPEUR estivale de l'été 90, Saddam Hussein qui vient de terminer la guerre contre son voisin iranien, envahit l'émirat du Koweït, le *quovaillette* comme disent certains journalistes. Un mois auparavant en compagnie de Catherine Jentile, il s'était rendu à Bagdad pour l'interroger et n'avait pas fait un tabac dans la rédactionn quand il proposa son idée :

« Ah bon, Hussein de Jordanie, lui avait-on rétorqué dubitatif.

— Non Saddam Hussein, l'ami de la France et le dictateur de la Mésopotamie », répondit-il avec humour.

Une interview de dix minutes qui passera au journal dans l'indifférence générale, pourtant son flair ne l'avait pas trompé. Dans la semaine qui suit, l'ONU condamne l'invasion et l'armée américaine déclenche l'opération « Bouclier du désert », l'Irak répond en prenant des milliers d'otages occidentaux. Pendant cette semaine dramatique du 2 août 1990, les télévisions sont braquées sur Bagdad où se rendent des hommes politiques de tous les pays concernés pour demander à Saddam Hussein de faire libérer les ressortissants étrangers devenus des « boucliers humains » contre d'éventuels bombardements.

Sans demander d'autorisation, Patrick part aussitôt à Bagdad. Francis Bouygues prête son avion personnel même si la compagnie d'assurance refuse de couvrir le risque. « En vérité nous n'avions aucun feu vert de Bagdad pour ce voyage, j'avais pieusement menti à mes patrons à chacune de nos escales en les assurant que le plan de vol n'était pas remis en cause et j'avais pris la décision de poursuivre le voyage avec Catherine Jentile et l'équipe, d'ailleurs la piste de l'aéroport ne fut allumée qu'une minute avant notre atterrissage. » Patrick sera un des premiers journalistes occidentaux présents sur place dans cette atmosphère un peu semblable à la « drôle de guerre », pas de combats mais la tension d'un terrain miné où les étrangers peuvent être arrêtés d'une minute à l'autre. Depuis trois semaines, des milliers d'Américains et de Britanniques sont retenus dans les hôtels de Koweït City ; plusieurs centaines de Français travaillant sur place ont été regroupés dans les hôtels de Bagdad, d'autres peuvent se déplacer librement mais doivent renoncer à toute activité à cause de l'embargo.

Dès son arrivée à Bagdad le 20 août, il évoque avec André Jannier un conseiller de l'ambassade de France croisé à Beyrouth, le sort de la communauté française sur place : « Il n'y a pas de cas dramatiques sauf un ingénieur de chez Bull, seul sur place avec Florian, un bébé de 18 mois. »

Son épouse s'était rendue en voiture vers Amman, on l'avait autorisée à passer la frontière jordanienne mais pas son bébé. À Paris, pendant ce temps, je diffuse à l'antenne le premier témoignage de Patrick sur la situation à Bagdad. Il évoque ses conditions de travail sur place, on le voit devant un grand portrait de Saddam Hussein : « Il y a toutes les chances que les 33 otages français servent de bouclier stratégique en cas d'attaque, il y a des situations dramatiques, le refus de départ de cet enfant de 18 mois… pour l'instant les Irakiens vivent cette situation dans une certaine décontraction. »

Sur place, il tente une négociation avec les autorités irakiennes qui lui rétorquent que l'enfant est un citoyen français comme les autres et qu'il a besoin d'un visa pour quitter le territoire irakien. Libre de ses mouvements avec son équipe, il propose alors de ramener l'enfant en cachette dans l'avion privé des journalistes. Radio France Internationale vient d'annoncer le transfert des otages occidentaux sur des zones « sensibles », il faut donc faire vite. Patrick demande au papa, André Barbut l'ingénieur de chez Bull, de prendre une décision. Après avoir hésité, il lui confie son enfant non sans lui avoir fait boire du champagne pour l'endormir ! Florian est caché dans un bagage que Patrick transporte à l'épaule, comme un sac de sport, au moment de monter dans le minibus qui les conduits à l'aéroport. Ils se méfient du chauffeur irakien. « Nous passons sans encombre deux contrôles routiers, au troisième l'enfant se met à pleurer. Nous avons alors chanté, l'équipe et moi, pour couvrir les cris du bébé mais il était manifeste que le chauffeur avait tout entendu. » Parvenus à l'aéroport la situation est tendue, un échange de prisonniers irakiens et iraniens est en cours, provoquant une forte présence militaire sur le terrain ; par ailleurs leur chauffeur entre en conciliabule avec des soldats ce qui n'est pas de bon augure. « Je tente alors le tout pour le tout en me précipitant sur le tarmac où attend notre avion, hélé par les militaires qui m'intiment l'ordre de faire demi-tour. J'ai pu alors passer subrepticement le sac au pilote qui s'est engouffré dans l'avion quelques secondes avant que les Irakiens ne passent tous nos bagages aux rayons X. Florian est resté caché dans les toilettes jusqu'au décollage. » Dès que l'avion se pose à Amman, Patrick appelle Karoline, la mère de Florian : « Bonjour, je suis Patrick Poivre d'Arvor, ne me posez pas de questions, venez au Bourget nous avons une surprise. »

Patrick a donc sauvé un « otage occidental », comptabilisé comme tel dans les statistiques officielles de la guerre du Golfe. Bien entendu à Paris, dès leur arrivée, des journalistes et des photographes sont présents. L'affaire est rapidement ébruitée. Certains s'interrogent sur le bien-fondé d'un tel sauvetage. Pourtant Patrick n'avait aucun intérêt à parler de son exploit qui risquait de mettre à mal ses futurs rapports avec les autorités irakiennes et mettrait en porte-à-faux les prochaines équipes de tournage de la Une ou d'autres chaînes françaises. Il décide donc de ne pas répondre aux questions mais il était trop tard. « Les Irakiens se sont sentis floués. » Les diplomates demandent alors à TF1 par le biais de Michèle Cotta que Patrick dise que le bébé a été sorti avec leur consentement en échange de quoi il pouvait espérer une interview avec Saddam Hussein. « Je refusai, accepter un tel marchandage revenait à entrer dans un engrenage infernal. »

Francis Bouygues, qui avait prêté son avion, invite à dîner le soir toute l'équipe, fier de ses pilotes et de ses journalistes. « Ça c'est une opération de commandos », nous a-t-il lancé. L'enthousiasme est loin d'être identique dans la classe politique. Le Premier ministre Michel Rocard publie un communiqué laissant entendre que les chaînes privées confondent information et spectacle, leur reprochant d'être allé là-bas pour donner la parole aux autorités irakiennes. Michèle Cotta, Gérard Carreyrou et Patrick Poivre d'Arvor tiennent alors une conférence de presse pour expliquer leur travail sur place et demandent une audience au Premier ministre. Michel Rocard les reçoit à l'hôtel Matignon, va-t-il simplement leur tirer les oreilles ou leur sonner les cloches ? La marge de manœuvre gouvernementale est étroite. La France est en guerre mais les opérations n'ont pas commencé et les médias privés sont désormais indépendants. Depuis quelques jours, on voit beaucoup le ministre irakien de l'Information sur les antennes des chaînes françaises, l'interview de TF1 est jugée trop conciliante par Rocard. Les grands mots sont lâchés, raison d'État, déontologie. Par ailleurs la Cinq a réalisé une rencontre entre la mère d'un ressortissant français retenu à Bagdad et l'ambassadeur irakien à Paris. Michel Rocard évoque une manipulation des médias français. Mais les deux chaînes privées considèrent que le cordon ombilical est maintenant définitivement coupé, Michèle Cotta, la directrice de l'Information de TF1, est là comme un symbole vivant pour le certifier.

Trois jours plus tard, Patrick retourne à Bagdad malgré un avertissement lancé par l'OLP, en contact régulier avec le pouvoir irakien, lui déconseillant de se rendre une deuxième fois à Bagdad, l'affaire du bébé étant encore dans toutes les mémoires. Patrick Le Lay veut maintenant protéger ses troupes, la décision est prise, en accord avec Etienne Mougeotte. Patrick sera accompagné d'un cameraman extérieur à la chaîne, Michel Parbot un complice d'« Ex-Libris » qui avait tourné pour l'agence Sygma les images exclusives du débarquement américain à la Grenade, sept ans auparavant, un spécialiste du grand reportage dans les conditions extrêmes. Ils prennent un vol régulier.

*

Patrick et Michel Parbot attendent deux jours un coup de téléphone à l'hôtel Al-Rachid. Le troisième jour au matin, on leur signifie leur arrêt d'expulsion. À quelques heures du départ, on leur annonce un événement important et après un tour de ville en guise de labyrinthe leurs guides les font pénétrer dans un palais des congrès. On leur révèle que les « hôtes étrangers », selon la terminologie en vogue des autorités irakiennes, autrement dit les otages, vont les rejoindre. La situation prend évidemment la tournure d'une opération propagande. Ils s'interrogent naturellement mais *wait and see*. On leur promet néanmoins un entretien avec le « Raïs ». Une trentaine d'otages américains, anglais, japonais et français pénètrent dans le salon. Patrick est un visage connu pour eux. Les deux ressortissants français se précipitent vers lui et l'informent que leurs conjoints sont bloqués sur les sites stratégiques en tant que « boucliers humains » en lui communiquant les numéros de téléphone de leurs proches pour les rassurer sur leur sort.

Saddam Hussein fait son entrée dans la pièce, entouré d'un nombre important de gardes du corps. Il improvise un dialogue avec les otages. Les plus courageux l'apostrophent et demandent qu'on libère au moins les enfants. Saddam Hussein se tourne vers Patrick et dit aux otages :

« Il y a ici un journaliste français. Souhaitez-vous qu'il pose des questions et qu'il puisse témoigner à la face du monde ?

— Oui », répondent-ils unanimes.

Dans la pièce où sont retenus les otages, Michel Parbot tourne la séquence. Patrick s'enquiert auprès de Saddam Hussein sans complaisance du sort des otages et l'implore de relâcher au moins les femmes et les enfants, lui demandant comment un Arabe qui attache tant d'importance à la « fierté et à l'honneur » puisse prendre des enfants en otages. Il évoque avec lui ensuite ses prétentions sur les pays voisins, lui demandant pourquoi il se compare à Gamal Abdel Nasser dont le successeur, Hosni Moubarak, l'a traité de menteur? Saddam Hussein est énervé par ces questions. Le traducteur regarde Patrick d'un œil suppliant. « J'ai senti que j'avais franchi la ligne jaune. » Saddam Hussein improvise alors une séance de photo au milieu des otages, à laquelle Patrick refuse de participer. Le président irakien saluera une Anglaise, l'informant qu'elle est libre, elle et son enfant. Quelques heures plus tard, il ordonnera la libération de toutes les femmes et des enfants otages. Puis il s'approche de Patrick et lui glisse : « Pourquoi avez-vous été aussi agressif? J'aime tant la France ! Et je viens d'accéder à votre demande… »

En même temps que Patrick Poivre d'Arvor, Dan Rather le présentateur du journal de CBS et Ted Koppel celui du journal d'ABC, sont également sur place à Bagdad, ils attendent eux aussi dans leur hôtel, un signe du pouvoir irakien. Ils ont demandé une interview exclusive. Le Français et les deux Américains sont les trois seuls journalistes à avoir été accrédités pour rencontrer Saddam Hussein. Ted Koppel a même réalisé son émission « ABC Nightline » depuis la capitale irakienne peu auparavant. C'est néanmoins Poivre qui passera le premier ce jour-là, signant le scoop le plus mémorable de sa carrière de journaliste, doublant les Américains sur le fil, ce qui n'est pas un mince exploit.

Saddam Hussein s'entretient d'abord avec Patrick de manière brutale, lui faisant comprendre que sa sécurité ne tient qu'à un fil et qu'il peut lui aussi se retrouver dans la position d'un « bouclier humain ». Patrick détourne la conversation sur le sort des otages et lui demande pour détendre l'atmosphère s'il porte un gilet pare-balles. « Il part d'un grand rire sonore, imité aussitôt par ses officiers les plus proches, et à ma grande surprise il me demande de le palper pour vérifier par moi-même. Je constate qu'il n'en porte pas. »

La suite de l'entretien, dont les images seront reprises dans le monde entier, se déroule sous l'objectif de la caméra de Michel Parbot dans le grand hall d'un palais présidentiel, on ne saura pas lequel, pour des raisons de sécurité. Filmés de manière originale, caméra à l'épaule, Poivre et Saddam Hussein marchent de concert pendant quelques mètres, Abdulmajid Majid, l'interprète à leurs côtés, puis ils se retournent et refont le trajet en sens inverse puis repartent comme précédemment. À chaque fois, Michel Parbot doit se retourner, au passage on aperçoit une autre équipe de tournage, ce va-et-vient continuel des deux hommes ajoute une touche dramatique à cette interview, une intensité, une urgence comme une relance permanente. Patrick tient dans ses mains un parapheur en cuir, un livre et ses notes. Les deux hommes sont de haute stature. Le visage du dictateur irakien reste de marbre, quelles que soient les questions, il sait que son image sera diffusée sur toute la planète. Leur dialogue est tranchant :

« Vous ne craignez pas pour votre vie ?

— Les USA ne sont pas infaillibles, Saddam Hussein n'est pas dans un bureau à attendre les Américains.

— Vous changez de bureau, vous allez dans un bunker ?

— Ça, c'est mon problème. Combien de leaders ont été tués par des bombardements aériens depuis l'invention de l'avion ? Ce n'est jamais arrivé ! Nous sommes optimistes, l'avenir nous appartient. »

Le président irakien est intarissable. Son pays est en guerre et il semble prendre tout son temps. « C'est même moi qui au bout d'un moment lui suggère d'arrêter l'entretien mais il poursuit la conversation inlassablement. »

Patrick devient incisif :

« Vous savez bien qui si le gouvernement français a été choqué c'est parce qu'il y a eu annexion du Koweït. En France comme en Occident, on dit qu'Adolf Hitler a commencé comme ça… »

Saddam Hussein ouvre grand les yeux. L'intensité entre les deux hommes est à son maximum, réponse à la troisième personne :

« Vous connaissez l'histoire de Saddam Hussein, Dieu a créé Saddam Hussein de façon à ce qu'il puisse faire face aux dangers les plus graves, nous sommes prêt à mourir pour défendre notre dignité. »

Ce 29 août 1990 à Paris, nous savions qu'un événement exceptionnel était en train se dérouler mais dans un pays en guerre rien n'est jamais sûr et surtout le pire peut survenir à tout moment. Dès le départ de Saddam Hussein, des soldats entourent Patrick et Michel Parbot. Le ministre de l'Information s'empare des cassettes pour les confisquer en leur précisant qu'ils en récupéreront une copie au siège de la télévision irakienne. Pendant 8 heures, ils essayent de trouver le bureau où les hiérarques du régime s'étaient réunis et attendent sans savoir au juste ce que la censure trafique sur leur matériel. En début de soirée on leur restitue une copie de l'interview, sans les autoriser à en vérifier le contenu. On leur annonce également qu'ils doivent quitter le pays dès le lendemain matin. À l'aube, ils décollent pour Amman, en Jordanie. Le début de l'entretien avait été coupé, celui sur le courage d'un dirigeant arabe face aux enfants pris comme otages. Dans la capitale jordanienne où il retrouve Marine Jacquemin, ils sont accueillis comme des héros par leurs confrères de la presse internationale qui entonnent *La Marseillaise* dans le hall de l'hôtel Intercontinental et s'arrachent les renseignements ramenés par les deux Français. Saddam Hussein n'avait pas parlé au monde depuis le début de son occupation du Koweït, il y a 27 jours. C'était plus qu'un scoop, un événement de portée historique.

Patrick téléphone en direct au 13 heures de Jean-Pierre Pernaut pour nous prévenir de la réussite de l'opération. Son interview de Saddam Hussein est annoncée pour le journal de 20 heures par des bandes annonces tout au long de la journée. Aussi quand je l'entends enfin au bout d'une liaison téléphonique, quelques minutes avant le journal de 20 heures, le premier à le saluer par les fils du satellite, je lui souhaite la bienvenue et le félicite. « Ça fait plaisir d'entendre une voix familière », me répond-il.

> Ce soir-là, en direct depuis Amman, il lancera lui-même sa propre interview, la séquence dure à peu près vingt minutes. Patrick évoque d'abord les circonstances de son tournage : « Nous nous sommes retrouvés avec les otages dans une grande salle, avec Saddam Hussein, un moment très dur, puis Saddam Hussein m'a entraîné à part pour discuter. »

Il réalisera un record d'audience : 12 millions de téléspectateurs, 30 points d'écoute, 53 % de parts de marché, du jamais vu en pleine période estivale. Le présentateur-vedette de TF1 entre dans l'Histoire pour le sauvetage d'un otage et pour cette interview de Saddam Hussein « en exclusivité mondiale » qui fut diffusée aux États-Unis, à la grande fierté de la chaîne mais pas du microcosme parisien, comme d'habitude ! La presse américaine saluera ce double exploit du journaliste français avec la première interview du dictateur irakien, l'ensemble des quotidiens américains du *New-York Times* au *Wasghington Post* y consacreront des articles, saluant le champion de la profession, un Français, sans lui en tenir rigueur au contraire, dont la prouesse rejaillissait sur eux tous et Patrick obtiendra même une pleine page dans *USA Today*, seul quotidien américain en couleur. Dan Rather attendra deux jours plus tard pour obtenir sa propre interview.

Évidemment en France c'est une avalanche de critiques, la presse parlera de déontologie journalistique et lui donnera des leçons de morale. Partout ce n'est que diatribes et quolibets ! Nul n'est prophète en son pays, c'est bien connu, mais l'aigreur des journalistes français à cette occasion sera plus que pitoyable, pathétique même ! Pseudos accusations sur les conditions mêmes de l'interview que Patrick a lui-même expliqué à l'antenne. Sous-entendus grotesques et politisés sur la présence de l'entreprise Bouygues en Irak, alors que le constructeur est présent dans 24 pays. Et bien entendu attaques *ad hominem* fielleuses contre Patrick, tout y passe. La virulence est telle que Michèle Cotta exige un « droit de réponse » dans *Le Monde* dès le 31 août.

> « Grâce à Patrick Poivre d'Arvor, TF1 a été la première chaîne de télévision mondiale à diffuser dans le cadre de sa mission d'information une interview de Saddam Hussein obtenue sans complaisance ni contrepartie. Les allégations mensongères concernant une quelconque intervention de l'actionnaire principal de la chaîne sont aussi absurdes que diffamatoires. »

Les journalistes français font étalage de leur jalousie et de leur aigreur d'être en dehors du coup. Yvan Levaï à la fin de sa revue de presse sur France Inter cite des phrases, piquées dans les quotidiens du matin comme : « La chaîne de Bouygues a profité de ses bonnes relations avec les Arabes pour interviewer l'émule d'Hitler… », le journaliste de radio laissait entendre que lui-même n'aurait jamais fait cette interview. Six mois plus tard il la fera à son tour. Une fêlure apparaît entre le métier et Patrick dont les votes systématiques des professionnels chaque année aux 7 d'Or, évitant soigneusement de le récompenser pour son journal télévisé de 20 heures, prouvera l'ampleur. Pourtant, un qui n'a rien oublié c'est l'ingénieur André Barbut qui sera reconnaissant toute sa vie à Patrick d'avoir sauvé Florian ; il lui proposera de devenir son parrain lors de son retour en France. La cérémonie de baptême est organisée dans l'église orthodoxe de la rue Daru, dans le 8e arrondissement. Huit ans, plus tard le petit garçon disparaissait tué dans un accident de voiture.

*

Pendant cette crise du Golfe, Claire Chazal est choisie sur Antenne 2 pour présenter le journal de la nuit, appelé dans notre jargon « le 23 Heures ». Au départ diffusé entre 23 h et 23 h 30, on le retrouve parfois après les douze coups de minuit, les émissions de deuxième partie de soirée ayant tendance à s'éterniser, il y a des exceptions bien sûr, mais plus une émission est longue, meilleure est son audience car les téléspectateurs du début d'un programme représentent de gros bataillons et même si la plupart le quittent ou s'en vont dormir, la moyenne entre le début et la fin fait mécaniquement remonter la part d'audience. Dans les rédactions, le journal de nuit est considéré comme le banc d'essai idéal des présentateurs. Tous y sont passés, éprouvant leurs premières frayeurs sur un plateau presque vide, atténuées par le sentiment de s'adresser à un auditoire nocturne, souvent considéré par les sociologues comme plus « cultivé », ce que les spécialistes appellent les « CSP », catégorie sociologique des cadres et des titulaires de diplômes de l'enseignement supérieur. Moins de monde, moins de pression, un auditoire plus tolérant, une plus grande liberté de ton et surtout une manière de se montrer et de sortir du rang. Le 23 heures d'Antenne 2, avec sa rotation rapide des présentateurs, est une rampe de lancement majeure. Pour toutes ces raisons, l'arrivée de Claire Chazal, en tandem avec

Philippe Gassot, ne fait pas que des heureux : « Quand on m'a confié ce journal j'ai vu beaucoup de jalousies, de regards, il fallait défendre sa peau. »

Christine Ockrent avait imposé une sorte de modèle de « journalisme au féminin », rigueur un brin sévère et coiffure sobre. Toutes les femmes présentatrices se coulaient dans le moule, cheveux coupés courts, figure grave et apparence quelque peu masculine. Ghislaine Ottenheimer faisait figure de « clone » sur la Trois. Auberi Edler sur la Deux se présentait à l'antenne comme une copie conforme. Lorsque Christine est revenue au journal en 1988, Auberi Edler a d'ailleurs dû céder la place, elles se ressemblaient trop ! Claire Chazal s'ennuyait comme grand reporter à Antenne2, difficile de traiter les sujets économiques avec la plupart du temps des images prétextes et très peu de reportages.

Elle couvre les conflits sociaux et puis on lui demande une chronique boursière en direct dans le 13 heures. « À ce moment-là, on m'a repérée pour mon image et j'avais en même temps ce statut de femme journaliste. » Aussi les responsables du journal demandent à Claire d'assurer les remplacements des journaux du matin puis de la nuit. Et un jour, Claude Carré lui propose de présenter le 23 heures comme titulaire du poste en alternance une semaine sur deux. « J'ai très certainement bénéficié d'une discrimination positive ». C'était pendant la guerre du Golfe et je devais tenir l'antenne assez longuement ; à cette époque ils voulaient des femmes à l'antenne, il y avait une vraie volonté de féminiser les journaux. Claire est arrivée avec un style très différent, plus glamour et classique. Avait-elle la volonté de se démarquer de ses consœurs ?

« On pense toujours forcément à la manière dont on se présente…

— La différence s'est faite sur la coiffure ?

— Ce n'est pas faux, je n'avais pas l'intention d'avoir les cheveux courts, je mettais des bijoux, j'avais l'envie d'affirmer une féminité et surtout je n'avais pas le sentiment qu'il fallait paraître masculine pour être crédible. J'avais fait des études, HEC, je n'avais aucun problème de fond donc je pouvais assumer ma féminité. »

Nous avons tous remarqué à cette époque la petite nouvelle sur Antenne 2 vers minuit, elle apportait une vraie fraîcheur dans les journaux télévisés.

*

Cinq mois plus tard, je suis avec ma famille et les enfants dans la maison d'un ami. 2 h du matin, le téléphone sonne, je décroche. Sylvain Gouz, un des rédacteurs en chef, est au bout du fil : « Jacques, la guerre est déclarée, on prend l'antenne à 5 h du matin, dépêche-toi d'arriver ! »

Nous étions en pleine nuit à 150 kilomètres de Paris, j'avais trois heures pour rejoindre Cognacq-Jay. Depuis l'été, les télévisions en général et TF1 en particulier sont en effervescence, l'opération « Bouclier du désert » a mobilisé toutes nos énergies. Deux heures plus tard, je débarque dans les couloirs de TF1, après un rallye-raid sur l'autoroute du Sud ; heureusement il n'y avait pas encore de radars automatiques. Tous les responsables sont sur le pied de guerre : Robert Namias, le coordinateur de la guerre du Golfe, Gérard Carreyrou, le chef du service politique, Charles Villeneuve notre spécialiste des questions militaires qui affûte ses commentaires sur un bac à sable qui lui sert à décrire les mouvements de troupe, Patrick Poivre d'Arvor se prépare à prendre l'antenne en compagnie de Michèle Cotta pour une double présentation, avec des problèmes de regards à régler dès ces premiers instants.

Quelle caméra vont-ils regarder? Problème ardu. Sur les chaînes américaines, les présentateurs généralement en couple sont cadrés en plan large. Procédé hasardeux les obligeant à des têtes de circonstance tandis que leur alter ego prend la parole. Le politiquement correct en cours aux États-Unis met les deux animateurs à égalité sur ce piédestal médiatique. Ce sera la mise en scène ce matin-là à TF1, cette réalisation n'a évidemment jamais été testée, il me faut donc improviser. Une caméra en large pour les enchaînements, permettant de montrer le décor, et une autre pour chacun d'eux avec la lampe rouge, mais vu l'ambiance d'improvisation « artistique » de ces premières heures de direct où la guerre vient d'être déclenchée, les regards de Michèle et Patrick se croiseront au gré des hasards. Jean-Claude Delannoy est présent pour prendre mon relais, vers 8 h du matin, nous ferons des tranches de trois heures en continu, les autres présentateurs de même, une grande agitation partout.

C'est l'explosion de tous les schémas connus à ce jour. Le 17 janvier 1991, on prend l'antenne et on ne la quitte plus. Plus de programmes, plus de coupures publicitaires. Les phases militaires de l'opération « Desert storm » ont commencé. La France est en guerre ouverte, cela n'était pas arrivé depuis l'Indochine il y a près de quarante ans, les événements d'Algérie mis à part. Le contingent français est important dans la « coalition alliée »: 13 000 hommes, 12 navires, 50 avions et 40 chars, c'est du lourd. Une guerre mondiale. Ce matin-là, nous comptabilisons 80 journalistes sur le terrain, 300 personnes mobilisées 24 h/24 à Cognacq-Jay pour couvrir cet événement grâce à 76 liaisons satellites et des envoyés spéciaux en Arabie Saoudite, à Aman, à Washington, à Londres, à Rome, à Moscou; pour l'instant, seule CNN possède des envoyés spéciaux à Bagdad.

C'est également une concurrence exacerbée entre les trois chaînes, TF1, Antenne 2 et la Cinq, trois animateurs, Poivre, Masure et Durand, face à face pour assurer ce conflit dans le conflit, mère de toutes les concurrences, les rédactions sont en guerre sur tous les fronts à la fois.

Apparaît sur TF1 un logo « Guerre du Golfe », de couleur rouge sang et orange de feu qui reste incrusté à l'écran. Les images proposées ce premier jour de la guerre viennent de CNN, seule chaîne présente physiquement à Bagdad. Nous découvrons en direct ces images vertes, sort de feux d'artifice vers le ciel, les premiers bombardements alliés en Irak, nous les passons immédiatement à l'antenne. C'est l'heure de gloire de la chaîne d'Atlanta regardée sur toute la planète et notamment par les chefs d'État, Mikhaïl Gorbatchev, Yasser Arafat, George Bush ou Saddam Hussein qui apprennent en même temps que les téléspectateurs les événements qui se déroulent en temps réel dans la capitale irakienne. Démocratie directe télévisuelle et puissance de feu américaine mêlées. Cette chaîne avait été un pari un peu fou du milliardaire Ted Turner en juin 1980. Cable News Network est à ce moment reçue dans 65 % des foyers câblés américains, 91 pays et 250 000 chambres d'hôtel à travers le monde. Ses 200 journalistes mobilisés dont une cinquantaine à Bagdad ont largement dépassé les moyens déployés par les autres chaînes de télévision occidentales dans la région. La guerre du Golfe lui a permis de se faire connaître et de populariser le *direct live*. Mais au fur et à mesure, on se rendait compte qu'il s'agissait d'une version américaine du journalisme et de la guerre. Dans la nuit du 17 au 18 janvier, trois journalistes de CNN sont dans leur chambre d'hôtel à Bagdad, John Holliman, Bernard Shaw et Peter Arnett, ils commentent en direct le début de la guerre. Bernard Shaw : « Décrivons à nos téléspectateurs ce que nous voyons, le ciel au-dessus de Bagdad est illuminé, nous voyons des éclairs de lumière très intense. C'est extraordinaire. Les rues du centre de Bagdad sont encore éclairées. C'est comme si des étoiles explosaient dans le ciel noir. »

Après deux jours de direct total, les programmes reprennent leur cours « habituel ». Dans la nuit du 18 janvier, Saddam Hussein envoie des missiles Scuds sur Tel-Aviv et Dharan, en Arabie Saoudite, les Américains ont pourtant laissé entendre que leurs bombardements auraient anéanti la capacité militaire du régime de Saddam Hussein. Une certaine « euphorie » du direct s'empara de nous tous. Interrompre une émission pour donner une information en direct crée automatiquement chez le téléspectateur, dans nos régies et sur nos plateaux, la sensation d'assister à quelque chose d'inédit. Dans un Flash spécial, Gérard Carreyrou interroge Charles Villeneuve :

« Après les premiers bombardements irakiens on pensait que les rampes de Scuds irakiens avaient été entièrement détruites. Or il semble maintenant avéré qu'il reste un certain nombre de rampes de missiles. Charles Villeneuve, où sont-elles et combien ?

— Si on le savait, elles auraient été toutes détruites ! »

Les Américains avaient annoncé une victoire inconditionnelle après 48 heures de guerre, pronostiquant une guerre courte qui dura finalement 42 jours, chacun resta terré chez soi pour regarder la télévision. Au lendemain de nos 36 heures de direct sans interruption, véritable marathon télévisuel, je monte avec Patrick dans le bureau d'Étienne Mougeotte, au septième étage où entre autres congratulations se décide la transmutation du « Droit de Savoir », magazine en images, en une émission d'information en direct. Je me propose de la réaliser. En mars, Patrick rejoindra Dahran et Riyad pour des journaux exceptionnels, durant l'un d'eux, un « scud » irakien passera au-dessus de leurs têtes en direct. Le lendemain, il descendait de l'avion arrivant à Cognacq-Jay à 19 h 15 pour présenter le 20 heures, préparé par Dominique Bromberger.

Patrick, malgré l'excitation inhérente à cet exercice de haut vol, relativise : « Le plus étonnant dans cette guerre c'est qu'elle est terriblement médiatique mais sans images, nous en avons de l'arrière, de l'intendance, des gens qui attendent. À ce jour il n'y a pas eu de scènes de combat, pas d'images de blessés si l'on excepte les civils israéliens. Je ne sais pas quelles images des combats terrestres les Américains autoriseront la diffusion mais à tout prendre je préfère encore ce type de conflit aux guerres de mes parents et de mes grands-parents sans images et surtout sans informations, des guerres où l'on n'était pas au courant des camps de concentration. Pourquoi emploie-t-on des expressions du type guerre vidéo, guerre « propre ou chirurgicale », qu'est-ce que nous savons en fait ? »

La guerre du Golfe révolutionna le journal télévisé et fut l'occasion de mettre en scène l'actualité avec une palette de moyens énormes, créant une sorte de don d'ubiquité chez les présentateurs ; le téléspectateur regardait, écoutait et réagissait à l'événement, l'information était toujours « à prendre au conditionnel », la prééminence de l'image en direct et la dramatisation des interventions ont bouleversé pour longtemps le tempo et le rythme de l'info. Patrick déclare dans *Le Figaro économie* : « L'expérience de la guerre du Golfe a été enrichissante même si les télévisions ont cédé à une légère ivresse en raison des nouvelles technologies qui nous offraient la possibilité d'être en direct avec toutes les capitales du monde. Cela s'est manifesté par une volonté de combler le vide, ce qui n'a pas été toujours concluant. » Étienne Mougeotte l'explique : « La vraie révolution de la guerre du Golfe fut d'amener une rupture dans la manière d'utiliser la télévision et de ce point de vue nous avons progressé. Si l'on a été un peu loin dans la « spectacularisation », c'est probablement à cause de la force de cet événement. La guerre du Golfe et l'histoire des charniers de Timisoara en Roumanie ont été des moments importants dans la manière de traiter l'information, ils ont modifié le regard porté par le téléspectateur sur notre travail qui est devenu plus mature. »

La rédaction en chef du journal de 20 heures était assurée par Pierre Geraud mais, dès le mois d'août 1990, Robert Namias va coordonner comme rédacteur en chef l'ensemble des opérations concernant la « Guerre du Golfe » pendant six mois : « Ça a très bien fonctionné, j'ai travaillé quotidiennement en janvier notamment où l'on a fait des journaux en Arabie Saoudite, car l'actualité du Golfe occupait les trois-quarts du journal, il ne restait plus grand-chose à Pierre Geraud. »

Quelques semaines après la fin du conflit, un matin du mois de mars, nous apprenons que Pierre Geraud va démissionner. Pascal Josèphe, un ancien de l'équipe d'Hervé Bourges, à ce moment sur la Cinq, cherchait un rédacteur en chef pour la nouvelle émission de Jean-Pierre Elkabbach, nommé en toute simplicité « Elkabbach 19 h 10 ». Je crois le cas unique dans l'Histoire de la télévision où une émission d'information porte le nom du journaliste qui la dirige et l'anime. Pierre Geraud avait attendu la fin de la guerre du Golfe et le retour à Paris de toutes les équipes envoyées sur place pour donner sa démission. Selon Robert, il aurait mal vécu cette direction bicéphale où Robert produisait une partie du journal. De son côté, Pierre Geraud me disait avec fierté à cette époque, ayant déjà pris ses dispositions, « j'ai fait Mourousi, j'ai fait Poivre, maintenant Elkabbach ! » Mais Patrick est fâché de perdre son rédacteur en chef et la direction ne l'entend pas de cette oreille. Geraud est convoqué par Patrick Le Lay qui lui dit :

« Je tiens à vous dire tout de suite que vous ne partez pas.

— Je suis déjà parti, j'ai envoyé ma lettre de démission.

— Je ne l'ai pas reçue…

—… Pas à vous mais à la direction des ressources humaines…

— Ça se déchire, une lettre.

— Mais j'ai déjà signé sur la Cinq. »

Finalement, Le Lay appellera Michèle Cotta et lui dira : « je n'ai rien pu en tirer ». Pierre Geraud tient bon et pourra quitter TF1 en bons termes, aujourd'hui il est rédacteur en chef des journaux du week-end sur France 2. Comme Patrick et moi à TF1, sur France 2 il reste l'un des derniers dinosaures de la glorieuse époque de l'ORTF, « je suis maintenant le sage au milieu des petits jeunes » me dit-il.

En janvier 1991, Robert Namias devient donc le rédacteur en chef en titre du 20 heures de TF1, est-ce que c'est facile d'être le rédacteur en chef de Poivre ? Pour Robert, « c'est un grand bonheur professionnel, nous avons une culture commune, le public et le privé, la culture du résultat, un intérêt pour la politique mais sans attirance particulière pour le monde journalistique, un milieu compliqué, pas très intéressant. J'ai plutôt un esprit tourné vers l'organisation, lui, c'est l'antenne, aussi il n'y a aucun conflit entre nous, chacun son domaine ». De fait, ils se sont partagé le marché : à Robert l'organisation de la rédaction, à Patrick le journal.

Six mois plus tard, le 16 août 1991, Claire Chazal débarque à TF1 pour présenter les journaux du week-end. La fin de semaine est souvent plus calme, l'équipe moins nombreuse, auréolée d'un passage apprécié au 23 heures de la Deux, Patrick l'avait remarquée, il s'en fit le supporter. Claire est alors confrontée à un dilemme qu'ont connu tous les présentateurs remarqués au moment du grand saut. Quelle chaîne choisir ? « Pour la première et la seule fois de mon existence, j'ai eu trois propositions en même temps ». Yves Sabouret de l'équipe de Jean-Luc Lagardère lui propose le 20 heures de la Cinq, un chèque de 60 000 francs à la clé. Eric Giuily, le directeur général d'Antenne 2, lui fait une proposition identique car il doit s'aligner sur le montant du chèque. « Mais le premier à m'appeler fut Patrick Le Lay dès le mois de janvier. Avec la guerre du Golfe, c'était compliqué, il m'a rappelée en juin. » Sur TF1 il fallait remplacer Bruno Masure, insatisfait de son statut de numéro deux, responsable du week-end. Il voulait partir sur la Deux. Depuis six mois, il grondait mezzo-vocce à l'intérieur de la rédaction, demandant une parité avec Patrick. Puis il rendit publique sa demande, mettant le feu aux poudres. Pour les responsables de l'Information, il avait franchi la ligne jaune. Mais ce n'est pas son style qui était en cause.

Bruno Masure manquait rarement d'humour, preuve en ce 1er avril 1990. Il ne pouvait laisser passer cette occasion en or. Ce jour-là, il lance un sujet anodin tourné près de Lyon !

> « Patrick Thillet lui aussi travaille du chapeau, il a envoyé Jean-Marie Deleau qui espérait enfin passer un week-end tranquille à Feyzin au championnat du monde du lancer de bérets ! Ce n'est pas un poisson d'avril, nous avons trop le respect du téléspectateur pour dire des bêtises… »

Le sujet évoque avec sérieux les gestes du lanceur, notre correspondant à Lyon ajoutant pince-sans-rire : « Peut-être verra-t-on le lancer de bérets aux Jeux de Barcelone de 92 comme sport de démonstration ? TF1 est sur les rangs pour acquérir les droits de retransmission… »

Retour de Bruno Masure en plateau, hilare du bon coup joué avec ce sujet commenté d'un ton très sérieux : « Je vous quitte sur cette dernière information. Les trois ascenseurs de Cognacq-Jay fonctionnent… Poisson d'avril, il n'y en a qu'un comme d'habitude ! Bon anniversaire à Marcel Amont qui a eu la bonne idée de naître un premier avril. Après le 20 heures, retour de Sabatier ou Foucault, je ne sais plus qui est exactement au tableau de service… »

Claire sent à ce moment-là, et c'est une des raisons de son choix pour TF1, une volonté collective même si Michèle Cotta plaidait plutôt pour Ruth Elkrief : « Si la Cinq est insistante, il était difficile pour moi d'aller sur une chaîne qui démarrait. La Deux a été mon seul cas de conscience, c'était la famille qui m'avait accueillie mais je sentais qu'avec toutes les lourdeurs politiques et syndicales, je n'obtiendrais jamais le 20 heures.

— Et puis sur la Deux, le siège est réellement éjectable !

— Tout à fait, en trois ans j'y avais connu trois présidents, trois directeurs généraux, trois présentateurs. C'était effroyable. J'ai vu Hervé Claude apprendre par la presse le soir qu'il ne présentait plus le 20 heures !

— Ce n'était évidemment pas le cas de la Une.

— J'ai senti qu'à TF1, à partir du moment où l'on prenait une décision c'était définitif. »

Sur la Cinq, un mois plus tard, Béatrice Schönberg prendra la place déclinée par Claire et fera le 20 heures en tandem avec Gilles Schneider. Nous avons fait quelques répétitions. Je serais avec elle pour ses premiers journaux, lui montrer nos murs et prendre connaissance de ses désirs, de ses envies, de sa manière de voir le monde et le journal télévisé. Trentenaire pleine d'allant, elle fit certains efforts de présentation pour apparaître « classique » dans ses vêtements ou ses coiffures et fut tout de suite adoptée et appréciée pour sa gentillesse et sa simplicité.

Les femmes sont aussi demandées sur le terrain. La guerre du Golfe avait marqué une rupture dans la couverture de guerre, Martine Laroche-Joubert pour Antenne 2 et Memona Hinterman-Affejee pour FR3 partent en Arabie Saoudite. Elles n'ont pas la même vision des choses. Des places pour partir au front, il y en avait à Antenne 2 selon Martine Laroche-Joubert mais le ticket d'entrée restait à négocier. « Il y a eu un « conclave » à la rédaction : peut-on laisser une femme partir en Arabie Saoudite ? Les hommes sont restés en Arabie Saoudite avec les militaires et les femmes ont choisi de partir en Irak. » Sur place se pose très vite la question de l'habillement. Memona Hinterman s'est mise au goût du jour : « J'étais à Dahran et à Ryad, il fallait porter le voile ; on m'avait dit la police religieuse est dehors, une consœur s'était fait taper sur les jambes. Sur le toit de l'hôtel, je faisais mes plateaux en direct, habillée à l'occidentale mais en sortant dans la rue je mettais mon habit noir. » Martine Laroche-Joubert, silhouette élancée, ne fait aucune différence : « Moi j'étais habillée comme d'habitude mais avec des manches longues et un pantalon. Je voyais des journalistes américaines en shorts hypercourts, souvent elles n'ont aucun sens de la manière de s'habiller dans les pays où elles sont en reportage, elles agressent les populations locales. »

Même problème pour Marine Jacquemin de TF1, notre belle blonde au sourire enjôleur qui a couvert de sa voix prenante tous les conflits et particulièrement l'Afghanistan qui lui donnera l'occasion de créer une émission de grand reportage « Profession reporter » pour évoquer la vie des femmes dans ce pays occupé par les talibans qui ont à peu près tout interdit : les femmes à l'école, la musique dans les rues, la parole en public. On voit Marine, dans la carlingue de l'avion qui se pose à Kaboul, en train d'enfiler un habit noir, passant le voile sur ses cheveux entre deux rangées de sièges vides.

> « Kaboul, arrivée incertaine au pays des interdits, avant de descendre il me faut porter le voile… Depuis deux semaines, Kaboul vit sous le régime le plus rigoriste du monde. Déjà étroites sous l'ancien gouvernement, les libertés sont chaque jour un peu plus amputées… »

Elle se retrouve dans une pièce plongée dans la pénombre pour interroger un chef taliban assis par terre qui la repousse sans ménagement dans le coin de la pièce :

> « Asseyez-vous là !
> — Mais c'est moi, la journaliste… »
> Le chef se tourne vers ses subordonnés :
> « C'est elle la journaliste ?
> — C'est moi qui dois vous interroger, vous ne voulez pas répondre à ma question parce que je suis une femme ! »
> Agacé, il lui demande péremptoirement de se rapprocher :
> « Mettez-vous là… selon les principes islamistes, il faut séparer les hommes et les femmes… »

C'est la grande nouveauté des années 90, la promotion des femmes dans les grands reportages de guerre. À TF1 Marine Jacquemin, Catherine Jentile, Patricia Allemonière, Isabelle Baillancourt ou Nahida Nakad. À Antenne 2 Martine Laroche-Joubert, Patricia Coste ou Auberi Edler mais aussi Florence Dauchez ou Isabelle Baechler. À FR3 Joëlle Hazard ou Mémona Hinterman, c'est une lame de fond qui traverse toutes les rédactions, elles apporteront ce supplément d'âme et cette spontanéité qui pouvait faire défaut aux grands reporters masculins. Le premier théâtre d'opération se déroule au Proche-Orient. Nahida Nakad, la brune Libanaise assistante du bureau de la chaîne, retourna à Beyrouth comme journaliste avec l'avantage de la langue arabe. « À l'époque, les guerres étaient faites par les militaires, on a fait découvrir qu'il y avait aussi des civils. Il m'était plus facile d'entrer dans une famille, de parler aux femmes mais cela ne s'est pas déroulé facilement. » Catherine Jentile, qui a obtenu quelques années plus tard le prix Albert Londres pour un reportage sur les enfants de Gaza, s'entretenait avec son rédacteur en chef à propos d'un commentaire sur un attentat au Liban. « Il m'a dit ce n'est pas une bonne idée, une voix de femme sur des images pareilles ça ne ferait pas sérieux ! »

Elles n'ont pas pris la place de leurs confrères, elles sont arrivées à un moment où les hommes ont compris qu'on faisait davantage carrière dans les couloirs que sur le terrain. Sur les théâtres d'opérations les militaires, les miliciens, les combattants voyaient arriver des femmes provoquant un effet de surprise et un élément apaisant qui leur a permis de présenter la guerre à travers les gens qui le subissent. Pour les équipes de tournage ce fut aussi une révolution : attendris dans un premier temps, leurs confrères masculins qui avaient fait leur service militaire les ont regardées faire face. Aux vertus guerrières et viriles elles ont opposé leur fragilité et leur sensibilité. Les reporters masculins eux-mêmes ont changé leur narration et tous les envoyés spéciaux s'occupent maintenant des populations civiles, l'aspect militaire magnifié dans les années 60 est devenu presque secondaire. À cet égard, le conflit en Yougoslavie fut un révélateur. Il a duré une dizaine d'années et s'est déroulé dans des régions difficiles d'accès, les opérations militaires se réduisant à des coups de main, des snipers embusqués ou des massacres perpétrés à l'abri des regards. Après l'emballement technologique vécu pendant la guerre du Golfe, les responsables des rédactions ont préféré mettre l'accent sur les populations civiles et l'aspect humain de ce conflit très compliqué à décrire et à comprendre.

Nahida Nakad était en Yougoslavie : « On nous empêchait d'aller là où il se passait quelque chose, nous étions obligés d'appeler Paris pour être au courant. Rapporter des images représentait un réel danger, nous étions très exposés. » À Boulogne chaque jour en allant dans notre salle de fabrication, nous pénétrons sur notre plateau qui porte le nom de « studio Jean-Claude Jumel », preneur de son décédé à Mogadiscio en compagnie de Nahida Nakad. Nous venons de la salle de fabrication, l'« espace Patrick Bourrat », mort au Koweït écrasé par un char en 2003 et notre salle de conférence porte le nom d'« Yvan Skoppan » le cameraman du même Patrick Bourrat. Ils étaient tous les deux au cœur du putsch chaotique de Moscou en 91 ; ce soir-là, ils sont couchés à terre face à la mitraille sur le terrain, mithridatisé par les tirs au plus près des combats, son copain Yvan prit une balle et décéda sous ses yeux, il retourna la caméra pour continuer à témoigner.

Comme des ouragans

POIVRE a eu l'idée d'un magazine d'investigation lors d'un voyage en Afrique avec Nicolas Hulot, il s'en ouvre à son vieux pote Franz-Olivier Giesbert qui vient de créer la surprise en quittant *Le Nouvel Observateur* pour prendre la tête du *Figaro*. De leur côté, Gérard Carreyrou et Charles Villeneuve planchent eux aussi sur un tel projet. Ils se réunissent tous les quatre le mardi chez Edgar où le petit monde de la politique rencontre le petit monde des médias, histoire de confronter leurs idées et leurs carnets d'adresse. Ils connaissent parfaitement les milieux politiques. Leurs engagements de jeunesse n'ont rien à voir dans cette affaire, FOG a flirté avec les jeunesses socialistes, Patrick a été jeune giscardien, Carreyrou a été militant actif au PSU, Villeneuve est gaulliste de cœur. Gérard Carreyrou nous le dit sans ambages : « avec cent ans de métier à nous quatre, on a de quoi résister aux pressions politiques ». Charles Villeneuve rédige le projet, il en est la cheville ouvrière. Franz-Oliver Giesbert, directeur de la rédaction du *Figaro*, et Gérard Carreyrou un ancien d'Europe 1 amènent des idées et proposent des coups. Patrick qui va présenter l'émission estime que les téléspectateurs ont « le droit de savoir le dessous des cartes sur des affaires oubliées, ce que l'on ne dit qu'à demi-mot ou par allusions codées ». Mais si l'investigation est utile pour faire sauter les verrous, peut-elle passer la rampe du petit écran ? Généralement les affaires sont révélées dans la presse écrite, pas au journal télévisé bien sûr, lieu consensuel par excellence. Dans un magazine de soirée, la chose doit être possible. Ils décident de ne pas tergiverser et d'aller à l'essentiel.

Le premier numéro crée la surprise et l'événement, les quatre sujets proposés ce soir-là sont explosifs à plus d'un titre. L'approvisionnement de l'Irak en matériaux nucléaires par le gouvernement de Jacques Chirac, un sujet sur les Renseignements Généraux français, un décryptage de l'affaire du cimetière juif de Carpentras analysée comme une manipulation du pouvoir socialiste et enfin un sujet sur l'argent de la campagne présidentielle de François Mitterrand. L'affaire « Urba » vient d'éclater, le financement occulte du PS par le biais de fausses factures à des entreprises du BTP. Le système est vieux comme le monde mais, pour la première fois, il y a des preuves écrites dans un cahier à spirale découvert par les enquêteurs. L'émission s'ouvre donc par un reportage où l'on voit Joseph Delcroix le comptable de ces opérations, son fameux cahier à la main exhibé pour la première fois aux yeux du grand public. L'émission réalise une belle audience, 12 points et 50 % de parts de marché en alternance avec « Ex-Libris ».

Le 9 novembre, toute l'équipe projette le documentaire dans la salle de projection de Francis Bouygues au 90, Champs-Élysées devant Patrick Le Lay, Etienne Mougeotte et Michèle Cotta. L'avocat de TF1 a noté huit passages susceptibles d'entraîner des poursuites. Patrick, sentant l'émission en danger, leur rappelle alors le devoir d'informer, ajoutant que la non-diffusion serait encore pire pour leur réputation. Francis Bouygues garantit la diffusion mais prend Patrick à part et lui souffle à l'oreille : « Je vous fais confiance parce que c'est vous, mais je les sens enragés. Ça va être très difficile ! »

L'équipe du DDS avait osé briser un tabou. Patrick allait très vite le payer. Dès le lendemain Pierre Bérégovoy l'appelle : « Tu fais une grave erreur en ne tenant pas compte de nos avertissements. » Un peu plus tard Michel Charasse, le ministre du Budget, invite Patrick à déjeuner à Bercy. Tutoiement pour la forme mais aucune connivence sur le fond, le ton est menaçant. Le ministre du Budget, à l'intérieur du ministère des Finances à Bercy, a depuis toujours bénéficié d'un grand nombre de leviers de commande, au courant de toutes les opérations financières des citoyens et des entreprises. Il possède les clés du coffre et donc des moyens de pression ultimes, des informations qui peuvent être distillées à des journalistes amis. Une fois transmise à des journalistes, écrite et publiée noir sur blanc dans la presse, peu importe d'où vient la rumeur, reprise en cascade dans tous les autres médias, annoncée dans les titres à la radio, elle prend valeur de fait établi. Patrick explique alors à Michel Charasse que TF1 a traité de la même manière les affaires qui éclaboussent la droite, le RPR ou l'UDF mais « il ne m'écoute pas vraiment et m'interrompt en me montrant du doigt un dossier sur un bureau en me lançant : "Tu vois ce dossier là-bas ?" » Des allusions font comprendre à Patrick qu'il s'agit des noms de toutes les personnes transportées par Pierre Botton. « Je n'arrivais pas à mesurer l'ampleur du péril, qu'y avait-il de répréhensible à monter dans l'avion d'un ami ? »

*

L'affaire Botton éclate le jour où un article du *Canard Enchaîné* révèle que Pierre Botton, le collaborateur de

Michel Noir, a invité à de nombreuses reprises des journalistes et des vedettes de la télévision dans ses avions, laissant entendre qu'il y avait des renvois d'ascenseur dans les JT. En fait c'est Poivre qui est ciblé, il va payer seul et très cher pour le simple exercice de son métier de journaliste. Cette affaire est simplement une manipulation du pouvoir socialiste pour impliquer Patrick Poivre d'Arvor et le « mouiller » en le raccrochant au procès des fausses factures de l'homme d'affaire lyonnais lors des campagnes électorales de Michel Noir. C'est une affaire de nature politique, elle n'existe pas pour Patrick, d'ailleurs sa peine a été effacée de son casier par la justice. « J'avais la conscience tranquille, je n'avais jamais usé de mes fonctions pour rendre le moindre service à Pierre Botton. Dans ce domaine je suis scrupuleux jusqu'à en devenir maniaque. Tous ceux qui ont travaillé avec moi à la radio, à la télévision et dans la presse écrite savent que l'indépendance de la rédaction et la mienne en particulier sont sacrées. »

Patrick est convoqué comme témoin par le juge Courroye à Lyon, après l'audition de plusieurs journalistes de renom. Le lendemain les détails de son audition se sont retrouvés dans les journaux, les articles se sont multipliés, une tempête médiatique « parce que j'étais le plus connu, je me retrouvais en tête de liste des bénéficiaires des voyages de Pierre Botton, alors que je connaissais des dizaines de confrères ou de personnalités eux aussi transportés ». Nombre d'entre eux se défaussent ou portent des jugements acides sur Patrick. « J'ai préféré encaisser sans trop réagir, persuadé que la vérité éclaterait et qu'on découvrirait vite que je n'avais jamais favorisé ni Michel Noir ni Pierre Botton sur TF1, là était l'essentiel. » Une fois de plus, la rumeur compte plus que la vérité. Des chiffres faramineux sont cités dans la presse, deux millions de francs. En quelques mois ils deviennent 200 000 francs soit dix fois moins. En fait il s'agit presque uniquement de deux billets d'avion aller et retour pour Rio en première, des billets que Patrick avait réglé avec son argent et au final il ne restait rien que l'hélicoptère qui avait ramené sa fille Solenn à Paris, un jour où Patrick coincé au journal avait reçu un appel angoissé de sa fille qui perdait pied dans les Alpes, et divers vols avec des amis que Patrick aurait pu citer. Donc bien peu de choses pour une affaire de cette envergure. Rien au regard des déplacements d'un homme comme lui, invité partout et sollicité par la terre entière. Mais la rumeur est restée, tenace et collante.

Tous les cadres de la rédaction publient une lettre de soutien. La directrice de l'Information visionne les journaux où Michel Noir fut invité, à chaque fois l'actualité justifiait ces invitations, il était reçu bien plus souvent sur la Deux et la Trois et la seule fois où Patrick cita le nom de Pierre Botton fut le jour où il se présenta aux législatives. L'affaire déconcerte à TF1 où Patrick est apprécié de tous. Michèle Cotta prise de court demande à Jean-Luc Mano d'animer un petit groupe pour réfléchir à une charte de déontologie. L'année précédente, pendant la guerre du Golfe, tous les responsables importants de la Une avaient reçu une magnifique montre en or envoyée par les monarchies du Golfe. Cadeaux que Patrick leur a renvoyés poliment. Deux points sont examinés, dans quelle mesure les journalistes peuvent-ils ou non accepter des cadeaux ? Le prix de ces cadeaux acceptables a été fixé à 1 000 francs maximum. Deuxième point, les voyages de presse. Dans quelles conditions un journaliste peut-il accepter ou non un déplacement payé ? Cette charte avait pour but d'éclaircir les rapports entre les journalistes et le monde extérieur à la chaîne. Robert Namias en explique la teneur : « Elle a provoqué des débats, a été adoptée on ne sait pas très bien ni comment ni par qui mais honnêtement elle est globalement respectée, car il n'y a jamais eu beaucoup d'affaires de ce style à TF1. En tout cas depuis son adoption, les journalistes pour faire ce que nous appelons des ménages, une prestation pour une entreprise, une organisation ou un ministère, doivent avoir impérativement mon autorisation signée, ceux qui s'en exonèrent prennent des risques ; il y a eu d'ailleurs un licenciement à cause de ça. »

En février 93, lorsque le juge Courroye convoque Patrick pour sa mise en examen à Lyon, Patrick est très mécontent du traitement en images que lui fait subir France 2 à cette occasion. C'était la première fois en France depuis bien longtemps qu'un journaliste de télévision était l'objet d'un procès sous les feux de l'actualité. L'ignoble est atteint le soir au 20 heures sur France 2, je n'avais jamais vu ça. Christian Guy qui connaît parfaitement Patrick, à ce moment rédacteur en chef du 20 heures de la Deux, a demandé et diffusé un sujet de six minutes sur un pharmacien qui accusait Patrick de soi-disant promotion.

Quand on connaît personnellement Patrick depuis vingt ans, vétilleux jusqu'à l'extrême pour garder son indépendance à tout instant, en tous lieux et en toutes circonstances, l'imaginer faire la promotion d'un copain chez un pharmacien relève de la plus extrême fantaisie. Pourtant, c'est ce qu'a diffusé le service public ce soir-là. Du jamais vu de mémoire de téléspectateur dans un journal télévisé, un reportage d'une durée hors-norme accusant nommément le présentateur en face ! Pourtant, ils avaient été ensemble en 1983 au 20 heures d'Antenne 2 et même tous les deux adjoints du service politique de la Deux et ils s'entendaient bien, malgré leurs sensibilités différentes, avec la même conception de l'information, « lorsqu'on écrivait un papier politique, on le soumettait à l'autre ». Ce fut loin d'être le cas ce soir-là. Le pédégé de France 2, Hervé Bourges, n'apprécie pas lui non plus la présentation de cette affaire au journal de soir de la Deux, demandant à l'avenir plus de « circonspection » aux journalistes de sa chaîne.

*

Le 27 janvier 1995, Solenn, la fille de Patrick se suicide en se jetant sous une rame de métro à Neuilly, à la station Sablons. « Durant ces deux années où j'étais cloué au pilori, j'étais avant tout inquiet des conséquences sur la santé de ma fille. Elle était plus touchée que moi par ces accusations incessantes formulées dans une certaine presse. De ce jour, plus rien pour moi n'a eu d'importance. Je n'ai lu aucun des journaux où l'on évoquait ma mise en congé de la présentation du 20 heures de TF1 et du procès qui allait s'ouvrir à Lyon. » La famille prend d'énormes précautions à l'hôpital Beaujon, pour ne pas ébruiter cette disparition. Pourtant une dépêche urgente de l'AFP alerta la presse le dimanche. Quelques paparazzi firent le déplacement. Des amis pêcheurs de la famille les tinrent à distance mais ils purent quand même prendre des clichés de loin. « Quand on est ravagé par le chagrin, c'est insoutenable. Je n'ai pas voulu assister à l'incinération et suis rentré à Paris présenter le journal. » Le lendemain, ses premiers mots sont : « Rien n'est plus injuste que la perte d'un enfant, d'un adolescent, même s'il n'y a pas de gradation dans la douleur des uns et des autres... » Cette phrase pathétique concerne le reportage sur la mort d'un enfant mais c'est également une allusion au drame qui le touche personnellement. Professionnel et courageux, fidèle au poste dans la tempête,

« c'était sans doute ma manière à moi de ne pas m'effondrer, de garder la tête hors de l'eau. Qui peut juger de la façon dont il faut porter le deuil d'un être cher ? » Deux semaines plus tard, le 13 février 1995, le procès Botton s'ouvre à Lyon. Patrick est assis sur le banc des prévenus, comme un criminel. À l'audience, il se désintéresse des débats, laissant ses avocats parler pour lui, en écrivant un livre, *Elle n'était pas d'ici*. Le 15 avril, il est condamné à quinze mois de prison avec sursis. Patrick est le seul journaliste à avoir payé pour tout le monde. La peine sera confirmée en appel.

Mais un an plus tard, cette peine sera effacée de son casier judiciaire par une cour lyonnaise composée de trois magistrats, dont l'un d'eux faisait partie de la cour qui l'avait condamné. Serge Raffy, du *Nouvel Observateur*, l'interroge :

« Comme si après l'affaire Botton, on avait souhaité vous blanchir mais en douce. Vous étiez pourtant face à eux, ce matin-là. Et même les réquisitions du parquet vous furent favorables. Pourquoi n'avez-vous pas cherché à divulguer cette information qui, d'une certaine manière, tendait plus ou moins à vous innocenter ?

— Parce que cela ne présentait plus beaucoup d'intérêt. Même si cela démontrait que cette corrida, avec cette mise à mort professionnelle programmée, avait été dérisoire. Je voulais tourner la page, pardonner à ceux qui m'avaient blessé. »

Patrick l'avoue aujourd'hui, les trente premières pages de *l'Irrésolu*, l'ouvrage qui lui valut le prix « Interallié », qui raconte le procès d'un jeune anarchiste à Lyon en 1883, le jour de la naissance de son grand-père Jean d'Arvor, « démarque presque intégralement ce qu'il a vécu durant cette mise au pilori ». Le juge Philippe Courroye y est décrit sous les traits du Héron.

*

Si l'affaire Botton était de nature politique, les bruits autour de l'affaire de Fidel Castro touchent au cœur de son métier de journaliste. « J'ai vécu assez douloureusement ces quelques mois où une attaque chassait l'autre. Toutes étaient assez inattendues et d'une rare violence. Pourtant la coïncidence des dates est plus que troublante. » La même semaine, l'hebdomadaire *Voici* publie une photo de Patrick en compagnie de Claire Chazal. Qui peut croire aux coïncidences ! Des barbouzes auraient-ils un contrat sur sa tête ? Patrick a l'impression d'être devenu l'homme à abattre. Poivre n'a rien oublié de l'affaire Castro, de ses circonstances et de ses calomnies.

En décembre 1991, Régis Faucon propose à Patrick une interview exclusive du président cubain à l'occasion de l'inauguration d'un hôtel à Varadero, un endroit touristique. Les occasions d'interroger le *leader maximo* sont trop rares pour refuser une telle offre. Ils se rendent à la Havane où l'on met à la disposition des deux journalistes de TF1 une pièce où ils pourront mener l'entretien. Auparavant, Fidel Castro avait donné une conférence de presse à laquelle Régis Faucon et Patrick assistent. « À la fin, nous nous apprêtions à passer dans le studio improvisé mais à notre vive déception le chef de l'État cubain ne prend pas la direction de cette pièce. Je tente de l'intercepter, lui pose quelques questions sur lesquelles il reste évasif et nous renvoie aux réponses qu'il a faites durant sa conférence de presse, sans respecter sa promesse d'interview. »

Dans la journée, l'ambassade de France à La Havane avait été interrogée sur un reportage passé sur la Cinq, quelques jours auparavant où Serge Raffy avait montré pour la première fois le procès d'un dissident syndicaliste à Regla, dans la banlieue de La Havane et diffusé l'interview d'un autre dissident, Edouardo Sanchez, bête noire de Fidel Castro. « Pour lui il n'y avait aucune différence entre TF1 et la Cinq, un dictateur ne croit pas à l'indépendance des médias. Il a donc boycotté TF1 en croyant punir la Cinq. » Ce jour-là, Poivre ne connaissait pas le contexte du refus de Fidel Castro. Ils posent donc des questions à la caméra de Gérard David après-coup, comme cela se pratique couramment lors des conférences de presse, permettant d'en passer des extraits et ils repartent à Paris. « Nous arrivons en début d'après-midi, je prépare aussitôt le journal de 20 heures. Je ne participe donc pas au montage du sujet. Il ne méritait pas plus de deux minutes, puisque nous avions assisté à la conférence du chef de l'État cubain et avions pu lui arracher quelques bribes de réponses mais sans grande nouveauté. »

Quelques heures plus tard, dans le corps du journal, Patrick lance le sujet après quelques images d'illustration dans le journal en disant : « Nous avons pu approcher celui que l'on appelle là-bas le *leader maximo* lors d'une conférence de presse improvisée et vous allez voir qu'il n'a changé en rien… »

Patrick n'a jamais prétendu avoir obtenu une interview exclusive, il n'y a eu aucune manipulation. « J'ai été au contraire d'une grande prudence dans la présentation de cet extrait. » Le soir à la conférence de rédaction, Patrick déclare qu'il n'est pas satisfait du sujet sur Cuba, Régis Faucon pensait la même chose : « Pour moi c'était un travail mené trop hâtivement à cause de l'urgence et arrivé trop tard pour être visionné. » D'ailleurs il en parle dès le lendemain en public, sans malice : « Je suis invité à l'école de journalisme de Nice, un étudiant me demande s'il m'arrive parfois d'être critique sur mon travail, je lui donne l'exemple de ces deux minutes sur Fidel Castro. Je n'ai pas aimé cette alternance de prises de vues lointaines et de questions en plan de coupe. C'est sans doute de là que naît la rumeur. »

Ce fut une avalanche de règlements de comptes, de sous-entendus, de rumeurs, pas une journée sans une allusion. Patrick est invité comme juré lors de la remise d'un prix du meilleur article de presse écrite et déjeune avec Laurent Joffrin, le directeur de la rédaction du *Nouvel Observateur*. « Il me fait savoir à mots feutrés qu'une des journalistes qui vient d'obtenir le prix, grâce à mon insistance, aimerait bien qu'il lui soit remis par un autre que moi, je le vis comme une gifle en pleine figure ! » Comme d'habitude avec les journalistes, beaucoup de bruit pour rien pour un sujet particulièrement sans intérêt. Castro répétant des propos mille fois tenus par ailleurs, des journalistes pressés à qui l'on fait faux bond pour des raisons extérieures, les questions arrangées après-coup étaient certes une erreur dans le montage mais rien de ce qui a été dit dans ce journal n'était faux, pourtant un procès en sorcellerie est né et le métier dans son ensemble s'en emparera, trop heureux d'avoir un os à ronger. La réussite de Patrick fait beaucoup d'envieux ; quel journaliste honnête a eu le courage de le soutenir dans cette épreuve ? Quant au CSA, pourtant très pointilleux sur la déontologie, il n'a pas fait la moindre remarque parce qu'il n'y a pas eu faute de la part de Patrick Poivre d'Arvor et de Régis Faucon.

Durant cette période agitée, Patrick qui venait d'entrer au musée Grévin, voyait chaque année se dérouler les 7 d'Or sans jamais être récompensé, le métier lui refusant cet honneur largement mérité, son professionnalisme reconnu restait en balance dans leurs yeux avec des soi-disant affaires qui le secouaient personnellement, empêchant selon eux à jamais le meilleur d'obtenir ce trophée, reconnaissance de ses pairs. « Au début ça m'a gêné, maintenant je me suis dit une bonne fois pour toutes que je ne l'aurai jamais ! Sauf si je suis viré, en France on aime bien récompenser les battus ou les martyrs. » Aujourd'hui supprimés, les 7 d'Or garderont comme une tâche indélébile ce manque à l'appel. Ne pas avoir couronné Patrick est diablement bête, sinon politique, l'attitude de tous les votants s'explique mal ou trop bien.

Heureusement Dan Rather, le présentateur historique de CBS, qui vient de demander 70 millions de dollars d'indemnités en 2007 pour licenciement abusif et « politiquement correct », lui rendra publiquement hommage au Lido un soir où le présentateur américain était invité, présentant Poivre comme un frère qui avait réussi l'interview de Saddam Hussein, lui soufflant au passage l'habituelle prééminence américaine, je lui avais préparé 90 secondes d'images de ses interviews prestigieuses pour ce passage. Sur son bureau chez lui, il a posé le trophée offert par le journaliste américain, une pendulette sur laquelle est gravée cette inscription « Bagdad august 1990. DR ». Il aura donc fallu la présence d'un journaliste étranger pour offrir une récompense amicale à un confrère. Comme toutes les rédactions, l'ensemble du métier reste dominé par la pensée unique et les discussions sur « l'éthique » ou la « déontologie ».

*

Quatorze ans d'écart entre l'affaire Castro pour Patrick Poivre d'Arvor et l'affaire Juppé pour David Pujadas et deux poids deux mesures, une tâche indélébile sur la carrière de Patrick, gravée au fer rouge, rappelée à chaque interview, chaque article, chaque biographie. Une interview ratée de Castro qui n'est finalement qu'un contretemps, une histoire de plans de coupe rajoutés lors d'une conférence de presse alors qu'il n'y avait pas de quoi fouetter un chat ! Comparons cette erreur sur TF1 à celle de David Pujadas sur France 2 où le présentateur a précédé les déclarations d'Alain Juppé en direct devant des millions de téléspectateurs ; mais bon, il ne s'est rien passé et la presse ne s'émeut pas trop, à peine si les éditorialistes n'ont pas applaudi à son exploit, avoir fait dire à un homme politique de premier plan, au moment où il va quitter la vie politique le contraire de ce qu'il dira. Exemple de commentaire du *Monde* : « l'erreur n'est pas d'avoir donné une fausse information mais de ne pas avoir été fair-play » ou encore : « au-delà de l'erreur reconnue par les principaux protagonistes et excusée c'est le problème de la vocation du service public ». On le voit, alors que Poivre est banni du Panthéon à jamais, il ne s'est rien passé sur la Deux, le présentateur est juste grondé par la profession, il a simplement voulu aller vite.

Accélération de l'info. C'est en direct qu'éclate l'affaire David Pujadas. Elle commence le matin du 3 février 2004. Alain Juppé est invité le soir au journal de TF1 pour parler aux Français après la sévère condamnation qu'il vient de subir dans l'affaire des emplois fictifs. Dans la journée, des bandes annonces préviennent « Alain Juppé sera l'invité exceptionnel de Patrick Poivre d'Arvor ». Pour une fois, et c'est rare dans le métier, on ne sait absolument pas ce que va dire Alain Juppé, quelle va être sa décision. On attend des révélations. Le plupart du temps, il faut le savoir, les invités politiques dans un journal télévisé viennent paraphraser leurs déclarations du matin données à la radio ou leur interview donnée au *Parisien* ou même lors d'une conférence de presse de l'après-midi où tous les journalistes de tous les organes de presse ont été conviés, sans oublier l'éventuelle déclaration à l'Assemblée nationale. L'embargo est brisé, tous les présentateurs rêvent du scoop en direct mais ils sont rarissimes. L'exclusivité est rare, ce soir-là c'en est une vraie.

Le tribunal de Nanterre a condamné Alain Juppé, ancien Premier ministre, pour prise illégale d'intérêt, à 18 mois de prison avec sursis mais surtout à 10 ans d'inéligibilité pour avoir cautionné la présence de sept salariés à la Ville de Paris au sein du RPR. On le sait Alain Juppé n'a pas parlé, il n'a pas mis en cause le donneur d'ordre, fidèle entre les fidèles il a assumé pour le boss. C'est pathétique car sa carrière politique risque de se clore ce soir, que va-t-il dire ou faire ? Dans les titres du 20 heures, Patrick annonce :

> « Voici les titres de l'actualité de ce mardi… Le moment de vérité pour Alain Juppé. Dans quelques instants il nous dira quel est son choix, s'il continue ou non le combat politique… »
>
> Deux sujets sur l'accueil de députés à l'Assemblée et les trois enquêtes sur les pressions dont les juges auraient fait l'objet. Il est 20 h 04. Patrick accueille Alain Juppé que j'ai montré en direct dans les titres
>
> « Merci, Alain Juppé, d'avoir accepté notre invitation… »

Quatre minutes auparavant, à 20 h sur France 2, David Pujadas ouvre les titres de son journal par ces mots…

« Alain Juppé est donc sur le départ. C'est le député Patrick Ollier qui l'a indiqué et c'est aussi le sentiment de tous ceux qui l'ont approché aujourd'hui… »

Dans les titres, depuis des lustres, les présentateurs donnent les faits du jour, jamais un « sentiment » ou une « impression », encore moins « une source », c'est pourtant le cas ce soir-là. Quelle est donc cette source si décisive, citée en ouverture des titres du 20 heures qui fait la une du journal ? En fait, c'est une dépêche de l'AFP de 15 h 19 que j'avais vue également mais je ne l'avais même pas retenue dans ma liasse de brèves. Elle disait exactement « Patrick Ollier (le compagnon de Michèle Alliot-Marie à la ville), président de la commission des Affaires économiques de l'Assemblée nationale, a confié mardi qu'il pensait qu'Alain Juppé était sur le départ : « actuellement il est sur le départ... il y a plusieurs façons de partir, vous savez » a ajouté Monsieur Ollier dans les couloirs de l'Assemblée, en soulignant toutefois ne pas disposer d'informations. »

On le constate, David Pujadas a simplement paraphrasé cette déclaration. Très souvent pour donner une information, les paroles d'un témoin se révèlent un « cache-sexe », permettant d'affirmer sans se mouiller. Mais le procédé utilisé couramment dans les reportages est rare dans les titres d'un journal. Le présentateur est interrogé quelques jours plus tard dans l'émission « Arrêt sur Images » par Daniel Schneidermann :

« Est-ce que vous savez que Patrick Ollier ne sait rien, quand vous le citez à l'antenne... qu'il est hors du cercle ? (Daniel Schneidermann fait allusion au cercle rapproché de Jacques Chirac, principalement Jérôme Monod)

— Moi, écoutez, quand quelqu'un fait une déclaration publique, après je ne cherche pas à savoir comment il l'a su... Voilà, c'est quelqu'un du même parti qu'Alain Juppé, il a fait une déclaration publique, je cite sa déclaration. »

Les responsables du journal de la Deux voulaient en découdre avec la Une. Ce soir-là, leur précipitation s'est transformée en tsunami. Après cet éclat, sur France 2, il y a eu certes des discussions et des explications orageuses. David s'est excusé le lendemain, prenant quinze jours de vacances, mais très vite le journal de référence l'exonérait de toute faute, il aurait été manipulé ! Dans le billet d'humeur de Dominique Dhombres, on lit ce jour-là, trois jours après les faits d'abord un titre étrange : « Télévision : le maître et son valet ont trompé les Français et Pujadas » (il fait probablement allusion à Maître Puntila et son valet Mati de Bertold Brecht pour évoquer sans les nommer Jacques Chirac et Jacques Monod, son conseiller). « L'attitude du présentateur est exemplaire. Sur la foi des informations dont il disposait… il a conclu que l'intéressé se démettait progressivement de tous ses mandats nationaux. C'était ce que racontaient plusieurs hauts responsables du gouvernement et de l'UMP… Un dîner en tête à tête avec le maître à l'Élysée lundi soir. Du chantage affectif à la pelle. Des manifestations « spontanées » d'affection au siège de l'UMP et à l'Assemblée nationale et le tour était joué. En fait Alain Juppé a été retourné. Tout cela est du ressort de l'intime, me direz-vous… Mais cela ressemble aussi beaucoup à une manipulation de l'opinion. »

Imaginez une seconde si l'inverse s'était produit : Patrick annonçant dans ses titres le retrait de la vie politique d'Alain Juppé sur TF1, le Premier ministre disant le contraire chez David Pujadas sur France 2, dix minutes plus tard ? Parions au bas mot sur une affaire d'État, une question écrite à l'Assemblée nationale et un torrent de haine déversé sur la chaîne « privée », sinon pire et la carrière de Patrick se serait arrêtée net ! Deux poids, deux mesures.

*

Patrick n'a pas été épargné durant les années 90. C'est d'abord l'affaire du « Droit de savoir ». Lorsqu'éclate l'affaire de l'assassinat de la députée varoise Yann Piat, la tension s'accroît au sein de l'équipe du magazine. Dans le reportage de David Pujadas, un témoin évoque les relations de Bernard Tapie avec le milieu local à l'époque où il était député de Marseille. Par la suite, il sera nommé par François Mitterrand, ministre de la Ville, et devra démissionner pour « abus de biens sociaux et recel » après la révélation de l'affaire « OM-VA ». Pour Gérard Carreyrou et Charles Villeneuve, les propos du témoin diffusés dans le reportage sont « diffamatoires ». Patrick ne partage pas leur point de vue, il va jusqu'à mettre sa démission en balance. Les deux journalistes couperont la séquence incriminée. À la fin de son 20 heures, Patrick annoncera son départ du « Droit de savoir » qu'il avait pourtant créé quatre ans plus tôt. Peu après, un soir alors qu'un débat était en cours sur le plateau de Boulogne pour les élections européennes, nous avions six invités, ce qui faisait beaucoup autour de la table du journal dont Bernard Tapie. Patrick me dit : « Tu le mets au bout et tu ne le montres pas ! » Aussi Bernard Tapie restera pendant une heure et repartira sans avoir été interrogé par Poivre qui m'avait soufflé le plan de table. L'invité muet, c'est probablement une première à la télévision mais aussi pour Bernard Tapie !

Les coulisses du journal réservent également des surprises désagréables. Un soir, Poivre avait prévu un direct avec Alain Gautier, le skipper alors en tête du Vendée Globe, pas très loin de l'arrivée. En régie, quelques minutes avant son passage, un de nos journalistes sportifs aujourd'hui chez Lagardère appelle le marin sur son bateau pour faire les essais sonores et préparer son passage à l'antenne en direct, sans s'assurer de son identité car il n'est pas un spécialiste de la voile. Lorsque Patrick interroge le marin au moment du direct, la voix de son interlocuteur est brouillée et il se révèle très agressif. Au fil de l'entretien, il s'aperçoit qu'il s'agit d'un charlatan et connaissant bien Alain Gauthier pour avoir joué au tennis avec lui, il lui pose une question personnelle, l'homme s'embrouille. « Je l'ai démasqué en direct et lui ai reproché d'avoir volé la victoire d'un autre. » Plus tard une enquête a été menée, ce canular avait en fait été monté par un journaliste envieux.

*

Législatives 93, la vague bleue après quatorze ans de mittérandisme. Deuxième cohabitation, Edouard Balladur est nommé Premier ministre. Le soir même, Patrick qui a du flair invite sa consœur Claire Chazal pour évoquer la personnalité du tout nouveau chef du gouvernement, elle venait de publier un livre sur l'ami de trente ans de Jacques Chirac. Image étonnante, je mets en scène les deux présentateurs de la chaîne réunis. Claire Chazal précise : « Rappelons-nous, Edouard Balladur n'était pas très connu, il y avait un mystère autour de lui et le livre venait de sortir le jour même, à cette occasion je n'étais pas illégitime, c'était émouvant j'ai eu le trac, je sortais de mon rôle traditionnel… » Je les immortalise dans ma double-fenêtre et je demanderai à ma copine du service infographie de tirer une photo de l'événement ; je l'offrirai à Poivre, il l'affichera dans son bureau.

Pour donner du punch à notre journal j'ai eu une idée, tourner des images de l'invité arrivant au siège de la chaîne. Bonne pioche pour les artistes marquants comme Sylvester Stallone ou Arnold Schwarzenegger. Je mélange leur arrivée en image tournées quelques minutes plus tôt et leur présence sur le plateau en direct. Un petit coup de panache. Vient le tour des politiques. Le premier invité est Edouard Balladur, nous somme en pleine campagne électorale, la bataille fait rage entre les chiraquiens et les balladuriens, notre chaîne est accusé de rouler pour Balladur par l'entremise des éditoriaux politiques de Gérard Carreyrou. Du côté de Patrick, la musique n'est pas la même : « Vous connaissez quelqu'un attiré par Edouard Balladur, vous ? » nous demande-t-il en conférence, l'œil pétillant, alors que la ballardurmania fait rage en France. Ce que disent les gens à l'extérieur se révèle une fois de plus un amalgame de bêtises. Poivre n'est pas Robert, Robert n'est pas Etienne et Etienne n'est pas Martin, au 20 heures il n'y a aucune balladurite aigüe.

J'ai demandé à 19 h au journaliste reporter d'images de tourner un plan séquence devant l'entrée de la tour de TF1. Il est huit heures moins dix, Balladur est arrivé et se trouve au maquillage, le JRI ramène la cassette au visionnage, le chef d'édition l'intègre dans le menu des titres en images. Aussi par la force des choses et le nécessaire écoulement du temps, Patrick et moi découvrirons cette image à l'antenne. Bingo, le cameraman qui n'a pas dû sentir l'ambiance du moment et n'a rien trouvé de mieux que de filmer en gros plan la poignée de main de Balladur avec Martin Bouygues ! Normal que le président d'une chaîne accueille un invité mais dans le contexte du moment, c'était offrir l'icône pour se faire battre. Ma bonne idée s'est donc fracassée sur l'air du temps et ce grain de sable. En général, dans nos métiers où nos tâches sont réalisées à la vitesse de la lumière, l'essentiel est toujours fait, reste à chacun de nous l'analyse à chaud et son instinct.

*

Dans l'équipe également, mon travail de journaliste a provoqué un débat avec Nejma, l'assistante du prompteur venue de Cognacq-Jay, petite bonne femme d'origine égyptienne qui avait la particularité d'occuper un poste éminent malgré son intitulé banal. À la télévision, le travail de secrétaire du présentateur est un métier de roi. Nejma écrit le journal depuis 25 ans sous la dictée de tous les présentateurs historiques de la Une, puis elle fait défiler le texte de ses présentateurs pendant le journal au rythme de leur voix, autant dire qu'elle est une reine. Me voyant trier les dépêches pour Patrick, répondre à ses questions où lui donner les derniers urgents, elle se moqua de moi à haute voix, du genre de quoi le réalisateur se mêle-t-il, l'assistant rapproché c'est moi, Nejma. Elle était très jalouse naturellement, comme peuvent l'être les femmes, Patrick dû mettre les points sur les i et lui dire : « Jacques est mon assistant. » La messe était dite.

Ayant fréquenté les rois de l'antenne, elle ne s'en laissait pas compter, elle savait tout des petits secrets des uns et des autres, leurs sorties nocturnes, leur goût pour la bouteille, que sais-je. Poivre était son chouchou au même titre que Jacques Chirac. Sa force, elle la tirait d'être la première spectatrice du texte du journal. Quand les phrases ne passaient pas avec Nejma, elles ne passeraient pas à l'antenne. D'une certaine manière, elle était la voix de la France des profondeurs, celle qui a du bon sens, à qui l'on ne raconte pas des craques ! Mais la proximité qu'elle avait échafaudée autour de Roger Gicquel, nouveau venu dans les couloirs de la télévision, ne fonctionnait pas à l'identique avec Patrick qui a toujours su maintenir une distance, même amicale, avec tous ses proches. « Lorsque je dicte un texte à Nejma et que je la vois ciller, être intriguée par un mot, un terme ou une allusion, je change immédiatement la formulation pour la rendre plus compréhensible. » Patrick peut être un frère d'armes, il n'est jamais un copain.

*

Entre les deux tours de la présidentielle, le 29 avril 1995, c'est la naissance gardée secrète de François, l'enfant de Claire Chazal et de Patrick Poivre d'Arvor, un événement qui sera officialisé dix ans plus tard. « Avec Claire, bien au-delà de notre propre histoire, nous nous promîmes de protéger jusqu'au bout notre petit François. » La traque des photographes ne cessera pas, trois personnes à photographier au lieu de deux ! Des couvertures de magazines se négociaient à un million de francs. « Nous dûmes prendre d'extrêmes précautions pour ne pas paraître tous les trois ensemble. Patrick est un papa attentif, combien de fois je l'ai vu pendu au téléphone pour prendre de ses nouvelles ou s'occuper de ses loisirs. À l'été 2007, Patrick et François, âgé de douze ans, ont réalisé une partie du pèlerinage de Saint-Jacques de Compostelle. Très récemment, Didier Drogba était l'invité du 20 heures en ce lundi de Pentecôte 2008 et juste avant d'interroger le footballeur de Chelsea, je vis hors-antenne cette scène étonnante à plus d'un titre, Patrick faisant signer un autographe à l'Ivoirien, “pour mon fils François qui a douze ans et qui vous a vu jouer à Guingamp”, téléphonant même pendant la diffusion du reportage suivant pour prévenir de ce petit événement ! »

Mais en 1995, quelques semaines avant la naissance de François, juste avant l'élection, Claire et Patrick restent constamment pourchassés par les paparazzi. Pour éviter les indiscrétions, ils confient à leurs proches que le terme de la naissance est prévu à la fin mai. « Très courageusement,

Claire présenta ses journaux télévisés jusqu'au bout, sans que rien ne paraisse, entre les deux tours elle s'absenta pour se rendre discrètement à la clinique Saint-Vincent de Paul, où elle avait été inscrite sous un faux nom et où elle fut accouchée par un de nos amis. » À l'été suivant, c'est l'équipée des paparazzi sur l'île de Skyros, en Grèce où Patrick est allé passer ses vacances chez son frère en compagnie de Claire. Deux commandos de photographes se sont déplacés en hélicoptère. L'un d'eux avoua qu'il avait soudoyé un agent d'Air France pour obtenir la communication des listings des passagers pour Athènes. Un autre de ces photographes portera plainte, accusant Patrick de l'avoir frappé. Interrogé le 31 juillet par l'AFP, Patrick navigue en mer au large de la Bretagne et il se dit « stupéfait du crédit que l'on apporte aux dires de ce personnage dont j'ai en effet déchiré la carte de presse, c'est peut-être répréhensible mais je pense que cela soulagera tous ceux qui sont poursuivis par de prétendus journalistes dont le seul but est de violer la vie privée des hommes publics, de traquer leurs enfants et de salir leur famille ». Évoquant le dépôt de cette plainte « bien tardive et parfaitement fantaisiste », Poivre explique qu'il n'y a « bien évidemment eu ni violence, ni séquestration, ni vol ». Dans la foulée, il écrira *Lettre ouverte aux violeurs de vie privée*, afin de stigmatiser ce viol de la vie intime.

Dans cette période de crises internationales, nous sommes retournés aux États-Unis pour l'élection de Bill Clinton et lors des festivités du cinquantenaire du débarquement allié de 1944, le premier président issu des classes d'âge d'après-guerre, Poivre l'interroge en Normandie sur sa vie personnelle :

« Vous faites l'objet d'attaques notamment sur votre vie privée. En France, la presse n'attaque pas la vie privée des hommes publics ou des responsables politiques, est-ce que de temps en temps vous n'avez pas envie de troquer votre nationalité américaine contre la nationalité française ? »

Bill Clinton lui répond : « Je suis heureux chaque fois que je vais à Paris, j'ai la peau dure, il faut avoir un seuil de douleur élevé pour faire de la politique, dans mon cas il n'y a pas eu de lune de miel, ils ont tout de suite commencé à m'attaquer… Je me représenterai et je veux que nous soyons ensemble avec Hillary. »

Neuf ans plus tard, Patrick recevra Hillary Clinton et reviendra sur l'épisode de l'affaire Monica Lewinsky, à propos de la sortie du livre *Mon histoire*.

« Est-ce que c'était facile de l'écrire ?

— Facile, certainement pas. Il aurait été préférable que cette histoire reste dans notre sphère privée. Quand les gens ont rendu la chose publique, c'était pour des raisons politiques, ils se souciaient peu de moi et de ma famille, ils voulaient miner la présidence de mon époux. »

L'époque d'Internet

Un retour gagnant

POIVRE est sur les marches de l'Élysée où Jacques Chirac vient de présenter ses premiers vœux à la presse le lundi 8 janvier 1996. Deux heures plus tôt, François Mitterrand vient de mourir et Poivre estime que c'est à lui de présenter ce journal exceptionnel. Un événement à plus d'un titre historique même s'il s'est mis en retrait pour quelques jours, le temps du jugement de Lyon, la décision de la cour d'appel sur l'affaire Botton devant intervenir mercredi prochain. Mais Étienne estime que PPDA doit se mettre en congé de l'antenne pour trois mois car se profile à l'horizon en mars le renouvellement de la concession de la chaîne accordée par le CSA et il faut faire un geste aujourd'hui, même si le présentateur est innocent dans cette affaire, ce que le jugement final montrera d'ailleurs avec clarté. Poivre insiste auprès d'Étienne Mougeotte qui lui refuse cette faveur. Patrick nous fait part en conférence de rédaction de ses sentiments : « Je veux dire ma colère et de mon émotion face à un éloignement de l'antenne que j'estime profondément injuste en un jour pareil, je me demande s'il n'y a pas une certaine lâcheté ambiante venue de nos chefs. »

Un tel langage dans une telle enceinte, c'est assurément du jamais vu. Je ne l'avais jamais senti aussi touché et profondément troublé. Nous étions solidaires dans la tourmente. Aussitôt dans la journée, Sylvie Pinatel collecte les signatures de toute la rédaction en soutien à Patrick. Elle l'a fait spontanément, passant nous voir avec un petit cahier où elle recueillait nos signatures.

« Je ne pouvais pas imaginer ce journal sans lui. »

Elle va dans le bureau de Robert Namias qui lui dit :

« Je ne sais pas si tu l'aurais fait pour moi. »

Le phénomène est rare dans la presse et même peut-être unique. Les motions sont habituellement de défiance, celle-ci est un appel de confiance et de sympathie affiché à Patrick, et massive : 135 signatures sur 200 journalistes ! C'est un plébiscite. Une rédaction soudée derrière son présentateur.

Pourtant il y a du tirage au sommet, deux semaines auparavant Patrick Le Lay avait convoqué les patrons du journal, Gérard Carreyrou et Robert Namias, pour leur demander des explications sur le 20 heures qui avait fait presque jeu égal avec celui de la Deux. Que se passe-t-il, demande-t-il en colère ? Les deux hommes auraient désigné le présentateur qui « plombe « le journal ! Patrick constitue pourtant, nous le savons bien, le meilleur rempart de la rédaction en s'opposant à toutes les dérives et notamment aux excès émotionnels même s'il les assume avec professionnalisme. » Poivre demande finalement « que les esprits se calment ». Mais il gardera néanmoins une aigreur vivace de ce jour symbolique où les deux hommes sont touchés en plein cœur. Mitterrand s'en allait et Patrick était écarté, il perd son plus bel opposant, son interlocuteur et adversaire politique préféré, il ne pourra prononcer les mots attendus mis au chaud dans sa mémoire depuis des années, choisis en hommage à celui qui l'accompagna durant trente ans. Le président avait ses secrets, sa vie politique était une aventure romanesque, du programme commun jusqu'à son départ empreint d'une grande dignité sur le tapis rouge de l'Élysée. Entre les dirigeants et les journalistes qui les interrogent, une relation spéciale se noue faite de confidences et de séductions réciproques. Patrick se promettait de placer dans ces quelques phrases toute l'intensité d'une vie de journaliste.

Jean-Claude Narcy officie pour cet événement historique, je m'aperçois tout d'un coup que je n'ai plus personne sous la main. Disparus les accessoiristes, les machinistes, les décorateurs. Je souhaitais confectionner un décor simple avec des photos de la vie du président. Je dois me débrouiller avec un fond bleu, en incrustant des photos électroniquement. Le journal de TF1 qui dura deux heures ce soir-là réalisa une faible audience, autour de 6 millions de téléspectateurs. Trois jours plus tard, le 11 janvier, la direction de TF1 annonce dans un communiqué la mise à l'écart temporaire de Patrick Poivre d'Arvor jusqu'au 28 mars, faite « en accord » avec le journaliste, réaffirmant « son soutien le plus amical » à Patrick et rendant hommage à ses « qualités humaines et professionnelles ». Après son départ d'Antenne 2 de 1983, voici la mise entre parenthèses contrainte de TF1 en 1996. Pendant cet intermède, Jean-Claude Narcy le remplace à l'antenne. Il est de coutume de dire, dans le métier, que le présentateur n'intervient qu'à la marge des audiences, toujours est-il que ce jour, nous tombons à l'étage le plus bas de notre histoire privatisée. Nous étions en moyenne à 40 % de parts de marché. Un mois plus tard, j'allais dans le bureau de Jean-Claude lui annoncer : « T'as vu hier soir on était à 33 % ! », presque un sixième de l'audience perdue en route.

*

Le lendemain de la mort de François Mitterrand, j'avais programmé une rencontre passionnante à la radio où j'animais une émission littéraire, Patrick Poivre d'Arvor et Michel Rocard ensemble à mon micro. Le succès de mes deux premiers livres m'a catapulté sur les antennes où j'ai créé trois mois plus tôt « Recto-Verso » sur Judaïques FM, une des quatre antennes de la fréquence juive, sur 98.4 FM. Produire, réaliser et animer une émission littéraire, qui n'en a rêvé ! En France, cette aubaine permet de rencontrer le gratin des meilleurs et des plus intelligents. Je décidai de la réaliser sans fioritures, c'est-à-dire de la jouer en direct.

Le jour de la première, je devais être à l'antenne à 21h30. Mon journal sur TF1 terminé à 20h40 à Cognacq-Jay, je fonçai avenue Marceau siège de « la maison France-Israël » pour recevoir les invités, le thème choisi pour cette première émission était tout un programme : « Le franc fort est-il inéluctable ? » N'ayant pas choisi la facilité, mes invités s'imposaient : Viviane Forrester pour *L'horreur économique* qui venait de sortir, c'était la vedette de moment. Bizarrement les mots me vinrent tous seuls, j'avais tant de fois vu et entendu Patrick animer une émission, la mienne coula toute seule, j'avais les repères, les relances, j'étais d'un coup dans mon élément. Bavard et hâbleur par nature, je n'avais qu'à me laisser aller. Dès le troisième numéro, le grand moment fut la venue d'Elie Wiesel, le prix Nobel de la Paix. Mon épouse était aux commandes en ma compagnie pour son interview, elle trouva aussitôt un angle original : « Qu'est-ce qui fait rire Elie Wiesel ? », obtenant des propos personnels et inhabituels de sa part.

Nous avons consacré une émission à Ségolène Royal invitée pour son livre *La vérité d'une femme*. Les femmes ont conquis du pouvoir, il leur reste à conquérir le pouvoir politique, sera le message de Ségolène, pimpante et naturelle à l'époque, elle sait y faire et valorise ses interviewers, son charme est épatant. Quant aux articles évoquant la gentillesse de Patrick adorant sa rédaction et toujours prêts à soutenir un confrère ou un ami, ils ne sont pas de la littérature. Je lui avais montré régulièrement la liste de mes invités et même la petite notule de *Libération* signalant la venue d'Elie Wiesel. Aussi quand je lui demande une semaine auparavant : « j'ai invité Michel Rocard, ce serait sympa si tu venais en même temps, ça me donnerait un coup de main », il accepta aussitôt sans barguigner.

Avant l'émission, Michel Rocard et Patrick Poivre d'Arvor évoquèrent ensemble le vol à voile. L'ancien Premier ministre de François Mitterrand venait de publier un livre, *Les moyens d'en sortir*, où il proposait une analyse serrée du chômage, et Poivre venait de publier *Lettre ouverte aux violeurs de vie privée*. Des tas de photos furent prises ce matin-là, comme d'habitude personne ne nous en envoya une, Poivre m'en fit la remarque en plaisantant mais avec juste raison. Le scoop de l'émission fut l'interview de Michel Rocard qui ne s'était pas encore exprimé après le décès du président. J'ai obtenu la première déclaration de l'ancien Premier ministre congédié comme un subalterne cinq ans plus tôt.

> « François Mitterrand a conduit sa vie de manière à faire parler de lui », insistant ensuite sur « l'estime mutuelle qui me lie au président Jacques Chirac, nous avons passé quarante ans de vie politique à nous affronter mais jamais en dessous de la ceinture, une confrontation loyale, courtoise et même respectueuse de l'intérêt général du pays ».

Je téléphonai à France Info qui diffusa mon sonore, une dépêche de soixante lignes passa sur le fil de l'AFP. J'avais réussi un joli coup, repris par *Les Echos* et *Le Figaro* le lendemain matin dans un article consacré à ces déclarations titré « l'Excès des uns, l'estime des autres ». Une heure plus tard, Robert Mallet me demande de quitter Judaïques FM et de passer sur Radio Shalom. Trois semaines après Patrick, je recevais Claire Chazal pour son tout premier roman, *L'institutrice*. J'avais eu l'idée de la « marier » avec Michel Noir, éliminé de la vie politique et qui entrait en littérature avec *Bénédicte*.

*

Pendant ces trois mois, le pédégé Patrick Le Lay a chargé Poivre de réfléchir à une nouvelle formule du journal. Patrick travaille chez lui et au bureau tout en continuant à présenter « Ex-Libris ». Pour plus de confidentialité, je vais directement à son domicile de Neuilly lui porter mes quelques idées lancées sur le papier et tombe sur Arnaud, son fils, à qui je confie mes précieux feuillets. Poivre remet le fruit de ses réflexions à Patrick Le Lay et Étienne Mougeotte le 11 février. Il a élaboré à une nouvelle architecture du journal. Depuis trois ans, la présence de la « télé-réalité » dans les programmes de la chaîne s'était immiscée par capillarité dans le journal télévisé. L'éponge, chère à Patrick, celle qu'il presse le soir au moment de dicter son journal, sentait un chouïa le vinaigre, les faits divers avaient pris une importance grandissante. S'agissait-il d'un problème de curseur à déplacer ou d'une dérive ? Mon copain Jacques Pradel animait « Perdu de Vue », une belle émission même si elle s'attirait régulièrement les critiques faciles du microcosme. Mais au-delà de ces épisodes marquants, c'est toute l'actualité qui se focalisait sur la « proximité ». Robert Namias, le rédacteur en chef, était partisan de répondre à cette demande des téléspectateurs, un débat qui était resté feutré mais Poivre saisira l'occasion qui lui est donnée par Patrick Le Lay d'opérer un « virage éditorial ».

Dans un document d'une dizaine de pages, Patrick Poivre d'Arvor propose d'en revenir aux fondamentaux. Rétablir la hiérarchie de l'information et faire de la pédagogie en rendant le journal plus lisible. Notre baisse d'audience est un symptôme, il faut s'attaquer aux causes, pas seulement prescrire des remèdes. La note de Patrick ne se contente pas de formuler un constat, elle livre aussi des solutions et une manière élégante de s'en sortir par le haut. En premier lieu, être plus événementiel et initier de longs reportages de quatre minutes s'il le faut, des enquêtes exhaustives et fouillées, économiques ou de politique étrangère, pour aller au fond des choses, menées plusieurs jours de suite ; quant à l'infographie, elle doit aider à la compréhension des sujets économiques. Faire des comparatifs avec l'étranger et le passé pour comprendre les problèmes de société. Éviter de centrer tout le journal sur un seul événement, comme le jour de la mort d'Yves Montand ou de pratiquer le système des fausses ouvertures sur des faits divers, les micro-trottoirs sont à proscrire. Encadrer les jeunes journalistes pour renouer avec le terrain.

Afin de faire vivre ce journal dès ses premières secondes, il propose également un nouvel habillage, auquel j'apporterai ma pierre de réalisateur, en offrant aux téléspectateurs au début du JT tous les titres en images pour afficher une « une », comme la couverture d'un quotidien, avec le choix des sujets principaux qui seront traités dans le corps de l'édition et un éventuel rappel des titres en fin de journal, pour revenir sur l'info principale de la soirée en ajoutant les dernières images tombées pendant les 30 dernières minutes. Bref, être plus pédagogiques et simplifier la lecture de l'information. Mon apport principal sera la proposition de placer des cartes avant tous les reportages pour tenir le téléspectateur par la main et l'amener en douceur là où nos reporters ont tourné leurs images.

Le lundi 1er avril, nous sommes nombreux, à 10h30, en salle de conférence à Boulogne pour le retour de Poivre, quarante personnes se pressent au premier étage. Le rendez-vous de la « conf » a été avancé d'une demi-heure, tout le monde a envie de voir les visages des protagonistes des luttes d'influence internes qui s'étaient fait jour depuis quatre mois, Gérard Carreyrou, le directeur de l'Information, Robert Namias le rédacteur en chef, et Patrick Poivre d'Arvor le présentateur. Ils se verront dans l'après-midi pour « solder les comptes ». Il n'y aura évidemment pas de nouveautés spectaculaires ce jour-là, tout continue comme avant. Poivre, bronzé et manifestement heureux de revenir parmi nous : « Rien n'est pire que le clinquant ou les réformes claironnées à l'avance. Si les audiences se tassent légèrement, nous faisons quand même la course en tête depuis dix ans. Je dois vous dire que Patrick Le Lay et Etienne Mougeotte adhèrent à ma réflexion qui va dans le sens de reportages fouillés et d'enquêtes plus approfondies. Il ne s'agit pas d'une révolution mais d'accompagner les attentes du public, les évolutions de la chaîne et celles qui me sont propres. Je souhaite encore parler avec vous, avec la rédaction, tous les échelons confondus, les évolutions seront progressives, tant sur le fond que dans la forme. »

Dans la journée, j'ai organisé avec Alain Scemama, le chef d'édition, la fabrication de ces titres en images et des cartes qui seront dès ce soir les prodromes, les premiers signes visibles de la nouvelle formule à l'antenne. Il nous faut inventer des procédures, toute une organisation. Grâce à la Bétacart, une machine qui contient 80 cassettes vidéo, où tous les sujets sont disponibles à la première image en régie, nous allons pouvoir mettre en œuvre la succession des cinq ou six sujets principaux du jour, qui forment la colonne vertébrale de notre journal. Deuxième nouveauté en images ce soir-là, je propose systématiquement mes cartes. Des résistances se font chaque jour en régie, comme à chaque changement, celui-ci tranche avec les habitudes. J'avais défendu par avance cette idée en précisant que la carte serait à l'antenne au moment où Patrick cite le nom des journalistes qui l'ont tourné, ce qui n'est pas l'info essentielle de son plateau pour le téléspectateur, le moment où son visage peut s'effacer sans dommages. Les cartes ne masquent rien, au contraire elles ajoutent une information supplémentaire en image, c'est l'astuce de ma trouvaille. Quelques semaines plus tard, preuve de sa validité, mes cartes seront copiées par toutes les chaînes.

Nous vivons encore aujourd'hui sur l'architecture limpide et lisible que Patrick a proposée et mise en œuvre à ce moment-là, les journaux télévisés de la concurrence se sont alignés, ligne à ligne sur le nôtre. J'adoptai également une réalisation plus nerveuse, envoyant les sujets en *cut*, sans transition, les finissant en fondu quand l'image s'y prête et je privilégiai une lumière chaude et dorée derrière Patrick en régie, oubliant le bleu glacial qui l'avait précédé. En revanche et pour la petite histoire, je m'étonne que les responsables du festival de géographie de Saint-Dié dans les Vosges n'aient jamais pensé à Patrick pour évoquer ensemble notre apport à la vision géographique des Français. Nous avons fait progresser la connaissance des citoyens en matière de départements, de régions ou de villes. Chaque soir, des millions de téléspectateurs se font une meilleure idée de leur pays et du monde. Ce n'est pas la Lune naturellement, juste une dizaine de cartes qui s'affichent chaque soir sur les écrans pour 10 millions de téléspectateurs ; cette petite touche de géographie mériterait un éclairage des professionnels.

Ce soir-là, Patrick arrive souriant en plateau, il porte un costume gris, une chemise bleu foncé et une cravate bleu pétrole ornée d'oiseaux blancs. Serait-ce un clin d'œil à la parabole de la paix ?

« Madame, Messieurs, bonsoir », clin d'œil à son invité ou petit coup de trac, d'habitude il dit « Mesdames » ? Le journal se déroule normalement. Un dossier sur l'épidémie de la vache folle, la réunion des ministres des Quinze à Luxembourg, le G7 à Lille, la piste islamiste après la fusillade de Roubaix, un reportage sur les moines français enlevés en Algérie et une enquête sur la salle des ventes aux enchères de Drouot-Nord à Paris, ce type de reportage proposé par Patrick sera diffusé chaque soir, promet-il. Enfin Carole Bouquet, l'invitée glamour de ce journal pour évoquer l'enfance malheureuse. Un rappel de titres en fin de ce journal, autre nouveauté qui durera 43 minutes, présenté de manière sobre et efficace. À la fin en disant bonsoir, Patrick affûté comme une lame, dira aux téléspectateurs en montrant un poisson exotique en bois peint : « Je vous souhaite à tous une excellente soirée de 1er avril, avec ou sans poisson ! »

Après le journal, il offrira à Carole Bouquet ce poisson bleu que lui a envoyé une lectrice du *Parisien*, rencontrée la semaine précédente lors d'une interview avec un panel de lecteurs du quotidien.

Comme un symbole, cinq mois plus tard le vice-président de TF1, Étienne Mougeotte, déclare dans sa traditionnelle interview de rentrée, livrée au *Figaro*, changer de cap et entamer « la quête de sens » de la première chaîne, un retour aux valeurs fondatrices, un virage éditorial après six ans d'émissions de « télé-réalité » pour retrouver le contact avec tous les publics. À l'information et dans les programmes, c'est le retour aux fondamentaux de la télévision généraliste, dont TF1 est l'emblème historique, informer, cultiver et distraire, l'émotion n'empêche pas la pédagogie, la proximité n'empêche pas les voyages au long cours.

Les risques du métier

TROIS ANS avant le passage à l'an 2000, nous étions quelques-uns dans notre petite équipe à proposer de faire un décompte à partir de mille jours : J -999, ça tombe le 1er avril 1997, faut l'avoir vécu pour y croire mais c'est comme ça ! Malgré tout à partir de ce jour-là, nos journaux télévisés s'ouvriront chaque soir avec le chiffre du nombre de jours restants avant le millénaire, on n'a pas tous les jours l'occasion d'en vivre un. Le dernier en date remonte au Haut Moyen-Âge, visible uniquement dans les incunables de la Bibliothèque nationale, il entraîna dit-on des peurs et des angoisses. Le nôtre sera-t-il une dernière fête de famille ou le phare du nouveau siècle ? On a demandé aux Français à ce moment-là quelle était l'invention qui avait marqué le XXe siècle. La réponse majoritaire à 80 % était la télévision. Et comme un feu d'artifice montrant l'importance de notre JT aux yeux du public, *Le Parisien* à J -21 fait également un sondage sur les émissions télévisées préférées des Français. Le journal télévisé arrive bon premier avec 33 % suivi par « Les Dossiers de l'Écran » deuxième avec 31 %, puis « Cinq Colonnes à la Une » avec 29 %, puis « Des chiffres et des lettres » à 15 %, « Droit de réponse » à 13 % et « Apostrophes » à 12 %, les « Numéros un des Carpentiers » à 8 %, puis « Intervilles » à 5 %. Évidemment ça fait plaisir, le journal télévisé reste le chouchou des Français, devant toutes ces émissions qui ont marqué les mémoires, nous ne travaillons pas pour rien, le socle de notre popularité est solide.

Ces festivités du millénaire, Yves Mourousi qui en avait été l'un des organisateurs, ne les verra pas. Il s'est éteint le 7 avril 1998, ses obsèques ont été célébrées à l'église Saint-Augustin par Monseigneur di Falco en présence d'un millier de personnes. Trois ans auparavant, il était venu souffler les bougies des 20 ans de TF1 sur le plateau de Jean-Pïerre Pernaut, il dira d'abord pour en rire, assis à la place invité à la table du journal : « Tiens vous avez des invités maintenant au 13 heures ! » Nous venions de voir une rétrospective des grandes images de la chaîne depuis sa création, bourrée de moments émouvants ! Aussitôt, il su trouver les mots pour évoquer notre histoire et l'on pu s'apercevoir à cette occasion où une trentaine de journalistes et de collaborateurs étaient groupés sur le plateau autour des deux présentateurs qu'il était d'abord et avant tout un homme de spectacle puisqu'au moment de citer les noms, il pensa surtout à ceux étaient derrière les caméras, pas seulement aux vedettes :

> « À travers toutes ces années et ce documentaire, on s'aperçoit que TF1 a une vraie culture d'entreprise, tout le monde participe, ceux qui parlent, ceux qui montent, ceux qui font les lumières, c'est formidable tout ce travail, je pense à Christian Bernadac, Claude Lagaillarde, Jacky Duthier, un coup de chapeau évidemment à Pierre Géraud et à Marcel Fages... »

J'ai adoré Yves même si je n'ai pas approuvé ses exagérations, il était limite sur tous les plans comme les héros libres mais il poussait le bouchon assez loin, il a trop tiré sur la corde et aurait pu vivre plus longtemps.

*

Le millénaire coïncida avec le boom Internet. Chez nous, dans la rédaction, tout avait commencé avec un seul journaliste dédié à cette nouveauté, Yves Calméjane, devenu par défaut le spécialiste des questions du Web, du réseau, de la Toile, d'Internet enfin toutes ces choses un peu bizarres que les journalistes regardaient avec suspicion. Puis au bout d'un an, un petit service de trois personnes fut mis en place pour créer un site de la chaîne, loin de la rédaction dans l'aile Nord. Internet restait encore le petit garçon qui s'amuse dans son coin et que l'on met au piquet. J'y ai organisé, avec les trois jeunes gens pleins d'enthousiasme qui s'en occupaient, le tout premier « chat » de l'histoire de TF1 avec Patrick Poivre d'Arvor. Un informaticien était dans le bureau de Patrick au deuxième étage vers 17 h pour l'aider à répondre aux questions souvent amusantes des internautes. Ce jour-là, l'audience du site de TF1 explosa et les personnes branchées passèrent de 200 à 2000 en quelques secondes. Le monde de l'Internet avait ses lois et ses coutumes.

Quand Anne Sinclair deviendra « Madame Internet » à TF1, fédérant quelques énergies dans un bâtiment annexe du quartier, au coin de la rue de « l'arroseur arrosé », elle répondit à des interviews en disant qu'elle était « plutôt Mac que PC », on la comprend et je l'approuve, mais nos patrons avaient des idées de développement beaucoup plus considérables. En moins de trois ans, Internet devint une filiale commerciale de TF1. La force de frappe maison fut adaptée à cette nouvelle technologie pour créer un site riche et puissant, puis une société à part entière, puis une organisation industrielle le menant à la première place des sites de médias avec des millions de consultations quotidiennes, on peut y voir le journal télévisé quelques minutes après sa diffusion. C'est le moment choisi par *Stratégies* pour publier un sondage comparant les journaux de TF1 et de France 2 sous le titre « Pourquoi le JT de TF1 cartonne ». Extraits : « Ce qu'apprécient les Français dans le 20 heures de TF1 c'est la clarté (15 % de plus qu'à France 2), sa capacité à proposer les meilleurs reportages (+16 %), l'intérêt des informations (+13 %), la diversité des sujets (+19 %). Quant au traitement des événements à chaud et ses présentateurs, c'est un plébiscite, plus 27 % par rapport à la Deux. Enfin et c'est un point d'importance pour la déontologie journalistique, TF1 est également déclarée la plus indépendante politiquement, dix points de plus que France 2. »

*

Le temps est nuageux ce matin-là, grisâtre sans être pluvieux, la température encore estivale. Comme souvent à la fin des beaux jours, les Parisiens ont du mal à s'y remettre, assoupis, comme anesthésiés, il faut reprendre ses habitudes. Parti il y a dix minutes en scooter de Neuilly, Patrick a peu dormi, il arrive à 11 h à la Maison de la Radio où il va enregistrer « Vol de Nuit ». Après deux mois de vacances, cette émission est consacrée aux romans de la rentrée, plus de 600 ouvrages, les dernières listes des prix littéraires sont maintenant officialisées. Passé la barrière rouge et blanche, il cherche un emplacement et gare son engin sur le parking le long de la rue du Ranelagh, à côté de dizaines de motos et de véhicules garés à la diable, problème récurrent, la place a toujours manqué autour de la maison ronde.

Il grimpe la dizaine de marches extérieures et passe l'entrée F où souvent stationnent de gros cars de direct et se dirige vers le studio 102 après avoir tourné à droite, arpentant un long couloir rectiligne avant de déboucher sur un bar cosy où l'attendent ses invités du jour. Il salue le réalisateur et notre assistante qui ont mis en place les caméras et le décor, et la petite l'équipe d'Editel, la boîte de production d'Anne Barrère, la fille d'Igor qui a repris le flambeau et s'occupe de la communication de Bernadette Chirac en produisant l'opération « pièces jaunes ». Depuis trois ans, Patrick assure cette émission bénévolement, seule façon de continuer à la maintenir en vie. Deux heures plus tard, Poivre et ses auteurs se dirigent vers le bar pour une petite collation, il enregistre deux émissions le même jour. Ballet d'écrivains, Amélie Nothomb croise Marie Darrieussecq, les deux femmes animent la chronique de cette rentrée littéraire.

À Boulogne, à trois kilomètres de là, Jean-Pïerre Pernaut ouvre son journal comme tous les jours par la formule rituelle : « D'abord un petit coup d'œil sur la météo… » Le premier reportage est consacré à l'incendie de Martigues qui a ravagé 200 hectares, une demi-heure plus tard Dominique Thouars referme ce journal par un reportage sur un luthier du Maine et Loire appliquant la technique des grands maîtres italiens, une des séries du 13 heures qui durent une semaine avec un sujet par jour, assurant la renommée et l'intérêt de ce journal, reportages sur le temps qui passe, les métiers disparus, la vie rude des paysans, des artisans, des petits commerçants, des bergers, montagnards, pêcheurs, agriculteurs, vignerons avec amour et tendresse, catalogue d'innombrables petites aventures individuelles et collectives, de paysages somptueux où tous les protagonistes sont simples et vrais. Ces milliers de fenêtres ouvertes sur la vie et les traditions régionales resteront comme une saga, une œuvre éternelle, celle du passage de la France rurale à la France urbaine. Jean-Pierre est devenu le mémorialiste de nos régions et de la ruralité, le fond même de l'identité de la France décrite avec énergie, érudition et talent par Georges Duby et Fernand Braudel. Évidemment, l'intelligentsia parisienne se gausse de ce journal de « ploucs » à la limite poujado. Qu'ils relisent l'Histoire de France des *Annales* pour voir comment la vie paysanne a modelé notre pays, forgé ses habitudes et sa mémoire tout au long de ses 2000 ans d'Histoire.

Il est 13h36, la régie finale a repris l'antenne, « Les feux de l'amour » ne vont pas tarder, Evelyne Dheliat a pris place devant son fond bleu, les techniciens du plateau ont retourné les caméras, dans quelques instants elle sera en direct. Dix minutes plus tard, toute l'équipe se dirige vers la cantine située au cœur du bâtiment, au rez-de-chaussée. Jean-Pierre Pernaut déjeune le plus souvent à Boulogne de manière très conviviale en compagnie de ses rédacteurs en chef ou des journalistes de passage. L'esprit Cognacq-Jay perdure avec lui, Jean-Pierre n'est pas un héros de roman, plutôt un copain de chambrée. Une heure plus tard à 14h45, Patrick vient de terminer son enregistrement et se dirige vers le bar en compagnie d'Anne Barrère où un poste allumé montre l'image d'une tour en feu à New York. Patrick a plusieurs messages sur son portable, dont un de Fanny Schwarcfeld : « il s'est produit une grosse catastrophe, reviens vite, on fait une mise en place pour prendre l'antenne aussitôt ». Il court à son scooter, heureusement entre la Maison de la Radio et TF1 il faut moins de dix minutes par l'avenue de Versailles, la porte Saint-Cloud et le carrefour de la salle Pierre de Coubertin ; il se félicite une fois de plus d'être resté fidèle au deux-roues, en voiture il aurait perdu un quart d'heure.

Je viens de brancher France Info, j'entends le flash sur l'avion qui a percuté le World Trade Center à New-York.

D'instinct, je fonce à la voiture, sans attendre le reste des infos, je n'ai jamais été aussi vite à Boulogne, grillant un nombre incalculable de feux rouges. LCI, notre chaîne d'info en continu, vient d'ouvrir son antenne à un direct en continu pour montrer cet accident dramatique et diffuser les premières images en boucle de cette catastrophe non seulement spectaculaire mais impensable en plein cœur de Manhattan : il se passe quelque chose mais quoi ? Nous sommes le mardi 11 septembre 2001, aux États-Unis il est 10 h du matin. Un quart d'heure plus tard, un deuxième avion percute la seconde tour. L'info nous tomba dessus par surprise, comme l'assassinat de Kennedy pour Jacques Sallebert. La tragédie antique de Maurice Seveno se reproduit à l'identique. Mais cette fois-ci les satellites nous offrent le terrorisme à l'œil nu, filmé en direct par les propres caméras de la victime. Le petit film amateur sur l'assassinat de Kennedy ne montrait pas grand-chose, trente-huit ans plus tard les moyens modernes de la télévision vont stupéfier la planète entière en temps réel.

Tout le personnel est en régie avec Robert Namias, Patrick est déjà en plateau, j'arrive en régie, nous avons prévu de prendre l'antenne dans quelques minutes. À 15 h 40, le deuxième avion s'est écrasé sur le Pentagone, à 16 h 05 une des tours s'écrase. Les gens sont pris au piège dans la seconde tour, certains sautent dans le vide plutôt que de mourir brûlés ou asphyxiés. Une minute plus tard, un quatrième avion s'écrase en Pennsylvanie. Trois quarts d'heure plus tard, c'est la seconde tour qui s'effondre. La force de la télévision d'aujourd'hui tient à ces moments historiques, pour la première fois tout est vécu en temps réel, le terrorisme se passe devant nos yeux. Je passe à l'antenne les sauts dans le vide, l'effondrement des tours, les premières images du troisième avion sur le Pentagone, le quatrième avion en Pennsylvanie, puis les jours suivants, minute par minute, la chronique d'un désastre universel, terroriste et planétaire. Si l'événement lui-même nous stupéfie, nous sommes rodés au déroulement de l'information en total direct et les moyens techniques suivent le rythme. Dès 20 h, il s'agira de relater l'ensemble de cette journée qui continue, des heures pas comme les autres marquant, nous l'avons senti tout de suite, un saut dans le XXIe siècle, une entrée en matière pleine de bruit de fureur et d'images hyper spectaculaires, la télévision aura un grand rôle à jouer. Tous les envoyés spéciaux de TF1 dans le monde sont mis à contribution.

David Pujadas, qui vient de faire ses débuts à France 2 comme présentateur du 20 heures, étonnera ses confrères de la Deux par un savoir-faire appris chez nous. Il vient de LCI où il a mis en œuvre le style d'information en continu. Science-Po et CFJ, cursus classique, il est à TF1 après avoir gagné un concours de reportage ; il couvrira la Roumanie en 89, la guerre du Golfe en 91, le siège de Sarajevo en 92 et fera régulièrement des reportages pour « Le Droit de Savoir » avant de présenter le « Grand journal sur LCI ». Choisi précisément par les responsables de la Deux en remplacement de Claude Serillon parce qu'il est censé connaître nos méthodes. D'ailleurs chassez le naturel il revient au galop, pris dans le feu de l'action après de nombreuses heures passées en direct à l'antenne, il dira en conclusion sur le plateau de France 2 : « L'information continue sur LCI ! »

Après quatre heures de direct en continu, Patrick Poivre d'Arvor reprend l'antenne dès 20 heures. En cette première journée, nous avons eu à peine une heure pour préparer un journal qui sera moitié journal moitié direct, rétrospective de la journée et mise à jour permanente. Nous inventons sur le tas, différemment de la guerre du Golfe où tout était planifié des semaines à l'avance, ce jour-là l'événement vient de se produire cinq heures plus tôt. Dès le générique les images sont stupéfiantes, les deux avions percutent les tours en feu sous plusieurs angles, accompagnés d'une gerbe de flammes, puis les séquences de panique à New York, les témoignages tombés sur les télévisions américaines, l'histoire du troisième avion écrasé sur le Pentagone à Washington, encore très peu d'informations à cette heure-là sur le sort du quatrième avion tombé loin en Pennsylvanie. Gilles Bouleau est en direct depuis Londres où il montre l'évacuation de la Bourse à la City et la déclaration de Kofi Annan, secrétaire général de l'ONU.

Une heure plus tard, il est temps de faire une pause et de remonter le temps pour ceux qui ont manqué le début. Il est 21 h, nouveau journal dans le journal qui ne s'arrête pas, évidemment. À nouveau film de la journée, Maurice Olivari en direct depuis Rome, Bertrand Aguirre depuis Jérusalem, toutes les réactions enregistrées dans les pays arabes où la foule palestinienne a applaudi l'attentat dans les rues de Gaza. Bernard Volker est en plateau avec Poivre avec Jean-Marc Sylvestre, nous passons les toutes premières images de Pittsburgh où l'on voit une carcasse d'avion. Alex Panzani, notre correspondant de Marseille en vacances à Ottawa, nous envoie les premières réactions recueillies au Canada. Jacques Chirac s'exprime en direct, Françoise-Marie Morel est en direct depuis Moscou, Loïck Berrou en direct depuis Manhattan mais de l'autre côté de l'East River d'où l'on voit la fumée considérable qui s'échappe du centre-ville, car c'est l'après-midi à New York. Sylvie Pinatel a suffisamment d'infos pour nous raconter maintenant l'histoire du quatrième avion grâce aux images en provenance de Pittsburgh. Patrick peut rendre l'antenne quelques minutes pour donner le temps à Claire Chazal de s'installer en studio.

Aucune contrainte horaire pendant dix jours, c'est notre chance d'avoir un journaliste comme Étienne Mougeotte à la présidence de la chaîne. À cette occasion fut créé dans la rédaction ce que nous appelons « l'envoyé spécial au magnéto » : un journaliste chargé, au milieu du flot énorme d'images arrivées de tous les pays du monde, de composer un sujet avec les images du jour dans leur chronologie. Tout le monde « s'arracha », Sylvie Pinatel et Jean-Pierre Ferret furent nos observateurs quotidiens, nos vigies, nos boussoles pour la confection de ces sujets indispensables.

Six jours plus tard, le 17 septembre, Patrick Poivre d'Arvor et Jean-Pierre Pernaut se rendent à New York pour des journaux en direct. Pendant dix jours, nous avons tenu l'antenne plus d'une heure, multipliant les points de vue, les angles et les témoignages, rares au début, dans les premiers jours, jamais il n'y eut un tel silence religieux en régie, les sujets duraient de deux à cinq minutes. Deux mois après cette tragédie, Patrick participe au Marathon de New York exceptionnellement organisé en hommage aux 3 000 victimes du terrorisme dont les pompiers de la ville ; il portait un tee-shirt avec le numéro 7583, réalisant un temps tout à fait honorable en environ quatre heures, avec un groupe de salariés de TF1. À son retour, il ne tarissait pas d'éloges : « C'est incroyable, c'est n'est pas seulement un marathon, c'est aussi un spectacle et d'abord une promenade, à chaque carrefour des orchestres jouent de la musique, partout des animations, les passants et spectateurs ont été incroyablement gentils avec nous car nous sommes venus ici à New York, ville martyre, et pour cela seul, nous méritons un grand respect à leurs yeux. » Quelques semaines plus tard, Gilles Amado et l'un des chroniqueurs de « Vol de Nuit » tourneront un film aux États-Unis, sur les écrivains américains face au 11 septembre. Avec notamment une émouvante et très belle et interview d'Henry Miller. Il parrainera leur film en le présentant à l'antenne.

*

À la présidentielle de 2002, la surprise viendra de la qualification pour le second tour de Jean-Marie Le Pen. Dès l'annonce de nos instituts de sondage, une heure avant le début de la soirée électorale à 20 h, il a fallu changer tout notre dispositif mais le dirigeant du Front national a été surpris lui aussi et doit improviser une posture et un discours dans un registre de finaliste auquel il n'était pas habitué. Depuis un an, les reportages sur l'insécurité s'étaient multipliés sur les antennes françaises, radios et télévisions. TF1 étant la chaîne la plus puissante, elle fut accusée d'en avoir trop fait, ce qui aurait favorisé la montée du Front national. Poivre n'est absolument pas d'accord avec ce jugement, il le dit dans *Le Nouvel Observateur* : « Je reçois près de 1 000 lettres par semaine. Ce que nous disent la plupart des gens, c'est que nous n'en faisons pas assez. Ils sont persuadés que nous avons des consignes, que nous sommes tenus par le gouvernement… » Pour Poivre, le pouvoir en place a toujours le même réflexe, celui de la mainmise ou du soupçon. « Il y a quelques années, le gouvernement nous en a voulu de trop parler du chômage. En 1995, sous Juppé, on montrait trop les grévistes. Aujourd'hui, on nous dit que nous avons fait peur à la France. Mais ce n'est pas moi qui ai inventé le 11 septembre, ce n'est pas moi qui ai fabriqué ces images de gendarmes et de policiers manifestants et repoussés par des CRS, ce n'est pas moi qui ai créé Richard Durn ou ce père de famille poignardé à Evreux. » Pour

Patrick, si l'on n'avait pas parlé de tous ces événements, l'extrême-droite n'aurait pas fait 20 % mais le double, parce qu'on aurait parlé d'« omerta médiatique ». « Et puis j'en ai marre d'être convoqué régulièrement devant les tribunaux populaires de la presse écrite. À TF1, tous les journalistes ont, comme moi, le sentiment d'avoir bien fait leur métier. »

Entre les deux tours, l'ensemble des partis politiques appelle à voter Chirac, presque sans états d'âme, l'heure est à la défense de la République. Le 1er mai, Patrick Poivre d'Arvor reçoit le chef de l'État et candidat, au siège de la chaîne à Boulogne. De mémoire, il me semble qu'aucun président de la République en exercice n'était venu sur le plateau du journal télévisé. Patrick tint à marquer ce moment solennel :

> « Avec nous comme promis Jacques Chirac, Monsieur le président bonsoir… On a bien vu les cortèges impressionnants du 1er mai, plus d'un million et demi de manifestants dans les rues en France et paradoxalement tous les gens qui étaient là vont voter pour vous sans trop vous aimer.
>
> — La France, les Français ont réagi avec fermeté et dignité.
>
> — Pourquoi vos amis n'étaient pas dans les rues ?
>
> — Ces manifestants représentent l'ensemble de la France.
>
> — Ils étaient essentiellement de la gauche quand même.
>
> — N'essayez pas de donner des interprétations politiciennes, tous les jeunes ont manifesté avec spontanéité, enthousiasme et détermination. »

Le résultat donnera une victoire « à la soviétique », Jacques Chirac est réélu avec 82 % des voix. Tous les citoyens espèrent un gouvernement à la hauteur de la mobilisation du pays, une unité de tous les Français pour une France meilleure, plus juste et plus efficace. Le lendemain, comme tous les lundis qui suivent une soirée électorale, la pression est forte et le travail considérable, tout se bouscule. Il se trouve que l'assistante de Patrick a considéré cet après-midi-là que les sujets politiques étaient trop sensibles, les laissant en jachère ! J'apprends le pot aux roses à 19 h 15, les dix premiers lancements du journal ne sont pas prêts ! Sans rien dire à personne, je m'attelle à cette tâche urgentissime et livre à Patrick sans évoquer cette question l'ensemble des renseignements utiles qui lui permettront de dicter son journal dans le confort. Nous avons en commun Patrick et moi l'amour de la politique et du sport, nos jardins secrets. Toutes ses assistantes chargées des éléments éditoriaux et autres détails qu'il faut collationner dans la journée sont des journalistes féminines, souvent peu attirées par les événements sportifs. Sur ce chapitre nous sommes à l'unisson, aucun match, résultat ou personnalité ne nous échappe. À quelques minutes du journal, j'active les réseaux, les filles, malgré leur entrée récente dans l'arène sportive sont moins férues que nous sur ces questions.

Deuxième dégât collatéral de la qualification de Jean-Marie Le Pen : la prise de parole surprenante de Lionel Jospin jusque-là favori pour remporter l'élection face à Jacques Chirac. Le 21 avril 2002, le candidat socialiste se retrouve en troisième position derrière Jacques Chirac et Jean-Marie Le Pen. Il déclare : « J'assume pleinement les responsabilités de l'échec et j'en tire les conclusions en me retirant de la vie politique après la fin de l'élection présidentielle. »

Poivre évoque tout de suite avec nous une attitude « de haute volée, estimable ». Pour une fois, je ne suis absolument pas d'accord avec lui et trouve cela désolant, un manque de flair politique, une désertion en rase campagne qui laisse ses petits camarades démunis pour se débrouiller tout seuls. Napoléon à Waterloo envoya la garde. D'ailleurs j'imagine que Jospin a dû regretter son discours, rien qu'à voir ses pathétiques tentatives pour revenir sur le devant de la scène en se prévalant d'être un simple militant de la section du 18e arrondissement !

*

Le Traité sur la Constitution européenne s'invite au débat en 2005 et la France va rejouer une nouvelle fois sa pièce favorite, « l'exception française » : un bon gros référendum, pleins de clivages et de sous-entendus politiciens, permettant aux extrêmes populistes de s'inviter à la fête. Jacques Chirac après sa dissolution incongrue nous refait le coup de l'appel au peuple, treize ans après Maastricht qui fut très difficilement gagné par Mitterrand par seulement 417 000 petites voix d'écart et une campagne à couper au couteau. Cette année-là, invité au 20 heures de Poivre et interrogé sur le choix de sa réponse à ce référendum, Jacques Chirac ne déçoit jamais à la télévision, il répondra : « Il faut voter non, euh… oui. »

Un lapsus totalement révélateur, soulevant le voile sur le fond de sa pensée, une incidente que personne n'a remarquée, qu'aucun journaliste n'a évoquée ni notée.

En 2005, rebelote, cette décision était une folie pour un Traité très technique et fédéraliste et Chirac n'a pas l'habileté tacticienne de Mitterrand malgré ses victoires de campagnes électorales, surtout il mettait la gauche en première ligne et prenait une décision étrange qui plongea notre pays et l'Europe dans le chaos, bravo l'artiste de la politique ! Il n'intervient pas souvent mais quand il prend une décision, ça fait du bruit dans les chaumières. La bataille se profile comme sanglante. Après la directive Bolkestein, l'histoire du plombier polonais et le plan B, ce sera l'émission avec Jacques Chirac dans la salle des fêtes de l'Élysée où le questionnement incisif des jeunes a désarçonné le président qui lâcha à la fin de l'émission : « Je ne comprends pas… »

Quelques jours plus tard, le journal démarre sans nous ! La hâte du chronomètre, du tout dernier moment, nous a joué un tour à Patrick et à moi. Mon assistant-réalisateur, seul garçon dans un univers de filles, avait oublié de nous prévenir deux minutes avant l'antenne. Nous étions dans la salle de fabrication, attenante à la régie et au plateau, quand j'entends la musique martiale du générique ! Je cours en régie à ma place, comment cela est-il possible, puisque justement je suis là pour donner le départ avec le chef de production ! Ce soir-là il réalisait sa première prestation et n'avait pas osé prévenir la régie finale que nous étions en route mais pas encore arrivés à nos places.

Le sort s'acharna contre nous ce soir-là car lorsque je passais enfin l'image de Patrick à l'antenne au bout de quelques millisecondes d'éternité, la cadreuse, spécialiste des lenteurs et des inattentions, fit évidemment le point sur Patrick juste au moment où il apparaissait à l'image, bévue grossière dans ces circonstances exceptionnelles. Voilà c'est arrivé une fois en vingt ans, bonne leçon, dorénavant je m'occupe de nos dernières minutes ; comme d'habitude : tout faire soi-même.

Caritatif

PATRICK est maintenant un personnage de l'actualité. Lorsqu'il reçoit le prix Interallié, on le voit souriant, son livre à la main au 13 heures de JPP. « L'ami Jean-Pierre » offre les félicitations de toute la rédaction et donne rendez-vous aux téléspectateurs à 20 heures, où ils retrouveront l'auteur-présentateur. Poivre est également dans les images d'actualité du jour. Le 22 janvier 2005, presque un mois après le tsunami, une conférence exceptionnelle des ministres européens de l'Éducation est réunie à Paris pour coordonner l'aide scolaire aux pays du Sud-Est asiatique. Quelques images sont diffusées dans le 20 heures de Claire Chazal, un programme engagé par l'Unicef pour la reconstruction d'écoles. Patrick étant ambassadeur de cette organisation caritative, on le voit dans la « photo de famille » où posent tous les participants devisant avec son voisin, le footballeur Bernard Lama, ancien gardien de but de l'équipe de France. Quatre jours plus tard, Patrick apparaît naturellement dans des images diffusées dans le journal de Jean-Pierre Pernaut; des portraits géants de Florence Aubenas et Hussein Hanoun disparus en Irak depuis le 5 janvier ont été accrochés place de la République en présence de plusieurs centaines de personnes. Une initiative de Reporters Sans Frontières, l'organisation de Robert Ménard qui vise à intensifier la mobilisation pour leur libération, on voit Mohamed Al Joundi, chauffeur syrien des otages, Patrick écoute le discours de Serge July.

Mariant son goût pour la course à pied et son statut de vedette, Patrick portera la flamme olympique des jeux d'Athènes. Le flambeau traverse la capitale le 25 mai 2006. Claire Chazal lance le sujet où l'on voit David Douillet descendre en rappel sur la pelouse du stade de France, Marie-José Pérec trottinant dans Paris sous les applaudissements et Patrick Poivre d'Arvor courant place de l'Opéra, la flamme à la main, puis Alain Mimoun, notre médaillé d'or du marathon de 1956 à Melbourne, le sujet se termine sur un passage de témoin symbolique entre une jeune fille israélienne et un jeune Palestinien. Et Patrick sera évidemment à l'antenne pour l'inauguration de la Maison de Solenn, la maison des adolescents inaugurée le 17 novembre 2004 par Bernadette Chirac, présidente de la Fondation des Hôpitaux de Paris. C'est la première structure destinée à accueillir les adolescents entre 12 et 19 ans souffrant de pathologies destructrices, située dans l'enceinte de l'hôpital Cochin, elle sera baptisée du nom de Solenn, la fille de Patrick disparue tragiquement et financée par les pièces jaunes. Patrick y consacrera ses économies. Il lancera le sujet au 20 heures, ému et tendu, on entendra le professeur Marcel Rufo, l'animateur de cette structure médicale. Le don, l'engagement, la compassion. Patrick a écrit récemment un livre où il décrit par le menu ses engagements, notamment aux côtés de l'Unicef, RSF, des associations comme Marilou, Action innocence, l'APEV ou Rêves de gosses et bien sûr pour La Maison de Solenn. Cela venait de loin.

À Antenne 2 au début des années 80, il avait animé « À Nous deux », une émission de société du samedi en compagnie de Jacqueline Alexandre, où des gens de la société civile exposaient leurs problèmes ; la proximité n'était pas encore inventée, mais l'émission y ressemblait fortement.

« À nous Deux » m'a beaucoup aidé à savoir ce que les Français vivent au quotidien. Aujourd'hui, je comprends mieux les téléspectateurs. Le public m'a pris pour un saint-bernard parce que je rendais service. En retour, les téléspectateurs m'ont beaucoup enrichi.

— Tu reçois beaucoup de courrier, aujourd'hui ?

— Je reçois des milliers de lettres, certains témoignages poignants me permettent d'initier des reportages afin de parler de ces souffrances. Nous parlons très souvent à des personnes seules qui nous prennent effectivement sous leur aile, et pour lesquelles on devient l'ami à notre corps défendant.

— Et puis il y a l'impact de l'image du journal.

— Très récemment j'ai reçu la lettre d'une dame dont le mari est mort dans un accident d'avion, une lettre très émouvante, où elle me disait « c'est lorsque je regardais votre journal que j'ai appris cet accident et je ne savais pas que c'était l'avion que pilotait mon mari ». Lorsqu'on a touché les gens à ce point, nous sommes redevables d'un service. »

Les causes humanitaires et les occasions d'être utiles n'ont pas manqué dans les années 80 où Patrick et les équipes de la Deux trouveront amplement matière à témoigner. Au moment de partir en Malaisie pour évoquer l'arrivée des *boat-people* vietnamiens, l'Unicef venait de publier une étude montant que 20 millions d'Africains étaient menacés de la famine à cause de la sécheresse et des conflits armés. La BBC avait réalisé plusieurs reportages sur l'Ouganda, ce pays anglophone dirigé par le tyran

Idi Amin Dada. Le lendemain, Patrick change de cap et décide de partir en Afrique accompagné de deux équipes conduites par Maurice Werther et Philippe Gassot. Ils restent une semaine, prennent des risques et se retrouvent à Maputo où Patrick enregistre son journal afin de témoigner de la misère et de protester contre la famine qui sévissait dans ce pays. Ses reportages sont vus en France et auront un impact puisque le mercredi suivant, répondant à une question lors d'une conférence de presse, le président Valéry Giscard d'Estaing décidera d'envoyer sur place deux Transals de l'armée française avec des sacs de blé et du lait en poudre. Patrick a eu le sentiment d'accomplir une œuvre utile.

Dans les semaines qui suivent, il se rend au Salvador et dans les camps de réfugiés cambodgiens où il témoigne de la barbarie des Khmers rouges, de la tragédie vécue par les Cambodgiens et de la pauvreté des populations locales déplacées. On voit Patrick interrogeant femmes et enfants démunis.

« Et ces enfants que l'on voit ici, demande-t-il à une jeune Cambodgienne, ils sont condamnés à être des réfugiés à perpétuité... »

En novembre 1980, en Italie, un violent tremblement de terre de l'Irpinia, de magnitude 6,9 sur l'échelle de Richter avec une réplique presque aussitôt, le tout ayant duré une minute trente, dévaste tout dans la région de l'Ombrie, sur la côte de la mer Ionienne. Patrick Poivre d'Arvor se rend aussitôt sur place comme envoyé spécial pour Antenne 2 avec deux équipes de tournage. Le 26 novembre *La Republica* le grand quotidien italien, titre : « Il y a plus de 3 000 morts, pour les vivants l'aide manque ». Le lendemain soir, Patrick annonce sur Antenne 2 plus de 200 000 réfugiés. Ils arrivent avant les secours en pleine nuit à Eboli, petit village sinistré. Que devaient-ils faire, filmer ou porter secours à des gens ensevelis, encore vivants ? À un moment donné, on leur demande de prêter la torche de l'éclairagiste pour tenter de repérer des blessés. La première réaction du cameraman fut de refuser, il voulait poursuivre son travail. Mais ils se ravisent aussitôt, les villageois ont ainsi pu extraire plus vite un petit garçon des décombres. « Je me souviens encore de son pauvre sourire et de son prénom, Alfredo. » Cette mobilisation des pays riverains permet d'obtenir des dons en Italie et surtout les sinistrés n'oublieront jamais cette aide et ceux qui vinrent leur porter secours, comme Patrick, les appelant *gli angeli del terremoto*, les anges du tremblement de terre. Le tremblement de terre fera plus de 8 700 morts, 9 000 blessés et des centaines de milliers de sans-abri.

Seize ans plus tard, un nouveau tremblement de terre se produit dans la même région, à Assise en Ombrie, cette ville pittoresque aux ruelles étroites où la basilique Saint-François, contenant les restes de Saint François d'Assise, a été construite au XIIIe siècle. Deux églises superposées où les peintures de Cimabue et du Giotto ont été abîmées à la suite d'un effondrement dont nous montrons les images spectaculaires. Maurice Olivari, notre correspondant en Italie depuis plus de 20 ans, se rend sur place et nous envoie ses reportages. Montrant notamment le village de Laviato, presque entièrement détruit en 1980 et maintenant complètement restauré, juste à côté de celui où s'était rendu Patrick qui nous le rappelle ce jour-là en conférence. « C'était terrible, il n'y avait plus aucune maison debout, les gens vivaient dehors, une église s'était effondrée sur les fidèles, le matériel des équipes de secours était insuffisant, ils n'avaient rien, nous avons servi à quelque chose. »

Peu de gens le savent même s'ils le devinent, Poivre est profondément humain, c'est un vrai gentil, toujours prêt à rendre service même si comme toutes les vedettes il est sollicité de partout, généreux et sentimental même s'il a un grand besoin d'être entouré. Récemment, il aura un geste de sympathie pour soutenir une association montée par deux de mes assistantes, Murielle Maricourt et Myriam Bourgarel, qui avaient créé un DVD, *S'il te plaît dis-moi*, à destination des sourds, muets et malentendants, réalisé avec des intermittents du spectacle. Le compagnon de Myriam, opérateur *steadycam*, projetait un pilote 52 minutes. Sans budget, ils contactent la comédienne sourde et malentendante Emmanuel Laborit qui accepte d'être la marraine de l'opération. En 2003, un après-midi, elles attendent Patrick à la fin de la conférence de rédaction et lui expliquent leur projet, une idée originale, il n'existe aucun produit identique en France. Grâce au parrainage de Patrick, elles bénéficient de l'aide technique de TF1 et d'un reportage d'Audrey Crespo-Mara, passé en décembre. Une première au journal télévisé. Ce DVD qui contient un conte classique, une recette de cuisine, une visite du Muséum national d'histoire naturelle, une explication des règles d'un jeu de société, le tout en langage des signes est sous-titré en français.

Depuis longtemps, Patrick avait demandé un projet de sous-titrage du journal. La difficulté était évidemment qu'il n'y avait aucun script à l'avance et que les propos naissent de manière imprévisible, donc la réalisation de ce projet n'avait pas aboutie. L'arrivée du numérique va faciliter ce projet mais il aura fallu l'audace et le courage de jeunes gens déterminés pour que les choses bougent. Le lundi 2 avril 2007, Patrick peut lancer son journal en disant :

« Bienvenue à nos téléspectateurs sourds et malentendants. À partir de ce lundi, tous les journaux de TF1 seront sous-titrés pour eux. »

Depuis au début de chaque journal, après les titres, je passe un bandeau en bas du cadre pour prévenir le public. Pendant la campagne présidentielle, à la conférence de rédaction, Patrick nous dira : « À propos du sous-titrage, j'ai reçu beaucoup de lettres de sourds et malentendants qui insistent pour que le journal soit sous-titré. On me soutenait que c'était difficile. Eh bien, c'est possible et je tenais à remercier nos deux assistantes qui ont beaucoup travaillé pour que le sous-titrage arrive sur nos antennes avec un projet magnifique. »

Et maintenant…

NICOLAS SARKOZY est à l'ONU et en préparant le journal, je peux regarder son discours sur l'environnement à l'assemblée générale à New York dans notre salle de fabrication où une douzaine d'écrans avec toutes les chaînes d'information en continu voient surgir en même temps le président français en tous lieux du monde. Toutes les images se ressemblent, montrant son gros plan, avec une indication « en direct », des informations diverses tournantes en bas du cadre. Certaines font assaut de pertinence : LCI, par exemple, suit minute par minute le contenu du discours, affichant en bas du cadre quelques mots expliquant les grands chapitres pour en faciliter l'écoute. C'est de l'AFP en direct. Mais l'image est la même, moins ces informations, sur BFM, sur I-Télé, sur France 24, mais aussi sur CNN et même sur Al Jezira. Tous les téléspectateurs dans le monde voient la même chose. Je n'ai pas eu le temps de contrôler Sky News, la chaîne britannique, mais probablement qu'ils font de même.

C'est la mondialisation de la télévision et de l'information. La radio et la télévision sont à nouveau face à face, Internet en embuscade. Mais il faudra des décennies au réseau mondial pour imposer une crédibilité, aujourd'hui il est un peu comme le journal de nos pionniers. Beaucoup d'enthousiasme mais encore pas mal d'approximations.

Rien n'est joué entre radio et télévision, la télé ayant réussi à aller aussi vite, le match continue, nous sommes à la mi-temps, la télévision a l'image en plus qui ajoute une touche de notoriété à ses présentateurs. À l'antenne, Poivre a été confronté à cette accélération : « Nous vivons quasiment au temps de l'instantanéité. Un événement télévisé oblige les responsables à réagir en direct sans recul alors qu'ils devraient prendre leur temps. On les pousse à répondre vite, on les soupçonne quand leur réaction se fait attendre. On est soumis au règne des « petites phrases », de la surenchère, de l'immédiateté, de l'absence de réflexion. »

Aujourd'hui en 2008, les schémas de consommation ont explosé. Les jeunes veulent à tout instant savoir combien de buts ont été marqués, quel temps il fait, le cours de bourse ou les embouteillages. De nouveaux marchés ont été repérés pour satisfaire ces consommateurs d'information compulsifs. La situation ressemble à l'époque où furent lancées les premières chaînes câblées ou par satellite. On prédisait le déclin des chaînes généralistes, les articles de presse chroniquaient une mort annoncée. Dix ans plus tard, au moment de la guerre du Golfe, on s'est aperçu que rien ne pouvait remplacer les grands journaux des chaînes télévisés. Puis vint la TNT, la télévision numérique terrestre, diffusant de nouvelles chaînes. Mais force fut de constater que pendant la campagne électorale présidentielle, jamais les trois grandes chaînes et nos journaux télévisés et émissions politiques n'ont autant cartonné. Le combat national pour l'Élysée a provoqué des records d'audience à TF1 depuis l'invention de Médiamétrie.

Maintenant c'est un autre refrain, entonné en chœur par les boursiers qui ne croient pas aux médias nationaux. Ils estiment que TF1 ne se développe pas à l'étranger. Pourtant les chaînes sont nationales, les fictions sont nationales, l'information également, quant aux sports les gens de chaque pays ne s'intéressent qu'à leurs équipes nationales, les variétés n'en parlons même pas. Qui connaît des chanteurs allemands ou néerlandais, italiens ou russes ? La télévision est essentiellement une affaire nationale. Par ailleurs, ces boursiers sont de fervents adeptes des nouvelles technologies. Armés de leurs portables, Blackberry, ordinateurs personnels et autres gadgets, ils claironnent depuis quelques mois un nouveau refrain. TF1 n'est pas adapté aux nouveaux réseaux. Selon eux, tout le monde va suivre la télévision sur Internet ou le téléphone portable. Il faut s'adapter ou décliner. Heureusement, TF1 possède toujours ce que nous appelons « la prime au leader », notamment en matière d'investissements publicitaires, les jeunes vont consommer la télévision différemment et il ne faut pas perdre le contact. Mais cette niche reste jeune et individualisée. L'ordinateur n'est pas un élément collectif, il n'est pas familial, toute cette technologie innovante reste du domaine des offres complémentaires, comme le sont devenus les chaînes satellites ou la TNT. Que je sache, Canal Plus même en clair n'a jamais fait exploser l'audimat, elle reste une petite chaîne de complément. Une chaîne satellite n'a jamais approché, même de très loin, l'impact de n'importe quelle généraliste. Elles font cent fois moins d'audience. À l'instar de l'information en continu, aujourd'hui presque six chaînes d'info 24 h/24, on allait voir ce qu'on allait voir. Pourtant si l'on regarde leurs audiences en réel, c'est du presque rien, quelques dizaines parfois centaines de milliers de téléspectateurs au plus fort. Elles remplissent un effet de vitrine de leurs réseaux. Une fois de plus, le JT prouve son importance comme centre névralgique d'une chaîne. Et à chaque changement, les grandes chaînes se sont renforcées et non pas affaiblies. Le journal restant l'élément structurant de la chaîne, le lien fédérateur, il n'y en a pas d'autre.

En février 2008 comme toujours, des avis de tempête sont régulièrement lancés sur les journaux télévisés, une houle médiatique qui se nourrit de chiffres, ceux publiés par *Télé 2 semaines*, le plus récent des hebdomadaires TV réagissait aux rumeurs, déstabilisations et déclarations à propos de la baisse d'audience des chaînes généralistes face à la montée de la TNT, des chaînes d'info en continu, d'Internet, des journaux gratuits ou du téléphone mobile. Quels sont les journaux les plus regardés entre 19 et 20h30 ? Le premier est le 20 heures de TF1 pour 43 % des personnes interrogées par l'IFOP après de 1 006 téléspectateurs âgés de 15 ans et plus, puis le 20 heures de France 2 pour 28 % des sondés enfin le 19-20 de France 3 pour 20 %, le reste de l'échantillon 9 % regarde ailleurs un autre journal à cette heure-là.

*

Cette histoire n'est pas celle de la fin d'un métier ou d'un style, quoique le départ de Patrick, de Jean-Pierre ou de Claire signera de toute manière la fin d'un cycle, celle de la télé avec ses signatures, un certain confort, ses réalisateurs, un luxe de moyens et la persistance d'un effet d'emphase, hérité des grandes heures de la télévision. Peter Jennings, âgé de 67 ans, vient de mourir le 5 avril 2005 d'un cancer du poumon. Il présentait « World News Tonight » sur ABC, Tom Brockaw est en retraite depuis un an de NBC et Dan Rather vient d'être limogé de CBS, âgé de 72 ans, où il présentait « CBS Evening News ».

Lors du repas amical pour fêter le premier été d'Harry Roselmack, âgé de 34 ans, nous étions fin août 2006 dans un restaurant d'Issy-les-Moulineaux, avec Lucie Soboul, Catherine Nayl, Chantal Monteil notre chef d'édition, des confrères journalistes, Philippe Morand, Harry et moi. À une question, je leur révèle : « J'ai fait le journal de Zitrone en noir et blanc. »

Leur tête ! Choc des générations quasi néandertalien, certains n'étaient pas nés et les femmes ont pris du galon. Un siècle représente quatre générations. Nous sommes la troisième issue du Journal Télévisé. La première, ce furent les pionniers des années 50, la deuxième fut celle de grands journalistes issus des années 70 et 80, j'en suis. La troisième, c'est celle d'aujourd'hui, les trentenaires, et nous sommes encore aux manettes. La prochaine génération, celle de nos enfants, fêtera un centenaire d'où nous serons absents, le premier siècle du journal.

Combien restons-nous des origines, combien d'entre nous, encore à l'antenne aujourd'hui conservent dans leurs armoires des fiches de paye de l'ORTF ? Quelques dizaines, pas plus. Nous n'arrêtons pas de célébrer des morts ou des départs. Tout change dans « le paysage audiovisuel français » mais le journal télévisé reste toutes émissions confondues le programme le plus regardé de la télévision. Chaque année, TF1 diffuse la liste des meilleures audiences de l'année, l'année 2007 fut l'apothéose, les 100 meilleures audiences étaient celles de la Une. Mais si on inscrivait les journaux télévisés, ils occuperaient au moins les trois-quarts des places de ce classement, les programmateurs ne mettent que le meilleur journal de l'année, ce qui a occasionné par ailleurs une lutte serrée et farouche entre Claire et Patrick pour se retrouver en tête et figurer sur la photo souvenir de l'année.

Les visages ont changé aussi à la présentation, des jeunes surgissent : Laurent Delahousse, David Pujadas et Audrey Pulvar, Louis Laforgue ou Marie Drucker. Dans les années 80, on avait l'habitude d'évoquer le journal télévisé comme la « vitrine » d'une chaîne généraliste, on parlait aussi de

« grand-messe ». Qu'est-ce qui a assuré son succès ? Son horaire, placé au carrefour des audiences. Chaque fois que l'on a voulu le changer, ce fut un fiasco. Loin des émissions de flux, comme les variétés ou les émissions de plateau, il n'est pas une émission de prestige comme la fiction ou documentaire. À ses débuts, le JT rempli la grille de programmes, comme les actualités dans les cinémas. Après l'entracte, la fiction constituait le pôle d'attraction principal, les actualités restant accessoires. Le journal est longtemps resté marqué par cette origine.

C'est pourtant lui qui coûte le plus cher à la télévision, environ cent millions d'euros annuels de budget, 115 millions d'euros exactement pour TF1, tout en restant un produit de consommation, comme le journal du matin que l'on jette après sa lecture, le journal télévisé est souvent écouté et regardé d'un œil distrait, en faisant autre chose. Il n'est pas regardé dans le silence comme un film, plutôt partagé en famille, le poste est allumé pendant les repas, à table. Niché au carrefour, il reste pourtant l'émission vedette. Entré dans le flux des programmes sur la proposition d'un producteur unique, conçu comme un simple programme de complément, le journal est devenu le pivot majeur de toutes les grandes chaînes généralistes du monde entier, fédérant le public le plus large. Car le journal télévisé assure, selon les sociologues, la « cohésion nationale » bien avant le drapeau français ou l'hymne national, un mouvement collectif qui rapproche les gens. Lors des événements majeurs, quand retentissent les génériques des journaux, le public se rapproche du petit écran pour voir les titres du journal, comme dans les rues les passants regardent les titres des quotidiens devant le kiosque à journaux.

La situation française est particulièrement symbolique : le journal de 20 heures de TF1 attire en 2007 entre 35 et 40 % de parts de marché, celui de 13 heures plus de 50 %, des niveaux d'écoute inégalés en Europe. Une baisse tendancielle a commencé mais elle ne changera pas le différentiel. 21 000 éditions du journal de 20 heures ont été diffusées depuis le 2 octobre 1949 sur la première chaîne. Patrick, qui a 30 ans de présentation, devenu l'icône de la profession, n'est pas loin des 10 000 éditions, son record sera difficile à battre même s'il ne pourra pas dépasser Dan Rather, exactement du 9 mars 1981 au 9 mars 2005 à CBS, 24 ans au même poste sur la même antenne à la même heure ; il lui aurait fallu assurer le 20 heures du 1er septembre 2011. Mais avec 30 ans de présentation, 7 ans à Antenne 2 et 21 ans à TF1, il demeurera le présentateur qui est resté le plus longtemps dans le monde à la barre d'un journal télévisé. D'ailleurs, les Anglo-Saxons ne s'y trompent pas, sa notice biographique le décrit *with over 30 years of television news to his credit, he is the longest serving current newsreader in the world* (avec 30 ans de journal télévisé, il est le présentateur demeuré à l'antenne le plus longtemps dans le monde).

*

L'Histoire de la télévision a toujours été un balancement entre plusieurs pouvoirs. Les vingt premières années, de la création du Journal télévisé de 1949 à mai 1968, furent sans conteste celles des réalisateurs, empereurs d'une chaîne unique fabriquée en noir et blanc à Cognacq-Jay et aux Buttes Chaumont, les professeurs de la nation impulsaient une télévision pédagogique et brillante d'où sortirent la plupart des vedettes actuelles, de Pierre Tchernia à Michel Drucker. La plupart de ces pionniers et journalistes de cette époque sont décédés, Pierre Sabbagh, Léon Zitrone, Georges de Caunes ou Jacques Sallebert.

Les vingt années suivantes, du départ du général de Gaulle en 1969 à la privatisation de TF1 en 1987, sont incontestablement les années des journalistes ; ils prennent les commandes de l'outil, tous les grands du métier sont passés de la présentation du journal à la direction des chaînes, Etienne Mougeotte, Jean-Marie Cavada, Jean-Pierre Elkabbach, Pierre Desgraupes, Hervé Bourges se sont imposés, conquérant places et honneurs grâce au décloisonnement des médias et à la coupure du cordon avec le pouvoir, obtenu au forceps sous Giscard, Mitterrand et Chirac. Yves Mourousi et Patrick Poivre d'Arvor sont nés à la télévision à cette époque.

La dernière période, de la chute du mur de Berlin en 1989 à aujourd'hui, est celle des industriels conseillés par les journalistes comme Etienne Mougeotte pour Martin Bouygues et Patrick Le Lay ou Robert Hersant avec Silvio Berlusconi, mais aussi celle des entrepreneurs de médias comme Jean-Luc Lagardère pour la Cinq, Arnaud Lagardère à Canal Plus, Vincent Bolloré pour Direct 8 ou Alain Weill à BFM TV. Les dirigeants ne sont plus ni réalisateurs ni journalistes mais chefs d'entreprise ; d'ailleurs les chaînes privées, TF1, M6 et Canal Plus, sont devenues des sociétés cotées en bourse et concurrentielles, dont les enjeux financiers sont énormes, affermant les contrats de leurs animateurs. Les mutations ont été énormes, la vidéo, les directs satellites, les chaînes d'information en continu sont nées à ce moment-là, la mondialisation de la télévision a été brutale. Patrick Poivre d'Arvor a survolé cette époque à la première place sur la première chaîne.

Quand Nicolas Sarkozy installe la commission de réforme de la télévision publique, dirigé par Jean-François Copé, après son annonce de la suppression de la publicité, quelles sont les personnes censées donner leur avis sur l'avenir de l'audiovisuel ? Des parlementaires c'est normal, des philosophes, de nombreux producteurs comme Simone Harari ou Marin Karmitz, une personnalité de la télévision, Jacques Chancel, un seul journaliste avec Hervé Chabalier devenu depuis longtemps producteur et aucun réalisateur. Un journaliste et demi et zéro réalisateur, plus que toute autre analyse ce constat est celui de notre actualité et de notre histoire. Industriels et producteurs ont pris le pouvoir. D'ailleurs le syndicat des créateurs du cinéma et de la télévision s'étonne avec raison de cette absence parmi les membres de cet aréopage, se déclarant « très surpris » que la commission ne compte aucun réalisateur « qui est le maître d'œuvre de toute la production de télévision, tous genres confondus et l'initiateur de la très grande majorité des projets ».

Une nouvelle période s'ouvre en ce moment, avec le bouleversement des technologies de consommation. Gratuité, chaînes satellitaires, Internet, téléphone portable changent les manières de consommer les images et les sons ; c'est l'aventure, le passage de témoin à TF1 du couple Patrick Le Lay-Etienne Mougeotte à Nonce Paoloni, marque cette rupture de manière symbolique. La feuille de route du nouveau directeur de TF1 a été clairement établie par les actionnaires : il a pour mission d'inventer une nouvelle manière de pratiquer TF1, du haut en bas de la chaîne dans ce paysage sans cesse en mouvement. Les vieux schémas n'ont plus court. TF1 est devenu une « marque, » étape actuelle de cette évolution.

Pour effectuer le changement, Nonce Paolini va donc procéder à un renouvellement général des cadres, successivement Takis Candilis et Philippe Balland, les directeurs des programmes, Claude Cohen la directrice de la publicité, Robert Namias le directeur de l'Information, Charles Villeneuve le directeur des Sports et maintenant Patrick Poivre d'Arvor la vedette historique du 20 heures sont remerciés à l'été 2008. Place aux jeunes, trentenaires ou quadras. Jean-Claude Dassier a 66 ans se voit confier une mission ultime, regrouper autant que faire se peut les rédactions de LCI et de TF1. Stratégiquement, il est certainement l'homme le mieux placé pour le faire.

En janvier 2008, apparaissait sur le réseau Internet français le premier journal télévisé du Web à l'adresse « six35 ». Ce n'est pas une révolution. Sur France Info, le lendemain, le journaliste chargé de la rubrique Internet interroge un auditeur, « après avoir surfé sur tous les sites et blogs possibles d'information de la Toile, je reviens systématiquement à la télé m'offrir « un p'tit coup de 20 heures » pour me tenir au courant ! » Eh oui, difficile d'y échapper. Dans ce maelström, réalisateurs et journalistes ont des titres de gloire à faire valoir, une histoire et un livre d'heures chacun dans son domaine, mais ils se retrouvent quelque peu démunis face aux grands patrons. L'accélération de l'Info est presque arrivée à son terme, nous sommes déjà en temps réel. La télévision vit cette mutation comme la presse écrite, la radio, l'industrie musicale ou cinématographique, mais elle est en première ligne car le réseau Internet se nourrit maintenant d'images et de vidéos.

Internet se présente comme le dernier avatar de l'individualisme qui a caractérisé le baby-boom, poussé à son paroxysme. Maintenant, l'individu prime tout. Ce fut l'inspiration d'André Malraux qui nous avait prédit un siècle religieux, sous-entendu un repli identitaire, gageons que la prochaine révolution illustrera le retour du collectif.

*

En cet hiver 2008, pour aider Ella, l'association de Zinédine Zidane, Patrick réalisa en direct sur TF1 des acrobaties, suspendu dans les airs avec l'équipe des « élastonautes ». Il n'a rien perdu de son charme et de sa sportivité, fière allure le torse nu. Jean-Pierre Foucault n'en revient pas et lance cette apostrophe, amusé : « On se demande pourquoi Patrick porte une chemise pour faire son 20 heures ! »

C'est le nouveau Poivre, adouci, ironique, blagueur, faisant des bons mots, amusant la galerie. J'aurais connu le jeune homme romantique, l'impétrant boulimique et impatient de conquérir le 20 heures, l'autocrate affairé avide de diriger les fils élastiques de son journal, l'homme apaisé du millénaire, succès aidant et pérennité gagnée sur l'adversité et le fringant jeune homme qui vient d'annoncer, après quelques années de course au secret, gardé dans un coffre sous huissier, la date de son départ. Était-ce l'adieu à la scène de Trénet ? Non car l'histoire médiatique, ce mot qu'il n'aime pas, l'a rattrapé. On avait parlé de lui pour remplacer Etienne Mougeotte ou embrasser une carrière de sénateur. L'aurait-il fait il y a dix ans ? Patrick n'a qu'une seule maxime, ne pas vivre médiocrement. Il s'est toujours fixé des buts, même si on ne les respecte pas, ils fournissent une boussole. Comme les héros de ses romans qui finissent mal, il avait décidé de ne pas dépasser 40 ans : « Jusqu'à 39 ans, je vivais le premier versant de ma vie, mes idoles Mozart et les autres étaient toutes mortes à cet âge-là. »

Sa vie est un roman, le héros est libre, nécessairement. Il surprend toujours son monde. Tel jour on le voit en photo avec Diams, quelques semaines après il passe le Mékong pour RSF. La fonction présentatrice est ainsi une sorte d'épreuve, de sacrifice, de mise à nu, sans filet, forçant le respect de ses détracteurs peu nombreux à ses débuts dans le giron du service public, aujourd'hui une armée critique quand tout mot, geste ou action est aussitôt mis à son débit. Surtout pas besoin de réseaux, juste des rencontres, le héros va son chemin solitaire, picorant de droite et de gauche amitiés, conversations de hasard ou provoquées, enrichissant l'antenne. Jamais de compromission sur l'essentiel. Pour faire partager, il faut savoir écouter et distribuer les rôles. Nos défauts se nichent le plus souvent dans les détails. J'ai toujours été frappé à nos conférences d'après-journal où il a tout vu, même une faute d'orthographe, quand celle-ci peut compromettre la compréhension du sujet, il rétablit la vérité en « pied » du reportage. Notre mission est trop importante pour se laisser aller à l'approximation, génératrice de fautes professionnelles.

Avec le temps Patrick s'est assoupli, les gestes se sont faits plus souples, les paroles plus attentives, gagnant en gravité ce qu'il a perdu en mystère et solitude, se rapprochant de nous pour faire partager ses combats et ses amusements, sans toutefois devenir un proche, il ne m'a jamais donné, par exemple, l'occasion de devenir son ami. Nous avons vécu des drames, il les a surmontés. « Je suis un désespéré un peu gai, à partir du moment où l'on a échappé au pire, il faut continuer. » Un austère qui se marre ? Plus certainement un optimiste qui n'est pas dupe. Nommé pour le Goncourt avec son frère, il y a dix ans nous l'aurions vu surexcité, à l'automne 2007 la chose l'a laissé froid et même un brin amusé, légèrement inquiet du résultat mais sans illusion sur ses chances, donc aimable et enjoué.

Le passé, on s'en imprègne, on s'y baigne aussi, ses eaux ruisselantes nourrissent l'antenne, les grands devanciers que Patrick admirait à ses débuts ont montré le chemin, défriché une route, posés des jalons, des balises. Jacques Sallebert, son père fondateur au journal, Jean-Michel Desjeunes pour le ton distancié, Léon Zitrone pour la courtoisie, son français impeccable et sa formidable notoriété, Georges de Caunes, son attitude élégante et son indépendance, Roger Gicquel pour l'implication personnelle et le clin d'œil au public,

Yves Mourousi le mouvement, la vivacité et la rapidité d'exécution. Ils ont posé les petits cailloux. Mais Patrick porte un jugement assez salutaire sur son métier : « J'ai le sentiment que mon existence ne peut se résumer à ce petit rectangle dans lequel je m'ébats depuis tout juste un quart de siècle. C'est mon métier, certes, et je crois l'exercer avec passion, mais ce n'est pas ma vie. » Patrick n'est pas aimé mais plutôt reconnu, apprécié et toujours attirant. Amour et respect, les deux faces d'un même pouvoir, celui de l'image. « J'ai horreur de mon image, le pire qu'on puisse me demander c'est de regarder un journal télévisé que j'ai présenté. » J'ai serré son image jusqu'au gros plan cinématographique à ses débuts, vers la fin j'ai élargi le plan pour tenir une distance élégante avec le temps qui passe. « Je me sens en dehors de ce phénomène. Image un peu lisse, forcément, comme repassée pour ne pas avoir de plis, ne pas dépasser du cadre. Mais est-ce la seule représentation de soi ? Non, bien sûr. »

Lui, c'est la diplomatie pour les voyages et la noblesse d'attitude. D'abord pour préserver son incognito, le goût des voyages au long cours est devenu une nécessité hebdomadaire, envie d'ailleurs présente à ses débuts dès son premier concours gagné à France Inter. Dans la vie de tous les jours, Poivre est resté « quai d'Orsay », son premier rêve d'enfance, sachant flatter avec distance, amuser d'une remarque sans blesser, retourner à son avantage un débat houleux par un trait de culture, à son contact on sort grandi. Bien sûr, tout remonte à l'enfance. Patrick a été un petit garçon timide, curieux du monde, trop sauvage pour se faire des amis. Est-il resté fidèle à ce petit bonhomme ? « Oui, je le crois. Cela m'a permis de ne jamais mépriser autrui, comme me le demandait mon père, ni de sous-estimer quiconque comme me l'a enseigné ma mère. » Aujourd'hui, il est contraint au départ en pleine gloire, il avait pourtant affirmé : « Si un jour j'en ai marre, je partirai, je l'ai déjà fait, le pire c'est cette décision d'arrêter, de couper le cordon, on peut jouer avec ça, je l'ai déjà fait pour me rassurer. »

Nous rêvions d'être gardiens du temple, toujours en pleine lumière au moment où l'on regarde derrière soi en attendant de voir arriver nos successeurs. La France a changé mais son journal télévisé nous accompagne depuis notre naissance, après la seconde guerre mondiale, génération au sort enviable, nous avons suivi le mouvement, les rêves de notre flamboyante jeunesse accomplis. Encore aux manettes sommes-nous capables d'affronter le visage lifté de nos contemporains, la baisse générale du niveau culturel, le désordre banlieusard ou islamiste, la dictature des chiffres, la surveillance généralisée, le vocabulaire politiquement correct et son principe de précaution, des pratiques et des mots qui ne nous parlent pas ? À partir d'un certain âge, on est condamné à se contredire ou à se répéter. Bref, sommes-nous déjà repliés ou encore prêts à l'affrontement ?

Au journal télévisé, les nouvelles formules se sont multipliées depuis soixante ans, pratiquement une chaque année dans chaque chaîne du service public. Chez nous grâce à la pérennité de nos dirigeants, seulement trois formules en vingt ans. Les commentateurs ont néanmoins déclaré à de nombreuses reprises que le 20 heures avait vécu. Poivre à l'aise sur la question, s'en amuse naturellement : « Cela fait des années que tout le monde dit cela, je ne connais pas un seul de mes concurrents qui ne soit arrivé en disant « vous allez voir, PPDA on va l'exploser », comme l'avait proclamé Henri Sannier, « le 20 Heures c'est fini. » Notre journal est une institution que les gens ont l'habitude de regarder. Tant mieux, on ne va pas changer une formule que les gens aiment et s'ils l'aiment, c'est qu'elle répond à un besoin. »

Dès le début de cette histoire, une double filiation a engendré le journal télévisé. D'un côté la réalité et de l'autre le spectacle, le reportage et le cinéma, les journalistes et les réalisateurs. Avec Patrick, nous avons réalisé cette synthèse au 20 heures. Patrick a 30 ans de journaux télévisés couvrant à l'antenne la moitié de son histoire, j'ai réalisé également 30 ans de journaux et d'émissions en direct, le journal est né avec le baby-boom dont il épouse l'Histoire. Aujourd'hui, les Buttes Chaumont ont disparu, l'Empire a brûlé et Cognacq-Jay a peu de rapport avec ses origines. L'IDHEC est devenu la FEMIS, TF1 est à Boulogne, la Deux est mariée à la Trois, la Cinq a disparu et la Six amuse nos enfants. N'étant ni célèbre ni grand de ce monde, petit est ma condition, à peine journaliste et si peu écrivain, tout juste réalisateur de télévision, n'ayant jamais pris la parole pour étaler mes états d'âme, je suis resté moi-même, Jacquot de ce monde, né après la guerre, Français de souche aux origines multiples mais observateur attentif.

Surprenants voyageurs ! Au moment de partir sur les routes à vingt ans, nous avions brûlé tous nos vaisseaux, décidés à dénicher un chemin vierge. Étant de la famille, nous n'avons eu aucun mal. Les vierges sont accrocheuses, organisées et tenaces, parfois brillantes, rarement appréciées. Charles de Gaulle nous aida dans notre entreprise. Ayant cassé la quatrième, il nous restait juste à casser l'ambiance, quitter les adultes pour nous refaire une santé, les conditions étaient mûres pour le meurtre des idoles. Nos grands anciens ont vécu les conflits mondiaux. Leurs engagements et leurs choix, leurs souffrances et leurs générosités forcent le respect. Que nous restait-il ? Ne pas s'ennuyer et le faire savoir. Nos guerres furent picrocholines. À vingt ans, nous avions décidé d'investir le métier avec une ambition cachée, diplomate ou journaliste, assistant ou réalisateur, ne jamais devenir chef, patron ou directeur avec bureau et secrétaire, loin du terrain magique où s'écrit l'Histoire, obligé de rendre des comptes à la stratosphère ou de consoler le petit peuple. Rester à l'antenne est devenu notre religion. Notre éthique est finalement assez simple : dire ce que nous faisons et faire ce que nous disons, ni Dieu révélé ni chef imposé, volontaires et libres de ton.

Je suis resté un homme heureux et sans histoire et tous les matins je me lève en souriant. Une journée de plus, excitante, palpitante, pleine d'émotions. Un rayon de soleil ou une belle information à la radio, sentir battre le cœur du pays, s'enflammer pour un tour de main, une belle image, un enchaînement réussi. Trouver des bons mots avec les amis, chaque journée est un continent qu'il faut vivre sans en perdre une miette ! Je travaille à la réussite du journal. Le combat continue. Il faut chaque jour être à la hauteur, toujours le meilleur mais aussi le plus digne, sans tricherie et faux semblants. J'ai voulu faire de la perfection technique une création artistique. À chaque élection présidentielle, une nouvelle époque apparaît excitante à vivre. La destinée est tellement surprenante vue rétrospectivement. Chateaubriand, dans sa conclusion des *Mémoires d'Outre-Tombe*, comparait sa jeunesse d'avant la révolution au monde post-napoléonien. Notre globe terrestre lumineux posé sur notre bureau a lui aussi pris un coup de vieux, totalement bouleversé depuis un demi-siècle. Nous ne reconnaissons plus ses frontières. Mais évidemment, la plus grande révolution est celle que nous vivons maintenant. Dans cet ouvrage, si j'ai livré des impressions, un avis sur la question, des notations futiles ou incomplètes, des avis partagés par tous, peut-être rien d'original, j'ai pourtant l'impression que ma petite voix a quelque chose d'unique. C'est le rôle des livres, accuser réception d'une missive personnelle.

Réalisateur de télévision, personne ne connaît notre métier mais tout le monde regarde nos images, comme les musiciens sur un disque. J'ai pratiqué tous les métiers du spectacle avant d'être réalisateur aussi je n'ai jamais craché ni sur vos tombes ni dans la soupe, comme mes copains étudiants du Palais des Sports. Au printemps, lorsque nous éclairions les patineuses d'Holiday on Ice, ils se rengorgeaient, prompts à moquer ce spectacle tout juste bon pour les gogos. Ils n'avaient peut-être pas tort, mais sur scène comme à la télévision, séduire le plus grand nombre est toujours plus difficile que divertir un public averti. J'étais sensible au talent des artistes, à l'entrain, à la rigueur de cette mise en scène destinée à plaire. Cette grammaire, je l'ai retenue lorsque je suis devenu réalisateur à la télévision. Pas la peine de faire compliqué quand on peut faire simple. Je me suis toujours fait une belle idée de la réalisation, de ce métier, de notre mission, privilégiant les collaborateurs passionnés, ayant le sens du spectacle, qui trouvent la cadence et battent le tempo avec justesse et vivacité. Ces exigences font de moi un janséniste habité par le plan réussi. N'ayant rien à vendre ni à cacher, je suis fait comme ça, d'un naturel enjoué, on ne me changera pas, ayant un goût certain pour le cabotinage, pas vraiment acteur, juste clown pour « faire l'intéressant », ludion dans la famille, charlot pour mes condisciples d'école, organisateur de fêtes avec mes amis, diseur de bons mots pour mes camarades de travail, personnage facile pour une fuite ou un évitement, cette seconde nature publique étant naturellement une première culture familiale.

Issu d'une mère grecque naturalisée et d'un père breton ancien de la France libre, mon destin était tracé : rendre à la France ce qu'elle m'avait donné, la chance d'être né dans ce beau pays si généreux avec ses enfants ! Bien sûr, ce furent des milliers de petites choses pour permettre à notre journal de vivre sa vie d'artiste de l'information, qu'il se déroule dans la tonalité choisie, mettre la politique en exergue quand les Français faisaient parfois fausse route, s'égarant dans les chemins boueux du populisme, du poujadisme ou de l'extrémisme, des milliers de petits gestes fugaces mais justes, destinés à huiler la machine, lui donner du tonus, de la vie, du talent, offrir du plaisir aux téléspectateurs, faire vivre la citoyenneté, apporter sa pierre à l'édifice mutualisé qu'est la télévision, une entreprise collective où nous marchons solidaires ; voilà ma vie, je mérite cette chance car je m'y suis donné à fond. Quand ça barde à la maison, mon épouse me lance furibarde : « Va appuyer sur tes boutons, c'est tout ce que tu sais faire. » Elle n'a peut-être pas tort.

Jeudi 10 juillet 2008

Dernier journal de Patrick Poivre d'Arvor à TF1

DEPUIS UNE SEMAINE, Patrick reste partagé entre colère et déception, conviction et amertume : « Au fond, ça sert à quoi de me virer ? Toute la rédaction me soutient, le public est présent tous les soirs au rendez-vous et la crédibilité du 20 heures est intacte. Je n'arrive pas à comprendre. »

La petite équipe du 20 heures est revenue au triple galop, la nouvelle de la libération d'Ingrid Betancourt vient de tomber après la fin du journal. Nous sommes tous partis mais, au deuxième étage à Boulogne, au siège de TF1, Patrick Poivre d'Arvor est encore dans son bureau. Il est 21 h 30, un bandeau passe sur l'antenne pendant l'émission « Ushuaïa » de Nicolas Hulot suivie par plus de 7 millions de téléspectateurs, impossible de la couper. Hélène Devynck est à ce moment sur l'antenne de LCI. Ancienne assistante de Patrick, la belle journaliste aux longs cheveux auburn démarre une spéciale. Le rêve de nos nouveaux patrons, une réunion de TF1 et de LCI, va se réaliser de manière quasi fusionnelle en cette soirée historique avec Poivre dès 22 h 30 sur les écrans de TF1 mais présent physiquement sur le plateau de la chaîne d'info en continu. Clin d'œil inattendu et savoureux à une semaine de son départ !

Geneviève Galey, la rédactrice en chef, Philippe Perrot, le chef d'édition, Frédérique Agnès, une de nos chefs d'infos, Philippe Legros, le chef production, et moi sommes présents dans la régie de LCI sous l'œil attentif de Nonce Paolini, le patron de TF1 depuis un an, et de Jean-Claude Dassier, le tout nouveau directeur de l'Information depuis trois semaines, ainsi que Jean-François Lancelier, le directeur d'antenne resté en fonction. Patrick anime l'antenne de la première chaîne avec maestria et gourmandise, Vincent Hervouët à ses côtés, le nouveau patron du service étranger, passé de LCI à TF1, Michèle Fines et Alain Ammar, deux grands reporters de TF1 qui connaissent bien le dossier. Les équipes de LCI sont rôdées à tenir l'antenne en continu mais ce soir, nouveauté impressionnante, ils passent en direct sur TF1, la grande sœur, à une heure de forte écoute. Je discute avec Philippe, le metteur en images, fier d'avoir tout d'un coup un vaste public : quatre millions de téléspectateurs suivent les péripéties de cette libération incroyable. Pour une fois, la surprise est une bonne nouvelle ! À minuit et demi, nous nous retrouvons devant la porte de la régie où Patrick serre rapidement la main de Nonce Paolini qui l'a remercié sans ménagement il y a trois semaines. Le boss lui dira : « *good job* ». Sans s'attarder, Patrick d'un œil pétillant nous lance : « C'est maintenant l'exfiltration de l'équipe. » Nous le suivons tous les cinq dans les couloirs qui nous ramènent à TF1.

Deux jours plus tard, vendredi 4 juillet, réunion sur le plateau du journal pour préparer la rentrée avec Laurence Ferrari dont c'est le retour dans nos murs. « Bonjour, mon petit Jacques » me dit-elle. Le réalisateur Renaud Le Van Kim nous rejoint. Je le salue d'une apostrophe : « Merci pour tout ce que tu as fait pour la France. » Il me répond : « Et toi, pour le pays. »

La refonte générale du 20 heures est décidée avec Michel Floquet, son rédacteur en chef. Changement du générique, des titres et de l'image derrière la présentatrice. Elle porte de belles lunettes cerclées noires. « Elles te vont bien, Claire » précise l'un d'entre nous. Elle sourit en se regardant sur les écrans de contrôle répondant, ironique : « Ah non, ça ne va pas recommencer », faisant allusion à « la bataille estivale des blondes » avec Claire. Comme ils veulent du changement, je leur propose de mettre l'image de la régie derrière la présentatrice. « Si l'on met Claire devant un écran avec la régie, il faudra du contraste ». Nouveau lapsus du même. « Décidément... lâche-t-elle, amusée, on n'y arrivera jamais. » La régie Une devant être transformée pour la haute définition, nous faisons une petite excursion dans la régie du studio 3.

C'est le temps des adieux déchirants sur les boîtes de messagerie internes. Revenu dans mon bureau, je découvre sur mon mail un message ultrasecret, une photo est organisée avec tous ceux qui le souhaitent jeudi prochain, le dernier jour de Poivre, à 14 h, en un lieu qui nous sera indiqué au dernier moment. Nous lui offrirons le cliché à l'issue de son dernier 20 heures. Depuis une semaine, Geneviève a téléphoné à tous les anciens qui ont quitté TF1 ces dernières années pour le pot d'après-journal, Jean-Pierre Quittard, Marine Jacquemin et bien d'autres. Je souffle le nom de Jean-Michel Leulliot. Le rédacteur en chef adjoint Lionel Charpentier demande aussi par mail de lui apporter des photos de chacun de nous avec ou sans Geneviève Galey pour son livre d'or. Dans *Paris Match* publié aujourd'hui, « PPDA, ma dernière semaine avec vous » est le titre à la une de l'hebdomadaire. Patrick raconte son éviction, livrant tous les détails qu'il m'avait confiés en avant-première et que vous avez découverts au début de cet ouvrage, confirmant sa stupéfaction et l'inélégance du procédé, précisant qu'il a été trahi par quatre personnes qui ont « ourdi ou décidé » son départ.

*

Lundi 7 juillet, Patrick se plaint en conférence : « L'atmosphère est plutôt funèbre. » C'est vrai, nos chefs d'info ne sont pas joyeux cet après-midi. Frédérique Agnès parle d'une voix éteinte à cause d'une mauvaise bronchite et Alain Scemama est quelque peu lapidaire dans son énumération. Pendant le journal, nous passons un sujet de Gilles Bouleau sur les nonagénaires américains, nous montrant une femme de 96 ans toujours bon pied bon œil qui va tous les jours au travail. Certains sont présents dès 4 h du matin, tellement scrupuleux et attentifs que leur productivité est étonnante. Patrick lâche un sourire au coin des lèvres pendant sa diffusion : « Si je comprends bien, j'en ai encore pour 36 ans ! »

Mardi 8 juillet. « Romo Goldèche est dans les choux... » lâche Patrick en annonçant le résultat du contre-la-montre de Cholet du Tour de France où le Français Feillu, maillot jaune surprise de l'étape d'hier, a terminé 168e. Son personnage emblématique s'apprête à quitter la scène en sa compagnie, nul doute qu'il renaîtra à la rentrée dans d'autres lieux et sous de nouveaux projecteurs. Durant cet antépénultième journal, Patrick nous dit hors antenne : « Vous allez voir, aujourd'hui c'est 35 minutes, demain 34 puis 30 et bientôt 20 minutes puis à la fin un journal en images » avec une moue dépitée et ironique. C'est vrai, depuis des années ce fut un sujet de friction avec Etienne Mougeotte dont la marotte était de raccourcir le 20 heures. Patrick a toujours résisté, refusant les pressions de l'intérieur comme de l'extérieur pour préserver l'indépendance et l'intérêt de son journal. Les commentateurs dits « bien informés » se gaussent depuis des lustres en glosant sur les pressions du pouvoir, se haussant du col auprès de leurs confrères et du public en les dénonçant. Ce n'est évidemment pas le sujet. L'honneur et la probité du journaliste sont dans la résistance à ces pressions. En cette matière, Patrick a toujours fait preuve de la plus extrême conviction. Pendant ces vingt et un ans passés à ses côtés, je ne l'ai jamais vu céder un pouce de son libre arbitre. On peut être ami avec un dirigeant politique sans être d'accord avec lui, ni lui céder sur le fond. Ça, c'est le sujet.

Mercredi 9 juillet, à la conférence, nous écoutons dans un silence recueilli le mince filet de voix de notre chef d'info Frédérique Agnès qui a encore perdu quelques décibels. Patrick lance : « Vous voyez, elle a réussi à capter son auditoire. C'est pareil à l'antenne, il faut susurrer, c'est la meilleure façon de se faire entendre, pas besoin de crier. » C'est un des reproches fait souvent à Patrick, il faut tendre l'oreille. Restés à six pour concevoir le conducteur, nous évoquons cette baleine qui obstruait la rade de Brest. On nous propose le premier reportage d'un jeune journaliste qui s'appelle Poissonnet. Le chef d'édition, Philippe Perrot, pour s'en amuser nous dit : « On pourrait le placer là, poisson-poissonnet, ça enchaîne bien… » Patrick, amusé et surtout attendri, se tourne vers Philippe : « Tu vas me manquer… l'humour c'est important pour évacuer le stress… » D'ailleurs ce jour-là, Patrick n'en manque pas. Au moment où nous évoquons quelques images du grand banditisme en Corse, Poivre plaisante dans un souffle « off Nonce », le nouveau patron a un nom à consonance corse, ajoutant : « Je n'ai aucun commentaire à faire. » À la fin du journal, Patrick déclare à l'antenne : « J'aurai le plaisir de vous retrouver une fois de plus demain. » A la conférence critique dans la salle de fabrication, atmosphère de veillée d'armes. Patrick s'adresse à Geneviève : « J'espère que demain l'actualité sera intéressante. » Notre rédactrice en chef lui répond : « Nous avons trois enquêtes. » Poivre conclut en souriant : « On n'a pas dit notre dernier mot, il y en a encore un à faire demain. »

*

Jeudi 10 juillet. Ce matin-là, le soleil se lève sur Paris. Celui d'Austerlitz ? Fanny Schwarcfeld, l'assistante de Patrick, m'avait demandé au début du printemps comment j'imaginais la suite, Nonce Paolini ayant annoncé des changements à tous les étages de la chaîne. Comme Patrick, j'imaginais plutôt « Fort Chabrol ». Tout risque d'être bouleversé, sauf nous, la prudence commande de conserver le 20 heures de semaine, point fort de l'audience et de la notoriété. À l'issue de ces 100 jours, l'été arrivé, bien sûr je me suis trompé et la surprise de Patrick au moment de son éviction est la preuve qu'il partageait ce point de vue. Reste à vivre cette dernière journée, ultime bataille à livrer en direct devant dix millions de Français.

Guillaume Erner sur France Inter, dans son émission « J'ai mes sources », interroge Patrick à 9 h 35.

« Vous allez présenter votre dernier journal ce soir, certains disent que votre éviction a des raisons politiques ?

— Il y a toujours les conversations glanées dans les allées du pouvoir qui avaient l'air de souhaiter telle ou telle personne plutôt que telle autre. Je n'ai pas à les commenter, j'en suis pour l'instant victime mais je retrouverai un emploi.

— Vous êtes perçu comme insolent, impertinent et l'on vous prête une grande capacité d'improvisation. L'échange avec Nicolas Sarkozy était-il préparé ?

— Non, je ne prépare pas les choses. Quand j'ai évoqué le « petit garçon », je voulais dire « enfant », je ne pensais pas le blesser, je ne voulais pas être désagréable, gardant une grande fidélité envers le petit garçon que j'ai été. C'est vrai, à ce moment, le Président semblait débarquer dans un magasin de jouets : je prête mon portable à Angela Merkel, je tape dans le dos de Vladimir Poutine...

— Vous avez eu des contacts depuis lors avec lui ?

— Je ne l'ai pas revu depuis ce jour-là, en revanche j'ai eu de nombreux coups de fil de François Hollande, Martine

Aubry, Jean-François Copé, Bertrand Delanoë, François Fillon et bien d'autres. Quand on est viré, cela fait toujours plaisir. J'ai pourtant refusé de très nombreuses fois les ministres qui insistaient pour passer en direct, je les refuse à peu près tous. Je n'ai pas reçu ces derniers mois les ministres de l'Intérieur, de la Défense ou de l'Immigration et pourtant ils comptent. J'ai pu résister car j'ai les épaules et suis le patron de mon journal. Ils sont là pour vendre leur politique mais je préfère un journal de journaliste. J'invite les gens quand ils sont dans un moment de paroxysme.

— Aujourd'hui vous êtes vous aussi dans ce paroxysme, qu'allez-vous faire ?

— Je ne vais pas me précipiter.

— Et le 14 Juillet ?

— J'ai été invité par président de la République à l'Élysée mais je n'irais pas.

— Vous êtes à terre ?

— Non pas à terre, viré et c'est très étrange car aucun fait objectif ne m'a été avancé. On m'a proposé de rester avec les mêmes titres. »

Il a précisé ce matin dans *Le Parisien,* dont il fait la une, en répondant aux lecteurs : « J'ai vingt-cinq propositions magnifiques mais je les ai pour l'instant refusées car je m'interdis toujours de prendre la place de quelqu'un. »

Une heure plus tard, Patrick est dans son bureau dont une partie des objets est maintenant emballée. À côté, Fanny Swcharcfeld renseigne les journalistes qui appellent pour savoir où se déroule la conférence de presse. Aujourd'hui, aucun journaliste extérieur ne sera autorisé dans nos murs. Elle signale à ses interlocuteurs que « mardi, c'est fini ». De son côté, Marie-Hélène Mille s'affaire au téléphone pour organiser le déménagement des cartons chez un ami de Patrick qui lui prête un local non loin de la chaîne. Restera la question du bureau lui-même, dessiné comme un navire lors de son arrivé à Boulogne-Billancourt. Lundi matin, il n'y aura plus rien. À 11 h 35, Patrick lance à ses deux assistantes : « Vous pouvez appeler la conférence. » Aussitôt Fanny décroche son téléphone, appuie sur la touche rouge qui met sa ligne sur l'interphone général et lance : « La conférence 20 heures… », appel répercuté dans les bureaux des trois étages de la rédaction.

Plus de cinquante personnes s'entassent dans la grande salle du premier. Le soleil brille sur Paris. C'est l'été, nous n'avons pas eu le temps de nous en rendre compte. Patrick arrive en chemise blanche, pantalon sombre et escarpins vernis, suivi de Geneviève Galey, habillée en blanc. Je m'assieds à côté de lui comme d'habitude. Il tient à la main une missive et prend la parole : « J'ai reçu près de 50 000 lettres de téléspectateurs. Je vais vous lire celle-ci : *Amiens, le 7 juillet. Je ne trouve pas les mots pour vous dire mon indignation. Nous sommes des milliers de téléspectateurs à attendre votre retour à l'antenne.* Cette lettre est signée Françoise Pernaut, c'est la maman de Jean-Pierre et elle a 93 ans ! » Patrick déclare à la cantonade : « Elle ne dit pas qu'elle ne regardera plus le 13 heures… » Toute l'assistance éclate de rire.

Virginie Fauroux, son assistante personnelle, arrive en retard et s'assied discrètement, suivie de Philippe Perrot, le chef d'édition, qui ouvre aussitôt son ordinateur portable où il va noter les sujets qui formeront ce que nous appelons le « pré-conducteur ». Poivre en profite pour se moquer gentiment, revenant ainsi par la bande sur une des accusations portées dans le livre anonyme qui a fait si mal en février dernier. « Vous voyez pourquoi maintenant je suis obligé de faire les conférences si tard… » Nous passons en revue les sujets de notre journal puis Patrick invite ce soir toute la rédaction, journalistes, assistants et techniciens à une petite réunion amicale d'adieu après le 20 heures au huitième étage et dès maintenant pour un petit en-cas « en famille ». « J'ai voulu que nous soyons ensemble pendant que Jean-Pierre Pernaut est à l'antenne » improvisant un petit discours de remerciements pour son « premier cercle », ceux qui travaillent journellement avec lui. Tout le monde applaudit. Il devise ensuite avec Isabelle Marque, notre journaliste du service santé, dont le père était directeur de l'Information à la création de TF1. « Quand j'hésitais entre la Une et la Deux en 1974, ton père ne m'a pas engagé. » Isabelle, sa fille, lui répond en riant : « Moi non plus, je suis rentrée à TF1 plusieurs années après. » Il croise les deux jeunes filles chargées du site Internet du 20 heures et de son blog personnel. Il leur dit en souriant : « Je croyais que vous aviez été arrêtées ! » Philippe Perrot nous avait expliqué la veille que le site de la rédaction allait être totalement réorganisé.

Il est maintenant 12 h 30 et il est temps de traverser la Seine pour rejoindre l'Île Saint-Germain à Issy-les-Moulineaux, un restaurant où Patrick a convié les journalistes des radios, télévisions et presse écrite pour s'expliquer sur son départ. Nous grimpons l'escalier en fer jusqu'au premier étage d'un pavillon début de siècle. Dans la grande salle tendue de rideaux rouge au parquet luisant, une trentaine de journalistes, plusieurs caméras, I-Télé, la Télévision Suisse Romande, cinq photographes de presse et quatre jeunes filles pour les radios, France Inter, France Info, Europe 1 et RMC debout ou accroupies autour de lui pour tendre leur micro, celui de RTL étant posé sur la table. L'atmosphère est conviviale, les questions des hommes sont abruptes, celles des filles plus enveloppées, un peu sous le charme quand même. « J'ai passé il y a une semaine un entretien préalable de licenciement, j'ai tenu à être accompagné de Jean-Pierre Pernaut, représentant du personnel au conseil d'administration. Il est utile qu'il sache comment cela se passe » ajoute Patrick avec humour. « J'ai fait la même démarche il y a plusieurs années, accompagnant cette fois-ci Anne Marcassus, devenue la productrice des « Enfoirés ». À l'époque nous avions rencontré Nonce Paolini qui était alors directeur des ressources humaines de TF1. Ma lettre de licenciement est en train d'arriver. »

La journaliste de France Info lui demande alors de sa belle voix modulée : « Les rumeurs sur l'éventualité de votre départ existaient, on ne peut qu'être surpris par votre surprise.

— Oui, mais je pensais qu'il y avait peu de chances que l'on s'occupe de nous car les chiffres du 20 heures n'ont jamais été aussi bons. Ces deux derniers jours, 39 % de parts de marché contre 19 % à la Deux, et hier 37,5 % contre 18,5 %. Par ailleurs, la rédaction m'a toujours soutenu d'une manière exceptionnelle et j'ai même reçu une lettre signée par les techniciens, qui m'a beaucoup touché. Je n'avais aucune raison de m'inquiéter.

— Peut-être avez-vous payé cette phrase sur la date de votre départ ?

— On ne me l'a pas dit. J'imaginais partir l'été prochain à Prague pour me lancer dans la réalisation afin d'adapter à l'écran *J'ai tant rêvé de toi*, Sergio Gobbi l'avait dit à Nonce Paolini.

— Oui, mais vous aviez quand même choisi 2012 ?

— C'était une date « butoir », le calendrier des présentateurs n'est pas forcément celui des responsables politiques. Cette annonce, je l'avais faite avant le début de la campagne présidentielle.

— Auriez-vous déplu à Nicolas Sarkozy ?

— Je suis incapable de le dire.

— Est-ce que vous en voulez à TF1 ?

— Non, j'ai vécu tellement de belles choses. Mais en revanche, j'en veux à certaines personnes qui ont agi pour des raisons qui n'ont rien de journalistiques. Même si tout patron dispose de son droit de décision, je considère que mon éviction n'est pas un bon choix.

— Pensez-vous être victime d'une intervention politique ou d'une trop grande longévité à l'antenne ?

— Quand je ne me sentais pas heureux, je partais. Cette fois-ci, je ne pars pas de moi-même. »

D'autres journalistes interviennent : « Comment faites-vous pour vivre un tel moment si chargé d'émotion ?

— Elle est très forte intérieurement. Ce matin, j'ai été amené à décrocher des cadres, des tableaux, des photos. Mais je ferai mon métier jusqu'au bout. J'ai enregistré mes dernières chroniques de « Place aux Livres » sur LCI en remerciant son patron Jean-Claude Dassier.

— Vous quittez la chaîne ce soir ?

— Je ne reviendrai pas. Nombre de gens partent également, de bons éléments. Anne-Sophie Lapix, une fille très bien, Nicolas Escoulan, un garçon très doué, Harry Roselmack m'a consulté. On va vers des journaux raccourcis, économes en moyens. Je le regrette, j'aimais les gens à qui je parlais, je n'en rajoutais pas dans le « tam tam », parlant avec la voix que j'ai, c'est une des raisons de mon succès. Je continuerai à les aimer, je n'ai pas l'intention de m'arrêter.

— Vous allez présenter ce soir votre dernier journal. Qu'aura-t-il de particulier ?

— Il est particulier car ce sera le dernier sur TF1. Vous le regarderez j'espère, pour ses reportages comme celui sur l'immigration clandestine que nous avons lancé il y a quinze jours.

— Comment allez-vous terminer ?

— Je n'en sais encore rien. Ce soir, j'essayerai d'être sobre. »

Étant à la conférence de presse, je manque la grande photo souvenir de toute la rédaction prise sur le plateau à 14 h. Deux heures plus tard, retentit l'appel pour la deuxième conférence de rédaction, la toute dernière. Les nuages ont recouvert le ciel estival de la matinée. La salle est noire de monde, assistants et journalistes. Pas de curiosité mais de l'émotion contenue à cette réunion pas comme les autres pour chacun des participants. Patrick en entrant nous lance : « Il y a de plus en plus de monde ! »

Soudain, une jeune femme blonde qui s'est assise au milieu des participants, adossée à la Seine, nous ne l'avions pas remarquée, lance : « Patrick ». Un silence se fait. Élizabeth Courtial fut sa première assistante à ses débuts sur TF1. Elle avait depuis quitté la chaîne mais n'a pas changé et prend la parole : « Patrick, j'ai écrit un petit mot que je vais te lire afin de contenir mon émotion. » Un témoignage où elle évoque son admiration pour Patrick et ses magnifiques qualités humaines et professionnelles. Il a toujours aidé ses collaborateurs et collaboratrices, sachant tendre la main, toujours généreux et amical, terminant avec un sanglot dans la voix : « S'il te plaît, dessine-nous un mouton. » C'est très beau et touchant. Elle était là le premier jour de 1987. « Nous ne sommes pas moutonniers » confirme Patrick, le ton est donné, il n'est pas encore temps de passer à l'actualité du jour. Il évoque lui aussi des souvenirs personnels. Pascale Gonod, toute bronzée, une de nos chefs d'info, est debout dans sa robe blanche, adossée au mur de cette salle. Patrick nous raconte : « Quand je suis arrivé à TF1, la toute première fois à Cognacq-Jay, c'est Pascale qui m'a fait visiter les locaux en compagnie de Catherine Nayl. J'y revenais pour la première fois depuis quatre ans. » Il s'adresse maintenant à Dominique Lagrou, assise en bout de table, devenue Lagrou-Sampere, son compagnon étant lui-même journaliste à France 2 également aux « informations générales » comme l'on disait. Patrick tient à nous raconter l'histoire : « Quand elle était étudiante dans une école de journalisme, elle voulait absolument réussir son oral et souhaitait m'interroger. J'étais alors en Bretagne, c'était difficile. Elle a insisté, juste un quart d'heure... Eh bien elle est venue, elle a fait 500 kilomètres, avec sa mère » ajoute-t-il dans un éclat de rire général. « C'est ça la passion, et l'entretien a duré évidemment plus longtemps. Et finalement la voilà engagée chez nous, j'en suis très heureux. »

Dans *Le Parisien* de ce matin, face aux lecteurs, il a évoqué également ses souvenirs personnels concernant Laurence Ferrari qui va reprendre son fauteuil le 25 août prochain. « Laurence Ferrari était mon amie. Je l'ai connue avant tout le monde quand elle était à l'Efap de Lyon, une école d'attachée de presse. Je pense l'avoir aidée et soutenue dans de nombreuses circonstances. Je lui souhaite bonne chance. Pour le reste, ce n'est pas à moi de juger. J'observe juste les comportements. Ainsi mon remplaçant Harry Roselmack, que j'aime beaucoup, s'est toujours conduit avec beaucoup de dignité. »

Comme tous les jours, la préparation du journal s'accélère mais aujourd'hui vers 19 h, dans la salle de fabrication, arrivent un à un tous les invités de Patrick, les connus du public : Christian Brincourt, Jean Offredo, Thierry Roland, Jean Bertolino, Roger Zabel, Michel Chevalet, Patrick Le Lay, Etienne Mougeotte, Régis Faucon, Dominique Bromberger, Jean-Pierre Pernaut et les moins connus spécialistes dans leurs domaines : Jean-Pierre Ferret, Jean-François Tissot, Claude Massé, Jean-Claude Odin, Marie-Hélène Melies, mes copains réalisateurs, sa fille Dorothée, caméra à la main qui termine ce soir le portrait de son père pour France 5 comme je termine également la rédaction de cet ouvrage ! Je dois malgré tout faire comme d'habitude et assurer la confection des titres, piocher les derniers urgents et brèves, tout doit être parfait, surtout en ce dernier jour historique. Pour la fin du journal, nous avons changé trois fois de scénario, un hommage de cinq minutes a été raccourci à 45 secondes. Ce n'est pas grave, il n'y a que le résultat qui compte et surtout la dignité. L'émotion me gagne mais il faut assurer. Je navigue entre tous les amis pour les derniers réglages. Dorothée filme son père dans la salle de frappe, Christian Brincourt fait des photos. Plus de deux cents personnes sont réunies. Il est 19 h 56, je remets pour la dernière fois le texte de son journal à Patrick et pars vers la régie au milieu d'une cohue indescriptible suivie par les caméras. Une minute plus tard, Patrick se dirige vers le plateau, suivi lui aussi par les objectifs. Jean-Claude Dassier est dans la régie. Le générique retentit.

Le journal est magnifique, bourré d'enquêtes sérieuses et originales. À 20 h 32, nous arrivons à la conclusion de cette édition. Comme tous les jours, Philippe Perrot et Patrick ont dû calibrer lancements et sujets à la seconde près pour rendre à l'heure. C'est le temps de notre séquence animalière. L'image est attendrissante « Et puis dans notre carnet rose, la naissance hier au zoo de Vincennes de quatre girafons. Deux filles et deux garçons qui sont tombés de haut puisqu'en naissant, cet animal fait une chute brutale de deux mètres. Malgré tout, nous leur souhaitons bonne route. Parfois on croit chuter mais on rebondit très vite. » Patrick n'a pas manqué de repartie. J'imagine les téléspectateurs attentifs qui doivent savourer cette allusion personnelle. Après quelques images du volcan Kilauea d'Hawaï, réputé le plus actif du monde, place au lancement du dernier sujet de ce dernier journal. « L'occasion de reparler d'une autre irruption beaucoup plus ancienne celle-là, il s'agit du Vésuve. Depuis hier, l'antique cité d'Herculanum qui avait été engloutie peut se visiter dans le premier musée archéologique virtuel qui s'est ouvert en Italie. » Christine Chapel, bon sang ne peut mentir, son père était aux premières loges en mai 68 pour filmer les manifestants, aura l'honneur de refermer en beauté ces 21 ans de journal télévisé par un commentaire mâtiné d'une pointe d'humour, il en faut.

Patrick revient à l'image pour son dernier message au public de TF1. « On le sait peu mais Shakespeare s'était inspiré du drame d'Herculanum. Il avait écrit un jour : *ce qui ne peut être évité, il faut l'embrasser*. Alors très modestement, puisque je n'ai pu éviter ce qui arrive ce soir, je vous embrasse tous. Et j'embrasse toute la rédaction qui m'accompagne si fidèlement depuis 21 ans. Le succès de ce journal, jamais démenti jusqu'au dernier jour, c'est à elle que nous le devons. À elle et à vous. Ce lien que nous avons tissé ensemble, nul ne peut le défaire. Merci pour votre formidable constance, pour votre confiance. Vous ne pouvez pas savoir comme elles nous sont allées droit au cœur. Cette affection, cette estime, c'est ce qui nous a fait grandir aussi. Merci enfin à TF1 de m'avoir offert deux décennies magnifiques. C'est un métier magique et c'est un bonheur de l'avoir exercé ici. Je vous laisse en de bonnes mains pendant l'été puisque ce sont celles d'Harry Roselmack. Je suis sûr qu'on se reverra très vite. Soyez aussi heureux que cela est possible. Et comme on dit en Bretagne « adieu vat »... Dans un instant la météo d'Évelyne Dhéliat, suivie de *RIS police scientifique*... Bonne soirée à tous... »

Sur le conducteur il était écrit « générique fin ». Mais celui-ci est remplacé ce soir par un florilège des grands moments de télévision de Patrick au journal, avec les présidents de la Ve République et les grandes personnalités du monde qu'il a interrogées pendant toutes ces années. En bas de l'image, un « déroulant » où défilent les noms de tous ceux qui ont participé de près à ce journal pendant 21 ans. Hommage à Michèle Cotta, Pierre Geraud, Gérard Carreyrou, Robert Namias et notre petite équipe, Geneviève Galey, Lionel Charpentier, Rosine Mondor, Virginie Fauroux et le réalisateur, votre narrateur. Un téléspectateur sur deux aura suivi ce dernier journal, 9 610 000 personnes, 49,3 % de parts de marché !

Nous rendons l'antenne. Dans la salle de fabrication, les applaudissements éclatent, longs, nourris et chaleureux. Ils durent, durent, durent de longues minutes avant que Patrick ne paraisse après avoir serré les mains sur le plateau. Le moment est poignant. Dans une pénombre noire de monde, peuplée de centaines de personnes, vedettes de la télévision, grands patrons de la chaîne, techniciens, assistants, journalistes, amis de toujours et proches, cette salve d'applaudissements enfle, portée par une ferveur émotionnelle magnétique et suffocante. Tous les présents pleurent ou versent une larme, je suis à côté de Patrick Le Lay, Patrick lui aussi bouleversé ne prononce aucune parole. Comme Jacques Brel à la fin de son dernier Olympia, Patrick est devant nous, tous ses amis autour de lui, nous sommes tous submergés de bonheur et de tristesse, saisis par l'exaltation et le désarroi, enflammés et meurtris tout autant. Ces applaudissements semblent dire encore un peu de bonheur, non ce n'est pas fini, il faut qu'il y ait un après !

Après ces très longs instants d'éternité il nous déclare, des sanglots dans la voix, en brandissant un petit livre vert :

« On parlera longuement ensemble là-haut au huitième, je vous dirai des proverbes bretons... » Il ne peut en dire plus. Accomplissant une dernière fois les gestes rituels d'après-journal, se démaquiller avec une lingette dans la salle de frappe, un dernier mot à Rosine Mondor, sa maquilleuse et à Virginie Fauroux qui veut une photo avec Patrick, je lui prends le cliché.

Au huitième étage, nous nous retrouvons tous pour un dernier verre de l'amitié. C'est l'occasion d'embrassades, de photos souvenirs et d'un dernier mot avant de prendre la route pour de nouvelles aventures. Plus rien ne sera jamais comme avant. Sur le livre d'or préparé pour le départ de Patrick, j'ai écrit sur la première page avec sa couleur violet fétiche : *Je me souviens de chaque instant de ces vingt et un ans passés à tes côtés, ils resteront comme les plus beaux moments de ma vie.* Chacun de nous va lui porter témoignage de sa gratitude, de l'affection qu'il lui porte ou de l'admiration pour tout ce qu'il a entrepris. Une vie hors normes, flamboyante et romanesque, digne et enrichissante, chaleureuse et amicale. Des mots d'amour, d'amitié ou de mélancolie, des mots du cœur et de l'âme ou des phrases sans prétention, des remerciements, nous sommes heureux d'avoir cheminé ensemble, tout simplement. Patrick prend son micro pour nous dire : « C'est notre choix de rester en famille, pas de journalistes extérieurs ce soir... sauf ceux qui quittent la chaîne » ajoute-t-il dans un éclat de rire général. Geneviève Galey, notre rédactrice en chef, termine sa carrière elle aussi. Elle est acclamée par toute la rédaction qu'elle n'a pourtant pas ménagée. Valérie Nataf lui a concocté un petit mot d'adieu en forme d'hommage ironique et chaleureux : « On a tous en nous quelque chose de Geneviève... » On remet à Patrick la photo géante de la rédaction, noire et blanche, imprimée sur une toile.

Debout dans l'encadrement de la terrasse d'où l'on découvre tout Paris sous un léger crachin, bien dans la tonalité de cet instant, Patrick remercie chaleureusement chacun de nous, livrant à tous ses amis réunis ce soir les anecdotes que vous avez lues dans ce livre, rire pour ne pas pleurer, faire comme si de rien n'était… Et en forme de conclusion de cette journée pas comme les autres, fin d'une aventure exceptionnelle, Patrick nous dira un proverbe breton, d'abord dans sa langue originale avant de nous en livrer la traduction : « Celui qui marche droit trouve toujours son chemin. »

Annexes

Le minute par minute d'un journal

Le 20 heures du 15 mars 2007

UN JOURNAL TÉLÉVISÉ se prépare depuis le matin, la veille, la semaine précédente, quinze jours avant ; la prévision des événements se fait parfois six mois auparavant, comme la Coupe du monde de rugby ou le sommet du G8. Mais tout se fait dans les trois dernières heures, le plus important est réalisé dans les trente dernières minutes, souvent nous modifions nos titres au moment du générique et nous continuons à improviser pendant le journal. Le temps gouverne notre univers. Un mois avant le jour J, les premiers signes avant-coureurs se manifestent à la conférence de prévision, organisée tous les mercredis après-midi dans la grande salle du premier étage. « Gouverner c'est prévoir ». Les journalistes à l'instar des réalisateurs, des responsables politiques, des boursiers ou des chefs d'entreprise, passent leur temps à anticiper afin d'imaginer le déroulement des opérations. Quand une mesure est prise par le gouvernement, nous passons juste après un reportage qui l'illustre. Il n'y a pas de miracle, prévenus plusieurs jours auparavant, nos journalistes ont anticipé.

Février 2007, la campagne présidentielle est dans toutes nos têtes mais l'actualité n'en continue pas moins à régenter nos journaux. Trente jours avant le jeudi 15 mars 2007, à la conférence de prévision du mercredi, les chefs de service annoncent les rendez-vous à ne pas oublier dans les prochaines semaines. En économie, l'inauguration du TGV Est entre Paris et Strasbourg, au chapitre de la justice le procès de l'euthanasie à Périgueux, dans le domaine médical la journée de l'audition. Chacun des participants note ces dates qui seront regroupées dans un dossier distribué à tous. Trente jours, on a le temps de se retourner. Geneviève Galey, la rédactrice en chef, note à la page du jour de son cahier à spirale les sujets qui l'intéressent. Ce jour-là marquera la veille de la clôture des inscriptions sur les listes électorales pour la présidentielle. À la fin de cette conférence, Martin Tzara le responsable des sports évoque Maud Fontenoy qui effectue un tour du monde à la voile depuis quatre mois. Actuellement dans le Pacifique, elle va entrer dans l'océan Indien et risque d'arriver à la Réunion dans une trentaine de jours, il faudra prévoir des moyens sur place. Dans un mois va se dérouler un journal comme les autres bénéficiant d'événements inhabituels, occasion unique de comprendre son fonctionnement dans les moindres détails.

Dans les jours qui suivent, Olivier Santicchi, notre spécialiste ferroviaire rencontre les responsables d'Alstom, de Réseau Ferré de France et de la SNCF pour préparer le record de vitesse du TGV. Ils en profitent pour évoquer ensemble, avec leurs confrères des autres chaînes, une éventuelle retransmission de l'inauguration de la ligne le 15 mars, leur annonçant un feu d'artifice exceptionnel. À Boulogne Caroline Bayle, une des anciennes assistantes de Patrick, journaliste au service médical de la rédaction, a reçu avant-hier par mail, le canal habituel aujourd'hui, les documents évoquant la journée de l'audition. Elle va chercher une histoire pour l'illustrer.

Car nous n'avons plus de soucis à nous faire pour remplir la partie « magazine » du journal télévisé, chaque jour de l'année possède maintenant sa journée, parfois sa semaine ou son année. Le grand écran avait sa « fête du cinéma », les médecins leurs « Entretiens de Bichat » et nos consœurs « la journée de la femme ». Actuellement, pas une fête du calendrier qui ne soit l'occasion d'évoquer la journée de la ville propre, de la pomme verte ou de la dent cariée. Elles sont destinées à faire parler du sujet : très souvent il s'agit d'une maladie ou d'un événement annuel, un métier ou une activité, chaque profession cherche une date libre pour s'y faire une niche, les jours vierges deviennent rares. En ces occasions, les journalistes doivent trouver une histoire. C'est le petit secret chuchoté aux attachées de presse qui proposent une conférence de presse mais les journalistes souhaitent un angle original et si possible personnalisé pour permettre de vendre le sujet à la rédaction et la plupart du temps ce sont eux qui le trouvent. Tous les plans médias issus du monde politique, économique, sportif ou artistique espèrent casser ainsi les barricades élevées autour de nos modestes personnes. Barrières poreuses disent certains, granitiques en ce qui concerne

Patrick qui n'accorde son attention qu'à des causes nobles, humanitaires ou journalistiques comme Reporters Sans Frontières. Certains s'adressent au présentateur ou au directeur de l'Information, d'autres au rédacteur en chef ou à son assistant, aux journalistes concernés ou à toute autre personne déambulant dans les couloirs de la télévision. Toute filière est bonne pour accéder à un sujet, une brève, un mot, une image.

Comment nos choix sont-ils effectués ? Le journal est celui de la rédaction, les deux cents journalistes et leurs JRI qui font des propositions de tournage mais aussi celui de Robert Namias, de Geneviève Galey et de Patrick Poivre d'Arvor. Tous ont la main, mais au final c'est Patrick qui décide du contenu des sujets. C'est l'exception française en vigueur à TF1 à l'inverse du service public. Nos journaux sont à l'image de leurs présentateurs, rédacteurs en chef réels de leurs éditions ayant le titre de directeurs adjoints de l'Information, cumulant choix préalable, décision quotidienne et action en direct. Les conférences de prévision sont un moment de dialogue et d'échanges où s'élabore le futur de l'actualité pour ne rien oublier et lui donner le ton requis, Robert y donne les impulsions nécessaires. À ce moment, les journalistes sont souvent prescripteurs s'ils ont trouvé une histoire inédite ou une idée originale. Lorsqu'un événement à venir est évoqué, Geneviève demande à Patrick s'il faut ou non le « couvrir » et comment. En amont, les regards sont donc multiples. En revanche l'actualité du jour, c'est le monde du présentateur assisté de sa rédactrice en chef qui écoute les propositions concrètes de la rédaction, livrées par l'intermédiaire des chefs d'infos. Patrick et Geneviève influent sur le suivi de ces sujets, infléchissant les angles des uns ou des autres. À la conférence de l'après-midi, le choix final est effectué par Patrick qui donne la touche finale au traitement des sujets et les place dans l'ordre souhaité, donnant ses dernières consignes. Le journal est alors devenu l'œuvre du présentateur.

Mercredi 7 mars 2007
J -une semaine

Ce matin Martin Tzara, le responsable du service des sports, a téléphoné à un de ses journalistes, Jean-Pierre Féret, actuellement en vacances : « Fait gaffe, Maud Fontenoy va arriver à la Réunion plus tôt que prévu, tiens-toi prêt à prendre l'avion dès samedi ! »

C'est l'ordinaire des courses à la voile où le passage de la ligne d'arrivée ne peut jamais être cadré à 24 ou 48 heures près.

Dans l'après-midi, Françoise la responsable de la conférence de prévision, arrive avec un dossier épais qu'elle distribue à tous les participants. Il contient la liste de tous les sujets de la semaine à venir dans tous les domaines, politique, économique, social, informations générales, environnement, société, santé, sport et culture mais aussi les propositions des correspondants en région et celles des bureaux de l'étranger. Pour chacun d'eux quelques lignes de présentation, le responsable du secteur les connaît et défend l'intérêt du sujet en public, la discussion s'engage, le directeur de l'Information anime cette conférence.

François Bachy, le chef du service politique, évoque la campagne électorale, la semaine qui vient sera décisive pour l'obtention des 500 signatures; sept candidats sont déjà assurés de participer, restent les cas d'Arlette Laguiller, Dominique Voynet, Olivier Besancenot et Frédéric Nihous. En tandem avec lui au service économique Philippe Morand fait la liste des sujets prévus jeudi prochain, le ministère doit livrer les chiffres du chômage, une manifestation des salariés d'Alcatel-Lucent est prévue ainsi que l'inauguration du TGV Est. Guillaume Hennette sera chargé de la suivre et de faire éventuellement un direct le soir au 20 heures, pour valoriser l'événement.

Au chapitre judiciaire Laure Debreuil, une ancienne de la Trois aujourd'hui responsable de la Justice, évoque longuement le procès de Périgueux où sera posée la délicate question de l'euthanasie; un médecin et une infirmière passent aux assises, accusés d'avoir aidé à mourir une patiente qui n'avait que quelques heures à vivre. Marie Humbert qui a aidé son fils à mourir sera sur place, Laure annonce qu'elle suivra les audiences. Quand vient le tour de la médecine, Antoine Guélaud parle du succès du 39 19 lancé par le ministère à propos des femmes battues, peut-être pourrait-on en faire un sujet? Il évoque ensuite un reportage proposé par Caroline Bayle en rapport avec la journée de l'audition, il s'agit de suivre un groupe de rock qui fait de la prévention dans les lycées pour sensibiliser les jeunes à la nocivité des décibels.

Le tour de table continue: dans son secteur de l'Éducation, Cyril Auffret signale le palmarès des lycées qui sera fourni mardi par le ministère et rendu public jeudi. On pourrait le traiter en choisissant l'exemple d'un lycée qui a de bons chiffres dans un secteur défavorisé afin d'éviter de focaliser sur Paris, le journaliste n'est pas encore désigné. Depuis le bureau TF1 de Londres, Catherine Jentile a proposé un sujet sur l'abbé Pierre ; il est connu outre-Manche et un hommage doit lui être rendu jeudi prochain. Le responsable du service Société en profite pour évoquer, dans le même esprit, la possibilité d'un reportage à Perpignan où le Secours Catholique organise un défilé de mode avec de vieux vêtements récupérés afin d'aider des personnes en insertion.

Enfin Martin Tzara pour le service des sports annonce que l'arrivée de Maud Fontenoy pourrait se produire dans quelques jours, dès lundi ou mardi mais rien n'est encore certain. Il a prévenu Jean-Pierre Féret, chargé d'aller à la Réunion. Il en profitera pour tourner des sujets destinés au 13 heures de JPP sur le rugby des villages, une série conçue en prévision de la retransmission sur TF1 de la Coupe du monde en septembre prochain. À la date du jeudi 15 mars, le cahier de Geneviève commence à se remplir. Le compte à rebours a commencé.

Vendredi 9 mars

J-5

Martin Tzara, en liaison avec l'organisation de la navigatrice, son « routeur » et l'attachée de presse, téléphone à nouveau à Jean-Pierre Féret pour lui annoncer que finalement l'arrivée de Maud Fontenoy est différée et qu'il peut prendre l'avion pour la Réunion seulement dimanche. Le journaliste prévient son JRI, le cameraman Bernard Guerni et Gilles Parrot, le preneur de son. Ils téléphonent aussitôt au planning montage et au planning son car il faut se dépêcher d'élaborer la feuille de tournage sur l'ordinateur, qui doit être approuvée par la rédactrice en chef du 20 heures et préparer le départ de l'équipe ; il faut réserver les billets d'avion et contacter la comptabilité qui octroie « les frais de missions » qui leur permettront de loger sur place, de se restaurer et de se déplacer avec une voiture de location.

Lundi 12 mars

J-4

Une nouvelle semaine démarre ce matin-là. À 10 h Geneviève Galey, la rédactrice en chef, est à la manœuvre. Son travail consiste à orchestrer le journal de ce lundi mais aussi à préparer celui des trois jours suivants. Dans son cahier à spirale elle a déjà pas mal de sujets, prévus pour jeudi prochain mais il faut compter avec les annulations, elle doit se décider rapidement. Couvrir ou pas un événement est un choix journalistique qui demande de l'expérience et du doigté en se coulant dans les souhaits de Patrick, faire comme il l'aurait décidé, l'exercice est périlleux mais nécessaire, elle ne peut pas tout le temps lui demander son avis. C'est pareil pour nous, à un degré moindre, savoir ce que souhaite Patrick est notre quotidien à tous, d'où l'intérêt d'avoir une équipe à demeure. Au four et au moulin, elle s'informe du procès sur l'euthanasie, un sujet susceptible d'intéresser tous les Français, porteur de grandes émotions. Laure Debreuil, victime d'un empêchement, a désigné Axel Girard qui partira à Périgueux mercredi avec son équipe. Pour l'instant, aucun moyen de direct n'est prévu. Geneviève envisage un reportage avec le compte rendu de l'audience, jeudi matin on verra s'il faut des moyens supplémentaires pour le verdict qui pourrait tomber en fin d'après-midi.

Geneviève est également prévenue de l'ampleur de l'inauguration de la ligne du TGV Est, un feu d'artifice unique au monde est prévu, elle a demandé à Patrick comment il voyait la chose. Un direct est envisagé et négocié avec les chefs de production, les moyens techniques du bureau de Strasbourg seront mis à contribution. Les assistantes du service préparent des images de la construction de la ligne, tournées les mois précédents par Olivier Santicchi ou Guillaume Hennette, alors numéro deux des transports, commandent des infographies pour la confection d'un « encadré », petit sujet explicatif avec des statistiques. Guillaume reçoit un fax de RFF lui confirmant l'emplacement au viaduc de Jaulny pour un direct.

Ce matin-là, Lionel Gendron, jeune journaliste chargé du reportage sur le Secours catholique, prend l'avion à Orly assisté d'un senior à la caméra, Hubert Cazenave, c'est souvent le cas pour harmoniser les tournages. Ils sont à Perpignan une heure plus tard et dès 10h30, ils tournent la préparation des robes destinées à un défilé de mode qui aura lieu à Paris dans 48 heures. Ils réalisent les interviews d'Éric et Monique, les stylistes, plongés avec des couturières bénévoles dans une montagne de tissus, de manteaux et d'objets divers récupérés et recyclés depuis quatre mois grâce à leurs idées. Ils se donnent rendez-vous dans deux jours à Paris et reprennent l'avion, à 17h30 ils sont revenus à Boulogne avec les cassettes.

Mardi 13 mars

J -2

À Boulogne, le responsable du service Éducation voit Geneviève avec la liste du palmarès des lycées communiquée par le ministère. Est-elle d'accord pour un sujet ? Geneviève ayant approuvé, il désigne Anne-Claire Coudray. La jeune journaliste téléphone aussitôt pour prendre ses rendez-vous, elle s'informe auprès de l'attaché de presse et choisi celui de Roubaix, bien classé mais situé en zone difficile. Il lui faut obtenir l'autorisation de tournage du recteur d'Académie et du proviseur du lycée.

Axel Girard, chargé du procès de Perigueux, prépare son tournage ; son assistante lui a préparé un lot de cassettes de Marie Humbert et des lieux où se sont déroulés les faits, il va les emporter avec lui, ils pourront lui servir au moment du montage de son sujet.

Isabelle Marque, journaliste du service médical, une ancienne qui a travaillé avec Martine Allain-Regnault, prend ses rendez-vous aujourd'hui pour tourner un reportage sur les violences conjugales en rapport avec le numéro « Allô femmes battues » mis en place par le gouvernement. Des chiffres communiqués hier montrent l'ampleur d'un phénomène dont on ne parle pas souvent. Elle a trouvé un exemple intéressant à Paris.

Caroline Bayle a fait valider sa feuille de tournage pour son sujet sur l'audition. Elle part avec le cameraman et le preneur de son. Pour l'instant, aucun montage n'est prévu mais la diffusion est envisagée jeudi prochain. Leur premier rendez-vous n'est pas loin du siège de Boulogne, de l'autre côté de la Seine, à l'hôpital européen Georges Pompidou juste à côté du siège de France Télévision. Ils rencontrent le professeur Pierre Bonfils, un otorhinolaryngologiste, spécialiste des problèmes de l'audition. Prochain rendez-vous, une lycéenne, cet après-midi à Issy-les-Moulineaux. Ils rentrent déjeuner à Boulogne. Dans l'après-midi, ils repartent pour filmer le concert d'un groupe de rock afin d'interroger l'animateur d'une association, Peace and Lobe, qui cherche à sensibiliser les jeunes au danger de la musique écoutée trop fort.

Mercredi 14 mars

J-1

Toute la journée, Guillaume Hennette a passé des coups de fil pour prendre des rendez-vous. La SNCF lui a envoyé un mail avec l'heure du rendez-vous à la gare de l'Est pour le départ de la ligne inaugurale avec son accréditation. Sa journée de tournage du lendemain est riche en événements : il doit couvrir le départ de la première rame du TGV, rejoindre un lieu de rendez-vous pour faire le montage et envoyer les images à Boulogne puis se poster pour le direct à 20h.

À 15h30, Axel Girard prend la route de Périgueux pour se rendre au procès de l'euthanasie avec son équipe de tournage et une monteuse. De son côté Anne-Claire Coudray, chargé du portrait du lycée en zone difficile, part pour la gare du Nord avec son équipe où ils prennent le TGV pour Lille, ils arriveront à 19h. Rendez-vous le lendemain au lycée Edmond Rostand de Roubaix.

Jeudi 15 mars 2007

7h30

Guillaume Hennette, svelte et décontracté, l'aisance des jeunes gens volontiers moqueurs et son cameraman, Bertrand Lachat, prennent un taxi pour se rendre à la gare de l'Est pour le départ de la première rame du TGV Est. La gare est vide, la seule agitation est celle des journalistes de presse écrite, radios et télévisions venus échanger leurs accréditations contre un billet. Deux places seulement pour TF1, aussi le preneur de son, également monteur, partira de son côté par la route, ils se retrouveront en Meurthe et Moselle vers 17h.

Quelques minutes plus tôt, Anne Claire Coudray, silhouette élancée, un peu voûtée comme toutes les grandes, cheveux châtains, souvent souriante parfois rêveuse, est en route avec son équipe pour le lycée Edmond Rostand à Roubaix où ils sont attendus par le proviseur.

Patrick se lève et allume la radio. La campagne présidentielle bât son plein. Au menu, les éditos de Catherine Nay sur Europe à 7h40 et celui d'Alain Duhamel à 7h45 sur RTL, le journal de 8 heures de Nicolas Charbonneau sur Europe 1. À ce moment, il a une pensée pour sa « prompteuse », Rosine Mondor, qui fait le prompteur au même moment pour le journaliste d'Europe 1. Ensuite un petit jogging de 20 minutes, pendant que JPP fait sa conférence du 13 heures à Boulogne. Patrick prend sa douche.

Ma journée commence également aux premières notes France Info à 7 h 15, les titres et la revue de presse, puis les éditos et l'invité de Jean-Michel Aphatie ou la revue de presse de Michel Grossior et la chronique économique d'Alexandre de Tarlé. Le journal de 8 heures de France Info ou d'Europe 1, selon les titres, puis l'invité de France Info et celui d'Elkabbach, sans manquer évidemment le sourire de la matinée avec la « revue de presque » de Nicolas Canteloup dont les imitations de Ségolène Royal, « la poulitique », et de Nicolas Sarkozy sont impayables.

9h00

Louis Olivier, jeune journaliste du service économique, frisé, actif en pull-over, lunettes sur le nez, Tintin au pays du social, vient d'arriver à Boulogne. Delphine Kluzek la jolie et souriante blonde responsable des questions sociales, le charge de couvrir la manifestation des salariés d'Alacatel-Lucent. Il prépare aussitôt son tournage et prend ses rendez-vous. Il téléphone aux responsables syndicaux, s'assure de leur présence dans le défilé. Le départ des manifestants est prévu à Vélizy, siège de la société vers 11 h.

Axel Girard, spécialiste des questions de police, brun et râblé, sérieux et très impliqué dans ses enquêtes, téléphone à la rédaction pour obtenir un « SNJ », véhicule équipé d'une antenne relais, pour se laisser la possibilité de donner le verdict en direct car il vient d'apprendre que les jurés vont délibérer dans l'après-midi. Impossible de le manquer, on ne peut prévoir à quelle heure il va tomber.

9h30

Lionel Gendron, brun, cheveux courts, qui fait ses classes dans la rédaction, va réaliser maintenant la deuxième partie de son reportage commencé à Perpignan il y a trois jours, le défilé de mode se déroule à Paris, à la Cité Saint-Martin, salle Van Gogh. Le moment essentiel de cette histoire. Il a demandé aux responsables des plannings d'avoir la même équipe, Hubert Cazenave à la caméra et Pascal Delporte au son. Ils prennent une voiture pour se rendre rue de l'Arsenal, dans le 4e arrondissement.

10h00

Patrick est arrivé en scooter et monte à son bureau du deuxième étage, Geneviève Galey, la rédactrice, a garé sa voiture au parking en sous-sol, son assistant Lionel Charpentier est déjà là pour regarder les dépêches et ne rien manquer, ils ont également écouté les radios. Ils découvrent alors la presse écrite du matin, lisent les titres des quotidiens, se voient quelques minutes pour échanger des idées et préparer la première conférence de rédaction. Geneviève, son cahier à la main, a déjà un programme fourni, une bonne moitié du journal est prêt ou en train de se tourner depuis hier, pendant la nuit où depuis ce matin. La première conférence permet à la rédaction, représentée par les chefs d'info, de proposer le menu du jour tel qu'ils l'ont envisagé, avec leur regard, agrémenté des images extérieures à la chaîne comme les EVN. Patrick ne prend pas de notes à cette réunion, il se contente de commentaires sur chacun des sujets proposés. Les discussions roulent sur l'importance ou pas de tel reportage, des angles choisis, de la faisabilité de tel ou tel sujet, selon les témoins contactés. C'est le moment de la journée où l'on évoque le contenu des sujets, leur nécessité, tout se joue à ce moment-là. Le responsable du planning caméra rédige la liste les sujets à tourner et vérifie ses effectifs, la chef monteuse examine la rotation de ses salles entres les montages dévolus au 13 heures et ceux du 20 heures, les chefs de production notent les demandes de la rédaction en chef pour les satellites et les directs. Les invités en plateau restent le domaine réservé de Patrick, parfois secret et confidentiel, comme la défense et la politique étrangère pour le président de la République.

11h15

Louis Olivier et son cameraman partent de TF1 pour rejoindre Vélizy, siège d'Alcatel-Lucent, par les quais de Seine et la nationale 118, une petite demi-heure leur suffit. Ils tournent quelques plans qui seront envoyés avec une moto pour le 13 heures. Ils ont décidé de prendre le bus avec les salariés pour les accompagner et se rendre avec eux à la manifestation de Paris.

À la Réunion, Jean-Pierre Féret est en mer, à la rencontre du voilier de Maud Fontenoy qui n'est plus qu'à quelques encablures de la ligne d'arrivée virtuelle. Des dizaines de bateaux se pressent au-devant de la navigatrice, donnant lieu à quelques scènes acrobatiques pour capter ses premières réactions ; son preneur de son, la perche suspendue au-dessus de l'embarcation, manque de boire la tasse.

12h30

Le quotidien *Le Monde* est livré dans les bureaux des responsables deux heures avant le grand public. Rentré déjeuner à la maison, je regarde le 12-13 de FR3 mélangé avec le son du journal d'Europe 1, puis le 13 heures de TF1 pour voir les images qui nous seront proposées dans trois heures à la conférence.

Guillaume Hennette dans le TGV tourne des interviews des passagers de cette rame inaugurale. L'un d'eux lui montre le billet « 001 » et lui lance : « ça se collectionne ». Cette incidente lui donne l'idée de la première phrase de son commentaire pour son sujet du soir, « Voilà un billet collector… » Au même moment, le service politique récupère l'allocution de Jacques Chirac prononcée à Paris, tourné par le *pool* de l'Élysée, c'est-à-dire le cameraman d'une chaîne qui donne ses images à tous ses confrères. Ce soir une phrase du chef de l'État, choisie par le service politique, sera intégrée dans le sujet de Guillaume Hennette.

Anne-Claire Coudray vient d'entrer au lycée Edmond Rostand à Roubaix. Les élèves quittent l'établissement pour aller déjeuner, ils ont trois heures pour réaliser leur reportage. Eric Bourbotte son JRI en profite pour tourner des plans extérieurs, Anne-Claire pendant ce temps rencontre la proviseur dans son bureau. La journaliste lui propose une séquence avec Hamza, une élève de première en compagnie de l'infirmière scolaire, pour illustrer le tutorat et une réunion des professeurs qui discuteront du soutien scolaire.

13h00

Alors que JPP prend l'antenne et donne la météo au premier étage à Boulogne, le preneur de son et monteur de Guillaume Hennette, Christophe Nieulac, récupère dans le parking une voiture de TF1 équipée pour le montage des sujets et un moyen de direct et prend aussitôt la route pour Louvigny en Meurthe et Moselle, où il doit retrouver le journaliste et la cameraman dans trois heures chrono.

14h30

Isabelle Marque quitte TF1 en voiture ave sa JRI Anne Barrier et sa preneuse de son Mathilde, dite Corinne Figerou. Elles ont rendez-vous à 15h30 et elle a demandé la présence d'un motard à 17h, rue des Envierges dans le 20e arrondissement, pour la ramener en urgence à Boulogne avec les cassettes afin qu'elle puisse effectuer le montage. Traverser Paris en voiture à l'heure de la sortie des bureaux est trop risqué.

À Boulogne, Françoise Hug, une des responsables du service politique, entre dans une salle de montage pour choisir la phrase de Jacques Chirac qui sera intégrée dans le sujet du TGV. La monteuse, une fois la phrase calée, l'envoie aux « acquisitions » qui l'enregistrent dans une enveloppe numérique.

À Strasbourg, un camion imposant appartenant au bureau local de la chaîne, équipé d'une grosse antenne sur le toit permettant un direct par satellite avec Paris, prend l'autoroute en direction de Jaulny, en Meurthe et Moselle, et doit faire sa jonction vers 17 h 30 avec l'équipe de Guillaume Hennette et la voiture de montage partie de Paris deux heures avant.

15 h 00

Anne-Claire Coudray et son équipe ont fini l'interview de la proviseur et repartent de Roubaix pour se rendre à Lille. Ils rendent la voiture de location et reprennent le TGV pour Paris où l'assistante du service éducation leur a réservé une salle de montage, elle prépare également une infographie, des cassettes d'archives et des informations sur le sujet.

À Boulogne de retour du déjeuner, Caroline Bayle, jeune et charmante petite brune, journaliste du service médical, entre en salle de montage pour construire son sujet. Elle a des chiffres, une accroche, la journée de l'audition et trois séquences, le professeur médical, la lycéenne et le concert de rock. Avec la monteuse, ils regardent les interviews et digitalisent les images. Elle décide de commencer par le concert, séquence animée et colorée pour rentrer dans le sujet, qui illustre parfaitement sa démonstration.

À Périgueux, Axel Girard recueille des témoignages des avocats ou des parties civiles pendant les interruptions d'audience du procès avec sa JRI Karine Bourdais et le preneur de son Bernard Deleporte. Les plaidoiries de la défense sont terminées, les jurés sont réunis pour délibérer. Tout l'art des journalistes de télévision est de livrer l'essentiel en quelques phrases, chaque plan d'un sujet doit être significatif, chaque mot est choisi et négocié, les sonores scrutés avec soin. Le plus important dans nos sujets restent les interviews, nous les appelons les sonores ; obtenir des images et des témoignages est la partie la plus ardue du journaliste de télévision sur le terrain. Imagine-t-on la tête d'un témoin, qui s'est confié discrètement à la terrasse d'un café, révélant des informations exclusives au rédacteur du *Parisien* ou du *Monde*, assis en face de lui ? Il n'a d'ailleurs pas l'air d'un journaliste, juste un petit carnet où il note quelques mots par-ci par-là, voyant le lendemain, après publication de l'article, une armée de journalistes de télévision, sortant d'un véhicule avec des projecteurs, des micros, de grosses caméras, à qui l'on demande devant au moins quatre personnes, sinon beaucoup plus, de raconter aux yeux de tous ce qu'il a murmuré à un confrère qui l'avait circonvenu avec amabilité et souvent extorqué des informations essentielles sans en avoir l'air.

Le téléspectateur ne doit jamais oublier la présence de la caméra et de trois techniciens dans toutes les scènes filmées au journal télévisé. La présence de la caméra change le comportement des gens appelés à témoigner, beaucoup plus que la supposée capillarité entre grands patrons et le pouvoir politique. Un responsable politique repère les caméras, il se compose une tête de circonstance. Devant l'objectif, un syndicaliste devient aussitôt tranchant pour que ses collègues ne puissent le taxer d'opportunisme. La caméra intimide les néophytes, un groupe d'adolescents interrogés devant la caméra, et tout d'un coup cela devient théâtral et parfois violent. Les correspondants en poste à l'étranger ou en reportage en Iran, en Irak ou en Israël, nous racontent combien la présence des caméras provoque immédiatement des réactions exacerbées des foules présentes, il faut beaucoup d'entraînement pour l'oublier et retrouver un semblant de naturel.

Louis Olivier est arrivé dans le défilé parisien avec son cameraman Thierry Valtat pour filmer la manifestation des salariés d'Alcatel-Lucent. Posté aux avant-postes où sont les personnalités, il interroge les responsables syndicaux et repère Arlette Laguiller dans le défilé. Il demande à son opérateur de prise de vues de ne pas la manquer. La campagne présidentielle est en plein boum et le soir même, Arlette devrait porter au Conseil constitutionnel ses 500 signatures, sa présence à la manifestation est importante et symbolique, ce pourrait être l'une des images du jour.

À la Réunion Jean-Pierre Féret, revenu à terre, filme l'accueil triomphal fait à Maud Fontenoy au port de la pointe des Galets. Il la rencontre et lui propose un direct pour le 20 heures, déjà envisagé avec l'attachée de presse ; il fera nuit dans quatre heures, elle a le temps de souffler et de se changer.

15h30

Anne-Claire Coudray et son équipe viennent d'arriver gare du Nord, direction Boulogne le plus rapidement possible. Ayant écouté les derniers titres de France Info dans ma voiture, en sortant du parking, je passe la dalle du nouveau quartier de Boulogne entre les tours de verre et pénètre à TF1 par l'entrée de LCI, je rejoins le troisième étage où se situe le bureau des réalisateurs-assistants et scriptes. J'arrive le premier dans la salle de conférence encore vide, veillant à sa bonne tenue, rangement des sièges et climatisation pour apporter un peu de fraîcheur, ouverture des persiennes car le matin le soleil brille à la conférence de Jean-Pierre Pernaut, fourniture du papier et des stylos, gardien du temple, aide de camp et ordonnance de notre état-major.

Ici, l'Empire met en œuvre ses plans de bataille tous les jours de la semaine, le lieu doit être parfaitement rangé pour que l'esprit puisse y souffler sans contraintes. Le négligé provoque immanquablement la confusion des esprits. Les habitudes bien comprises, par leur répétition, entraînent le surgissement de la liberté. Léo Ferré chantait, nihiliste et provocateur, « le désordre c'est l'ordre moins le pouvoir », notre chanson conférencière quotidienne, pragmatique et consensuelle, exprime plutôt son désir de mettre de l'ordre journalistique dans le désordre ambiant, classer judicieusement le flot sans cesse mouvant de l'actualité. Patrick arrive sur le tard lorsque tous les confrères sont installés, à l'instar des vedettes, accompagné de Geneviève Galey, la rédactrice en chef. Commence alors notre grand-messe à nous, petit groupe privilégié.

16h30

La conférence du 20 heures est appelée par haut-parleur. Elle commence mal. François Bachy, le chef du service politique, nous annonce une dépêche du *Herald Tribune*. Le quotidien américain dans son édition parisienne croit savoir qu'une convocation aurait été envoyée à Jacques Chirac, encore président de la République, pour être entendu comme témoin sur l'affaire des emplois fictifs de la mairie de Paris. Patrick insiste : « Que savez-vous sur cette question ? »

Laure Debreuil, en charge de la Justice, dit avoir téléphoné au Parquet, rien n'a filtré. François Bachy résume la question : « Il n'y a rien de nouveau, la dépêche résume ce que nous savons tous, il n'y a rien de nouveau, pas de convocation ».

Aujourd'hui, c'est la veille de la clôture du dépôt des parrainages au Conseil constitutionnel. Un moment fort de la campagne présidentielle. François Bachy, grand brun toujours élégant et pince-sans-rire, dont les échanges complices avec Patrick sont très souvent le sourire de cette conférence, en profite pour ouvrir le feu et nous informe que Dominique Voynet et Arlette Laguiller doivent déposer leurs 500 signatures dans l'après-midi. D'après ses informations, Voynet en aurait au moins 600, quant à José Bové il lui en manque une trentaine.

Valérie Nataf, une des « grandes » du service politique, toujours pétulante et pleine d'entrain sous son abondante chevelure frisée, prompte à faire un mot d'humour, est chargée ce soir, armée de sa longue expérience, du « journal de campagne ». Elle est assise en bout de la table, derrière mes assistantes, écoutant avec soin les indications de Patrick. « Faites long, dit-il, prenez votre temps. »

Souvent Patrick et un chef d'info évoquent le sujet d'un journaliste sans avoir remarqué qu'il était présent autour de la table, les derniers arrivés sont parfois masqués à nos yeux et cela donne toujours l'occasion de quiproquos amusants. Elle est chargée de regrouper différentes séquences. Isabelle Torre est, avec son JRI Eric Vaillant, devant le Conseil constitutionnel ; ils recueilleront les éventuelles déclarations de Dominique Voynet ou d'Arlette Laguiller, à ce moment-là dans la manifestation parisienne, repérée par Louis Olivier. Nos correspondants en région, Christophe Petraud, Nicole Chastanier et Gabriel Natta, nous enverront des déclarations de Nicolas Sarkozy, José Bové et François Bayrou.

Patrick a changé au forceps les habitudes, héritées des premiers temps de la télévision, où pendant les conférences de rédactions, les sujets nous étaient proposés selon leur stricte attribution par service. Le responsable de la politique intérieure égrenait ses sujets, puis celui du social et ainsi de suite. Maintenant les chefs d'infos se sont partagé l'actualité en deux, la méthode de Robert Namias : chacun a une moitié du journal pour des questions de faisabilité, tout passe par eux, c'est déjà plus lisible. Patrick a souhaité aller encore plus loin en cassant les barrières pour provoquer un rapprochement des sujets par thèmes, une logique que nous mettrons en œuvre dans quelques instants lors de l'élaboration du « conducteur ». Quand on évoque la manifestation des salariés d'Alcatel-Lucent, le service politique doit signaler l'éventuelle présence de l'un des candidats en campagne présidentielle à ce défilé. Tous se sont pliés à cette mécanique.

Ce jour-là Laurent Hauben, sa haute stature et ses cheveux courts, ancien correspondant à Jérusalem, cultivé, aimable et toujours disponible et Pascale Gonod, belle brunette qui fit partie ainsi que François Bachy et Alain Scemama de ce groupe de jeunes stagiaires, frais émoulus sortis des écoles de journalisme, triant les dépêches au desk que Jean-Marie Cavada dès son arrivée en 1981 comme directeur de l'Information fit monter d'un cran pour les intégrer à la rédaction. Nous les appelons la « promotion Cavada ». Ils nous présentent les sujets du jour, chacun la moitié du journal. L'un d'eux coiffe l'actualité de la journée depuis le matin, son alter ego a fait le 13 heures et raccroche ses wagons à son confrère. Ils doivent faire des propositions chaque matin, choisir les sujets et les journalistes qui les traiteront en suivant sa réalisation toute la journée jusqu'à la dernière minute, jouant le rôle du *producer* à l'américaine. Seule différence, ils impulsent les sujets mais ne les confectionnent pas, leur terrain d'investigation reste la rédaction, ses bureaux et leurs téléphones, un vrai parcours du cœur « sportif ». Patrick sait déjà que le conducteur sera facile à écrire, l'ouverture va de soi. Il semble fatigué mais il plaisantera comme d'habitude, ça met du cœur à l'ouvrage.

17h00

Les chefs d'info, journalistes et responsables techniques quittent maintenant la salle de conférence. Seuls restent « les fabricants » du journal, notre petite équipe, nous allons élaborer le conducteur. L'ouverture est évidente : l'inauguration de la ligne du TGV Est déclinée en plusieurs épisodes, d'abord le direct, puis le reportage de Guillaume Hennette sur l'inauguration, incluant la phrase de Jacques Chirac, puis le direct de Hennette au viaduc de Jaulny deux minutes plus tard, juste au moment où le feu d'artifice passera derrière lui et pour finir, le petit sujet explicatif de Thomas Horeau sur la construction de cette ligne, les chiffres marquants et les statistiques. En gros, six minutes. Un accident de car dans la Nièvre s'impose juste derrière, c'est une affaire de transports, il servira d'accroche au sujet sur les ceintures de sécurité dans les cars de ramassage scolaire. Une enquête sera déclenchée donc derrière on passe à la justice, logique imparable. Le procès de Périgueux est placé là mais le verdict reste « flottant », on ne sait à quelle heure il tombera, reportage suivi d'images sur le verdict du tribunal de

Versailles d'un jeune qui avait filmé l'agression de son professeur, ces images seront suivies d'informations données par infographie sur les nouvelles prisons. Patrick trouve alors l'enchaînement subtil pour la disparition de Lucie Aubrac, car elle a fait évader de manière spectaculaire son époux pendant la guerre, action mémorable de résistance. À ce moment, un instant de réflexion s'impose. Selon les calculs savants de la chef d'édition, deux tiers d'images, un tiers de plateau de PPDA, il est à peu près 20 h 11.

Aller à l'étranger ou à la politique. Les trois interrogations essentielles sont toujours : qu'est-ce qui est le plus important, le plus récent dans l'actualité du soir et enfin comment procéder aux enchaînements. L'étranger aujourd'hui, c'est la présence de Dominique de Villepin à l'ONU, une visite de courtoise au nouveau secrétaire général puis un attentat à Bagdad et la composition du nouveau gouvernement palestinien à Gaza, deux actualités plus ou moins récurrentes, c'est aussi le sujet de Catherine Jentile sur Emmaüs en Grande-Bretagne et la confession aux États-Unis du détenu de Guantanamo sur le 11 septembre, deux sujets que nous qualifierions de *feature*, de magazine.

En revanche en politique, c'est la dernière ligne droite pour le dépôt des candidatures à la présidentielle avec une incertitude sur les noms des candidats et peut-être une surprise pendant le journal sur les 500 signatures ; c'est également les chiffres du chômage qui tomberont près de l'antenne et la manifestation des salariés d'Alacatel-Lucent, symbole des délocalisations. Le choix s'impose de lui-même avec un rebond direct de la campagne électorale à Villepin à l'ONU, c'est du cousu main.

Donc nous passons à la suite de la composition du conducteur : la manifestation des salariés d'Alacatel-Lucent, suivie d'une autre actualité très chaude, c'est logique, les chiffres du chômage qui vont « tomber » vers 19 h 30, ce qui nous amène logiquement au journal de la campagne présidentielle. Enchaîné aussitôt, présidentielle pour présidentiable, la visite du premier ministre Dominique de Villepin aux Nations Unies pour saluer Ban Ki-Moon. Comme nous sommes aux États-Unis, le sujet de Nahida Nakad sur le détenu de Guantanamo suivi, logique de fer, par le terrorisme en Irak avec l'attentat de Bagdad et, toujours au Proche-Orient, par la composition du nouveau gouvernement palestinien où le Hamas prend les armes. Des fusils, il en est également question dans ces images du Kenya où un bûcher a été confectionné pour en brûler des milliers, pays anglophone, le retour des otages éthiopiens à Londres, suivi toujours à Londres de l'hommage à l'abbé Pierre enchaîné et du sujet de Catherine Jentile sur Emmaüs en Grande-Bretagne. Les enchaînements sont évidents et logiques, c'est une histoire naturelle qui va se dérouler à l'antenne, sans heurts, un kaléidoscope de politique étrangère. Faire mieux, ce serait insupportable ! Il est à peu près 20 h 20 dans nos prévisions.

Après Emmaüs, évidemment enchaînement logique avec le sujet concernant le Secours catholique et toujours aussi logiquement le problème des femmes battues, avec l'accroche du lancement d'une campagne illustrée par Isabelle Marque. Nous sommes au cœur de problèmes de santé, le sujet de Caroline Bayle sur la journée de l'audition s'impose suivi de quelques images d'une manifestation des personnels hospitaliers. Autre difficulté pour les personnes modestes, un sujet sur les ascenseurs en panne dans les HLM et passant des cités à l'école, le sujet sur le palmarès des lycées, choisi à Roubaix par Anne-Claire Coudray.

À cet endroit du journal, nous mettons le plus souvent le reste de l'actualité, certains petits sujets « magazine », comme cette image dans la série « La vie des animaux » en hommage à Claude Darget et Frédéric Rossif, celle d'un léopard filmé à Bornéo, une espèce en danger. Il est environ 20 h 30 dans nos calculs. Naturellement pour finir est prévu le direct avec Maud Fontenoy. Il sera 20 h 35. Nous nous séparons non sans avoir fait la liste des titres, eux-mêmes évidents. Six titres ce soir : le TGV, Lucie Aubrac, la campagne présidentielle, la manif Alcatel, les aveux de Guantanamo et Maud Fontenoy.

Quand tout ce travail est terminé, Patrick déchire soigneusement la liste des sujets, ne gardant que celle où il a inscrit l'ordre désormais définitif de son journal. On n'y revient pas, plus de brouillon, ce qui est écrit est gravé maintenant pour le reste de l'après-midi et dans nos mémoires. On se lève et chacun rejoint son bureau et ses activités. Fin de l'acte un.

17 h 20

La conférence est terminée, je laisse les journalistes vérifier leurs informations à propos de Jacques Chirac. De mon côté, je vais voir le chef de production qui me propose deux points de direct possible à 20 h 01 : le départ du feu d'artifice géant à Paris et, à 20 h 03, notre envoyé spécial Guillaume Hennette en direct à Jaulny pour voir passer le feu qui roule à 5 000 kilomètres heure de Paris à Strasbourg en 3 minutes. Il m'informe également de la possibilité d'utiliser un *pool* d'images, fourni par la SNCF, qui montrera l'avancée du feu d'artifice à partir d'un avion, en même temps il faudra montrer Maud Fontenoy à la Réunion dans les titres.

À dix mètres de moi, Anne-Claire Coudray que j'ai saluée d'une bise, entre dans la salle de montage. Elle a les images de son sujet sur le lycée dans la tête et elle l'explique à sa monteuse, le moment le plus redouté d'un montage est l'écoute les sonores pour choisir la bonne phrase. Elle croise Thomas Horeau, chargé de « l'encadré » présentant la nouvelle ligne du TGV Est, qui entre lui aussi en montage. À sa disposition, les images des reportages tournés depuis plusieurs mois sur la construction de la ligne, des infographies et des cartes. Lionel Gendron vient d'arriver à Boulogne et passe derrière moi dans la salle de fabrication. Je lui tourne le dos mais entends sa voix, étant penché sur mon ordinateur, il se dirige vers sa salle de montage pour finaliser son sujet avec les cassettes du tournage de Perpignan et celles du tournage parisien qu'il vient de terminer. Il faut maintenant « digitaliser » les images, transformer les impulsions « magnétiques » en icônes numériques sur les ordinateurs, cela prend le temps réel du tournage, il ne faut donc pas ramener trop de cassettes.

17h30

En Meurthe et Moselle, la voiture de Christophe Nieulac est arrivée à Louvigny où il récupère Guillaume Hennette et Bertrand Lachat ; ils se rendent maintenant au viaduc de Jaulny qu'il faut trouver, ce n'est pas évident. Ils arrivent au bout d'un champ. C'est l'hiver, il fait froid, quelques dizaines de personnes sont déjà là pour assister au feu d'artifice. Guillaume Hennette s'installe et commence le montage de son sujet sur l'inauguration du TGV. Il a deux heures chrono.

Louis Olivier est de retour à Boulogne avec ses cassettes de la manifestation d'Alcatel-Lucent et se rend directement au planning montage, au premier étage, pour se faire attribuer une salle, il lui reste deux heures pour monter son sujet « à l'arraché » mais les sujets de manifestations ne sont pas difficiles à monter, un peu d'ambiance, deux trois sonores et le tour est joué. Mais il téléphone à François Bachy, pourtant au bout du couloir, pour lui signaler qu'il a un « sonore » d'Arlette Laguiller.

17h45

Le camion en provenance de Strasbourg, après moult appels téléphoniques avec Bertrand Lachat, fait sa jonction avec la voiture de TF1 dans le champ à côté du viaduc de Jaulny où Guillaume Hennette et Christophe Nieulac montent dans la voiture la première séquence du sujet avec le départ de la gare de l'Est. Tout le monde s'arrête de travailler et met la main à la pâte pour brancher les câbles entre la voiture et le camion afin de pouvoir réaliser l'envoi du sujet à Paris et le direct.

À Boulogne pour l'équipe de fabrication, c'est l'heure de la journée avec un certain battement. Le journal est sur les rails. Au deuxième étage, Poivre s'informe de l'avancée de l'actualité en regardant les titres de LCI, lit *Le Monde*, élabore certains lancements en prenant des notes et répond à son courrier ou aux coups de fils. La rédactrice en chef, Geneviève Galey, voit les journalistes et passe des appels téléphoniques pour s'assurer de la bonne marche des tournages en cours ou préparer ceux du lendemain, alertant Patrick situé dans le bureau voisin quand il faut changer le « conducteur », non sans avoir prévenu en même temps le chef d'édition. J'ai commencé à consulter les dépêches pour préparer les titres dans la salle de fabrication ; dans cinq minutes, on va m'appeler pour enregistrer les bulletins météorologiques avec Évelyne Dheliat. J'ai juste le temps de me rendre à la machine à café, au bout du couloir des salles de montage. C'est ma potion magique. Je suis le spécialiste de l'expresso tonique.

Patrick, lorsqu'il est arrivé d'Antenne 2, me disait le sourire en coin : « Chez nos réalisateurs maison, nous avions un spécialiste du noir à l'antenne… » Devant la machine à café, je teste mes réflexes car dans notre métier ils sont le début de la prudence ! Évidemment ces distributeurs automatiques offrent un café fadasse et trop sucré. J'ai donc inventé une manière originale, le bouton enfoncé, le gobelet tombe suivi de sa dose de sucre, je retire le gobelet, avale quelques grammes de sucre, pas toute la dose, il y en a toujours trop, le bon café n'est pas sucré comme disait ma mère qui en mettait trois morceaux. Je replace le gobelet dans sa goulotte en suspension, laisse couler quelques centilitres et retire le tout avant la fin pour lui garder son aspect expresso, le reste n'étant que de l'eau. À ce prix, ayant vaincu la bête, j'obtiens un express chaud et agréable à regarder au goût unique. Les réflexes doivent être justes sinon c'est la catastrophe, du sucre resté dans le gobelet, le doigt brûlé par le liquide brûlant ou un café trop allongé. J'assure gratuitement le spectacle tous les après-midi de semaine, du lundi au jeudi à Boulogne, au premier étage de l'immeuble de TF1 avec un certain succès. Gwenaëlle Bellec, belle blonde à la voix prenante et au regard limpide, me voyant œuvrer de la sorte, se précipita pour rattraper le gobelet et nous partons tous les deux d'un fou rire avec Patrick Ninine, le spécialiste des trafics en tous genres, jamais le dernier pour faire un mot d'humour.

C'est souvent l'heure d'arrivée de nos invités personnels auxquels j'offre justement un petit café. Passés la porte d'entrée, accueillis par de charmantes hôtesses, une question les taraude, ils demandent aussitôt : « Où sont enregistrées les émissions ? »

Ils imaginent notre tour comme une ruche où sont fabriqués leurs programmes préférés. Ma réponse les étonne franchement : « Nous ne produisons ici que le journal télévisé et les magazines sportifs, rien d'autre. »

Je leur montre ensuite la salle de conférence et leur explique notre réunion qui vient de se terminer pour établir le « conducteur ». Une deuxième question fuse : « Il est là, Poivre ? »

Je les rassure puis leur montre le plateau et la régie, ils m'interrogent pour la troisième fois. : « À quoi sert le réalisateur au journal télévisé ?

— Mettre à l'antenne les images du journal en appuyant sur des boutons ! »

Devant leur mine étonnée, je détaille un peu. La fonction du réalisateur est de diriger les techniciens pour mettre physiquement l'émission à l'antenne en appuyant sur des boutons. Le metteur en scène doit connaître l'image, le son, les décors, la lumière, les plateaux et doit avoir du goût et le sens de l'image pour réussir un cocktail agréable à regarder, enfin dans la hiérarchie c'est un cadre supérieur qui met en œuvre son charisme pour commander les hommes. C'est rarement une vedette, son rôle est précisément de les mettre en valeur, pas de prendre leur place, même si nous avons aussi nos réalisateurs vedettes. Les journalistes naturellement rêvent de tout diriger et, même s'ils le pouvaient, la réalisation de leur journal. Aussi notre position de dirigeant a toujours obéi à une sorte d'entente cordiale avec eux, appuyée sur des intérêts biens compris. Ils veulent bien nous accorder une parcelle de leur territoire mais bien limitée dans le temps et l'espace. À l'intérieur des chaînes, nous dépendons de la direction de l'Information, mais étant intermittent du spectacle, seul un travail impeccable, apprécié et reconnu nous permet de perdurer à notre poste éjectable comme celui du présentateur.

18h00

Ils m'accompagnent maintenant sur le plateau de la météo, avides de voir une vedette de près. À 18h, j'enregistre comme tous les jours, avec Évelyne Dheliat, les trois bulletins météorologiques, celui que nous appelons le « 23 heures », malgré sa diffusion nocturne bien après minuit a gardé son nom. Évelyne Dheliat me dit effarée qu'en rentrant d'une soirée chez des amis samedi dernier, elle vit le bulletin de Sébastien Folin passer à 4h30 du matin, comme « Vol de Nuit » de Patrick qui passe parfois à une heure du matin !

Toujours pimpante, élégante, souriante, ne dédaignant pas l'humour, Évelyne a commencé dans l'équipe des speakerines de TF1 avec Denise Fabre. elle a longtemps animé « la Maison de TF1 » et fait son entrée dans l'équipe de la météo dirigée à l'époque par Alain Gillot-Pétré, aujourd'hui disparu. Elle a pris la suite et dirige sa petite équipe, Catherine Laborde, comédienne, sœur de Françoise qui présente le 20 heures de France 2, et Sébastien Folin que j'ai vu arriver un après-midi en droite ligne de la Réunion pour faire un premier essai. Brillant, vif et drôle, Gillot avait trouvé un successeur, dès son premier bulletin… Mais on ne pourra m'en vouloir de ma complicité fusionnelle avec la belle Évelyne tous les jours de la semaine, l'enregistrement des bulletins météo est une fête, notre petit duo fonctionne à merveille, je suis devenu grâce à elle un spécialiste des anticyclones.

Depuis mardi, elle annonce sans discontinuer que les températures vont se refroidir. Nous sommes au printemps en hiver, l'après-midi il fait 16 degrés. Dans chacun des trois bulletins enregistrés, elle annonce au moins quatre fois le retour du froid, et comme nous avons recommencé deux fois le premier enregistrement, faites le compte, le fou rire nous a pris, en studio et en régie. Je lui lance au micro : « Tu payes le champagne si demain il fait chaud ! »

18h30

Dans la salle des acquisitions où la météo vient d'être enregistrée, arrive un appel du technicien du camion stationné en Meurthe et Moselle qui souhaite faire des essais de satellite. Tout marche bien, il demande maintenant qu'on lui envoie la phrase de Jacques Chirac, stockée dans une « enveloppe » numérique. Il faut cinq minutes, le technicien sur place prévient Guillaume Hennette qu'il peut l'intégrer à son montage.

À la fin de l'enregistrement de la météo d'Evelyne Dheliat, les lumières du fond bleu éteintes, arrive sur le plateau un groupe d'invités de marque anglo-saxons. C'est l'heure de la mise en place du plateau pour le 20 heures. Je demande l'éclairage du studio et convoque mes équipes. Sont présents le cadreur de la caméra de Patrick et celui des caméras robotisées, les éclairagistes, mon assistante-réalisatrice et les chefs de plateau, Yann, Jacky ou Christian, selon les soirs de la semaine, ils ont le casque sur les oreilles pendant le JT et ne perdent rien de nos conversations. Des anciens comme moi, nous avons en commun d'avoir connu les années de l'ORTF et les heures héroïques de TF1 ou de d'Antenne 2 à Cognacq-Jay, aussi je les écoute comme ils m'écoutent, nous ne sommes pas dupes des postures des uns ou des autres. Yann et Jacky sont très souvent d'accord avec moi, Christian pour m'embêter m'appelle avec componction « Monsieur le metteur en scène », un reste du fond corporatiste qui perdure aujourd'hui sur notre plateau new-look et virtualisé.

La mise en place du plateau est compliquée car Poivre devra commenter des images en direct. Je réunis mes équipes : Myriam en plateau, Charlotte ma scripte et leur fait la lecture du conducteur, à chaque effet nous mettons en place avec les chefs de plateau les bonnes caméras aux bons endroits, pour certains effets, nous avons moins d'une minute pour changer de configuration. J'amuse mes techniciens ou mes assistantes en leur racontant les dessous de la journée ou des anecdotes de l'Histoire de la télévision qu'elles n'ont pas connues. Je m'offre à eux tous avec beaucoup de naturel, n'omettant rien de mes défauts mais exigeant en retour une rigueur totale. Nos mises en place se jouent sur des centimètres ou des secondes, c'est très précis et le facteur humain est primordial, je dois pouvoir compter sur eux. Pour ne rien arranger, ce soir-là une des femmes de l'équipe technique part à la retraite et organise un pot d'adieu. Elle n'a pas choisi la bonne journée, j'ai à peine le temps de la féliciter ! Je préviens Patrick qu'il aura quatre images différentes sur ses récepteurs, le retour antenne, les directs de Paris, de Meurthe et Moselle mais aussi les images d'un *pool* offert par l'organisateur avec des vues d'avions du feu d'artifice.

En régie j'ai ce soir-là Olivier Just, un nouveau truquiste qui doit faire sa première prestation. Un gars sympathique, je l'ai vu monter des images pour les titres, donc un type polyvalent à cheval sur la régie et le montage. Qu'auriez-vous fait à ma place ? Un 20 heures pareil est tout sauf un banc d'essai, il faudra énormément improviser. Je décide de lui donner sa chance l'ayant vu la veille, j'ai senti qu'il avait les nerfs, c'est le plus important, ses gestes techniques je peux les surveiller. Je pense aussi que toute sa vie il se souviendra avec émotion de cette journée où il a débuté avec sérénité parce que je lui ai fait confiance. Je dis à Sadek, un de mes copains truquistes, qui s'occupe de lui : « Tu vois les anciens sont utiles, je prends des risques pour former les jeunes. »

Les Anglo-Saxons assistent à notre petit ballet technique. Je leur dis quelques mots en anglais pour les divertir, pratiquant peu la langue de Shakespeare, mais suffisamment pour me faire comprendre, me mettant dans la peau d'un animateur de talk-show américain qui vend son affaire. « Vous avez vu les présentateurs de CNN, un homme une femme, au garde à vous, quand l'un parle, l'autre doit se composer une tête de circonstance, nous à TF1 comme nous avons une vedette, nous la montrons en gros plan. » Le gars de CNN était plié de rire, d'autres venaient de la BBC ou de Channel Four. Le responsable des visites de TF1 m'a confié que six mois plus tard ils lui en parlent encore ! Je leur avais vendu notre chaîne avec humour. Passant la porte vitrée, je me retrouve dans la salle de fabrication où je m'attelle aux titres du journal.

18h40

À Boulogne sur Seine, au premier étage de TF1, tout notre dispositif a été habilement regroupé autour de la salle de fabrication, grande pièce aux tons ocre, vaste et spacieuse, assez basse de plafond, plutôt sombre, le cœur de notre dispositif, dans les radios à Europe 1 c'est « le bocal », moderne, lumineux et central qui s'anime vers 18h30. Notre activité est concentrée géographiquement car nous devons nous voir et nous parler durant la préparation comme les joueurs de football sur une pelouse quand un adversaire arrive par l'arrière. « Parlez-vous » ne cesse de dire Patrick à ses confrères, chaque service gardant jalousement ses informations. Si Patrick, avec juste raison, souhaite casser les barrières pour améliorer le contenu de son journal, dans mon travail je casse également les codes artistiques, journalistiques ou professionnels afin d'obtenir la perfection à l'antenne.

En venant des ascenseurs, le visiteur découvre à gauche la salle de frappe vitrée du présentateur, le saint des saints, en face un long couloir où sont disposées les 14 salles de montage, en face un escalier mène au deuxième étage où le « bar de l'info » accueille les invités, au centre une grande table circulaire au dessin agréable, au milieu de laquelle trône un grand mur d'images où une douzaine d'écrans donnent une vision très complète de la marche du monde en direct, chaînes d'info en continu, réseau intérieur, chaînes historiques ou satellitaires, au mur des pendules donnant l'heure des cinq continents. À droite, les entrées du plateau et de la régie, juste à côté des salles techniques où arrivent les images ; du regard, on embrasse les trois.

Le mobilier épuré de cet espace se réduit à cette vaste table circulaire d'une vingtaine de mètres de circonférence où une dizaine de personnes peuvent consulter des ordinateurs à écran plat dernière génération qui œuvrent à la vitesse de l'éclair. Toutes les professions se croisent ici : éclairagistes, cameramen et journalistes, assistantes, présentateurs ou réalisateurs, vedettes invitées au journal. Des pendules électroniques, aux cristaux rouge vif, égrenant la marche du temps, sont accrochées aux murs pour pallier d'éventuels décalages horaires qui se jouent en secondes. Quand un discours du président de la République est programmé, les chefs de production me livrent un fax du service de presse de l'Élysée, indiquant que l'image sera visible au quatrième top de l'horloge parlante. À charge pour Patrick et moi d'être à l'unisson afin de tomber pile, lui dans ses phrases de lancement et moi pour l'affichage des images. Je demande au chef de plateau de vérifier les horloges. Patrick aura mis de côté quelques brèves afin de pallier un éventuel blanc, mais dans toute notre carrière commune il est toujours tombé pile, dernière phrase et hop ! l'Élysée en direct ! En général, un drapeau bleu-blanc-rouge est proposé cinq secondes avant le top fatidique.

Francine Buchi, ancienne copine de FR3, j'ai réalisé son journal à l'époque du Soir 3, entre préoccupée, sa longue silhouette sérieuse, bien coiffée, comme sortant de chez le coiffeur. Je m'escrime sur mon ordinateur à la recherche des dépêches, elle s'assied à côté de moi, pour vérifier si des nouvelles de dernière minute ne viennent pas troubler la facture des sujets du jour dans son domaine devenu depuis quelques années un des plus importants, écologie, nature, environnement, énergies renouvelables, réchauffement climatique, effet de serre, agriculture bio, carburants verts et j'en passe évidemment. Elle me dit à brûle-pourpoint :

« Jacques, tu me rassures.

— Dans quel sens ?

— Te voir à la même place tous les jours, c'est rassurant ! »

C'est vrai je suis casanier, de toute façon le journal est casanier, pas les grands reporters mais l'équipe de fabrication, nous sommes tous les jours à la même place, aux mêmes tâches, effectuant les mêmes gestes aux mêmes moments de la journée. Cela nous permet ainsi de perfectionner nos pratiques, de les pousser dans leurs ultimes retranchements, toujours au plus juste, au plus serré, au plus fin, comme les manœuvres de virement de bord sur un voilier.

Philippe Morand appelle Guillaume Hennette pour lui demander à quelle heure il sera prêt pour envoyer son sujet qui est pratiquement l'ouverture du journal. Pas avant 19 h 30, lui dit-il.

19 h 00

Le sort de notre journal se joue maintenant dans une salle pourvue d'écrans dernière génération où l'état-major du 20 heures visionne les sujets, les reportages et les titres. Tout ce qui apparaît à l'antenne est ici décrypté, vérifié, modifié s'il le faut. Une fois sur deux, on demande au journaliste de refaire son commentaire, de changer un sonore un peu trop long ou de raccourcir son sujet. Ma scripte est dans cette salle de visionnage qui est également une salle de voisinage vu son exiguïté, pour noter les noms des gens qui parlent et prendre le minutage des sujets.

Commence alors la course pour terminer dans les temps. Les journalistes en voient de toutes les couleurs sur le « Naos », le conducteur du journal, les sujets sont affichés soit en vert, rouge, orange ou bleu. Souvent, ils viennent me voir et me demandent : « De quelle couleur est mon sujet ? » C'est le ballet des « enveloppes numériques ». Ils attendent le verdict de la rédaction en chef et soufflent quand leur sujet passe au vert, c'est-à-dire visionné et validé. En revanche les autres couleurs annoncent des problèmes : rouge le sujet est fait mais pas encore arrivé ou validé, orange une modification reste à faire, bleu une modification est demandée mais n'a pas été pas faite, jaune une nouvelle version est en cours mais l'envoi n'a pas fonctionné.

19h15

La folie gagne les deux salles de mixage où les journalistes entrent dans une des deux cabines insonorisées pour lire leur commentaire devant un micro pendant le déroulement des images. Dans le couloir se groupent les journalistes qui ont fini leurs sujets. Comme ils finissent tous en même temps, c'est la queue et il faut prendre son tour. Michel Scott, haute stature et cheveux courts, ancien grand reporter, chargé ce soir d'évoquer la vie de Lucie Aubrac, est prêt pour son mixage. Il demande à Caroline Bayle, dont la diffusion est prévue vers 20h20, si elle peut lui laisser son tour, « bon n'y reviens pas… » dit-elle, contrariée mais compréhensive. Christiane, notre élégante responsable du planning montage, ordonne le flot en faisant passer en premier les sujets placés au début du journal car le plus souvent les « journalistes-rédacteurs », c'est leur titre officiel, n'auront le temps de lire leur commentaire qu'une seule fois.

D'où une ambiance de cour de récréation agitée. Louis Olivier a terminé le montage de son reportage sur Alcatel-Lucent, il fait maintenant lui aussi la queue pour mixer son sujet qui passe assez haut dans le conducteur. Isabelle Marque vient de terminer, elle s'enquiert auprès de sa monteuse si elle a bien envoyé le sujet dans l'enveloppe numérique afin qu'il puisse être visionné par Geneviève Galey qui vient justement de visionner son sujet, il faut changer un adjectif. Lionel s'assied à côté de moi et consulte Internet pour s'assurer de la tournure grammaticale qui fait débat, à cette heure-là, les mots, les adjectifs, les adverbes et les qualificatifs prennent valeur d'information et les oreilles vigilantes de la rédactrice en chef ne laissent rien passer. Ce qui est facile à la radio, changer un mot à cinq secondes de l'antenne, ou dans la presse écrite, en effacer un à deux minutes du bouclage, devient un exploit technique à la télévision.

Les fautes de français énervent Patrick. Il a reçu le Prix Roland Dorgeles qui récompense les professionnels de l'audiovisuel qui « illustrent le mieux la langue française ». Cette distinction a du prix pour un journaliste jouant avec les mots tous les soirs en direct, avec la difficulté inhérente aux écueils à éviter entre les néologismes ou les anglicismes ; il les évoque souvent dans nos rapides conférences après le journal, très critique envers les confrères qui se laissent aller lorsqu'un journaliste prononce *Bruqueselles* alors qu'il faut dire *brusselles*.

« Le navire est arrivé sur site. Arrêtez avec ce langage militaire ! Vous êtes sur zone, vous ? » dit-il levant les yeux au ciel.

Quant à celui qui a oublié la liaison avec les *zeuros*, il a droit à une sévère réprimande. Le débat s'ouvre aussi un soir sur l'accord du verbe ; par exemple : « une centaine de manifestants *a* été interpellé ou *ont* été interpellés », la mode joue son rôle, le « *a* » est tendance, la grammaire accepte les deux, l'oreille et Patrick préfèrent le « *ont* ». Autre débat : le périple ; sans arrêt des journalistes confondent un aller-retour avec un périple qui est un voyage circulaire. Le vocabulaire a bien changé, nous voilà confrontés à des néologismes. Qu'est-ce que j'entends sur les ondes de nos radios ? Dans les rues, il n'y a plus seulement le froid mais le « ressenti » du froid, les économistes parlent des actions qui « surperforment » et « impactent » nos décisions, les jeunes évoquent le « dance floor » au lieu de la piste de danse et puis tout devient maintenant « pérenne » avec « empathie » et il ne faut pas louper le « buzz » ou les derniers disques dans « les bacs ». Chez Patrick, le « prime-time » reste le programme du soir, le « weed-end » est une « fin de semaine », comme vous ne trouverez pas chez lui de « leader », mais des chefs ou des patrons. On « n'acte » pas une décision, elle est validée et l'on ne commente pas le dernier « opus » d'un cinéaste, mais son dernier film. Quant aux sportifs, ils consomment sans modération ces exagérations linguistiques en faisant flèche de tout bois : telle équipe va « jouer » l'adversaire et ils vont « scorer » si l'équipe joue un « gros match » en prenant les points, naturellement ! Le rugby, qui est pourtant un sport anglo-saxon par tous les pores de sa peau, a ses propres expressions qui n'ont rien de britanniques, venant de nos terroirs méridionaux : la cravate, une cuillère, une chistéra (la passe par-derrière), la mêlée, la cocotte ou la pénalité.

Geneviève s'inquiète de l'ouverture. Hennette est-il prêt ? Souvent quand c'est possible, le rédacteur en chef demande un sujet « secours ». Un journaliste présent à Boulogne s'empare des images disponibles et fait un commentaire au cas où le sujet principal serait en retard. Ce soir-là, vu les contraintes de toutes sortes, aucune parade. Elle regarde Pascale Gonod qui comprend et sort de la salle de visionnage et arrive à côté de moi, elle appelle l'assistante de son service « News » où sont regroupés tous les reportages : « Appelle-moi Hennette d'urgence, s'il te plaît. »

Trente secondes plus tard, le téléphone sonne. Pascale Gonod décroche :

« Allô Guillaume, tu en es où ?

— Je commence mon mixage, dans dix minutes maximum j'envoie le sujet. »

C'est l'heure des « unilatérales », des images qui sont envoyées par satellite de France ou de l'étranger. Elles seront réceptionnées au service des « acquisitions », situé juste à côté de la régie. Le reportage d'Olivier Bertrand sur l'absence de ceintures de sécurité dans les autocars de ramassage scolaire vient d'arriver. Juste après Catherine Jentile, envoi de Londres l'hommage à l'abbé Pierre tourné aujourd'hui et son reportage sur Emaüs en Grande-Bretagne tourné la veille. Les techniciens enregistrent maintenant les images de la visite de Dominique de Villepin à l'ONU et le cameraman qui a tourné la manifestation des personnels hospitaliers envoie les siennes. Stephan Servant, le coordinateur entre TF1 et LCI, est au téléphone pour informer son rédacteur en chef dans l'aile nord, siège de LCI, de l'existence de ces images.

19h30

Plusieurs univers se croisent alors dans la salle de fabrication. Les journalistes qui ont fini leur montage, les chefs d'info qui viennent téléphoner ou de simples curieux de passage font leur entrée, la plupart d'entre eux ont maintenant terminé leur longue journée, ils arpentent alors cet espace de 200 mètres carrés, parlent entre eux à haute voix de leur vie quotidienne, leur arrivée s'apparente à une promenade, un dernier tour de piste réjouissant avant le départ et le retour à la maison. J'ai terminé les titres mais scrute en même temps les dernières dépêches en les rangeant sous forme d'un dossier de brèves pour Patrick. Je travaille dans un bruit assourdissant, Patrick dans le silence absolu. Un journaliste assis à côté s'amuse de l'intitulé de « Jean Limouzin, responsable de la FDSEA de Vendée » vu sur nos écrans. Préoccupé par mes dépêches, je n'y avais pas fait attention. Sophie, mon assistante me lance : « Jacques, sois plus réactif... ! » Éclat de rire général.

Il est vrai, chaque soir au journal, immanquablement le colonel des pompiers s'appelle Farci, Bernie Lacaille est chasseur, Nicole le Roux coiffeuse, Guy Verredot spécialiste de la vinification, et le professeur Bellepomme écrit un rapport sur les pesticides ! Mickey Arénou, la vedette de notre petite équipe d'assistants-réalisateurs, cruciverbiste renommé qui, chaque jour, réussit consciencieusement les mots croisés du *Monde*, n'est jamais le dernier pour inventer une saillie originale ou un petit mot d'humour ou d'humeur sur les uns et les autres. Nous moquons les journalistes, certains pourtant présents depuis des lustres, qui découvrent la lune et la fabrication de notre journal à quelques minutes de l'antenne, nous demandant où est leur lancement et si Mickey a bien rentré leurs « incrustes » (ce sont tous les noms et titres des témoins interrogés dans nos reportages).

19h45

Au milieu de cette chaude atmosphère, la haute silhouette de Patrick apparaît, décontracté et concentré. Nos locaux, salle de fabrication, régies et studios ont été sécurisés 45 minutes plus tôt. Hier un planton a fait barrage à Patrick, il avait dû recevoir la consigne de ne laisser passer « personne ». Habituellement ils ouvrent la porte à son arrivée, pour lui éviter de « badger » ; le gars devait débarquer de la planète Mars, un agacement a surgi, Patrick est arrivé furieux. Mais généralement, neuf fois sur dix, il nous arrive heureux et souriant. Il vaut mieux à ce moment-là, si l'on a une information à lui communiquer, qu'elle soit pertinente et le dire vite car ce n'est plus l'heure des fariboles, chaque seconde compte. D'ailleurs quand c'est le cas, il répond en se contentant d'un hochement de tête, l'air de dire on verra plus tard. Il pousse alors la porte vitrée de la salle dédiée aux présentateurs, saluant sa petite cour féminine, rassurante et conviviale : Rosine, son assistante pour la frappe, chaque jour fidèle au poste et la maquilleuse intermittente, donc jamais la même, deux ou trois mots d'amabilité, de convivialité, d'humour ou de gentillesse, pour se mettre en jambes, sourire aux lèvres, son moment à lui.

« La rose ou la bleue ? » Il a souvent deux cravates à la main et leur demande laquelle se marie le mieux avec son costume ou son teint du jour, parfois bronzé après un voyage lointain ou légèrement rosi dans les premiers jours du printemps quand le soleil procure ses premières bouffées de chaleur. *Vox populi, vox dei*, mais comme en toutes choses, il se garde le *final cut*. Patrick est toujours élégant, en général veste sombre et chemise claire, costume bleu nuit chemise blanche, cravates de soie ou satinées dans les tons rouges, jaunes ou bleutées ; très souvent, il voit des responsables politiques à l'heure du déjeuner et il paraît à l'antenne comme à la ville. Harry en revanche est en basket et tee-shirt dans la journée, il s'habille juste avant de passer devant la caméra, comme Claire Chazal.

Dans cette petite salle vitrée donnant sur la cour, éclairée par la lumière du jour et les projecteurs d'une table de maquillage, je maintiens une température fraîche. Jusqu'à une date récente, j'affichais 19 degrés sur l'écran du climatiseur. Aujourd'hui avec Rosine qui est d'origine guadeloupéenne, nous préférons une température de 21,5 degrés. Patrick ne peut travailler que dans une atmosphère de fraîcheur, nécessaire quand on a peu de temps et qu'il faut être parfaitement réveillé. D'ailleurs son plateau est appelé « le frigidaire ». Poivre a devant lui deux écrans où il peut voir LCI et les matchs en cours sur les chaînes sportives et un écran divisé en deux où apparaissent les dernières dépêches et le texte qu'il a écrit dans la journée, retouché par son assistante après des corrections écrites de sa main. Une place est laissée pour les titres du journal qu'il va maintenant dicter pour lesquels je lui ai préparé des fiches. Sur son bureau, j'ai déposé les dernières brèves et le conducteur, j'en ai également donné un exemplaire à Rosine pour qu'elle puisse suivre le déroulement. Patrick s'installe le plus souvent devant la table de maquillage, semblable à celle des théâtres avec ses lampes si caractéristiques du monde du spectacle auquel nous appartenons, qu'on le veuille ou non.

L'ordinateur du présentateur a donné lieu à un affrontement feutré que je pourrai nommer la « guerre des fontes ». Préparant la salle de frappe de Poivre comme la salle de conférence, j'ai donc choisi des lettres « arial », bien lisibles ; cependant chaque jour, après les passages de Jean-Pierre Pernaut, Claire Chazal, Jean-Marc Sylvestre ou Jacques Legros, je retrouvais systématiquement en début d'après-midi cet ordinateur avec d'autres réglages. Un jour, au bout de dix ans de lutte, je les découvre inchangés, les autres présentateurs avaient accepté ce choix, de guerre lasse ou consenti je ne sais pas. Comme quoi, il faut être tenace dans la vie !

Des informations de dernière minute surgissent, « bulletins », « urgents » ou déclarations, je prends soin de les glisser à Patrick, le temps de les imprimer, quelques secondes suffisent. Ces 15 minutes précédant l'antenne sont tendues, chacun de nos gestes est mesuré, millimétré, rythmé comme un moment de grande tension où tout s'accélère. Patrick a choisi d'œuvrer au dernier moment. « J'aime travailler dans l'urgence, les rares moments où je suis arrivé à huit heures moins cinq, j'étais moins bon au début du journal. Quand j'arrive au dernier moment, je suis très excité. »

Les feuilles du texte corrigé de la main de Patrick et saisi par Virginie Fauroux, celui qui fait foi après de multiples rédactions, m'arrivent par le biais d'une imprimante située à côté de mon bureau, depuis la salle de Virginie. Mon assistante les trie et j'en récupère trois exemplaires. Le jeu de Patrick, celui qu'il lira à l'antenne, celui de la chef d'édition avec lequel elle calculera le temps du journal et le mien où je note mes indications de rythme et d'illustration. Ces trois paquets de trente pages chacun sont sacrés, sans eux l'antenne est en danger, je veille pendant les dix dernières minutes à ce que personne n'y touche mais la salle de fabrication est alors remplie d'une foule bigarrée et insouciante.

Pour réussir ce rush de dernière minute, garder les nerfs et notre efficacité, nous avons inventé une démarche de protection faite d'un bougonnement de bon aloi, marcher serein en courant dans la tête, offrir sourire et décontraction alors qu'on est crispé, lancer un mot d'humour pour conjurer le destin. Le journal est une mécanique. Les strates accumulées au cours des années nous ont amenés à créer ce ballet artistique, psychologique et professionnel, où nos gestes sont enveloppés de mystère pour le profane. Au fil du temps et des années, il arrive même que notre seconde nature, devenue habituelle, prenne le pas sur nos affects et nos collaborateurs étonnés nous voient plaisanter et discourir avec calme et sérénité, plaisants et conviviaux face à la tornade, parfois farceurs, étrangeté de l'antenne qui transfigure ses officiants.

Face au groupe humain désordonné et joyeux, bruyant et agité qui peuple désormais la salle de fabrication, échangeant blagues de potaches ou regard curieux, Rosine, Patrick, la maquilleuse, mon assistante et moi restons ultra-concentrés, loin de tout cet univers, tendus vers la réalisation d'une flopée de gestes et de paroles qui vont se retrouver à l'antenne dans quelques instants. Dans nos métiers, et a fortiori dans notre système sans filet, pas le droit à l'erreur, ce qui est dit est fait et se retrouvera à l'antenne cinq minutes plus tard. C'est le peloton du Tour de France à un kilomètre de l'arrivée. À l'arrière, le gros de la troupe roule calmement pour rester dans les temps, s'étant battu dans la journée pour les sprints de bonification ; leur travail est maintenant terminé, alors qu'à l'avant, trois ou quatre challengers vont aborder le sprint final, épaulés par leurs équipiers qui tentent de se frayer un passage dans la mêlée pour les mettre en orbite.

Guillaume Hennette vient d'envoyer son reportage sur l'inauguration de la ligne TGV, il va falloir faire fissa pour le montrer à Geneviève, c'est le rush final pour les sujets. La ligne satellite reste opérationnelle, elle servira pour le direct dans un quart d'heure. Une minute plus tard, Antoine Laura envoie son sujet sur les ascenseurs en panne.

19h50

Assis devant la grande table circulaire à trois mètres de la cabine vitrée de Patrick, je suis maintenant relativement serein. Patrick a dicté la moitié de ses titres, je consulte plusieurs pages de mon ordinateur à la fois, les dernières dépêches, un coup d'œil sur le prompteur, un autre sur le conducteur pour prendre connaissance des changements de dernière minute ; je vais également donner à la régie toute proche les dernières directives aux techniciens car j'ai deux fers au feu, à la fois assistant de Patrick et réalisateur du journal. Je dois veiller à la mise en route de l'émission, avec toutes les déclinaisons habituelles de la réalisation et en même temps répondre aux demandes de Patrick, lui fournir un renseignement ou chercher une précision sur les dépêches, chargé de ne louper aucune information jusqu'à l'ultime seconde du générique et de réussir la prise d'antenne. Travaillant de concert avec la rédaction et avec les techniciens, j'en éprouve les contraintes à ce moment-là mais pour en toucher aussitôt les dividendes car étant plongé dans le contenu du journal, je suis plus à même d'en déjouer les pièges une fois à l'antenne.

Aussi éjecté avec chaleur et humour mais fermement, le journaliste ou chef d'info qui ne voit pas malice à s'installer benoîtement devant mon ordinateur devant lequel sont posés les trois jeux de feuilles sacrées, s'il y touche tout est perdu ou pour regarder le conducteur, alors qu'entre deux allées et venues je dois visionner mon écran, devenu intouchable dans les dernières minutes, afin de ne pas louper la brève qui va changer le cours de notre ouverture. Pendant la grande grève de novembre l'urgent de la CFDT, demandant l'arrêt de la grève, est tombée à moins neuf. Aussitôt je la donne à Patrick et cela change l'architecture de ses titres et de notre ouverture. Impossible de la manquer ! Étonné d'être gentiment rembarré par mon sourire ironique, celui qui après vingt ans de maison me demande encore, comme la semaine dernière, à sept minutes du début, où se trouve la feuille de son lancement, le bureau de l'assistante de Poivre ou son numéro de téléphone. Dans ces minutes-là, même très entourés, nous vivons des moments de grande solitude !

En premier lieu, il s'agit de surmonter le trac. Patrick, dans ses années passées au 20 heures d'Antenne 2, devait descendre en plateau au moins dix minutes à l'avance pour que les techniciens puissent régler le « fond bleu », réglage électronique sur la couleur de son costume et de son visage. Ces longues minutes en studio, précédant la délivrance de la musique du générique, ont forgé sa conviction : attendre trop longtemps ne vaut rien aux sprinters et provoque des faux départs, comme au cent mètres.

Dicter ses titres au dernier moment obéit également à des raisons journalistiques car plus ils sont composés tardivement, plus ils collent à l'actualité et même à l'atmosphère de l'instant. Les dépêches les plus importantes « tombent » après 19 h. Aussi pour les habitués de l'info, l'ambiance change très rapidement d'une minute à l'autre, un attentat en Algérie à dix minutes de l'antenne, il faut l'intégrer dans les titres changeant leur configuration, pas d'images, nous mettrons une carte, six personnes à prévenir. Mais également une information qui traîne depuis le matin, la convocation des parents de la petite Mady, au Portugal, tout d'un coup ils sont mis en examen, une heure avant l'antenne, les analyses affluent, le sujet remonte dans la hiérarchie du journal, on attend d'une minute à l'autre une déclaration. Le choix de la dictée à la volée du dernier moment semble donc pertinent ; vu l'heure aucune rature n'est possible, le choix du premier jet de l'instinct est toujours le meilleur. Depuis le matin sur l'information, ayant déjà tout dans la tête, il est temps pour Patrick d'en livrer la substantifique moelle. Et puis cet exercice de haute volée consistant à concrétiser les titres juste avant de les annoncer à l'antenne le rassure sur l'excellence de son art et sa maîtrise du journal, le confortant dans sa place de premier de la classe. Aussi ces instants nous appartiennent en propre et, pendant ces quinze minutes, je fais office d'ordonnance et d'aide de camp, manœuvres d'enveloppement destinées à ne pas troubler sa concentration. La rédactrice en chef et les chefs d'édition ont un accès direct à la salle de frappe, pour les autres je pourvois à leurs demandes, leur indiquant la marche à suivre transmettant les demandes de Poivre, lui indiquant le résultat d'un match à dix minutes de la fin. Il faudra en dire un mot dans les titres, un regard, un geste, un clignement des paupières suffit à me renseigner sur ses souhaits, triant demandes et requêtes des journalistes, comme sur le champ de bataille, afin de ne laisser filtrer que l'essentiel.

À Jaulny, Guillaume Hennette n'a pas beaucoup de temps. Il n'y a pas de cabine, rien, il doit se déshabiller sur place pour enfiler une chemise et une veste dans le froid de la nuit tombée, à quelques mètres des spectateurs dont le nombre augmente depuis quelques minutes. Bertrand Lachat a mis en place le plateau avec un éclairage, ils sont en surplomb, en plein air, leur éclairage se voit de très loin et les spectateurs sont attirés par le spectacle. Pas besoin de notes pour son direct, il connaît son affaire mais évidemment il est tendu, l'ouverture d'un 20 heures en vrai direct avec Patrick, sur une distance aléatoire, est une responsabilité. Pour se détendre en musique, il branche ses écouteurs.

À Boulogne la folie vient de commencer : je me plains au chef d'édition, à quatre minutes de l'antenne le titre en images sur la voile n'est pas encore monté, a-t-il même été envisagé, pas le temps de poser la question, seule l'antenne compte, j'en demande un d'urgence. Maud Fontenoy à la Réunion ne sera peut-être pas à sa place devant la caméra pour le direct, juste au moment des titres, il me faut des images !

Sur ces entrefaites Philippe Morand, du service économique, donc en charge de la SNCF ce soir-là, déboule en salle de fabrication et me dit : « Tu as deux interventions d'Hennette ? »

Je lui réponds : « Non, une seule. »

Il est avec Guillaume au téléphone et lui transmet la directive. Sur ce, le chef de production arrive avec un conducteur sur papier de plusieurs pages qu'il me tend benoîtement : « Tu veux le programme prévu par la SNCF ? »

C'est évidemment le moment le mieux choisi, à trois minutes de l'antenne pour me présenter un document de dix pages !

Là-dessus, mon truquiste Olivier vient m'annoncer gentiment que je ne pourrai pas avoir l'image de Guillaume Hennette dès le début du journal car Maud Fontenoy, elle aussi en direct dans les titres, occupe le canal synchronisé. La minute a passé très vite, je regarde la pendule, il est temps de clore la préparation et de passer à l'action.

À ce moment, des invités passent dans la salle de fabrication, accompagnés selon leur rang d'un certain nombre de responsables de la chaîne, les invités personnels accompagnés par nos hôtesses se dirigent vers mes assistantes qui les convoient en plateau. Je bénéficie d'équipes importantes et dévouées. Patrick a toujours défendu la présence des personnels « historiques » de nos métiers, assistants-réalistateurs en plateau, cameramen et chefs de plateau, pour assurer la fluidité du JT. Cette liberté de mouvement, nous l'avons obtenue grâce à des réussites répétées et nous entretenons une complémentarité active avec ces collaborateurs, qui a fait la fortune de notre journal. Nous jouons collectif une partition de solistes.

Très souvent, au dernier moment, Patrick est confronté à la prononciation des noms propres. L'actualité est grande pourvoyeuse de patronymes souvent exotiques. Le lundi 22 octobre, nous donnions dans les titres les résultats des élections suisses et polonaises, les deux frères Kazcinsky, deux droites gagnantes à deux jours du Grenelle de l'Environnement. On sait les noms polonais difficilement lisibles et imprononçables au commun des mortels. Patrick me demande :

« Tu dis *quachinsqui*, toi ?

— Oui, c'est ce que j'ai entendu à radio. »

Je sors rapidement de la salle de frappe et demande à Laurent Hauben, chef d'info du jour ; il me propose d'appeler Gauthier Rybinski. Je lui réponds : « Attends, il va nous donner une prononciation à la polonaise… »

Je demande à deux autres journalistes croisés dans le couloir et à Geneviève qui confirme cette phonétique et je reviens voir Patrick :

« Selon, Geneviève c'est bon.

— Et le Suisse Blocher, c'est Philippe son prénom ? Je voudrais être sûr… »

Je sors de salle et me souviens illico que *Le Monde* avait passé une photo dans l'édition du soir, le journal est précieusement posé sur mon bureau, je le garde dans la journée pour des moments comme celui-là. Jamais d'à peu près avec Patrick, très exigeant, même s'il délègue énormément, il veut tout savoir. Il est alors 19 h 55, dans une minute je dois me diriger vers la régie. Pas le temps de nous parler, une image vaut dix mille mots. Je reviens dans la salle frappe et lui montre la photo avec la légende en forme de titre « Philippe Blocher ».

19 h 56

À deux minutes de l'antenne, je livre à Patrick son texte et me dirige vers la régie où m'attendent les techniciens. Patrick se lève, prend le paquet de feuilles que je viens de lui donner, se regarde dans la glace pour vérifier les derniers détails de son costume et se dirige vers le plateau, accompagné de mon assistante, de Rosine et de la maquilleuse. Il me faut trente secondes pour rejoindre ma place au centre de la régie, saluant mes camarades d'un sonore : « Jeunes gens, la récréation est terminée. »

J'ai tout résolu par l'humour, c'est le « Jacquot show », selon le mot de Sophie, une de mes assistantes, mes équipes m'attendent, ils me le disent dans la journée, on adore participer à ton 20 heures, je me produis pour eux quatre soirs par semaine, gardant l'esprit des pionniers !

Dans une régie on ne regarde pas le journal, on le fait. Depuis toujours, les techniciens aiment travailler dans la pénombre. J'ai apporté ma pierre et décidé que nous effectuerions le journal en pleine lumière, permettant ainsi d'effectuer un tri rapide entre nos collègues de bonne humeur, fatigués ou affûtés, le facteur humain étant quoi qu'on en pense aussi important que la compétence technique des uns ou des autres. Mais l'antenne réserve toujours des surprises, nous avons cela en commun avec Patrick, nous sommes toujours meilleurs dans l'urgence, cette adrénaline d'où naissent la bonne décision, le geste exact et le mot précis, nous aimons être bluffés. J'affiche à l'antenne les sujets que j'ai moi-même envoyés en appuyant sur un des quatre départs disponibles. Ils me sont fournis physiquement par le chef d'édition et ses assistants, placés derrière moi. Nous avons quatre voies, ce qui a donné lieu à des incidents mémorables.

À TF1 et France 2, les réalisateurs appuient sur les boutons, nos homologues américains n'y touchent pas et se contentent de signes à leurs truquistes comme les Italiens ou les Espagnols qu'ils appellent le *switchman*. Nous pratiquons un système mixte : je me place devant une forêt de boutons, la « barre antenne » quand nous recevons un invité où seul compte alors l'enchaînement des sept ou huit caméras ; pour le reste, je me sers d'une « barre déportée », une petite plaquette comportant seulement quatre ou cinq départs, le truquiste me prépare les effets et je les passe à l'antenne, aussi notre attelage crée un duo réalisateur-truquiste, très proches physiquement et mentalement, partageant risques et impondérables, où la précision, l'amitié et la compréhension mutuelle sont nécessaires. Patrick joue la même partition en duo avec sa prompteuse Rosine.

Assis à 1 minute 30 secondes avant le journal, je passe en revue rapidement la mise en ordre des titres, j'ai une cinquantaine d'écrans et deux ordinateurs devant moi, non sans ajouter un petit mot d'humour destiné à détendre mes collaborateurs. Patrick est adoré par la rédaction, il me semble être aussi apprécié de mes grognards de la régie. Les vieilles habitudes du chacun pour soi règnent encore ici où là, mais j'ai rapidement mis le holà et demandé à tous un effort de jeu collectif. Rien ne passe à l'antenne que je ne l'ai vu et préalablement mis en scène oralement avec mes techniciens. Je sais exactement ce que je veux, à moi de trouver les mots et l'entrain nécessaire, il n'est pas d'émotion ni d'information sans perfection technique. Dans une régie de télévision, six personnes sont au premier rang et fabriquent réellement l'antenne. À gauche, le technicien ayant tapé sur sa machine à écrire électronique les mots placés sur l'écran. À ses côtés, mon assistant qui a collationné toute la journée ces renseignements. À côté de lui, le spécialiste des images électroniques, des cartes ou des photos. Puis juste à ma gauche, la scripte qui me prévient de l'arrivée d'une interview et du « mot de fin » du sujet. À ma droite, le truquiste et, derrière une vitre, les ingénieurs du son. Moins une, l'heure des réjouissances approche, il s'agit de ne pas se louper !

19h57

À ce moment Patrick est en route pour l'antenne, l'avant-dernière publicité est diffusée sur l'antenne, il vient de passer la porte vitrée du studio, il lui reste une quinzaine de mètres à effectuer. Il arrive en plateau, traversant l'arrière-scène, forêt de câbles posées à terre, cinq caméras sont dirigées vers lui, un petit regard à l'équipe qui change tous les jours, le chef de plateau, le cameraman, les éventuels invités assis dans la pénombre derrière notre dispositif où se trouve son assistante et sa prompteuse. La dernière publicité passe maintenant, il s'assied sur son siège. Il a devant lui quatre écrans incrustés dans la table du journal, les dépêches, TF1, France 2 et le retour d'une caméra verticale où il peut poser des livres ou des revues en les disposant lui-même sans intervention de notre part. Tout de suite, il appelle la chef d'édition pour savoir si tout est prêt. Elle vient d'entrer elle aussi en régie et lui confirme par l'oreillette que le premier sujet est en place.

Comme souvent les titres sont en désordre dans la machine, je dois parer à l'accident. Reste trente secondes pour effectuer le changement. Et comme à chaque direct en extérieur, Maud Fontenoy à moins d'une minute de l'antenne, n'est pas devant notre caméra.

Un technicien barbu fait des essais de son, je demande d'une voix forte pour être entendu du chef de production qu'on mette la navigatrice à l'image, on me répond qu'on fait des essais de son, je m'en étais aperçu ! Quelques secondes avant l'antenne, le titre en image sur la voile arrive enfin dans le canal prévu. J'ai bien fait de m'énerver trois minutes avant.

Le clip avec les trois lettres TF1 passe à l'antenne, signant la fin des publicités, le générique va retentir dans cinq secondes. Nous donnons le top de l'ouverture, le chef de production et moi en régie, Patrick en plateau, le rythme doit être parfait, les mots justes et l'exécution impeccable, chaque prise d'antenne est le résultat d'une œuvre collective. Patrick donne l'information par sa voix, j'assure le tempo des enchaînements et le suis en passant la bonne image au bon moment. Nous ne devons pas donner le sentiment de nous attendre, ce qui arrive si souvent dans d'autres JT où le présentateur s'arrête de parler quand l'effet n'est pas au rendez-vous. Nous avons gommé ces erreurs de débutants, privilégiant l'antenne, elle seule compte, pas nos ego. Qu'il soit en avance et moi en retard ou le contraire, le téléspectateur ne s'aperçoit de rien car nous sommes à l'écoute l'un de l'autre.

En toutes occasions, tout juste avant de donner le top, je scrute l'attitude physique du présentateur, l'ambiance particulière de cette journée, l'humeur de nos collaborateurs, l'œil attentif à l'antenne, à nos propres écrans, la lumière est-elle bonne, la cravate de Patrick est-elle bien mise, n'y a-t-il pas d'énervement en plateau à cause d'un invité, Patrick aussi est attentif à ce moment aux caractères de ses plus proches collaborateurs, s'ils sont énervés les calmer, s'ils sont endormis les réveiller, un mot sympathique ou amusant n'est pas inutile, tout doit être concentré pile au bon moment pour donner l'impulsion au journal. Il faut du charisme à ce moment pour plier la technique et les hommes au service de l'information.

19h59

Générique

Les premières notes de la musique du générique retentissent fortement en régie, je l'ai réglé ainsi pour « réveiller les morts » et concentrer l'attention. Patrick s'assied souvent pendant ce générique où son nom apparaît.

20 h 00

Patrick Poivre D'Arvor

Dix secondes ont passé d'entrelacs bleutés, il est temps de faire surgir Patrick à l'antenne. Il apparaît en fondu-enchaîné, ellipse à la manière cinématographique, la date du jour « 15 mars » placée à sa droite en haut du cadre. Il porte un complet bleu pétrole, une cravate camaïeux légèrement plus claire et une chemise blanche.

> « Mesdames, Messieurs, bonsoir, voici les titres de ce jeudi… Dans tout juste deux minutes vous allez pouvoir assister à l'embrasement de l'ensemble de la ligne du TGV Est entre Paris et Strasbourg, ce sera le feu d'artifice le plus rapide du monde, il va parcourir la ligne en trois minutes à plus de 5 000 kilomètres heure…
>
> … Lucie Aubrac nous a quittés, grande figure de la Résistance, une des fondatrices du réseau « Libération » en zone sud, épouse de Raymond Aubrac, proche de Jean Moulin, évadé de manière très spectaculaire ; elle avait 94 ans… Disparue également Nicole Stéphane, héroïne du Silence de la mer…
>
> … À la veille de la clôture des inscriptions à la présidentielle, avec les dépôts d'Arlette Laguiller et Dominique Voynet, neuf candidats sont déjà assurés d'être en lice au premier tour. Olivier Besancenot et Frédéric Nihous se rendront demain au Conseil constitutionnel mais on ne sait pas encore s'ils ont les précieuses signatures…
>
> … Plusieurs milliers de salariés européens d'Alcatel-Lucent ont manifesté aujourd'hui à Paris contre le plan annoncé de 4 500 suppressions de postes en Europe à la suite de la fusion d'Alcatel avec l'Américain Lucent…
>
> … Le cerveau présumé des attentats du 11 septembre, Khalid Cheikh Mohamed, en a revendiqué la responsabilité lors d'un interrogatoire à Guantanamo ; selon lui, il serait également à l'origine des attentats de Bali et de la première action contre le World Trace Center…
>
> … Et puis à la fin de ce journal, nous aurons le plaisir de retrouver Maud Fontenoy qui vient de mettre pied à terre tout à l'heure, au port de la Pointe des galets à la Réunion, après avoir effectué son tour du monde autour de l'hémisphère sud, à contre-courant et contre les vents dominants… »

On a vu la séquence de son arrivée en mer et de l'accueil dans la journée, on l'a aperçue en direct, j'ai passé l'image, il fait nuit maintenant à la Réunion.

Un événement national, une disparition, de la politique, du social, de l'étranger et du sport en direct, ces titres à eux seuls montrent bien que le journal de Patrick s'exprime dès cette ouverture en images comme un tout, un ensemble, un bloc comme la couverture ou la « une » d'un quotidien, les grands chapitres que l'on retrouvera à l'intérieur, un grand journal avec de nombreux directs où tous les sujets du jour seront traités.

Les termes eux-mêmes, les mots sont choisis avec soin et l'exploit n'est pas mince car ils l'ont été très rapidement, juste dix minutes avant, à l'image de ses « facilités » bien connues, « *l'embrasement* » de la ligne TGV fait rêver d'avance, « *neuf candidats en lice* » et « *les précieuses signatures* », la campagne présidentielle est en surchauffe, pleine de rebondissements, Maud Fontenoy qui vient de « *mettre pied à terre* » au « *port de la Pointe des Galets à la Réunion* », on y est déjà ! Patrick fait vivre l'information comme un roman au-delà de son aspect factuel, c'est son côté littéraire. À ce moment, nous sommes en direct pur. Patrick a dicté quelques lignes d'introduction mais après c'est le grand saut dans le vide. Normalement, dans quelques secondes, le feu d'artifice, prévu pour 20 h 01 doit commencer.

Le regard qu'il offre au téléspectateur est amical mais garde la bonne distance, impliqué mais pas complice, témoin de l'actualité, nullement les mains liées par son sujet, léger sourire quand il le faut, le clin d'œil est dans la voix pas dans le texte.

> « Après cinq ans de travaux pharaoniques, le TGV Est a donc été inauguré aujourd'hui avec faste, point d'orgue de cette journée ; dans quelques instants le plus long et le plus rapide feu d'artifice du monde qui va parcourir en trois minutes les trois cents kilomètres de la ligne (il regarde furtivement le grand écran du plateau) à une vitesse de 5 400 kilomètres heure, 3 000 torches vont s'allumer (nouveau regard à droite) progressivement pour former un trait de lumière qui symbolise l'arrivée de la grande vitesse dans l'Est de la France (il pense certainement à sa ville natale à ce moment-là), c'est-à-dire jusqu'à Strasbourg… (pensée furtive à ses études)… »

Je passe à ce moment le plan large où l'on aperçoit le grand écran où le feu d'artifice aurait dû démarrer ; surprise et trahison, on voit arriver le gros plan d'un gars de la SNCF qui présente son affaire, je reviens au plan de Patrick.

> … qui ne sera qu'à 2 h 20 de Paris (il ralentit le débit de sa parole en attendant le top du départ)… Auparavant, Jacques Chirac avait convié à l'Élysée tous les partenaires de ce projet (regards furtifs à l'écran) mais le chef de l'État n'a pas accompagné (il a fait la liaison) ses invités à bord du train inaugural, laissant la place à son ministre des Transports. »

Ça y est, sur l'écran apparaît une image symbolique, KM 0 qui s'illumine comme un feu de bengale rougeoyant.

> «... Vous le voyez à l'instant, le démarrage au kilomètre zéro de ce gigantesque embrasement, on n'avait jamais vu de feu d'artifice aussi rapide... »

Je passe rapidement un plan large, très large du plateau où l'on voit l'embrasement sur tous les écrans, puis l'image des torches qui s'illuminent d'un avion sur les images de la SNCF, le feu d'artifice a commencé, avec 40 secondes de retard sur l'horaire prévu.

Nous découvrons le spectacle. Il se présente finalement comme un reportage de trois minutes en direct avec des moyens énormes. Juste avant d'entrer en plateau, j'avais dit à Poivre : « Tu me fais un signe pour revenir. »

Patrick adore ces moments-là : « Je n'ai pas de réel stress à l'antenne, j'aime qu'il se passe des choses pendant le direct, que ce soit compliqué, difficile. » Le feu d'artifice occupe l'antenne.

> « ... vous le voyez... déjà la Marne... maintenant la Meuse, dans quelques instants la Lorraine. Le résumé de la journée avec Guillaume Hennette et Bertrand Lachat. »

Pendant le reportage de Guillaume Hennette je prépare le retour en plateau, je ne dois surtout pas manquer l'arrivée du feu d'artifice passant devant notre caméra à 5 000 kilomètres heure, au viaduc de Jaulny en Meurthe et Moselle où se tient Guillaume Hennette en direct, accroche-toi Jeannot. J'avais trois écrans à scruter en même temps. Après la diffusion de son sujet, retour au direct, Patrick lance Guillaume Hennette :

> « Guillaume, le feu d'artifice vous a-t-il rattrapé, pas encore apparemment ?
> — Ça va arriver dans quelques minutes, derrière moi c'est le viaduc de Jaulny, l'ouvrage le plus élevé de la ligne du TGV Est, des centaines de personnes sont venues là pour assister à cet événement, 200 artificiers ont travaillé pendant six mois... »

Soudain sur un petit écran de contrôle, je vois le passage du feu d'artifice et bascule sur nos images, je chope Guillaume Hennette et le feu passant derrière lui. On a beaucoup improvisé avec mon truquiste Olivier, mais il est calme et souriant, attentif et dévoué, toutes les qualités requises. On voit les torches s'allumer derrière l'envoyé spécial. Patrick le signale, comme d'habitude il voit tout :

« … Voilà il est passé…

— Je me décale un peu pour qu'on le voie bien… voilà c'est fait, la conquête de l'Ouest, c'est du passé, la conquête de l'Est, c'est pour maintenant… »

Patrick modère ses ardeurs vocales et signale en revenant en plateau :

« Et c'est le plus important, cette ligne qui entrera en service le 10 juin mettra Reims à 45 minutes de paris, Nancy et Metz à une heure et demie et Strasbourg à 2 h 20, elle supportera la comparaison avec le trafic aérien sur cette liaison. Thomas Horeaux. »

Patrick a parfaitement maîtrisé le direct, puis il a lancé l'encadré sur la construction de la ligne, sans pathos, les chiffres sont destinés à marquer l'intérêt du sujet à suivre sans le déflorer.

Retour en plateau avec quelques images commentées par Patrick, ce que nous appelons un *off* :

« … Voilà ce que l'on pouvait dire ce soir à l'occasion de cette inauguration… À présent un terrible carambolage qui a fait un mort et 10 blessés dans la Nièvre, une trentaine de véhicules ont été concernés et l'autoroute a été coupée dans les deux sens durant plusieurs heures, ce sont le brouillard et la vitesse qui sont en cause… »

Enchaînement évident avec le lancement du sujet suivant :

« … Et puis les obsèques du collégien tué lundi dans l'accident de son bus scolaire se sont déroulées cet après-midi dans la Vienne. Son père dénonce le manque de ceintures de sécurité surtout dans les cars vétustes. Reportage d'Olivier Bertrand et Pascal Chely. »

Après le direct intégral, nous retrouvons nos marques et notre rythme habituel. Pas Geneviève Galey qui est encore en salle de visionnage pour regarder le sujet sur la campagne électorale de Valérie Nataf que la brune virevoltante vient de terminer. Elle donne son imprimatur et toutes les deux rejoignent la salle de fabrication où Laurent Hauben et Pascale Gonod, les chefs d'info, assis à nos places autour de la table circulaire, regardent le journal. Isabelle Marque et Louis Olivier arrivent à leur tour.

Au même moment en régie, pendant la diffusion du sujet, Patrick et Chantal préparent la suite. Une relation particulière s'est instaurée entre le présentateur et le chef d'édition grâce à la fameuse oreillette. Elle ne sert aucunement à donner d'éventuelles directives au présentateur, fumisterie inventée par les éditorialistes qui n'ont jamais présenté le journal ou même imaginé son déroulement. C'est une facilité offerte par la technique qui permet d'améliorer la fluidité du journal en évitant le téléphone, laissant les mains libres. Dès le démarrage du sujet, ils passent en revue la suite du conducteur. Poivre veut savoir si tous les sujets sont prêts, ils les passent en revue les uns après les autres, mais la liste est longue, le reportage se termine…

> « Des peines de prison avec sursis ont été requises aujourd'hui aux assises de la Dordogne contre le médecin et l'infirmière poursuivis pour euthanasie, le verdict est attendu dans les minutes ou les heures à venir. Nous retrouvons sur place Axel Girard et Karine Bourdais. »

Aussitôt, Patrick et Chantal reprennent leur dialogue interrompu. Pour améliorer la qualité du journal, j'ai demandé à avoir le retour sonore de ces dialogues. Ils me permettent ainsi d'être au courant de tout, cela a considérablement changé la facture de ma réalisation qui a gagné en fluidité. Encore a-t-il fallu habituer mes équipes à ecouter plusieurs sons en même temps, l'antenne, nos apartés, les dialogues entre Patrick et Chantal plus le bruit de fond des techniciens et de la scripte. Sans être un mutant, j'arrive en temps normal à pouvoir capter le sens de quatre conversations en même temps… Le sujet se termine, j'ai inscrit à l'antenne les noms des personnes interrogées et les membres de l'équipe. Axel Girard termine son commentaire :

> « Les accusées sont sorties sous les applaudissements, ils attendent maintenant le verdict et espèrent depuis plus de deux heures… »

Retour de Patrick en plateau avec une belle relance, ça coule… Je me sers de mon écran en plan large où j'ai placé les images à suivre.

> « Par ailleurs, le tribunal correctionnel de Versailles a condamné aujourd'hui à un an de prison ferme le lycéen de 19 ans poursuivi pour avoir filmé l'agression de son professeur à Porcheville. La cour a suivi les réquisitions du parquet qui réclamait une peine exemplaire… »

Autre image d'infographie, une carte de France avec des noms de prisons.

> « … Et puis l'administration pénitentiaire a détaillé aujourd'hui son programme immobilier, il prévoit d'ici trois ans la fermeture de 16 prisons vétustes et la construction de 26 établissements… »

Patrick va enchaîner subtilement :

> « Elle avait réussi justement à faire évader son époux Raymond Aubrac pendant la guerre et rejoint Jean Moulin pour l'éternité. Lucie Aubrac nous a quittés à 94 ans, les témoignages se sont succédé toute la journée pour rendre hommage à cette grande figure de la Résistance. Michel Scott. »

Quel texte ! « Elle rejoint Jean Moulin pour l'éternité ! » Malraux n'aurait pas fait mieux. Des mots choisis et une formule, une tonalité littéraire, difficile à débusquer dans le flux quotidien. Patrick rebondit sur les enchaînements naturels, au sens où le jeu du comédien est naturel, permettant de passer d'un sujet à un autre sans que cela se voie ni s'entende. D'ailleurs lorsque le chef d'édition souhaite changer l'ordre des sujets si un reportage n'est pas prêt ou qu'il faille rendre l'antenne à l'heure, Patrick alors s'énerve : « Je ne suis pas un livreur de pizzas, ce journal a une cohérence, les sujets s'enchaînent selon un ordre que j'ai imaginé, on ne peut pas tout modifier comme ça sur un coup de tête ! » Il cherche au contraire à faire vivre les différents sujets les uns par rapport aux autres, enchaîner c'est aussi lier, accrocher, ramasser et relancer. C'est ainsi que le téléspectateur a l'impression qu'on lui raconte une histoire et pas seulement qu'on lui montre des reportages.

Pendant l'évocation de Michel Scott, Patrick continue de dicter le journal à Rosine, des brèves qui viennent de tomber ou que je lui ai données. Ce soir pas de brèves mais des modifications dans le texte lui-même. Nous ne regardons pas notre journal, nous le construisons au fur et à mesure de son déroulement. En régie, je parle à mes techniciens pour préparer le plateau suivant, expliquant en détail tous les enchaînements. Différence avec Patrick, je dois en plus passer les noms des gens qui parlent, j'ai un effet toutes les trois secondes environ. Comme à la Nouvelle Ève, où j'apprenais par cœur les enchaînements trop rapides pour être réfléchis, au 20 heures de TF1 je briefe mes techniciens pour que nos plateaux d'une quinzaine de secondes se déroulent avec fluidité. Je déroule à voix haute et bien articulée l'ordre des manœuvres qui vont suivre lorsque Patrick réapparaîtra à l'antenne. Tous les techniciens concernés sont prévenus. Le journal de Poivre obéit à une liturgie. Tout faire vite et bien sans erreur et avec élégance. Mais si Patrick a la même prompteuse chaque soir, la plupart de mes techniciens changent tous les jours, d'où une déperdition que je dois vaincre à l'énergie. Avec Patrick, jamais de hâte fébrile, de la concentration extrême et une exécution parfaite.

Retour en plateau.

« Plusieurs milliers de salariés européens d'Alcatel-Lucent ont manifesté aujourd'hui à Paris, venant de toute l'Europe, contre le plan annoncé de 4 500 suppressions de postes en Europe à la suite de la fusion d'Alcatel avec l'Américain Lucent. Reportage de Louis Olivier et Olivier Calmet. »

Quelques millisecondes avant le reportage, on a entendu les clameurs des manifestants. La télévision a nos yeux, elle s'écoute avec le regard, l'image a un sens, le son également, je mets en œuvre le fameux raccord cinéma. Le JT reste le petit frère du cinéma, notre tuteur narratif. Dans les longs-métrages, le son de la séquence suivante arrive toujours avant l'image, c'est un truc de monteurs, qu'ils appellent entre eux « l'audio-split », pour polariser l'attention du spectateur, ils en jouent parfois pendant plusieurs secondes selon les désirs du metteur en scène.

Évidemment au journal tout se complique, c'est du sans filet et ça doit marcher sinon la voix de Patrick se mélange avec le commentaire du sujet qui démarre. Heureusement, dans la quasi-totalité des cas, les reportages démarrent avec une à deux secondes d'ambiance sonore avant le commentaire du journaliste. Je traque cette ambiance-là pour donner au téléspectateur l'envie de voir la séquence qui suit. Le téléspectateur voit arriver une carte, il entend Patrick donner le nom du lieu qu'il aperçoit et il entend par la même occasion un bruit de route, de cormorans ou d'hélicoptère, selon que le sujet concerne la circulation, la pêche ou la guerre en Irak. De l'art en direct, lorsque l'image du reportage arrive c'est magique, le téléspectateur est déjà dans l'histoire par ses oreilles avant de la voir avec ses yeux. C'est émotionnel, comme une écriture visuelle. Patrick prend grand soin de rebondir d'un sujet à l'autre dans ses textes, j'essaye d'apporter la même qualité à ma réalisation.

Pendant la diffusion du sujet sur la manifestation où Arlette Laguiller s'est exprimée, dans la salle de fabrication, Valérie Nataf s'écrie aussitôt en regardant Louis Olivier : « Tu m'as piqué Arlette ! »

Retour en plateau. Des licenciements à l'emploi, Patrick annonce des chiffres, je passe un panneau d'infographie :

« 192 000 emplois ont été créés dans le secteur marchand l'année dernière selon le ministère du Travail… Et une bonne nouvelle, une commande record de Qatar Airways qui prévoit d'acheter 80 Airbus A 350… »

Nouveau rebond plein d'à-propos :

«… Il se trouve que Nicolas Sarkozy a rencontré aujourd'hui les syndicats de l'usine Airbus à Saint-Nazaire, tandis que François Bayrou et José Bové étaient en meeting dans le sud et qu'Olivier Besancenot annonçait à Chambéry il y a quelques minutes avoir finalement recueilli 530 parrainages. Journal de campagne signé Valérie Nataf et nos correspondants. »

Pendant ce lancement, au moment où il prononce le mot « meeting », une petite fenêtre, surgit au-dessus de son épaule à droite en haut de l'écran avec une illustration comme un titre, « campagne électorale » sur un fond bleu-blanc-rouge. Le téléspectateur se trouve interpellé, à peine a-t-il eu conscience de l'arrivée de cette image. Elle colle au texte de Patrick, rajoutant une esthétique et une information. Tout retard ou précipitation est dommageable. Trop tôt affichée, l'illustration vend la mèche. Trop tard, on n'a plus le temps de la voir. Ni avant ni après, juste au bon moment, tout est affaire de goût. La vivacité de nos effets est destinée à assurer le confort de l'antenne. Une mauvaise réalisation n'empêche pas le journal d'être regardé, mais elle gâche le plaisir du téléspectateur. Je suis rarement surpris par un changement de dernière seconde car certains réalisateurs mettent toute leur énergie à regarder les sujets, je mets toute la mienne à concevoir les plateaux. Deux démarches différentes.

Le sujet de Valérie Nataf sur la campagne présidentielle se termine, elle a notamment évoqué les prises de position de Nicolas Sarkozy et de François Bayrou sur l'éventuelle audition de Jacques Chirac… « Pas question donc pour les candidats d'attenter à la fonction présidentielle à laquelle ils aspirent… »

En plateau, Patrick rebondit une fois encore sur quelques images de New York :

« Quant à Dominique de Villepin, il était de retour à l'ONU quatre ans après son discours contre la guerre en Irak. Le Premier ministre a rencontré ce matin le nouveau secrétaire général Ban-Ki-Moun pour faire le point sur le déploiement des forces françaises en Côte d'Ivoire, en Afghanistan et au Liban…

… Pendant ce temps à Guantanamo, le cerveau des attentats du 11 septembre s'est attribué une trentaine d'autres opérations sanglantes dont le meurtre du journaliste américain Daniel Pearl, lors d'un interrogatoire rendu public par le Pentagone. Nahida Nakad. »

À ce stade du journal, je me retourne vers la chef d'édition et demande un « programme » car des enchaînements à hauts risques s'annoncent. Quatre séquences en images commentées par Patrick suivies d'un reportage, je compte enchaîner le tout, il me faut distribuer les cinq sujets sur de voies différentes. L'idée d'enchaîner ces images m'est venue soudainement un soir, pourquoi revenir en plateau entre chaque séquence en images commentées par le présentateur, cela ralentit le rythme et surtout le téléspectateur n'est plus dans une histoire qui se déroule en continuité. J'ai donc, sur un coup d'intuition, par surprise, sans prévenir personne, enchaîné une première fois deux brèves en images, sans revenir sur le visage de Patrick, il n'a pas tiqué ce soir-là, embrayant sur son tapis volant comme si cela semblait naturel. Formidable, sans nous concerter, cette nouveauté a été vécue dans la fluidité comme si nous l'avions toujours pratiquée. Cette technique est devenue pour Patrick une manière de donner du rythme à son journal et mon procédé préféré, une sorte de marque de fabrique.

Nous y sommes, retour en plateau de Patrick. Nous étions aux États-Unis, nous y restons :

« Aux États-Unis, une commission de la Chambre des représentants a voté aujourd'hui en faveur du retrait des troupes déployées en Irak au plus tard dans un an…

… où les violences ont fait aujourd'hui 26 morts dont 10 blessés dans un double attentat suicide à Bagdad, au même moment deux kamikazes ont fait sauter leur véhicule contre des ponts de contrôle de ma police et de l'armée…

… Non loin de là à Gaza, la composition du gouvernement palestinien d'union nationale a été rendue publique aujourd'hui, elle fait suite à un accord finalisé par le président Mahmoud Abbas et le Premier ministre Ismaël Haniyeh après de difficiles tractations…

… Au Kenya, un drôle de bûcher a été dressé aujourd'hui à Nairobi, composé de plus de mille fusils d'assaut détenus illégalement par des civils et saisis par la police depuis un an…

… En Grande-Bretagne, les cinq Européens dont un Français, enlevés au début du mois en Éthiopie sont arrivés tout à l'heure à Londres, ils travaillaient tous pour l'ambassade britannique d'Addis-Abeba…

… En Grande-Bretagne où un hommage a été rendu aujourd'hui à l'abbé Pierre, une cérémonie œcuménique qui s'est tenue en plein cœur de Londres, à Trafalgar Square, le fondateur d'Emmaüs est effectivement connu de l'autre côté de la Manche où il existe une communauté comme dans trente-huit autres pays dans le monde. Enquête de Catherine Jentile et Sophie Hautefeuille. »

Trois minutes sans Patrick à l'antenne et cinq sujets traités, l'ONU, Bagdad, Gaza, Nairobi et Londres, des histoires et un reportage et surtout beaucoup d'images. La séquence était totalement réussie. Pourtant, j'ai toujours la pression de la rédaction. Si j'avais réussi dix ans auparavant à mettre à l'antenne les cartes, malgré quelques réticences, cette fois-ci les résistances sont fortes. Il ne se passe pas une soirée sans que la rédactrice en chef ou le chef d'édition me demandent de revenir en plateau entre deux *offs*. Il aura fallu deux ans pour gagner la partie. Peu de présentateurs ou de réalisateurs se risquent actuellement dans ces contrées diaboliques où le texte et l'image, la voix et les enchaînements techniques doivent se plier à une rythmique extrêmement précise et pratiquée sans filet.

Retour en plateau après le sujet sur la communauté Emmaüs de Grande-Bretagne. Cette fois-ci, je place une carte de Perpignan avant le sujet. Patrick n'aura pas besoin de citer la ville où a été tourné le reportage puisque le téléspectateur la voit sur l'écran. Une rythmique devenue habituelle, mise en œuvre lors du retour de Patrick dix ans auparavant, toujours efficace, elle est devenue une séquence obligée de nos journaux, copiée partout à l'identique, c'est une autre marque de fabrique.

« Le Secours catholique a décidé également de transformer de vieux vêtements récupérés en tenues de haute couture ; ce matin une quinzaine de personnes en voie de réinsertion se sont ainsi transformées en mannequins le temps d'un défilé. Reportage de Lionel Gendron et Hubert Cazenave. »

Le reportage se termine par cette phrase, le « mot de fin » communiqué par la scripte à mon assistante en plateau qui le communique à Patrick : « la Cendrillon est au bal ce soir… » Patrick entend cette phrase, il sait qu'il va réapparaître à l'antenne, un signe de mon assistante, Patrick est en gros plan, nouveau rebond :

« C'est terrible, vingt-quatre jours après que nous ayons diffusé le nouveau numéro d'écoute destiné aux femmes battues, le standard du 39 19 a été littéralement pris d'assaut, on a comptabilisé jusqu'à 500 appels par seconde, reportage d'Isabelle Marque et Anne Barrier. »

Le sujet se termine par le spot de la campagne « Violences conjugales info appelez le 39 19 » Le journaliste n'est jamais meilleur que lorsqu'il s'indigne. Une fois, nous avons réalisé un reportage sur une jeune femme qui couchait dans sa voiture après avoir perdu son travail. Grâce à de nombreuses lettres courroucées de téléspectateurs, elle retrouva une dignité. Des moments irremplaçables. Patrick fit de même pour Karine Duchochois, injustement accusée au procès d'Outreau, l'engageant dans la rédaction de TF1 dès l'annonce de son acquittement. Aujourd'hui, elle a une chronique à France Info. La chef d'édition prévient Patrick qu'Axel Girard a appelé, le verdict vient de tomber à Perigueux, il se met en place.

« C'était aujourd'hui également la journée de l'audition. Cinq millions de personnes souffrent de troubles auditifs et, parmi eux, les plus atteints sont les jeunes menacés par l'écoute trop forte de leurs baladeurs. Un groupe de musique a décidé de les sensibiliser par l'exemple. Reportage de Caroline Bayle et Jean-Michel Chappes. »

Retour en plateau pour quelques images d'une manifestation. Rebond évident, il prend le téléspectateur par la main et lui raconte l'histoire de l'actualité.

« Les professionnels hospitaliers du Nord Pas de Calais ont manifesté à Lens pour dénoncer leur manque de moyens dans une région qui connaît une surmortalité liée au cancer… »

Retour en plateau.

« … Les habitants des quartiers nord de Marseille sont également en colère depuis de nombreux mois : certains ascenseurs ne marchent plus, ceux qui logent dans les étages doivent donc user de subterfuges pour regagner leurs domiciles. Antoine Laura et Mathieu Mondoulet. »

J'ai passé une carte mais aussitôt le reportage démarré, Patrick se plaint, on a oublié de demander le nom du journaliste reporter d'images à Lens. Patrick s'adresse à nous par son micro pendant le reportage : « Le gars, il s'est levé à 7 h du matin. »

Pendant le sujet, on s'informe pour le donner à Patrick et qu'il puisse citer son nom en « pied » du reportage, c'est-à-dire lorsqu'il revient à l'image. Mais la chef d'édition prévient Patrick qu'Axel Girard est prêt, c'est le moment idéal à ce moment du journal. Patrick lui demande qu'il fasse court. Je prépare une double-fenêtre avec Patrick et d'Axel Girard, trucage destiné à bien marquer que nous sommes en direct. Cinq secondes plus tard, Patrick revient à l'antenne.

« Le verdict dans l'affaire jugée à Périgueux : l'infirmière a été acquittée mais le médecin a été condamné avec sursis. »

Je passe ma double-fenêtre, présentateur à gauche, Axel Girard à droite, car on lit de gauche à droite, c'est logique. Sur la Trois, ils ont fait le contraire.

« Effectivement Patrick, le docteur Laurence Tremois a été reconnue coupable d'empoisonnement, elle l'avait d'ailleurs revendiqué ce matin, disant qu'elle était la seule responsable de son acte.

Elle est condamnée à un an de prison avec sursis sans inscription au casier judiciaire…

— Et la relaxe pour l'infirmière ?

— Absolument, Patrick… »

Intervention très courte de l'envoyé spécial, Patrick devra le relancer. C'est même peut-être un des directs les plus brefs de toute l'Histoire : 13 secondes chrono. Le retour en plateau offre évidemment un changement de sujet.

« La course au bon lycée va commencer pour plusieurs milliers d'élèves, beaucoup iront consulter le site du ministère de l'Éducation qui a dévoilé aujourd'hui le classement des plus performants, par exemple ce lycée de Roubaix où se sont rendus Anne-Claire Coudray et Eric Bourbotte. »

Une trentaine de secondes ont été utilisées pour le direct, il faut gagner du temps ailleurs si l'on veut terminer dans le temps imparti par la régie finale. Chantal et Patrick ont plusieurs possibilités, le sujet prévu est écarté à ce moment car il fait 1minute 30 secondes, Geneviève propose celui sur le *Rokia-Delmas* que nous avons en magasin depuis hier, il colle à l'actualité et fait 1 minutes 14 secondes, c'est quinze secondes de gagné. En régie, je demande à mon assistant de ressortir les renseignements concernant ce sujet qui avait été prévu hier, lieux et noms des personnes interrogées et à ma responsable des images électroniques une carte de l'île de Ré. Virginie, l'assistante de Patrick, imprime aussitôt le texte que Patrick avait retouché la veille et le lui donne en rejoignant son bureau de présentateur, passant devant les caméras. En trente secondes, le dispositif est prêt, Patrick revient en plateau et lance le sujet, tout naturellement.

« Le *Rokia-Delmas* est échoué au large de l'île de Ré depuis plusieurs semaines, la découpe du navire a commencé. Sur place, Christophe Devaux et Grégoire Ghuist'hau. »

De la belle ouvrage. Tout le monde a bossé dur et le résultat est significatif. Mais pendant la diffusion de ce reportage, nous apercevons sur France 2 Maud Fontenoy répondant à David Pujadas, probablement une séquence enregistrée, puisque la navigatrice est alors prête à intervenir sur notre antenne en direct, je la vois sur mon écran de contrôle à la Réunion. Patrick n'est pas content, l'attachée de presse, une fois de plus n'a pas respecté ses engagements. Ce n'est pas grave, nous l'avons en direct dans deux minutes.

Nous préparons le direct de Maud Fontenoy qui va apparaître après deux séquences en images *off*, commentées par Patrick. Nous vérifions le son et l'image, je demande au chef de production de serrer un peu le plan de la navigatrice, elle est postée sur une hauteur, on voit derrière elle la circulation nocturne et les éclairages urbains de ce coin de France de l'océan Indien.

> Retour plateau, magie de l'antenne, Patrick revient à l'antenne pas du tout énervé apparemment, un petit sourire complice presque imperceptible au coin des lèvres… Quelques images d'une mobylette où l'on voit une plaque toute neuve, avec inscrit en lettres noires sur fond jaune « Ginette 2 ».
>
> « Nous vous parlions il y a deux mois de ce jeune homme qui s'était fait voler sa mobylette à Brest. Eh bien Peugeot a décidé de lui offrir un nouveau cyclomoteur qui s'appellera "Ginette" comme la première, la remise des clefs s'est déroulée aujourd'hui dans l'usine de Sochaux et il a envie de retourner à Brest par ce moyen de transport (Patrick songe certainement à son équipée en solex de Strasbourg à Charleville-Mezières)… » Nous en sommes au chapitre des petites informations « insolites », quelques images d'un léopard.
>
> « Et puis une nouvelle espèce de félin sur l'île de Bornéo, il s'agit d'un léopard qui vit dans les arbres, il a une double rainure dorsale et une fourrure plus grise que celle de son cousin, il n'en resterait plus que cinq à dix mille dans cette région du globe… »
>
> De Bornéo à la Réunion, troisième direct du journal, cette fois-ci très lointain, Patrick rebondit évidemment dans sa présentation grâce à cette opportunité.
>
> « Autre voyage au long cours, celui de Maud Fontenoy (je passe l'image en direct de la navigatrice) qui a mis pied à terre ce matin à l'île de la Pointe des Galets après une arrivée triomphale devant plusieurs milliers de spectateurs… Bonjour Maud (il se tourne vers l'écran du studio, il voit la scène nocturne)… bonsoir…
>
> — Bonjour.
>
> — Nous sommes en pleine nuit et l'on est en direct je le précise bien (ça, c'est pour France 2)… Quand on n'a vu personne pendant cinq mois et tout à coup on voit beaucoup de monde, qu'on a pratiquement entendu aucun bruit, si ce n'est ceux terribles de la mer et du vent (encore une fois ce langage littéraire) et qu'on entend tous ces bruits aujourd'hui, est-ce qu'on n'est pas un peu saoulée, un peu décontenancée ? »

Très finement, l'interview de France 2 étant déjà passé, Patrick a réagi au quart de seconde et choisi de démarrer sur le moment présent, ce que voient les téléspectateurs, pas sur l'exploit sportif déjà traité abondamment les jours précédents, la navigatrice étant plus à même de parler d'elle en cet instant précis…

On voit Maud Fontenoy avec une jolie robe décolletée bleu ciel parsemée de pâquerettes blanches et jaunes, ses longs cheveux châtains et son joli sourire, elle rayonne de bonheur et fait plaisir à voir.

« C'est vrai, je suis très heureuse d'être avec vous ce soir en direct, maintenant, là, ça me fait très plaisir. C'est vrai, cinq mois de solitude c'est un peu difficile et l'accueil des Réunionnais a été on ne peut plus chaleureux, beaucoup de foule, d'enfants, de monde et de soleil, beaucoup d'énergie, de tendresse, ça m'a fait oublier les cinq mois de galère, de fatigue, je vous assure à ce moment-là, ça valait les 150 jours passés contre les vents et les courants.

— Est-ce que l'espace d'un instant vous n'avez pas été tentée, comme Bernard Moitessier qui avait fait un tour du monde complet et pratiquement à quelques kilomètres des côtes anglaises avait décidé de faire demi-tour et de retourner dans sa solitude ?

— Pour vous dire la vraie vérité, il y a deux jours avant l'arrivée j'ai eu un moment de doute, non pas que j'aie eu envie de faire demi-tour mais le fait de savoir qu'on va quitter son bateau, finir son rêve, voir beaucoup de foule, une certaine pression, mais rassurez-vous on passe rapidement au moment où l'on a envie de serrer sa famille dans ses bras, c'est ce qui s'est passé, prendre une douche, m'habiller en fille, je suis la plus heureuse…

— Là vous êtes en petite fille en effet et votre bateau il a retrouvé sa tenue de bateau, on va lui mettre un mât à la place de la baume ? »

C'est le naturel de Poivre, élevé au rang des Beaux-Arts de l'interview en direct. Le rebond est ici magistral et informé, proche du grand public, élevant le niveau des questions avec le talent d'un narrateur au plus près de son sujet.

« Ce sera mon prochain projet. On va convoyer le bateau jusqu'à Marseille, il va retrouver un mât et des voiles. »

Patrick la remercie et passe aux annonces de fin de journal qu'on appelle dans le métier la « désannonce ».

« Le journal sera suivi de "RIS police scientifique". Pour l'information, vous retrouverez demain Jacques Legros à 13h et Claire Chazal à 20h. Excellente soirée à tous et à lundi. »

J'ai préparé mon affaire, dès que Patrick est en gros plan, j'envoie la musique et passe les noms des « fabricants du journal », Geneviève Galey, la rédactrice en chef, Chantal Monteil, la chef d'édition, Pascale Gonod et Laurent Hauben, les chefs d'information, Marc Lissilliour, le coordinateur des régions, Philippe Legros et Michel Kyriazopoulos, les chefs de production et Jacques Asline le réalisateur, votre narrateur. À ce moment, la musique change avec une mélodie finale et deux plans très larges donnent une idée du dispositif technique dans lequel ce journal a été réalisé, j'affiche l'adresse du site Internet de TF1 : « l'information continue sur TF1 point fr... »

Un soir, Philippe Perrot m'avait demandé pendant la diffusion du dernier reportage, nous « débordions » déjà d'une minute : « On est retard, tu signes très vite et on rend l'antenne. »

Aussi, j'ai accéléré le passage du gros plan final de Patrick et du plan général pour gagner quelques secondes. Le lendemain, Patrick recevait un email ainsi libellé : « *Pourriez-vous demander au cameraman de ne pas zapper le plan de fin de votre visage ? Cela fait plusieurs fois maintenant et c'est pas cool. Qui lui a dit de nous priver de cet instant magique ? Je souris et... Bon journal à tout le monde. Pia.* »

Une téléspectatrice attentive et sympathique. Chère Pia, je suis le premier à garder ce plan que je trouve sympathique moi aussi, apportant quelques instants fugaces d'éternité volés à la rigueur de notre travail quotidien mais nous avons parfois des nécessités horaires. Si vous avez lu ce livre, vous en saurez maintenant un peu plus sur ces contraintes. Notre 20 heures se rapproche d'ailleurs du challenge des sportifs. Grosse préparation, stress du dernier moment et prestation qui peut révéler des failles et des chutes spectaculaires, devant un public attentif qui file la pression. Acclamations lorsque nous rentrons en scène, génériques titres et ouverture, allegro prestissimo puis le match se déroule, marquer des buts, ce sont des sujets forts, bien lancés et superbement habillés. L'émotion nous gagne en régie, Patrick en plateau et probablement les téléspectateurs chez eux. Ces moments-là je les perçois, un silence profond se fait en régie, nous savons que nous avons marqué un point, frappé les esprits, réalisé un beau moment de télévision. Il peut être fugace mais reste gravé dans nos mémoires pour toujours.

20h35

Les lumières se rallument, tout le monde se lève de son siège, le stress retombe d'un coup. Souvent la descente est brutale, nos adrénalines poussées à bloc ont allumé les feux dans nos veines, nous voici retombés d'un coup sec les projecteurs à peine éteints dans la lumière des néons de tous les jours. Deux secondes après la fin du journal, la vie sociale reprend ses droits. Nos techniciens se dépêchent de rentrer, pour eux la journée a été longue et il est tard. Ce soir-là, aucun pépin, donc aucun coup de cœur, pas de stress à combler ni d'aigreur à essuyer en conférence critique pour un effet raté ou une déconvenue. Avec la chef d'édition, on se tape dans la main, l'air de dire, encore un de réussi ! Tout le monde est joyeux, l'interview de Maud Fontenoy a été un sommet, le feu d'artifice du TGV était en retard mais spectaculaire, on a chopé le verdict de Perigueux en direct et Patrick a été brillant comme d'habitude, il faut le dire, car à force de côtoyer les sommets, on finit par s'y habituer !

Pourtant Chantal, notre chef d'édition, apprend au moment de quitter la régie que j'avais à mes côtés un nouveau truquiste qui faisait ce soir-là ses premiers pas au 20 heures. Elle me dit : « Tu te rends compte, t'essaies un nouveau un soir pareil ! »

Je regarde mes deux acolytes, accompagné d'un clin d'œil complice : « Vous voyez comment sont les filles ! »

Mon truquiste préféré, Lionel Barbier, il voit tout et précède mes gestes, m'a raconté comment fonctionnaient certains réalisateurs de direct. Ils attendent des propositions des truquistes ou des cameramen et prennent ce qui leur plaît. Moi c'est tout le contraire, je choisis un déroulement et le mets en œuvre en direct. Rien n'arrive à l'antenne que je ne l'ai choisi, je précède le présentateur, imaginant la mise en scène du plateau suivant avant qu'il n'arrive, j'assume donc la totalité de l'antenne avec possibilité d'y apporter ma touche personnelle. La grammaire du réalisateur est limitée, mais dans un cadre nécessairement rigide nous pouvons apporter notre originalité. Sauf que la réalisation est comme le rugby, imperméable aux néophytes, peu de gens peuvent juger de la réussite d'un geste technique, comme la mêlée ou le hors-jeu. Marcel Fages me le disait déjà il y a vingt ans : « Nous sommes dirigés à la télévision par les journalistes qui s'occupent de tout mais ne voient pas la différence entre un bon et un mauvais réalisateur. »

Patrick c'est différent, il voit tous les détails même les plus infimes de la réalisation et survole la profession, son métier de communicateur des nouvelles est un art de conteur, de passeur où son visage porteur d'images et le ton de sa voix prennent toute leur importance, sans oublier bien sûr la mise en scène. Là j'arrive, c'est mon boulot. La force d'une réalisation est sa transparence, comme les phrases d'un écrivain, cela doit couler sans heurt, le style est au service de la narration et du présentateur. Mais la transparence n'est pas l'invisibilité, il faut savoir imprimer le ton juste. Un plan réussi doit amener de l'information, comme le texte du présentateur, même brillant il doit donner du grain à moudre au téléspectateur. Les effets appuyés ressortent du maniérisme. La réalisation ne doit pas se voir : fluide, elle coule comme le miel, collant à la vedette, à son rythme, son débit, sa parole, ses regards, sa puissance est justement d'être imperceptible. C'est parfois aussi notre rôle d'inventer de nouvelles manières dans ce cadre nécessairement contraint. La double-fenêtre, la cartographie, l'enchaînement des *offs*, le raccord cinéma appliqué au direct, la double image actuelle de Poivre avec le gros plan et le plan large avec raccord dans l'axe sont des inventions qui amènent de l'information, d'ailleurs elles ont été abondamment copiées. Et Patrick a une qualité rare, j'ai pourtant fréquenté la plupart des présentateurs de la place : il est le seul à ne jamais souligner une de mes fautes à l'antenne, au contraire il embraye lorsque surgit l'inattendu, le nouveau ou le surprenant. Je fais de même évidemment pour lui.

20h40

Les usages ont beaucoup évolué après le journal, un moment où l'on se retrouve, pour ce qu'on appelle la « conférence critique ». Les dix premières années, nous allions dans la salle de conférence où le journal était né dans l'après-midi pour l'enterrer dignement et clore les débats. Depuis la construction du nouveau décor en 2006, tous les présents se regroupent naturellement dans la salle de fabrication. Nous sommes une petite quinzaine debout, devant la salle de frappe, Patrick, son téléphone portable vissé à l'oreille, sort du plateau et nous rejoint, sa haute silhouette dépassant d'une tête la plupart des journalistes qui avaient des sujets dans le JT, Michel Scott, Louis Olivier, Caroline Bayle, Isabelle Marque et Valérie Nataf. En lui jetant un regard et s'adressant à Geneviève, Patrick estime « qu'il n'y avait pas assez de politique dans ce journal », sinon, « tout était bien, pas de problèmes… on a eu le verdict en direct, Isabelle c'était bien… le Secours catholique aussi… » Il salue la petite compagnie, chacun s'en retourne chez lui, déjà habillé en manteau avec ses affaires, Patrick passe dans la salle de frappe se démaquiller avec une lingette.

En remontant dans nos bureaux, nous évoquons avec Laurent Hauben le retard de la SNCF et le gars qui parlait au micro au lieu d'envoyer le feu d'artifice, il ne connaissait pas la rigueur de nos métiers. J'avais passé subrepticement son image dans l'écran du plateau. Laurent me dit : « On est deux à avoir vu le mec de la SNCF parler ! » Je lui réponds pour en rire : « Vous devriez demander un dédommagement ! »

À cette heure-là, sur le canal interne de l'entreprise publique, il parlait toujours.

20h45

Nous raccompagnons nos invités à l'ascenseur. Nos visiteurs du soir sont toujours étonnés, après avoir vu fonctionner le journal télévisé de l'intérieur d'avoir découvert une ambiance de camaraderie et de sympathie, des sourires et la décontraction, le tout appliqué aux grandes choses de ce monde, traitées ici avec sérieux et rigueur mais avec la distance nécessaire pour ne pas se prendre au petit jeu du « regardez-moi comme je suis beau et important », et non sans s'amuser de nos petits énervements théâtraux au fur et à mesure que l'on s'approche de l'heure fatidique, porteuse d'engueulades ou de courses folles à travers les couloirs. Et quand tombe une dépêche qui change tout, alors là nous devenons franchement étranges à leurs yeux, faisant mille choses à la fois. Ils repartent conquis et nous envoient de petits mots de remerciement émus.

20h50

« À demain » est l'expression consacrée en fin de la journée. La réplique fuse aussitôt :

« Non demain je suis pas là, je reviens mardi, oh non plutôt jeudi.

— Moi jeudi je ne suis pas là, je serais là vendredi.

— Bon, à la prochaine fois… »

Immanquablement, c'est la conversation la plus usitée entre les salariés de la télévision entourés d'intermittents du spectacle pourvus d'un agenda nécessairement évolutif. Mon badge est rouge. À la machine à café, certains amis de trente ans ne manquent pas de s'étonner :

« Comment, tu es rouge ?

— Non les gars, je ne suis pas inscrit au Parti communiste, mais les salariés ont un badge bleu et celui les intermittents du spectacle est rouge. »

21h00

Maud Fontenoy et son équipe, ses proches, sa maman, une amie institutrice et quelques journalistes se retrouvent à l'hôtel Saint-Alexis à la Réunion, où elle est chaudement applaudie, une salle a été réservée pour une petite fête. Jean-Pierre Féret n'en revient pas, dans sa robe fleurie avec laquelle elle est passée au journal, elle se met à danser, « fraîche pimpante, pleine d'énergie, elle a encore la pêche alors qu'elle vient de passer 150 jours seule en mer ! »

En remontant dans mon bureau, après ce journal, je croise Gilles Amado, réalisateur fétiche de « Sacrée Soirée » dans les années 90 sur la Une. On se raconte nos carrières, il a connu dix ans de gloire avec Jean-Pierre Foucault, actuellement il fait des vidéo-conférences médicales plus quelques soirées à Monte-Carlo…

Patrick s'attarde dans son bureau, passant des coups de fil, il avait envisagé un moment de se rendre à la Réunion parce qu'il était le parrain du bateau de Maud, avant de rentrer chez lui pour se remettre à l'écriture. Un peu comme Léon Zitrone qui me confiait : « Je ne rentre jamais à la maison après le journal, je suis trop excité, les nerfs en pelote, il me faut au moins une heure… » Patrick écrit à la main, avec ses propres stylos à plume. Sans me l'avoir demandé, de fil en aiguille, à la conférence de l'après-midi, fournissant les feuilles blanches, je lui donne également un stylo à pointe fine, il me confia sa préférence pour la couleur violette. Ses propres plumes sont précieusement réservées pour la grande littérature. Il passe sa journée à dicter, à vocaliser, à parler. Sa voix est son message.

Conducteur : Edition 20 heures - Jeudi 15/03/2007 Clôturé

Présentateur : PPDA	*Rédac. chef : GALEY*	*Rédac. Chef adjoint : MONTEIL*
Chef d'Info.: GONOD HAUBEN	*Coord.Régions : LISSILLOUR*	*Réalisateur : ASLINE*
Ass. Réal.: PERRELLE	*Dir. Prod.: LEGROS P*	*Chef Prod.édition : KYRIAZOPOULOS*

	Bzn	Plat	Titre	Son	Journaliste	Origine	Plateau	Sujet	V	Ve	Sta	Vi
1		X	GENERIQUE DEBUT				00:00	00:11	V			
2	V002	PL	TITRE TGV EST	OFF	PPDA		00:00	00:20		0		
3	V003	X	TITRE LUCIE AUBRAC	OFF	PPDA		00:00	00:20	V	0		
4		X	TITRE CAMPAGNE / POLITIQU...	OFF	PPDA		00:00	00:18	V	1		
5	V005	X	TITRE MANIF ALCATEL	OFF	PPDA		00:00	00:15	V	0		
6	V006	X	TITRE AVEUX MOHAMED / AL ...	OFF	PPDA		00:00	00:15	V	0		
7		X	TITRE M.FONTENOY	OFF	PPDA		00:00	00:20	V	0		
8		X	XXXXXXXXXXXXXXXXXXXX...				00:00	00:00	V			
9	DIR	PL	DIR TGV INAUGURAL/ EMBRASEMENT VOIE	OFF	PPDA HENNETTE	Multi-latérale 19	00:00	01:24	V			
10	V010	PL	JOURNEE INAUGURATION TG...		HENNETTE	UNIL 19:45	00:00	01:01	V	0		
11	DIR	PL	DIR HENNETTE / TGV	DIR	HENNETTE	UNIL 19:45	00:00	02:30	V			
12	V015	PL	LIGNE TGV		HOREAU	TF1	00:00	01:24	V	1		
13	V025	PL	OFF ACCIDENT NIEVRE	OFF	PPDA	TF1	00:00	00:15	V	0		
14	V030	PL	CEINTURE AUTOCARS / CAM...		BERTRAND	UNIL 19:30	00:12	01:37	V	0		
15	V035	PL	PROCES EUTHANASIE		GIRARD	Unil + Direct 16	00:14	01:24		0		
16	V040	PL	OFF VERDICT /AGRESSION FI...	OFF	PPDA		00:00	00:15	V	0		
17	V042	PL	OFF DLS PRISONS	OFF	PPDA	TF1	00:00	00:16	V	0		
18	V050	PL	LUCIE AUBRAC		SCOTT	TF1	00:12	01:45	V	1		
19	V055	PL	MANIF ALCATEL LUCENT		OLIVIER	TF1	00:30	01:07	V	1		
20	V060	PL	OFF CHIFFRES EMPLOI UNED...	OFF	PPDA	TF1	00:00	00:12	V	1		
21	V065	PL	JOURNAL CAMPAGNE ELECT...		NATAF	Direct 18:24, UN	00:24	01:46	V	0		
22	V070	PL	OFF DE VILLEPIN / ONU	OFF	PPDA	Pool FT2 19:00	00:00	00:18	V	0		
23	V075	PL	11 SEPTEMBRE / AVEUX K.MO...		NAKAD	EVN	00:13	01:23	V	1		
24	V080	PL	OFF BAGDAD	OFF	PPDA	EVN	00:00	00:21	V	0		
25	V082	PL	OFF HANIYEH / ABBAS	OFF	PPDA		00:00	00:13	V	0		
26		PL	OFF ARMES KENYA	OFF	PPDA	EVN	00:00	00:15	V	0		
27	V083	PL	OFF OTAGES ETHIOPIE / LON...	OFF	PPDA		00:00	00:10	V	0		

14:44 01/07/2008 **Diffusion de 19:58:44 à 20:36:44 - durée 38:00** Page 1

Conducteur : Edition 20 heures - Jeudi 15/03/2007 Clôturé

	Bzn	Plat	Titre	Son	Journaliste	Origine	Plateau	Sujet	V	Ve	Sta	Vi
28	V090	PL	OFF GB HOMMAGE ABBE PIE...	OFF	JENTILE	UNIL 19:30	00:00	00:17	V	0		
29	V095	PL	EMMAUS GB		JENTILE	UNIL 19:30	00:00	01:29	V	0		
30	V100	PL	DEFILE SECOURS CATHO		GENDRON	TF1	00:16	01:24	V	0		
31	V105	PL	STANDARD VIOLENCE CONJU...		MARQUE	TF1	00:16	01:26	V	1		
32	V110	PL	TROUBLES AUDITION ET BAL...		BAYLE	TF1	00:15	01:34	V	0		
33	V115	PL	OFF MANIF PERSONNEL HOS...	OFF	PPDA	UNIL 18:46	00:00	00:16	V	0		
34	V120	PL	ASCENCEURS EN PANNE / HLM		LAURA	UNIL (3) 19:51	00:13	01:28	V	1		
35	DIR	PL	DIR GIRARD VERDICT PERIG...	DIR		UNIL	00:00	00:30	V			
36	V125	PL	PALMARES LYCEES		COUDRAY	TF1	00:17	01:34	V	0		
37	V130	PL	LE ROKIA DELMAS / DECOUP...		DEVAUX	UNIL (2) 00:00	00:12	01:14	V	1		
38	V140	PL	OFF GINETTE/ LA MOBYLETTE	OFF	PPDA	UNIL 16:15	00:00	00:19	V	0		
39	V150	PL	OFF LEOPARD	OFF	PPDA	EVN	00:00	00:19	V	0		
40	DIR	PL	DIR. M. FONTENOY	DIR	PPDA	Unil + Direct 19	00:00	02:52	V			
41		PL	OFF IMAGES ARRIVEE FONTE...	OFF	PPDA FONTENOY	TF1	00:00	00:00	V	1		
42		PL	OFF TRAVERSEE MAUD	OFF	PPDA	DOC EXT	00:00	00:00	V	1		
43		PL	AU REVOIR		PPDA		00:00	00:12	V			
44		PL	INTERNET TF1.FR	BL			00:00	00:17	V			
45		X	GENERIQUE FIN				00:00	00:00	V			
46		X	RETOUR FINALE				00:00	00:00	V			

Liste des présentateurs de journaux télévisés en France

Liste établie par ordre alphabétique grâce au travail minutieux de Gabriel Gottwallès de TF1 :

Jacques Abouchard (TF1)
Jacqueline Alexandre (FR 3)
Jacques Alexandre (ORTF)
Pierre Allain (Antenne 2)
Jean-Claude Allanic (Antenne 2)
Paul Amar (France 2 et FR3)
Michel Anfrol (ORTF et TF1)
Patrice Arditti (Canal Plus)
Rachid Arhab (Antenne 2 et France 2)
Julien Arnaud (TF1)
Danielle Askain (Canal Plus)
Frédéric Astoux (Antenne 2 et France 2)
Marie-Laure Augry (TF1 et la Cinq)
Marc Autheman (Antenne 2, FR3 et France 3)

François Bachy (TF1)
Isabelle Baechler (Antenne 2)
Isabelle Baillancourt (TF1)
Norbert Balit (TF1 et FR3)
Alexandre Baloud (M6)
Dominique Baudis (TF1 et FR3)
Annick Beauchamps (TF1)
François Beaudonnet (France 2)
Claire-Elisabteh Beaufort (Canal Plus)
Jérôme Bermyn (France 2)
Christian Bernadac (TF1)
Laure-Anne Berrou (France 3)
Jean-Pierre Berthet (TF1)
Julien Besançon (ORTF et TF1)
Mario Beunat (ORTF)
Laurent Bignolas (France 3)
Daniel Bilalian (Antenne 2 et France 2)
Marlène Blin (France 3)
Laurence Bobillier (France 3)
David Boeri (France 2)
François Bonnemain (ORTF)
Marie-Hélène Bonnot (France 2)
Georges Bortoli (ORTF et Antenne 2)
Isabelle Bouloc (France 2)
Patrick Bourrat (TF1)
Jean-Claude Bourret (ORTF, TF1 et la Cinq)
Richard Boutry (France 3)
Danièle Breem (ORTF et Antenne 2)
Dominique Bromberger (ORTF et TF1)
Valérie Broquisse (la Cinq)
Claude Brovelli (TF1)
Hervé Brusini (Antenne 2)
Francine Buchi (FR3 et TF1)

Éric Cachart (FR3)
Jacques Cardoze (France 2)
Jérôme Cathala (France 3)
Georges de Caunes (RTF et ORTF)
Jean-Marie Cavada (Antenne 2, FR3 et TF1)
Daniel Cazal (Antenne 2)
Catherne Ceylac (Antenne 2 et France 2)
Hervé Chabalier (Antenne 2)
Alain Chabod (France 3)
Alain de Chalvron (France 2)
Dominique Champot (FR3)

Jean-Pierre Chapel (TF1)
Henri Chapier (FR3)
Patrick Charles (M6)
Patricia Charnelet (France 2)
Jacques-Olivier Chattard (Antenne 2)
Claire Chazal (France 2 et TF1)
Patrick Chêne (France 2)
Hervé Claude (Antenne 2 et France 2)
Dorothée Cochard (France 2)
Antoine Cormery (France 2)
Anne de Coudenhove (FR3 et TF1)
Pierre Crenesse (RTF)
Marie-France Cubadda (TF1 et la Cinq)

Christian de Dadelsen (TF1)
Claude Darget (RTF et ORTF)
Florence Dauchez (Canal Plus et France 2)
Roger Debouzy (RTF)
Laure Debreuil (FR3 et TF1)
Laurent Delahousse (France 2)
Jean-Loup Demigneux (TF1 et France 2)
Michel Denisot (TF1)
Alain Denvers (TF1)
Pierre Desgraupes (RTF)
Jean-Michel Desjeunes (ORTF et Antenne 2)
Philippe Dessaint (FR3)
Frédéric Dézert (la Cinq)
Jean-Philippe Doux (M6)
Michel Droit (RTF)
Marie Drucker (France 3)
Francine Dubail (FR3)
Patrice Duhamel (ORTF, TF1 et la Cinq)
Daniel Duigou (TF1, Antenne 2 et France 2)
Pierre Dumayet (RTF)
Florence Duprat (France 2)
Benoît Duquesne (France 2)
Guillaume Durand (La Cinq)
Betty Durot (ORTF)

Franck Edard (M6)
Auberi Edler (Antenne 2)
Jean-Pierre Elkabbach (ORTF et Antenne 2)
Ruth Elkrief (TF1)
Luc Evrard (la Cinq)

Cédric Faiche (France 3)
Regis Faucon (ORTF et TF1)
Pierre-Paul Favart (ORTF)
Roselyne Febvre (France 3)
Jean-Sébastien Fernandes (FR3)
Alain Fernbach (ORTF)
Laurence Ferrari (TF1)
Charles Finalteri (ORTF)
Alix Floriel (M6)
Pierre Fraidenraich (FR3)
Bruno Fuchs (TF1)

Carole Gaessler (France 3 et France 2)
Geneviève Galey (TF1)
Olivier Galzi (France 2)
Philippe Gassot (Antenne 2 et France 2)
Franck Georgel (M6)
François Gerbaud (ORTF)
Roger Gicquel (TF1)
Maggie Gilbert (FR3)
Erik Gilbert (TF1)
Philippe Gildas (ORTF)
Damien Givelet (Canal Plus)
Daniel Grandclément (Antenne 2 et FR3)
François de la Grange (ORTF et TF1)
Thierry Guerrier (la Cinq)
Geneviève Guicheney (FR3)
Jean-Louis Guillaud (ORTF)
Claude Guillaumin (ORTF)

Philippe Harrouard (Antenne 2 et France 2)
Sylvie Hay (TF1)
Joëlle Hazard (FR3)
Jacques Hébert (TF1)
Muriel Hees (la Cinq)
Patricia Hervé (Canal Plus)
Memona Hintermann-Affejee (FR3 et France 3)
Anne Hirsch (Canal Plus)
Gérard Holtz (Antenne 2 et France 2)
Christophe Hondelatte (France 2)
Michel Honorin (RTF, ORTF et Antenne 2)
Ladislas de Hoyos (ORTF et TF1)
Thomas Hugues (TF1)

Jacques Idier (TF1)
Martin Igier (FR3)

Marine Jacquemin (TF1)
François Jeannin (TF1)
Claude Joubert (RTF)
Sophie Jouve (France 2)

Alexandre Kara (France 2)
Barbara Klein (M6)
Françoise Kramer (TF1)

Françoise Laborde (TF1 et France 2)
Philippe Labro (Antenne 2)
Marian Lacombe (M6)
Louis Laforge (France 3)
Bernard Langlois (Antenne 2)
Jean Lanzi (ORTF et Antenne 2)
Anne-Sophie Lapix (M6 et TF1)
Didier Lecat (Antenne 2)
Gilles Leclerc (Antenne 2 et France 3)
Patrick Lecocq (ORTF et Antenne 2)
Etienne Leenhardt (la Cinq et France 2)
Philippe Lefait (Antenne 2 et France 2)
Jean Lefevre (Antenne 2 et TF1)
Paul Lefèvre (Antenne 2)
Jacques Legris (RTF)
Charlotte Le Grix de la Salle (Canal Plus)
Jacques Legros (TF1)
Annie Lemoine (Canal Plus)
Olivier Lerner (Antenne 2)
Sophie Le Saint (France 2)
Jean-Louis Lescène (Antenne 2)
Pierre Lescure (Antenne 2)
Francis Letellier (France 3)
Jean-Michel Leulliot (TF1)
William Leymergie (Antenne 2)
Stéphane Lippert (France 3)
Elise Lucet (FR3 et France 2)
Daniela Lumbroso (France 2)
Marie-Christine Lux (Canal Plus)

Frédéric Mailliet (M6)
Noël Mamère (Antenne 2)
Jean-Claude Mangeot (Antenne 2)
Raymond Marcillac (RTF et ORTF)
Claude Marcotte (Antenne 2 et France 2)
Bruno Masure (TF1, Antenne 2 et France 2)
Catherine Matausch (FR3 et France 3)
Georges Mattera (FR3)
Olivier Mazerolle (France 2)
Francis Mercury (ORTF)
Gérard Mérigaud (Antenne 2)
Jacques Merlino (Antenne 2)
Eve Métais (France 2)
Alban Mikoczy (France 2)
Serge Molitor (M6)
Christian-Marie Monnot (Antenne 2 et France 2)

Aude Moracchini (Canal Plus)
Gérard Morin (Antenne 2 et France 2)
Etienne Mougeotte (ORTF)
Yves Mourousi (ORTF et TF1)
Nelson Montfort (France 2)

Robert Namias (TF1)
Jean-Claude Narcy (TF1)
Michel Naudy (FR3)
Catherine Nayl (TF1)
Louis-Roland Neil (ORTF)

Christine Ockrent (Antenne 2 et France 3)
Jean-Claude Odin (TF1)
Jean Offredo (TF1)
Dorothée Olliéric (France 2)
Laurence Ostolaza (France 2)
Ghislaine Ottenheimer (FR3)

Elsa Pallot (France 2)
Joseph Pasteur (RTF et ORTF)
Jacques Paugam (FR3)
Georges Penchenier (RTF et ORTF)
Jean-Pierre Pernaut (ORTF et TF1)
Michel Péricard (ORTF)
Jean-Claude Perpère (TF1 et FR3)
Jacques Perrot (RTF et ORTF)
Max Petit (RTF)
Jean-Jacques Peyraud (FR3)
Isabelle Pham (France 3)
Claude Pierrard (TF1)
Gérard Pinson (FR3)
Laurence Piquet (FR3 et France 2)
Patrick Poivre d'Arvor (ORTF, Antenne 2 et TF1)
Joseph Poli (TF1)
Dominique Poncet (FR3)
François Ponchelet (Antenne 2)
Eric Poret (M6)
Christophe Poullain (France 3)
Jacques Poux (TF1)
Bernard Pradinaud (Antenne 2)
David Pujadas (France 2)
Audrey Pulvar (FR3)

Jean Quittard (RTF)

Bernard Rapp (Antenne 2)
Jean-Claude Renaud (Antenne 2 et France 2)
Nathalie Renoux (M6)
Stéphanie Renouvin (Canal Plus)
Jean-François Richard (M6)
Florian Ringuedé (FR3)
Hélène Risacher (FR3)
Jean-François Robinet (ORTF)
Rémi Roche (Antenne 2)
Bruno Roger-Petit (France 2)
Patrice Romedenne (la Cinq et France 2)
Harry Roselmack (Canal Plus et TF1)
Pierre Roubaud (ORTF)
Daphné Roulier (Canal Plus)

André Sabas (FR3)
Pierre Sabbagh (RTF)
Edouard Sablier (RTF)
Gérard Saint-Paul (ORTF et TF1)
Claude-Henri Salerne (RTF)
Jacques Sallebert (RTF)
Micheline Sandrel (RTF)
Henri Sannier (Antenne 2, France 2, FR3 et France 3)
Charles Sanviti (France 3)
Florence Schaal (TF1)
Alain Schmit (FR3)
Gilles Schneider (La Cinq)
Thierry de Scitivaux (TF1)
Béatrice Schönberg (la Cinq, TF1, et France 2)
Jacques Ségui (Antenne 2)

Claude Serillon (TF1, Antenne 2, et France 2)
Maurice Seveno (RTF et ORTF)
Roland Sicard (France 2)
Brigitte Simonetta (Antenne 2)

Emmanuel de la Taille (ORTF et TF1)
Fernand Tavarès (FR3 et France 3)
Pierre Tchernia (RTF)
Guy Thomas (Antenne 2)
Raymond Tortora (Antenne 2)
Jean-Marie Tricaud (M6)
Aïda Touihri (M6)
Bruce Toussaint (Canal Plus)
Richard Tripault (FR3)

Stéphane Usciati (France 3)

Alain Valentini (Antenne 2)
Elie Vannier (Antenne 2)
Gilles Vaubourg (FR3)
Hélène Vida (Antenne 2)
Claude Villedieu (ORTF)
François-Henri de Virieu (ORTF)
Bernard Volker (ORTF et TF1)

Georges Walter (ORTF)
Maurice Werther (ORTF et Antenne 2)

Léon Zitrone (ORTF et Antenne 2)

Sources et bibliographie

Journal de campagne

J'ai eu recours au décryptage d'« Acrimed », observatoire critique des médias, pour notre émission avec Ségolène Royal et leur comptage de plans, et celle de Patrick Poivre d'Arvor avec François Bayrou.

Les questions qui fâchent

Déclaration de Michèle Cotta sur les ministres au journal extraite d'un article du *Nouvel Observateur*: « TF1, la colère de Dieu » d'Hervé Alagalarondo et Marie-France Etchegoien. L'étude de René Remond citée dans le site « université de Metz » Sciences-Po, Frédéric Gimello-Mesplomb, maître de conférence, sous le titre « Le journal télévisé et les magazines d'information ». fgimello. free. L'exemple de la RAI, l'extrait de Dominique Wolton et la comparaison des émissions de flux dans la thèse sur TF1 de Benoît d'Aiguillon, comme le sondage *Télérama*. L'épisode de la grève des T2 évoqué dans l'article de Maurice Frydland dans *Esprit* mars-avril 2003: « Les géomètres et les saltimbanques ». La phrase de Patrick sur Balladur extraite de *Confessions*. Reprise de l'interview de Patrick Poivre d'Arvor à la chaîne Histoire par Pierre Tchernia et Jérôme Bourdon dans le site « Acrimed » observatoire critique des médias. L'anecdote sur la proposition faite à Patrick lorsqu'il a quitté Antenne 2 en 1983 de venir travailler à la BBC est extraite d'un article de François Jonquet du *Quotidien de Paris*, 1991. L'attitude de Pierre Desgraupes face aux journalistes de l'audiovisuel est extraite de l'article de *Libération*: « Antenne 2, la chaîne toujours recommencée » d'Annette Levy-Willard que j'ai croisé avec mon interview de Christine Ockrent qui porte le même jugement. Pour le reste, mes interviews de Michèle Cotta, Bruno Masure, Daniel Bilalian, Dominique Baudis, François Gerbaud, Noël Mamère, Michel Pericard, Christian Bernadac, Roger Gicquel, Patrick Poivre d'Arvor, Jean-Pierre Elkabbach, Robert Namias, Jean-Louis Guillaud, Henri Marque et Yves Mourousi.

L'histoire de la privatisation racontée aux enfants de la télé

L'ambiance du retour de Patrick au 20 heures en août 1987 est issue du reportage de Catherine Delmas de *France Soir* du 1er septembre 87. La naissance des télévisions privées dans les années 60 issue de la thèse de Benoît d'Aiguillon « TF1 20 heures, intangible carrefour social ». Les visites de Patrick Le Lay et d'Etienne Mougeotte au domicile de Patrick Poivre d'Arvor ainsi que sa première visite à Francis Bouygues sont relatées dans *Confessions*. Pour les chiffres d'audience des premiers jours de Patrick d'août et septembre 1987, j'ai croisé les informations de l'AFP, de *France Soir* et de Bernard Violet dans *PPDA* chez Flammarion. Les déclarations de Patrick concernant le coup de fil de Paul Quilles, ses rencontres avec François Mitterrand, le tournage de Peter Kassovitz et sa rencontre avec Mylène Farmer sont extraits de *Confessions*. La signification des mots « place Rouge » et « Intifada » ont été récupérés dans les sites Wikipedia, l'analyse de ma « double-fenêtre » dans la thèse de Benoît d'Aiguillon. J'ai croisé mes souvenirs de notre voyage à Bucarest avec la relation faite par Florence Jardin dans *Télé Loisirs* dans son article du 11 février 1990. Les interviews de Brigitte Delachat la promp-teuse et de Marcel Trillat sur Patrick sont extraites de *PPDA* de Bernard Violet Flammarion. Pour le reste, tout le chapitre est issu de mes souvenirs et de mes interviews de Patrick Poivre d'Arvor, Yves Mourousi, Alain Schmit, Jean-Pierre Pernaut, Robert Namias, Pierre Desgraupes, Alain Duhamel, Hervé Bourges, Jacques Duquesne, Etienne Mougeotte, Bruno Masure, Michèle Cotta, Jean-Marie Cavada, Jean-Claude Paris, Jacques Sallebert, Yves Mourousi, Roger Gicquel, Henri Marque, Jean-Pierre Elkabbach, Jean Lanzi, Christian Bernadac, Jean-Claude Delannoy Henri Sannier, Guillaume Durand, Claire Chazal, Dominique Baudis, Patrice Duhamel, Pierre Geraud, Christine Ockrent, Philippe Labro,

Daniel Bilalian, Joseph Pasteur, Claude Carré, Pierre Lescure, Alain Gillot-Petré, Claude Serillon, Alain Denvers, Pierre-Luc Seguillon, Marcel Trillat, Martine Laroche-Joubert et Michel Millecamp, Philippe Labro et François-Henri de Virieu, Mickey Arenou et Mustapha Kerradji., Nejma et Isabelle Marque, Jean-Antoine Loiseau, Nicole Medjeveski, Jean-Pierre Bouillez, Laurent Hauben et Charlotte Guigue.

Petite histoire du journal télévisé

Né quelque part

Évidemment, la matière de ce chapitre est puisée aux meilleures sources, le livre de Thierry Kubler et Emmanuel Lemieux, *Cognacq-Jay 1940, la télévision française sous l'occupation*, Éditions Plume et Calmann-Levy, et sur les différents sites Internet qui reprennent leurs informations. J'ai puisé de nombreux renseignements techniques sur Cognacq-Jay pendant la guerre, notamment la présence du père de Johnny Hallyday rue Cognacq-Jay dans le site « 441 lignes. free histoire de la télévision française et dans le monde jusqu'en 1956 » J'ai croisé ces renseignements avec ceux issus de la « Petite histoire de la télévision française 819 ligne.free » où j'ai découvert l'histoire des 12 moniteurs placés à l'hôtel Majestic, revenus ensuite rue Cognacq-Jay. Sur l'histoire de la télévision avant la guerre j'ai puisé mes renseignements dans le site « Quand les PTT se penchaient sur la télévision française », décrivant les petites anecdotes des fonctionnaires des télécommunications dans l'Histoire de la télévision à ses débuts. Autre éclairage sur les PTT dans l'article de Maurice Frydland dans *Esprit*, mars-avril 2003 : « Les géomètres et les saltimbanques ». Merci aux documentalistes de *L'Équipe* qui m'ont gentiment envoyé le numéro du 29 juin 1949 qui m'a permis de faire vivre avec chaleur ce premier jour du JT. Merci également aux équipes de l'INA qui m'ont fourni le premier conducteur du journal où j'ai découvert une perle, le sujet non diffusé sur le Tour de France qu'aucun historien n'avait remarqué à ce jour. C'est le premier scoop de ce livre ! Les renseignements sur les actualités du cinéma viennent du site « Gaumontpathéarchives.com » Les informations sur la télévision américaine sont issus du travail de Jérôme Bourdon sur le site « Cairn » Réseaux, à l'article

« L'américanisation invisible des télévisions européennes » issu du chapitre « Médias et migrations », titre « Genres télévisuels et emprunts culturels ». Ils éclairent l'avance prise par les Américains dans ce domaine. En réalisant pour les 50 ans du JT la reconstitution de ces premiers jours du journal télévisé rue Cognacq-Jay pour un film sur TF1 passé le mercredi 23 septembre 1998 à 23 h 15, j'ai pu collationner de nombreux renseignements et anecdotes qui fournissent une partie de la matière de ce chapitre avec l'aide Nicole Medjeveski, directrice de la documentation de la chaîne à TF1 et Madeleine Olive, à l'époque mon assistante sur ce documentaire. L'interview de Pierre Jonet vient d'un sujet d'Antenne 2 réalisé pour les 30 ans du JT. D'autres renseignements sur le premier journal viennent aussi de mon livre *La bataille du 20 heures* aux éditions Acropole, publié en 1990. La déclaration de Sabbagh sur son projet vient d'un numéro des *Cahiers du cinéma*. Le conducteur du numéro 1700 du JT m'a été fourni par l'INA. Les renseignements sur les magazines télévisés, Jean d'Arcy et les socialistes sont issus de « université de Metz » Sciences-Po Frédéric Gimello-Mesplomb maître de conférence sous le titre : « Le journal télévisé et les magazines d'information ». fgimello. free. L'analyse des enjeux politiques du journal télévisé en Europe dans les années 50 vient du document d'Evelyne Cohen de l'université Denis Diderot Paris 7 : « La télévision dans les années 30-80 » issu de la revue *@mnis Revue de Civilisation de l'Université de Bretagne Occidentale,* univ-brest.fr/amnis. Les renseignements techniques sur le nombre de postes en circulation et le nouveau matériel dans la chronologie de Jean Paul Haghe, copyright Clemi-Paris, février 1999. Tous les détails biographiques de ce chapitre concernant la jeunesse de Patrick sont extraits du livre *Confessions* de Patrick Poivre d'Arvor interrogé par Serge Raffy collection « Le grand livre du mois » chez Fayard. Plutôt que de l'interroger longuement, j'ai proposé à Patrick de reprendre ses propos dans ce livre qui me fournissait tous les renseignements qui m'étaient utiles puisés aux meilleures sources. Pour le reste tous les dialogues et déclarations de ce chapitre sont issus de mes interviews dans les années 80-90 de Pierre Sabbagh, Georges de Caunes, Jacques Sallebert, Pierre Dumayet, Pierre Tchernia, Maurice Seveno, Jacqueline Joubert, Jean-Marie Coldefy, Yves Mourousi et Léon Zitrone.

La télévision gaulliste

Le contenu du journal du 17 mai 56 est extrait de la thèse de Benoît d'Aguillon. Les détails sur l'organisation de la conférence de presse du général de Gaulle de l'hôtel d'Orsay sont extraits de *Avec qui vous savez* de Pierre Lefranc – Plon et de *L'histoire de la république gaullienne* de Pierre Viansson-Ponte Fayard d'où j'ai tiré les comptes rendus sur la crise algérienne et les détails d'organisation des conférences de presse. Les conversations de Charles de Gaulle et Alain Peyrefitte sont extraites de *C'était de Gaulle,* tome II, d'Alain Peyrefitte – Editions de Fallois-Fayard. Les jugements portés par de Gaulle sur ses propres prestations à la télévision sont extraits des *Mémoires de Guerre* et *Mémoires d'espoir*, Plon. Des renseignements sur le général de Gaulle pendant la crise algérienne et certaines phrases de ses discours récupérées dans le hors-série de *Ouest-France*, *années 60* – 1997. L'identification des caméras Auricon est due à Gérard Bernard, directeur des reportages à TF1 à qui j'ai montré les images de l'enregistrement d'un discours du général avec les trois caméras. L'atmosphère des Buttes-Chaumont est issue de *L'album de famille, la télévision française dans les années 50* d'Henri Spade aux éditions des Alouettes. J'ai croisé mes interviews de Pierre Sabbagh sur les discours du général avec ceux donnés par Pierre Lefranc dans *Avec qui vous savez* Plon pour restituer l'atmosphère de ces enregistrements. Les conversations entre de Gaulle et Alain Peyrefitte sur l'élection dans l'Herault, la réforme du journal et les programmes, le dialogue avec Robert Bordaz et le service minimum sont extraites de Alain Peyrefitte *C'était de Gaulle* tome II, Editions de Fallois-Fayard. Pour le reste, la matière vient de toutes mes interviews de Pierre Sabbagh, Jacques Sallebert, Léon Zitrone, Pierre Desgraupes et Pierre Dumayet, Michel Honorin, Raymond Marcillac, Jean-Louis Guillaud, François Gerbaud, Georges de Caunes, Maurice Seveno, Léon Zitrone et Michel Pericard.

Mai 68

Pour les soirées du Palais de Sports de 1965, les meetings de Jean Lecanuet et d'André Malraux et la soirée des législatives de 1967, j'ai croisé mes souvenirs personnels avec la relation faite par Pierre Viansson-Ponté dans *Histoire de la république gaullienne* chez Fayard. Les éléments biographiques concernant Patrick sont extraits de *Confessions*. Une partie de la liste des journalistes virés en 1968 est issue du livre *La télévision sous de Gaulle*. J'ai interrogé tous les témoins de cette époque : Emmanuel de la Taille, George de Caunes, Michel Droit, Jean-Pierre Chapel, Michel Honorin, François de Closets, Jean-Louis Guillaud, Jean Lanzi, Maurice Seveno, Alain Krivine, Léon Zitrone et Betty Durot.

Les Palais de nos 20 ans

La phrase de Patrick sur mai 68 ainsi que le jugement de Pierre Wiehn sur Patrick à l'issu de son concours à France Inter sont issus de Bernard Violet dans sa biographie *PPDA* chez Flammarion. La mue des grands réseaux de télévision vient des sites « Cairn » Réseaux à l'article « L'américanisation invisible des télévisions européennes » issu du chapitre « Médias et migrations », titre « Genres télévisuels et emprunts culturels », ainsi que du document d'Evelyne Cohen de l'université Denis Diderot Paris 7 « La télévision dans les années 30-80 » issu de la revue @mnis Revue de Civilisation de l'Université de Bretagne. Par ailleurs, j'ai interrogé tous les acteurs de cette période : Pierre Desgraupes, Joseph Pasteur, Jacqueline Baudrier, Jacques Alexandre, Etienne Mougeotte, Michel Pericard, Jean-Marie Cavada, Christian Bernadac, Jean-Claude Delannoy, Jean-Pierre Elkabbach et Pierre Sabbagh.

La guerre du Golfe

Les chiffes et la chronologie extraits de « Chronologie du conflit » la guerre du golfe. free. fr. La déclaration de Patrick sur la guerre du Golfe sans images de l'article de Jean-Paul Mulot du *Quotidien de Paris*, 31 janvier 91. Les conversations des envoyés spéciaux de CNN ont été récupérées sur le site Guerre du Golfe 1991 « Thucydide ». com L'ambiance de l'équipe du « Droit de Savoir » extraite d'un article « Le droit de déranger » de Philippe Gavi dans le *Nouvel Observateur*. Les épisodes de Patrick à Bagdad, du coup de fil de Pierre Bérégovoy, la rencontre avec Michel Charasse extraits de *Confessions* avec le journaliste Serge Raffy lui-même acteur des faits concernant Patrick sur l'affaire Botton et celle de l'interview de Fidel Castro. Le décryptage de David Pujadas où Alain Juppé annonce la fin de carrière est récupéré sur « Acrimed » ainsi que le papier de Dominique Dhombres dans *Le Monde* et sa conversation avec Daniel Scheidermann à l'émission « Arrêt sur image ». Pour le reste, mes interviews de Patrick Poivre d'Arvor, Claire Chazal, Robert Namias Etienne Mougeotte, et Pierre Geraud, Philippe Perrot, Joëlle Hazard, Nahida Nakad, Catherine Jentile,

Patricia Allemonière, Auberi Edler, Martine Laroche-Joubert, Memona Hinterman, Jean-Pierre Elkabbach et Laurent Hauben.

L'époque d'Internet

Des renseignements dans le reportage de *Paris Match* pour le retour de Patrick au 20 heures, « PPDA ses 100 jours » avril 1996. Le sondage TNS Sofres dans *Stratégies* de avril 2002. Les jugements de David Ronfeldt et John Arquilla sur le « story telling » sur le site de la guerre en Irak 2003. Interview de Jean-Claude Dassier extrait Guerre du Golfe. com. Pour le reste, mes souvenirs et interviews de Jean-Pierre Elkabbach, Robert Namias et Sylvie Pinatel, Marie-Christine Lux, Patrick Poivre d'Arvor, Jean-Pierre Pernaut, Charlotte Guigue et Muriel Maricourt.

Le minute par minute d'un journal

Chapitre entièrement composé de mes souvenirs personnels aidé par les interviews de Martin Tzara, Pierre Peyronnet, Jean-Pierre Féret, Olivier Santicchi, Axel Girard, Guillaume Hennette, Anne-Claire Coudray, Caroline Bayle et Louis Olivier.

Remerciements

Gabriel GOTTWALLÈS, *un ami qui travaille avec moi en régie à TF1. J'avais l'idée de ce livre mais l'avais abandonné devant l'énormité du travail documentaire à effectuer. Gabriel fut un lecteur attentif de mes Mémoires, il m'a harcelé chaque semaine, me forçant à replonger dans l'histoire du JT. Grâce lui est rendue pour ce coup de pouce. Merci pour le déclic, la liste des présentateurs, la couverture, les corrections et l'amitié.*

Frank VAN WILDER, *éditeur d'art et vieux copain de jeunesse, sa lecture de mes souvenirs personnels m'a donné un coup de fouet. À la fin de sa lecture il m'a simplement demandé* « Mais c'est quoi ton métier exactement ? » *mettant le doigt sur un manque, « Le minute par minute d'un journal » lui est redevable…*

Henri ALEXANDRE, *autre copain d'enfance, Sciences-Po, Ena, administrateur de Paris 2008, il a relu l'ensemble et m'a recommandé de faire maigrir l'ouvrage : objectif 400 pages, à l'époque j'en étais à 800 !*

Virginie FAUROUX, *l'assistante de Patrick, je lui ai fait lire mes souvenirs personnels, elle a trouvé la description sympathique mais évidemment m'a prévenu que « l'on m'attendait sur l'évocation de l'actualité récente », façon de me mettre la pression. Elle n'a pas tort, c'est une bonne adrénaline.*

Muriel MARICOURT, *une de mes assistantes-réalisatrices, elle a bien voulu relire « Le journal de campagne » et n'a rien trouvé à y redire. Les événements se sont passés comme je les ai décrits.*

Laurent Hauben, *chef d'info à TF1, il a corrigé mon chapitre sur le voyage à Jérusalem, correspondant à TF1 ces années-là, ses conseils pertinents m'ont évité les erreurs, ma description concorde avec la réalité.*

Mustapha Kerradji, *monteur à TF1, il a relu le chapitre sur le Maroc où nous étions ensemble où il a découvert les coulisses de l'opération.*

Nathalie Maeder, *un grand merci pour la qualité et la précision des revues de presse archivées par son équipe à TF1 depuis vingt ans et qui m'ont été d'une aide précieuse.*

Sylviane Moukheiber, *documentaliste ayant déjà publié, grâce à elle ce livre a trouvé sa forme actuelle. J'avais choisi une narration chronologique, elle m'a conseillé de le « mettre en scène ». J'ai suivi son conseil.*

Enfin, je remercie tout particulièrement **Muriel** *mon épouse, et mes deux enfants* **Alexandre** *et* **Calypso** *qui ne m'ont pas beaucoup vu pendant un an et demi où j'ai passé douze heures par jour à ce livre.*

Table des matières

Prologue **9**

Je hais les dimanches **15**

Journal de campagne **29**
Un ton nouveau 31
Le mercato des présentateurs 87
Face à la Une 97
Le grand débat 113
Le président 123

Les questions qui fâchent **147**
La politique et le journal 149
Les amitiés entre responsables politiques et journalistes... 177
La politique étrangère 189
Fin de campagne 211

La privatisation de TF1
racontée aux enfants de la télé ! **221**
Du service public au secteur privé 223
Patrick Poivre d'Arvor à TF1 277
Mourousi & Poivre 287
Le record 309
Le Festival de Cannes 319
Nos voyages 329
On casse les murs 347
Historiens du journal 365

Petite histoire du journal télévisé **379**
Né quelque part 381
La télévision gaulliste 411
Mai 68 433

Les Palais de nos 20 ans 457
Intermittent du spectacle 473

La guerre du Golfe 517
Un scoop mondial 519
Comme des ouragans 545

L'époque d'Internet 569
Un retour gagnant 571
Les risques du métier 583
Caritatif 599

Et maintenant… 607

Jeudi 10 juillet 2008 627
Dernier journal de Patrick Poivre d'Arvor sur TF1 629

Annexes 647
Le minute par minute d'un journal 648
Liste des présentateurs de journaux télévisés en France....709

Sources et bibliographie 715

Remerciements 723

Achevé d'imprimer en août 2008
par l'imprimerie Firmin-Didot
Mesnil-sur-L'Estrée

Imprimé en France

Dépôt légal : septembre 2008
N° d'impression : 91460

Éditions Alphée
28, rue Comte-Félix-Gastaldi
Monaco